D1695716

Landeshauptstadt Kiel
Berufliche Schulen in Gaarden
Dieses Buch wurde aufgrund
der Lernmittelfreiheit
zur Verfügung gestellt.

Kiel, den

aussortiert 2024 R

Tieke | **Erkennen**
Goette | **&**
| **Handeln**

Tieke
Goette

Erkennen & Handeln

- Texte
- Materialien
- Projekte

für den
Deutschunterricht
in der Oberstufe

 Merkur Verlag Rinteln

Kristina Tieke
Ernst Goette
Silke Schmelzer (Illustrationen)

1. Auflage 2000
© 2000 by MERKUR VERLAG RINTELN

Gesamtherstellung:
MERKUR VERLAG RINTELN Hutkap GmbH & Co. KG, 31735 Rinteln

ISBN 3-8120-**0301**-5

Vorwort

Beim Lesen

Bücher, die uns mit unseren eigenen Gedanken beschenken, sind mindestens die höflicheren; vielleicht auch die eigentlich wirksamen. Sie führen uns in den Wald, wo sich die Wege in Sträuchern und Beeren verlaufen, und wenn wir unsere Taschen gefüllt sehen, glauben wir durchaus, daß wir die Beeren selber gefunden haben. Oder haben wir nicht? Das Wirksame solcher Bücher aber besteht darin, daß kein Gedanke uns so ernsthaft überzeugen und so lebendig durchdringen kann wie jener, den uns niemand hat aussprechen müssen, den wir für den unseren halten, nur weil er nicht auf dem Papier steht –.

Max Frisch* – Tagebuch 1946–1949

Erkennen & Handeln setzt auf die eigenständige Bearbeitung durch die Schülerinnen und Schüler.

Die Inhalte sind zu vier Handlungsfeldern zusammengestellt, denen jeweils ein Handlungsbereich zur „Sprache" zugeordnet wird, um den kommunikativen Aspekt hervorzuheben. Die Produktion von Texten und gestalterische Techniken sollen durch den Bereich „Darstellen & Schreiben" angeregt werden.

Die Inhalte können individuell durch andere Texte, Materialien, Projekte neu gestaltet und erweitert werden. Dabei sind die Arbeitsanregungen nur **eine** Möglichkeit der Annäherung und schlagen die Auseinandersetzung

 mündlich

 schriftlich

 handlungs- und produktionsorientiert

 als Projekt

vor. Die Schülerinnen und Schüler sollen immer auch selbst Fragen, Aufgaben, Ideen entwickeln, um das Vorgehen entsprechend zu bestimmen.

Dass sie „beim Lesen" zu Gedanken kommen, die sie „ernsthaft überzeugen" und „lebendig durchdringen", ist die Zielsetzung der Herausgeber.

Hannover und Braunschweig, im Frühjahr 2000

---

* (RR) = Autor/Autorin oder Verlag verlangen den Abdruck der Texte nach den alten Regeln der Rechtschreibung

INHALTSVERZEICHNIS

SCHULE & ARBEITSWELT

Ausbildung & Beruf

Deutschunterricht

Hilde Domin, Unterricht	18
Erlebnis Buch	19
Ernst Barlach, Lesende Mönche	21
Marguerite Duras, Gedanken über das Lesen	22
Herbert-Werner Mühlroth, In Büchern kritzeln	25
Wilhelm Busch, Lehrer Lämpel	27
Heinrich Mann, Professor Unrat	28
Christine Brückner, Nicht einer zu viel!	30
Wladimir Tendrjakow, Sechzig Kerzen	32
Jurek Becker, Schlaflose Tage	36
Wolfgang Borchert, Lesebuchgeschichte	38
Deutsches Lesebuch 1899	39
Projekt: Lesebuch	41
Wege zum Nachholen schulischer Bildungsabschlüsse	42
Checkliste zur Berufswahl	44

Berufliche Qualifikation

Hätten Sie den jungen Einstein als Lehrling genommen?	45
Robert Walser, Der Beruf	46
Arbeit – Beruf – Job – McJob	48
Franz Kafka, Der Nachbar	49
Max von der Grün, Die Entscheidung	51
Thomas Bernhard, Der Anstreicher	55
Studium oder Beruf?	56
Lehre plus Studium?	58
Die beliebtesten Lehrberufe/Studienfächer	59
Marlene Streeruwitz, Verführungen	60
Traumjobs im Härtetest	62
Andreas Gursky, Steiff, Höchstadt	65
Wilhelm Busch, Friseur	66
Bankkaufmann/-frau	67
Zahnarzthelfer/-in	68
Projekt: Zeitmanagement	70

Arbeitsplatz und Arbeitsmittel

Heinrich Böll, Anekdote zur Senkung der Arbeitsmoral	74
Max Frisch, Am Strand	76
Hermann Hesse, Unterm Rad	78
Jakob Gillmann, Und es wird Montag werden	81
Jugendarbeitsschutzgesetz	84
Industriemechaniker/-in	87
Zeitsprung: Vom Fließband zur Geisterhalle	88
Projekt: Arbeitsplatzgestaltung	90

Kommunikation & Beruf

Wolfgang Ebert, Reparatur-Quiz	93
So finden Sie den richtigen Draht	94
Gesprächsnotiz	97

Eike Christian Hirsch, Immer angezogen	99
Wolf Wondratschek, Mittagspause	100
Claire Bretécher, Größe 40	102
Hans Fallada, Drei Arten von Verkäufern	104
Arbeitszeugnis	106

Darstellen & Schreiben

Textanalyse

Inhaltsangabe	108
Peter Bichsel, Die Tochter	108
Interpretation	111
Kurzgeschichte	116
Personencharakteristik	117
Projekt: Literaturlexikon	119

Bewerbung

Claire Bretécher, Die jungen Wölfe	120
Robert Walser, Ein Stellengesuch	121
Schriftliche Bewerbung	122
Internet-Bewerbung	122
Bewerbungsschreiben	123
Tabellarischer Lebenslauf	124
Robert Walser, Basta	125
Vorstellungsgespräch	125
Körpersprache	129
Bewerbungstest	132
Siegfried Lenz, Die Bewerbung	136
Der Arbeitsvertrag	139

Schriftverkehr

DIN 5008 „Schreib- und Gestaltungsregeln"	141
Angebot	142

Leben mit Technik

Technik & Fortschritt

Technik und Menschenbild

Hans Manz, Die Wahl	144
Hans Manz, Begegnung	144
Trepp auf, trepp ab	145
Eröffnung der ersten Eisenbahnlinie (Nürnberg – Fürth)	148
Klaus Sievers/Jochen Zeininger, Transrapid 2000 (Hamburg – Berlin)	149
Gerhart Hauptmann, Bahnwärter Thiel	151
Günter Kunert, Die Maschine	153
Wolter, „Ich habe die Fehlerquelle gefunden…"	154
Gero von Randow, Mensch Maschine Kultur	155
Hermann Kasack, Mechanischer Doppelgänger	156
Hans Harald Bräutigam/Christian Weymayr, Ich, Ich und Ich	158
Gottfried Benn, Verlorenes Ich	160
Vilém Flusser, Das Verschwinden der Ferne	162
Wo sich Himmel und Erde berühren	166

Forschung und Verantwortung

Stefan Andres, Das Trockendock	167
Rabenaus wundersame Erlebnisse	169
Robert Musil, Ein Verkehrsunfall	170
Stephan Hermlin, Die Vögel und der Test	172
Carl Friedrich von Weizsäcker, Technik im Dienst humaner Zwecke	172
Bertolt Brecht, Leben des Galilei	173
Heinar Kipphardt, In der Sache J. Robert Oppenheimer	176
Friedrich Dürrenmatt, Die Physiker	178
Projekt: Energie sparen	180

Neue Kommunikationstechnologien

Schön, dass er ein Schnurloses hat	185
Die besten Internet-Provider	186
Leben und Arbeiten in einer vernetzten Welt	187
Teleworker	188
Arnim Stauth, Mit EDV ins Theater	189
Interview mit Clifford Stoll	190
Clifford Stoll, Bücher auf Papier	191
Reinhard Matz, Der Störfall	192
Erich Pawlu, Zwischen Laptop und Natur	194
Walter Barnhausen, Weißer Laptop	196
Mischa Schaub, Vom Beobachter zum Teilnehmer – Virtual Reality	197
Projekt: Homepage	199
Projekt: Chat im Net	200

Sprache & Technik

Kleines Lexikon der Fachbegriffe rund um den Computerkauf	202
Walter Barnhausen, Umbrüche	206
Ein psychotherapeutisches Einzelgespräch	206
Joachim Nocke, Idealbesetzung	208
Volker Arzt, Beim künstlichen Psychiater auf der Couch	209

Darstellen & Schreiben

Bericht

Merkmale eines Berichts	211
Goscinny/Uderzo, Volltreffer	212
Jean Graton, Michel Vaillant – 23.000 Kilometer durch die Hölle	213
Unfallbericht	215

Protokoll

Merkmale eines Protokolls	216
Ergebnisprotokoll	217

Gebrauchsanweisung

Alles klar?	218
Ulrich von Zadow, Betriebsbereit	218
Der Fern-Dirigent	219
Einen Platten reparieren	220

INDIVIDUUM & GESELLSCHAFT
Beziehung & Verantwortung

Liebe und Partnerschaft

Anonym, Dû bist mîn	222
Walther von der Vogelweide, waz ist minne?	223
Gustav Klimt, Der Kuss	224
Johann Wolfgang von Goethe, Willkommen und Abschied	225
Karoline von Günderode, Überall Liebe	226
Clemens Brentano, Der Spinnerin Nachtlied	226
Hugo von Hofmannsthal, Die Beiden	227
Paul Boldt, Sinnlichkeit	227
Else Lasker-Schüler, Ein Lied der Liebe	228
Bertolt Brecht, Ballade von der Hanna Cash	229
Gottfried Benn, Liebe	230
Erich Fried, Dich	230
Ulla Hahn, Bildlich gesprochen	231
Eugen Gomringer, einanderzudrehen	231
Hans Curt Flemming, winterliebesgedicht	231
Khalil Gibran, Der Prophet	232
Nichts geht über die Liebe	233
Friedrich Schiller, Kabale und Liebe	235
Theodor Fontane, Effi Briest	238
Thomas Mann, Buddenbrooks	241
Heinrich Böll, Ansichten eines Clowns	244
Botho Strauß, Paare, Passanten	246
James Jones, Verdammt in alle Ewigkeit	248
Stefan Moses, Gabriele Wohmann	250
Gabriele Wohmann, Ein Hochzeitstag	251
Irmtraud Morgner, Kaffee verkehrt	255
Anneliese Raub, Annette von Droste oder die Autorin hinter der Maske des „Stiftsfräuleins"	257
Annette von Droste-Hülshoff, Am Turme	259
Johann Heinrich Ramberg, Die gelehrte Frau	260
Anna Blume, Können Frauen denken?	261
Claudia van Weesen, Verborgene Liebe im Krankenhaus	262
Anweisung für die Schreiber von Romanheftchen	269
Deborah Ross, Truly in Love	272
Gustave Flaubert, Madame Bovary	273

Unterdrückung und Widerstand

Brüder Grimm, Der Wolf und die sieben jungen Geißlein	276
Rainer Maria Rilke, Der Panther	278
Jean de La Fontaine, Der Rabe und der Fuchs	280
Gotthold Ephraim Lessing, Der Rabe und der Fuchs	280
James Thurber, Der Fuchs und der Rabe	281
Franz Kafka, Kleine Fabel	283
Gila Lustiger, Zugzwang	284
Bertolt Brecht, Geschichten vom Herrn Keuner	285
Der hilflose Knabe	286
Maßnahmen gegen die Gewalt	286
Der Zweckdiener	287
Carl Zuckmayer, Des Teufels General	288
Feuersprüche	291

„Sie sind verhaftet", Der 18. Februar 1943	292
Hans und Sophie Scholl, Das letzte Flugblatt	293
A.R. Penck, Flugblatt 1974	295
Alexander Solschenizyn, Der Archipel Gulag	296
Die ausländischen Mitbürger	300
Detlef Bischoff, Wer ist Ausländer?	301
Gabriel Laub, Fremde	302
Nix Ankara	303
Wolfgang Niedecken, Arsch huh, Zäng ussenander	304
Heinz-Rudolf Kunze, Aller Herren Länder	305
Reiner Kunze, Element	306
Angst vor der Einsamkeit	308
Verdammt positiv, positiv verdammt	310
Drehbücher gegen ein Virus	311
Projekt: Hilfsorganisationen	314

Krieg und Verfolgung

Leonard Freed, Überlingen am Bodensee	316
Robert Capa, Tod eines Milizionärs	317
Lee Miller, Rache an der Kultur	317
David Seymour, Kind malt „den Krieg"	318
Erich Maria Remarque, Im Westen nichts Neues	320
Ernest Hemingway, Alter Mann an der Brücke	323
Wolfgang Borchert, Die Küchenuhr	326
Johannes Bobrowski, Mäusefest	328
Art Spiegelman, Maus	331
Günter Kunert, Zentralbahnhof	336
Imre Kertész, Roman eines Schicksallosen	337
Miklós Radnóti, Gewaltmarsch	339
Paul Celan, Todesfuge	341
Walter Kempowski, Echolot	343
Maria von Wedemeyer/Dietrich Bonhoeffer, Brautbriefe ins Gefängnis	344
Victor Klemperer, Ich will Zeugnis ablegen bis zum letzten	345
Anna Seghers, Das Obdach	347
Wolf Böwig, Gesichter des Krieges	352
Durs Grünbein, Für die da unten	353
Projekt: Krieg und Verfolgung	354

Natur und Umwelt

Durs Grünbein, An der Elbe	355
Michael Stephan, Alles sieht bläulich aus	357
Heinrich Heine, Die Harzreise	358
Joseph von Eichendorff, Aus dem Leben eines Taugenichts	360
Heinrich Böll, Irisches Tagebuch	361
Hanno Kübler, B-Rain-Drops	363
Georg Trakl, Gewitter	364
Theodor Storm, Abseits	365
Sarah Kirsch, Im Sommer	366
Paul Boldt, Auf der Terrasse des Café Josty	367
George Grosz, Großstadt	367
Hans Magnus Enzensberger, an alle fernsprechteilnehmer	368
Christa Wolf, Störfall	368
Wolfgang Hildesheimer, Rede an die Jugend	370
Ein Auto darf nicht die Welt kosten	374

Länder und Reisen

Reiserätsel	375
und jetzt?	376
Bruce Chatwin, Traumpfade	378
Sören Kierkegaard, Die Lust zu gehen	378
Blaise Pascal, Zerstreuung	378
Joseph von Eichendorff, Sehnsucht	379
Gottfried Benn, Reisen	379
Sarah Kirsch, Allerleirauh	380
Verena Stefan, Häutungen	380
Djuna Barnes, Klagelied auf das linke Ufer	382
Roger Viollet, Paris war eine Frau	383
Martin Walser, Ein fliehendes Pferd	384
Von der Lust zu schreiben	385
Axel Kutsch, Schöne Grüße aus Afrika	386
Martin Parr, Benidorm	386
Paul Klee, Bildnis der Frau P. im Süden	388
Carlo Fruttero/Franco Lucentini, Ferien auf dem Land	389
George Sand, Ein Winter auf Mallorca	390
El Bereber, Massentourismus – Brennpunkt Gran Canaria	392
Horst Krüger, Auf deutscher Autobahn	394
Haderer, Letzte Urlaubsvorbereitungen	396
Nie mehr verreisen?	397
Projekt: Klassenfahrt/Urlaubsreise	398

Sprechen & Verständigen

A. Paul Weber, Das Gerücht	399
Stephan Russ-Mohl, Das Gerücht – das älteste Kommunikationsmedium der Welt	399
Norman Rockwell, The Gossips	401
Hilde Domin, Unaufhaltsam	403
Johannes Bobrowski, Sprache	403
Scott McCloud, Kommunizieren	404
Friedemann Schulz von Thun, Miteinander reden	406
Mensch mit vier Ohren	409
Bertolt Brecht, Andrea und Galilei	411
Kommunikationsmodell	413
Ilse Aichinger, Das Fenster-Theater	414
Loriot, Feierabend	416
Asterix snackt platt	418
Asterix off säggsch	419
Voll gut	420
Szene-Talk	420
Christine Richard, Zeichensprache	421
Nichtsprachliche Kommunikation	422
Ciré, Telefongespräche	422
Piktogramme	423
Verkehrszeichen	423
Online-Smilies	423

Darstellen & Schreiben

Kreatives Gestalten

Schulz, Peanuts	424
Rekonstruktion eines Gedichts	425
Arno Holz, Draussen die Düne	425
Sarah Kirsch, Allerleirauh	425
Ein Tor wie ein Gedicht	426
Konkrete Poesie	427
Ernst Jandl, fliegen	427
Ernst Jandl, wettrennen	427
Ernst Jandl, ottos mops	428
Collagen	428
Gertrud Kolmar/Ulla Hahn, Wir Juden	428
Bild als Schreibanlass	430
Cluster	431
Haiku	431
Elfchen	432
Kriminalgeschichten	432
Ideengenerator	432
Krimirezepte	433
Text als Schreibanlass	434
Wolf Wondratschek, 43 Liebesgeschichten	434
Tagebuch	435
Tagebucheintragungen von Franz Kafka	435
Das Tagebuch der Anne Frank	436
Die Date Paintings von On Kawara	438
Tagebuch eines AIDS-Kranken	439

Öffentlichkeit

Kultur & Erfahrung

Literatur

Projekt: Leseverhalten	442
Wo tun Sie´s am liebsten?	444
Felicitas Hoppe, Der erste Satz schreibt die Geschichte	445
Friedrich Dürrenmatt, Wozu Literatur?	446
Gottfried Benn, Können Dichter die Welt verändern?	448
Brigitte Reimann, Dafür schreibe ich	450
Peter Handke, Ich bin ein Bewohner des Elfenbeinturms	452
Zur Interpretation von Gedichten	454
Bertolt Brecht, Über das Zerpflücken von Gedichten	454
Walther Killy, Ohne Arbeit und Übung geht es nicht ab	454
Hans Magnus Enzensberger, Über Gedichte	455
Günter Eich, Thesen zur Lyrik	455
Günter Eich, Ende eines Sommers	456
Rudolf Hartung, Ende eines Sommers	456
Zur Analyse von Lyrik	458
Grundbegriffe der Lyrik	459
Buchrezensionen	461
PRINZ Buchtest „Trainspotting"	461
Sätze aus dem Abfalleimer: „Trainspotting"	462
Projekt: Literatur-Preisrätsel	464

Theater

Sempé, Stille, Sinnenlust und Pracht	463
Claus Peymann, Wahre Größe	466
Max Reinhardt, Die ganze Welt ist eine Bühne	466
Johann Wolfgang von Goethe, Wilhelm Meister über das Theater	467
Hans Doll/Günther Erken, Klassikerinterpretationen	469
Schillers Tell, Schauspielhaus Hannover	470
Eugène Ionesco, Der neue Mieter	478
Thomas Koebner, Das Groteske	482
Peter Brokemper/Sybille El Kerk, Probentechniken	483
Projekt: Theaterinszenierung	486

Film/Fernsehen

Woody Allen, Mach's noch einmal, Sam	487
Filme verstehen	488
Kriterien der Filmanalyse	488
François Truffaut, Mr. Hitchcock, wie haben Sie das gemacht?	495
Gabriele Wohmann, Imitation	499
Projekt: Kurzfilm	500
A. Paul Weber, Jedem das Seine	503
Jürgen Alberts, Mediensiff	503
Günter Grass, Mein Jahrhundert. 1985	506
Felix Huby, Was Fernsehen leisten kann	508
Wolfgang Gast, Nichtfiktionale Programme: Nachrichten	509

Bildende Kunst

Was ist Kunst?	511
Fortgang der Kunstentwicklung	512
José Ortega y Gasset, Auf der Suche nach einem Thema	515
El Greco, Porträt eines Unbekannten	516
Leonardo da Vinci, Mona Lisa	517
Dieter E. Zimmer, Tod einer Stadt	518
Pablo Picasso, Guernica	520
Christo und Jeanne-Claude, Reichstag-Projekt	522
Museumsfotos	524
Thomas Struth, Art Institute of Chicago II, 1990	525
Warum werden Museen so sehr geliebt, Herr Hultén?	526
Scott McCloud, Kunstbanausen	528
„Bilder sind Freunde"	528
Projekt: Ausstellung	531

Sprache & Meinungsbildung

Zeitung

Horst Bienek, Anweisung für Zeitungsleser	532
Nachricht	533
Kommentar	535
Leitartikel	537
Leserbrief	538

Werbung

Straßenmöbel für viele Bedürfnisse	541
Joachim Ringelnatz, Reklame	542
Ingeborg Bachmann, Reklame	542

AIDA-Strategie	543
Werbeslogans	544
Thomas Manns Probleme mit dem Klinkentürgriff	545
Werbeplakate	546
Blend-a-med Zahncreme – Drehbuch	548
Blend-a-med Zahncreme – Interpretation	549
Projekt: Werbeteam	551

Rede

Sempé, Ich werde mich kurz fassen	553
Kurt Tucholsky, Ratschläge für einen schlechten Redner	554
Kurt Tucholsky, Ratschläge für einen guten Redner	555
Rhetorische Figuren	556
Heinz Lemmermann, Verantwortung des Redners – Gefahren der Rhetorik	557
Joseph Goebbels, Sportpalastrede (18. Febr. 1943)	558
Joseph Goebbels, Tagebuch vom 19. Febr. 1943	560
Marcel Beyer, Flughunde	562
Richard von Weizsäcker, Ansprache am 8. Mai 1985	564

Darstellen & Schreiben

Argumentation

Erörterung	568
Gliederung	568
Einleitung	568
Hauptteil: These und Argument	569
Argumentation: Leo Tolstoi, Anna Karenina	572
Schluss (Synthese)	574
Diskussion	575
Ins Ghetto nach Chicago	576
Benzinpreise auf fünf Mark erhöhen	577
Brainstorming	579

Referat/Facharbeit

Referat	580
Facharbeit	580
Vorbereitung eines Referats/einer Facharbeit	582
Zitat	582
Kurzbeleg	583
Quelle	583
Literaturverzeichnis	583

Anhang

Autorenregister	584
Bildquellenverzeichnis	586
Autoren- und Textverzeichnis	587
Stichwortverzeichnis	590

SCHULE & ARBEITSWELT

AUSBILDUNG & BERUF

- Deutschunterricht
- Berufliche Qualifikation
- Arbeitsplatz und Arbeitsmittel

KOMMUNIKATION & BERUF

DARSTELLEN & SCHREIBEN

- Textanalyse
- Bewerbung
- Schriftverkehr

Deutschunterricht

Hilde Domin, 1912 in Köln geboren, musste 1932 Deutschland verlassen und kehrte nach 22 Jahren aus dem Exil zurück; seitdem lebt sie als freie Schriftstellerin in Heidelberg. Bekannt wurde die Autorin vor allem durch ihre Lyrik, für die sie mehrfach ausgezeichnet wurde: „Nur eine Rose als Stütze" (1959), „Rückkehr der Schiffe" (1962), „Hier" (1964), „Ich will dich" (1970).

Die Autorin hat sich auch theoretisch zur Lyrik geäußert und versucht, die Frage „Wozu Lyrik heute" (1968) zu beantworten, und sich grundsätzlich mit dem Problem der Interpretierbarkeit von Gedichten auseinander gesetzt: „Doppelinterpretationen" (1966). Ihren Aufsätzen und Vorträgen hat sie den bezeichnenden Titel „Das Gedicht als Augenblick von Freiheit" gegeben.

Die meisten von Hilde Domins Texten sind so gebaut: „Kleine Buchstaben / genaue / damit die Worte leise kommen / damit die Worte sich einschleichen / damit man hingehen muss / zu den Worten / sie suchen in dem weißen Papier / leise / man merkt nicht wie sie eintreten / durch die Poren." (Hans-Peter Kunisch, Wo die Gegenstände wedeln. In: SZ, Nr. 66 vom 20./21.03.1999)

Lesehinweis
Hilde Domin, Gesammelte Gedichte.
Frankfurt: Fischer 1987.

Hilde Domin, **Unterricht**

Jeder der geht
belehrt uns ein wenig
über uns selber.
Kostbarster Unterricht
an den Sterbebetten.
Alle Spiegel so klar
wie ein See nach großem Regen,
ehe der dunstige Tag
die Bilder wieder verwischt.
Nur einmal sterben sie für uns,
nie wieder.
Was wüssten wir je
ohne sie?

Wir, deren Worte sich verfehlen,
wir vergessen es.
Und sie?
Sie können die Lehre
nicht wiederholen.

Dein Tod oder meiner
der nächste Unterricht:
so hell, so deutlich,
dass es gleich dunkel wird.

(Katja Ebstein, Lutz Görner [Hrsg.], Lyrikerinnen. Gedichte von Droste-Hülshoff bis heute. Köln: Lutz Görner, 1990, S. 118-119. Hilde Domin, Gesammelte Gedichte. S. Fischer, 1987, S. 147.)

Arbeitsanregungen

1. Worin sieht die Lyrikerin den Wert des Unterrichts?

2. Deuten Sie die Aussagen und Fragen, Vergleiche und Gegensätze, die in dem Gedicht angesprochen sind!

3. Kann Deutschunterricht etwas von dem leisten, was der „Unterricht an den Sterbebetten" vermittelt?
   Begründen Sie Ihre Auffassung
   – aufgrund Ihrer bisherigen Erfahrungen,
   – nach dem Lesen der Texte in diesem Kapitel!

4. Welche Inhalte und Projekte können in den Deutschunterricht aufgenommen werden, um ihn „kostbarer" zu gestalten?
   Entwickeln Sie eigene Vorschläge!

Erlebnis Buch

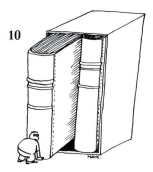

Arbeitsanregungen

1. Entwerfen Sie einen Text zu den einzelnen Miniaturen und formulieren Sie jeweils eine der Zeichnung entsprechende sinntragende Überschrift!

2. Zeichnen Sie eigene Miniaturen zu anderen Problemkreisen, z. B.:
   - Schule/Beruf
   - Arbeitsplatz/Arbeitsmittel
   - Technik/Computer
   - Liebe/Partnerschaft!

Ernst Barlach wurde 1870 in Wedel/Holstein geboren und starb 1938 in Rostock. Er trat nicht nur als Dichter hervor, sondern vor allem als Bildhauer und Grafiker.

Seinen expressionistischen Plastiken, vorwiegend Einzelfiguren oder Zweiergruppen, liegt eine Blockform zugrunde, die in einer großen Bewegungskurve aufgelöst wird. Sie zeigen einen Menschentyp, der von einer höheren Wirklichkeit angerührt scheint.

Barlach, der mit Idealismus in den Ersten Weltkrieg gezogen war, distanzierte sich in seinen Werken zunehmend von Patriotismus und Kriegsbegeisterung. Vor allem in seinen Holzschnitten wird Kritik bis zur pazifistischen Anklage spürbar; Hunger, Flüchtlingselend und Tod sind seine Themen.

Im Dritten Reich war Barlach als Vertreter „entarteter" Kunst verfemt. Viele seiner Arbeiten wurden vernichtet. Ein Großteil des erhaltenen Werks befindet sich heute im Ernst-Barlach-Haus in Hamburg und in der Barlach-Stiftung in Güstrow, die seinen umfangreichen Nachlass bewahrt.

ERNST BARLACH, **Lesende Mönche**

(Das Original befindet sich in der National Galery of Art in Washington.)

Arbeitsanregungen

1. Beschreiben Sie Haltung und Gesichtsausdruck der Lesenden! Welche Wirkung geht von der Plastik aus?

2. Welche Aspekte des Lesens spiegeln sich in Barlachs Kunstwerk? Gibt es einen Bezug zwischen der Plastik und Duras' Text zum Lesen (S. 22)?

3. Gestalten Sie das Thema „Lesen" (z. B.: zeichnerisch, modellierend, pantomimisch)!

Marguerite Duras, die 1914 in Gia-Dinh (Vietnam) geboren wurde und 1996 in Paris starb, gehört zu den bedeutendsten zeitgenössischen Schriftstellerinnen. Berühmt wurde sie vor allem durch ihr Drehbuch zum Film „Hiroshima mon amour" (1959) und durch ihre realistischen, psychologisch vertieften Romane. 1979 erschienen sechs Geschichten von Marguerite Duras auf der Grenze zwischen Filmvorlage und Prosa, die sie als Regisseurin selbst verfilmte. Auch ihr erfolgreichster Roman „Der Liebhaber", für den sie 1984 den französischen Literaturpreis „Prix Goncourt" erhielt, wurde für das Kino entdeckt. Ein Film, so hat sie selbst einmal erklärt, sei so etwas wie der Schlusspunkt hinter einem Buch.

Lesehinweis
Marguerite Duras, Der Liebhaber. Frankfurt: Suhrkamp 1991 = st 1908.

Marguerite Duras, Hiroshima mon amour. Frankfurt: Suhrkamp 1993 = st 112.

Marguerite Duras,
Gedanken über das Lesen

Ich lese des Nachts. Ich habe nie anders als nachts lesen können. Als Schülerin habe ich auch des Nachts gelesen, in der Nacht des Mittagsschlafs, der die Stadt
5 leer macht, wie in der richtigen Nacht. Diese Angewohnheit habe ich von meiner Mutter, die sagte, man müsse außerhalb der Arbeitsstunden lesen. Nie habe ich gelesen statt zu schreiben oder mich
10 zu langweilen oder mit jemandem zu reden. Es wird mir plötzlich klar: Ich habe nie aus Langeweile gelesen. Nie habe ich meine Mutter zu ihren Kindern sagen hören: Wenn ihr euch langweilt, lest ein
15 Buch.

Meine Mutter hatte nie etwas gelesen. Am Tag nach ihrem Lehrerinnenexamen hat sie alle ihre Bücher zugemacht und sie ihrer kleinen Schwester gegeben. Sie
20 sagte: „Ich habe mir in meinem Leben nie die Zeit zum Lesen genommen." Sehr schnell war es zu spät. So ist sie gestorben, ohne Lesen, fast ohne Musik, allein damit beschäftigt, das Leben zu leben, das
25 sich ihr bot. Wenn ich las, schlief meine

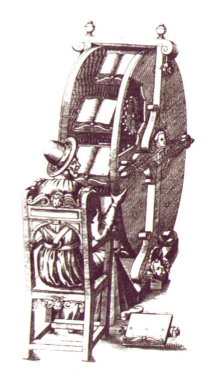

Agostino Ramelli: Entwurf für ein Leserad, Paris 1588, wodurch das Hantieren mit schweren Folianten erleichtert werden sollte.

(Die Zeit, Nr. 34 vom 18. August 1995.)

Mutter. Wir lasen ausgestreckt auf Matten, in den Winkeln der Treppen, an dunklen und kühlen Orten im Haus. Und dort weinten wir auch, als sie sagte, sie wolle sterben. Meine Mutter ließ uns freie Hand in allem, auch im Lesen, wir lasen, was wir lesen konnten, was wir fanden, was es gab. Sie hat nie etwas kontrolliert, nie.

Eines Tages hatte ich ein sonderbares Erlebnis mit dem Lesen, das mich sehr verstörte und mich auch heute noch nicht loslässt. Ich kam wohl aus den Ferien zurück. [...] Ich hatte das Buch noch nicht gelesen, hätte es aber in den Ferien lesen sollen, was ich nicht getan hatte. Jetzt musste ich es sehr schnell tun, so schnell wie möglich, sofort. Zum einen, weil ich versprochen hatte, es zu lesen und an einem ganz bestimmten Tag zurückzugeben, der genau der Tag nach meiner Rückkehr aus den Ferien sein sollte, und zum anderen, weil ich, sollte ich mein Versprechen nicht halten, nie wieder ein Buch ausgeliehen bekommen würde. Ich habe nicht die geringste Ahnung mehr, was mir diese Strenge seitens meines Buchverleihers eintrug, aber selbst, wenn sie nur vorgetäuscht war, glaubte ich felsenfest daran, ich war überzeugt, da hindurch zu müssen, wollte ich jemals wieder Bücher zu lesen bekommen. Ich hatte die Mittel nicht, um sie zu kaufen, und sie zu stehlen, fehlte mir der Mut. Der Einsatz war erheblich. Der Zug fuhr ab. Schon las ich die erste Zeile dieses tragischen Buches. Ich las weiter. Ich habe wohl an diesem Tag nichts gegessen, und als der Zug im Gare de Lyon ankam, war es tiefe Nacht. Der Zug hatte offenbar Verspätung gehabt, Mitternacht war schon vorbei. Ich hatte an einem Tag 800 Seiten *Krieg und Frieden*¹ gelesen. Die Erinnerung an diesen Tag ist mir lange im Gedächtnis geblieben. Über lange Jahre erschien er mir wie ein Verrat am Lesen. Selbst heute noch bin ich verstört, wenn ich daran zurückdenke. Etwas war dieser raschen Lektüre zum Opfer gefallen, eine Art andere Lektüre, etwas so Schwerwiegendes wie eine *andere* Lektüre. Ich hatte mich an die Lektüre der im Buch berichteten Geschichte gehalten, auf Kosten einer tiefergehenden, reinen Lektüre ohne jedes Erzählen: der des reinen Schreibens von Tolstoi. Es ist, als hätte ich an diesem Tag und für immer wahrgenommen, dass ein Buch aus zwei übereinander gelagerten Schichten besteht: Einer lesbaren Schicht, die ich an jenem Reisetag in mich aufgenommen hatte, und einer anderen, zu der es keinen Zutritt gibt. Diese da, unlesbar bei jedem Lesen, deren Existenz sich nur erahnen lässt in Augenblicken der Ablenkung von der Lektüre des Geschriebenen, so wie man durch ein Kind hindurch die Kindheit schaut. Es in Worte zu fassen, wäre endlos und nicht der Mühe wert.

Ich habe *Krieg und Frieden* nie vergessen. Die zweite Hälfte des Buches, habe ich sie je gelesen? Ich glaube nicht. Aber es war, als hätte ich es getan. Mir bleibt von diesem Tag das Bild eines Zuges, der eine Ebene durchfährt, diese große Passage mit dem Schmerz des sterbenden und besiegten Fürsten, seiner nur ihm gehörenden Agonie², die sich durch ganz Europa zieht. Die Erinnerung weniger an Tolstoi als an meinen Verrat an seinem ganzen Dasein, dessentwegen ich ihn nie wirklich kennen und lieben gelernt habe.

Ich habe in Krisenzeiten gelesen. Manche haben zwei Jahre gedauert. In solchen Fällen war ich gezwungen, tagsüber zu lesen, in den großen Pariser Universitätsbibliotheken. Man fragt sich, welche geistige Verwirrung dafür verantwortlich ist, dass die großen öffentlichen Bibliotheken nachts geschlossen sind. Ich habe nur selten am Strand oder in Parks gelesen. Man kann nicht lesen bei zweierlei Licht: dem Licht, im abgedunkelten Zimmer, nur die Seiten sind erhellt.

---
1 „Krieg und Frieden" = Roman des Schriftstellers Tolstoi
2 Agonie = Todeskampf

Ich habe immer Bücher gelesen, von denen man mir sagte, dass ich sie lesen müsse, Leute, Freunde oder Leser, denen ich vertraute. Ich lebte in einer Umgebung, in der man Literaturkritiken nie zu Rate gezogen hat, um zu erfahren, was zu lesen sei. Kam es vor, dass ich nachträglich Kritiken von Büchern las, die ich gelesen hatte, dann erkannte ich nicht wieder, was ich gelesen hatte. Die Kritik, zumal die geschriebene, die Zeitungskritik, tötet das Buch, über das sie berichtet. Damit das Buch sie bei ihrer Behandlung nicht stört, lähmt die Kritik das Buch, schläfert es ein, trennt es von sich selbst ab und tötet es unwissentlich, und es bleibt getötet beim Lesen seiner Geschichte. Jedwede Literaturkritik ist tödlich. Denn es gibt kein erzwungenes Lesen. Es sei denn, man verbleibt im Vorhof der Literatur. Das Buch aber bleibt tot. Wer als Kind zum Lesen gezwungen wurde, weiß, was es mit dieser Denaturierung[1] des Lesens auf sich hat. Sie kann ein ganzes Leben dauern. Ein furchtbarer Gedanke: das Buch ein Leben lang verboten, unnahbar, wie ein abschreckender Gegenstand.

Man soll nicht vermitteln, man soll sich nicht in die Probleme einmischen, die andere mit dem Lesen haben. Man soll nicht für die Kinder leiden, die nicht lesen, soll nicht die Geduld verlieren. Es geht um die Entdeckung des Kontinents des Lesens. Niemand soll niemanden weder ermutigen noch anstacheln, um zu sehen, was es damit auf sich hat. Es gibt in der Welt schon viel zu viel Informationen über die Kultur. Man muss sich allein auf den Weg zu diesem Kontinent machen. Ihn allein entdecken. Diese Geburt allein bewerkstelligen. [...]

Nichts lesen können, das heißt, die Augen nicht auf der Schrift ruhen lassen können, das heißt, viele Male versuchen und jedes Mal brutal zurückgewiesen werden, aus Gründen, die sich dem Verstehen entziehen, aus beunruhigenden, mysteriösen Gründen. Ich kenne einen Mann, dem es so ergeht. Er ist zwischen achtunddreißig und fünfundvierzig Jahre alt, er leitet Kinos, er stammt aus einem Pariser Intellektuellen-Milieu, sehr „psychoanalytisch" orientiert. Nichts Anormales, nirgends, außer dass er nie Bücher liest. Die Zeitung, ja, die Zeitung liest er. Die Zeitung liegt offen da, man braucht sie nicht aufzuschlagen, und was darin steht, ist disparat[2], es vermittelt nicht den Eindruck, einen Anfang oder ein Ende zu haben. Da liest man kreuz und quer, man liest oder man lässt es bleiben, man liest mal mehr, mal weniger, je nach Laune. Täglich liest mein Freund also die Zeitung. Er liest auch die Titel der Bücher, die erscheinen werden, ebenso ihre Beschreibung in drei Zeilen. Was zur Folge hat, dass er unbeschädigt durchs Leben geht, dass er in Unterhaltungen nie ganz verloren ist. Was passiert, wenn er ein Buch aufschlägt und sich anschickt, es zu lesen, das umschreibt er mit den Worten: „absolute Unmöglichkeit zu lesen". Unmöglichkeit zum Sinn der Wörter vorzudringen? Nein, vielmehr Unmöglichkeit, durch die gedruckten Buchstaben hindurchzudringen, um den Sinn zu finden, den man in die Sätze, die Wörter legen wollte. Anders gesagt, Unmöglichkeit, durch den Eindruck, den das Buch auf einen macht, hindurchzudringen, um es zu lesen. Er sagt, dass es das vielleicht ist, aber dass es so stark ist, dass er es nicht schafft, es zum Ausdruck zu bringen. Dass er gewissermaßen aus dem Buch, aus der Lektüre ausgesperrt ist. Er sagt: Damit für mich ein Dolch im Dunkel neben einer schlafenden Frau aufblitzt, muss ich sehen, sowohl die Frau als auch den Dolch. Dieser Mann ist intelligent. Er sagt von sich, er gehöre zur Zivilisation des Bildes. In Frankreich und in den USA beruft man sich auf diese Zugehörigkeit in allen Kreisen mit Nachdruck. Mein Freund sagt mir, dass jetzt

---

[1] Denaturierung = Ungenießbarkeit; Veränderung von Stoffen durch Zusätze, sodass sie ihre ursprünglichen Eigenschaften verlieren
[2] disparat = ungleichartig, unvereinbar

ich es bin, die überhaupt nicht mehr versteht, was diese Wörter bedeuten: Zivilisation des Bildes. Manchmal widersetze ich mich ruhig: Ich sage nein. Ich sage: Am Anfang gibt es den, der in zehn Worten erzählt, denjenigen der Vorgeschichte, und dann gibt es denjenigen, der in tausend Worten erzählt wie Leo Tolstoi, oder in zweitausend Worten wie Racine, oder in zwanzigtausend Worten wie Shakespeare, es gibt nichts anderes, kein direktes Bild, nur ein gesprochenes Bild.

(*Vogue Deutsch, 03/1991, S. 323/324.*)

Arbeitsanregungen

1. Welche Bedeutung hat das Lesen für die Autorin?
2. Was versteht Marguerite Duras unter dem „Verrat am Lesen"?
3. Ist es sinnvoll, sich in die Probleme einzumischen, die andere mit dem Lesen haben?
4. Ist „nichts lesen zu können" ein „furchtbarer Gedanke"? Nennen Sie Beispiele für das Schreckliche dieses Unvermögens!
5. Lesen Sie gern? Welche Lektüre bevorzugen Sie? Begründen Sie Ihre Wahl!

6. Erstellen Sie eine Leseliste mit Buchtiteln, die Sie zur Lektüre empfehlen! Formulieren Sie eine Buchempfehlung an einen guten Freund/eine gute Freundin; gehen Sie dabei auf folgende Kriterien ein:
   – Inhalt
   – Personen
   – Handlung (Spannung)
   – Thema!

Herbert-Werner Mühlroth, **In Büchern kritzeln**

Es gibt Bleistiftleser, die ganze Textteile bis zur Unleserlichkeit entstellen. Es gibt Kugelschreibertäter, welche die Zeilen sauber unterstreichen. Es gibt Textmarkiererfieslinge, die dem Buch eine individuelle Farbnote verleihen. Und es gibt Tintenkleckser, die ganze Abschnitte übertünchen und verwischen.

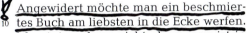

Angewidert möchte man ein beschmiertes Buch am liebsten in die Ecke werfen. Man tut es dann nicht, denn man ist in einer Bibliothek, und diese Bücher gehören einem nicht.

Die ersten Seiten sind noch recht mühelos zu bewältigen. Gelegentlich ein Seitenblick auf die unterstrichenen Passagen, der Versuch, ihnen keine besondere Beachtung zu schenken. Man lächelt zunächst noch über die Eintragungen der eifrigen Leser und über die willkürlichen und kaum nachvollziehbaren Unterstreichungen. Bei fortschreitender Lektüre drängen sich einem die unterstrichenen Zeilen und Kommentare unweigerlich auf.

Man hat den Eindruck, dass man nicht allein ist. Als ob einem jemand über die Schulter schauen würde, man kann sich dem Text nicht mehr unbefangen widmen. Letztlich ist es so, dass man parallel liest, zuerst den Text und dann die Kommentare.

An diesem Punkt angelangt, ist alle Mühe, sich wieder nur auf den Text zu konzentrieren, vergeblich geworden. Man wird vom Ehrgeiz gepackt und möchte um jeden Preis das Buch zu Ende lesen. Auch die Kommentare. Man befindet sich jetzt nicht nur im Universum des Buches, sondern auch in demjenigen des Kommentators.

Verschiedene Typen von Kritzlern sind zu unterscheiden:

Typus des Heranwachsenden. Streicht all das dick an, was in seiner Innenwelt Resonanz findet. Sucht im Text das, was ihn bestätigt. Liest aus dem Text das heraus, was er hineinlesen möchte. Eine unschuldige Variante hierzu: Jedes einzelne Fremdwort wird unten am Rand anhand eines Lexikons notdürftig erklärt (Schüler in Klausurvorbereitungen).

Typus des überforderten Lesers. Er jammert: „Was soll das?" – „Wieso?" – „Wie kommt er denn darauf?" In der Regel kein Durchhaltevermögen. Die Kritzeleien hören irgendwann auf.

Typus des Widerspruchsgeistes. Gibt sich Mühe, den Autor zu widerlegen, was meist kläglich ausfällt. Zornige Kommentare. Ebenso unangenehm wie der

Typus des Universalgeistes. Dieser ergänzt das, was seiner Meinung nach im Text fehlt, ausgelassen ist oder nicht deutlich genug zur Darstellung kommt. Glaubt, dass sein Wissen der Allgemeinheit nützt.

Typus des Ja-Sagers. Hält sich meist zurück, im affizierten Zustand kann es ihm aber geschehen, dass er „Bravo!", „Gut gesagt!" oder „Richtig" an den Textrand schreibt. Macht auch Häkchen zum Zeichen des Einverständnisses.

Typus des Studenten. Hat die Angewohnheit, in der U-Bahn seinen spontanen Einfällen Ausdruck zu verleihen. Leidet unter Papiermangel. Sieht sich gezwungen, alle leeren Seiten eines Buches zu beschreiben. Viele Querverweise. Benutzt leider auch Textmarker. Dann gibt es noch den schwer einzuordnenden

Sondertypus. Seine Motivation ist nicht so leicht auszumachen. Außergewöhnliches Präferenzsystem und Sendungsbewusstsein.

Kritzler brauchen keine Lesezeichen mehr oder abgeknickte Eselsohren. Sie nehmen einfach die Lektüre bei der letzten Unterstreichung wieder auf. So ist jeder Irrtum ausgeschlossen, man ist garantiert an der richtigen Stelle.

Manchmal geschieht es, dass den Rezensenten der Mut verlässt oder dass er genug hat oder seine Erwartungen nicht erfüllt sieht. Dann hat man Glück gehabt. Das Geschmiere hört urplötzlich auf Seite 48 auf. Die restlichen Blätter wirken so rein, so unschuldig, dass man sie fast küssen möchte.

(Die Zeit, Nr. 40 vom 29. September 1995, S.83.)

Arbeitsanregungen

1. Soll man „in Büchern kritzeln"? Warum?

2. Zu welchem „Typus" gehören Sie?

3. Analysieren Sie die unterschiedlichen „Kommentare" (Kennzeichnungen); was würden Sie anders kennzeichnen? Warum?

4. Kennzeichnen Sie – entsprechend der Empfehlung von Mühlrodt – Stellen im Text „Gedanken über das Lesen"!

Wilhelm Busch (1832 in Wiedensahl/Hannover geboren und 1908 in Mechtshausen/Harz gestorben) gehört zu den bedeutendsten und volkstümlichsten Humoristen in Deutschland. Die Wirkung seiner Bildergeschichten liegt in der Einheit von pointierten Zeichnungen und schlichten Knittelversen; beide von großer Treffsicherheit in der Darstellung von Charakter, Komik und jeweiliger Situation. Busch entlarvt Erscheinungsformen seiner Zeit (Scheinmoral, Selbstgerechtigkeit und falsche Frömmigkeit).

Die abgedruckten Verse und Zeichnungen sind der Beginn des „Vierten Streichs" aus dem Jugendbuch **„Max und Moritz"** (1865), das inzwischen zu den bekanntesten und am meisten verbreiteten Büchern deutscher Sprache gehört.

Der Kritiker Friedrich Seidel schrieb 1883: „Die für den ersten Anblick ganz harmlos und belustigend erscheinenden Karikaturen in ‚Max und Moritz' und in anderen Büchern von W. Busch sind eins von den äußerst gefährlichen Giften, welche die heutige Jugend, wie man überall klagt, so naseweis, unbotmäßig und frivol machen."

Lesehinweis
Wilhelm Busch, Max und Moritz. Zürich: Diogenes 1974 = detebe 60/61.
Joseph Kraus, Wilhelm Busch in Selbstzeugnissen und Bilddokumenten. Reinbek: Rowohlt 1970 = rororo bildmonografien 163.

Wilhelm Busch, **Lehrer Lämpel**

Also lautet ein Beschluß:
Daß der Mensch was lernen muß. –
– Nicht allein das A-B-C
Bringt den Menschen in die Höh;
Nicht allein im Schreiben, Lesen   5
Übt sich ein vernünftig Wesen;
Nicht allein in Rechnungssachen
Soll der Mensch sich Mühe machen;
Sondern auch der Weisheit Lehren
Muß man mit Vergnügen hören. –   10

Daß dies mit Verstand geschah,
War Herr Lehrer Lämpel da.

(Wilhelm Busch, Max und Moritz. Zürich: Diogenes 1974, S. 33.)

Arbeitsanregungen

1. Informieren Sie sich über die einzelnen Stationen von Wilhelm Busch und erarbeiten Sie die jeweilige Bedeutung für sein Leben und Werk (Biografien, Heimatmuseum, Literaturgeschichte)!

2. Welches Bild vom Lehrer zeichnet Wilhelm Busch? Welche Haltung zur Erziehung wird deutlich (Zeichnung und Verse)?

3. Wie ist die im 19. Jahrhundert vorgetragene Kritik (vgl. S. 27, biografische Einleitung) zu erklären? Ist sie heute noch aktuell?

Heinrich Mann wurde 1871 in Lübeck geboren. Nach einer Buchhändlerlehre verbrachte er mehrere Jahre in Italien, lebte einige Zeit in München und danach in Berlin.

In den 20er Jahren galt er als der geistige Repräsentant der Weimarer Republik; er musste wegen seiner humanistischen und pazifistischen Gesinnung schon 1933 aus Deutschland emigrieren. Nach 17 Jahren im Exil in den USA starb er, kurz bevor er nach Deutschland zurückkehren wollte, 1950 in Los Angeles.

Seine schriftstellerische Tätigkeit ist durch seinen Kampf gegen das Spießbürgertum des Wilhelminischen Deutschland charakterisiert. Literarische Zeugnisse dieses Engagements sind die auch durch ihre Verfilmung berühmt gewordenen Romane „Professor Unrat" (Film: „Der blaue Engel") und „Der Untertan".

Der Roman **„Professor Unrat"**, von dem hier der Anfang abgedruckt ist, erschien im Jahr 1905; er schildert „die makabere Geschichte eines professoralen" Lehrers, einer „Spießexistenz, die in später Leidenschaft einer Kleinstadtkurtisane verfällt und aus den gewohnten bürgerlichen Bahnen entgleist".
(Vorwort zur Taschenbuchausgabe)

Lesehinweis
Heinrich Mann, Professor Unrat. Reinbek: Rowohlt 1993 = rororo 35.
Heinrich Mann, Der Untertan. München: dtv 1964 = dtv 256/257.

Heinrich Mann, Professor Unrat

Da er Raat hieß, nannte ihn die ganze Stadt Unrat. Nichts konnte einfacher und natürlicher sein. Der und jener Professor wechselten zuweilen ihr Pseudonym. Ein neuer Schub Schüler gelangte in die Klasse, legte mordgierig eine vom vorigen Jahrgang noch nicht genug gewürdigte Komik an dem Lehrer bloß und nannte sie schonungslos beim Namen. Unrat aber trug den seinigen seit vielen Generationen, der ganzen Stadt war er geläufig, seine Kollegen benutzten ihn außerhalb des Gymnasiums und auch drinnen, sobald er den Rücken drehte. Die Herren, die in ihrem Hause Schüler verpflegten und sie zur Arbeit anhielten, sprachen vor ihren Pensionären vom Professor Unrat. Der aufgeweckte Kopf, der den Ordinarius der Untersekunda hätte neu beobachten und nochmals abstempeln wollen, wäre nie durchgedrungen; schon darum nicht, weil der gewohnte Ruf auf den alten Lehrer noch so gut seine Wirkung übte wie vor sechsundzwanzig Jahren. Man brauchte nur auf dem Schulhof, sobald er vorbeikam, einander zuzuschreien:

„Riecht es hier nicht nach Unrat?"

Oder:

„Oho! Ich wittere Unrat!"

Und sofort zuckte der Alte heftig mit der Schulter, immer mit der rechten, zu hohen, und sandte schief aus seinen Brillengläsern einen grünen Blick, den die Schüler falsch nannten und der scheu und rachsüchtig war: der Blick eines Tyrannen mit schlechtem Gewissen, der in den Falten der Mäntel nach Dolchen späht. Sein hölzernes Kinn mit dem dünnen, graugelben Bärtchen daran klappte herunter und hinauf. Er konnte dem Schüler, der geschrien hatte, „nichts beweisen" und musste weiterschleichen auf seinen magern, eingeknickten Beinen und unter seinem fettigen Maurerhut.

Zu seiner Jubelfeier im Vorjahr hat das Gymnasium ihm einen Fackelzug gebracht. Er war auf seinen Balkon getreten und hatte geredet. Während alle Köpfe, in den Nacken gelegt, zu ihm hinaufsahen, war plötzlich eine unschöne Quetschstimme losgegangen:

„Da ist Unrat in der Luft!"

Andere hatten wiederholt:

„Unrat in der Luft! Unrat in der Luft!"

Der Professor dort oben fing an zu stottern, obwohl er den Zwischenfall vorausgesehen hatte, und sah dabei jedem der Schreier in den geöffneten Mund. Die anderen Herren standen in der Nähe; er fühlte, dass er wieder einmal „nichts beweisen" könne; aber er merkte sich alle Namen. Schon tags darauf gab der mit der gequetschten Stimme dadurch, dass er das Heimatdorf der Jungfrau von Orleans nicht kannte, dem Professor Gelegenheit zu der Versicherung, er werde ihm im Leben noch oftmals hinderlich sein. Richtig war dieser Kieselack zu Ostern nicht versetzt worden. Mit ihm blieben die meisten in der Klasse zurück von denen, die am Jubiläumsabend geschrien hatten, so auch von Ertzum. Lohmann hatte nicht geschrien und blieb dennoch sitzen. Dieser erleichterte die Absicht Unrats durch seine Trägheit und jener durch seine Unbegabtheit.

(Heinrich Mann, Professor Unrat. Roman. Reinbek: Rowohlt 1993 = rororo 35, S. 5-6.)

Arbeitsanregungen

1. Welche Bedeutung hat das Wortspiel mit dem Namen des Lehrers „Raat-Unrat"? Warum wird der Lehrer so gerufen?

2. Wie reagiert Professor „Unrat"? Wie würden Sie sich verhalten?

3. Verwenden Sie „Spitznamen"? Warum?

Christine Brückner wurde am 10. Dezember 1921 in Schmillinghausen/Waldeck geboren und starb am 21.12.1996 in Kassel. Nach ihrem Examen als Diplom-Bibliothekarin und dem Studium der Kunstgeschichte und Literatur in Marburg folgten mehrere Berufs- und Ortswechsel. Mit 32 Jahren beteiligte sie sich an einem Romanpreisausschreiben des Bertelsmann Verlages und gewann für „Ehe die Spuren verwehen" den ersten Preis. Nach diesem Erfolg folgten „Jauche und Levkojen" (1975), „Nirgendwo ist Poenichen" (1977) und „Die Quints" (1985) - ihr Hauptwerk. Trotz ihrer Popularität steht ihr die Literaturkritik meist ablehnend gegenüber: Sie sieht in Christine Brückner vor allem die Unterhaltungsschriftstellerin mit einem Hang zum Sentimentalen und das, obwohl die Autorin immer wieder versucht neue Ausdrucksformen für ihre Themen zu finden (Aphorismensammlungen, Essays, Theaterstücke). Ihren Anspruch an Literatur fasst sie wie folgt zusammen: „Ich komme, je älter ich werde, immer mehr zu der Überzeugung, dass Bücher, ohne unwahr zu sein, ohne zu beschönigen, Auswege aus Konflikten aufzeigen und den Leser klüger, mutiger, vielleicht sogar heiterer machen sollten."

Lesehinweis
Christine Brückner, Jauche und Levkojen. Frankfurt: Ullstein 1975.
Christine Brückner, Wenn du geredet hättest, Desdemona. Ungehaltene Reden ungehaltener Frauen. Hamburg: Hoffmann und Campe 1983.

Christine Brückner, „Nicht einer zu viel!"

Der Studienrat Dr. K. muss Anfang vierzig gewesen sein. Wir verehrten ihn, das Wort schwärmen träfe nicht zu. Seine Überlegenheit war augenfällig, er musste sie nicht betonen. Er war in den entscheidenden Jahren unserer geistigen Entwicklung der Leiter meiner Klasse und unterrichtete uns in den wichtigsten Fächern: Geschichte und Deutsch. Ein Deutsch-Nationaler, der zu dem abgespaltenen volkskonservativen Flügel übergetreten war, als sich Hugenberg mit Hitler zur „Nationalen Einheitsfront" verband.

Geschichte war bei ihm nicht mit Kriegsgeschichte gleichzusetzen; er verlangte nicht, dass wir die Daten und Orte der Schlachten auswendig lernten. Er unterrichtete uns in den möglichen Staatsformen. Wir wussten Bescheid darüber, was Absolutismus, was Diktatur und was Demokratie besagte, und kannten die typischen Ausprägungen in den verschiedenen Ländern und Zeiten. Er verglich die Französische Revolution mit der Achtundvierziger Revolution und mit der Russischen Revolution vom Jahr 1917. Wir lasen die amerikanische Verfassung und stellten ihr die Weimarer Verfassung und das Parteiprogramm der NSDAP gegenüber.

Dr. K. hatte als Infanterieoffizier am Ersten Weltkrieg teilgenommen und war an der Einnahme der Festung Donaumont im Februar 1916, damals zwanzigjährig, beteiligt gewesen. Es hieß, dass er im Bericht der Obersten Heeresleitung namentlich erwähnt worden sei. Er war Träger des Eisernen Kreuzes Erster Klasse, aber er erzählte uns nie von seinen Erlebnissen im Krieg, nicht einmal am letzten Tag vor den Sommerferien. Zu keinem der zahlreichen nationalen Feiertage trug er ein Ordensbändchen im Knopfloch. 1918 war er durch einen Lungendurchschuss schwer verwundet worden, auch davon sprach er nicht. Wenn er die Zahl der Toten und Verwundeten des Ersten Weltkrieges nannte, erwähnte er nie, dass er dabei mitgezählt worden war, stattdessen unterrichtete er uns über die Höhe der Kosten für Waffen und Munition. Ich erinnere mich, dass er 1934 zu uns sagte, der Nationalsozialismus könne zum Verhängnis für das deutsche Volk werden. Er vertrat die Ansicht, dass Aufklärung nicht allein im Biologieunterricht, sondern auch und vor allem im Geschichtsunterricht zu erfolgen habe und dass Geschichte kein totes Wissensgebiet sei, sondern dass man aus der Geschichte lernen könne und müsse. Es gab Augenblicke, in denen leidenschaftlicher Eifer bei ihm durchbrach, im Allgemeinen blieb er ruhig, beherrscht, sachlich. Er las Abschnitte aus Hitlers „Mein Kampf" vor, ein Buch, das er für eine unerlässliche Pflichtlektüre für alle Gymnasien ansah, da es das ganze Programm Hitlers enthielt, das jener zu verwirklichen trachtete. Wir sprachen über die „Germanisierung des Ostraums", über den Austritt Deutschlands aus dem Völkerbund und über die Folgen, die die einseitige Kündigung des Versailler Vertrages würde haben können. Wir lasen gemeinsam die Texte der Kriegserklärungen und lasen die Texte der Friedensverträge.

Der weitaus größte Teil unserer Klasse saß in braunen Uniformen vor ihm. Das hinderte ihn nicht daran, über das Risiko zu sprechen, das die deutsche Regierung mit der Einführung der Wiederbewaffnung einging. Wir waren zwölf- und dreizehnjährig in dieser Epoche der nationalen Erhebung und von unkontrollierten Gefühlen mitgerissen. Er stand uns ruhig und besonnen gegenüber. „Ich gebe zu bedenken", mit diesen Worten fingen viele seiner Sätze an. Später konnte er seine Erwägung nicht mehr zu bedenken geben. Er besaß eine Familie, vier Kinder. Er las nicht mehr „Mein Kampf" mit seinen Schülern, zitierte nicht mehr ironisch Dietrich Eckart, nahm nicht mehr Führerreden mit uns durch. Er musste die Lektüre von Heinrich Heines „Politischem Testament" abbrechen, immerhin lasen wir Herders Schrift „Über den Nationalwahn". Eines der Themen, die er uns für den deutschen Aufsatz gab, lautete: „Der Intellekt ist eine Gefahr für die Bildung des Charakters: Welche Wirkung übt dieser Satz Josef Goebbels' auf den Schüler einer Obersekunda aus?"

Als unsere jüdische Mitschülerin eines Tages fortblieb, sagte er: Sie kann nicht länger eine deutsche Schule besuchen, da weder ihr Aussehen noch ihr Charakter so deutsch sind wie eure und meine. Außerdem lebt ihre Familie erst seit zweihundert Jahren in dieser Stadt, das reicht nicht aus. Von da an bediente er sich nur noch der mittelbaren Äußerungen. Der Verschlüsselungen. Einige seiner Schüler verstanden ihn, die anderen hörten die Ironie nicht heraus, wenn er Hölderlins „Tod fürs

Vaterland" interpretierte. „O Vaterland/Und zähle nicht die Toten! Dir ist/Liebes! nicht einer zu viel gefallen." Er gab dann exakt die Zahl der Toten auf deutscher Seite und auch auf der Seite der Entente an. „Nicht einer zu viel!" Damit schloss er den Unterricht und verließ das Klassenzimmer, bevor es geläutet hatte.

Als seine Oberprimaner nach Ausbruch des Zweiten Weltkrieges einberufen wurden, sagte er ihnen: „Ich habe versucht, Sie auf das Leben vorzubereiten. Ob meine Vorbereitungen auch –", da brach er ab, sagte nur noch: „Das Leben ist der Ernstfall! Der Frieden!" Und ging. Die Angehörigen meines Jahrgangs sahen sich 1948 zum ersten Mal bei einem Klassentreffen am Schulort wieder. Von einundzwanzig Schülern waren neun am Leben. Sieben waren gefallen, drei vermisst, eine Mitschülerin war bei einem Luftangriff ums Leben gekommen, eine war im Konzentrationslager vergast worden, einer der Männer trug eine Beinprothese.

Wir hätten Studienrat Dr. K. gern zu diesem Treffen eingeladen, aber es war uns leider nicht möglich. Es hat ihn nie gegeben.

(Deutschsprachige Erzähler der Gegenwart, Bd. 2. Hrsg. von Rolf Hochhuth. Köln 1982, S. 259-262.)

Arbeitsanregungen

1. Stellen Sie die Stationen der Biografie des Lehrers zusammen! Welche Bedeutung haben sie?

2. Beschreiben Sie die Art des Lehrers, Geschichtsunterricht zu erteilen, und sein Verhältnis zu den Schülern!

3. Hätte es diesen Lehrer geben können?

4. Antworten Sie auf Dr. K.'s Zweifel: „Ob meine Vorbereitungen auch –"!

WLADIMIR TENDRJAKOW, Sechzig Kerzen

Inhalt

Sechzig Kerzen schmücken die Geburtstagstorte des Lehrers Jetschowin, eines stillen, bescheidenen, pflichtbewussten Mannes. Dem bisher Unauffälligen werden anlässlich seines 60. Geburtstags und 40. Berufsjubiläums überraschende Ehrungen zuteil. Ehemalige Schüler melden sich, Presse, Funk und Fernsehen sind dabei. [...]

Da findet Jetschowin unter der Post, zunächst ungläubig, eine anonyme Morddrohung: Ein ehemaliger Schüler, inzwischen ein heruntergekommener Säufer, wie er bekennt, »Vertreter des menschlichen Abschaums«, kündigt an, er werde ihn richten und töten, weil er sein Leben zerstört und überhaupt die Umwelt vergiftet habe.

Jetschowin martert sein Gedächtnis, wer der Absender sein könnte, durchläuft mit bohrender Selbstprüfung nochmals sein Leben. [...]

Die Neusicht auf sein Leben befähigt Jetschowin schließlich, der Begegnung mit dem Briefschreiber, der sich zudem als unfähig zu einem Mord erweist, standzuhalten und am Ende auch den Gedanken an einen Suizid von sich zu weisen: »Der große Sprung über dich hinweg. Nichts wird besser damit und nichts wird anders.«

Bühnenfassung von Barbara Abend und Christina Schumann nach der Übersetzung von Thomas Reschke (Auszug)

PERSONEN
Nikolai Stepanowitsch Jetschowin, Lehrer
Sergej Kropotow, ehemaliger Schüler
Sonja, Jetschowins Frau
Vera, Jetschowins Tochter
Jelkin, ehemaliger Schüler
Ledenew, junger Lehrer
Botscharow, Schüler
Iwan Graube, Schuldirektor vor 1917
Tanja, Graubes Tochter
Iwan Sukow, Schuldirektor nach 1917
Redner, Reporter, Schüler

Nikolai Stepanowitsch Jetschowin wird 60. Grelles Licht fällt auf den Jubilar. Starker Applaus.

Eine Rede: . . . ein Leben im Dienste der Pädagogik. Nikolai Stepanowitsch Jetschowin – ein hervorragender Lehrer, ein hervorragender Mensch, Geist und Gewissen unserer Schule.

Beifall. Ein Orden wird ihm angeheftet, Blumen werden gereicht. Ein Tusch.

Eine Rede: . . . und denke noch heute in tiefster Verehrung an Sie, an meinen Lehrer, dem ich bis ans Ende meiner Tage dankbar sein werde.

Starker Applaus. Blumen.

Eine Rede: . . . ist für uns ein Kollege, der uns in seinem Wissen und in seiner Haltung als Pädagoge und als Kollege Vorbild ist.

Ein Reporter organisiert Kamera und Licht zum Jubilar.

Ein Reporter: Ich habe gelesen, der Held der Sowjetunion, Leutnant Buchalow, war Ihr Schüler?

Jetschowin: Nicht nur mein Schüler. Ich habe ihn großgezogen. Er tauchte eines Tages im Dorf auf, zerrissen, zerlumpt, eine Rotznase. Ich war damals erst ein Jahr verheiratet, wir nahmen ihn auf. Er ist mein ganzer Stolz, glauben Sie mir . . .

Applaus.

Monitore: Heute wurde einer der ältesten Bürger der jungen Stadt Karassino, der verdiente Lehrer Nikolai Jetschowin, 60 Jahre alt. In ihm feiert die Stadt nicht nur einen ihrer besten und erfolgreichsten Lehrer, sondern auch einen Zeugen und Teilnehmer ihrer Geschichte. Die Stadt Karassino ist jung, aber sie hat eine eigene Tradition und einen eigenen Helden.

Tusch, Beifall.

Ein Reporter: Sie wurden also tatsächlich im ehemaligen Dorf Karassino geboren?

Jetschowin: Ja. Hier irgendwo ganz in der Nähe. Da stand das Haus des Schusters Stepan Jetschowin. Das war mein Vater. Ungefähr da, wo heute der Boulevard der Jugend ist. Früher waren da staubige Gassen, mit Gras bewachsen. Wir kannten noch den Hakenpflug. Von Autos hatten wir noch nichts gehört, aber von großen eisernen Wagen – „Samowaren auf Rädern". Zu sehen bekamen wir sie aber erst nach der Revolution . . .

Gelächter. Beifall.

Eine heitere Rede: Wir sagten, wenn nicht er, wer denn sonst. Also, die Volksbildungsabteilung schickt die entsprechenden Papiere an die entsprechenden Ämter. Da sagt einer von den Gründlichen: Moment mal, hier steht, er wurde in Karassino geboren und er arbeitete vierzig Jahre ununterbrochen an der Schule, die er wenige Jahre vor der Revolution zum ersten Male betrat. Welche denn? Gab's denn in Karassino überhaupt eine Schule?

Beflissenes Gelächter.

Reporter: Wie wir hörten, gab es in dem Dorf Karassino eine richtige Schule.

Jetschowin: Ja, natürlich. Und stellen Sie sich vor, sie war damals in ganz Russland bekannt. Wir brauchten für den Unterricht nichts zu bezahlen, eine so genannte Volksschule. Ihr Leiter war Iwan Graube, er war damals sehr bekannt.

Reporter: Iwan von Graube, ein Wegbereiter der modernen Pädagogik!

Jetschowin unwirsch: Graube hieß einfach Graube, ohne „von".

Applaus und Gelächter.

Eine heitere Rede: Da hatten wir ihn, unsern „Ahnherrn". Hundert Jahre soll er werden.

Es wird mit Sekt angestoßen.

Eine Rede: Vierzig Jahre an der vordersten pädagogischen Front. Aufopfernd, hervorragend, beispielhaft – Nikolai Jetschowin.

Jetschowin: Ich möchte Ihnen danken ... ich danke Ihnen ... es ist eine große Freude für mich. Danke für die vielen lobenden Worte ... auch an meine Kollegen, an unser gutes Lehrerkollektiv ... wo wäre ich in den vierzig Jahren ohne sie geblieben. Danke auch an meine längst erwachsenen Schüler, für die vielen Glückwünsche. Ich war sehr überrascht ... ich hätte nie gedacht, dass sich so viele noch an mich erinnern ... Also Ihnen allen ... nochmals herzlichen Dank.

Beifall. Tusch. Beifall, der plötzlich abbricht. Lichtwechsel. Auf einem Schreibtisch brennt eine Lampe. Eine ungeheure Stille. Alle Geräusche im Zimmer heben sich in dieser Stille überdeutlich ab.

Jetschowin sitzt am Schreibtisch und öffnet einen Brief, er schmunzelt, streicht ihn sorgfältig glatt, legt ihn mit der gleichen liebevollen Sorgfalt in eine Mappe. Das Gleiche wiederholt sich. Jetschowin liest.

Jetschowin: Verzeihen Sie, lieber Nikolai Stepanowitsch, dass ich Ihnen verspätet zu Ihrem Jubiläum gratuliere, ich las von diesem Ereignis erst kürzlich in der Zeitung. Sie werden den Kopf schütteln und denken, dieser Gubarow, er kommt noch immer zu spät ...

Jetschowin schmunzelt, liest zu Ende: Gubarow ...? Legt den Brief zu den anderen. Er öffnet den letzten Brief. Liest. Plötzlich brechen alle Zimmergeräusche ab. Jetschowin liest laut, um sich von der Realität des Geschriebenen zu überzeugen.

Jetschowin: „Sie werden sich kaum an mich erinnern – während ich nun schon fast zwei Jahrzehnte täglich, stündlich an Sie denke. Wer ich bin? Ich bin Alkoholiker, das ist mein auffälligster Wesenszug. Alles Übrige ist nichtig: Mensch ohne Beruf, ohne Familie, nicht mal ein Dieb..." Merkwürdig. So ein Schwachsinn.

Er schaut auf den Briefumschlag. Mein Name – Nikolai Stepanowitsch Jetschowin. „... nicht mal ein Dieb, obwohl ich es leicht hätte werden können. Ich bin einfach ein Vertreter des sogenannten menschlichen Abschaums. Das verdanke ich nicht meinem Charakter, sondern Ihnen, Nikolai Jetschowin! Sie haben mich zum Krüppel gemacht! Und ich bin nicht der Einzige! Grauenhaft, dass auf sie respektvoll gezeigt wird: Nehmt euch ein Beispiel! Sie vergiften das Leben. Ihre Schüler werden ihr Gift weitergeben und Giftige zeugen. Wer weiß, wie lange das so fortgeht, wenn niemand einschreitet.

Schaut um sich, als befürchte er Zuhörer. Warum soll ich nicht ein einziges Mal den Menschen Gutes tun und ihnen beweisen, dass ich mein scheußliches Leben nicht umsonst gelebt habe. Ich kann nicht schreien: Gute Menschen, nehmt euch in Acht! Wer würde mir schon glauben, einem runtergekommenen Philosophen der Stehbierkneipen. Ich kann mir nur Gehör verschaffen, wenn ich Sie töte und dann vor Gericht komme. Die Verhandlung über mich soll eine Verhandlung über Sie werden. Sie können mir widersprechen: Ein Verbrechen kann die Wahrheit nicht aufdecken. Aber einen gesellschaftlichen Infektionsherd zu vernichten ist kein Verbrechen. Mein Gewissen ist rein, alles Übrige kümmert mich nicht. Höchstwahrscheinlich verliere ich mein Leben. Aber das ist das Leben eines Saufboldes, den niemand braucht. Um mich wird keine Frau jammern, kein Kind weinen. Also halten Sie sich bereit.

Ein ehemaliger Schüler.

Jetschowin starrt auf den Brief. Plötzlich greift er nach dem Umschlag und untersucht den Poststempel.

Gestern aufgegeben.

Steht hastig auf, will aus dem Zimmer, kehrt zum Schreibtisch zurück.

175 *Es entsteht in der Vorstellung Jetschowins eine zweite Ebene, neben, um oder hinter der tatsächlichen, realen. Sie existiert nur durch Jetschowins Gedanken. Alle Personen der realen Ebene, der Ebene der Tagesereignisse und tatsächlichen Begegnungen sind von dieser fiktiven* 180 *Ebene unbeeinflusst. Jetschowin wird von ihr beeinflusst und wirkt auf sie zurück.*

Jetschowin entdeckt einen Nachsatz. Eine Gestalt erscheint (in seiner Vorstellung). Sie ist nicht 185 *zu identifizieren. Wir nennen sie DEN GESICHTSLOSEN.*

Der Gesichtslose: Ich brauche meine Haut nicht zu retten. Das erleichtert mir meine Aufgabe beträchtlich, darum erlaube 190 ich mir den Luxus, Ihnen mitzuteilen, was Sie erwartet.

Jetschowin: Höchstwahrscheinlich ein übler Scherz. Ein Erwachsener – kaum. Ein Schüler Botscharow. „Ich bin Alkoholiker" 195 – sieh mal an. Nicht ohne Erfindungsgeist.

Für Jetschowin übernimmt Botscharow die Position des Gesichtslosen.

Du führst seit langem deinen Krieg gegen die Lehrer. „Sie töten" und schon 200 kriegt er einen Schreck, der alte Narr. Ein Spaß zum Totlachen! Nur, dass das die Grenzen des Erlaubten ein bisschen überschreitet.

„Botscharow": Sie haben mich zum Krüp-205 pel gemacht.

Jetschowin: Großartig! Weil ich dich vor deinen eigenen Dummheiten bewahrt habe?! Aber man ist ja eine Persönlichkeit, die sich nicht in den Rahmen ein-210 passen lässt. Nur, dass alle Lehrer von dieser Persönlichkeit die Nase voll hatten. Ich habe gepredigt: er ist ein überdurchschnittlicher Kopf, soll er! Sonst wärst du heute sonst wo.

„Botscharow": Gute Menschen nehmt euch 215 in Acht!

Jetschowin: Du bist dünkelhaft und egoistisch mein lieber Freund! Du fühlst dich als Nabel der Welt und willst anders sein als die Allgemeinheit. Anders denken, 220 anders handeln. Ein Leben gegen den Strom. Ich habe dich verteidigt, aber das werde ich nicht zulassen.

„Botscharow": Wer weiß, wie lange das so fortgeht, wenn niemand einschreitet. 225

Jetschowin: Alles kannst du von mir erwarten, nur keine Nachsicht. Ein Lehrer, der aus Güte gegenüber jugendlichen Verfehlungen Nachsicht übt, ist ein Verbrecher. 230

„Botscharow": Aber einen gesellschaftlichen Infektionsherd zu vernichten ist kein Verbrechen.

Jetschowin: Sorge um die ganze Welt. Anklage namens der Gesellschaft . . . und 235 alles, um zu scherzen?

„Botscharow": Ich brauche meine Haut nicht zu retten, das erleichtert mir die Arbeit.

Jetschowin: Gekränkte Eigenliebe hätte 240 den Brief mit Drohungen vollgestopft. Aber das ist wohl durchdacht, ausgereift.

Für Jetschowin verliert sich die Identität Botscharow – Gesichtsloser, Botscharow verschwindet. […] 245

(Theater der Zeit, 1985, Nr. 5, S. 55-59.)

Arbeitsanregungen

1. Durch welche Ereignisse ließe sich der Vorwurf des Gesichtslosen („Botscharow"): „Sie haben mich zum Krüppel gemacht" rechtfertigen?

2. Wie beurteilen Sie Jetschowins Reaktion auf den anonymen Brief und die Reden?

3. Führen Sie den „Dialog" zwischen Jetschowin und dem Gesichtslosen („Botscharow") fort!

Jurek Becker, 1937 in Lodz (Polen) geboren und 1997 in Berlin verstorben, verbrachte den größten Teil seiner Kindheit in Konzentrationslagern und im Getto. Erst 1945, nachdem er mit seinen Eltern nach Berlin gezogen war, lernte er Deutsch. Als freier Schriftsteller und Drehbuchautor lebte Becker ab 1960 in Ost-Berlin. Aus Protest gegen die Ausbürgerung des Liedermachers Wolf Biermann aus der ehemaligen DDR trat er 1977 aus dem Schriftstellerverband aus und siedelte mit Genehmigung der Behörden nach West-Berlin um. 1969 erschien sein erster Roman „Jakob der Lügner"; er schrieb außerdem Filmdrehbücher und Fernsehserien (z. B. „Liebling Kreuzberg" und „Kir Royal").

In seinem Roman **„Schlaflose Tage",** aus dem der folgende Ausschnitt stammt, ist der Modellfall einer Verweigerung nachgezeichnet. Der Held des Romans, der DDR-Lehrer Simrock, spürt eines Tages im Unterricht sein Herz. Über die organische Bedeutung hinaus erscheint ihm dieses Herzklopfen als Aufbegehren der unterdrückten Teile seiner Persönlichkeit. Er beginnt, seine private und berufliche Existenz in Frage zu stellen.

Lesehinweis
Jurek Becker, Jakob der Lügner. Frankfurt: Suhrkamp 1982.
Jurek Becker, Irreführung der Behörden. Frankfurt: Suhrkamp 1975.

Jurek Becker, Schlaflose Tage

Simrock machte sich daran zu erkunden, welche Eigenschaften des Lehrers, der er bis jetzt war, verändert und welche seiner Gewohnheiten aufgegeben werden sollten. Gleichzeitig zerbrach er sich den Kopf, welche Eigenschaften und Gewohnheiten er an die Stelle der abzuschaffenden setzen mußte, denn er wollte nicht wieder
5 vor einem Loch stehen. Lange hatte er nicht mehr darüber nachgedacht, welches die Vorzüge eines guten Lehrers sind. Entweder war ihm die Frage nicht gekommen, oder er rechnete sich in ehrgeizigen Augenblicken einfach den guten Lehrern zu. Er konnte sich nicht daran erinnern, welches Idealbild ihm als Student vor Augen gewesen war. Er wußte nicht einmal mehr, ob es je eins gegeben hatte.

10 Gegen die Gefahr, Merkmale guter Lehrer auf flüchtige Weise zu erkennen, um sie, sich faul mit dem bloßen Erkennen zufriedengebend, bald wieder zu vergessen, nahm er ein Blatt Papier. Als er zu schreiben anfangen wollte, kam ihm der Gedanke, es könnte gut sein, zuvor mit anderen Lehrern zu sprechen oder, wenn schon nicht mit Lehrern, mit anderen Personen. Dann sagte er sich, es gehe ausschließlich um die
15 Meinung des Lehrers, der er in diesem Moment war. Er nahm den Bleistift wieder zur Hand, fühlte sich aber abgelenkt durch die Sehnsucht nach einer Frau, die nicht Ruth sein durfte. Für wenige Minuten überließ er sich dieser Sehnsucht, dann dachte er:

Wenn viele Probleme gleichzeitig einer Lösung bedürfen, so wie bei mir jetzt, wird stets der Gedanke an das eine die Bewältigung des anderen behindern. Da ich mich nicht selbst zur Untätigkeit verurteilen will, muß ich bereit sein, auch in abgelenktem Zustand eins meiner Vorhaben zu beginnen. Dann, nachdem er so weit war, zwang er sich zur Konzentration. Abwechselnd überlegte und schrieb er den Abend hindurch und einen Teil der Nacht.

1. Mein guter Lehrer muß ein Verbündeter der Kinder sein. Nicht in der Absicht, einen pädagogischen Trick anzubringen, nicht wie ein Taschenspieler, der mit Hilfe seines Verbündet-Tuns andere Ziele verfolgt, sondern ohne Vorbehalt. Nur auf Grund der Überzeugung, daß Kinder Verbündete brauchen.

2. Verbündeter sein heißt, sich gegen jemanden zu verbünden bereit sein, und sei es die mächtige Schule. Sich verbünden gegen sinnlose Bräuche und Anordnungen, von denen es die Fülle gibt. Niederlagen nicht vor den Kindern verheimlichen, sondern offen mit ihnen darunter leiden. Sich aber mit Niederlagen nicht zu früh abfinden, nicht kämpfen wie ein Fallsüchtiger.

Wie kannst du ruhig bleiben, wenn dem einen Kind infolge von Offenheit Unannehmlichkeiten entstehen und dem anderen, das nach dem Munde redet, Vorteile.

3. Im Extremfall bereit sein, Konsequenzen zu ziehen (denn es sind Niederlagen denkbar, die nicht hingenommen werden dürfen). Bereit sein, nicht länger Lehrer zu sein, sich mit dieser Bereitschaft Bewegungsfreiheit verschaffen. Doch nicht eine zu kleine Währung daraus machen, für jeden Tag.

4. Er muß sich den Kindern verantwortlich fühlen, mehr als der Schulbehörde. Über den viel gebrauchten Satz, die Schule sei dazu da, die Kinder aufs Leben vorzubereiten, darf er nicht vergessen, daß die Gegenwart ja schon das Leben der Kinder ist. Daß sie schließlich nicht Tote sind, die erst zum Leben erweckt werden müssen.

5. Gespielte Anteilnahme ist schlimmer als eingestandene Interesselosigkeit, denn sie verführt die Kinder zu Offenbarungen vor verschlossenen Ohren. Stell dir einen Blinden vor, dem weisgemacht wird, in einem in Wirklichkeit leeren Raum sitzen Zuhörer, die an seinem Schicksal interessiert sind. Wie er anfängt zu erzählen, bis er durch das Ausbleiben von Reaktionen erkennt, daß er betrogen wurde.

6. Der gute Lehrer muß gute Nerven haben. Die kann er sich nicht antrainieren, ebenso wenig sie erzwingen. Nur die Liebe kann sie ihm geben. (Aber wen lassen sie nicht alles Lehrer werden.)

7. Er muß neugierig auf die verschiedenen Anlagen der Kinder sein, er muß sie erkennen wollen. Er darf nicht ein fertiges Kind im Kopf haben, an das er alle anderen heranführen will, gebrochen und gleich.

8. Es wird geschehen, daß seine Ansichten von denen abweichen, die er laut Lehrplan den Kindern vorzutragen hat. (Ihm, meinem guten Lehrer, wird das immer wieder geschehen.) Wie sich verhalten? Nur die andere Ansicht sagen? Oder nur die eigene? Oder beide? Wahrscheinlich gibt es keinen anderen Weg, als den Kindern zu erklären, wie Überzeugungen zustandekommen: nicht nur aus Urteilen, sondern auch aus Vorurteilen. Das ist ein abenteuerliches Thema. Er darf die Kinder nicht lähmen mit Endgültigem, sondern er muß sie vergleichen lehren und somit zweifeln.

9. Sich selbst darf er über keine Auseinandersetzung stellen, also auch nicht über den Zweifel. Er hat gewonnen, wenn die Kinder ihn akzeptieren, obwohl sie ihn ungestraft ablehnen könnten.

(Jurek Becker, Schlaflose Tage. Frankfurt: Suhrkamp 1980, S. 57-59.)

Arbeitsanregungen

1. Nehmen Sie zu den neun Aussagen von Lehrer Simrock im Einzelnen Stellung!

2. Charakterisieren Sie Simrock (zur Personencharakteristik vgl. S. 117)! Mögen Sie ihn?

3. Vergleichen Sie das Bild des Lehrers bei Wilhelm Busch, Heinrich Mann, Christine Brückner, Wladimir Tendrjakow und Jurek Becker! Stellen Sie entsprechende Merkmale, Eigenschaften und Verhaltensweisen gegenüber!

4. Gibt es ein „Idealbild" des Lehrers/der Lehrerin? Entwickeln Sie entsprechende Grundsätze!

Wolfgang Borchert, Lesebuchgeschichte

Kegelbahn. Zwei Männer sprachen miteinander.

Nanu, Studienrat, dunklen Anzug an. Trauerfall?

Keineswegs, keineswegs. Feier gehabt. Jungens gehn an die Front. Kleine Rede gehalten. Sparta erinnert. Clausewitz zitiert. Paar Begriffe mitgegeben: Ehre, Vaterland.
5 Hölderlin lesen lassen. Langemarck gedacht. Ergreifende Feier. Ganz ergreifend. Jungens haben gesungen: Gott, der Eisen wachsen ließ. Augen leuchteten. Ergreifend. Ganz ergreifend.

Mein Gott, Studienrat, hören Sie auf. Das ist ja grässlich.

Der Studienrat starrte die anderen entsetzt an. Er hatte beim Erzählen lauter kleine
10 Kreuze auf das Papier gemacht. Lauter kleine Kreuze. Er stand auf und lachte. Nahm eine neue Kugel und ließ sie über die Bahn rollen. Es donnerte leise. Dann stürzten hinten die Kegel. Sie sahen aus wie kleine Männer.

(Wolfgang Borchert, Das Gesamtwerk. Hamburg: Rowohlt 1949, S. 316.)

Arbeitsanregungen

1. Welche Ziele verfolgt Borchert mit seiner Lesebuchgeschichte? Halten Sie den Titel von Wolfgang Borcherts Text für angebracht? Sind Sie der Meinung, dass der Text in einem Lesebuch abgedruckt sein sollte? Begründen Sie Ihren Standpunkt!

2. Stellen Sie die Inhalte und Ziele des Unterrichts, wie sie im Text von Jurek Becker (S. 36) und im Lesebuchvorwort von 1876 formuliert und bei Borchert angedeutet sind, gegenüber!

Deutsches Lesebuch

für

Volksschulen.

Herausgegeben

von

L. Heinemann,
dirigierendem und Seminar-Lehrer in Wolfenbüttel.

Mit 24 Illustrationen.

**Erster Teil.
Für Mittelklassen.**

Dreizehnte Auflage.

Braunschweig.
E. Appelhans & Comp.
1899.

Vorwort zur ersten Auflage.

Das Lesebuch hat die hohe Aufgabe, das gesamte Geistesleben unserer Jugend zu befruchten. Deshalb muß dasselbe aus dem reichen Geistesschatze unseres Volkes das Beste enthalten, wodurch der Geist der Kinder bereichert, ihr Herz und Gemüt veredelt und ihre Sprache zu mündlichem und schriftlichem Gebrauche gebildet wird. Treffend sagt schon Herder in seinen Schulreden: „Von der Fabel, vom Märchen an durch alle Gattungen des Vortrags sollte das Beste, was wir in unserer Sprache haben, in jeder wohleingerichteten Schule durch alle Klassen laut gelesen und gelehrt werden. Kein klassischer Dichter und Prosaist sollte sein, an dessen besten Stellen sich nicht das Ohr, die Zunge, das Gedächtnis, die Einbildungskraft, der Verstand und Witz lernbegieriger Schüler geübt hat. Unsere edle deutsche Sprache ist noch bei weitem nicht, was sie sein könnte; unsere besten Schriftsteller sind in Häusern, oft in Schulen unbekannt, da sie doch von Jugend auf die Denkart der Nation bilden, ihre lebende Sprache regeln, ihren Umgang versüßen und erheitern sollten. Kein edles Bild, keine große Gesinnung, Aufmunterung und Warnung, wenn es meisterhaft gedacht und gesagt ist, sollte bloß in unseren deutschen Büchern stehen, sondern in der Schule sollte, nachdem wie auf der Tenne das Korn von der Spreu gesichtet, jedes Edelste und Beste laut gelesen, auswendig gelernt, von Jünglingen sich zur Regel gemacht und in Herz und Seele befestigt werden. Das laute Lesen und Auswendiglernen bildet nicht nur die Schreibart, sondern es prägt auch Gedanken ein und erweckt eigene Gedanken; es giebt dem Gemüte Freude, der Phantasie Nahrung, dem Herzen einen Vorschmack großer Gefühle und erweckt einen Nationalcharakter". Hiermit ist der wichtigste Gesichtspunkt gezeichnet, welcher bei der Bearbeitung des vorliegenden Lesebuches maßgebend gewesen ist. Nicht geringe Berücksichtigung mußte bei der Auswahl der Lesestücke der geschichtliche, der geographische und der naturkundliche Unterricht finden; der Herausgeber ist bestrebt gewesen, stets frische, abgerundete Bilder aus dem Natur- und Menschenleben zu geben, welche durch anmutende, fesselnde Darstellung und durch Heranziehung der geistigen und ethischen Beziehungen den toten Stoff beleben und für die Bildung der Kinder fruchtbar machen. Diese Bilder sind Illustrationen, die den Realunterricht nicht ersetzen, sondern ihn ergänzen, vertiefen und interessant machen sollen.

Möge das Buch unter den Lehrern viele Freunde finden und den Kindern, welchen es in die Hand gegeben wird, reichen Segen für Geist und Herz bringen!

Wolfenbüttel, im Oktober 1876.

Der Herausgeber.

Projekt: Lesebuch

Arbeitsanregungen

1. Untersuchen Sie Lesebücher/Lehrbücher, die Sie kennen (oder die an Ihrer Schule in der Bibliothek zur Verfügung stehen) im Hinblick auf
   - Inhalt
   - Struktur
   - Arbeitshinweise/Fragen
   - Gestaltung!

   Verwenden Sie zur Beurteilung die folgenden Kriterien; entscheiden Sie, welche Lesebücher/Lehrbücher Sie „genehmigen" würden!

   Kriterien
   - Ist das Schulbuch für das jeweilige Alter der Schüler verständlich und für den altersgemäßen Fragehorizont interessant?
   - Ist die Verwendung von Fremdwörtern und Fachtermini notwendig und lässt sie sich in die adressatengerechte Sprachform der Schüler einfügen?
   - Hilft die Sprache, klare und eindeutige Positionen zu beziehen, und regt sie zu argumentierendem Sprechen an?
   - Welches Anordnungsprinzip liegt der Abfolge der Unterrichtseinheiten zugrunde (didaktisch-methodische Gesamtkonzeption)? Stehen Ziele, Inhalte, Lernwege, Übungen, Wiederholungen, Kontrollen in einem Zusammenhang?
   - Beachtet das Schulbuch die jeweiligen Lernvoraussetzungen – z.B. Alter, Motivation, Begabungshorizont – des Schülers?
   - Werden dem Schüler Anregungen und Raum für eigene theoretische oder praktische Auseinandersetzungen mit dem Lerngegenstand geboten? Führt es ihn zur Selbstständigkeit und Selbstverantwortung?
   - Ermöglicht das Schulbuch alternative Unterrichtsplanungen (Einzelarbeit, Partnerarbeit, Gruppenarbeit)?
   - Werden Materialien mit zusammenhängenden verständlichen Erklärungen, Darstellungen und Arbeitsanleitungen für den Schüler bereitgestellt?
   - Werden Bilder, Skizzen, Karten, Tabellen, Übersichten oder Schemazeichnungen als Arbeitsmaterial angeboten? Stehen diese Verdeutlichungsmittel in einem angemessenen Verhältnis zueinander?

   (Nach: Kriterienkatalog für die Beurteilung von Schulbüchern des Nds. Kultusministers.)

2. Formulieren Sie einen Text „Zum Lesebuch", indem Sie sich an Erich Kästners Ausführungen orientieren!

Erich Kästner, Zum Lesebuch

Krieg zum Beispiel findet heutzutage nicht mehr wie in Lesebuchgedichten statt ... In manchen Lesebüchern hat sich das noch nicht herumgesprochen. Glaubt auch den Geschichten nicht, worin der Mensch in einem fort gut ist und der wackre Held vierundzwanzig Stunden am Tag tapfer! Glaubt und lernt das, bitte, nicht, sonst werdet ihr euch, wenn ihr später ins Leben hineintretet, außerordentlich wundern!

(Erich Kästner, Gesammelte Schriften für Erwachsene. Bd. 7. München: Droemer 1969, S. 183.)

3. Erstellen Sie eine Materialsammlung für das Fach Deutsch, die Sie Ihrer Schulform entsprechend für geeignet halten! Nehmen Sie Texte und Abbildungen auf, die Ihnen im Unterricht gefallen haben und ergänzen Sie diese mit eigenen Ideen!

4. Schreiben Sie ein Vorwort zu dem von Ihnen entwickelten Lesebuch/Lehrbuch!

5. Gestalten Sie die Materialsammlung so ansprechend, dass Sie sie einer Öffentlichkeit vorstellen können!

Wege zum Nachholen schulischer Bildungsabschlüsse

Hochschulreife

Abendgymnasium	Institut zur Erlangung der Hochschulreife (Kolleg)	a) Berufsoberschule oder Technische Oberschule = fachgebundene Hochschulreife b) Höhere Berufsfachschule/Höhere Handelsschule (3-jährig) c) Fachgymnasium/Berufl. Gymnasium	Private Bildungseinrichtung Fernstudium Selbststudium (Sonderreifeprüfung, Begabtenprüfung, Prüfung als sog. Externer)
3 bis 4 Jahre (das letzte Jahr Vollzeit)	2 1/2 bis 3 Jahre Vollzeit (bzw. Abendunterricht)	a) 2 bis 3 Jahre Vollzeit b) 3 Jahre Vollzeit c) 3 Jahre Vollzeit	ca. 3 Jahre (individuell verschieden)
abgeschlossene Berufsausbildung oder berufliche Tätigkeit	abgeschlossene Berufsausbildung oder berufliche Tätigkeit	a) abgeschlossene Berufsausbildung oder berufliche Tätigkeit b) – c) –	

Fachhochschulreife

Fachoberschule – Klasse 11 und 12 (z.B. Fachrichtung Technik) oder Fachgymnasium oder Berufskolleg (Baden-Württemberg) oder berufliches Gymnasium	Fachoberschule (Klasse 12)	a) Ergänzender Unterricht während der Ausbildung b) Telekolleg II c) Fernunterricht
2 Jahre Vollzeit, berufliches Gymnasium auch 3 Jahre Vollzeit	1 Jahr Vollzeit	a) ausbildungsbegleitend b) 2 Jahre Teilzeit c) 2 Jahre Teilzeit
	abgeschlossene Berufsausbildung	a) Fachschule z.B. für Staatlich geprüfte Techniker, Betriebswirte b) – c) –

Mittlerer Bildungsabschluss
(je nach Schultyp: Realschulabschluss, Abschluss der 10. Klasse Oberschule in den neuen Bundesländern, Fachschulreife, Fachoberschulreife, für Fachgymnasium erweiterter Sekundarabschluss I erforderlich)

Abendrealschule (evtl. mit Vorkursen)	Berufsfachschule z.B. Wirtschaft, Sozialwesen	Berufsaufbauschule, kaufmännisch	Private Bildungseinrichtung Volkshochschule Telekolleg I Fernlehrgang Selbststudium	a) in Verbindung mit Ausbildung z.B. zum Staatlich geprüften Betriebswirt b) mit Zusatzunterricht bei der Berufsschule
bis zu 3 Jahren	2 bis 3 Jahre Vollzeit	1 bis 1 1/2 Jahre Vollzeit oder bis zu 3 Jahren Teilzeit	ca. 3 Jahre Teilzeit	a) 2 Jahre Vollzeit (bei Teilzeit entsprechend länger) b) 2 Jahre Teilzeit
abgeschlossene Berufsausbildung und/oder berufliche Tätigkeit, auch ausbildungsbegleitend		abgeschlossene Berufsausbildung (für Teilzeitform begonnene Berufsausbildung)		a) abgeschlossene Berufsausbildung und 1 bis 2 Jahre Praxis b) ausbildungsbegleitend

Hauptschulabschluss

Berufliche Abschlussprüfung und dreijähriger Berufsschulbesuch mit mindestens ausreichenden Noten in allen Fächern des Zeugnisses. Voraussetzung: mindestens Besuch der 8. Klasse der Hauptschule	Abendhauptschule	Volkshochschule	Private Bildungseinrichtung oder Selbststudium
	ca. 1 Jahr Teilzeitunterricht	ca. 1 Jahr Teilzeitunterricht	Dauer unterschiedlich

Anmerkung: Das Schaubild berücksichtigt nicht alle regionalen Besonderheiten. Auch können die aufgezeigten Wege nach Art und Dauer in einzelnen Bundesländern von dieser Übersicht abweichen.

Ohne Schulabschluss

Schulabschlüsse

Schulische Abschlüsse sind wichtig, nicht nur für eine Berufsausbildung, sondern oft auch für die berufliche Weiterbildung. Allgemeinbildende Berufsabschlüsse bauen aufeinander auf, Grundlage ist stets der Volksschul- oder Hauptschulabschluss (früher Abschluss der 8., heute der 9. oder 10. Klasse). Fehlende schulische Abschlüsse lassen sich auch im späteren Lebensalter noch nachholen. Ein reichhaltiges Bildungsangebot, vor allem der kommunalen Volkshochschule, steht heute hierfür an vielen Orten zur Verfügung. Lehrgänge von verschiedener Dauer werden im Tages- oder Abendunterricht, als Fernstudium oder im Telekolleg angeboten. Über für Sie geeignete Angebote aus dem ganzen Bundesgebiet gibt Ihnen der Berater/die Beraterin beim Arbeitsamt aus dem Nachschlagewerk Einrichtungen zur beruflichen Bildung – EBB Teil A – nähere Auskunft.

Unter bestimmten Voraussetzungen kann die schulische Bildung auch finanziell nach dem Bundesausbildungsförderungsgesetz (BAFöG) unterstützt werden. Auskünfte hierüber erteilen die Ämter für Ausbildungsförderung bei den Stadt- und Landkreisen.

(Ihre berufliche Zukunft. Schriftenreihe für Arbeitnehmer und Arbeitnehmerinnen, Heft 15. Nürnberg: Bundesanstalt für Arbeit 1992.)

Arbeitsanregungen

1. Verfolgen Sie anhand der Grafik über Bildungsabschlüsse, welche Möglichkeiten zur Weiterbildung sich Ihnen bieten!

2. Informieren Sie sich über die beruflichen Chancen, die sich aus den Abschlüssen ergeben!

3. Prüfen Sie die Fragen der folgenden Checkliste zur Berufswahl; fotokopieren Sie den Vordruck und kreuzen Sie entsprechend Ihrer individuellen Situation die Spalte „Erledigt" an!

(Informationen und Anregungen finden Sie in den folgenden Kapiteln zur Arbeitswelt, in Berufsbildungszentren und Arbeitsämtern.)

4. Ergänzen Sie die Checkliste aufgrund eigener Erfahrungen, Kenntnisse!

CHECKLISTE ZUR BERUFSWAHL

WANN?	WAS?	WIE?	Erledigt?
ANFANG VORLETZTE KLASSE (2 Jahre vor Schulende)	Informationen über alle Berufe sammeln, die interessant erscheinen	In Zeitungen (auch IZ und Fachzeitschriften) Blätter zur Berufskunde BIZ Tag der offenen Tür/Fachleute befragen Bei Schulpraktika aufpassen und Notizen machen	☐ ☐ ☐ ☐ ☐
	Über persönliche Vorstellungen und Wünsche klar werden	Gespräch mit Eltern, Freunden, Lehrer STEP plus durcharbeiten	☐ ☐
	Die eigenen Stärken und Schwächen erkennen	Gespräch mit Eltern, Freunden, Lehrer Psychologischer Eignungstest beim Arbeitsamt	☐ ☐
	Zur Berufsberatung anmelden	Anruf genügt	☐
	Grundinformationen und -eindrücke werten	Die Infos übersichtlich in einem Ordner abheften Alle Alternativen miteinander vergleichen Systematisch vorgehen, wie in „Mach's richtig" beschrieben Vergleichsliste der Berufe mit Plus- und Minus-Seite Die Entscheidung von anderen einschätzen lassen	☐ ☐ ☐ ☐ ☐
MITTE DER VORLETZTEN KLASSE (1 ½ Jahre vor Schulende)	Über Bewerbungsfristen informiert sein	Termine bei der Berufsberatung oder direkt bei den Ausbildungsbetrieben bzw. Schulen erfragen	☐
	Freie Ausbildungsplätze	Die Berufsberatung vermittelt Ausbildungsstellen Ferner: In Zeitungen nachschauen, direkte Anfragen	☐
ENDE DER VORLETZTEN KLASSE (1 Jahr vor Schulende)	Das Bewerbungsverfahren muss sitzen	Lebenslauf und Bewerbungsschreiben gefertigt und vom Lehrer/Berufsberater überprüfen lassen In Rollenspielen (mit Freunden/Eltern/Lehrer) das Vorstellungsgespräch trainiert Konzept (... Was werde ich antworten? Was möchte ich fragen? ...) für das Vorstellungsgespräch im Kopf zurechtgelegt	☐ ☐ ☐
	Auf Einstellungstests vorbereitet sein	Testtrainingsmappen/-hefte von der Berufsberatung oder Sparkasse holen und üben	☐
	Nicht die Übersicht verlieren	Bewerbungsordner anlegen (... Wann habe ich mich wo und für welchen Beruf beworben?; Wer ist Ansprechpartner? Sind Termine einzuhalten? Besonderes?)	☐
ANFANG DER LETZTEN KLASSE (³⁄₄ Jahr vor Schulende)	Erfolgskontrolle	Falls häufig Absagen kommen mit Berufsberater und Lehrer die Gründe dafür herausfinden	☐
MITTE DER LETZTEN KLASSE (½ Jahr vor Schulende)	Schulanmeldungen	An weiterführenden Schulen persönlich anmelden (i.d.R. mit dem Halbjahreszeugnis der letzten Klasse)	☐
	Ärztliche Untersuchung	Kostenlos beim Hausarzt	☐
	Ausbildungsvertrag/ Zusage der Schule	Möglichst auf schriftliche Zusagen achten	☐

Berufliche Qualifikation

HÄTTEN SIE DEN JUNGEN EINSTEIN ALS LEHRLING GENOMMEN?

Bekanntlich waren die Schulnoten Einsteins alles andere als befriedigend. Auch viele andere berühmte Beispiele – von Richard Wagner bis Robert Bosch und Thomas Mann – beweisen, daß die Schulleistung und die Lebensleistung nicht immer miteinander zu tun haben. Dies sollten Sie bei der Einstellung von Lehrlingen auch bedenken. Geben Sie schwächeren Schulabgängern eine Chance, vertrauen Sie auf die Leistungsbereitschaft von ausländischen Jugendlichen oder von Körperbehinderten.

Daß das Angebot an Lehrstellenbewerbern so gering ist, liegt vor allem an der niedrigen Geburtenrate in den siebziger Jahren. Darum müssen Sie sich heute marktwirtschaftlich verhalten: Bieten Sie überzeugende Ausbildungskonzepte, laden Sie ein zu Schnupperlehre, Ferienjobs und Betriebsführungen. Und vor allem: Stellen Sie heraus, was Ihr Ausbildungsangebot besonders attraktiv macht. Bei allen Ihren Bemühungen unterstützt Sie gerne die Berufsberatung im Arbeitsamt. Rufen Sie an und bleiben Sie in ständigem Kontakt.

Arbeitsanregungen

1. Würden Sie Einstein als Lehrling einstellen? Begründen Sie Ihre Entscheidung!
2. Wie würden Sie sich bei Richard Wagner, Robert Bosch und Thomas Mann entscheiden? Schlagen Sie deren Lebensläufe in Lexika nach!

3. Wie beurteilen Sie die Wirksamkeit der Werbeanzeige des Arbeitsamtes?

Robert Walser, 1878 in der Schweiz geboren, war eines von acht Kindern eines Buchbinders. Seine Mutter und sein ältester Bruder starben in geistiger Umnachtung, als er sechzehn war. Nach Abschluss einer Banklehre, die er auf Wunsch des Vaters absolviert hatte, war er jeweils für kurze Zeit als Diener, Schreiber und Buchhändler tätig.

Seine Arbeit als Schriftsteller begann mit „Fritz Kochers Aufsätzen" (1904), aus denen **„Der Beruf"** stammt, und drei autobiografischen Romanen, die zwischen 1907 und 1909 veröffentlicht wurden. Obwohl Franz Kafka und Christian Morgenstern sein Werk bewunderten, erfuhr Walser als Schriftsteller keine öffentliche Anerkennung. Sein unstetes Leben und die Erfolglosigkeit seiner Bücher führten zu gesellschaftlicher Vereinsamung, Verarmung und seelischen Krisen. Nach einigen missglückten Selbstmordversuchen wurde er 1929 in eine Nervenheilanstalt eingeliefert und starb 1956 in Herisau. Erst nach dem Zweiten Weltkrieg wurde sein Werk neu entdeckt und gewürdigt.

ROBERT WALSER, Der Beruf

Um in der Welt ein rechtschaffenes Leben führen zu können, muss man einen Beruf haben. Man kann nicht nur so in den Tag hineinarbeiten. Die Arbeit muss
5 ihren bestimmten Charakter und einen Zweck haben, zu dem sie führen soll. Um das zu erreichen, wählt man einen Beruf. Dies geschieht, wenn man aus der Schule tritt, und mit diesem Ereignisse ist man
10 ein erwachsener Mensch, das heißt, nun hat man eine andere Schule vor sich: das Leben. Das Leben sei ein strenger Schulmeister, sagen sie einem, und das muss wahr sein, weil es eine allgemeine An-
15 sicht ist. Wir dürfen nach unserer Lust den Beruf wählen, und wo wir das nicht dürfen, tut man uns unrecht. Ich habe zu allen möglichen Berufen Lust. Da ist das Wählen eine schwere Sache. Ich glaube,
20 ich tue es am besten, wenn ich irgend einen, vielleicht den Erstbesten ergreife, ihn erprobe, und, wenn ich ihn satt habe, fortwerfe. Kann man denn überhaupt wissen, wie es innerhalb eines Berufes aus-
25 sieht? Ich denke, das muss man doch zuerst erfahren. Unerfahrene Geister, wie wir sind, können vor kein Urteil gestellt werden, ohne sich glänzend zu blamieren. Das ist durchaus Geschmack und Sache unserer Eltern, uns einen Beruf 30 auszusuchen. Sie wissen am besten, wozu wir taugen. Taugen wir zu Besserem, als wozu sie uns fürs Leben bestimmt haben, so ist später immer Zeit umzusatteln. Man sinkt deshalb noch nicht zum Sattler hin- 35 unter. Nein, Unrecht geschieht uns in diesem Falle selten. Nun, mein Geschmack wäre ein Schiffskapitän. Aber ich frage mich, ob meine Eltern mit diesem Wunsch einverstanden sind. Sie lieben mich sehr 40 und sie würden besorgt sein um mich, wenn sie mich den Stürmen des Meeres ausgesetzt wüssten. Das Beste wäre freilich, heimlich durchzubrennen. So zur Nachtzeit, durchs Fenster, an einem Seil 45 herabgelassen und – ade. Aber nein! Meine Eltern habe ich nicht den Mut zu hintergehen, und wer weiß, ob ich überhaupt das Zeug zu einem Schiffskapitän habe. Schlosser, Schreiner oder Drechsler will 50 ich nicht werden. Für einen Aufsatzschreiber von meiner Qualität ziemt sich kein solches Handwerk. Buchbinder wäre hübscher, aber meine Eltern werden es

ich möchte lieber sterben. Unsere Lehrer zum Mindesten sind alle nicht glücklich, man sieht es ihnen an. Förster möchte ich werden. Ich würde mir ein kleines efeuumranktes Haus am Waldrand bauen und den Tag lang bis in die Nacht im Wald herumschweifen. Vielleicht käme es mir mit der Zeit auch langweilig vor und ich sehnte mich nach großen eleganten Städten. Als Dichter möchte ich in Paris, als Musiker in Berlin, als Kaufmann nirgends leben. Man tue mich nur in ein Bureau und erfahre dann das Weitere. Nun habe ich noch eines auf der Seele: Gaukler sein wäre schön. Ein berühmter Seiltänzer, Feuerwerk hinten auf dem Rücken, Sterne über mir, ein Abgrund neben, und so eine feine schmale Bahn vor mir zum Schreiten. – Clown? Ja, ich fühle, ich habe zum Spaßmachen Talent. Aber den Eltern würde es Kummer bereiten, mich auf der Bühne zu wissen mit einer rot bemalten langen Nase und Mehl bestreuten Wangen und im weiten lächerlichen Anzug. – Was nun denn? Daheim bleiben und greinen? Das niemals. Eins ist sicher, mir ist nicht bang vor Berufen. Es gibt so viele.

nicht zugeben wollen, weil ich ihnen, das weiß ich, viel zu gut dafür bin. Sie sollen mich nur nicht studieren lassen, ich würde verkommen. Zum Arzt habe ich keine Lust, zum Pfarrer kein Talent, zum Juristen kein Sitzleder und Lehrer werden ...

(Robert Walser, Fritz Kochers Aufsätze. Frankfurt: Insel 1974 = it 63, S. 42-45.)

Arbeitsanregungen

1. Muss man einen Beruf haben? Welche Gründe sind für den Aufsatzschreiber bei seiner Berufswahl ausschlaggebend?

2. Welche Rolle haben die Eltern bei der Entscheidung für den Beruf? Wie beurteilen Sie ihren Einfluss?

3. Welche Faktoren spielen in der Gegenwart bei der Berufsentscheidung eine Rolle?

4. Wie beurteilen Sie Ihre berufliche Tätigkeit im Hinblick auf die Definitionen von Arbeit, Beruf, Job und McJob (S. 48)?

5. Können Sie sich vorstellen, auch mit einem Job oder McJob zufrieden zu sein? Begründen Sie Ihre Meinung!

Arbeit – Beruf – Job – McJob

Arbeit jede auf ein wirtschaftliches Ziel gerichtete, planmäßige Tätigkeit des Menschen, gleichgültig ob geistige oder körperliche Kräfte eingesetzt werden. Das Ziel kann reine Bedarfsdeckung oder Gewinnn- bzw. Einkommensmaximierung sein.

Beruf (zu mittelhochdt. beruof „Leumund", seit Luther in der heutigen Bed., zunächst als „Berufung", dann auch für „Stand" und „Amt"), die hauptsächl. Tätigkeit (Erwerbstätigkeit) des Einzelnen, die auf dem Zusammenwirken von Kenntnissen und Fertigkeiten beruht und durch die er sich in die Volkswirtschaft eingliedert. Der B. dient meist der Existenzgrundlage. Es war v.a. der „Asket. Protestantismus" (Kalvinismus, Pietismus), der die sittl. Leistung der Arbeit stark betonte und den B. zum Gebot der Pflichterfüllung steigerte.
(Meyers Großes Taschenlexikon in 24 Bänden. Mannheim: BI-Taschenbuchverlag Bd. 2, 3. ²1987, S. 96, 180.)

Job (dschob; engl.), Beschäftigung(sstelle); Geschäft. Im Ggs. zum Beruf meist nur kurzfristig ausgeübt.
(Dudenlexikon in drei Bänden. Bd. 2. Mannheim: Bibliographisches Institut ⁶1976, S. 1095.)

McJob ein niedrig dotierter Job mit wenig Prestige, wenig Würde, wenig Nutzen und ohne Zukunft im Dienstleistungsbereich. Oftmals als befriedigende Karriere bezeichnet von Leuten, die niemals eine gemacht haben.

(Douglas Coupland, Generation X. Geschichten für eine immer schneller werdende Kultur. Hamburg: Galgenberg 1992, S. 14/46.)

Franz Kafka wurde 1883 in Prag geboren und er starb im Alter von 41 Jahren im Jahre 1924 in Kierling (Wienerwald). Er war der Sohn eines jüdischen Kaufmanns, studierte nach dem Besuch des deutschen Gymnasiums in Prag Germanistik; aber auf Drängen des Vaters, den mehr materielle Fragen interessierten, wechselte er zur juristischen Fakultät über.

Nach kurzer Gerichtspraxis war Kafka von 1908–1917 Angestellter einer Feuer-Versicherungsgesellschaft, später bis 1923 bei einer Arbeiter-Unfallversicherung. Seit 1905 musste er häufig Sanatorien aufsuchen; 1917 erkrankte er an Tuberkulose.

In seinen Werken, über die er testamentarisch verfügt hat, alle zu verbrennen – der Testamentsvollstrecker hat sich jedoch nicht daran gehalten –, beschreibt Kafka genau und anschaulich die Welt des Alltags. Dabei wird das scheinbar Vertraute und Alltägliche oft unversehens oder allmählich ungeheuerlich und bedrohlich.

Lesehinweis
Franz Kafka, Sämtliche Erzählungen. Frankfurt: Fischer 1996 = FT 1078.
Franz Kafka, Der Prozess. Roman. Stuttgart: Reclam 1995 = UB 9676.

Franz Kafka, **Der Nachbar**

Mein Geschäft ruht ganz auf meinen Schultern. Zwei Fräulein mit Schreibmaschinen und Geschäftsbüchern im Vorzimmer, mein Zimmer mit Schreibtisch, Kasse, Beratungstisch, Klubsessel und Telefon, das ist mein ganzer Arbeitsapparat. So einfach zu überblicken, so leicht zu führen. Ich bin ganz jung und die Geschäfte rollen vor mir her. Ich klage nicht, ich klage nicht.

Seit Neujahr hat ein junger Mann die kleine, leerstehende Nebenwohnung, die ich ungeschickterweise so lange zu mieten gezögert habe, frischweg gemietet. Auch ein Zimmer mit Vorzimmer, außerdem aber noch eine Küche. – Zimmer und Vorzimmer hätte ich wohl brauchen können – meine zwei Fräulein fühlten sich schon manchmal überlastet –, aber wozu hätte mir die Küche gedient? Dieses kleinliche Bedenken war daran schuld, daß ich mir die Wohnung habe nehmen lassen. Nun sitzt dort dieser junge Mann. Harras heißt er. Was er dort eigentlich macht, weiß ich nicht. Auf der Tür steht: „Harras, Bureau". Ich habe Erkundigungen eingezogen, man hat mir mitgeteilt, es sei ein Geschäft ähnlich dem meinigen. Vor Kreditgewährung könne man nicht geradezu warnen, denn es handle sich doch um einen jungen, aufstrebenden Mann, dessen Sache vielleicht Zukunft habe, doch könne man zum Kredit nicht geradezu raten, denn gegenwärtig sei allem Anschein nach kein Vermögen vorhanden. Die übliche Auskunft, die man gibt, wenn man nichts weiß.

Manchmal treffe ich Harras auf der Treppe, er muß es immer außerordentlich eilig haben, er huscht förmlich an mir vorüber. Genau gesehen habe ich ihn noch gar nicht, den Büroschlüssel hat er schon vorbereitet in der Hand. Im Augenblick hat er die Tür geöffnet. Wie der Schwanz einer Ratte ist er hineingeglitten und ich stehe wieder vor der Tafel „Harras Bureau", die ich schon viel öfter gelesen habe, als sie es verdient.

25 Die elend dünnen Wände, die den ehrlich tätigen Mann verraten, den Unehrlichen aber decken. Mein Telephon ist an der Zimmerwand angebracht, die mich von meinem Nachbar trennt. Doch hebe ich das bloß als besonders ironische Tatsache hervor. Selbst wenn es an der entgegengesetzten Wand hinge, würde man in der Nebenwohnung alles hören. Ich habe mir abgewöhnt, den Namen der Kunden beim Telephon
30 zu nennen. Aber es gehört natürlich nicht viel Schlauheit dazu, aus charakteristischen, aber unvermeidlichen Wendungen des Gesprächs die Namen zu erraten. – Manchmal umtanze ich, die Hörmuschel am Ohr, von Unruhe gestachelt, auf den Fußspitzen den Apparat und kann es doch nicht verhüten, daß Geheimnisse preisgegeben werden.

35 Natürlich werden dadurch meine geschäftlichen Entscheidungen unsicher, meine Stimme zittrig. Was macht Harras, während ich telephoniere? Wollte ich sehr übertreiben, aber das muß man oft, um sich Klarheit zu verschaffen –, so könnte ich sagen: Harras braucht kein Telephon, er benutzt meines, er hat sein Kanapee an die Wand gerückt und horcht, ich dagegen muß, wenn geläutet wird, zum Telephon laufen, die
40 Wünsche des Kunden entgegennehmen, schwerwiegende Entschlüsse fassen, großangelegte Überlegungen ausführen, vor allem aber während des Ganzen unwillkürlich durch die Zimmerwand Harras Bericht erstatten.

Vielleicht wartet er gar nicht das Ende des Gespräches ab, sondern erhebt sich nach der Gesprächsstelle, die ihn über den Fall genügend aufgeklärt hat, huscht nach sei-
45 ner Gewohnheit durch die Stadt und, ehe ich die Hörmuschel aufgehängt habe, ist er vielleicht schon daran, mir entgegenzuarbeiten.

(Franz Kafka, Sämtliche Erzählungen. Frankfurt: Fischer 1970 = Fischer Bücherei 1078, S. 300-301.)

Arbeitsanregungen

1. Wie ist die Geschichte aufgebaut? Gliedern Sie den Text nach inhaltlichen Zusammenhängen und formulieren Sie entsprechende Überschriften!

2. Beschreiben Sie die Wandlung, die das Ich vollzieht! Worin liegen die Gründe für sein Verhalten?

3. Welche Beziehungen bestehen zwischen dem Ich und dem Nachbarn?

4. Mit welchen sprachlichen Mitteln beschreibt Kafka die Beziehungen?

5. Vergleichen Sie die Ängste des Ich mit denen des Schreibers Egon Witty in der Geschichte „Die Entscheidung" (S. 51)! Wodurch unterscheiden sich die beiden Persönlichkeiten?

6. Verstzen Sie sich in die Situation des Ich-Erzählers als Geschäftsmann von heute und führen Sie einen Dialog mit dem Nachbarn, der nicht zur Entfremdung führt, sondern zu einer partnerschaftlichen Begegnung!

Max von der Grün wurde 1926 in Bayreuth geboren. Er absolvierte eine kaufmännische Lehre in einer Porzellanfabrik. Im Krieg geriet Max von der Grün in Gefangenschaft. Von 1948 bis 1951 arbeitete er im Bergwerk. Von 1951 bis 1963 war er ununterbrochen im Ruhrgebiet auf einer Zeche tätig: als Lehrhauer, Hauer und – nach einem schweren Unfall – als Grubenlokomotivführer.

Seit 1964 lebt von der Grün als freier Schriftsteller in Dortmund. Er gehört zu den führenden Autoren der Gruppe 61, die sich die Aufgabe gestellt hat, Probleme der Arbeitswelt literarisch zu behandeln.

Die abgedruckte Erzählung aus der Textsammlung **„Fahrtunterbrechung"** erschien 1968.

Lesehinweis

Max von der Grün, Am Tresen gehn die Lichter aus. Erzählungen. Reinbek: Rowohlt 1974 = rororo 1742.

Gruppe 61. Arbeiterliteratur – Literatur der Arbeitswelt? Hrsg. von H. L. Arnold. München: Boorberg 1971.

MAX VON DER GRÜN, Die Entscheidung

Der Schweißer Egon Witty stand vor dem Büro seines Meisters, er hatte während eines Arbeitstages oft da vorzusprechen und jetzt wollte er die Detailzeichnungen für das Gestänge der neuen Montagehalle holen, damit die Schweißarbeiten begonnen werden konnten.

Der Schweißer Egon Witty hatte Zukunft. Er war dreißig Jahre alt, verheiratet mit einer Frau, die einer bekannten Filmschauspielerin ähnelte, aber viel Verstand mitbrachte und Fürsorge für ihn und seine Pläne; er hatte zwei Mädchen in noch nicht schulpflichtigem Alter und er war von der Betriebsleitung ausersehen, in einem halben Jahr den Posten des Meisters zu übernehmen, wenn der alte Mann in Pension ging.

Der Schweißer Witty hatte also Zukunft.

Der Schweißer Egon Witty blieb vor dem Büro seines Meisters stehen, es gab keinen Grund, warum er stehen blieb und in die Sonne blinzelte, es gab keinen Grund, warum er nicht, wie alle Tage, sofort eintrat und seine Sache vortrug. Er blieb vor dem Büro stehen und blinzelte in die Sonne.

Es war ein ungewöhnlich heißer Tag.

Was wird sein, wenn ich Meister bin? dachte er. Was wird sein? Was wird sich im Betrieb und in meinem Leben verändern? Wird sich überhaupt etwas verändern? Warum soll sich etwas verändern? Bin ich ein Mensch, der verändern will? Er stand starr und beobachtete mit abwesendem Blick das geschäftige Treiben auf dem Eisenverladeplatz, der hundert Meter weiter unter einer sengenden Sonne lag. Die Männer dort arbeiteten ohne Hemd, ihre braunen Körper glänzten im Schweiß. Ab und zu trank einer aus der Flasche. Ob sie Bier trinken? Oder Coca? Was wird sein, wenn ich

Meister bin? Mein Gott, was wird dann sein? Ja, ich werde mehr Geld verdienen, kann mir auch einen Wagen leisten, und die Mädchen werde ich zur Oberschule schicken, wenn es so weit ist. Vorausgesetzt, sie haben das Zeug dazu. Eine größere Wohnung werde ich beziehen, von der Werksleitung eingewiesen in die Siedlung, in der nur Angestellte der Fabrik wohnen. Vier Zimmer, Kochnische, Bad, Balkon, kleiner Garten und Garage. Das ist schon etwas. Dann werde ich endlich heraus sein aus der Kasernensiedlung, wo die Wände Ohren haben, wo einer dem andern in den Kochtopf guckt und der Nachbar an die Wand klopft, wenn meine Frau den Schallplattenapparat zu laut aufdreht und die Pilzköpfe plärren lässt.

Meister, werden dann hundert Arbeiter zu mir sagen – oder Herr. Oder Herr Meister – oder Herr Witty. Wie sich das wohl anhört: Herr Witty! Meister! Er sprach es mehrmals laut vor sich hin.

Der Schweißer Egon Witty blinzelte in die Sonne und er sah auf den Verladeplatz, der unter einer prallen Sonne lag, und er rätselte, was die Männer mit den entblößten Oberkörpern wohl tranken: Bier? Coca?

Schön wird das sein, wenn ich erst Meister bin, ich werde etwas sein, denn jetzt bin ich nichts, nur ein Rad im Getriebe, das man auswechseln kann. Räder sind ersetzbar, nicht so leicht aber Männer, die Räder in Bewegung setzen und überwachen. Ich werde in Bewegung setzen und überwachen, ich werde etwas sein, ich werde bestimmen, anordnen, verwerfen, begutachten, für gut befinden. Ich werde die Verantwortung tragen. Ich allein. Verantwortung? Verant . . . wor . . . tung?

Da wusste er plötzlich, warum er gezögert hatte, in das Büro des Meisters zu gehen wie all die Tage vorher, forsch, in dem sicheren Gefühl, hier bald der Meister zu sein. Herr! Oder: Meister!

Wie sich das anhört: Herr Witty! Meister!

Nein, dachte er. Ich kann diese Verantwortung unmöglich auf mich nehmen, ich bin nicht der richtige Mann dafür, ich kann das nicht, ich habe nicht die Sicherheit des Alten; der zweifelt nie, der weiß einfach, wann was wo zu geschehen hat und auch wie. Ich muss einen Menschen haben, der mir die letzte Entscheidung abnimmt, der mir sagt, wann was wo zu geschehen hat und wie.

Ich habe Angst. Einfach Angst.

Eine saubere Naht kann ich schweißen, millimetergenau Eisen zerteilen, und ich kann Pläne lesen und weiß: wo, was, wie, warum, wann. Aber ich weiß nicht, ob das absolut richtig ist. Ich weiß es nicht.

Nein, ich kann diese Stelle nicht übernehmen, ich bin zu unsicher, ich müsste immer fragen, ob es richtig ist. Weil ich nun eben so bin. Ich werde dann nicht Herr heißen und nicht Meister. Kollegen werden lächeln und Feigling sagen. Sollen sie. In die Angestelltensiedlung kann ich dann auch nicht umziehen, das ist schade, werde weiterhin in meiner Kaserne wohnen. Und die Mädchen? Noch ist es nicht so weit, kommt Zeit, kommt Rat, vielleicht haben sie das Zeug gar nicht für die Oberschule. Und das Auto? Wird dann wohl nichts werden, muss weiter meine Frau auf dem Moped in die Stadt zum Einkaufen fahren, vielleicht reicht es zu einem Auto, wenn ich jeden Tag Überstunden mache. Ich kann arbeiten für zwei, ich traue mir alles zu, ich kann gut arbeiten und schnell und sauber, aber ich kann diese Verantwortung nicht tragen, ich habe einfach Angst, eine dumme, erbärmliche Angst. Vor meiner Unsicherheit? Wovor habe ich denn nun Angst?

Der Schweißer Egon Witty stand vor dem Büro seines Meisters und blinzelte in die

Sonne. Trinken die Männer dort auf dem Platz unter der stechenden Sonne nun Bier oder Coca?

Mein Gott wäre das schön: Meister sein. Eine gute Stellung, eine Lebensstellung, und dann mit Herr angeredet werden oder mit Meister. Meine Frau freut sich auf meine Beförderung, sie wird enttäuscht sein und zornig und mich einen Narren schimpfen, der nicht weiß, was er will. Sie wird mich einen Drückeberger nennen und einen, der keinen Mumm in den Knochen hat, der den Mund dort aufreißt, wo es nicht nötig ist. Sie wird das heute Abend alles sagen, wenn ich ihr von meinem Entschluss erzähle. Ich kann ihr alles erklären, alles, aber nicht, dass ich Angst habe, eine kleine, saublöde Angst, sie wird nie verstehen, was Angst ist. Sie wird zu mir sagen: warum? Du kennst doch dein Fach, dir kann keiner was vormachen, du kennst wie kein zweiter dieses Fach. Soll ein Halbidiot an deine Stelle treten? Sie ist stolz auf mich; denn von überall und von jedermann hört sie, dass ich tüchtig bin, dass ich Übersicht und Umsicht habe. Ich sei enorm gescheit, hat ihr der Direktor auf der letzten Betriebsfeier gesagt. Ja, sie ist stolz auf mich, sehr. Was wird sie wohl heute Abend sagen? Ich sehe schon ihr erschrecktes Gesicht.

Sie wissen alle, was ich kann, der Herr Direktor, der Meister und auch meine Frau, aber sie wissen nicht, dass ich Angst habe, eine kleine, erbärmliche Angst. Ich kann ihnen das nicht sagen, nicht erklären, nicht begründen, sie verstehen mich nicht, nicht der Direktor, nicht der Meister, nicht meine Frau. Wohl kann ich eine saubere Naht schweißen, Pläne lesen und weiß: was, wie, wann, warum. Aber ich weiß nicht, warum ich Angst habe, warum ich unsicher bin, wo ich doch in meinem Beruf für alle anderen Sicherheit ausstrahle. Ich kann es ihnen nicht erklären, sie würden mich auslachen und sagen: Du bist doch kein Kind mehr. Ja, das werden sie sagen, sie werden mich für launisch halten, sie werden glauben, ich will mich interessant machen, um vielleicht mehr Gehalt herauszuschlagen.

Dem Meister werde ich das jetzt sagen, er soll einen anderen vorschlagen, einen, der keine Angst hat und der nicht weiß, was das ist. Der Schweißer Egon Witty blinzelte in die Sonne und auf den Verladeplatz. Die Männer dort! Trinken sie nun Bier? Oder Coca? Bei der Hitze sollten sie kein Bier trinken.

Die Bürotür schlug heftig nach außen auf, der Meister hätte Witty beinah umgerannt. Der grauhaarige Mann sah auf und lachte breit, als er Witty erkannte.

Ach, rief er, da bist du ja. Ich wollte gerade zu dir in die Halle.

Zu mir?

Ja, Du hast Glück gehabt. Glück? Ja. Glück. Natürlich. Am Ersten ist für mich der Letzte. Ich höre auf. In drei Tagen also. Dann bist du hier der Herr. Der Arzt sagt, ich darf nicht mehr, ab sofort, Herz weißt du. Ich wusste ja gar nicht, dass es so schlimm steht.

Jaja, sagte Witty.

Na Mensch, du stehst hier herum wie eine Ölgötze. Freust du dich nicht? Mir darfst du deine Freude ruhig zeigen, ich alter Knochen bin hier sowieso überflüssig geworden, du machst das alles viel besser. Und dann, du warst doch im letzten Jahr schon der Meister, ich habe doch nur Unterschriften gegeben. Na, Mensch, das kam zu plötzlich, verstehe, das hat dich erschlagen. Was? Dicker Hund? Morgen wird gefeiert, mein Ausstand, und du zahlst deinen Einstand.

Der Schweißer Egon Witty ging. Er blieb mitten auf dem Platz stehen und blinzelte in die Sonne und auf den Eisenverladeplatz. Ob sie Bier trinken, oder Coca?

Ich muss umkehren und es dem alten Herrn sagen. Von meiner Angst muss ich ihm erzählen und sagen, warum ich Angst habe. Er wird mich verstehen, bestimmt, wenn mich einer versteht, dann er; denn er hat auch einmal Angst gehabt.

Er hat es mir vor Jahren einmal erzählt, da sagten wir noch Sie zueinander. Bis zu den Knien hat er im Schnee gestanden und die Arme hoch gereckt, als die Russen auf sie zukamen. Wissen Sie, was ich da dachte? hatte er einmal erzählt. Nichts dachte ich, absolut gar nichts, ich hatte nur eine wahnsinnige Angst. Wissen Sie, was Angst ist? Nein? Da geht es hinten und vorne los. Das ist Angst. Und warum? Weil man in dem Moment nicht weiß, was kommt. Man weiß es nicht, man hat so viel gehört und auch gesehen, aber in dem Moment weiß man nicht, was kommt. Und dann ist die Angst da. Als der erste Russe ihn auf Deutsch ansprach, war die Angst weg, erzählte er damals auch. Er musste lachen, gab ihm eine Zigarette. Das Lachen und die Zigarette saugten seine Angst auf. Aber seine Angst ist nicht meine, mich lachen die Menschen an, sie geben mir Zigaretten, die Angst ist trotzdem da. Der Meister wird mich trotzdem verstehen. Nur wer nie Angst hatte, sagt, das sind Kindereien. Der Meister wird mich verstehen.

Egon Witty kehrte um.

Vor der Tür zum Büro blieb er wieder stehen, blinzelte in die Sonne und auf den Verladeplatz. Trinken die Männer nun Bier, oder Coca?

Er trat ein, forsch wie immer. Der Meister sah auf, erstaunt, dann nahm er die Brille ab und lächelte breit.

Na? Was gibt's? fragte er

Ich . . . ich . . . ich stotterte Witty. Dann sagte er fest: Ich habe die Pläne für Halle drei vergessen.

Ach so, ja, hier. Zehn Stück. Gleich in Zellophanhüllen stecken, damit sie nicht so schmutzig werden.

Der Schweißer Egon Witty wollte noch etwas sagen, aber der Meister saß schon wieder hinter seinem Tisch und füllte eine Tabelle aus.

Witty nahm die Pläne und ging über den Verladeplatz.

Die Männer dort tranken Bier.

(Max von der Grün, Fahrtunterbrechung und andere Erzählungen. Frankfurt: EVA 1965, S. 24-30.)

Arbeitsanregungen

1. Erarbeiten Sie die einzelnen Phasen der Entscheidung, die für Egon Witty wichtig sind!

2. Welche Gründe sprechen für die Annahme zur Ernennung als Meister, welche Bedenken stehen dagegen? Stellen Sie die jeweiligen Argumente und Beispiele gegenüber! (Zur Argumentation vgl. S. 566.)

3. Mit welchen sprachlichen Mitteln (Wortwiederholungen) bewältigt der Autor die Bedenken? Worin liegt die symbolische Bedeutung?

4. Wie würden Sie sich in einer vergleichbaren Situation verhalten? Begründen Sie Ihre Auffassung!

Thomas Bernhard, 1931 als Sohn österreichischer Eltern geboren, wuchs bei seinen Großeltern in Wien und in Seekirchen auf. Er hatte bereits die gymnasiale Ausbildung abgebrochen, als ihn 1949 eine schwere Lungenkrankheit dazu zwang, sich in einem Sanatorium behandeln zu lassen. Kurze Zeit später starben sein Großvater und seine Mutter.

In den Schicksalsschlägen dieser Zeit ist gewiss eine der Ursachen für die pessimistischen Themen seiner Romane und Dramen zu sehen. Die Verzweiflung über die Kälte der Welt, die Versuche der Protagonisten, ihre Isolation zu überwinden, sind Motive, die das Werk Thomas Bernhards bestimmenK

Die Trostlosigkeit der geschilderten Welt findet ihre Entsprechung in Thomas Bernhards einfacher, durch Wiederholungen geprägter Sprache. Seine Helden „wiederholen alles, weil alles sich wiederholt; sie können nichts vergessen, weil ihnen Vergangenheit immer präsent und der Glaube an die Zukunft verschlossen ist", analysiert der Literaturkritiker Bernhard Sorg.

Thomas Bernhard starb 1989.

Lesehinweis
Thomas Bernhard, Frost. Frankfurt: Insel 1963.
Thomas Bernhard, Der Wetterfleck. Erzählungen. Stuttgart: Reclam 1976.
Thomas Bernhard, Die Kälte. Eine Isolation. Salzburg: Residenz 1978.

THOMAS BERNHARD, **Der Anstreicher**

Der Anstreicher ist auf ein Gerüst geklettert und sieht sich nun etwa vierzig oder fünfzig Meter vom Erdboden entfernt. Er lehnt sich an ein Holzbrett. Während er mit einem großen Kienspan im Kübel umrührt, schaut er auf die Leute hinunter, die die Straße bevölkern. Er ist bemüht, Bekannte herauszufinden, was ihm auch gelingt, aber er hat nicht die Absicht, hinunter zu schreien, denn da würden sie heraufschauen und ihn lächerlich finden. Ein lächerlicher Mensch in einem schmutzigen gelben Anzug mit einer Zeitungspapierkappe auf dem Kopf! Der Anstreicher vergißt seine Aufgabe und blickt senkrecht hinunter auf die schwarzen Punkte. Er entdeckt, daß er niemand kennt, der sich in einer ähnlich lächerlichen Situation befände. Wenn er vierzehn oder fünfzehn Jahre alt wäre! Aber mit zweiunddreißig! Während dieser Überlegung rührt er ununterbrochen im Farbkübel um. Die anderen Anstreicher sind zu sehr beschäftigt, als daß ihnen an ihrem Kollegen etwas auffiele. Ein lächerlicher Mensch mit einer Zeitungspapierkappe auf dem Kopf! Ein lächerlicher Mensch! Ein entsetzlich lächerlicher Mensch! Jetzt ist ihm, als stürze er in diese Überlegung hinein, tief hinein und hinunter, in Sekundenschnelle, und man hört Aufschreie, und als der junge Mann unten aufgeplatzt ist, stürzen die Leute auseinander. Sie sehen den umgestülpten Kübel auf ihn fallen und gleich ist der Anstreicher mit gelber Fassadenfarbe übergossen. Jetzt heben die Passanten die Köpfe. Aber der Anstreicher ist natürlich nicht mehr oben.

(Thomas Bernhard, Ereignisse. In: Thomas Bernhard, An der Baumgrenze. Salzburg: Residenz 1963, S. 57-58.)

Arbeitsanregungen

1. Beschreiben Sie das Verhalten der beteiligten Menschen (Anstreicher – Leute)!

2. Worin sehen Sie die Bedeutung des Verhaltens der Personen zu Beginn und am Schluss? Berücksichtigen Sie die Verwendung der Verben „heraufschauen – hinunterblicken"; „hinein- und hinunterstürzen", die Adverben „unten – oben" und die Symbolik des „Kübels"!

3. Ist der Anstreicher ein „lächerlicher Mensch"?

Studium oder Beruf?

Die Entscheidung für ein Hochschulstudium oder eine andere Ausbildung sollte gründlich vorbereitet werden, wobei persönliche Neigungen, fachliche Interessen und Fähigkeiten sowie, soweit möglich, künftige Beschäftigungsaussichten im Ausbildungsbereich mit einbezogen werden sollten. Wer kein Studium, sondern eine berufliche Ausbildung erwägt, findet in kaufmännischen und gewerblich-technischen Ausbildungsberufen (vor allem in Industrie und Handel, Handwerk und freien Berufen) vielfältige, interessante Ausbildungsmöglichkeiten.

Auch in Zukunft werden Studienberechtigte über eine Berufsausbildung und berufsbegleitende Fort- und Weiterbildung ihre berufliche Chance erfolgreich wahrnehmen können. Vor allem im Bereich neuer Technologien (z.B. Weiterentwicklung der Datenverarbeitung, Anwendung der Mikroprozessortechnik, Produktions- und Fertigungssteuerung) werden vermehrt Ausbildungschancen außerhalb des Hochschulstudiums gesehen.

Begehrte Studien- und Ausbildungsplätze sind nicht unbegrenzt verfügbar. Schon frühzeitig sind deshalb umfassende aktuelle Informationen sowie Klarheit über die eigenen Zielvorstellungen erforderlich. Hier helfen der Besuch der Berufsberatung oder der Studienberatung ebenso wie Gespräche mit Eltern, Lehrern und Bekannten oder auch mit Freunden, die sich bereits im Studium oder in einer beruflichen Ausbildung befinden. Wichtig ist auch das Lesen und Auswerten einschlägiger Veröffentlichungen. [...] Bei allen Überlegungen ist zu beachten, dass angesichts der sich rasch entwickelnden und verändernden Strukturen des Arbeitsmarktes und der Vielschichtigkeit, aber auch Spezialisierung und Technisierung in weiten Bereichen bestimmter Berufsbilder, zunehmend die eigene Flexibilität und Mobilität, aber auch die spätere Bereitschaft zur Weiterbildung von großer Bedeutung für den beruflichen Erfolg sein werden.

1 Systematische Entscheidungsvorbereitung

Es gibt keine Kriterien, mit denen man zuverlässig voraussagen könnte, wer für einen bestimmten Beruf, für ein Studium oder für eine berufliche Ausbildung geeignet ist. Dagegen sind die eigenen Interessen, vor allem aber die eigenen Fähigkeiten und Anlagen für einen Ausbildungs-und Berufserfolg wichtige Voraussetzungen.

Es gilt also festzustellen, auf welchen Gebieten die eigenen Interessen, Fähigkeiten und Anlagen liegen. So kann z.B. schon der Leistungserfolg in der Schule in einem bestimmten Fach oder auch in mehreren Fächern wichtige Hinweise auf den Erfolg in der späteren Ausbildung oder im Studium geben. Allerdings kann allein aufgrund von Schulleistungen noch kein Studien- oder Berufserfolg vorausgesagt werden. [...]

Eine Entscheidung für eine berufliche Ausbildung kann Alternative, Vorbereitung oder Ergänzung zum Studium sein. Für viele Studiengänge kann eine vorangegangene berufliche Ausbildung von Vorteil sein.

2 Entscheidungsablauf

Bei der Entscheidung für ein Hochschulstudium [...] oder für eine berufliche Ausbildung [...] sollten die folgenden Argumente berücksichtigt werden.

Für ein Hochschulstudium spricht:
- Bestimmte berufliche Ziele lassen sich nur über ein Studium erreichen.
- Für gehobene berufliche Positionen wird vielfach ein abgeschlossenes Hochschulstudium vorausgesetzt.
- Ein Studium bietet eher die Möglichkeit, wissenschaftliche Interessen zu befriedigen.

Für eine Ausbildung außerhalb der Hochschule spricht:
- Eine Ausbildung ohne Studium ist fast immer kürzer und führt früher zu finanzieller Unabhängigkeit und Selbstständigkeit.
- Die Chancen eines unmittelbaren Übergangs von der Ausbildung in den Beruf sind oft günstiger als beim Übergang vom Studium in den Beruf.
- Eine berufliche Ausbildung unmittelbar nach dem Schulabschluss kommt all denen entgegen, die sich weniger für theoretisch-wissenschaftliche als vielmehr für praktisch-organisatorische Tätigkeiten interessieren oder geeignet fühlen.
- Zunehmend werden Ausbildungsgänge außerhalb der Hochschule [...], für die das Abitur Zugangsvoraussetzung ist, eingerichtet.

Studium
Wird ein Studium angestrebt, ist Folgendes zu bedenken:
- Welche Studiengänge gibt es und wo kann man sie studieren?
- Welche Abschlussmöglichkeiten gibt es und wie lässt sich eine berufliche Ausbildung verwerten?
- Entspricht der gewählte Studiengang der Begabung, den Fähigkeiten und Interessen und hat bereits in der Schule eine Spezialisierung im Grund- und Leistungskurs stattgefunden?
- Welche Spezialisierungsmöglichkeiten gibt es während des Studiums?
- Bestehen Zulassungsbeschränkungen?
- Welche konkreten Inhalte haben speziell die Anfangssemester? Welche Kenntnisse werden vorausgesetzt? Gibt es eine gewisse Verwandtschaft zu den schulischen Fächern? Reichen die Vorkenntnisse, z. B. Mathematik, Sprachen, für das gewählte Studienfach aus?
- Welche Besonderheiten der einzelnen Hochschulorte und Hochschularten sind zu beachten, z. B. Studienangebot, Studienbedingungen, Ausbau, Standort und Größe der Hochschule?
- Bestehen besondere Einschreibungsvoraussetzungen, z. B. Nachweis von Praktika, Sprachkenntnissen, studiengangbezogener Eignung?
- Welche Bewerbungstermine und Einschreibfristen sind zu beachten?
- Wie lange dauert das Studium, wie ist es aufgebaut und wie ist das Studium strukturiert?
- Ist bei der Wahl des Studienortes die Wohnraumsituation, die je nach Größe der Hochschule und des Hochschulstandortes unterschiedlich sein kann, bedacht worden?
- Welche finanziellen Förderungsmöglichkeiten bestehen? [...]

Berufliche Ausbildung
Wird in erster Linie eine berufliche Ausbildung angestrebt [...], sollten folgende Fragen geklärt werden:
- Welche Berufe/Ausbildungsgänge kommen in Frage? Hierbei sollten nicht nur die so genannten „Traumberufe" gewählt werden, sondern auch realistische Alternativen sind in Erwägung zu ziehen. Dabei sollten folgende Detailfragen geklärt werden:
- Wo ist die geplante Ausbildung möglich?
- Wie viele Ausbildungsplätze stehen zur Verfügung und wie hoch ist erfahrungsgemäß die Anzahl der Bewerbungen?
- Welche Bewerbungstermine sind zu beachten?
- Nach welchen Kriterien erfolgt die Auswahl?
- Wie ist die Ausbildung gegliedert und aufgebaut?
- Wie lange dauert die Ausbildung? Ist eine Verkürzung möglich?

- Wie hoch ist die während der Ausbildung gezahlte Vergütung und welche Förderungsmöglichkeiten bestehen?
- Welchen Abschluss erhalte ich am Ende einer erfolgreichen Ausbildung?
- Gibt es einen staatlich anerkannten oder firmeninternen Abschluss?
- Wie sind die beruflichen Einmündungs-, Fortbildungs- und Aufstiegsmöglichkeiten?
- Bestehen Chancen, sich später selbstständig zu machen?

(Studien- und Berufswahl. Bad Honnef: Heinrich Bock Verlag 1996, S. 10-12.)

Lehre plus Studium?

Etwa ein Viertel aller Studierenden absolviert vor Beginn des Hochschulstudiums eine Lehre. Obwohl die Studenten dadurch bereits eine Reihe der später verlangten Zusatzqualifikationen frühzeitig erworben haben, wird die Lehre nicht von allen Arbeitgebern ausschließlich positiv eingeschätzt.

Zum Teil unterstellt man den Hochschulabgängern, sie hätten sich mit der Lehre gegen ein Scheitern im späteren Berufsleben rückversichern wollen. Bei Fachhochschulabsolventen hingegen wird eine Lehre immer als vorteilhaft angesehen.

Eine Lehre vor dem Studium ist nur sinnvoll, wenn sie zum individuellen Berufsweg passt. Sie sollte **„auf einer Linie" mit dem angestrebten Berufsziel** liegen. Eine Lehre zu absolvieren, um Praktika oder anderen geforderten Zusatzqualifikationen aus dem Weg zu gehen, ist nicht empfehlenswert.

(Gabler Berufs- und Karriereplaner 98/99: Wirtschaft. Wiesbaden: Gabler 1998, S. 77.)

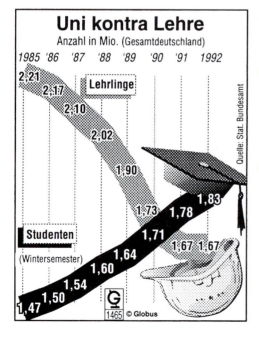

Arbeitsanregungen

1. Untersuchen Sie die Argumente zur Berufswahl! Was spricht für ein Studium – was für eine berufliche Ausbildung? (Stellen Sie die wesentlichen Gründe gegenüber!)

2. Interpretieren Sie die Grafik „Uni kontra Lehre"!

3. Vergleichen Sie die Materialien! Welche Möglichkeit zur Informationsübermittlung ist aussagekräftiger – Text oder Grafik?

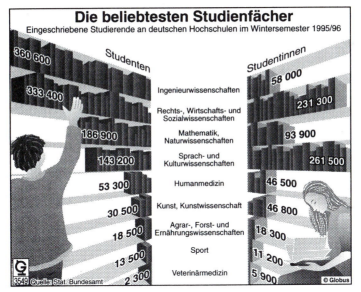

Arbeitsanregungen

 1. Setzen Sie Zahlen und Daten der Grafiken in Sprache um!

 2. Welches ist Ihr „Traumberuf"? Warum? Begründen Sie Ihre Berufswahl; welche Faktoren waren für die Wahl ausschlaggebend?

 3. Erstellen Sie eine Grafik zu den Berufswünschen Ihrer Mitschüler/Mitschülerinnen, indem Sie eine Befragung an Ihrer Schule planen, durchführen und auswerten!

Marlene Streeruwitz, geboren in Baden bei Wien, lebt als Schriftstellerin und Regisseurin in Wien. Sie schreibt Lyrik und Prosa, Hörspiele und Theaterstücke. Im Suhrkamp Verlag liegen sechs Theaterstücke der Autorin vor.

Zu ihrem Roman „Verführungen" heißt es im Klappentext:

Wien. Es ist das Jahr 1989. Helene Gebhardt, geborene Wolffen, ist 30 Jahre alt. Sie hat früh geheiratet, lebt aber seit zwei Jahren getrennt von ihrem Mann Gregor, einem Mathematik-Dozenten, der sie wegen seiner Sekretärin verlassen hat. Um über die Runden zu kommen, arbeitet sie als Bürokraft in einer PR-Agentur; ein Studium der Literatur und Kunstgeschichte hat Helene wegen der Kinder abgebrochen.

Helenes exaltierte Freundin Püppi befindet sich in einer ähnlichen Situation. Die Freundschaft zwischen den beiden Frauen besteht mittlerweile nur noch aus gelegentlichen Abendtreffs und Notrufen Püppis. Sie zerbricht endgültig, als Helene das Verhältnis zwischen ihrem Mann und Püppi entdeckt.

Helene hat den Traum von der funktionierenden Beziehung noch nicht aufgegeben. Der Anspruch, eine perfekte Mutter, Geliebte, Tochter und gut im Job zu sein, überfordert sie. Selbstvergewisserung und Nähe, die sie von Gregor nicht mehr bekommen kann, sucht sie bei anderen Männern: so bei Alex, einem ehemaligen Liebhaber, und bei Henryk, einem mittellosen schwedischen Musiker, der sich sein Hin und Her zwischen Mailand und Wien von Helene bezahlen läßt, sich aber auf nichts festlegt. Die Männer gehen, wenn sie benötigt werden, und kommen, wenn ihr Gehen gerade von Helene verkraftet wurde.

Helenes Alltag wird zusehends zu einem Existenzkampf, zu einer Folge von mal harten, mal banalen, dann wieder von Hoffnung genährten Ausflügen in die Welt der Männer, die am Ende nur ein Ergebnis haben: Helene muß sich behaupten.

Verführungen ist ein Buch, das auf jedes Ornament, jeden poetischen Ton, alle psychologischen Deutungsversuche verzichtet, das, formal ungewöhnlich, der Atemlosigkeit der Protagonistin angemessen, in kurzen, ganz kurzen Sätzen ein normal zu nennendes Leben beschreibt.

Lesehinweis

Marlene Streeruwitz, Lisa's Liebe. Roman in 3 Folgen. Frankfurt: Suhrkamp 1997.

Marlene Streeruwitz, Nachwelt. Ein Reisebericht. Frankfurt: Fischer 1999.

Arbeitsanregungen

1. Charakterisieren Sie die innere und äußere Wirklichkeit Helenes!

2. Welche Fähigkeiten benötigt eine Texterin in einer Werbeagentur, welche bringt Helene mit? Wie beurteilen Sie ihre Chancen, sich zu bewähren?

3. Im Klappentext heißt es über den Stil der Autorin, er sei „formal ungewöhnlich"; belegen Sie die Aussage an Beispielen und erläutern Sie die Wirkung!

4. Versetzen Sie sich in Helenes Lage! Ergänzen Sie das Ende des Textabschnitts durch Erlebte Rede (vgl. Z. 12–14)!

Marlene Streeruwitz, Verführungen

Montag rief Herr Nadolny Helene in sein Büro. Sie sollte Kaffee mitbringen für ihn. Und sich selbst auch gleich einen. Helene stellte die Zuckerdose und das Milchkännchen auf das Tablett. Ihre Hände begannen zu zittern. Sie mußte alle Aufmerksamkeit aufwenden, den Kaffee in die Tassen zu gießen. Ohne auszuschütten. Sie wußte ganz sicher, Nadolny würde ihr sagen, er könne sie nicht länger brauchen. Sie hatte das gewußt. Und sie hätte ihm zuvorkommen sollen. Sie war nun 2 Monate hier. Sie hatte nie das Gefühl gehabt, etwas zu tun, das nur sie hätte tun können. Das gab es auch gar nicht. Sie konnte nett aussehen. Sie konnte Briefe schreiben, ohne sie diktiert zu bekommen. Sie konnte keine Stenografie. Ein Studium der Kunstgeschichte. Und das nicht abgeschlossen. Helene trug den Kaffee in das Büro und setzte sich vor den Schreibtisch Nadolnys. Sie wußte nicht, ob sie lange genug gearbeitet hatte, um Arbeitslosengeld zu beziehen. Sie sollte mit jemandem reden. Was sie tun sollte. Und mit Gregor über das Geld. Und ihren Eltern sollte sie sagen, wie das mit Gregor war. Und sie um Hilfe bitten. Das Flattern im Magen verwandelte sich in eine Steinplatte in der Brust. Als würde ihr Herzschlag gegen eine Wand gepreßt, ginge langsam und dann nicht mehr. Helene saß sehr aufrecht. Sie nahm ihre Kaffeetasse nicht in die Hand. Das Zittern wäre nicht zu übersehen gewesen. Sie hoffte, sie würde erst nachher zu weinen beginnen. Nadolny hatte stumm seinen Kaffee ausgetrunken und sie angesehen. Helene schaute auf ihre Knie. Nadolny begann dann. Er sah zum Fenster hinaus beim Reden. Sie wäre ja nun einige Zeit da. Und eigentlich wäre sie als Sekretärin da. Aber. Sie müsse zugeben. Sie könne sicherlich mehr. Helene wunderte sich, wie höflich Nadolny ihren Hinauswurf begann. Ihr wurde noch schwerer. Er. Fuhr Nadolny fort. Er habe gerade eine Reihe von Projekten, die ihn voll in Anspruch nähmen. Er sei ausgelastet. Versuchsweise könnte doch sie einmal etwas Eigenes beginnen. Sie solle recherchieren. Und dann einen Text schreiben. Einen Bericht zuerst. Das könne sie sicher. Eine Firma für Sonnencremes bräuchte Hilfe. Wegen der Sonnenstudios. Und wegen der neuen Gefahren. Beim Sonnen. Da wäre eine Liste von Leuten, mit denen zu reden wäre. Die Adresse. Sie sollte das gleich angehen. Sie hätte die ganze Woche Zeit. Dann sollte es den Text geben. Und irgendwelche Vorstellungen, wie diese Firma in der Öffentlichkeit auftreten sollte. In Zukunft. Er wüßte, sie würde dafür nicht bezahlt. Aber. Wäre das nicht eine Chance. Würde sie das nicht interessieren? Und man könnte über das Geld ja dann noch sprechen. Jetzt erst sei sie ja so etwas wie eine Art Lehrling. Nadolny lachte über diesen Scherz. Helene nickte nur. Nadolny ging dann. Er käme heute nicht mehr zurück, sagte er. Fröhlich. Helene trug das Geschirr in die Küche zurück. Sie schüttete ihren Kaffee weg und schenkte neuen ein. Frau Sprecher hielt sie auf dem Weg in ihr Zimmer auf. Was denn los sei. Helene sagte ihr nur, Nadolny wäre für heute weg. Frau Sprecher verdrehte die Augen und ging schnell selbst einen Kaffee holen. Helene holte die Unterlagen aus Nadolnys Zimmer. Sie begann zu lesen. Sie machte Termine aus und sah zufrieden auf einen gefüllten Terminkalender. Sie sagte Frau Sprecher, wann sie wo sein würde. Sie kam sich wichtig vor.

(Marlene Streeruwitz, Verführungen. 3. Folge. Frauenjahre. Frankfurt: Suhrkamp ³1996, S. 38-40.)

TRAUMJOBS IM HÄRTETEST

Ins Ausland gehen, sich selbstständig machen, noch mal studieren, das Hobby zum Beruf machen – ob Ihre Träume der Realität standhalten können oder doch nur Luftschlösser sind, lässt sich prüfen. Ein Neun-Punkte-Programm für Ihre beruflichen Sehnsüchte.

Die großen Träume scheitern oft nicht am Geld und schon gar nicht an mangelnder Qualifikation, sondern am Status „Jein", über den sie nicht hinauskommen. Damit das Grübeln ein Ende hat, gibt Karin Maier, Leiterin einer Personal- und Unternehmensberatung, allen Zweiflern ein Neun-Punkte-Programm an die Hand. Wer an einem Punkt scheitert, muss von vorn beginnen.

Die Verwandlung

Träume, und seien sie noch so wild, müssen in konkrete Ziele umformuliert werden. Naive Sätze wie „Ich will mal groß im Fernsehen rauskommen" gelten ebenso wenig wie „Eigentlich wollte ich schon immer viel mit Menschen zu tun haben". Stattdessen müssen die eigenen Vorgaben eine klare Stoßrichtung in puncto Fachrichtung, Branche, Tätigkeit anzeigen. Beispiel: „Ich will mich als Vertriebsberaterin für mittelständische Softwarehäuser selbstständig machen", „Ich will einen privaten Kindergarten aufziehen", „Ich will einen MBA an der London School of Economics ..." Bereits in diesem ersten Schritt, wo Fantasien in Projekte gegossen werden, klingt alles viel nüchterner und realistischer. Wem die Verwandlung nicht gelingt, der kann sich jedenfalls immerhin einer Tatsache sicher sein: „Ich weiß nicht, was ich will ..." Zurück auf Los!

Eingrenzung

Wer seinen Doktor in Jura nachholen, gleichzeitig aber auch in der Marketing-Agentur eines Ex-Kollegen mitmischen und so ganz nebenbei noch eine Kabarett-Karriere starten will, hat zwar konkrete Ziele – aber zu viele. Deshalb: Eindeutig eine Priorität setzen – sonst wird man noch in fünf Jahren an der Promotion herumdoktern und weiterhin mit Karaoke-Gesängen Wiegenfeste im Verwandtenkreis bereichern.

Die Begründung

Für einen einschneidenden Kurswechsel im Beruf gibt es viele gute Gründe und einen schlechten: Frust. Irgendetwas nicht mehr zu wollen – sei es der ewige Zoff mit dem Chef, sei es die öde Routine im Büro –, taugt nicht zum Gärmittel, das Träume zum Reifen bringt. „Man muss seine Motive positiv beschreiben können", sagt Karin Maier. „Sonst hat man nicht genügend Power, um auf Durststrecken durchzuhalten." Aussagen wie „Ich will mich selbstständig machen, weil ..." müssen ein gutes Ende haben. Etwa „... weil ich meine Zeit selbst einteilen möchte", „... weil ich mich als Unternehmerin beweisen möchte". „Lässt sich immer nur der Leidensdruck im alten Job als Argument finden, dann ist das zunächst nur ein Signal dafür, dass ich an diesem ‚Tatort' etwas ändern muss."

Die harten Facts

Ist das Ziel eingegrenzt, die Motivation geortet, dann wird der Plan auf Bruchstellen untersucht: wo fehlen Qualifikationen? Wo liegen die organisatorischen Hürden? Beispiel: Wer sich im Handwerk selbstständig machen will, braucht eine Meisterprüfung. Wer ein Forschungs-Stipendium in den USA will, muss perfekt Englisch sprechen. Und Banken vergeben bekanntlich nur Darlehen an Existenzgründer, wenn diese ein schlüssiges Finanzierungskonzept vorlegen. In diesem Stadium offenbaren sich die meisten Träume als hartes Stück Arbeit. Vor einem liegt plötzlich eine Ochsentour mit Behördengängen, Buchhaltelehrgängen, Telefonaten, Formularen und zähen Recherchen bei Steuerberatern, Handelskammern, Stiftungen, Arbeitsämtern. Nur wer jetzt erst richtig Feuer fängt, ist noch im Rennen.

„Was sagt eigentlich Ihr Partner dazu?"

Wer keinen Partner/keine Partnerin will, kann nahtlos zu Punkt sechs übergehen. Verheiratete und liierte Traumtänzer/innen und solche mit Kindern (oder akutem Kinderwunsch) sollten den Partner schleunigst zum Lebens- und Familienplanungsgespräch bitten und sich für die nächsten Jahre den notwendigen „social support" (respektive klare Sponsoring-Zusagen) sichern. Zu einem Dreamteam gehören zwei – zieht der andere nicht mit, müssen Sie sich vermutlich einen aus dem Kopf schlagen: entweder den Partner oder den Traum.

Die Nabelschau

Eine Unternehmerin braucht Verhandlungsgeschick, in einer fremden Stadt muss man allein sein können und wer als bislang angestellte Designerin eine eigene Kollektion herausbringen möchte, muss kreativer sein als die Konkurrenz. Die Frage also lautet: „Bringe ich die nötigen persönlichen Stärken mit?" Sich selbst aus dem Stand zu beurteilen ist schwierig und Freunde, die um ein schonungsloses Urteil gebeten werden, sind manchmal eher taktvoll denn ehrlich. Fahnden Sie deshalb nach Situationen im Alltag, wo Sie zum Beispiel Durchsetzungsvermögen, Geschäftstüchtigkeit oder Kreativität bewiesen haben: Beschweren Sie sich beim Ober über ein versalzenes Steak oder kauen sie still vor sich hin? Haben Sie damals die neue Wohnung bekommen, obwohl zwanzig andere Bewerber Schlange standen? Handeln Sie bei den neuen Winterreifen einen Rabatt heraus oder nicht? Was schenken Sie Ihrer schusseligen Freundin in letzter Minute? Ein ödes Taschenbuch oder vielleicht 15 bunte Einwegfeuerzeuge, die sie getrost verlieren und verlegen kann?

Die Insider-Probe

Klopfen Sie Ihren Traum auf Klischees ab. Sprechen Sie mit Leuten im Bekanntenkreis, die bereits verwirklicht haben, wovon Sie schwärmen. Fragen Sie einen Vielflieger, was er nach Jahren vom „Heute-hier-morgen-dort-Leben" hält und was so toll daran ist, in drei Tagen sieben Termine in vier verschiedenen Städten zu haben. Lassen Sie sich von einer jungen Unternehmerin erzählen, wie viele schlaflose Nächte sie verbracht hat, weil die Existenzangst immer größer und das Auftragsvolumen immer kleiner wurde. Vielleicht merken Sie, dass Ihre Luftschlösser herzlich wenig mit der Realität zu tun haben. Manchmal aber passiert jetzt genau das Gegenteil und Sie werden immer sicherer in der Erkenntnis: „Das pack' ich auch ...".

Die Präsentation

Spätestens jetzt ist Ihr Vorhaben reif für die Präsentation in der Öffentlichkeit und wird dem ersten Test unterzogen. Am besten in Form eines Spiels namens „Der heiße Stuhl": Ein paar gute Freunde übernehmen die Rolle des Advocatus Diaboli. Während Sie Ihre Geschäftsidee oder Ihren Plan vortragen, sollen die Zuhörer möglichst viele Pferdefüße und Kritikpunkte finden: „Was machst du mit der gemeinsamen PR-Agentur, wenn deine Partnerin abspringt?", „Du warst doch noch nicht einmal allein im Urlaub. Wie willst du da ein Jahr in den USA schaffen?". Je härter die Gegenargumente, desto eher stellt sich heraus, wie wasserdicht das Projekt ist.

Der Preisvergleich

Geregeltes Einkommen, Sicherheit, halbwegs erträgliche Kollegen, ordentliche Aufstiegschancen, Zeit für die Liebe und für Freunde, eine lieb gewordene Stadt – das alles sind die Vorteile, die bei einem beruflichen Sidestep ganz oder für einige Zeit aufgegeben werden müssen. Ein hoher Preis, für den Sie im Gegenzug neue Erfahrungen, neue Kontakte, einen Know-how-Schub bekommen müssen. Karin Maier: „Man sollte sich jetzt schon überlegen, wie man die Nachteile, die die neue Situation mit sich bringt, ausgleicht." Beispiel: Wer nach diesem Check feststellt, es fehlt ihm das Zeug zum Einzelkämpfer, kann sich auf die Suche nach Partnern machen. Karin Maier: „Es ist Zeit für die letzten Kurskorrekturen und Zeit für den Abschied." Fällt dieser nach dem selbst gesteckten Slalom trotzdem noch leicht, dann hat der Traum nichts von seiner Faszination verloren. Und dann wird der Rebell in Ihrem Kopf auch keine Ruhe mehr geben können.

(Nach: Elle, 04/1994, S. 146-150.)

Arbeitsanregungen

1. Fassen Sie die wesentlichen Aussagen des „Härtetests" zusammen!

2. Gehen Sie für sich den „Härtetest" durch und entscheiden Sie, wie Sie handeln wollen!

3. Testen Sie Mitschüler/Mitschülerinnen oder Kollegen/Kolleginnen anhand des „Neun-Punkte-Programms"!

ANDREAS GURSKY, Steiff, Höchstadt

(Andreas Gursky, Fotografien 1984-1993. München: Schirmer-Mosel 1994, S. 121.)

Arbeitsanregungen

1. Versetzen Sie sich in die Situation einer Näherin bei Steiff! Sie hat keinen Traumjob, doch Träume für die Zukunft. Verfassen Sie einen inneren Monolog, in den Sie aufnehmen, was der Näherin am Arbeitsplatz durch den Kopf geht!

2. Notieren Sie Geräusche, Töne, Gesprächsfetzen, die in der Werkshalle zu hören sein könnten! Gestalten Sie eine Textcollage (vgl. S. 428), indem Sie die Geräuschkulisse und den inneren Monolog verbinden!

Wilhelm Busch, **Friseur**

Zu Bremen lebt gewandt und still
Als ein Friseur der Meister Krüll,
Und jedermann in dieser Stadt,
Wer Haare und wer keine hat,
Geht gern zu Meister Krüll ins Haus
Und kommt als netter Mensch heraus.

Bankkaufmann/-frau

Ein „langer Samstag" die Geschäfte sind bis 18 Uhr geöffnet, aber die Banken den ganzen Tag geschlossen. Trotzdem ist es kein Problem an Geld zu kommen. Kunden bezahlen entweder mit Scheck oder holen sich mit ihrer Scheckkarte Bargeld am Geldautomaten. Und die Geldautomaten arbeiten auch nach Geschäftsschluss weiter. Wird also die Arbeit von Bankkaufleuten durch zunehmende Technisierung überflüssig? Das Gegenteil ist der Fall. Banken bieten eine Fülle von Dienstleistungen an, bei denen der Umgang mit Geld im Mittelpunkt steht. Die Auszahlung von Guthaben von Spar- oder Girokonten stellt nur einen kleinen Teil der geschäftlichen Tätigkeiten dar.

Bankkaufleute arbeiten in kundennahen oder bankinternen Bereichen, die jeweils in weitere Spezialgebiete unterteilt sind. Im kundennahen Bereich stehen Beratung und Verkauf im Vordergrund. Typische Aufgaben sind Führung von Konten und Abwicklung des In- und Auslandszahlungsverkehrs, Beratung bei Geld- und Kapitalanlagen und Kreditgeschäften, Handel mit Geld, Devisen, Edelmetallen und Wertpapieren. Dazu kommt der immer größer werdende Bereich der Vermittlung von Bausparverträgen und Versicherungen.

Für diese Aufgaben sind in großen Kreditinstituten ganze Abteilungen zuständig, deren Mitarbeiter auf die Teilgeschäfte der Bank spezialisiert sind. In kleineren Zweigstellen dagegen muss der Bankkaufmann in der Lage sein, seine Kunden in allen Bereichen zu beraten oder er verweist sie bei speziellen Wünschen an die Hauptstelle.

Das kann gerade im Bereich von Handel mit Geld, Devisen, Edelmetallen und Wertpapieren der Fall sein, denn diese Tätigkeiten werden nur von wenigen Spezialisten ausgeübt. Der Bankkaufmann kauft und verkauft Wertpapiere, Devisen usw. im Kundenauftrag oder auf Rechnung des Kreditinstituts an in- und ausländischen Börsen. Er ist also auch im Auftrag „seiner" Bank tätig und steuert z.B. die Liquiditätsversorgung, d.h. er legt überschüssige Gelder zinsgünstig an oder beschafft die für die Kreditauflösung benötigten Summen.

Die Abwicklung von Arbeiten des Kundengeschäfts erfordert Verwaltungstätigkeiten, die im bankinternen Bereich erledigt werden. Für Bankkaufleute, die sich in diesem Bereich spezialisieren, stehen Aufgaben wie Planen, Verwalten und Kontrollieren im Vordergrund.

Im Rechnungswesen sorgen sie für die ordnungsgemäße Buchung aller Geschäftsvorfälle, erstellen Bilanzen und informieren die Geschäftsleitung über die Entwicklung der einzelnen Geschäftssparten. Zum bankinternen Bereich gehören auch Organisation von innerbetrieblichen Abläufen, Planung für den Einsatz von EDV sowie das Personalwesen. Ein weiteres wichtiges Teilgebiet ist die Revision. Der Bankkaufmann kontrolliert und überwacht die Geschäftsabläufe und die Tätigkeiten der einzelnen Mitarbeiter.

Je nach dem, in welchem Bereich sich der Bankkaufmann spezialisiert, muss er verschiedenen Anforderungen gerecht werden. Generell werden aber Organisationsgeschick, Sprach- und Schriftgewandtheit, Sicherheit im Umgang mit Zahlen, Verhandlungsgeschick und Ordnungssinn als Voraussetzungen angesehen. Gesetzlich wird für die Ausbildung keine bestimmte Schulbildung verlangt, aber in der Praxis ist Mittlere Reife bzw. Abitur Bedingung. Die dreijährige betriebliche Ausbildung schließt mit der Abschlussprüfung vor der Industrie- und Handelskammer.

Ein „fertiger" Bankkaufmann kann sich danach z.B. zum Bankfachwirt oder staatlich geprüften Betriebswirt weiterbilden. Für Abiturienten besteht nach der Ausbildung auch die Möglichkeit, ihre Kenntnisse in einem Betriebs- oder Volkswirtschaftsstudium zu erweitern, um dann auf höheren Positionen bei dem Kreditinstitut weiterzuarbeiten.

(Frankfurter Rundschau, Nr. 220 vom 21. Sept. 1991.)

Zahnarzthelfer/in

„Der Nächste, bitte!" Freundlich lächelnd bittet Caroline die Patientin in den Behandlungssessel, bindet ihr ein Papiertuch um und stellt den Wasserbecher hin. „Bitte entspannen Sie sich", mahnt sie die aufgeregte Patientin. Danach kann sich Caroline wieder ihren Vorbereitungen zuwenden. Sie sorgt dafür, dass ihr Chef nicht „im Dunkeln tappt", also für richtige Beleuchtung, legt das Behandlungsbesteck und die Karteikarte der Patientin griffbereit. Sobald der Zahnarzt die Behandlung beginnt, könnte die Zahnarzthelferin acht Hände gebrauchen. Sie rührt das Füllmaterial in der richtigen Menge und Dicke an, reicht Instrumente, saugt Speichel ab und tupft Wundränder aus.

Die 24-jährige Zahnarzthelferin ist wie ihre zwei Kolleginnen auch als Allroundkraft eingesetzt. Ein Großteil ihrer Arbeitszeit entfällt auf Büroarbeiten: In der Vormerkpraxis gilt es, Terminkalender zu führen, die Patientenkartei vorzusortieren und in der richtigen Reihenfolge auf die drei Behandlungszimmer zu verteilen, während der Behandlung „Buch zu führen", am Stuhl zu assistieren und am Quartalsende die Abrechnung zu erstellen. „Die Terminplanung in unserer Hand hat auch Vorteile; schließlich können wir die Arbeit ein bisschen steuern und darauf achten, dass der Feierabend nicht zu kurz kommt", lacht Caroline.

Der Arbeitstag ist trotzdem lang. Bevor um 9 Uhr der erste Patient kommt, haben Caroline und ihre Kolleginnen schon alles für den Behandlungsablauf vorbereitet: Vortags gebrauchte Spiegel, Pinzetten, Spatel und Sonden aus dem Sterilisator geholt und wieder eingeräumt, Winkelstücke durchgeblasen und die Bohrer desinfiziert. Das Röntgengerät wird kontrolliert, das Desinfektionsbad angemischt, in dem die benutzten Instrumente sofort wieder „eingeweicht" werden.

Dazwischen schrillt das Telefon, stehen „Notfälle" mit dicker Backe vor der Tür und wollen umgehend behandelt werden, meldet der Chef der beauftragten Zahntechnik, dass ein versprochenes Teil missglückt ist. Schon ohne Patienten muss man also alle Sinne beisammen haben, ruhig bleiben, vor allem keine Hektik auf den „Chef" übertragen: Er braucht schließlich die berühmte ruhige Hand bei seiner Arbeit.

Langsam füllt sich das Wartezimmer. Caroline sorgt dafür, dass in „ihrem" Behandlungsraum alles stimmt: Sie bereitet den Stuhl vor, wirft einen Blick auf die Eintragungen der Karte, ruft den Patienten und versucht, ihm mit einigen beruhigenden Worten die Angst zu nehmen, bevor die Behandlung beginnt. Am liebsten assistiert Caroline „am Stuhl", reicht ihrem Chef nach Aufforderung Geräte wie Bohrer, Zangen oder Spiegel zu, mischt Füllungen oder hält beim Zähneziehen den Kopf des Patienten. Zwischendurch kümmert sie sich um das Röntgengerät, entwickelt die Aufnahmen, sortiert diese auf dem Sichtschirm.

Außer in Privatpraxen arbeiten Zahnarzthelfer überall da, wo Zahnärzte eingesetzt werden, etwa in Kliniken, Werksambulanzen und im öffentlichen Gesundheitswesen.

(Bundesanstalt für Arbeit. Mannheim: TransMedia Projekt + Verlagsgesellschaft 1989.)

Arbeitsanregungen

1. Halten Sie die wesentlichen Aussagen über Aufgaben und Tätigkeiten der einzelnen Berufsbilder fest!

2. Welche Auswirkungen werden
   - neue Technologien,
   - die Situation auf dem Arbeitsmarkt,
   - Ausbildung und Qualifikation

   für den Beruf haben?

3. Welche Ziele verfolgen die Texte der Berufsbilder? Erfüllen sie ihre Funktion?

4. Vergleichen Sie die Aussagen der Berufsbilder mit den literarischen Texten in diesem Kapitel! Worin sehen Sie Unterschiede?

5. Erstellen Sie ein Berufsbild von Ihrem Ausbildungsberuf!

Projekt: Zeitmanagement

Aus einem tätigen Leben . . .

So, jetzt wer' ich mich mal an die Projektplanung setzen, noch isses ruhig. Sonst wird man ja doch nur wieder rausgerissen. Ständig kommt jemand rein oder das Telefon klingelt . . .

Ist zwar noch Zeit, aber bringt ja gar nichts, wenn man die Dinge vor sich herschiebt. Da bin ich auch nicht der Typ. Bei mir wird sowas gleich erledigt; je länger man zögert, desto schwieriger wird es am Schluss.

Ne schöne Tasse Kaffee dazu, das weckt die Lebensgeister. Gleich mal sehen, ob die Janowski neuen Kaffee mitgebracht hat. Jedes Mal sag ich ihr, sie soll welchen kaufen, wenn die Dose leer ist und dann vergisst'ses doch wieder. Na Gott sei Dank, das reicht noch.

In der Zeitung steht, dass sie einem ne richtige große Sitzbank von seiner Dachterrasse geklaut haben. Wo war denn der Artikel . . . ah, da isser ja. Tsi, tsi, tsi, is doch nicht zu glauben sowas. Muss doch jemand sehen, wenn da zwei mit ner Bank übers Dach . . . So, jetzt ist der Kaffee fertig. Aber kein Zucker mehr! Also Zucker muss sein, der geht schnell ins Blut, das ist gut für die Konzentration. Ich hol mir einfach welchen von nebenan . . .

So, also als Erstes mal die Unterlagen zusammengestellt. Als da wären: Die Protokolle der letzten drei Sitzungen, den Ordner mit dem DMS-Projekt, daran kann ich mich ja orientieren. Dann meine Gesprächsnotiz von gestern mit Pfeifer . . . Der wollte von mir noch den Prospekt haben über das neue Grafik-Programm. Is ja gewaltig, was diese Programme heutzutage alles können. Und was man da an Zeit spart, da hat man doch früher Tage für gebraucht. Ich bring ihm das Ding gleich hoch. Leg ich ihm einfach hin. Dann freut er sich, wenn er kommt, und vor allen Dingen kann er mich dann nicht erst wieder festhalten und vollquatschen. Bei dem kommt man nie wieder weg. Nee, ich wer' mal nich mit'm Fahrstuhl, ich lauf die paar Treppen zu Fuß. Man sitzt sowieso viel zu viel . . .

Also, wo war ich jetzt stehen geblieben? Zuerst muss ich jetzt einmal zusammenstellen, welche Abteilungen außerdem noch einbezogen werden sollen in das Projekt. Vertrieb auf jeden Fall, die fühlen sich immer gleich übergangen.

Die Blumen sehen ja aus, das ist ja furchtbar. Sieht denn das keiner hier? Den Menschen ist das scheinbar völlig egal, in was für einer Umgebung sie arbeiten. Gehört doch auch dazu, dass es ein bisschen nett aussieht. Letztendlich steigert das auch die Leistung, die Motivation. Soo, jetzt bekommt ihr erstmal was zu trinken . . .

Siebert wollte doch letzte Woche schon anrufen, hatt' ich mir extra notiert. Hat er nich' gemacht. Da muss ich nachher nachhaken, sonst fährt der in Urlaub und ich weiß nicht weiter. Die Unterlagen such ich mir lieber gleich raus, sonst vergess ich das . . . [. . .]

Ob ich nun wohl endlich dazu komme . . .? Also Vertrieb auf jeden Fall. „Frau Janowski, versuchen Se doch mal, ob Se Dreßler schon kriegen. Ja, Dreßler vom Vertrieb, ich muss ihn nur kurz was fragen."

Und dann Qualitätssicherung auch, unbedingt. Das war interessant neulich auf dem Kongress, was die da über Qualitätssicherung und Lean-production erzählt haben. Wo hab ich das hingelegt, hatt' ich mir doch aufgeschrieben. Das würde uns auch gut tun. Abspecken. Unrentable Teile nach draußen vergeben. Wir machen doch viel zu viel selbst. Also hier schreiben die, dass die Japaner . . .

„Na, was is denn jetzt schon wieder? Ach so, ja, Dreßler. Morgen Herr Dreßler, wie sieht's denn aus?, Ja, ja, auf der Stadtautobahn wieder, was? Wissen Se, da fahr ich schon gar nicht mehr lang. Ich komme ja auch von da oben, aber ich hab mir jetzt so'n persönlichen Schleichweg ausgetüftelt. Und außerdem komm ich jetzt immer schon viel früher. Hab festgestellt, das ist die Zeit, wo ich am besten . . ."

Junge, Junge! Dass die Leute immer so viel erzählen müssen. Was glauben die eigentlich, wo ich meine Zeit gestohlen habe?

„Ja, was ist denn? Was soll ich denn jetzt mit den Folien hier, Frau Janowski? . . . Na ja, nachher hab ich doch gesagt! Für die Besprechung! Was ist? Es ist schon gleich zehn? Na also, das darf doch wohl nicht . . ."

(Ernst Christoph Hellge, Training und Beratung. Unveröffentlichtes Manuskript: Gesprochene Sprache ist hier Schriftsprache.)

Arbeitsanregungen

1. Suchen Sie die Störfaktoren heraus, die den Protagonisten/die Protagonistin an effektiver Arbeit hindern! Entwickeln Sie Vorschläge, wie die Störungen vermieden werden können!

2. Erstellen Sie einen tabellarischen Bericht über Ihren Arbeitsalltag! Beachten Sie dabei folgende Aspekte:
   – Zeitpunkt des Eintreffens festhalten
   – nach Abschluss jeder Tätigkeit Inhalt und Dauer notieren
   – bei zeitaufwendigen Arbeiten eine sinnvolle Gliederung vornehmen
   – Störungen präzisieren und mit einer geeigneten Abkürzung versehen (z. B.: T = Telefon, RM = Rückfrage von Mitarbeitern, B = unangemeldete Besucher, L = Leerlauf durch Warten oder Konzentrationsmängel)!

3. Überprüfen Sie, ob die folgenden Vorschläge für die Verbesserung Ihres Arbeitsablaufs geeignet sind!

   – **Zeitgewinn durch Zusammenfassen von gleichartigen Tätigkeiten**

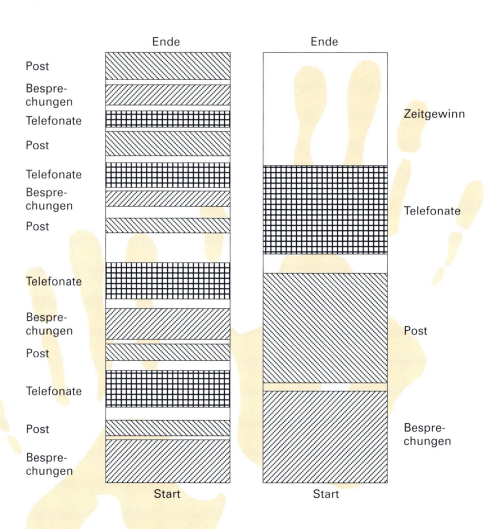

   – **Zeitgewinn beim Telefonieren**
   Ob Sie beim Telefonieren Zeit sparen, hängt davon ab, wie Sie die Vorbereitung, Durchführung und Auswertung des Gesprächs handhaben. Lesen Sie dazu den Text „So finden Sie den richtigen Draht" (S. 94) und die Hinweise zur Gesprächsnotiz (S. 97)!

- **Zeitgewinn durch Prioritäten**

  Bei der Einteilung Ihres Arbeitstages ist von besonderer Bedeutung, welche Prioritäten Sie den einzelnen Aufgaben zuordnen. Weisen Sie jede Ihrer Tätigkeiten einer der drei folgenden Kategorien zu:

A-Aufgaben	sind sowohl wichtig als auch dringlich. Sie müssen von Ihnen selbst erledigt werden, und zwar so bald wie möglich.
B-Aufgaben	sind auch wichtig, haben aber etwas mehr Zeit. Eventuell können Sie diese auch an einen fähigen Mitarbeiter delegieren.
C-Aufgaben	kommt aus Ihrer Sicht geringere Bedeutung zu. Legen Sie solche Aufgaben z.B. in eine Zeit, in der ohnehin mit Störungen zu rechnen ist oder delegieren Sie sie gleich.

- **Zeitgewinn durch Pausen**

  Wo immer dies möglich ist, sollten auch **Pausenzeiten** fest eingeplant werden. Pausen sind keine vertrödelte Zeit, sondern unverzichtbar für die Aufrechterhaltung der Leistungsfähigkeit, Pausen sind also produktiv. Dabei gilt die Regel, dass mehrere kürzere Pausen effektiver sind als wenige lange Pausen. (Bei letzteren benötigt man hinterher wieder eine längere Anlaufzeit.) Wichtig ist dabei, dass man die Pausen auch bewusst als solche nutzt, also beispielsweise zum Essen oder zur Entspannung.

- **Zeitgewinn durch richtige Planung**

  Die Planung des folgenden Tages sollte am Abend zuvor erfolgen, denn über Nacht kann das Unterbewusstsein bereits daran „arbeiten". Am nächsten Tag ist die Planung derart gefestigt, dass man nicht so leicht aus dem Konzept zu bringen ist.

  Wichtig erscheint es, den Zeitplan schriftlich festzulegen. Das Prinzip zwingt zu Konzentration, bewusster Strukturierung und zum Festlegen der Prioritäten.

  Begehen Sie nicht den Fehler, Ihren Tag vollkommen zu verplanen! Die Erfahrung zeigt, dass Pufferzeiten einkalkuliert werden müssen. 60 % verplante und 40 % frei verfügbare Zeit sind sinnvoll. Nur so bringen Störungen Sie nicht sofort in Verzug.

  Auch Sperrzeiten, d.h. störungsfreie Zeiträume, sollten eingeplant werden; Abschnitte, in denen Sie die wichtigsten Arbeiten ohne Unterbrechung erledigen können. Das fördert die Konzentration und spart Zeit. Überlegungen, wann diese Sperrzeiten am günstigsten eingerichtet werden können, müssen anhand Ihres Tagesrapports angestellt werden.

4. Erstellen Sie einen schriftlichen Plan Ihres nächsten Arbeitstages! Notieren Sie, was Sie tun wollen, wie viel Zeit Sie dafür veranschlagen und welche Priorität Sie den Aufgaben zuweisen! Beachten Sie bei Ihrer Planung die Vorschläge zur Zeitgewinnung!

5. Kontrollieren Sie den Erfolg Ihrer Planung! Lassen sich weitere Verbesserungen vornehmen?

Arbeitsplatz und Arbeitsmittel

Heinrich Böll, Anekdote zur Senkung der Arbeitsmoral

In einem Hafen an einer westlichen Küste Europas liegt ein ärmlich gekleideter Mann in seinem Fischerboot und döst. Ein schick angezogener Tourist legt eben einen neuen Farbfilm in seinen Fotoapparat, um das idyllische Bild zu fotografieren: blauer Himmel, grüne See mit friedlichen schneeweißen Wellenkämmen, schwarzes Boot,
⁵ rote Fischermütze. Klick. Noch einmal: klick, und da aller guten Dinge drei sind und sicher sicher ist, ein drittes Mal: klick. Das spröde, fast feindselige Geräusch weckt den dösenden Fischer, der sich schläfrig aufrichtet, schläfrig nach seiner Zigarettenschachtel angelt; aber bevor er das Gesuchte gefunden, hat ihm der eifrige Tourist schon eine Schachtel vor die Nase gehalten, ihm die Zigarette nicht gerade in den
¹⁰ Mund gesteckt, aber in die Hand gelegt, und ein viertes Klick, das des Feuerzeugs, schließt die eilfertige Höflichkeit ab. Durch jenes kaum messbare, nie nachweisbare Zuviel an flinker Höflichkeit ist eine gereizte Verlegenheit entstanden, die der Tourist der Landessprache mächtig durch ein Gespräch zu überbrücken versucht.

„Sie werden heute einen guten Fang machen." Kopfschütteln des Fischers. „Aber man
¹⁵ hat mir gesagt, dass das Wetter günstig ist." Kopfnicken des Fischers. „Sie werden also nicht ausfahren?"

Kopfschütteln des Fischers, steigende Nervosität des Touristen. Gewiss liegt ihm das Wohl des ärmlich gekleideten Menschen am Herzen, nagt an ihm die Trauer über die verpasste Gelegenheit.

²⁰ „Oh, Sie fühlen sich nicht wohl?"

Endlich geht der Fischer von der Zeichensprache zum wahrhaft gesprochenen Wort über. „Ich fühle mich großartig", sagt er. „Ich habe mich nie besser gefühlt." Er steht auf, reckt sich, als wolle er demonstrieren, wie athletisch er gebaut ist. „Ich fühle mich fantastisch."

²⁵ Der Gesichtsausdruck des Touristen wird immer unglücklicher, er kann die Frage nicht mehr unterdrücken, die ihm sozusagen das Herz zu sprengen droht: „Aber warum fahren Sie dann nicht aus?"

Die Antwort kommt prompt und knapp. „Weil ich heute Morgen schon ausgefahren bin."

³⁰ „War der Fang gut?"

Er war so gut, dass ich nicht noch einmal auszufahren brauche, ich habe vier Hummer in meinen Körben gehabt, fast zwei Dutzend Makrelen gefangen ..."

Der Fischer, endlich erwacht, taut jetzt auf und klopft dem Touristen beruhigend auf die Schultern. Dessen besorgter Gesichtsausdruck erscheint ihm als ein Ausdruck
³⁵ zwar unangebrachter, doch rührender Kümmernis.

„Ich habe sogar für morgen und übermorgen genug", sagt er, um des Fremden Seele zu erleichtern.

„Rauchen Sie eine von meinen?"

„Ja, danke."

Zigaretten werden in Münder gesteckt, ein fünftes Klick, der Fremde setzt sich kopfschüttelnd auf den Bootsrand, legt die Kamera aus der Hand, denn er braucht jetzt beide Hände, um seiner Rede Nachdruck zu verleihen.

„Ich will mich ja nicht in Ihre persönlichen Angelegenheiten mischen", sagt er, „aber stellen Sie sich mal vor, Sie führen heute ein zweites, ein drittes, vielleicht sogar ein viertes Mal aus und Sie würden drei, vier, fünf, vielleicht gar zehn Dutzend Makrelen fangen ... stellen Sie sich das mal vor." Der Fischer nickt.

„Sie würden", fährt der Tourist fort, „nicht nur heute, sondern morgen, übermorgen, ja, an jedem günstigen Tag zwei-, dreimal, vielleicht viermal ausfahren – wissen Sie, was geschehen würde?"

Der Fischer schüttelt den Kopf.

„Sie würden sich in spätestens einem Jahr einen Motor kaufen können, in zwei Jahren ein zweites Boot, in drei oder vier Jahren könnten Sie vielleicht einen kleinen Kutter haben, mit zwei Booten oder dem Kutter würden Sie natürlich viel mehr fangen – eines Tages würden Sie zwei Kutter haben, sie würden ...", die Begeisterung verschlägt ihm für ein paar Augenblicke die Stimme, „Sie würden ein kleines Kühlhaus bauen, vielleicht eine Räucherei, später eine Marinadenfabrik, mit einem eigenen Hubschrauber rundfliegen, die Fischschwärme ausmachen und Ihren Kuttern per Funk Anweisungen geben, Sie könnten die Lachsrechte erwerben, ein Fischrestaurant eröffnen, den Hummer ohne Zwischenhändler direkt nach Paris exportieren und dann ...", wieder verschlägt die Begeisterung dem Fremden die Sprache. Kopfschüttelnd, im tiefsten Herzen betrübt, seiner Urlaubsfreude schon fast verlustig, blickt er auf die friedlich hereinrollende Flut, in der die ungefangenen Fische munter springen. „Und dann", sagte er, aber wieder verschlägt ihm die Erregung die Sprache.

Der Fischer klopft ihm auf den Rücken, wie einem Kind, das sich verschluckt hat.

„Was dann?" fragt er leise.

„Dann", sagt der Fremde mit stiller Begeisterung, „dann könnten Sie beruhigt hier im Hafen sitzen, in der Sonne dösen und auf das herrliche Meer blicken."

„Aber das tu ich ja schon jetzt", sagte der Fischer, „ich sitze beruhigt am Hafen und döse, nur Ihr Klicken hat mich dabei gestört."

Tatsächlich zog der solcherlei belehrte Tourist nachdenklich von dannen, denn früher hatte er auch einmal geglaubt, er arbeite, um eines Tages nicht mehr arbeiten zu müssen, und es blieb keine Spur von Mitleid mit dem ärmlich gekleideten Fischer in ihm zurück, nur ein wenig Neid.

(Heinrich Böll, Aufsätze, Kritiken, Reden. Köln: Kiepenheuer & Witsch 1967, S. 464-467.)

Arbeitsanregungen

1. Wie werden der Fischer und der Tourist dargestellt? Welche sprachlichen Mittel verwendet der Autor bei der jeweiligen Personenbeschreibung? (Zur Personencharakteristik vgl. S. 117.)

2. Stellen Sie die Ratschläge des Touristen und die Reaktion des Fischers gegenüber!

3. Wie beurteilen Sie die Empfehlungen des Touristen?

4. Warum empfindet der Tourist zum Schluss „ein wenig Neid"?

5. *Das Erfolgs- oder Leistungsprinzip wurde von Böll einmal als Deutschlands größtes Problem bezeichnet: Dieses Erfolgsethos sei mörderisch und selbstzerstörerisch. Die Deutschen hätten „eine verrückte Vorstellung davon, was ein Mensch braucht. Diejenigen unter uns, die 1945 überlebten, wissen es besser."*

   Der ehemalige Bundeskanzler Willy Brandt sagte in der Regierungserklärung 1972: „Demokratie braucht Leistung."

   Setzen Sie sich mit den Äußerungen Bölls und Brandts auseinander und formulieren Sie einen Kommentar zum Thema „Erfolgsethos"! (Zum Kommentar vgl. S. 535.)

6. Verfassen Sie eine „Anekdote zur Hebung der Arbeitsmoral", in der Sie die Personen in einer modernen Industriegesellschaft auftreten lassen!

Max Frisch (1911 in Zürich geboren; gestorben 1991) studierte zunächst Germanistik, musste dann aber aus finanziellen Gründen sein Studium abbrechen und wurde Journalist. Mit 25 Jahren begann er ein Architekturstudium und arbeitete von 1941 bis 1951 gleich erfolgreich als Architekt (besonders bekannt wurde das von ihm entworfene Freibad Letzigraben in Zürich) und als Schriftsteller.

Der Autor bemüht sich um das Problem, wie der Mensch er selbst bleiben kann, ohne von anderen festgelegt zu werden. Frisch schrieb mehrere Romane: „Stiller" (1954), „Mein Name sei Gantenbein" (1961) und Theaterstücke „Biedermann und die Brandstifter" (1953) und „Andorra" (1961).

Die Prosaskizze **„Am Strand"** stammt aus dem Tagebuch von 1946.

Lesehinweis
Max Frisch, Homo faber. Frankfurt Suhrkamp 1977 = st 354.

Max Frisch, Am Strand

Jeden Morgen, wenn wir an den Strand gehen, kommen wir an den Arbeitern vorbei, die den Mörtel mischen oder die Ziegel tragen; sie haben rote Kopftücher, vom Staub in ein blasses Rosa verwandelt. Ein Kind, das den Eimer kaum über den Boden heben kann mit seinen kurzen Armen, bringt ihnen das nötige Wasser. Es geht um die Mole,
5 die von zwei oder drei Bomben zerstört ist; nicht um die Arbeit als Tugend und Lebenszweck. Sie kommen sich nicht besser vor als die andern, die unter den Bögen stehen und schwatzen. Es ist nicht der letzte Sinn ihres Tages, was sie da machen,

und sie machen es vortrefflich, aber immer so, wie man vielleicht eine Sonnenblume bindet oder einen Gartensessel flickt, immer im Hinblick auf das Leben, das man sich einrichtet und schmückt, ein Leben, das sich lohnt. Nicht einen Augenblick bringen wir es auf das verwegene Gefühl, daß wir, weil wir gerade Ferien machen, freier wären als diese Leute, reicher an Leben, glücklicher als irgendeiner, der an uns vorbei geht, barfuß-lautlos, zerlumpt, aufrecht und gelassen, ein Mensch, herrlich und gegenwärtig, ein König an Zeit –.

Manches erklären vielleicht schon die Früchte, die schwarzen Oliven, die auf der Erde liegen, die letzten Feigen, überreif und violett. Man hat den Eindruck, hier reifen die Früchte nicht als Lohn, sondern als Geschenk, und es verwundert nicht, daß hier der Mensch entstanden ist. Hier lebt er nicht aus Trotz gegen eine Schöpfung, die er täglich überlisten muß, damit sie ihn nicht vertilgt; er lebt nicht aus Mut, nicht aus der schalen Freude an täglicher Überwindung, nicht aus Tugend, sondern aus Freude am Dasein, harmloser und heiter. Das Geschenk, das hierzulande an den Bäumen wächst: die Erlösung von der Angst, die Zuversicht für morgen, die Erlaubnis zur Muße.

Das Meer ist warm, aber es geht schon ein frischer Wind, man sucht die Sonne, wenn man geschwommen ist. Auch der Sand, wenn man sich eingraben möchte, erinnert an Herbst; er bleibt an der Haut, kühl und feucht, und die Luft ist so, daß man plötzlich, wenn man mit geschlossenen Augen liegt, an unsere braunen und roten Wälder denkt. Bereits sind sie dabei, die bunten Kabinen abzubrechen, und die Barken sind auf den Sand gezogen. Jeder Tag kann der letzte sein. Nur zwei fremde Mädchen sind noch da. Ich weiß nicht einmal, welche Sprache sie reden. So mächtig lärmt das Meer, wenn es seine Wogen mit rollendem Donner auf den Strand wirft. Stundenlang schaue ich auf ihr zischelndes Verkräuseln, jedesmal spiegelt der Sand, blinkend vor Nässe, die langsam wie ein Loseblatt vermattet, und wieder bleiben die leeren Muscheln zurück, meistens andere, sie sickern in den Sand, es bilden sich die kleinen Grübchen, bis die nächste Woge kommt, sich aufbäumt und höhlt, so daß die Sonne sie durchleuchtet und mit gischtender Krone zusammenbricht, stampfend, klatschend, kichernd. Und draußen liegt noch ein ganzes Meer voll solcher Wogen, die unter der Sonne tanzen. Einmal kriecht ein schwarzer Frachter über den Horizont; seinen Rauch sieht man einen halben Morgen lang.

(Max Frisch, Tagebuch 1946–1949. Frankfurt: Suhrkamp 1970 = Bibliothek Suhrkamp 261, S. 115-117.)

Arbeitsanregungen

1. Welches Verhältnis haben die Arbeiter am Strand zu ihrer Tätigkeit? Charakterisieren Sie die Arbeitsbedingungen!

2. Wie empfindet der Urlauber seine Situation? Welche Beziehung besteht zwischen ihm und den Arbeitern/zwischen Arbeit und Freizeit?

3. Im Text heißt es: „…es verwundert nicht, daß hier der Mensch entstanden ist". Erläutern Sie diese Äußerung Frischs!

4. Welches Verhältnis haben Sie zu Ihrer Arbeit? Vergleichen Sie Ihre Einstellung mit derjenigen der Arbeiter am Strand!

Hermann Hesse wurde am 2. Juli 1877 in Calw (Württemberg) als Sohn eines Predigers und einer aus Indien stammenden Missionarstochter geboren und starb am 9. August 1962 in Montagnola (Schweiz), wo er – ganz zurückgezogen – die letzten Jahrzehnte seines Lebens verbracht hatte.

Seine Eltern bestimmten ihn zu einem Studium der Theologie; Hesse entfloh aber bereits nach einem halben Jahr dem theologischen Seminar in Maulbronn, um – seinem Wunsch entsprechend – Buchhändler zu werden (in Basel).

Seine Jugendzeit war geprägt durch die Jahre des Suchens. 1904 ließ er sich als freier Schriftsteller in Gaien am Bodensee nieder.

Zu den bekanntesten Werken des Dichters, der 1946 den Literaturnobelpreis erhielt, gehören: „Der Steppenwolf" (1932); „Narziss und Goldmund" (1939) und „Das Glasperlenspiel" (1943).

In dem Textauszug aus dem Roman **„Unterm Rad"** (1906), der autobiografische Züge aufweist, wird beschrieben, wie der Schüler Hans Giebenrath den ersten Tag als Lehrling in einer Schlosserwerkstatt erlebt.

Lesehinweis
Hermann Hesse, Das Glasperlenspiel. Frankfurt: Suhrkamp 1972 = st 79.
Hermann Hesse, Der Steppenwolf. Frankfurt: Suhrkamp 1974 = st 175.

Hermann Hesse, **Unterm Rad**

Schließlich war er (Hans) froh, als der anfangs mit Bangen erwartete Freitag da war. Zeitig am Morgen legte er das neue blaue Arbeitskleid an, setzte die Mütze auf und ging ein wenig zaghaft die Gerbergasse hinunter nach dem Schulerschen Hause. Ein paar Bekannte sahen ihm neugierig nach, und einer fragte auch: „Was ist, bist du
5 Schlosser geworden?"

In der Werkstatt wurde schon flott gearbeitet. Der Meister war gerade am Schmieden. Er hatte ein Stück rotwarmes Eisen auf dem Amboß, ein Geselle führte den schweren Vorhammer, der Meister tat die feineren, formenden Schläge, regierte die Zange und schlug zwischenein mit dem handlichen Schmiedehammer auf dem Am-
10 boß den Takt, daß es hell und heiter durch die weit offenstehende Türe in den Morgen hinausklang.

An der langen, von Öl und Feilspänen geschwärzten Werkbank stand der ältere Geselle und neben ihm August, jeder an seinem Schraubstock beschäftigt. An der Decke surrten rasche Riemen, welche die Drehbänke, den Schleifstein, den Blasebalg
15 und die Bohrmaschine trieben, denn man arbeitete mit Wasserkraft. August nickte seinem eintretenden Kameraden zu und bedeutete ihm, er solle an der Türe warten, bis der Meister Zeit für ihn habe.

Hans blickte die Esse[1], die stillstehenden Drehbänke, die sausenden Riemen und Leerlaufscheiben schüchtern an. Als der Meister sein Stück fertig geschmiedet hatte, kam er herüber und streckte ihm eine große, harte und warme Hand entgegen.

„Da hängst du deine Kappe auf", sagte er und deutete auf einen leeren Nagel an der Wand.

„So, komm. Und da ist dein Platz und dein Schraubstock."

Damit führte er ihn vor den hintersten Schraubstock und zeigte ihm vor allem, wie er mit dem Schraubstock umgehen und die Werkbank samt den Werkzeugen in Ordnung halten müsse.

„Dein Vater hat mir schon gesagt, daß du kein Herkules bist, und man sieht's auch. Na, fürs erste kannst du noch vom Schmieden wegbleiben, bis du ein bißchen stärker bist."

Er griff unter die Werkbank und zog ein gußeisernes Zahnrädchen hervor.

„So, damit kannst du anfangen. Das Rad ist noch roh aus der Gießerei und hat überall kleine Buckel und Grate, die muß man abkratzen, sonst gehen nachher die feinen Werkzeuge dran zuschanden."

Er spannte das Rad in den Schraubstock, nahm eine alte Feile her und zeigte, wie es zu machen sei.

„So, nun mach weiter. Aber daß du mir keine andere Feile nimmst! Bis Mittag hast du genug daran zu schaffen, dann zeigst du mir's. Und bei der Arbeit kümmerst du dich um gar nichts, als was dir gesagt wird. Gedanken braucht ein Lehrling nicht zu haben."

Hans begann zu feilen.

„Halt!" rief der Meister. „Nicht so. Die linke Hand wird so auf die Feile gelegt. Oder bist du ein Linkser?"

„Nein."

„Also gut. 's wird schon gehen."

Er ging weg an seinen Schraubstock, den ersten bei der Türe, und Hans sah zu, wie er zurechtkam.

Bei den ersten Strichen wunderte er sich, daß das Zeug so weich war und so leicht abging. Dann sah er, daß das nur die oberste spröde Gußrinde war, die lose abblätterte, und daß darunter erst das körnige Eisen saß, das er glätten sollte. Er nahm sich zusammen und arbeitete eifrig fort. Seit seinen spielerischen Knabenbasteleien hatte er nie das Vergnügen gekostet, unter seinen Händen etwas Sichtbares und Brauchbares entstehen zu sehen.

„Langsamer!" rief der Meister herüber. „Beim Feilen muß man Takt halten – eins zwei, eins zwei. Und draufdrücken, sonst geht die Feile kaputt."

Da hatte der älteste Geselle etwas an der Drehbank zu tun, und Hans konnte sich nicht enthalten hinüberzuschielen. Ein Stahlzapfen wurde in die Scheibe gespannt, der Riemen übersetzt, und blinkend surrte der Zapfen, sich hastig drehend, indessen der Geselle einen haardünnen, glänzenden Span davon abnahm.

---

1 Esse = offene Feuerstelle, Kamin

Und überall lagen Werkzeuge, Stücke von Eisen, Stahl und Messing, halbfertige Arbeiten, blanke Rädchen, Meißel und Bohrer, Drehstähle und Ahlen[1] von jeder Form, neben der Esse hingen Hämmer und Setzhämmer, Amboßaufsätze, Zangen und Lötkolben, die Wand entlang Reihen von Feilen und Fräsen, auf den Borden lagen Ölkappen, kleine Besen, Schmirgelfeilen, Eisensägen und standen Ölkannen, Säureflaschen, Nägel und Schraubenkistchen herum. Jeden Augenblick wurde der Schleifstein benützt.

Mit Genugtuung nahm Hans wahr, daß seine Hände schon ganz schwarz waren, und hoffte, es möchte auch sein Anzug bald gebrauchter aussehen, der sich jetzt noch neben den schwarzen und geflickten Monturen der anderen lächerlich neu und blau ausnahm.

Wie der Vormittag vorschritt, kam auch von außen noch Leben in die Werkstatt. Es kamen Arbeiter aus der benachbarten Maschinenstrickerei, um kleine Maschinenteile schleifen oder reparieren zu lassen. Es kam ein Bauersmann, fragte nach seiner Waschmange, die zum Flicken da war, und fluchte lästerlich, als er hörte, sie sei noch nicht fertig. Dann kam ein eleganter Fabrikbesitzer, mit dem der Meister in einem Nebenraum verhandelte.

Daneben und dazwischen arbeiteten Menschen, Räder und Riemen gleichmäßig fort, und so vernahm und verstand Hans zum ersten Mal in seinem Leben den Hymnus der Arbeit, der wenigstens für den Anfänger etwas Ergreifendes und angenehm Berauschendes hat, und sah seine kleine Person und sein kleines Leben in einem großen Rhythmus eingefügt.

Um neun Uhr war eine Viertelstunde Pause, und jeder erhielt ein Stück Brot und ein Glas Most. Erst jetzt begrüßte August den neuen Lehrbuben. Er redete ihm aufmunternd zu und fing wieder an, vom nächsten Sonntag zu schwärmen, wo er seinen ersten Wochenlohn mit den Kollegen verjubeln wolle. Hans fragte, was das für ein Rad sei, das er abzufeilen habe, und er erfuhr, es gehöre zu einer Turmuhr. August wollte ihm noch zeigen, wie er später zu laufen und zu arbeiten habe, aber da fing der erste Geselle wieder zu feilen an, und alle gingen schnell an ihre Plätze.

Als es zwischen zehn und elf Uhr war, begann Hans müde zu werden; die Knie und der rechte Arm taten ihm ein wenig weh. Er trat von einem Fuß auf den andern und streckte heimlich seine Glieder, aber es half nicht viel. Da ließ er die Feile für einen Augenblick los und stützte sich auf den Schraubstock. Es achtete niemand auf ihn. Wie er so stand und ruhte und über sich die Riemen singen hörte, kam eine leichte Betäubung über ihn, daß er eine Minute lang die Augen schloß. Da stand gerade der Meister hinter ihm.

„Na, was gibt's? Bist schon müd?" „Ja, ein bißchen", gestand Hans.

Die Gesellen lachten. „Das gibt sich schon", sagte der Meister ruhig. „Jetzt kannst du einmal sehen, wie man lötet. Komm!"

Hans schaute neugierig zu, wie gelötet wurde. Erst wurde der Kolben warm gemacht, dann die Lötstelle mit Lötwasser bestrichen, und dann tropfte vom heißen Kolben das weiße Metall und zischte gelind.

„Nimm einen Lappen und reibe das Ding gut ab. Lötwasser beizt, das darf man auf keinem Metall sitzen lassen."

---

[1] Ahle = nadelartiges Werkzeug

Darauf stand Hans wieder vor seinem Schraubstock und kratzte mit der Feile an dem Rädlein herum. Der Arm tat ihm weh, und die linke Hand, die auf die Feile drücken mußte, war rot geworden und begann zu schmerzen.

Um Mittag, als der Obergeselle seine Feile weglegte und zum Händewaschen ging, brachte er seine Arbeit dem Meister. Der sah sie flüchtig an.

„'s ist schon recht, man kann's so lassen. Unter deinem Platz in der Kiste liegt noch ein gleiches Rad, das nimmst du heut nachmittag vor."

Nun wusch auch Hans sich die Hände und ging weg. Eine Stunde hatte er zum Essen frei.

Zwei Kaufmannsstifte, frühere Schulkameraden von ihm, gingen auf der Straße hinter ihm her und lachten ihn aus.

„Landexamensschlosser!" rief einer.

Er ging schneller. Er wußte nicht recht, ob er eigentlich zufrieden sei oder nicht; es hatte ihm in der Werkstatt gut gefallen, nur war er so müd geworden, so heillos müd.

(Hermann Hesse, Gesammelte Werke Bd. 2. Frankfurt: Suhrkamp 1970 = Werkausgabe edition suhrkamp, S. 159-163.)

Arbeitsanregungen

1. Wie beschreibt Hermann Hesse
   – den Eintritt des Lehrlings in die Werkstatt,
   – die Tätigkeit (am Amboss, beim Feilen und Löten) und den Arbeitsplatz in der Schmiede?

2. Was bewegt den Lehrling an seinem ersten Arbeitstag? Können Sie seine Gedanken und Gefühle nachvollziehen?

3. Erklären Sie, was der Autor unter dem „Hymnus der Arbeit" versteht!

4. Beschreiben Sie Ihre Gedanken, Erlebnisse, Erfahrungen und Gefühle vom ersten Arbeitstag!

Jakob Gillmann, Und es wird Montag werden

Es war Montag. Der erste Arbeitstag meines Lebens in einem mir noch fremden Büro. Scheu stieg ich die Treppen empor. Den Fahrstuhl benutzte ich nicht. Zu schnell, zu unbarmherzig und unwiderruflich hätte er mich vor der Türe meines künftigen Arbeitsplatzes abgesetzt. Nein, ich wollte lieber gehen. So blieben mir noch ein paar Sekunden Zeit, mich noch einmal umzusehen. Als Kind mich noch einmal umzusehen. Als Kind stieg ich die Treppen empor. Abends würde ich kein Kind mehr sein. Ich fragte mich, weshalb wohl gerade in diesem Treppenhaus meine Zukunft beginnen sollte. Es ist doch eigentlich alles Zufall, dachte ich. Ich werde nun Vermessungszeichner. Ich erlerne einen Beruf, den ich als Kind nie gespielt habe. Ich war Arzt, Mechaniker, Landwirt oder Maler. Vermessungszeichner war ich nie. Zufällig hätte ich ja auch Masseur oder Konditor werden können. Je nachdem, welcher Beruf mich im entscheidenden Augenblick zufällig interessierte und in welchem Berufszweig ich dann zufällig eine Lehrstelle gefunden hätte. Ich wäre jetzt vielleicht an einem anderen Ort. In einem anderen Haus. In einem anderen Treppenhaus. Eine andere Zukunft würde auf mich warten.

Ich stünde jetzt vielleicht vor einer anderen Tür.

„Läuten und eintreten", forderte mich ein kleines Schild unter der Glocke auf. Ich läutete und trat ein in meine Lehre.

Mein Chef zeigte mir das Büro und stellte seine Angestellten vor. Alle trugen sie eine weiße Schürze. Auch ich hatte eine. Sie war in meiner schwarzen Mappe. Die Mappe war viel zu groß. Der Chef führte mich zu meinem Tisch und ich zog die weiße Schürze an. Sie war neu.

Vorerst erhielt ich zwei Formulare. Ich sollte sie ausfüllen. Dabei machte ich einen Fehler. Ein älterer Lehrling radierte meinen ersten Fehler im Beruf wieder aus. Ich hatte die Formulare ausgefüllt und nichts mehr zu tun. Es regnete. Ich dachte nach, ob mir mein Beruf wohl gefallen würde. Ich hoffte es, aber sicher war ich nicht. Eigentlich hatte ich ja keine Ahnung von diesem Beruf, den ich zu ergreifen im Begriffe war. Ich wusste über ihn nur, was ich im Buch „Berufswahl für Knaben" gelesen hatte. Dort stand, dass sauberes Arbeiten und Freude am Zeichnen mit Tusche unerlässlich seien. [...]

Mein Lehrmeister stand neben mir, er hatte mir meine erste Arbeit gebracht. Es regnete. Ich hatte Angst.

Mit Eifer und allem guten Willen setzte ich mich dahinter und gab mein Bestes. Die erste echte Aufgabe.

Ein neuer Lebensabschnitt hatte für mich begonnen. Nicht mehr Schüler, sondern Vermessungszeichnerlehrling war ich nun. Ich arbeitete wie alle anderen Angestellten. Und ich erhielt einen Lohn wie alle anderen Angestellten. Einen Lohn für meine Arbeit. Fünf Franken alle Tage. Selbst verdientes Geld. Nein, ich war wirklich kein Kind mehr. Ich arbeitete, verdiente Geld und wurde erwachsen. Ich war bei meiner Arbeit glücklich und mit meinem Lohn zufrieden.

Mit jedem neuen Tag lernte ich meinen Beruf nun besser kennen. Immer klarer sah ich die vielseitigen Aufgaben, die auf mich warteten. Ich kam alle Tage mit neuen Menschen in Kontakt. Mit den verschiedensten Menschen. Alle Tage stellten sich mir neue Probleme. Verschiedene Probleme, die unterschiedlich gelöst sein wollten. Ich begriff kaum mehr, dass mir die Vermessung jemals so fremd gewesen war. Vermessungszeichner war für mich längst nicht mehr irgendein Beruf, sondern es war mein Beruf. Und ich war stolz darauf. Langsam machte ich Fortschritte und ich freute mich darüber. Meine Zeichnungen wurden immer besser und die nächste sollte wieder besser werden. Ich lernte ja Zeichner und als Zeichner musste man zeichnen können.

Draußen im Gelände lernte ich die praktische Arbeit kennen. Ich genoss diese Tage. Es waren viele. In der freien Natur. Und ich wusste, dass ich oft darum beneidet wurde. Ich lernte mit Messband und Senkel[1] umzugehen und die Messungen in sauberen Skizzen darzustellen. Ich lernte, mit dem Theodoliten[2] Winkel zu messen. Ich lernte mit optischen Geräten Distanzen und Höhen zu bestimmen. Ich bemühte mich immer, zweckmäßig und richtig vorzugehen. Ich lernte ja Vermesser und als Vermesser

---

[1] Senkel = Senkblei (Lot zur Kontrolle von Senkrechten)
[2] Theodolit = ein Winkelmessgerät

musste man messen können. Den abgeschlossenen Feldarbeiten folgte die Auswertung im Büro. Ich lernte die notwendigen Berechnungen machen. Mit Hilfe von Instrumenten die Messungen zu verarbeiten und maßstäblich darzustellen. Die Instrumente waren da für uns. Nicht wir für sie. Sie waren einfach. Sie waren überblickbar. Die Arbeit machte mir Freude. Sie befriedigte mich.

Mit der Reißfeder schließlich eine saubere Zeichnung zu erstellen, dies setzte jeder Arbeit die Krone auf. Sie stellte das Ergebnis anschaulich dar. Sie war Spiegel jedes Zeichners. Und jeder bemühte sich, ihr seine persönliche Note zu geben. Auch ich. Ich freute mich an jeder Zeichnung. Und jedesmal trug ich stolz meine Initialen in die Spalte „gezeichnet" ein.

Meine Arbeit und meinen Beruf verglich ich mit einem Mosaik. Steinchen wurde an Steinchen gefügt, bis zum Schluss ein Bild entstand. Immer ein anderes. Wo ich in meiner Arbeit auch war, immer konnte ich sie überschauen und wusste, wie es weiterging. Das hatte ich gelernt. Und ich war zufrieden so.

Dass sich das alles einmal ändern könnte, daran hatte ich nicht gedacht. Dass mein Mosaik Platz machen müsse, Platz für eine elektronische Schalttafel, das hatte ich nicht erwartet. Dass meine Reißfeder Platz machen müsse, Platz für einen elektronisch gesteuerten Kugelschreiber, das hatte ich nicht für möglich gehalten. Aber wie in vielen anderen Gebieten zog die Elektronik auch in der Vermessung glorreich ein. Umfangreiche Tastaturen und anonyme Lochkarten ersetzen Rechenschieber und Logarithmentafel. Der Computer denkt für uns. Und er denkt zuverlässiger als wir. Menschliche Schwächen kennt er nicht. Montag oder Freitag macht für ihn keinen Unterschied.

Jede Generation von Computern ist besser, ist vollkommener. Die Generationen folgen sich schnell. Das Modernste von heute gehört morgen zum alten Eisen. Die Generation von übermorgen ist noch kleiner, leistungsfähiger, vielseitiger und billiger. Sie nimmt uns noch mehr Arbeit ab. Sie gibt uns andere. Einfachere. Wir stellen uns um und staunen. Der Computer hat Vorrang. Er ist genial. Wir passen uns ihm an. Er rechnet und zeichnet viel schneller als wir. Es geht alles schneller. – Wohin?

Ich werde mich dem Fortschritt nicht entziehen können. Ich werde ein Spezialist werden, wie es tausend andere Spezialisten gibt. Spezialisten, die von immer weniger immer mehr wissen werden. Eines Tages werden wir von nichts alles wissen. Viele Spezialisten auf vielen Gebieten. Alle wissen wir alles. Von nichts. Aber alles. Wir sind Spezialisten.

Es ist Montag. Ich sitze an meinem Pult. Ich fülle Ablochbelege aus. Mein Chef steht neben mir. Er will mir seinen neuen Computer vorstellen. Ich kenne doch Computer. Alle haben sie Tasten. Viele bunt beschriebene Tasten. Und alle sind sie besser. Besser als ihre Väter. Die Sonne scheint. Es ist einfach, Ablochbelege auszufüllen. Sehr einfach. Zu einfach. Daher mache ich einen Fehler. Der Computer wird das mit einer Fehlermeldung quittieren. Das tut er mit allen Fehlern. Ein Spezialist wird meinen Fehler korrigieren. Er korrigiert alle Fehler. Er ist spezialisiert. Auf Fehler.

Die Sonne scheint. Ich denke nach, ob ich es in meinem Beruf wohl aushalten werde. Ich hoffe es, aber sicher bin ich nicht. Wahrscheinlich werde ich noch viele Jahre in der Vermessung tätig sein. Was bringen diese Jahre? Man weiß es nicht. Ich habe Angst. Ich fülle Ablochbelege aus und habe Angst.

(Und es wird Montag werden. Kurzgeschichten Beruf/Arbeitswelt. Hrsg. von Ernst Haller. Zürich: Orell Füssli 1980, S. 38-42.)

Arbeitsanregungen

1. Wie wird der Eintritt in das Berufsleben (Büro) beschrieben?
2. Welche Gedanken beschäftigen das Ich am ersten Arbeitstag, an jedem neuen Tag?
3. Wie sieht das Ich seinen Beruf? Worin liegt die Bedeutung des Vergleichs mit dem Mosaik?

4. Beschreiben Sie die Auswirkungen der neuen Technik (Computer) am Arbeitsplatz!

Am 1. Mai 1976 trat in der Bundesrepublik Deutschland ein neues Gesetz zum Schutz der arbeitenden Jugend, das **Jugendarbeitsschutzgesetz** (JArbSchG), in Kraft. Es wurde zuletzt geändert durch das Gesetz vom 24. Februar 1997.

Der gesetzliche Schutz der jugendlichen Arbeitskraft vor Überforderungen, Überbeanspruchungen und gesundheitlichen Schäden hat eine lange, konfliktreiche Geschichte.

Das erste Gesetz zur Beschränkung der Kinderarbeit in Preußen wurde 1839 beschlossen. Es verbot die „regelmäßige Beschäftigung von Kindern unter 9 Jahren in einer Fabrik oder in Berg-, Hütten- und Pochwerken". Die Arbeitszeit für Jugendliche zwischen 9 und 16 Jahren wurde auf 10 Stunden täglich beschränkt. Erst 1903 wurde die Beschäftigung von Kindern unter 12 Jahren generell verboten. In der Bundesrepublik Deutschland trat das erste Gesetz zum Schutz der arbeitenden Jugend 1960 in Kraft. Das seit 1976 geltende Jugendarbeitsschutzgesetz brachte weiter gehende Verbesserungen für die Wirksamkeit des gesetzlichen Schutzes der jugendlichen Arbeitskraft.

Lesehinweis
Jugendrecht. München: Beck [20]1995 = dtv Beck Texte 2008.

Jugendarbeitsschutzgesetz

Gesetz zum Schutze der arbeitenden Jugend (Jugendarbeitsschutzgesetz - JArbSchG)

Vom 12. April 1976 (BGBl. I S. 965)

Zuletzt geändert durch Gesetz vom 26. Januar 1998 (BGBl. I S. 164)
(BGBl. III/FNA 8051-10)

§ 4
Arbeitszeit

(1) Tägliche Arbeitszeit ist die Zeit vom Beginn bis zum Ende der täglichen Beschäftigung ohne die Ruhepausen (§ 11).

(2) Schichtzeit ist die tägliche Arbeitszeit unter Hinzurechnung der Ruhepausen (§ 11).

(3) Im Bergbau unter Tage gilt die Schichtzeit als Arbeitszeit. Sie wird gerechnet vom Betreten des Förderkorbes bei der Einfahrt bis zum Verlassen des Förderkorbes bei der Ausfahrt oder vom Eintritt des einzelnen Beschäftigten in das Stollenmundloch bis zu seinem Wiederaustritt.

(4) Für die Berechnung der wöchentlichen Arbeitszeit ist als Woche die Zeit von Montag bis einschließlich Sonntag zugrunde zu legen. Die Arbeitszeit, die an einem Werktag infolge eines gesetzlichen Feiertags ausfällt, wird auf die wöchentliche Arbeitszeit angerechnet.

(5) Wird ein Kind oder ein Jugendlicher von mehreren Arbeitgebern beschäftigt, so werden die Arbeits- und Schichtzeiten sowie die Arbeitstage zusammengerechnet.

§ 8
Dauer der Arbeitszeit

(1) Jugendliche dürfen nicht mehr als acht Stunden täglich und nicht mehr als 40 Stunden wöchentlich beschäftigt werden.

(2) Wenn in Verbindung mit Feiertagen an Werktagen nicht gearbeitet wird, damit die Beschäftigten eine längere zusammenhängende Freizeit haben, so darf die ausfallende Arbeitszeit auf die Werktage von fünf zusammenhängenden, die Ausfalltage einschließenden Wochen nur dergestalt verteilt werden, dass die Wochenarbeitszeit im Durchschnitt dieser fünf Wochen 40 Stunden nicht überschreitet. Die tägliche Arbeitszeit darf hierbei achteinhalb Stunden nicht überschreiten.

(2a) Wenn an einzelnen Werktagen die Arbeitszeit auf weniger als acht Stunden verkürzt ist, können Jugendliche an den übrigen Werktagen derselben Woche achteinhalb Stunden beschäftigt werden.

(3) In der Landwirtschaft dürfen Jugendliche über 16 Jahre während der Erntezeit nicht mehr als neun Stunden täglich und nicht mehr als 85 Stunden in der Doppelwoche beschäftigt werden.

§ 9
Berufsschule

(1) Der Arbeitgeber hat den Jugendlichen für die Teilnahme am Berufsschulunterricht freizustellen. Er darf den Jugendlichen nicht beschäftigen

1. vor einem vor 9 Uhr beginnenden Unterricht,
2. an einem Berufsschultag mit mehr als fünf Unterrichtsstunden von mindestens je 45 Minuten, einmal in der Woche,
3. in Berufsschulwochen mit einem planmäßigen Blockunterricht von mindestens 25 Stunden an mindestens fünf Tagen; zusätzliche betriebliche Ausbildungsveranstaltungen bis zu zwei Stunden wöchentlich sind zulässig.

(2) Auf die Arbeitszeit werden angerechnet

1. Berufsschultage nach Absatz 1 Nr. 2 mit acht Stunden,
2. Berufsschulwochen nach Absatz 1 Nr. 3 mit 40 Stunden,
3. im Übrigen die Unterrichtszeit einschließlich der Pausen.

(3) Ein Entgeltausfall darf durch den Besuch der Berufsschule nicht eintreten.

§ 10
Prüfungen und außerbetriebliche Ausbildungsmaßnahmen

(1) Der Arbeitgeber hat den Jugendlichen

1. für die Teilnahme an Prüfungen und Ausbildungsmaßnahmen, die auf Grund öffentlich-rechtlicher oder vertraglicher Bestimmungen außerhalb der Ausbildungsstätte durchzuführen sind,
2. an dem Arbeitstage, der der schriftlichen Abschlussprüfung unmittelbar vorangeht,

freizustellen.

(2) Auf die Arbeitszeit werden angerechnet

1. die Freistellung nach Absatz 1 Nr. 1 mit der Zeit der Teilnahme einschließlich der Pausen,
2. die Freistellung nach Absatz 1 Nr. 2 mit acht Stunden.

Ein Entgeltausfall darf nicht eintreten.

§ 19
Urlaub

(1) Der Arbeitgeber hat Jugendlichen für jedes Kalenderjahr einen bezahlten Erholungsurlaub zu gewähren.

(2) Der Urlaub beträgt jährlich

1. mindestens 30 Werktage, wenn der Jugendliche zu Beginn des Kalenderjahres noch nicht 16 Jahre alt ist,
2. mindestens 27 Werktage, wenn der Jugendliche zu Beginn des Kalenderjahres noch nicht 17 Jahre alt ist,
3. mindestens 25 Werktage, wenn der Jugendliche zu Beginn des Kalenderjahres noch nicht 18 Jahre alt ist.

Jugendliche, die im Bergbau unter Tage beschäftigt werden, erhalten in jeder Altersgruppe einen zusätzlichen Urlaub von drei Werktagen.

(3) Der Urlaub soll Berufsschülern in der Zeit der Berufsschulferien gegeben werden. Soweit er nicht in den Berufsschulferien gegeben wird, ist für jeden Berufsschultag, an dem die Berufsschule während des Urlaubs besucht wird, ein weiterer Urlaubstag zu gewähren. [...]

§ 22
Gefährliche Arbeiten

(1) Jugendliche dürfen nicht beschäftigt werden

1. mit Arbeiten, die ihre physische oder psychische Leistungsfähigkeit übersteigen,
2. mit Arbeiten, bei denen sie sittlichen Gefahren ausgesetzt sind,

3. mit Arbeiten, die mit Unfallgefahren verbunden sind, von denen anzunehmen ist, dass Jugendliche sie wegen mangelnden Sicherheitsbewusstseins oder mangelnder Erfahrung nicht erkennen oder nicht abwenden können,
4. mit Arbeiten, bei denen ihre Gesundheit durch außergewöhnliche Hitze oder Kälte oder starke Nässe gefährdet wird,
5. mit Arbeiten, bei denen sie schädlichen Einwirkungen von Lärm, Erschütterungen oder Strahlen ausgesetzt sind,
6. mit Arbeiten, bei denen sie schädlichen Einwirkungen von Gefahrstoffen oder Zubereitungen im Sinne des Chemikaliengesetzes ausgesetzt sind,
7. mit Arbeiten, bei denen sie schädlichen Einwirkungen von biologischen Arbeitsstoffen im Sinne der Richtlinie 90/679/EWG des Rates vom 26. November 1990 zum Schutze der Arbeitnehmer gegen Gefährdung durch biologische Arbeitsstoffe bei der Arbeit ausgesetzt sind.

(2) Absatz 1 Nr. 3 bis 7 gilt nicht für die Beschäftigung Jugendlicher, soweit
1. dies zur Erreichung ihres Ausbildungszieles erforderlich ist,
2. ihr Schutz durch die Aufsicht eines Fachkundigen gewährleistet ist und
3. der Luftgrenzwert bei gefährlichen Stoffen (Absatz 1 Nr. 6) unterschritten wird.

Satz 1 findet keine Anwendung auf den absichtlichen Umgang mit biologischen Arbeitsstoffen der Gruppen 3 und 4 im Sinne der Richtlinie 90/679/EWG des Rates vom 26. November 1990 zum Schutze der Arbeitnehmer gegen Gefährdung durch biologische Arbeitsstoffe bei der Arbeit.

(3) Werden Jugendliche in einem Betrieb beschäftigt, für den ein Betriebsarzt oder eine Fachkraft für Arbeitssicherheit verpflichtet ist, muss ihre betriebsärztliche oder sicherheitstechnische Betreuung sichergestellt sein.

§ 23
Akkordarbeit; tempoabhängige Arbeiten

(1) Jugendliche dürfen nicht beschäftigt werden
1. mit Akkordarbeit und sonstigen Arbeiten, bei denen durch ein gesteigertes Arbeitstempo ein höheres Entgelt erzielt werden kann,
2. in einer Arbeitsgruppe mit erwachsenen Arbeitnehmern, die mit Arbeiten nach Nummer 1 beschäftigt werden,
3. mit Arbeiten, bei denen ihr Arbeitstempo nicht nur gelegentlich vorgeschrieben, vorgegeben oder auf andere Weise erzwungen wird.

(2) Absatz 1 Nr. 2 gilt nicht für die Beschäftigung Jugendlicher,
1. soweit dies zur Erreichung ihres Ausbildungszieles erforderlich ist oder
2. wenn sie eine Berufsausbildung für diese Beschäftigung abgeschlossen haben und ihr Schutz durch die Aufsicht eines Fachkundigen gewährleistet ist.

(Jugendarbeitsschutz mit Gesetzestexten. Hrsg. vom Bundesministerium für Arbeit und Sozialordnung. Bonn: Schubert & Junghardt o. J., S. 98-106.)

Arbeitsanregungen

1. Erstellen Sie eine Übersicht, mit deren Hilfe Sie die für Sie wichtigsten Bestimmungen des Jugendarbeitsschutzgesetzes auf einen Blick erfassen können!

2. Beschreiben Sie die Besonderheiten der Sprache des Gesetzestextes! Wodurch ist die juristische Fachsprache gekennzeichnet?

3. Überprüfen Sie in Ihrem Arbeits- und Erfahrungsbereich, ob die geltenden Regeln berücksichtigt und eingehalten werden!

Industriemechaniker/-in

Wie von Geisterhand bewegt, durchlaufen die Kotflügel für das neue Auto die große Fertigungsanlage. Im Rohzustand kann man ihre Form kaum erkennen. Erst nachdem sie im Press- und Stanzwerk abgekantet und für die Aufhängevorrichtung gelocht wurden, sind sichtbar Kotflügel entstanden, die auch gleich weiterverarbeitet werden. Der Transport zur Einbauvorrichtung erfolgt automatisch. Jetzt kommt es auf den maßgenauen Einsatz an die Karosserie an.

Industriemechaniker Fachrichtung Produktionstechnik überwachen den Ablauf der gesamten Anlage von außen. Eine verantwortungsvolle Aufgabe, denn sie haben die computergesteuerte Fertigungsanlage nicht nur eingerichtet, d. h. in Betrieb genommen, sondern sorgen dafür, dass keine Störungen auftreten.

Über einen Computerbildschirm erfahren sie ständig die neuesten Daten des Produktionsablaufes und können so feststellen, ob alles in Ordnung ist. Der Rechner meldet z. B., dass ein Werkzeug abgenutzt ist. Nachdem sich der Industriemechaniker über den Bildschirm versichert hat, welches Werkzeug er an welchem Platz im Magazin der Maschine austauschen muss, stellt er die Anlage kurz ab. Jeder Handgriff sitzt und der Austausch dauert nur wenige Minuten. Zurück am Computer, gibt der Industriemechaniker noch die Korrekturdaten für das neue Werkzeug ein und setzt die Maschine wieder in Betrieb.

Manchmal kann ein Werkzeugwechsel auch mehrere Stunden in Anspruch nehmen, wenn nicht kleine Teile wie Drehmeißel oder Bohrstähle ausgetauscht werden, sondern 30 bis 40 Tonnen schwere Pressen. In jedem Fall müssen Industriemechaniker darauf achten, dass auch die größten Werkzeuge millimetergenau in der Anlage sitzen, sonst stimmt die ganze Produktion nicht.

Damit aber tatsächlich alles „wie geschmiert" läuft, versorgen sie die Maschinen mit den nötigen Werk- und Hilfsstoffen. Kommt genügend Kühlflüssigkeit an die Bohrstelle und sind die beweglichen Teile auch ausreichend gefettet? [...]

Die Qualität der Produkte regelmäßig zu überprüfen ist eine weitere wichtige Aufgabe. Bei den Kotflügeln müssen z.B. die Bohrungen immer wieder nachgemessen werden. Verschiedene Geräte, wie Gewindegrenzlehrdorne oder Tiefenmessgeräte oder auch ganze Prüfstationen stehen den Industriemechanikern dafür zur Verfügung. Oft sind mehr als zwanzig Messwerte festzustellen und in eine Prüfliste einzutragen.

Eine solide Metallgrundausbildung ist eine Voraussetzung, diese Arbeiten durchführen zu können. Industriemechaniker Fachrichtung Produktionstechnik haben deshalb im ersten Ausbildungsjahr eine Grundausbildung gemeinsam mit allen Auszubildenden aus den industriellen Metallberufen. Sie lernen die verschiedenen Bearbeitungstechniken kennen, die Werkstoffe zu unterscheiden, und wissen, welche Normteile zur Verfügung stehen. Im zweiten Jahr wird in die Fachbildung nach Berufsgruppen und nach Berufen unterteilt. Danach müssen sich Industriemechaniker für eine von vier Fachrichtungen entscheiden: Produktionstechnik, Betriebstechnik, Maschinen- und Systemtechnik oder Geräte- und Feinwerktechnik.

Intensiven Kontakt mit den automatisierten Fertigungsanlagen, die sie später selbstständig betreiben, haben die Auszubildenden der Fachrichtung Produktionstechnik erst im dritten und vierten Lehrjahr. Dann werden sie mit pneumatischen, hydraulischen oder numerischen Maschinensteuerungen vertraut gemacht und lernen, Steuerungen am Computer zu programmieren. Die Ausbildung endet nach dreieinhalb Jahren mit einer Abschlussprüfung von der Industrie- und Handelskammer.

Der Beruf steht Frauen und Männern gleichermaßen offen und bildet neben guten Chancen bei der Arbeitsplatzsuche auch viele Möglichkeiten der Weiterbildung. Die Zukunftsperspektiven für Industriemechaniker können z.B. Industriemeister oder nach einem Fachhochschulstudium Diplom-Ingenieur sein.

(Frankfurter Rundschau, Nr. 33 vom 8. Febr. 1992.)

1947 *Gute alte Zeiten? Die Endmontage eines Käfers. „Hochzeit" nannten die VW-Arbeiter die Feinarbeit beim Aufsetzen der Karosserie.*

Zeitsprung: Vom Fließband zur Geisterhalle

Josef Mühlbauer kann sich an die Eisenzeit des Käfers noch erinnern. Er arbeitete damals in der Gießerei bei Volkswagen in Wolfsburg. Keine zwanzig Meter weit konnte man in der Halle sehen, alles war voller Qualm und Absauger gab es noch keine. Der VW-Mann machte pro Schicht 216 „Masken" für den gegossenen Zylinder des Käfermotors. Das bedeutete: 432-mal pro Schicht einen Halbzentner schweren Sandkasten bewegen, ständige Gefahr von Verbrennungen, regelmäßig Brandblasen an den Fingern.

Im Jahr 1947, als auch das Foto entstand, wurden insgesamt 8987 Käfer montiert. Die fertige Käfer-Karosserie wurde damals aus der Förderkette des Fließbands ausgeklinkt, auf das Fahrgestell mit dem Heckmotor aufgesetzt und von Hand verschraubt.

Arbeitsanregungen

1. Welche Rolle spielt die Computertechnik im Berufsbild „Industriemechaniker/-in" (S. 87)?

2. Was verdeutlicht der „Zeitsprung"?

3. Wie beurteilen Sie den technischen Fortschritt an den vorgestellten Arbeitsplätzen und in Ihrem persönlichen Umfeld?

1992 *Moderne Zeiten? Roboter schrauben, heben, drehen. Wie von Geisterhand bewegt, gleitet der Golf durch die computerisierte Werkhalle.*

Im Jahr 1992 verlassen an jedem Tag etwas mehr als 3000 Golf III (und Vento) allein die Halle 54 des Wolfsburger Werks. „Geisterhalle" wird dieses Symbol der Automatisierung mit seinen siebzig Industrierobotern, unzähligen Greifern und computergesteuerten Fördermechaniken genannt. Doch zwischen all den digitalen Mitarbeitern arbeiten in der mehrere Fußballfelder großen Halle umschichtig auch 6000 Menschen.

Vor zwanzig Jahren begann mit dem Start des ersten Golf-Modells die Roboterisierung bei VW. Doch obwohl im Presswerk und im Rohbau die Fabrikation heute zu neunzig Prozent automatisiert ist und selbst die Endmontage zu über dreißig Prozent über Computerprogramme gesteuert ist, sind die Belegschaftszahlen bei Volkswagen kontinuierlich gestiegen, denn im Golf steckt viel mehr Arbeit als im Käfer. Rationalisierungen müssen heute mit Betriebsrat, Arbeitsmedizinern und -psychologen abgesprochen werden. Überkopfarbeiten, schweres Heben, hoher Geräuschpegel sind wegrationalisiert worden.

VW-Mann Josef Mühlbauer hat 1956 „vom Ersparten" seinen ersten Käfer kaufen können. Marineblau war er.

(ZEITmagazin)

Projekt: Arbeitsplatzgestaltung

Bestimmungen für Büroarbeitsplätze

1. Grundfläche

Die Arbeitsstättenverordnung fordert für Arbeitsräume, auch für Büroräume, eine Mindestgrundfläche von 8,00 m². Diese Mindestgrundfläche ist jedoch in vielen Fällen aufgrund räumlicher oder betrieblicher Anforderungen nicht ausreichend, weil z. B. bei Arbeitsplätzen Abstandsmaße, Stellflächen und Funktionsbereiche von festen und beweglichen Einrichtungsgegenständen zu berücksichtigen sind. Die freie Bewegungsfläche am Arbeitsplatz muss mindestens 1,50 m² betragen und soll an keiner Stelle weniger als 1,00 m breit sein. Die ungehinderte Bewegung des Einzelnen an seinem Arbeitsplatz soll dadurch möglich sein. Auch aus dieser Forderung ergeben sich wichtige Hinweise auf die bei Planungen vorzusehenden Raumgrundflächen bzw. auf die maximal mögliche Zahl von Arbeitnehmern in vorhandenen Büroräumen.

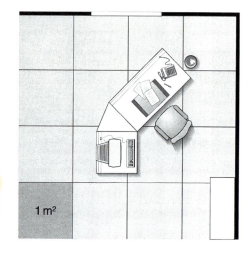

2. Raumhöhe

In Abhängigkeit von der Grundfläche des Büroraums wird die Mindestraumhöhe wie folgt vorgegeben (siehe nebenstehende Abbildung):

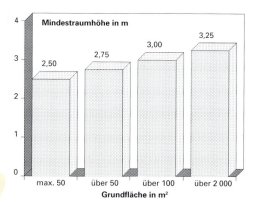

3. Verkehrswege

In Verbindung mit der Arbeitsstätten-Richtlinie ASR 17/1,2 und der Unfallverhütungsvorschrift „Allgemeine Vorschriften" (VBG1) legt die Arbeitsstättenverordnung auch Anforderungen an die Verkehrswege gesetzlich fest.

Verkehrswege sind dort als Bereiche für den innerbetrieblichen Fußgänger- und Fahrzeugverkehr definiert. Das sind Flure, Gänge und Treppen zu Büroräumen, aber auch die Wege im Büroraum selbst, die Zugänge zu den einzelnen Arbeitsplätzen und auch zu betrieblichen Einrichtungen (z. B. Heizkörperventile, Kippfenster, Lichtschalter, Papiereinzüge von Druckern).

4. Fenster und Türen

Büroräume müssen eine Sichtverbindung nach außen haben. Einzelheiten sind in der Arbeitsstätten-Richtlinie ASR 7/1 geregelt:

Eine Sichtverbindung nach außen ist dann gegeben, wenn Fenster, durchsichtige Türen oder durchsichtige Wandflächen in Augenhöhe den Ausblick ins Freie ermöglichen. Die Unterkante von Fenstern soll daher zwischen 0,85 und 1,25 m über dem Raumfußboden liegen, je nachdem, ob die Beschäftigten überwiegend eine sitzende oder stehende Tätigkeit ausüben.

Die Gesamtfläche der Sichtverbindung ist zum einen abhängig von der Grundfläche des Raumes, zum anderen von der Raumtiefe.

Bei Räumen mit bis zu 600 m² Grundfläche soll die Fläche der Sichtverbindung mindestens 1/10 der Grundfläche betragen. Bei größeren Räumen muss die Fensterfläche in Abhängigkeit von der Raumtiefe und Grundfläche berechnet werden. [...]

Anzahl, Abmessungen und Lage von Türen richten sich nach Art und Nutzung des jeweiligen Raumes. Für einen Büroraum lassen sich die Anforderungen wie folgt zusammenfassen: Die nächstgelegene Tür ins Freie oder in einen Rettungsweg (Flur oder Treppenhaus) darf von jedem Arbeitsplatz höchstens 35 m entfernt sein. Die Mindestbreite der Türen ist von der Zahl der im Büroraum beschäftigten Personen abhängig, sie darf jedoch nie das Einbaurichtmaß von 87,5 cm unterschreiten. Die Mindesthöhe beträgt 2,00 m.

Die Türen im Verlauf von Rettungswegen müssen sich von innen ohne fremde Hilfsmittel leicht öffnen lassen, solange sich Personen in den Arbeitsräumen befinden. Schlüsselkästen sind nicht zulässig.

5. Fußböden

Arbeitsstättenverordnung und Unfallverhütungsvorschriften verlangen, dass Fußböden frei von Stolperstellen, eben und rutschhemmend ausgeführt und leicht zu reinigen sind. Was bedeuten diese Anforderungen für den Büroraum?

Frei von Stolperstellen und eben: Das sind Fußböden, die keine schadhaften Stellen (Löcher o. Ä.) aufweisen, auf denen Zuleitungen nicht lose verlegt sind (...), bei denen sich Teppichbodenbahnen nicht an den Ansatzstellen aufzurollen beginnen. Das bedeutet aber auch, dass Fußböden frei von Ausgleichsstufen sein sollten. Lässt sich aufgrund baulicher Gegebenheiten letztere Forderung nicht verwirklichen, müssen Ausgleichsstufen oder an ihrer Stelle eingebaute schiefe Ebenen als Gefahrenstellen auffällig gekennzeichnet sein.

Rutschhemmende Fußbodenbeläge sind z.B. Estrich mit Zusatzstoffen, Fliesen mit griffiger Oberfläche, Teppichböden.

6. Lärmeinwirkung

Der Beurteilungspegel am Büroarbeitsplatz darf nach § 15 der ArbStättV auch unter Berücksichtigung von außen einwirkender Geräusche höchstens betragen:

- 55 dB (A) bei überwiegend geistigen Tätigkeiten,
- 70 dB (A) bei einfachen oder überwiegend mechanisierten Bürotätigkeiten und vergleichbaren Tätigkeiten.

Der von Büromaschinen und -geräten verursachte Schallpegel muss demnach kleiner als 55 dB (A) bzw. 70 dB (A) gehalten werden.

7. Lufttemperatur

Nach den „Sicherheitsregeln für Büro-Arbeitsplätze" (ZH 1/535) soll die Raumtemperatur in Büroräumen 21 °C bis 22 °C betragen. In den Pausen-, Bereitschafts-, Liege-, Sanitär- und Sanitätsräumen muss eine Raumtemperatur von mindestens 21 °C vorhanden sein (§ 6 Abs. 3 ArbStättV und ASR 6/1,3). Die Raumtemperatur in Büroräumen soll 26 °C nicht überschreiten. Bei hohen Außentemperaturen lässt sich dieser Wert, trotz Ausschöpfung technischer Maßnahmen, nicht immer einhalten, sodass Ausgleichsmaßnahmen (z.B. Arbeitszeitverschiebungen) sinnvoll sind. Die Arbeitsstättenverordnung fordert im § 9 Abs. 2 eine wirksame Abschirmung vor unmittelbarer Sonneneinstrahlung. Diese kann z.B. durch Außenjalousien bzw. Wärmeschutzglas oder -folien erreicht werden.

8. Beleuchtung

Merkmale einer guten Beleuchtung:
- Die Beleuchtungsstärke entspricht der jeweiligen Tätigkeit.
- Direkt- und Reflexblendungen sind weitgehend vermieden.
- Die Beleuchtungsstärke ist innerhalb der Arbeitsfläche möglichst gleichmäßig.
- Das Verhältnis von direkter zu indirekter Beleuchtung entspricht der jeweiligen Arbeitsaufgabe.
- Die Lichtfarben sind angenehm und die Farbwiedergabe ist gut.
- Die Beleuchtung ist flimmer- und flackerfrei.
- Im Arbeits- und Verkehrsbereich treten keine Kernschatten auf.

9. Ergonomische Anforderungen

Die Arbeitsmittel müssen in ihren Abmessungen so gestaltet sein, dass gesunde Arbeitshaltungen ermöglicht werden. Am Büro-Arbeitsplatz muss im Sitzen gearbeitet werden können.

Zum gesunden Sitzen gehören:
- Die richtige Einstellung der Rückenlehne, sodass die Wirbelsäule in allen Sitzpositionen gut abgestützt wird.
- Das Ausnutzen der gesamten Sitzfläche bis zur Rückenlehne.
- Das vollflächige Aufsetzen der Füße (ggf. mit Fußstütze) bei einem Winkel von mehr als 90 Grad zwischen Unter- und Oberschenkel.
- Das Einnehmen einer abwechselnd vorgeneigten, aufrechten und zurückgelehnten Sitzhaltung.
- Ein zwanglos aufgerichteter Oberkörper und entspannt herabhängende Oberarme.
- Ein Winkel von mehr als 90 Grad zwischen Unter- und Oberarm.
- Die Einstellung der richtigen Sitzhöhe unter Berücksichtigung der Arbeitshöhe.

Am 1. Januar 1997 erlangt die EU-Bildschirmrichtlinie in Deutschland Gesetzeskraft.

Grafik: VOKO

Um z. B. am Bildschirm-Arbeitsplatz so sitzen zu können, müssen die Werte für Sitzhöhe, Sitztiefe, Tischhöhe, Beinraumgröße, Greifraum, Arbeitsflächengröße, Sehabstand, Konzeptplatzierung, Tastaturhöhe, Bildschirmhöhe usw. aufeinander abgestimmt werden.

(Verwaltungs-Berufsgenossenschaft, Büroarbeitsplätze - sicher und gesund. SP. 2.6. Düsseldorf 1995.)

Arbeitsanregungen

1. Beurteilen Sie das Sekretariat Ihrer Schule/Ihres Betriebes nach den Bestimmungen für Büroarbeitsplätze!
2. Informieren Sie sich bei der für Ihren Ausbildungsberuf zuständigen Berufsgenossenschaft über die geltenden Arbeitsplatzbestimmungen!
3. Prüfen Sie Ihren Arbeitsplatz im Hinblick auf die geltenden Vorschriften und erstellen Sie eine Liste mit Verbesserungsvorschlägen!
4. Zeichnen Sie einen Grundriss eines optimalen Arbeitsplatzes und setzen Sie Ihre Ideen in ein Modell um!

Wolfgang Ebert, **Reparatur-Quiz**

Szene: Autoreparaturschule

Prüfer: „Ein Fahrer erscheint mit defektem Wagen. Was sagen Sie?"

Schüler: „Es ist schon Donnerstag, unser Wochenende beginnt. Er soll nächsten Monat wiederkommen."

Prüfer: „Gut. Nun kommt einer, bei dem funktioniert der Scheibenwischer nicht."

Schüler: „Da erneuern wir am besten gleich die ganze Scheibe."

Prüfer: „Gut. Was passiert, wenn er den Wagen nach drei Tagen holt?"

Schüler: „Nichts. Der Wagen ist noch nicht fertig."

Prüfer: „Warum ist er noch nicht fertig?"

Schüler: „Weil wir die Kupplung ausgebaut haben."

Prüfer: „Der Kunde will den Wagen woandershin bringen."

Schüler: „Ohne Kupplung?"

Prüfer: „Prächtig! Wann bekommt der Kunde seinen Wagen?"

Schüler: „Wenn die Lackierung der Vorderseite beendet ist."

Prüfer: „Kommt dieser Kunde jemals wieder?"

Schüler: „Muss er ja."

Prüfer: „Warum?"

Schüler: „Der Scheibenwischer. Er funktioniert wieder nicht."

Prüfer: „Was sagen Sie ihm?"

Schüler: „Komisch – hat's denn geregnet?"

Prüfer: „Wie reagiert der Kunde darauf?"

Schüler: „Er wird unverschämt und behauptet, wir hätten den Scheibenwischer schlecht repariert."

Prüfer: „Wie reagieren Sie auf diese Beleidigung?"

Schüler: „Ich spiele lässig mit dem Schraubenschlüssel. Das beruhigt ihn sehr. Er bekommt den Scheibenwischer repariert – für denselben Preis natürlich."

Prüfer: „Ein anderer Fahrer klagt über ein Klopfen im Motor."

Schüler: „Ich tippe auf schweren Getriebeschaden."

Prüfer: „Er sagt, der Wagen käme gerade aus der Inspektion."

Schüler: „Ich kann das nicht glauben."

Prüfer: „Sie erfahren, die Inspektion fand bei Ihnen statt."

Schüler: „Ich frage ihn, wie er das so schnell geschafft hat. Dann öffne ich die Motorhaube."

Prüfer: „Das Getriebe ist in Ordnung?"

Schüler: „Natürlich. Das baue ich aus und ... und ..."

Prüfer: „Zerbrechen bei dieser Gelegenheit die Ölpumpe ..."

Schüler: „Genau!"

Prüfer:	„Was kostet den Kunden der ganze Spaß?"
Schüler:	„437 Mark. Davon 234,50 Mark für Arbeitszeit."
Prüfer:	„Wie lange war die?"
40 **Schüler:**	„Zwei Stunden. Für zehn Mann."
Prüfer:	„Können Sie ihm noch eine zusätzliche Freude machen?"
Schüler:	„Ich kann ihm einen neuen Satz Zündkerzen einsetzen."
Prüfer:	„Welchen Fehler dürfen Sie dabei niemals machen?"
Schüler:	„Tatsächlich neue Zündkerzen einsetzen – statt die alten ein bisschen blank 45 zu putzen."
Prüfer:	„Bestanden! Sie werden es in dieser Branche weit bringen."

(Norbert Feinäugle [Hrsg.], Satirische Texte. Arbeitstexte für den Unterricht. Stuttgart: Reclam 1984. S. 11-13.)

Arbeitsanregungen

1. Spielen Sie die Szene in der „Autoreparaturschule" nach (oder lesen Sie den Text mit verteilten Rollen)!

2. Welche Einstellung gegenüber dem Kunden wird in dem Reparatur-Quiz deutlich? Belegen Sie Ihre Erkenntnisse anhand von Beispielen aus dem Prüfungsgespräch, indem Sie die sprachliche Darstellung untersuchen!

3. Warum handelt es sich um einen satirischen Text? (Zur Satire vgl. S. 555!)

4. Stellen Sie diese oder eine andere Prüfungssituation dar, in der Sie die Fragen realistisch beantworten!

So finden Sie den richtigen Draht!

Im vergangenen Jahr (1993) wurden in Deutschland von 37 Millionen Telefonanschlüssen circa 46 Milliarden Telefonate geführt, und die Zahl der Gespräche wächst – jedes Jahr um 5,4 Prozent. Nicht nur im privaten Bereich, auch in der Wirtschaft spielt das Telefon eine immer größere Rolle – bei Geschäftsabschlüssen, vorbereitenden Gesprächen, Kundenberatung und bei der Kontaktpflege mit Geschäftsfreunden. Das Telefon ist eine „Visitenkarte der Unternehmen" geworden. Umso wichtiger ist es, mit diesem Medium richtig umzugehen. Deshalb schicken immer mehr Firmen ihre Mitarbeiter zu Seminaren, bei denen sie die besonderen Regeln des Telefonverkehrs lernen.

Die Besonderheit beim Telefongespräch ist: Der Gesprächspartner ist nicht anwesend. Wir können ihn weder sehen, noch können wir ihn, wenn er uns unbekannt ist, aufgrund seines Äußeren einschätzen. Außerdem fehlt fast alles, was für die Beurteilung des Gesprächspartners wichtig ist: Körpersprache, Gestik, Gesichtsausdruck, Augenkontakt. Bei einem Telefongespräch haben wir nichts als die Stimme und sie ist es, die die Stimmung des Gesprächs bestimmt. [...]

chancen

Die Stimme macht die Stimmung – aber auch umgekehrt. Ärger, Stress, Nervosität legen sich auf die Stimme und kommen als miese Stimmung an, auch wenn Sie honigsüße Worte in die Leitung schicken. Ein entnervtes Augenverdrehen beispielsweise überträgt augenblicklich bestimmte Nervenimpulse übers Gehirn in die Stimme. Ein geübter und aufmerksamer Zuhörer kann die Unstimmigkeiten zwischen dem gesprochenen und dem „verkniffenen" Wort wahrnehmen.

Die „Telefonlehrer" in den Seminaren empfehlen deshalb: Lächeln! Der Gesprächspartner kann es zwar nicht sehen, aber hören. Die Muskelbewegungen beim Lächeln haben auch Einfluss auf die Atemwege: Ihre Stimme klingt heller und freundlicher.

Grundsätzlich gilt: Geschäftliche Telefonate verlangen sorgfältige Vorbereitung und Konzentration auf den Gesprächspartner.

Vorbereitung:
Legen Sie alle Unterlagen bereit, die Sie voraussichtlich für das Gespräch brauchen (hilfreich: Stichpunkt-Liste). Wenn

Sie sagen müssen „Da muss ich erst nachschauen" oder „Das weiß ich im Moment nicht", kann das als Inkompetenz ausgelegt werden. Außerdem: Langwieriges Suchen erhöht die Telefonrechnung.

Singen oder summen Sie leise ein paar Takte, damit die Stimme geschmeidig wird. Nicht räuspern! Das macht „Kratzer" auf die Stimmbänder.

Das Gespräch:

In den ersten fünfzehn Sekunden entscheidet sich, in welcher Atmosphäre das weitere Gespräch verläuft. Denken Sie daran: Es liegt an Ihnen - Sie haben es in der Stimme!

Vergewissern Sie sich, dass Ihr Telefonat Ihrem Partner „jetzt passt". Ungeduld und Hast sind schlechte Stimmungsmacher, außerdem entstehen dabei häufig Missverständnisse.

Konzentrieren Sie sich auf den Gesprächspartner. Nebenbei essen, trinken oder auf dem Computer klappern ist nicht nur eine grobe Unhöflichkeit: Der Gesprächspartner bekommt das Gefühl, nicht wichtig zu sein. Keine gute Grundlage für ein erfolgreiches Gespräch. Konzentration auch deshalb, weil man sich am Telefon nachweisbar öfter verspricht als in einem „normalen" Gespräch.

Fassen Sie sich kurz. Kommunikationsexperten haben festgestellt, dass beim Telefonat der Zuhörer spätestens nach 50 Sekunden ungeduldig wird. Reden Sie also nicht zu lange „an einem Stück".

Bleiben Sie Mensch, auch und gerade, wenn es um geschäftliche Dinge geht. Der private Draht kann leicht hergestellt werden. Beispiel: „Wir haben hier miserables Wetter, wie ist es denn bei Ihnen? . . . Schön? Ich beneide Sie, eigentlich wollte ich am Wochenende . . . Ach. Sie fahren weg? Wohin denn?" Das Private hebt das Gespräch auf eine andere, meist angenehme Ebene und schafft, wie Experten es nennen, eine „mentale Bindung". Ein Gespräch, das angenehm endet, bleibt in guter Erinnerung.

Machen Sie Notizen über das Gespräch. Auch über Privates, denn es ermöglicht Ihnen beim nächsten Mal einen lockeren Einstieg. Außerdem zeigt es, dass Sie nicht nur am Geschäft, sondern auch an der Person interessiert sind. Das schmeichelt jedem.

Für ankommende Gespräche gelten im Prinzip dieselben Regeln. Allerdings hat der andere jetzt die Initiative übernommen, und es kann sein, dass er Sie auf dem falschen Fuß erwischt (ungenügend vorbereitet, verärgert, in Eile). Eine freundliche Notlüge – „Ich bin gerade in einer Besprechung. Darf ich Sie zurückrufen?" – verschafft Ihnen Zeit, um sich auf den Gesprächspartner einzustellen. – Dann liegt die Initiative wieder bei Ihnen.

(Marie-Claire, Januar 1994, S. 165-166.)

Arbeitsanregungen

1. Können Sie „Stimmungen" beim Telefonieren wahrnehmen, Unausgesprochenes erahnen? Beschreiben Sie Ihre Erfahrungen!

2. Bereiten Sie – entsprechend des Maßnahmenkatalogs – ein Telefonat vor; führen Sie es durch und überprüfen Sie anschließend, ob die Empfehlungen hilfreich gewesen sind!

3. Ergänzen Sie die Ratschläge durch eigene Vorschläge für ein sachgerechtes Telefonat!

4. Gestalten Sie ein Merkblatt, das die wichtigsten Regeln optisch anregend enthält!

Gesprächsnotiz

Beispiel: Telefongespräch

A: Technisches Kaufhaus Borghorst, Schröder am Apparat. Guten Tag.

B: Hallo, hier ist Andreas Krüger. Sie haben mir einen Kostenvoranschlag für die Reparatur meiner Kleinbildkamera geschickt. Die hab' ich Ihnen in der letzten Woche vorbeigebracht.

Merkmale einer Notiz

Betreff	Kernaussage der Notiz
Ort	Stadt/Betrieb/Abteilung
Zeit	Datum/Uhrzeit
Personen	Beteiligte des Gesprächs/Telefon
Inhalt	Stichwörter des Gesprächs
Ergebnis	Information/Hinweise/Veranlassung
Unterschrift	
Verteiler	Durchschläge ...

Erinnerung/Information im „Telegrammstil" (klar, sachlich)

A: Ja, möchten Sie die Instandsetzung durchführen lassen? Sie müssten mir noch Ihre Servicenummer mitteilen. Ich gebe die Information dann an unseren Kundendienst weiter.

B: Prinzipiell schon. Ich bin allerdings etwas erstaunt über den Preis. 150 Mark sind ganz schön happig. Dabei ist doch eigentlich nur der Transportmechanismus für den Film defekt. So teuer kann das doch gar nicht sein.

A: Dazu kann ich Ihnen leider nichts sagen. Frau Knudsen, meine Kollegin vom Kundendienst, ist jetzt um 16:30 Uhr nicht mehr im Haus. Morgen ab 09:00 Uhr ist sie wieder zu erreichen. Sie wird Ihnen sicher Einzelheiten mitteilen können.

B: Könnte Frau Knudsen mich zurückrufen? So schnell wie möglich. Ich brauche die Kamera nämlich spätestens in zwei Wochen. Familienfeier, verstehen Sie?

A: Natürlich. Geben Sie mir trotzdem Ihre Servicenummer durch, sie steht oben auf dem Kostenvoranschlag.

B: Ja, das ist B Schrägstrich 715 römisch vier. Meine Telefonnummer habe ich Ihnen bereits auf dem Reparaturauftrag angegeben.

A: Gut, Herr Krüger. Ich gebe es weiter. Sobald Frau Knudsen wieder im Haus ist, wird sie sich bei Ihnen melden.

B: Danke und auf Wiederhören.

A: Auf Wiederhören, Herr Krüger.

Arbeitsanregungen

1. Füllen Sie das Formular für die Gesprächsnotiz (S. 98) aus, indem Sie die wesentlichen Informationen des Telefongesprächs stichwortartig wiedergeben!

2. Für welche Gelegenheiten erscheint Ihnen eine Gesprächsnotiz sinnvoll?

3. Entspricht das Formular Ihren persönlichen Anforderungen und denen an Ihrem Arbeitsplatz?
   Gestalten Sie es nach Ihren Vorstellungen um!

Gesprächsnotiz

Name

Firma

Straße, Ort

Telefon   Telefax   Telex

Datum

12
11   1
10   2
9 Uhr- 3
   zeit
8   4
7   5
6

Grund/Nachricht:

☐ rief an
☐ kam vorbei
☐ erwartet Termin
☐ reklamierte
☐ meldet sich erneut
☐ erwartet Rückruf

Anlagen: Aufgenommen von: Erledigt durch: Erledigt von:

Name

Unterschrift

☐ Anruf
☐ Brief
☐ Besuch

Datum

Unterschrift

Eike Christian Hirsch, **Immer angezogen**

Eigentlich wollte ich nur ein Hemd kaufen, aber dabei merkte ich, dass ich Schwierigkeiten mit der deutschen Sprache habe. „Sie können sich umsehen", sagte der Modeberater, „es ist alles bepreist." Und weil ich so begriffsstutzig dreinblickte, erläuterte er noch: „Alles ist ausgezeichnet." Dann legte er mir trotzdem selber vor. „Langer oder kurzer Arm?" war seine erste Frage. Ich wies ihm meine kurzen Arme vor, aber er hatte meine Ärmel-Wünsche gemeint.

„Feiner Streifen", sagte er dann einschmeichelnd, „damit ist man immer angezogen." Ich wiederholte zweifelnd: „Immer angezogen?" und erkundigte mich: „Man kann es aber auch mal ausziehen?" Der Verkäufer hatte schon Mitleid mit mir. „Damit ist man immer passend angezogen", deutete er die Redewendung und hielt mich wohl für einen Ausländer oder für jemanden, der jahrzehntelang nicht in seiner deutschen Heimat war.

Er breitete Weiteres aus: „Das ist heute mit unser bester Hersteller", hauchte er. Auf die Dauer hatte ich aber doch den Eindruck, dass der Gute bei aller Hingabe an seine Profession etwas mundfaul sei. „Mit der Beste?" wiederholte ich zögernd und bekam zu hören:" Ja, mit anderen Herstellern zusammen." Während ich noch den fehlenden Wörtern nachgrübelte, griff ich nach einem grasgrünen Hemd, musste aber hören: „Nein, das würde Ihnen nicht stehen." Und wie zur Erläuterung dazu: „Das würde nicht aussehen." Ich hingegen dachte mir, während ich vor einem Spiegel das Hemd unter mein Kinn hielt, irgendwie müsse es doch aussehen, wenn vielleicht auch schlecht. Es sah tatsächlich schlecht aus, es stand mir nicht gut.

Ich suchte noch meine Entschlusslosigkeit zu überspielen, als der modische Abkürzer auch schon fragte, ob „Naturseide entsprechend" sei. Da musste ich wirklich zurückfragen, wem die Seide entsprechen solle. „Ihren Vorstellungen entsprechend", knurrte er, nun schon weniger formvollendet. Zu dem dunkelblauen Hemd aber, nach dem ich nun griff, sagte er etwas abschätzig: „Baumwolle, das ist natürlich nicht die Qualität", wobei er das „die" so leicht schwebend betonte. Da merkte ich nur wieder, dass ich noch nicht so recht „die" Sicherheit im Umgang mit der deutschen Umgangssprache habe.

Er aber setzte hinzu: „Baumwolle ist immerhin sehr dankbar." Das zu verstehen fiel mir auch nicht leicht. Schon gewohnt, sich zu kommentieren, sagte er nur: „Dankbar im Tragen, Baumwolle dankt den Kauf durch lange Haltbarkeit."

Mein Blick fiel auf eine andere Hemdensorte. Ich wollte wissen, wie viel diese Hemden kosteten. Sie sahen nicht eben billig aus; aber ich wusste, dass das Wort „billig" nicht fallen durfte. Und ich wusste auch, wie man auf Deutsch nach dem Preis fragt. „Was kommen diese Hemden?"

Mein Verkäufer war begeistert, denn nun konnte er sich rächen. „Diese Hemden kommen nicht", sagte er spitz, „sie liegen. Sie liegen sogar recht günstig. Wir haben sie im Angebot." Ich hatte geglaubt, alles hier gehöre zum Angebot. „Da bekommen Sie Prozente", erklärte er. Ich suchte trotzdem den Absprung und wandte mich zum Gehen. „Schauen Sie doch mal wieder ganz unverbindlich vorbei", sagte der Modeberater verbindlich. „Gern", entgegnete ich und schaute tatsächlich an ihm vorbei.

(Stern, Nr. 46 vom 4. Nov. 1976, S. 250.)

Arbeitsanregungen

1. Warum verstehen sich Käufer und Verkäufer nicht?

2. Zeigen Sie an Beispielen die Missverständnisse auf und erläutern Sie, warum sie zustande kommen und durch welche Schwierigkeiten sie im Umgang mit der Sprache begründet sind!

3. Haben Sie als Käufer/in (oder Verkäufer/in) ähnliche Schwierigkeiten erlebt? Wie haben Sie sich verhalten?

WOLF WONDRATSCHEK, **Mittagspause**

Sie sitzt im Straßencafé. Sie schlägt sofort die Beine übereinander. Sie hat wenig Zeit.

Sie blättert in einem Modejournal. Die Eltern wissen, dass sie schön ist. Sie sehen es nicht gern.

Zum Beispiel. Sie hat Freunde. Trotzdem sagt sie nicht, das ist mein bester Freund, wenn sie zu Hause einen Freund vorstellt.

Zum Beispiel. Die Männer lachen und schauen herüber und stellen sich ihr Gesicht ohne Sonnenbrille vor.

Das Straßencafé ist überfüllt. Sie weiß genau, was sie will. Auch am Nebentisch sitzt ein Mädchen mit Beinen.

Sie hasst Lippenstift. Sie bestellt einen Kaffee. Manchmal denkt sie an Filme und denkt an Liebesfilme. Alles muss schnell gehen.

Freitags reicht die Zeit, um einen Cognac zum Kaffee zu bestellen. Aber freitags regnet es oft.

Mit einer Sonnenbrille ist es einfacher, nicht rot zu werden. Mit Zigaretten wäre es noch einfacher. Sie bedauert, dass sie keine Lungenzüge kann.

Die Mittagspause ist ein Spielzeug. Wenn sie nicht angesprochen wird, stellt sie sich vor, wie es wäre, wenn sie ein Mann ansprechen würde. Sie würde lachen. Sie würde

eine ausweichende Antwort geben. Vielleicht würde sie sagen, dass der Stuhl neben ihr besetzt sei. Gestern wurde sie angesprochen. Gestern war der Stuhl frei. Gestern war sie froh, dass in der Mittagspause alles sehr schnell geht.

Beim Abendessen sprechen die Eltern davon, dass sie auch einmal jung waren. Vater sagt, er meine es nur gut. Mutter sagt sogar, sie habe eigentlich Angst. Sie antwortet, die Mittagspause ist ungefährlich.

Sie hat mittlerweile gelernt, sich nicht zu entscheiden. Sie ist ein Mädchen wie andere Mädchen. Sie beantwortet eine Frage mit einer Frage.

Obwohl sie regelmäßig im Straßencafé sitzt, ist die Mittagspause anstrengender als Briefeschreiben. Sie wird von allen Seiten beobachtet. Sie spürt sofort, dass sie Hände hat.

Der Rock ist nicht zu übersehen. Hauptsache, sie ist pünktlich.

Im Straßencafé gibt es keine Betrunkenen. Sie spielt mit der Handtasche. Sie kauft jetzt keine Zeitung.

Es ist schön, dass in jeder Mittagspause eine Katastrophe passieren könnte. Sie könnte sich sehr verspäten. Sie könnte sich sehr verlieben. Wenn keine Bedienung kommt, geht sie hinein und bezahlt den Kaffee an der Theke.

An der Schreibmaschine hat sie viel Zeit, an Katastrophen zu denken. Katastrophe ist ihr Lieblingswort. Ohne das Lieblingswort wäre die Mittagspause langweilig.

(Wolf Wondratschek, Früher begann der Tag mit einer Schusswunde. München: Hanser ⁵1970 = Reihe Hanser 15, S. 52-53.)

(Abb. Art Spiegelmann. In: Joseph Moncure March, Das Wilde Fest. Reinbek: Rowohlt 1995, S. 40 u. 41.)

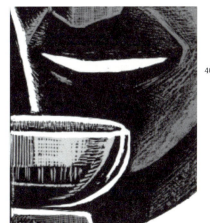

Arbeitsanregungen

1. Welche Aussagen werden über „sie" gemacht? Geben Sie den Inhalt in eigenen Worten wieder (zur Inhaltsangabe vgl. S. 108)!

2. Mit welchen Mitteln kommuniziert „sie" in der Mittagspause?

3. Als sie angesprochen wird, ist sie froh, „dass in der Mittagspause alles so schnell geht". Warum?

4. Untersuchen Sie die Sprache (Wortwahl/Satzglieder/Satzbau) und ihre Wirkung!

5. Setzen Sie die Kurzgeschichte in ein szenisches Spiel um! Nutzen Sie dazu die „Inszenierungstipps" (S. 483)!

6. Schreiben Sie eine Kurzgeschichte, die folgendermaßen beginnt: „Katastrophe ist ihr Lieblingswort. Ohne das Lieblingswort wäre die Mittagspause langweilig."

Arbeitsanregungen

1. Beschreiben Sie die Körpersprache der Verkäuferin! Welche Botschaft geht von ihr aus?

2. Ein Verkaufsgespräch lässt sich in der Regel in unterschiedliche Phasen einteilen:
   – Begrüßung
   – Bedarfsermittlung
   – Warenpräsentation
   – Information und Argumentation
   – Eingehen auf Einwände
   – Verkaufsabschluss.

   Welche Phasen sind im Comic ebenfalls vorhanden? Wie müsste sich die Verkäuferin verhalten, um eine optimale Beratung durchzuführen?

3. Warum lässt sich die Kundin zum Kauf der Jeans verleiten? Haben Sie ähnliche Erfahrungen gemacht?

4. Stellen Sie ein Verkaufsgespräch im Rollenspiel dar! Bereiten Sie sich mit den folgenden Karteikarten vor!

Kunde/Kundin

Sie möchten eine Jacke für die Herbst-/Winter-Saison kaufen und suchen ein Modehaus zur Beratung auf.

Aufgabe: Überlegen Sie mit Ihrer Nachbarin/Ihrem Nachbarn, welche speziellen Vorstellungen und Wünsche Sie in Bezug auf die Jacke haben und welche Fragen Sie der Verkäuferin/dem Verkäufer stellen wollen. (Notieren Sie diese stichwortartig auf der Kartenrückseite!)

Verkäuferin/Verkäufer

Sie arbeiten in einer Abteilung für Oberbekleidung eines Modehauses. Ein Kunde spricht sie an und möchte eine Jacke für die neue Saison kaufen.

Aufgabe: Überlegen Sie mit Ihrer Nachbarin/Ihrem Nachbarn, wie Sie Ihr Verkaufsgespräch aufbauen wollen. (Notieren Sie die notwendigen Informationen und Argumente stichpunktartig auf der Rückseite der Karteikarte!)

Diskutieren Sie den Verlauf des Rollenspiels! Gehen Sie dabei auf die Sprache, Argumentation und Gestik der Spielerinnen/Spieler ein – ggf. anhand eines vorbereiteten Beurteilungsbogens!

Hans Fallada (1893–1947), der eigentlich Rudolf Ditzen heißt, wurde vor allem durch seine Gesellschaftsromane bekannt, die in einem reportagehaften Stil die Alltagswelt der kleinen Leute, ihre wirtschaftlichen und sozialen Probleme in der Zeit zwischen den beiden Weltkriegen schildern.

Der folgende Auszug ist dem Roman **„Kleiner Mann – was nun?"** entnommen. In dem Buch wird die Geschichte des einfachen Angestellten Pinneberg und seiner Frau Lämmchen erzählt, die nach Berlin kommen und während der Weltwirtschaftskrise von 1929 in Not geraten.

Lesehinweis

Hans Fallada, Wer einmal aus dem Blechnapf frißt. Reinbek: Rowohlt 1952 = rororo 54/55.

Jürgen Manthey, Hans Fallada in Selbstzeugnissen und Bilddokumenten. Reinbek: Rowohlt 1964 = rowohlts bildmonografien 78.

Hans Fallada, **Drei Arten von Verkäufern**

Pinnebergs Herz schwoll vor Glück. „Finden Sie das wirklich, Heilbutt? Finden Sie das wirklich, daß ich ein geborener Verkäufer bin?"

„Aber das wissen Sie doch selbst, Pinneberg. Ihnen macht es doch Spaß, zu verkaufen."

5 „Mir machen die Leute Spaß", sagt Pinneberg. „Ich muß immer dahinterkommen, was sie sind und wie man sie nehmen muß und wie man es drehen muß, daß sie kaufen." Er atmet tief. „Ich schiebe wirklich selten eine Pleite."

„Das habe ich gemerkt, Pinneberg", sagt Heilbutt.

„Ja, und dann sind es richtige Schrutzen, die gar nicht wirklich kaufen wollen, die nur
10 schrutzen und klaffen wollten."

„An die verkauft keiner", sagt Heilbutt.

„Sie doch", sagt Pinneberg. „Sie doch."

„Vielleicht. Nein. Nun, vielleicht doch manchmal, weil die Leute Angst vor mir haben."

15 „Sehen Sie", sagt Pinneberg. „Sie imponieren den Leuten so schrecklich, Heilbutt. Vor Ihnen genieren sie sich, so anzugeben, wie sie möchten." Er lacht. „Vor mir geniert sich kein Aas. Ich muß immer in die Leute reinkriechen, muß raten, was sie wollen. Darum weiß ich auch so gut, was die eben für 'ne Wut haben werden, daß sie den teuren Anzug gekauft haben. Jeder auf den anderen, und keiner weiß mehr rich-
20 tig, warum sie ihn gekauft haben."

„Na, und warum haben sie ihn gekauft, was meinen Sie, Pinneberg?" fragt Heilbutt.

Pinneberg ist ganz verwirrt. Er überlegt fieberhaft. „Ja, ich weiß es auch nicht mehr ... Alle haben so durcheinander geredet ..."

Heilbutt lächelt.

„Ja, nun lachen Sie, Heilbutt. Ja, nun lachen Sie mich aus. Aber ich weiß es schon wieder, weil Sie ihnen so imponiert haben."

„Unsinn", sagt Heilbutt. „Vollkommener Unsinn, Pinneberg. Das wissen Sie doch selbst, daß darum keiner was kauft. Das hat die Sache vielleicht nur ein wenig beschleunigt ..."

„Sehr, Heilbutt, ganz mächtig beschleunigt hat es!"

„Nein, aber das Entscheidende war, daß Sie nie gekränkt waren. Wir haben Kollegen", sagt Heilbutt und läßt seine dunklen Augen durch den Raum schweifen, bis sie den Gesuchten gefunden haben, „... die sind immer gleich beleidigt. Wenn die sagen, das ist ein vornehmes Muster, und der Kunde sagt, das gefällt mir aber gar nicht, dann sagen sie patzig: über den Geschmack läßt sich nicht streiten. Oder sie sagen vor lauter Kränkung gar nichts. Sie sind nicht so, Pinneberg ..."

„Nun, meine Herren", sagt der eifrige Substitut, Herr Jänecke. „Ein kleines Palaver? Schon fleißig verkauft? Immer fleißig, die Zeiten sind schwer, und bis so ein Verkäufergehalt rausspringt, da will viel Ware verkauft sein."

„Wir reden gerade, Herr Jänecke", sagt Heilbutt und hält unmerklich Pinneberg am Ellbogen fest, „über die verschiedenen Verkäuferarten. Wir fanden, es gibt drei: Die, die den Leuten imponieren. Die, die raten, was die Leute wollen. Und drittens die, die nur per Zufall verkaufen. Was meinen Sie, Herr Jänecke?"

„Theorie, sehr interessant, meine Herren", sagt Herr Jänecke lächelnd. „Ich kenne nur eine Art Verkäufer: die, auf deren Verkaufsblock abends recht hohe Zahlen stehen. Ich weiß, es gibt noch die mit den niedrigen Zahlen, aber ich sorge schon dafür, daß es die hier bald nicht mehr gibt."

(Hans Fallada, Kleiner Mann – was nun? Reinbek: Rowohlt 1950, S. 98-99.)

Arbeitsanregungen

1. Bilden Sie drei Arbeitsgruppen, in denen Sie ein Verkaufsgespräch für jeweils einen der drei Verkäuferarten vorbereiten!

2. Stellen Sie die Verkaufssituation entsprechend szenisch dar! Die Zuschauer notieren die charakteristischen Verhaltensweisen der Verkäufer/innen!

3. Beurteilen Sie die Rollenspiele! Welcher Verkäufertyp entspricht Ihren Erwartungen als Kunde?

4. Wer ist ein „geborener Verkäufer" bzw. eine „geborene Verkäuferin"?

Arbeitszeugnisse gehören zu den Bewerbungsunterlagen. Sie müssen der Wahrheit entsprechen und wohlwollend verfasst sein.

Diese Grundsätze können denen, die das Zeugnis erstellen, Schwierigkeiten bereiten. Deshalb wird Kritik an den Leistungen und Fähigkeiten des Beschäftigten/der Beschäftigten in der Regel verschlüsselt dargestellt.

Lesehinweis

Georg R. Schulz, Alles über Arbeitszeugnisse. München: Beck [4]1996 = dtv Beck-Texte 5280.

Heinz-Günter Dachroth, Zeugnisse lesen und verstehen. Formulierungen und ihre Bedeutung. Bund-Verlag [5]1999.

Arnulf Weuster/Brigitte Scheer, Arbeitszeugnisse in Textbausteinen. Boorberg Verlag [7]1997 (mit CD-ROM).

Arbeitszeugnis

Frau Gisela König, geboren 19..-03-26 in Braunschweig, wurde in unserem Unternehmen zur Kauffrau im Groß- und Außenhandel ausgebildet. Sie bestand die Kaufmannsgehilfenprüfung vor der Industrie- und Handelskammer mit der Gesamtnote „gut".

Während ihrer Ausbildung wurde Frau König in allen Abteilungen eingesetzt (Einkauf, Verkauf, Finanzwesen, EDV, Personalwesen) und mit den Aufgaben vertraut gemacht, die das Berufsfeld der Kauffrau erfordern.

Wir waren während der gesamten Ausbildungszeit mit ihren Leistungen stets sehr zufrieden.

Im Umgang mit Kolleginnen, Kollegen und Vorgesetzten zeigte sich Frau König durchgehend aufgeschlossen; sie verstand es, durch ihre schnelle Auffassungsgabe stets das Wesentliche im Blick zu haben und die Interessen der Firma wahrzunehmen.

Frau König scheidet auf ihren eigenen Wunsch hin aus. Für ihre weitere Zukunft wünschen wir ihr alles Gute.

Geschäftsleitung

Arbeitsanregungen

1. Entschlüsseln Sie mit Hilfe des „Beurteilungslexikons" (S. 107) das Arbeitszeugnis!

2. Verfassen Sie Arbeitszeugnisse aus Ihrem Berufsfeld, in denen Sie vorbildliche und unzureichende Leistungen bescheinigen!

3. Stellen Sie den Verkäufern – Pinneberg, Heilbutt und Jänecke – (S. 104 f.) ein Arbeitszeugnis aus!

Beurteilungslexikon

1. Gesamtbenotung

Formulierung im Zeugnis	Klartext	Note
stets zur vollsten Zufriedenheit	sehr gute Leistungen	sehr gut
stets in jeder Hinsicht	sehr gute Leistungen	sehr gut
vollste Zufriedenheit	leichte Abwertung von der Höchstleistung	sehr gut / gut
immer sehr zufrieden	erhebliche Abwertung von der Höchstleistung	gut +
stets volle Zufriedenheit	gute Leistungen	gut
stets sehr zufrieden	gute Leistungen	gut
volle Zufriedenheit	befriedigende Leistungen	befriedigend
waren immer zufrieden	durchschnittliche Leistungen	befriedigend
stets zur Zufriedenheit	unterdurchschnittliche Leistungen	befriedigend ausreichend
waren befriedigend	unterdurchschnittliche Leistungen	befriedigend ausreichend
zu (unserer) Zufriedenheit	ausreichende Leistungen	ausreichend
waren zufrieden	ausreichende Leistungen	ausreichend
im Großen und Ganzen zufrieden	sehr schlechte Leistungen	mangelhaft
hat sich bemüht ... zu unserer Zufriedenheit zu erledigen	erhebliche Mängel in den Leistungen	mangelhaft
war stets bemüht	gravierende Mängel	mangelhaft ungenügend

2. Leistungsbereich

Formulierung im Zeugnis	Klartext
hat alle Aufgaben stets zur vollsten Zufriedenheit erfüllt	guter, verlässlicher Mitarbeiter
hatte (hohes) persönliches Format	genoss allgemeine gute Reputation, war auch für schwierige Aufgaben gut zu gebrauchen
erledigte alle Aufgaben ordnungsgemäß	Bürokrat ohne eigene Initiative
zeigte Verständnis für alle anfallenden Arbeiten	Niete, absoluter Drückeberger
entsprach unseren Erwartungen	hoffnungsloser Fall, zeigt nur schlechte Leistungen
hatte stets einen Blick für das Wesentliche	guter Mitarbeiter, der auch Schwierigkeiten meistert
die angebotenen Leistungen lagen stets im Bereich seiner Fähigkeiten	bemühte sich, aber es kam nichts dabei raus
verstand es, Aufgaben stets mit Erfolg zu delegieren	Drückeberger, machte nie etwas freiwillig
verfügte über ein profundes Fachwissen und zeigte beachtliches Selbstvertrauen	der Mitarbeiter neigt zum Sprüchemachen, beckmesserisch, vorlaut, belehrend, Oberlehrereigenschaften
war Neuem stets voll aufgeschlossen	interessierte sich für Neuerungen, nutzte sie aber nicht
hat Aufgaben zu seinem und im Interesse der Firma gut gelöst	hat gestohlen, ist dabei ertappt worden oder die Kollegen vermuten das

3. Persönlicher Bereich

Formulierung im Zeugnis	Klartext
sehr tüchtig und wusste sich gut zu verkaufen	ein unangenehmer Mitarbeiter, hat stets bei den Vorgesetzten gebuckelt und die Kollegen verpetzt
hatte ein gutes Verhältnis zu den Vorgesetzten und vermied Spannungen	Ja-Sager und Speichellecker ohne Rückgrat
Verhalten war jederzeit verbindlich und korrekt	ist ein guter Mitarbeiter
hatte festgefügte Ansichten und wusste diese gut zu verkaufen	sturer Mitarbeiter, streitsüchtig, provoziert ständig Ärger
war stets freundlich, hilfsbereit und loyal	nichts los, fachlich eine Niete
wegen seiner Pünktlichkeit war er stets ein gutes Vorbild	totale Niete, bringt es zu nichts, kommt immer zu spät
hat ein umfassendes Einfühlungsvermögen	ist homosexuell oder lesbisch
für die Belegschaft hatte er stets ein großes Einfühlungsvermögen	stellt den Frauen nach, Sex ist wichtiger als Arbeit, drückt sich während der Arbeitszeit in dunklen Ecken mit Frauen herum
in Kollegenkreisen galt er als tolerant	als Vorgesetzter ist mit ihm nicht auszukommen
seine Toleranz im Kollegenkreis war beachtlich	als Vorgesetzter war mit ihm nicht auszukommen, sturer Querulant
seine gesellige Art war sehr geschätzt	Trinker, unzuverlässig
mit Geselligkeit zum Betriebsklima beigetragen	Vorsicht: trinkt während der Arbeitszeit

4. Schlussformulierung

Formulierung im Zeugnis	Klartext
Wir danken für die gute Zusammenarbeit und wünschen besonders für den weiteren beruflichen Werdegang viel Glück und Erfolg.	sehr guter Mitarbeiter, der sich vermutlich um eine bessere Position beworben hat. Dem will man nichts in den Weg stellen
Für den weiteren Lebensweg wünschen wir viel Glück und Erfolg. Wir danken für die jahrelange, positive Zusammenarbeit.	exzellenter Mitarbeiter, wir hätten ihn gerne in der Firma gehalten; er ist immer willkommen
Für den weiteren Lebensweg wünschen wir alles Gute. Das Ausscheiden nehmen wir mit großem Bedauern zur Kenntnis.	exzellenter Mitarbeiter, wir hätten ihn gerne in der Firma gehalten. Leider verlässt er uns
Das Ausscheiden erfolgt auf eigenen Wunsch.	Mitarbeiter hat gekündigt, neutrale Formulierung
Das Ausscheiden aus unserem Betrieb erfolgt aufgrund einer Teilbetriebsstillegung.	kann immer mal passieren, war trotzdem ein guter Mitarbeiter
Das Ausscheiden aus unserem Betrieb erfolgt aus organisatorischen Gründen.	Schlechter Mitarbeiter, wir sind froh, ihn endlich vom Halse zu haben
Wir sehen uns nicht mehr in der Lage, den Mitarbeiter weiter zu beschäftigen.	Vorsicht, hier sind gravierende Mängel aufgetreten, eine telefonische Erkundigung ist wahrscheinlich!
Wir bedauern, dass wir ... aufgrund der zurückgehenden Konjunktur entlassen mussten.	schlechter Mitarbeiter, in konjunkturschwachen Zeiten entlässt man nur die unproduktiven
Das Ausscheiden erfolgt in gegenseitigem Einvernehmen.	dem Arbeitnehmer wurde gekündigt, d.h., es ist etwas vorgefallen

(Horst H. Siewert, Arbeitszeugnisse. München: mgv-verlag. 4. Auflage o. J., S. 119-125.)

Textanalyse

Inhaltsangabe

Text: Peter Bichsel, Die Tocher

Abends warteten sie auf Monika. Sie arbeitete in der Stadt, die Bahnverbindungen sind schlecht. Sie, er und seine Frau, saßen am Tisch und warteten auf Monika. Seit sie in der Stadt arbeitete, aßen sie erst um halb acht. Früher hatten sie eine Stunde eher gegessen. Jetzt warteten sie täglich eine Stunde am gedeckten Tisch, an ihren Plätzen, der Vater oben, die Mutter auf dem Stuhl nahe der Küchentür, sie warteten vor dem leeren Platz Monikas. Einige Zeit später dann auch vor dem dampfenden Kaffee, vor der Butter, dem Brote, der Marmelade.

Sie war größer gewachsen als sie, sie war auch blonder und hatte die Haut, die feine Haut der Tante Maria. „Sie war immer ein liebes Kind", sagte die Mutter, während sie warteten.

In ihrem Zimmer hatte sie einen Plattenspieler und sie brachte oft Platten mit aus der Stadt und sie wusste, wer darauf sang. Sie hatte auch einen Spiegel und verschiedene Fläschchen und Döschen, einen Hocker aus marokkanischem Leder, eine Schachtel Zigaretten. Der Vater holte sich seine Lohntüte auch bei einem Bürofräulein. Er sah dann die vielen Stempel auf einem Gestell, bestaunte das sanfte Geräusch der Rechenmaschine, die blondierten Haare des Fräuleins, sie sagte freundlich „Bitte schön", wenn er sich bedankte. Über Mittag blieb Monika in der Stadt, sie aß eine Kleinigkeit, wie sie sagte, in einem Tearoom. Sie war dann ein Fräulein, das in Tearooms lächelnd Zigaretten raucht.

Oft fragten sie sie, was sie alles getan habe in der Stadt, im Büro. Sie wusste aber nichts zu sagen.

Dann versuchten sie wenigstens, sich genau vorzustellen, wie sie beiläufig in der Bahn ihr rotes Etui mit dem Abonnement aufschlägt und vorweist, wie sie den Bahnsteig entlanggeht, wie sie sich auf dem Weg ins Büro angeregt mit Freundinnen unterhält, wie sie den Gruß eines Herrn lächelnd erwiedert.

Und dann stellten sie sich mehrmals vor in dieser Stunde, wie sie heimkommt, die Tasche und ein Modejournal unter ihrem Arm, ihr Parfüm; stellten sich vor, wie sie sich an ihren Platz setzt, wie sie dann zusammen essen würden.

Bald wird sie sich in der Stadt ein Zimmer nehmen, das wussten sie, und dass sie dann wieder um halb sieben essen würden, dass der Vater nach der Arbeit wieder seine Zeitung lesen würde, dass es dann kein Zimmer mehr mit Plattenspieler gäbe, keine Stunde des Wartens mehr. Auf dem Schrank stand eine Vase aus blauem schwedischen Glas, eine Vase aus der Stadt, ein Geschenkvorschlag aus dem Modejournal.

„Sie ist wie deine Schwester", sagte die Frau, „sie hat das alles von deiner Schwester. Erinnerst du dich, wie schön deine Schwester singen konnte."

„Andere Mädchen rauchen auch", sagte die Mutter.

„Ja", sagte er, „das habe ich auch gesagt."

„Ihre Freundin hat kürzlich geheiratet", sagte die Mutter.

Sie wird auch heiraten, dachte er, sie wird in der Stadt wohnen. Kürzlich hatte er Monika gebeten: „Sag mal etwas auf französisch." – „Ja", hatte die Mutter wiederholt, „sag mal etwas auf Französisch." Sie wusste aber nichts zu sagen.

Stenografieren kann sie auch, dachte er jetzt. „Für uns wäre das zu schwer", sagten sie oft zueinander.

Dann stellte die Mutter den Kaffee auf den Tisch. „Ich habe den Zug gehört", sagte sie.

(Peter Bichsel, Eigentlich möchte Frau Blum den Milchmann kennen lernen. Freiburg: Walter 1964.)

Inhalt erfassen

Um einen Text vollständig zu verstehen, ist es unerlässlich, sich sehr genau mit dem **Inhalt** auseinander zu setzen; dafür gibt es einige **Arbeitsschritte**, die Ihnen diese Aufgabe erleichtern:

1. Unbekannte Wörter und Begriffe klären (in Nachschlagewerken, z. B.: Duden, Fremdwörterlexika);
2. wesentliche Aussagen/Informationen im Text unterstreichen oder herausschreiben;
3. absatzweise **Kernwörter**, die den unterstrichenen Text inhaltlich am treffendsten wiedergeben, festhalten.

Textstellen unterstreichen	Kernwörter formulieren
Abends warteten sie auf Monika. Sie arbeitete in der Stadt, die Bahnverbindungen sind schlecht. Sie, er und seine Frau, saßen am Tisch und warteten auf Monika. Seit sie in der Stadt arbeitete, aßen sie erst um halb acht. Früher hatten sie eine Stunde eher gegessen. Jetzt warteten sie täglich eine Stunde am gedeckten Tisch, an ihren Plätzen, der Vater oben, die Mutter auf dem Stuhl nahe der Küchentür, sie warteten vor dem leeren Platz Monikas. Einige Zeit später dann auch vor dem dampfenden Kaffee, vor der Butter, dem Brot, der Marmelade.	*Eltern warten abends auf ihre Tochter Monika, die in der Stadt arbeitet*
Sie war größer gewachsen als sie, sie war auch blonder und hatte die Haut, die feine Haut der Tante Maria. „Sie war immer ein liebes Kind", sagte die Mutter, während sie warteten.	*Monika ist größer als ihre Eltern, hat feine Haut, ist ein liebes Kind gewesen*
In ihrem Zimmer hatte sie einen Plattenspieler und sie brachte oft Platten mit aus der Stadt und sie wusste, wer darauf sang. Sie hatte auch einen Spiegel und verschiedene Fläschchen und Döschen, einen Hocker aus marokkanischem Leder, eine Schachtel Zigaretten. Der Vater holte sich seine Lohntüte auch bei einem Bürofräulein. Er sah dann die vielen Stempel auf einem Gestell, bestaunte das sanfte Geräusch der Rechenmaschine, die blondierten Haare des Fräuleins, sie sagte freundlich „Bitte schön", wenn er sich bedankte. Über Mittag blieb Monika in der Stadt, sie aß eine Kleinigkeit, wie sie sagte, in einem Tearoom. Sie war dann ein Fräulein, das in Tearooms lächelnd Zigaretten raucht.	*In ihrem Zimmer sammelt sie einige Gegenstände* *Vater holt sich seinen Lohn im Büro ab* *mittags bleibt Monika in der Stadt*
Oft fragten sie sie, was sie alles getan habe in der Stadt, im Büro. Sie wusste aber nichts zu sagen. […]	*Fragen der Eltern beantwortet sie nicht*

Wenn sie diese Arbeitsschritte für die Textvorlage geleistet haben, können Sie unter Berücksichtigung einiger Grundsätze eine **Inhaltsangabe** erstellen.

Inhalt wiedergeben

Die **INHALTSANGABE** – mündlich oder schriftlich – soll den Kern einer Aussage, eines Gesprächs oder eines Textes sachlich richtig wiedergeben; sie kann Kurzinformation und/oder Grundlage für weiterführende Stellungnahmen (z. B. Textinterpretationen) sein.

Der Inhaltsangabe kann eine **Einleitung** vorangestellt sein, in der Angaben über Verfasser, Art und Titel eines Textes sowie eine allgemein gehaltene Aussage enthalten sind. Bei der Anfertigung einer Inhaltsangabe sind folgende **Grundsätze** zu berücksichtigen:

Grundsätze einer Inhaltsangabe		
Einleitung		Verfasser, Textart, Titel, Thema (Handlung/Personen)
Hauptteil	• kurz:	nur das **Wesentliche** (keine Einzelheiten)
	• sachlich:	in **eigenen** Worten (Formulierungen ohne subjektive Wertungen)
Handlungsverlauf/ Gedankengang	• folgerichtig:	Handlungs- und Gedankengänge können zusammengefasst werden
	• formal:	keine **Ich-Form,** keine direkte Rede
	• Zeit:	**Präsens** für den Handlungsablauf; **Perfekt** für Sachverhalte, die dem Geschehen zeitlich vorausgegangen sind

Beispiel: **Inhaltsangabe**

Einleitung   Die Kurzgeschichte „Die Tochter" von Peter Bichsel beschreibt, welche Gedanken sich die Eltern über ihre Tochter machen, die in der Stadt arbeitet.

Hauptteil   Die Eltern warten am gedeckten Tisch auf ihre Tochter Monika; seitdem sie in der Stadt arbeitet, essen sie abends später.

Monika ist größer als ihre Eltern, freundlich, hat feine Haut und ist immer lieb gewesen.

In ihrem Zimmer hebt die Tochter einige persönliche Gegenstände auf. Mittags bleibt Monika in der Stadt; wenn die Eltern ihre Tochter fragen, was sie dort gemacht hat, antwortet sie nicht.

[…]

Arbeitsanregungen

1. Unterstreichen Sie entsprechend des Beispiels (S. 109) die wesentlichen Aussagen in der Textvorlage! (Unterstreichungen und Anmerkungen immer auf einer Fotokopie!)

2. Formulieren Sie Kernwörter, die den Inhalt des weiteren Textes am besten wiedergeben!

3. Schreiben Sie die Inhaltsangabe zu Ende!

Interpretation

Definition

INTERPRETATION (lat.: interpretatio = Erklärung, Auslegung) bedeutet, einen Text auszulegen, zu analysieren, ihn zu deuten. Grundlage und Voraussetzung dafür ist, dass der Inhalt bekannt ist und genau verstanden wurde (zur Inhaltsangabe vgl. S. 108).

Insbesondere literarische Texte erfordern neben dem Erfassen des Inhalts eine ergänzende Deutung, um sie vollständig zu verstehen. Ziel der Interpretation ist es, den durch Sprache vermittelten Gehalt zu erfassen und auszuwerten.

Eine umfassende, allgemein anerkannte (allgemein gültige) Theorie für das Vorgehen (die Methode) bei einer Interpretation gibt es nicht. Im Verlauf der Geschichte der Literaturwissenschaft bzw. des Deutschunterrichts sind verschiedene Methoden angewandt worden, deren Ziele, Ideologien, Urteile und Normen, deren Abhängigkeit von der jeweiligen Zeit und gesellschaftlichen Situation erfasst werden müssen, um sie kritisch beurteilen und anwenden zu können. Grundsätzlich lassen sich zwei Methoden unterscheiden:

- die **werkimmanente** (textinterne), die sich ausschließlich auf das einzelne Werk bezieht und historische, gesellschaftliche, biografische Bezüge des Textes unberücksichtigt lässt (diese Interpretationsmethode gewann nach dem Zweiten Weltkrieg als Gegenbewegung zur ideologisch orientierten Literaturbetrachtung während der Zeit des Nationalsozialismus' großen Einfluss); der Leser soll von seinem durch das Werk hervorgerufenen Gefühl ausgehen und seinen Eindruck durch die verschiedenartigen Gegebenheiten des Textes belegen. Jeder Text sollte nur noch aus sich selbst heraus verständlich sein: „Eine Dichtung lebt und entsteht nicht als Abglanz von irgend etwas anderem, sondern als in sich geschlossenes sprachliches Gefüge. Das dringendste Anliegen der Forschung sollte demnach sein, die schaffenden sprachlichen Kräfte zu bestimmen, ihr Zusammenwirken zu verstehen und die Ganzheit des einzelnen Werks durchsichtig zu machen." (Wolfgang Kayser, Das sprachliche Kunstwerk. Eine Einführung in die Literaturwissenschaft. Bern: Franke [8]1962, S. 5.);

- die **soziologische** (textexterne), die nach den **sozialen** Bedingungen des Autors fragt, **biografische, gesellschaftliche, historische, soziologische** Bezüge herstellt, Wirkung und Rezeption berücksichtigt und auch die Bedeutung der Literatur für die **gesellschaftliche** Entwicklung in Vergangenheit und Gegenwart diskutiert (diese Interpretationsmethode hat in den letzten Jahren als Hauptrichtung einer neuen Literaturbetrachtung an Bedeutung gewonnen, weil man die Wechselbeziehungen zwischen Literatur und Gesellschaft als Hilfe für das Verständnis beider Bereiche erkannte). Diese Interpretationsmethode stellt den Text in den Mittelpunkt und befasst sich mit den aus ihm zu erkennenden Interdependenzen[1] zwischen Autor und Gesellschaft (Verleger, Buchhändler, Leser, Kritiker). Diese Betrachtungsweise erfordert eine **kritische** Haltung, die aus eigener Stellungnahme und Verantwortung Literatur reflektiert und Kritik als distanzierendes Bewusstsein der gesellschaftlichen Funktion definiert (Ideologiekritik).

- der **handlungs-** und **produktionsorientierte** Ansatz ist als neuere Form der Literaturbetrachtung in der Diskussion: diese Form der Interpretation betont das aktiv-produktive Handeln, die Selbst-Tätigkeit.

  Im Mittelpunkt steht das kreative Reagieren auf den Text (selbst verfassend oder ergänzend).

  Die eingesetzten Mittel „interpretieren" den Text und sollen dazu beitragen, seinem Wesen näher zu kommen; sie erfordern Kreativität und Fantasie.

---

1 Interdependenzen = Abhängigkeiten

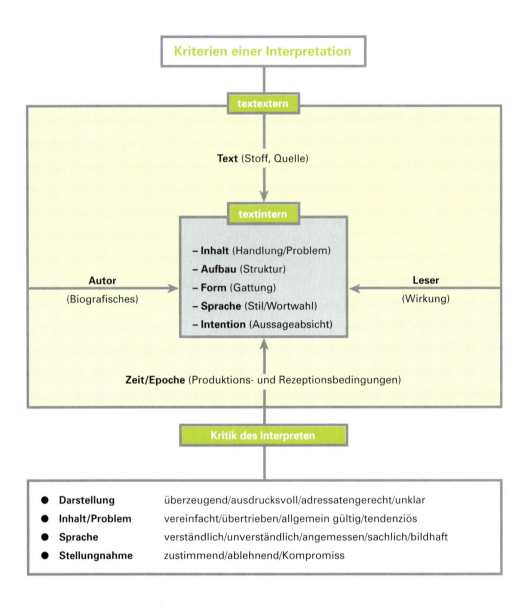

Beispiel: **Interpretation eines Literaturwissenschaftlers (Eckhard Emminger)**

1. Analyse der Textstruktur

1.1 Die epische Handlung

Peter Bichsel gestaltet in seiner Erzählung keinen Handlungsablauf, sondern Gedanken, die sich ein Ehepaar macht, während es abends vor dem gedeckten Tisch auf die Tochter wartet. Dieses Warten ist keine einmalige Zufälligkeit, etwa in einer Verspätung des Zuges begründet, mit dem die Tochter Monika aus der nahe gelegenen Stadt kommt, es ist eine allabendliche Prozedur. Bevor nämlich Monika in der Stadt eine Arbeit gefunden hatte, aß die Familie täglich um halb sieben. Jetzt verzögert sich der Zeitpunkt des Essens um die eine Stunde, die die Tochter später nach Hause kommt. […]

Die Differenz wird durch „Warten" ausgefüllt. Während dieses Wartens versuchen die Eltern, sich Monika zu vergegenwärtigen. Die Vorstellungen von der Tochter sind durch Erinnerungen bestimmt. Sie erscheint lediglich als eine durch die Erinnerungen und Vorstellungen der Eltern projizierte Gestalt.

Die Mutter sieht das „liebe Kind" vor sich, das sie immer gewesen sei. Der Vater erinnert sich bei dem Gedanken an seine Tochter an das „freundliche" Bürofräulein, bei dem er sich immer seine Lohntüte abholt. Und beide versuchen, „sich wenigstens genau vorzustellen", was sie über Mittag in der Stadt machte, wie sie sich während der Bahnfahrt verhalte und wie es weiterginge, wenn sie eines Tages ein Zimmer in der Stadt nähme. Dieses Warten wird durch den ankommenden Zug beendet. Der Zerfall der Familie und die Entfremdung zwischen den Personen lassen sich aus dem defekten Dialog und aus Verhaltenssignalen ablesen.

1.2 Die epischen Figuren

Im Mittelpunkt steht Monika, deren Rechtsstellung zu den anderen Personen zum Titel der Geschichte wird: Die Tochter. Sie kommt, obgleich zentrale Figur, im Text selbst nicht zu Wort. Dennoch lässt sich von Monika ein klares Bild zeichnen. Sie, die tagsüber als „Bürofräulein" mit Französischkenntnissen und Stenografiefertigkeiten in der Stadt arbeitet, wohnt bisher noch bei ihren Eltern. Über die Mittagspausen allerdings bleibt sie schon in der Stadt, isst „eine Kleinigkeit" in einem Tearoom. Dort fühlt sich Monika dann als „Fräulein", souverän und überlegen, gibt sich bewusst lässig und erfährt Sicherheit und Persönlichkeitsstärkung durch das Attribut Zigarette. Ganz anders wirkt sie dann zu Hause: Dort weiß sie „nichts zu sagen", wenn sie danach gefragt wird, „was sie alles getan habe in der Stadt, im Büro". Zu Hause in ihrem Zimmer steht ein Plattenspieler und hinter „Fläschchen und Döschen" ein erwähnenswerter Spiegel, davor ein „Hocker aus marokkanischem Leder", und wieder Zigaretten. Bezugsfiguren, ja gleichsam Darstellungsmedium sind die Eltern von Monika, Inbegriff eines erstarrten Lebens in Ordnung. Der Vater, ein leicht zu beeindruckender Mensch, der „das sanfte Geräusch der Rechenmaschine" und „die vielen Stempel auf einem Gestell" im Lohnbüro seiner Arbeitsstätte bestaunenswert findet und durch Ersatzvorstellungen den Kontakt zur Realität zu behaupten versucht; die Mutter, besorgt um das Wohl der Familie, aber an Vorstellungsbilder aus der Vergangenheit gebunden. […]

1.3 Hermeneutik[1] des Textes

„Mir ist jeder Gegenstand recht, wenn er mich zum Schreiben bringt … Ich bin kein Augenzeuge von Außergewöhnlichem, und die Fantasie Außergewöhnliches zu erfinden, fehlt mir."[2] Diese Aussage Bichsels beschreibt den Inhalt der vorliegenden Geschichte. In ihr geschieht nichts Außergewöhnliches. Der Alltag einfacher Leute wird zum Gegenstand, oder besser, zum Zustand. Denn personale Handlung, sieht man einmal vom Denken und Vorstellen der Eltern ab, geschieht überhaupt nur im letzten Satz, wenn es heißt: „Dann stellte die Mutter den Kaffee auf den Tisch." Es erscheint sinnvoll, bei der Ausdeutung der Geschichte das zentrale Motiv des Wartens in drei Leitgedanken aufzugliedern: Zum einen ist es die Form des Wartens, zum anderen der Inhalt, mit dem das Warten ausgefüllt wird, und schließlich das Warten selbst.[3]

Da sitzen Eltern tagtäglich eine Stunde vor dem gedeckten Tisch und warten auf die Tochter. Sie wissen genau, wann sie nach Hause kommt. Sie könnten also das Warten vermeiden. […]

---

1 Hermeneutik = Deutung
2 R. Matthaei (Hrsg.): Grenzverschiebung. Neue Tendenzen in der deutschen Literatur der 60er Jahre. Köln/Berlin 1970, S. 80.
3 Vgl. auch D. Bachmann: Peter Bichsel, Die Tochter. In: Bachmann, D. u. a.: Interpretationen zu „Erzählungen der Gegenwart I–VI". Frankfurt ²1976, S. 151 f.

Das Warten an sich scheint in dieser Geschichte ein konsequenter und zugleich widersprüchlicher Akt zu sein. Die Konsequenz liegt in der schon erwähnten Starrheit und Festgefahrenheit: Die Eltern warten lieber, als dass sie die gewohnten Umstände verändern. Die Darstellung dieses hilflosen Ehepaares erweckt beim Leser Mitleid. Widersprüchlich erscheint aber das Warten der Eltern vor allem angesichts der Kommunikationsschwierigkeiten zwischen ihnen und der Tochter. Sobald die Tochter da ist, weiß sie auf die Fragen „nichts zu sagen". Nicht, dass *sie nichts sagen will*, sie *weiß* nichts zu sagen, sie wirkt durch ihre Arbeit entleert. Der Versuch der Eltern, ins Innere Monikas zu dringen und dabei ihren Stolz über die Tochter zu bestätigen, ist erfolglos und deckt nur die Beziehungslosigkeit und Entfremdung auf. Wenn Monika einmal ganz weggegangen sein wird, würden sie „wieder um halb sieben essen", der Vater würde nach der Arbeit wieder seine Zeitung lesen, es würde keine Stunde des Wartens mehr geben: Das sind Feststellungen von Menschen, die sich mit der Situation und mit der Zukunft abgefunden haben. Die Äußerung der Mutter: „Sie *war* immer ein liebes Kind", deutet durch die Sprachform darauf hin, dass die Vorstellungen an die Vergangenheit fixiert bleiben und von der Gegenwart des Familienzerfalls bereits überholt sind.

1.4 Gattungszuordnung

Peter Bichsel, der sich selbst einmal als „Kurzprosaist"[1] bezeichnete, gibt dem Band „Eigentlich möchte Frau Blum den Milchmann kennen lernen", aus dem der Text „Die Tochter" stammt, selbst den Untertitel „21 Geschichten". Dass hier von einer Sammlung von zeitgemäßen Kurzgeschichten gesprochen werden kann, ergibt sich auch aus den Strukturmerkmalen. Dem offenen Beginn, charakterisiert durch einen unvermittelten Einblick in eine Familiensituation, deren Mitglieder alle mit „sie" gekennzeichnet sind, steht insofern ein offener Schluss gegenüber, als dem Leser der Auftritt der Tochter vorenthalten wird, sodass er die Möglichkeit hat, selber weiterzudenken. Die Thematik dieser Kurzgeschichte befasst sich, komprimiert auf knapp zwei Seiten, mit einer Momentaufnahme aus dem Leben einer Familie, geprägt durch seine Alltäglichkeit. Mittels einer knappen und sachlichen, aber beziehungsreichen Sprache macht Peter Bichsel das Motiv des Wartens und die Unfähigkeit zur sprachlichen Verständigung zum Symbol für die isolierte und anonyme Situation, mit der sich Menschen in unserer modernen Welt konfrontiert sehen. [. . .]

(Albrecht Weber/Walter Seifert [Hrsg.], Literaturdidaktische Analysen. Modelle zur Unterrichtsvorbereitung. Freiburg: Herder 1980, S. 98-103.)

Arbeitsanregungen

1. Untersuchen Sie die Analyse von Emminger nach den Kriterien einer Interpretation (S. 112)! Welche wurden berücksichtigt?

2. Nehmen Sie kritisch Stellung zu der Interpretation, indem Sie auf
   – Darstellung,
   – Inhalt/Problem,
   – Sprache/Kurzgeschichte
   eingehen und Ihren Standpunkt begründen!

3. Um welche Interpretationsmethode handelt es sich bei dem Beispiel einer Schülerin (S. 115)? Begründen Sie Ihren Standpunkt!

4. Wie beurteilen Sie die Leistung der Schülerin?

---

1 W. Bucher/G. Aumann: Schweizer Schriftsteller im Gespräch. Bd. 1. Basel 1970, S. 37.

> **Beispiel: Interpretation einer Schülerin**

Monika und die Eltern leben in voneinander getrennten Welten: Ihre einzige Verbindung besteht darin, dass sie abends gemeinsam essen. Monika erzählt von sich aus den Eltern gar nichts, und wenn sie sie etwas fragen, dann weiß Monika darauf nicht zu antworten, beziehungsweise es ist ihr gleichgültig, was die Eltern von ihr wollen.
Für Monika ist das Leben in der Stadt wichtig; das Leben bei den Eltern interessiert sie nicht. Sie will die Eltern nicht an ihrem Leben teilhaben lassen, schließt sie aus ihrer Welt aus!
Do „Geschenkvorschlag aus dem Modejournal", die Vase aus blauem schwedischen Glas, zeigt, dass Monika kaum einen Gedanken an die Eltern verschwendet, denn es ist ein pflichtschuldig und unpersönlich gemachtes Geschenk.
Die Aussage der Frau, dass Monika so ist wie ihre Schwägerin, und die Tatsache, dass im Text keinmal „ihre Tochter" gesagt wird, lässt die Annahme zu, dass es sich bei Monika nicht um die leibliche Tochter, sondern um das Kind der Schwester des Mannes handelt, weil Monika auch sämtliche Wesenszüge von dieser geerbt hat. Wenn Monika in die Stadt zieht, dann wird auch die letzte Verbindung zu den Eltern zerstört.
Abschließend kann gesagt werden, dass Monika ein sehr sorgloses Leben führt und sich nicht um die Bedürfnisse der Eltern kümmert. Die Eltern möchten gern mit Monika leben, und den Stolz, den sie für sie empfinden, zeigen, doch Monika lässt es nicht zu.

Kurzgeschichte

Definition

Unter den Bedingungen der Nachkriegszeit hat sich diese Kleinform (vgl. Epik) „als ein Stück herausgerissenes Leben" zu „einem der sensibelsten Seismografen der sozialen, politischen und allgemein menschlichen Verhältnisse herausgebildet" (W. Schnurre). Kennzeichnend sind die illusionslose Grundhaltung, einfache Sprache,
5 Verknappung der Handlung, Perspektive der Außenseiter der Gesellschaft. Die von W. Borchert, H. Böll, I. Aichinger, G. Eich und W. Schnurre geprägte Kurzgeschichte gehört zur „Trümmerliteratur".

Wesentliche Anregungen gingen von der amerikanischen **Shortstory** (= kurze Geschichte) aus, deren Entwicklung sich bis in die 1. Hälfte des 19. Jhs. zurückverfolgen
10 lässt. Ihre Merkmale (Kürze, wirkungsvolle, realitätsnahe Sprache, in der Regel typisierte Gestalten) lassen sich z. T. vom Leseverhalten der Zeitungs- und Zeitschriftenleser herleiten. Als Vermittler wirkte E. Hemingway, der in Deutschland ab 1947 verlegt wurde.

Mitte der 60er Jahre verdrängten Bezeichnungen wie Erzählung, Prosatext, auch
15 Alltagskurzgeschichte, Umweltgeschichte und kurze Geschichte den Terminus Kurzgeschichte, weil das Dokumentarische, das protokollartige Darstellen alltäglich gelebter Wirklichkeit und das Unbehagen an der inzwischen wieder eingetretenen Normalität die Nachkriegsverstörtheit abgelöst hatte und die Merkmalsbeschreibungen der „klassischen" Kurzgeschichte auf die neuesten Texte nicht mehr zutrafen. [...]

(Jutta Grützmacher, Literarische Grundbegriffe kurz gefasst. Stuttgart: Klett 1987.)

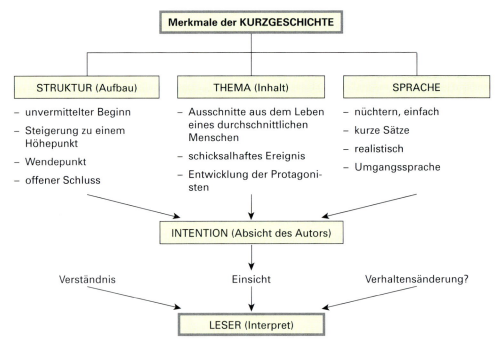

Arbeitsanregungen

1. Untersuchen Sie die Merkmale der Kurzgeschichte am Beispiel „Die Tochter" von Peter Bichsel und anderen Kurzgeschichten aus diesem Lehrbuch oder aus Textsammlungen, die Sie kennen!

2. Formulieren Sie eine Darstellung zur Intention des Autors!

3. Beurteilen Sie die Wirkung der Kurzgeschichte! Werden Verständnis, Einsicht, Verhaltensänderung des interpretierenden Lesers/der interpretierenden Leserin erreicht?

4. Wählen Sie eine Kurzgeschichte und informieren Sie sich in der Sekundärliteratur über
   - den Autor (Biografie),
   - den Stoff (Inhalt),
   - die Gattung
   - die gesellschaftlichen Einflüsse und Bedingungen zur Zeit der Entstehung!

5. Erarbeiten Sie eine eigene Interpretation zu Ihrer ausgewählten Kurzgeschichte!

Personencharakteristik

Beispiel: **Peter Bichsel, Die Tochter**

Merkmale einer Personencharakteristik

Äußeres	groß, blond, feine Haut, Auftragen von Kosmetik
Kleidung	keine Angaben
Biografie/Tätigkeit	Bürofräulein (Sekretärin); stenografieren; Französisch sprechen
Verhalten/Eigenschaften als Kind	lieb, kann singen, orientiert sich an Modejournalen, raucht Zigaretten, gibt sich lässig, spricht kaum mit den Eltern, desinteressiert
Einstellung	zurückhaltend, aber selbstständig, wird bald in die Stadt ziehen

Analyse → **Gesamteindruck** „moderne" berufstätige Frau, den Eltern entfremdet ← Analyse

Arbeitsanregungen

1. Verfassen Sie eine ausformulierte Personencharakteristik der Tochter aus der Kurzgeschichte von Peter Bichsel!

2. Übertragen Sie alle Merkmale der Charakteristik des Professors Unrat (Heinrich Mann)/des Lehrers Simrock (Jurek Becker) in eine entsprechende Tabelle!

3. Fertigen Sie eine Personencharakteristik an
   – Ihres Nachbarn (Arbeitsplatz/Schule),
   – einer Filmfigur!

4. Versetzen Sie sich in die Rolle der Eltern und der Tochter!
   Entwickeln Sie einen Dialog für folgende Situation: Die Tochter kommt mit dem Abendzug nach Haus und teilt ihren Eltern mit, dass sie ausziehen will.

Arbeitsanregungen

1. Stellen Sie im Verlauf des Schuljahres ein literarisches Lexikon in Form einer Kartei zusammen, in die alle Texte aufgenommen werden, die Gegenstand des Unterrichts gewesen sind!
   Bei der Inhaltswiedergabe der literarischen Texte können folgende Gesichtspunkte berücksichtigt werden:
   - **Name des Autors, Titel des Textes:**
     Lebensdaten, Textveröffentlichung, eventuell Hinweis auf Literaturpreise.
   - **Wiedergabe des Inhalts:**
     Ablauf der Handlung, Charakteristik der Personen und ihrer Beziehungen zueinander, Darstellung des Geschehenskerns, Hinweis auf Schauplätze und zeitgeschichtlichen Zusammenhang, erzählte Zeit.
   - **Hinweise auf die Form:**
     Textgattung, Erzählform, Textaufbau, Erzählperspektive.
   - **Hinweise auf Sprache:**
     Sprachform, Wortwahl, sprachliche Besonderheiten.

Beispiel:

Welsh, Renate: Johanna
Roman, 1979
177 Druckseiten und 6 Seiten „Zeitgeschichtlicher Überblick" im Anhang
Auszeichnung: Deutscher Jugendbuchpreis 1980
Inhalt:
Im Mittelpunkt dieses Romans steht die dreizehnjährige Johanna, die als uneheliches Kind von ihren Zieheltern als „Dirn" in die Dienste des hartherzigen Lahnhofer-Bauern gegeben wird. Zwölf, vierzehn Stunden am Tag und mehr muss sie arbeiten. Sie bekommt keinen Lohn, nur Kost und Quartier. – Immer wieder ist sie Demütigungen ausgesetzt. Aber Johanna resigniert nicht.

(Vorderseite)

Eines Tages lernt sie Peter Steiner kennen. Er musiziert auf Festen und ist von Beruf halb Bauer, halb Arbeiter. Zu Peter fasst Johanna Vertrauen – zum ersten Mal, dass sie überhaupt einem Menschen vertraut.
Als Johanna spürt, dass sie schwanger ist, bekennt sie sich zu ihrem Kind, obgleich sie weiß, dass für sie beide die Zukunft schwer werden wird. Doch Peter lässt Johanna nicht im Stich.
Renate Welsh hat Johannas persönliches Schicksal eingebunden in die Auseinandersetzungen zwischen Bauern und Arbeitern, die durch die Folgen der Weltwirtschaftskrise (1929-1931) ausgelöst werden.
Der Schauplatz des Romans ist die Bergwelt Niederösterreichs.
Den Hintergrund bilden die politischen Ereignisse der Jahre 1931–1936.

(Rückseite)

(Hans-Herbert Wintgens, Inhaltswiedergabe. In: Praxis Deutsch, Nr. 65, 1984, S. 60; 63.)

2. Installieren Sie eine Lesewand in der Klasse, an der Sie sich gegenseitig auf Texte, Bücher, Filme, Fernsehsendungen, Theateraufführungen aufmerksam machen! Gestalten Sie Ihre Hinweiszettel entsprechend der unter 1. genannten Anregungen!

Bewerbung

(Claire Bretécher, Die Frustrierten 1. Reinbek: Rowohlt 1978, S. 17.)

Robert Walser, Ein Stellengesuch

Hochgeehrte Herren!

Ich bin ein armer, junger, stellenloser Handelsbeflissener, heiße Wenzel, suche eine geeignete Stelle und erlaube mir hiermit, Sie höflich und artig anzufragen, ob vielleicht in Ihren luftigen, hellen, freundlichen Räumen eine solche frei sei. Ich weiß, dass Ihre werte Firma groß, stolz, alt und reich ist, und ich darf mich daher wohl der angenehmen Vermutung hingeben, dass bei Ihnen ein leichtes, nettes, hübsches Plätzchen offen ist, in welches ich, wie in eine Art warmes Versteck, hineinschlüpfen kann. Ich eigne mich, müssen Sie wissen, vortrefflich für die Besetzung eines derartigen bescheidenen Schlupfwinkels, denn meine ganze Natur ist zart, und mein Wesen ist ein stilles, manierliches und träumerisches Kind, das man glücklich macht dadurch, dass man von ihm denkt, es fordere nicht viel, und dadurch, dass man ihm erlaubt, von einem ganz, ganz geringen Stück Dasein Besitz zu ergreifen, wo es sich auf seine Weise nützlich erweisen und sich dabei wohlfühlen darf. Ein stilles, süßes, kleines Plätzchen im Schatten ist von jeher der holde Inhalt aller meiner Träume gewesen, und wenn sich jetzt die Illusionen, die ich mir von Ihnen mache, dazu versteigen, zu hoffen, dass sich der junge und alte Traum in entzückende, lebendige Wirklichkeit verwandle, so haben Sie an mir den eifrigsten und treuesten Diener, dem es Gewissenssache sein wird, alle seine geringfügigen Obliegenheiten exakt und pünktlich zu erfüllen. Große und schwierige Aufgaben kann ich nicht lösen und Pflichten weitgehender Natur sind zu schwer für meinen Kopf. Ich bin nicht sonderlich klug, und was die Hauptsache ist, ich mag den Verstand nicht gern so sehr anstrengen, ich bin eher ein Träumer als ein Denker, eher eine Null als eine Kraft, eher dumm als scharfsinnig. Sicherlich gibt es in Ihrem weit verzweigten Institut, das ich mir überreich an Ämtern und Nebenämtern vorstelle, eine Art von Arbeit, die man wie träumend verrichten kann. [...]

Ich führe, wie Sie sehen, eine zierliche und geläufige Feder, und ganz ohne Intelligenz brauchen Sie sich mich nicht vorzustellen. Mein Verstand ist klar; doch weigert er sich, Vieles und Allzuvieles zu fassen, wovor er einen Abscheu hat. Ich bin redlich und ich bin mir bewusst, dass das in der Welt, in der wir leben, herzlich wenig bedeutet, und somit hochgeehrte Herren, warte ich, bis ich sehen werde, was Ihnen beliebt zu antworten Ihrem in Hochachtung und vorzüglicher Ergebenheit ertrinkenden

Wenzel

(Robert Walser, Kleine Wanderung. Geschichten. Suhrkamp Verlag 1995, S. 63 ff.)

Arbeitsanregungen

1. Erläutern Sie, wer „frustriert" ist und warum!

2. Beschreiben Sie Ihre Reaktion auf Wenzels „Stellengesuch"!

3. Vergleichen Sie das „Stellengesuch" mit den Kriterien eines normgerechten Bewerbungsschreibens (S. 123)!

4. Kennzeichnen Sie alle Abschnitte und Formulierungen im Text, die Sie nicht verwenden würden, und begründen Sie Ihre Entscheidung!

Schriftliche Bewerbung

Worin liegt der Sinn einer schriftlichen Bewerbung?
Der zukünftige Arbeitgeber (Behörde, Unternehmen, Handwerk ...) erwartet Informationen des Bewerbers, die bereits eine Vorentscheidung bedeuten können; daher sollten Sie bestrebt sein, den besten Eindruck zu machen.
Zur schriftlichen Bewerbung gehören folgende Unterlagen:
- Anschreiben (lose in die Mappe gelegt)
- Deckblatt der Bewerbungsmappe (mit Anschrift des Bewerbers und Inhaltsverzeichnis, sofern der Inhalt sehr umfangreich ist)
- Lebenslauf mit Foto
- Ausbildungs- und Schulzeugnisse
- Liste der Berufserfahrungen
- Praktikumszeugnisse (das neueste zuoberst)
- Liste der Weiterbildungsveranstaltungen
- sonstige Nachweise, z. B. Referenzen oder Arbeitsproben

Lesehinweis:
Karl-Dieter Bünting, Erfolgreich bewerben. Chur: Isis Verlagsgesellschaft 1994.
Hesse/Schrader, Optimale Bewerbungsunterlagen: Strategien für die Karriere. Eichborn 1996
Manfred Lucas, Bewerbungsgespräche erfolgreich führen. Düsseldorf: Econ ^{7}1993
www.arbeitsamt.de
www. abi. Kv-netzwerk.de

Internet-Bewerbung

Die Bewerbung über das Internet ersetzt in den meisten Fällen nicht die konventionelle Bewerbung mit der Einsendung von schriftlichen Bewerbungsunterlagen. Immer mehr Unternehmen fahren jedoch **zweigleisig**, d. h., sie veröffentlichen ihre Stellenausschreibungen sowohl in den Printmedien als auch im Internet. Einer Studie des *Manager Magazins* zufolge platzieren 70 % der Unternehmen ihre Stellenanzeigen auch im Internet.

Viele Bewerber mussten jedoch die Erfahrung machen, dass auf ihre elektronische Bewerbung gar nicht reagiert wurde oder nur sehr verspätet und dass selbst dann die konventionelle Einsendung der Bewerbungsunterlagen verlangt wurde.

Ein **Nachteil** der Bewerbung über das Internet besteht darin, dass die Bewerbung nur mit erheblichem Aufwand – also Programmkenntnissen und der entsprechenden technischen Ausrüstung – angemessen und visuell überzeugend gestaltet werden kann.

Studenten können jedoch darauf hoffen, dass sie über das Internet **eher zu einem Praktikumsplatz** kommen oder als Werkstudenten eher in ein Unternehmen aufgenommen werden als über konventionelle Wege.

Worin liegt also der **Vorteil** der Nutzung dieses modernen Mediums im Rahmen Ihrer Arbeitssuche? Sie können sich damit einen **Einblick in Unternehmen** verschaffen und bekommen allgemeine Informationen über Firmen, über Anforderungsprofile, Personalentwicklungsmöglichkeiten usw. Für die meisten Firmen ist das Internet eine zeitgemäße Möglichkeit zur **Selbstpräsentation.**

Ein weiterer Vorteil des Internets im Hinblick auf Ihre Bewerbung ist, dass Sie dort Zugriff auf die jeweils aktuellste Ausgabe vieler verschiedener Zeitungen und damit auch deren **Stellenanzeigen** sowie auf andere Nachschlagewerke haben. Es gibt **Medienkioske,** die Ihnen nach Sachgebieten geordnet einen Überblick über die vertretenen Zeitungen und Magazine geben.

(Gabler Berufs- und Karriere-Planer 1998/99: Wirtschaft. Wiesbaden: Gabler 1998, S. 119-120.)

Bewerbungsschreiben

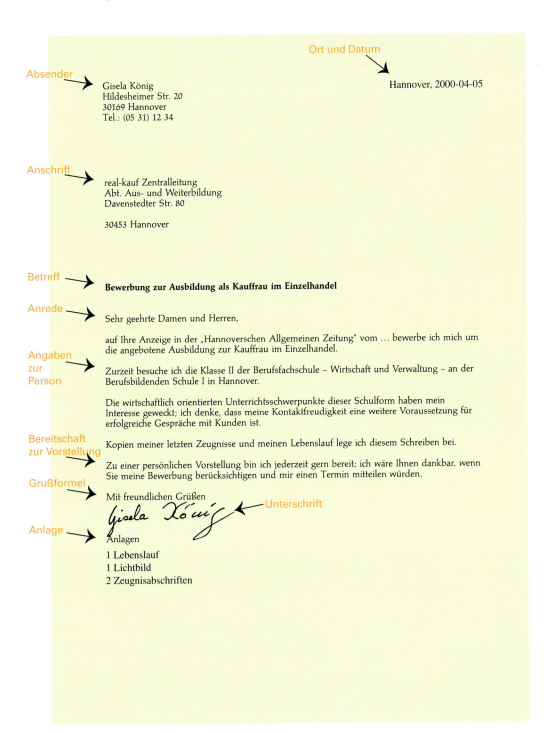

Lebenslauf

[farbiges Lichtbild]

Persönliche Daten

Name   Gisela K ö n i g

Anschrift   Hildesheimer Str. 20
30169 Hannover

Geburtsdatum   26. März 19..

Geburtsort   Hannover

Familienstand   ledig

Schulbesuche   19.. – 19..
Grundschule Hannover

19.. – 19..
Hauptschule I Hannover
(Abschlusszeugnis)

19.. – 20..
Berufsfachschule – Wirtschaft und
Verwaltung – BBS I Hannover

Interessen/Fähigkeiten   EDV, Maschinenschreiben, Lehrgänge der VHS, Fremdsprachen

Hannover, 2000-04-05

Gisela König

Anlagen

Robert Walser, **Basta**

Ich kam dann und dann zur Welt, wurde dort und dort erzogen, ging ordentlich zur Schule, bin das und das und heiße soundso und denke nicht viel. Geschlechteswegen bin ich ein Mann, staateswegen bin ich ein guter Bürger und rangeshalber gehöre ich zur besseren Gesellschaft. Ich bin ein säuberliches, stilles, nettes Mitglied der menschlichen Gesellschaft, ein so genannter guter Bürger, trinke gerne mein Glas Bier in aller Vernunft und denke nicht viel. Auf der Hand liegt, dass ich mit viel Vorliebe gut esse, und ebenso liegt es auf der Hand, dass mir Ideen fern liegen. Scharfes Denken liegt mir gänzlich fern; Ideen liegen mir vollständig fern und deshalb bin ich ein guter Bürger, denn ein guter Bürger denkt nicht viel. Ein guter Bürger isst sein Essen und damit basta!

Den Kopf strenge ich nicht sonderlich an, ich überlasse das anderen Leuten. Wer den Kopf anstrengt, macht sich verhasst; wer viel denkt, gilt als ungemütlicher Mensch. Schon Julius Cäsar deutete mit dem dicken Finger auf den mageren hohläugigen Cassius, vor dem er sich fürchtete, weil er Ideen bei ihm vermutete. Ein guter Bürger darf nicht Furcht und Verdacht einflößen; vieles Denken ist nicht seine Sache. Wer viel denkt, macht sich unbeliebt, und es ist vollständig überflüssig, sich unbeliebt zu machen. Schnarchen und Schlafen ist besser als Dichten und Denken.

(Basta, Prosastücke aus dem Stehkragenproletariat. Köln: Kiepenheur & Witsch, S. 139.)

Arbeitsanregungen

1. Überprüfen Sie, ob die Kriterien eines Lebenslaufs (S. 124) angesprochen werden!
2. Ist der Lebenslauf aussagekräftig? Charakterisieren Sie das Ich in „Basta"!

Vorstellungsgespräch

Da zwischen dem Absenden der Bewerbung und dem Vorstellungstermin normalerweise einige Zeit vergeht bzw. da zeitgleich mehrere Bewerbungen laufen, sollte man vor dem Gesprächstermin nochmals alle über das Unternehmen gesammelten Informationen durcharbeiten. Firmen- und Produktbroschüren können über die Presseabteilung des Unternehmens angefordert werden. Darüber hinaus erwartet man von dem Bewerber, dass er sich zumindest in groben Zügen über das Tätigkeitsfeld bzw. Berufsbild der ausgeschriebenen Position Gedanken gemacht und Vorstellungen darüber hat. Auch sollte man sich vergewissern, welche Unterlagen man zur Verfügung gestellt hat und sich nochmals die eigenen Zielvorstellungen vergegenwärtigen. Auf diese Weise lässt sich ein Gespräch viel selbstsicherer und entspannter führen; auch können Fragen zur Position und Firma viel konkreter gestellt werden.

Bei der Anreise sollte unbedingt genügend Zeit eingeplant werden, so vergehen z. B. schnell 15 Minuten zwischen dem Abstellen des PKW auf dem Firmenparkplatz und dem Eintreffen beim Besucherempfang. Sie sollten zur vereinbarten Uhrzeit bereits bei Ihrem Gesprächspartner, nicht erst beim Pförtner, angelangt sein. Solche „Kleinigkeiten" können die Entscheidung manchmal mehr prägen als das Gespräch selbst. […]

Versuchen Sie, das Gespräch als echten Dialog zu führen. Überlange Monologe sind für Ihren Gesprächspartner so ermüdend wie übermäßige Wortkargheit anstrengend ist.

Es gibt keine „Muster- oder Standardvorstellungsgespräche". Gelegentlich werden standardisierte Interviewleitfäden verwendet, überwiegend die Gespräche jedoch frei nach einem vorbereiteten Fragenraster geführt. Im Vordergrund steht die Analyse des Lebenslaufes. Die Fakten Ihres tabellarischen Lebenslaufes sollten Ihrem Gesprächspartner bekannt sein, sodass diese zumeist nur kurz wiederholt werden müssen.

Im Zentrum des Gespräches stehen die Motive Ihres bisherigen Handelns und Ihre Zielvorstellungen, z.B. welche Motivation hinter der Wahl des Studiums oder der Fächerkombination stand, warum der Bewerber sich auf die ausgeschriebene Position beworben hat, welche Erwartungen und Vorstellungen er mit der Position verknüpft. Darüber hinaus versucht Ihr Gesprächspartner Persönlichkeitsmerkmale wie Aktivität, Teamorientierung, Kontaktfähigkeit, Einsatzbereitschaft sowie den sprachlichen Ausdruck, Differenzierungsvermögen und Konzentration einzuschätzen.

Professionelle Interviewer schaffen im Allgemeinen eine entspannte Gesprächsatmosphäre, sodass sich anfänglich vielleicht vorhandene Nervosität schnell abbaut. Im Zweifel sollten Sie diese selbst ansprechen. Der Versuch, die Nervosität mit „Gewalt" zu unterdrücken, lässt einen zumeist verkrampft erscheinen. So kann man schnell mehr verlieren als durch das Eingeständnis der Nervosität. [...]

Für Sie ist es wichtig, einen möglichst fundierten Eindruck von dem Unternehmen und der zu vergebenden Aufgabe zu gewinnen. Scheuen Sie sich nicht, Ihre Fragen zu stellen – diese Informationen werden schließlich später die Hauptgrundlage Ihrer Entscheidung werden. Mit gut vorbereiteten Fragen sammeln Sie weitere Punkte.

(Jörg Staufenbiel, Berufsplanung für den Management-Nachwuchs. Köln: iba 1992, S. 406-408.)

Phasen des Vorstellungsgesprächs

- Einleitungsphase
  - Aufwärmen, Getränke, Atmosphäre
- Prüfungsphase
  - Privatleben, Ausbildung, Berufsweg
  - Erkenntnisse Fachwissen
  - Erkenntnisse Persönlichkeit
- Darstellungsphase
  - Interviewer stellt Firma und Position näher vor
  - Gelegenheit zu Fragen
  - Checkliste einsetzen
  - Arbeitsplatzbesichtigung
- Abschlussphase
  - Klare Verabredungen
  - Abschlusswilligkeit signalisieren

Vorstellungsgespräch: Welche Fragen können gestellt werden?

- Stellen Sie Ihren schulischen Werdegang einmal kurz dar.
- Was waren Ihre Lieblingsfächer und warum?
- Warum haben sie die Fächer ... als Abiturfächer belegt?
- Wie ist es zu erklären, dass Sie mit diesen Leistungskursen den Beruf des ... ergreifen möchten, obwohl die Fächerkombination in eine ganz andere Richtung geht?
- Haben Sie Erfahrung im Umgang mit Computer oder Schreibmaschine?
- Warum haben Sie den Schultyp ... besucht? (falls Mädchen-, Jungen-, Waldorf-, Gesamtschule oder Internat etc.)
- Warum mussten Sie ein Schuljahr wiederholen?
- Warum ist die Note in dem Fach ... so schlecht?
- Haben Sie in der Schule noch an zusätzlichen Aktivitäten teilgenommen?
- Hatten Sie in der Schule besondere Ämter? (Klassensprecher, Redakteur der Schülerzeitung etc.)
- Welche Erfahrungen haben Sie in Ihrer Zeit als Austauschschüler gewonnen?
- Haben Sie sich neben der Schule in einem Verein/Verband etc. engagiert?
- Welche Hobbies haben Sie? (Falls Sie als Hobby „lesen" angeben, rechnen Sie mit der Frage nach dem Lieblingsbuch! Das Gleiche gilt für Theater, Kino oder Musik.) Üben Sie die Hobbies in einem Verein aus?
- Verfolgen Sie das allgemeine Tagesgeschehen? (Politik, Sport, Weltereignisse)
- Besitzen Sie einen Führerschein?
- Warum haben Sie sich entschieden, den Beruf des ... zu erlernen?
- Warum kommen wir als Arbeitgeber für Sie in Betracht?
- Wäre es möglich, dass Sie nach Ihrer Ausbildung noch ein Fachhochschul- oder Universitätsstudium beginnen?
- Wie stellen Sie sich den Berufsalltag vor?
- Fühlen Sie sich den Besonderheiten des angestrebten Berufs gewachsen?
- Haben Sie bereits Erfahrungen des angestrebten Berufsfeldes gesammelt (z. B. Babysitting für angehende Erzieherinnen, Pflege von alten oder kranken Familienangehörigen für zukünftige Krankenschwestern)?
- Wird die Bundeswehr oder der Zivildienst in Zukunft auf Sie zukommen?

(Nach: Karl-Dieter Bünting, „Erfolgreich bewerben". Chur: Isis-Verlag 1994, S. 98-99.)

Vorstellungsgespräch: Welche Fragen dürfen nicht gestellt werden?

Niemand will die „Katze im Sack" kaufen. Dennoch: Das Grundgesetz garantiert das Recht auf Achtung und Entfaltung der Persönlichkeit. Damit setzen die verfassungsmäßigen Rechte jedes Individuums dem Fragerecht des zukünftigen Arbeitgebers Grenzen. Er darf nur nach solchen Gegebenheiten fragen, die objektiv geeignet sind, das Risiko, das für ihn als Arbeitgeber in einem Arbeitsvertrag liegt, zu erhöhen.

Das ist unzulässig:

- Fragen, die die Intimsphäre betreffen oder die unzulässig Stress erzeugen sollen, wie die Frage: „Was kann Ihre Frau am wenigsten an Ihnen leiden?"
- Die Frage nach einer in absehbarer Zeit beabsichtigten Eheschließung.
- Die Frage nach einer bestehenden Schwangerschaft. Achtung: Früher war diese Frage zulässig, jetzt aber nicht mehr. Ausnahme: Die Frage nach der Schwangerschaft dient dem objektiven Schutz der Bewerberin und ihres ungeborenen Kindes.
- Die Frage nach der Religion. Ausnahme: Das Unternehmen ist konfessionell gebunden.
- Die Frage nach der Parteizugehörigkeit. Ausnahme: Das Unternehmen ist parteipolitisch gebunden.
- Die Frage nach der Zugehörigkeit zu einer Gewerkschaft.
- Die Frage nach einer Aids-Infektion. Ausnahme: Der Bewerber befindet sich bereits in einem akuten Krankheitsstadium.

Diese Fragen darf er stellen:

- Wie hoch ist das bisherige Gehalt?

  Achtung: Diese Frage ist unzulässig, wenn die frühere oder aktuelle Bezahlung keine Aussagekraft für die neue Position hat und der Bewerber sie nicht als Mindestvergütung gefordert hat.

- An welchen Erkrankungen leidet der Bewerber?

  Achtung: Diese Frage ist nur in allgemeiner Form zulässig, beispielsweise in der Form, ob der Bewerber in den letzten ein bis zwei Jahren schwerwiegend oder chronisch (arbeitsunfähig) krank war. Voraussetzung für die Zulässigkeit der Frage überhaupt: Die Krankheit hätte Einfluss auf die vorgesehene Arbeitsleistung.

- Wie sind die Vermögensverhältnisse?

  Achtung: Diese Frage ist nur bei leitenden Angestellten, Filialleitern oder Kassierern, also Personen, die in besondere Vertrauensverhältnisse eingestellt werden, zulässig.

(Hannoversche Allgemeine Zeitung vom 13. April 1996.)

Körpersprache

Das Gehen

Schon an der Art und Weise, wie Sie den Raum betreten, erkennt ein kundiger Beobachter Aspekte Ihrer Persönlichkeit. Schreiten Sie flüssig und locker, beweglich oder staksig und zögernd, zwei Schritte vor und einen zurück durch den Raum? Gehen Sie schnell und zielstrebig oder langsam und schicksalsergeben, weil jetzt ein schwieriges Gespräch beginnen wird?

Unser Ratschlag ist:

Gehen Sie aufrecht – den Blick auf Ihr Gegenüber gerichtet – ruhig und gelassen auf Ihr Gegenüber zu. Zeigen Sie ihm Selbstvertrauen und Sicherheit durch die Zügigkeit Ihres Schreitens; gehen Sie direkt auf ihn zu, ohne Angst und Zögern, als Mensch, der ein klares Ziel im Auge hat. Signalisieren Sie durch Ihren Gang Selbstsicherheit!

Das Sitzen

Ein verständiger Beobachter wird im Bewerbungsgespräch auch aus der Art, wie Sie auf dem Sessel vor ihm sitzen, seine Rückschlüsse ziehen können.

Weder nach vorne geneigt – „jederzeit auf dem Sprung" signalisierend – sollten Sie sitzen, noch ungezwungen nach hinten geneigt – Überheblichkeit und lässiges Abwarten durch die gesamte Körpersprache ausdrückend.

Bemühen Sie sich stattdessen, aufrecht, offen und abwartend zu sitzen.

Zeigen Sie Interesse und gespannte Aufmerksamkeit durch diese Körperhaltung. Im Laufe des folgenden Gesprächs können Sie sie dann immer noch verändern.

Wahrscheinlich wird Ihr Körper unbewusst reagieren, wenn Sie von einer Frage „getroffen" werden oder sie im vollen Wissen um Ihre Fachkenntnisse „lässig" beantworten können. Wenn Sie sich jedoch „verstecken" wollen, denken Sie daran, dass jede plötzliche Veränderung der äußeren Haltung Ihres Körpers immer eine plötzliche Veränderung der inneren Haltung widerspiegelt, die Ihr sachkundiges Gegenüber wahrnimmt. Besonders müssen Sie diese spezielle Körpersprache beherrschen, wenn Sie pokern wollen!

Die Stimme und der Tonfall

Den unsicheren Menschen kennzeichnen unter anderem leise und zögernde Stimme, schwach gesprochene Worte und Sätze, die ein gewisses Vermeidungsverhalten zeigen („Ich stehe nicht voll hinter und zu dem, was ich sage"). Auch die schwankende und fast kippende Stimme signalisiert Ihrem verständigen Gegenüber Ihre Unsicherheit.

Auf der anderen Seite der Emotionsskala liegt das Verhalten des aggressiven Menschen; seine Stimme wird erregt, schrill und auch laut klingen; bebend vor Erregung und Zorn oder „tödlich ruhig" und eiskalt, schneidend kann sie sein.

Sie sollten stattdessen in der Lage sein, Ihre Emotionen auch im anstrengendsten Kreuzinterview soweit unter Kontrolle zu halten, damit Ihre Stimme selbstsicher klingt, und zwar fest, ausdrucksvoll und entspannt.

Das kann Ihnen gelingen, wenn Sie sich zwingen, langsam zu sprechen und Pausen zu machen!

Der gute Redner ist auch daran erkennbar, dass er Pausen als Instrument benutzt; er macht dem Zuhörer das Verstehen leichter, er schafft sich selbst Zeit zum Überlegen und er steuert das Gespräch dadurch, dass er es langsamer macht und Erregung abbaut. […]

Die Mimik

Unter Mimik verstehen wir all das, was im Gesicht eines Menschen als Reaktion auf innere Vorgänge sichtbar wird. Ausdrucksformen der Mimik sind Legion; mit den Stirnfalten (den senkrechten und den waagerechten), mit den Augenbrauen (rechts und links, einzeln gehoben oder gleichzeitig hochgezogen), mit der Öffnungsweite der Augen (zum Schlitz verengt oder weit aufgerissen), mit der Größe der Pupillen, mit dem Mund (geöffnet oder geschlossen, verkniffenen Lippen) oder mit der Haltung des Kopfes insgesamt unterstützen wir unbewusst unsere verbalen Äußerungen in wirkungsvoller Weise.

Sie werden aus dem eben Gesagten leicht erkennen, dass jeder von uns eine Vielzahl mimischer Ausdrucksformen besitzt, die sich bis zu einem gewissen Maße auch trainieren und bewusst einsetzen lassen!

Stellen Sie sich vor, ein Ratschlag von uns hieße: Machen Sie bei der und der Frage ein „Pokergesicht"! Ganz automatisch wüssten Sie, was zu tun ist: Gesicht in neutraler Ausdrucksdarstellung versteinern und keine Miene verziehen!

Aber können Sie diesen Audruck auch durchhalten? Oder zeigen andere körpersprachliche Signale, das Ringen der Hände, die Bewegungen des Körpers, vielleicht doch Ihre innere Erregung? Es nützt also nicht viel, nur die Mimik zu beachten, wenn der übrige Körper dem verständigen Beobachter anderes verrät und sei es nur durch winzige Putz- und Kratzbewegungen (das Kratzen am Kopf, der Griff zum Ohrläppchen u. a.). […]

- Ein abgewandter Blick, gar noch mit gesenktem Kopf, zeigt einen unsicheren Menschen in dieser Situation.

- Um selbstsicher „zu erscheinen", halten sie offenen, freimütigen und direkten Blickkontakt; starren Sie aber bitte nicht Ihr Gegenüber an wie die Schlange das Kaninchen, sondern halten Sie den Blickkontakt jeweils 2–3 Sekunden aufrecht und blicken dann auf eine andere Stelle.

- Sitzen Ihnen mehrere Gesprächspartner gegenüber, schauen Sie nicht nur einen von Ihnen an, sondern blicken wechselnd von einem zum anderen.

- An Ihren waagerechten Stirnfalten und weiter geöffneten Augen erkennt man Fragen und Erstaunen, aufmerksame Einstellung zum Problem.

- Senkrechte Stirnfalten und verengte Augen deuten an, dass Ihre Aufmerksamkeit stark konzentriert auf das gegenwärtige Problem gerichtet ist.

- Benutzen Sie den Augenkontakt, um die Wirkung einer Antwort, die Sie gegeben haben, auf Ihr Gegenüber zu kontrollieren. Fordern Sie ihn durch fragenden, auffordernden Blick auf, körpersprachlich durch Kopfnicken oder ähnliches zu antworten. Achten Sie auf kleinste Veränderungen der Körperhaltung!

- „Wer nicht lächeln kann, sollte keinen Laden eröffnen", sagen die Chinesen; wir sagen außerdem: „Lächeln ist die beste Art, jemandem die Zähne zu zeigen!" Schaffen Sie durch ein Lächeln hier und dort ein anderes Klima; keine Situation ist so tierisch ernst, dass Sie mit ständig heruntergezogenen Mundwinkeln agieren müssen! […]

Die Gestik

Unter Gestik verstehen wir die Arm-, Hand- und Fingerbewegungen eines Menschen, die uns zusätzliche Informationen über das geben, was er spricht.

Die „Sprache der Hände" beginnt im Bewerbungsgespräch in dem Moment, in dem Sie Ihrem Gesprächspartner die Hand drücken. Ihr Händedruck verrät ihm, und sein Händedruck verrät Ihnen, wenn Sie darauf achten, viel über Gefühlsleben und Einstellung. Wird Ihre Hand wirklich fest gedrückt oder haben Sie das Gefühl, einen „nassen Lappen" ohne Gegendruck in der Hand zu haben?

Wenn Sie schon zur Begrüßung die Hand reichen und gereicht bekommen (warten Sie darauf, dass man Ihnen die Hand entgegenstreckt und rennen Sie bitte nicht mit ausgestreckter Hand „in" Ihr Gegenüber hinein!), dann drücken Sie diese Hand zwar fest, aber nicht zu besitzergreifend und ausdauernd. Blicken Sie dabei Ihrem Gegenüber in die Augen! […]

- Setzen Sie Gestik als Mittel sparsam ein; wenn Sie als impulsiver Mensch zu Gestenreichtum neigen, dann versuchen Sie, bewusst darauf achtend, sich „zu bremsen".
- Begnügen Sie sich mit dem, was zu Ihrem Körper passt und körperliches „Markenzeichen" ist. Keine Gestik einstudieren!
- Achten Sie beim langsamen Sprechen, beim Sprechen mit Nachdruck, auf langsame, dazu passende Handbewegungen.
- Wenn Sie laut werden müssen, achten Sie darauf, nicht zu gestenreich in „der Gegend" herumzufuchteln.
- Jeder Mensch hat seine Gestik, sein Markenzeichen. Ein ruhiger, in sich ruhender Mensch wird daher durch starke Gestik, die nicht seine ist, zu einem lebhaften Menschen.
- Es ist unnötig, ständig die Krawatte dorthin zu rücken, wo sie sowieso schon sitzt. Auch das ununterbrochene Zupfen und Glätten Ihres Faltenrocks lässt Ihre Aufregung übermäßig deutlich werden.
- Besser ist es allemal, sich ruhig und möglichst gelassen, den Rücken angelehnt, in den Stuhl oder Sessel zu setzen. Das macht einen besseren Eindruck, als im „aktiven Stuhlkantensitz" vorn auf dem Stuhl herumzuhampeln, ständig in Gefahr, die Balance zu verlieren!

Natürlich lassen sich Unruhe und Aufregung schlecht verbergen (wenn es um eine so wichtige Sache, wie einen Job zu gewinnen, geht), da sie ja berechtigt sind; aber ein gewisses kontrolliertes und bewusstes Verhalten erleichtert Ihnen die Situaton und lässt Sie wahrscheinlich dem Gespräch konzentrierter folgen.

(Manfred Lucas, Bewerbungsgespräche erfolgreicher führen. Düsseldorf: Econ 1993, S. 22-28.)

Arbeitsanregungen

1. Wählen Sie ein Stellenangebot aus einer aktuellen Tageszeitung! Bilden Sie Gruppen in der Klasse: Personalabteilung und Bewerber.
   Bereiten Sie sich auf das Vorstellungsgespräch vor! Berücksichtigen Sie die Informationen auf den vorangegangenen Seiten!

2. Setzen Sie die Bewerbungssituation in ein Rollenspiel um! Ein Mitglied der „Personalabteilung" führt Gespräche mit mehreren Kandidatinnen und Kandidaten. Die übrige Klasse notiert positive und negative Aspekte des Dialogs.

3. Diskutieren Sie die Bewerbungsgespräche in der Klasse! Enwickeln Sie Verbesserungsvorschläge!

Bewerbungstest

Literatur

1. Wie heißt der bekannteste deutsche Kaufmannsroman?
   a. Der Kaufmann von Venedig
   b. Die Buddenbrooks
   c. Die Guldenburgs
   d. Soll und Haben

2. Was versteht man unter einem „Plagiat"?
   a. Versmaß
   b. Form der griechischen Tragödie
   c. geistigen Diebstahl
   d. Raubkopie von Werken der Literatur

3. Wer schrieb „Der Graf von Monte Christo"?
   a. Jean Paul
   b. Miguel de Cervantes
   c. Jean-Paul Sartre
   d. Alexandre Dumas

4. Von wem stammt die Dichtung „Deutschland, ein Wintermärchen"?
   a. Eduard Mörike
   b. Stefan Zweig
   c. Heinrich Heine
   d. Friedrich Schiller

5. Was versteht man unter einer „Ballade"?
   a. lyrisch-episches Gedicht
   b. festliches, reimloses Gedicht
   c. Text zu einer traurigen Melodie
   d. bürgerliche Dichtkunst des 19. Jahrhunderts

6. Wer schrieb „Ulysses"?
   a. Ernest Hemingway
   b. Norman Mailer
   c. Truman Capote
   d. James Joyce

7. Welcher deutsche Schriftsteller wurde durch einen Kriegsroman berühmt?
   a. Thomas Mann
   b. Bertolt Brecht
   c. Erich Maria Remarque
   d. Hermann Hesse

8. Wer schrieb „Stiller"?
   a. Bertolt Brecht
   b. Rolf Hochhuth
   c. Friedrich Dürrenmatt
   d. Max Fisch

9. Welcher Stilrichtung ist Annette von Droste-Hülshoffs Werk „Die Judenbuche" zuzuordnen?
   a. Expressionismus
   b. Symbolismus
   c. Realismus
   d. Klassizismus

10. Welcher große Dichter verewigte Wilhelm Tell in seinem gleichnamigen Werk?
    a. Johann Wolfgang von Goethe
    b. Friedrich Schiller
    c. Novalis
    d. Gotthold Ephraim Lessing

11. Wer schrieb „Der alte Mann und das Meer"?
    a. Theodor Storm
    b. Ernest Hemingway
    c. Jack London
    d. Ian Fleming

12. In welcher Epoche spielt Heinrich Manns „Der Untertan"?
    a. Nachkriegsdeutschland
    b. zwischen den Weltkriegen
    c. zur Zeit Kaiser Wilhelms II.
    d. zur Zeit der deutschen Revolution

13. Wer schrieb „Das Bildnis des Dorian Gray"?
    a. Oscar Wilde
    b. Ernest Hemingway
    c. Agatha Christie
    d. Barbara Cartland

14. Wie nennt man ein Gleichnis in Erzählungsform?
    a. Märchen
    b. Parallele
    c. Parabole
    d. Parabel

15. Wo spielt Ernest Hemingways „Wem die Stunde schlägt"?
    a. Kenia
    b. Kuba
    c. Spanien
    d. Italien

16. Von wem stammt „Krieg und Frieden"?
    a. Alexander Solschenizyn
    b. Fjodor Dostojewskij
    c. Stanislav Lem
    d. Leo Tolstoi

17. Was versteht man unter einem „Versmaß"?
    a. metrisch gegliederte Wortreihe eines Gedichts
    b. Gedicht mit fünfzeiligen Strophen
    c. Takt des Reims
    d. unvollständiger Reim

18. Wo findet jährlich die bedeutendste deutsche Messe für Literatur statt?
    a. Berlin
    b. München
    c. Dresden
    d. Frankfurt

19. Wer schrieb „Die Blechtrommel"?
    a. Günter Grass
    b. Bertolt Brecht
    c. Peter Handke
    d. Heinrich Böll

20. Wie lautet die bedeutendste Auszeichnung für Journalisten?
    a. Nobelpreis für Literatur
    b. Friedenspreis des deutschen Buchhandels
    c. Pulitzer-Preis
    d. Karlspreis

Sprachliche Normen

I. Rechtschreibung

Streichen Sie bei den vorgegebenen alternativen Schreibweisen jeweils die falsche durch!

1. Im H/hier und H/heute müssen wir uns bewähren.
2. Was du H/heute kannst besorgen, schiebe nicht auf Ü/übermorgen.
3. Das A/auf und A/ab, das ewige H/hin und H/her …
4. Sie liefen ständig A/auf und A/ab, H/hin und H/her, kreuz und quer …
5. Bei Ihnen ging es D/drüber und D/drunter.
6. Kein D/drüber und kein D/drunter konnte sie aufhalten.
7. Immer wieder Hundedreck im G/grünen
8. Täglich etwas G/grünes fürs Gemüt
9. Bei R/rot über die Kreuzung gefahren
10. Im Westen nichts N/neues
11. Hochzeit in W/weiß. Schwiegermutter trug das K/kleine S/schwarze.
12. Mehr Arbeitsplätze für J/jugendliche
13. Wer zählt als J/jugendlich?
14. Im R/rechnen war er gut, das S/schreiben war schwieriger.
15. Hier ist das B/baden verboten!
16. Hier darf man nicht B/baden.
17. Betteln und H/hausieren untersagt.
18. Hunde an der Leine F/führen!
19. Vom A/anschauen wird man nicht satt.
20. Vieles A/anzuschauen macht Spaß.

II. Zeichensetzung

Hier ist ein Text von Heinrich von Kleist vorgegeben, bei dem die Kommas weggelassen worden sind. Ihre Aufgabe besteht darin, an den richtigen Stellen Kommas einzufügen!

> Bach als seine Frau starb sollte zum Begräbnis Anstalten machen. Der arme Mann war aber gewohnt alles durch seine Frau besorgen zu lassen dergestalt dass da ein alter Bedienter kam und ihm für den Trauerflor den er einkaufen wollte Geld abforderte er unter stillen Tränen den Kopf auf einen Tisch gestützt antwortete: „Sagts meiner Frau."

(Karl-Dieter Bünting, Erfolgreich bewerben. Chur: Verlagsgesellschaft 1994, S. 134-137, 152, 153.)

Kombinationsvermögen

Drum übe, wer sich gerne bildet
von Wolfgang Blum

Reine Trainingssache: Intelligenz und geistige Regsamkeit sind weniger eine Frage der Veranlagung oder des Alters als vielmehr der Übung. Nimmt man sich nun täglich zehn Minuten lang einige Zahlen- und Zeichenspielereien vor, bleibt man geistig fit – verspricht zumindest ein Verein für Gehirnjogging.

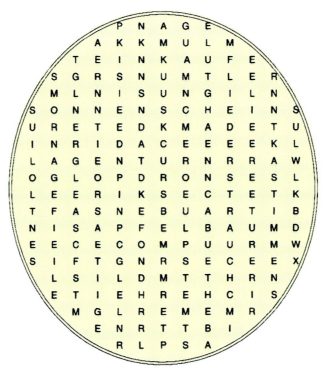

In dieser Aufgabe geht es darum, Begriffe zu finden, die in den Buchstaben versteckt wurden. Markieren Sie bitte folgende Wörter:
EINKAUF, AGENTUR, FLIEDERSTRAUCH, APFELBAUM, SONNENSCHEIN, SICHERHEIT, TRAUBENSAFT, STERNE, SPORT, TRINKEN, STREIFEN, NORDPOL, STIMMEN

Wie viele Kreise sind in der Zeichnung verborgen?

Wie viele Dreiecke sind in der Figur verborgen?

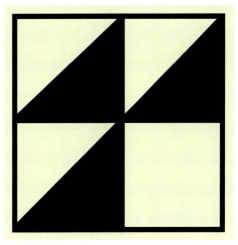

Es sind . . . Dreiecke.

Es sind . . . Kreise.

Tr✲ining gegen frühes Ermüden
Der ✲ll▼✲g häl▼ eine große Menge von ✲◆fg✲ben berei▼. Gib▼ m✲n sich den geis▼i-gen ▼ätigkei▼en bew◆ss▼ hin, so wächs▼ ✲◆f der einen Sei▼e die Konzen▼r✲▼ion, ✲◆f der ✲nderen ✲ber die ✲ns▼reng◆ng, sod✲ss m✲n n✲ch einiger Zei▼ d✲s Gefühl h✲▼, über✲ns▼reng▼ z◆ sein. M✲n s▼ell▼ fes▼, d✲ss geis▼ige ✲k▼ivi▼ä▼ ermüde▼. Diese Erkenn▼nis de◆▼e▼ ✲ber ✲◆ch d✲r✲◆f hin, d✲ss Leis▼◆ng ◆nd ✲◆sd✲◆er d◆rch ▼r✲ining verbesser▼, ges▼eiger▼ werden können. Verbesser▼ m✲n die Kondi▼ion, so ▼ri▼▼ die Ermüdung wesen▼lich spä▼er ein. M✲n wird ✲lso leis▼◆ngsfähiger. Wenn sie d✲s Gedäch▼nis be✲nspr◆chen, ▼ri▼▼ die gleiche (Ermüd◆ngs-)Erschein◆ng ✲◆f. Es bes▼eh▼ die Gef✲hr, d✲ss sie ✲◆fgeben, bevor sie d✲s Ziel erreich▼ h✲ben.

Ein Text voller Lücken: In dieser Kurzprosa sind drei Buchstaben verloren gegangen und durch Symbole ersetzt worden. Welche sind es? Schreiben Sie die Buchstaben auf.

(ZEITmagazin, Nr. 20 vom 12. Mai 1995, S. 28-33.)

Arbeitsanregungen

1. Lösen Sie die TEST-Aufgaben!

2. Halten Sie Tests für eine sinnvolle und angebrachte Ergänzung des Bewerbungsvorgangs?

3. Entwickeln Sie Einstellungstests zur
   – Allgemeinbildung
   – Literatur
   – Grammatik!

Siegfried Lenz wurde 1926 in Lyck/Ostpreußen geboren. Nach dem Ende des Zweiten Weltkrieges kam er 1945 nach Hamburg. Er wollte Lehrer werden, beendete aber sein Studium nicht, sondern betätigte sich als Journalist. Heute lebt er als freier Schriftsteller in Hamburg und Dänemark. Sein Roman „Deutschstunde" (1968) erreichte hohe Auflagen und wurde auch verfilmt. 1978 erschien der Roman „Heimatmuseum", in dem er über das Leben und Schicksal der Menschen seiner ostpreußischen Heimat erzählt.

Neben den Romanen entstanden viele Erzählungen, z.B. über die Welt seiner Heimat Masuren in Ostpreußen „So zärtlich war Suleyken" (1955).

In dem Erzählband Ludmilla (1996), aus dem der folgende Textauszug **„Die Bewerbung"** stammt, entlarvt der Autor menschliche Unzulänglichkeiten und zwischenmenschliche Beziehungen im Alltag – oft humorvoll, hintergründig, aber immer diskret.

Lesehinweis
Siegfried Lenz, Deutschstunde. Roman. München: dtv 1973 = dtv 944.
Siegfried Lenz, Heimatmuseum. Roman. München: dtv 1985 = dtv 1704.
Siegfried Lenz, Die Erzählungen. 1949-1984. 3 Bde. München dtv 1986 = dtv 10527.

Siegfried Lenz, **Die Bewerbung**

Die achte Bewerbung bekam er nicht mit dem Ausdruck des Bedauerns zurück: man bestätigte ihm den Eingang seiner Unterlagen, man versicherte ihm, sie mit Interesse gelesen zu haben, und man lud ihn, Arno Andersen, zu einem Vorstellungsgespräch in die Firma ein. Er las den Einladungsbrief mehrmals, ungläubig, grübelnd; an lauter
5 Absagen gewöhnt, fragte er sich, was an seinen Unterlagen ihr Interesse hervorgerufen haben könnte, ihren Wunsch, ihn kennenzulernen und zu prüfen. Die kargen Mitteilungssätze ließen jedoch keine Vermutung zu.

Um Christiane am Ende nicht zu enttäuschen – denn er rechnete kaum mit einer festen Anstellung – und ihre Erbitterung, mit der sie auf jede Absage reagierte, nicht
10 zu vergrößern, beschloß er, ihr nichts von dem unerwarteten Echo auf seine achte Bewerbung zu sagen; ein paar Tage lang versteckte er den Brief vor ihr, dann machte er sich ohne ihr Wissen auf den Weg. Unter dem Vorwand, zur Universitätsbibliothek zu gehen, verließ er das Haus, trat in den weichen Schneefall, und als er zu seinem Wohnungsfenster hinaufblickte, sah er dort Christiane stehen wie immer, ernst, in
15 schwarzem Rollkragenpullover, statt ihm zurückzuwinken, drückte sie beide Handflächen gegen das Fenster. Er ging durch den sanftesten Schneefall, den er je in Hamburg erlebt hatte, kein Wind trieb die Flocken in den U-Bahn-Schacht, selbst auf der Fleetbrücke, wo es sonst stiemte und wirbelte, herrschte nur lautloser Fall. Vor dem renovierten Kontorhaus versicherte er sich zum zweiten Mal, daß er den Brief bei
20 sich hatte, und dabei dachte er unwillkürlich an Christiane, dachte an ihre anfängli-

che Niedergeschlagenheit, die, je öfter er eine Bewerbung zurückbekam, allmählich einer nur mühsam beherrschten Erbitterung wich. Eines Tages, als sein Ansuchen zum fünften Mal abschlägig beschieden worden war, hatte sie ihm in ihrer Verzagtheit etwas gesagt, was ihn nicht nur traurig, sondern auch ratlos machte. Ohne ihn anzusehen, hatte sie festgestellt: Ob man etwas erreicht oder nicht, muß nicht immer an den anderen, es kann auch an einem selbst liegen. Daß sie sich später dafür entschuldigte, reichte für ihn nicht aus, diese Bemerkung zu vergessen. [...]

Die alte Sekretärin nahm ihm den Mantel ab. Sie lächelte und entblößte dabei ihre Schneidezähne, an denen Spuren von Lippenstift schimmerten. Ihr entging nicht die Scheu und die Unsicherheit des Besuchers, der immer wieder zu Boden blickte, offenbar besorgt, daß seine Schuhe schmutzige Flecken auf dem beigefarbenen Teppichbelag zurückließen. Knapp wies sie ihn auf das Fenster, auf den Schneefall draußen hin und sagte freundlich: Der Tee steht schon bereit; dann öffnete sie, ohne anzuklopfen, eine Tür und rief in das Zimmer hinein: Herr Doktor Andersen ist da.

Ein stämmiger Mann kam hinter seinem Schreibtisch hervor, er hatte lichtes, blondes Haar, trug eine Jeansjacke und eine sehr schmale Lederkrawatte. Mein Name ist Kuhnhardt, sagte er, ich danke Ihnen für Ihr Kommen; und nachdem er Andersen einen Stuhl am weißgrauen Konferenztisch angeboten hatte, schenkte er seinem Besucher und sich selbst Tee ein und zog einige bereitliegende Papiere zu sich heran, die Andersen als seine Unterlagen erkannte; daß sie gelesen, zumindest durchgeblättert worden waren, sah er daran, daß sie nicht mehr in der Cellophanhülle steckten. Einmal, als er seine Bewerbung zum siebten Mal zurückbekam, hatte Christiane den Verdacht geäußert, daß seine Dokumente gar nicht gelesen worden waren, und um ihm zu beweisen, daß dies oft geschah, machte sie den höhnischen Vorschlag, bei einem künftigen Ansuchen die einzelnen Blätter mit Honig zusammenzukleben. Kuhnhardt, das zeigte sich sogleich, hatte sich eingehend mit ihm beschäftigt, er wußte sogar, daß Andersen sich auf ein Stellenangebot im „Abendblatt" beworben hatte, doch obwohl er die Lebensdaten des Bewerbers kannte, erließ er es ihm nicht, auch mündlich Auskunft über sich selbst zu geben. Und Arno Andersen, der mit seinen sechsundzwanzig Jahren wie ein höflicher Abiturient wirkte, antwortete bereitwillig auf alle Fragen.

Ein Mann wie Sie sollte die Universitätslaufbahn einschlagen, sagte Kuhnhardt. Ich habe es versucht, sagte Andersen, doch in der Philosophischen Fakultät gibt es keine offene Stelle. Sie haben einen bedeutenden Preis bekommen: „Jugend forscht". Es war nur der Zweite Preis in der Disziplin Geisteswissenschaften. Und als Reiseleiter haben Sie auch gearbeitet. Ich war nur Assistent des Reiseleiters. Kuhnhardt senkte seinen Blick, überflog noch einmal einige Sätze des Lebenslaufs und murmelte: Also Florenz ... sobald ich in dieser Stadt bin, beschleunigt sich mein Herzschlag. Es ist eine schöne Stadt, bestätigte Andersen, schwieg aber sogleich, weil er daran denken mußte, daß in Florenz seine Schwester von einem Bus überfahren wurde. Ein plötzliches Lächeln glitt über Kuhnhardts rötliches Gesicht, er sagte langsam: Über Seneca haben Sie also Ihre Dissertation geschrieben. Ja, sagte Andersen, meine Arbeit beschränkt sich allerdings auf Senecas Schrift „Über die Milde". Klingt das heute nicht ein wenig komisch? Was? Der Titel, der Titel „Über die Milde". Die Schrift zielt auf Nero, sagte Andersen leise, sie handelt von den Risiken des Alleinherrschers. Kuhnhardt schob die Unterlagen zusammen, zwängte sie in die Cellophanhülle und stand auf, und in diesem Augenblick fühlte Andersen sich an das Ende seiner Vorstellung in der Reederei erinnert. Auf einmal, nach einem lockeren Gespräch, hatte der weißhaarige Prokurist seine Dokumente in die Cellophanhülle gezwängt, war aufgestanden und hatte ihm mitgeteilt, daß er demnächst von der Firma hören werde, und schon auf dem Weg zur Tür wußte Andersen, daß er den Auftrag, für die neuen Schiffe der Flotte eine unterhaltsame Bordbibliothek zusammenzustellen, nicht erhalten würde.

75 Statt ihm einen entsprechenden Brief anzukündigen, nickte Kuhnhardt ihm anerkennend zu und sagte: Ich hab mein Studium abgebrochen, kurz vor der Promotion; meine Karten waren anders gemischt. Dann führte er Andersen vor ein mannshohes Bücherregal, das besetzt war mit der bisherigen Produktion des Triton-Verlags; es waren ausschließlich Nachschlagwerke: ein Wörterbuch der Berufe, ein Wörterbuch der Psychologie, ein Fremdwörterbuch und ein Handwörterbuch der Philosophie,
80 und für sich stehend, marineblau mit weißer Schrift, das Hauptwerk, das Triton-Lexikon in drei Bänden.

Kuhnhardt nahm einen Band heraus, blätterte, ließ ein paar Seiten schnurrend durch die Finger laufen und reichte den Band an Andersen weiter, der sich Zeit nahm, um alles unter dem Stichwort Lippfisch zu lesen. Ein nützliches Werk, sagte Andersen,
85 und Kuhnhardt darauf: Überaus nützlich, doch leider läßt der Verkauf zu wünschen übrig. Vielleicht liegt es daran, daß wir noch nicht eingeführt genug sind. Nachdenklich kehrte er zum Konferenztisch zurück, und mit einer Geste bat er Andersen, sich zu setzen, und sah eine Weile in schweigender Bekümmerung auf ihn hinab, so, als legte er sich schonende Worte für den Abschied zurecht; und als Andersen dachte:
90 Das war es also, hob er die Schultern und sagte: Ich möchte Sie gern bei uns aufnehmen, auch mein Gesellschafter möchte es, doch das Lektorat ist vollzählig, und für eine andere Beschäftigung sind Sie überqualifiziert. Wie meinen Sie das, fragte Andersen, und Kuhnhardt strich einmal leise über die Unterlagen und sagte: Wir können Ihnen nichts Angemessenes bieten, nichts, was Ihrer Ausbildung entspricht.

95 [...]

Kuhnhardt schenkte ihm Tee nach, setzte sich ihm gegenüber und begann, eine klobige Pfeife auszukratzen und Asche und Krümel über einem großen Aschenbecher auszuklopfen. Während er sie sorgfältig stopfte, gab er zu verstehen, daß einstweilen nur eine Position frei wäre. Was er anzubieten habe, sei allein eine – allerdings loh-
100 nende – Tätigkeit auf Provisionsbasis; diese Tätigkeit bestehe im Hausverkauf des dreibändigen Triton-Lexikons. Er deutete an, daß es nach einer erfolgreichen Probezeit von einem Vierteljahr zu einer endgültigen Vertragsunterzeichnung kommen könnte; später dann ergäbe sich auch durchaus die Möglichkeit, innerhalb des Verlags auf eine andere, eine gehobene Position zu wechseln. Arno Andersen erbat sich
105 keine Bedenkzeit; dankbar und von Zuversicht erfüllt, nahm er das Angebot an, die unverhoffte Gewißheit dämpfte seine Unruhe. [...]

(Siegfried Lenz, Ludmilla. Erzählungen. Hamburg: Hoffmann und Campe 1996, S. 121-127.)

Arbeitsanregungen

1. Wird Andersen Erfolg als Lexikon-Vertreter haben? Beurteilen Sie seine Eignung!

2. Welche Fehler unterlaufen Arno Andersen bei seinem Bewerbungsgespräch in der Verlagsgesellschaft?

3. Verfassen Sie einen Dialog, in dem sich Andersen optimal darstellt, und inszenieren Sie ein Rollenspiel!

Der Arbeitsvertrag

Schon vor der Unterzeichnung des Arbeitsvertrags sollten die wichtigsten rechtlichen Aspekte eines solchen Vertrags bekannt sein.

Für einen Arbeitsvertrag besteht grundsätzlich Formfreiheit, d.h., er kann prinzipiell sowohl in schriftlicher als auch in mündlicher Form geschlossen werden. Jedem Hochschulabsolventen ist unbedingt zum Abschluss eines Vertrags in **Schriftform** zu raten, um Missverständnissen und Streitigkeiten vorzubeugen.

Arbeitsverträge unterscheiden sich wesentlich durch ihre Vertragsdauer.

Der **unbefristete Arbeitsvertrag** wird meist mit einer Probezeit von drei oder sechs Monaten geschlossen. Während der Probezeit kann dem Arbeitnehmer ohne Angabe von Gründen, mit einer Kündigungsfrist von 2 Wochen, gekündigt werden. Erst nach einer Beschäftigungsdauer von sechs Monaten treten die Regelungen des Kündigungsschutzgesetzes in Kraft.

Befristete Arbeitsverträge erfreuen sich auf Seiten der Arbeitgeber immer größerer Beliebtheit. Das 1985 verabschiedete Beschäftigungsförderungsgesetz, das inzwischen bis zum 31.12.2000 verlängert wurde, ermöglicht die einmalige Befristung von Arbeitsverträgen bis zu einer **Höchstdauer von 18 Monaten.** [...]

Schließlich besteht die Möglichkeit eines **Anstellungsvertrags auf Probe.** In diesem Fall endet das Arbeitsverhältnis automatisch nach der vereinbarten Probezeit von höchstens 6 Monaten. Soll das Arbeitsverhältnis nach dieser Zeit fortgesetzt werden, muss ein neuer, unbefristeter Arbeitsvertrag abgeschlossen werden.

Egal, welche Art von Vertrag Sie mit Ihrem künftigen Arbeitgeber abschließen – befristet oder unbefristet –, eines sollten Sie in jedem Fall beachten:

Die **Unterzeichnung des Vertrags** sollte in keinem Fall direkt im Anschluss an das Vorstellungsgespräch erfolgen. Die eingehende Prüfung des Arbeitsvertrags, möglichst zu Hause, erspart Ihnen später unliebsame Überraschungen. Alle wichtigen, der Unterzeichnung des Vertrags vorausgegangenen mündlichen Vereinbarungen sollten im Vertrag schriftlich festgehalten sein.

Arbeitsverträge sind meist vorformuliert, und ein Großteil ihrer Bestimmungen sind nicht Gegenstand von Verhandlungen zwischen Arbeitgeber und Arbeitnehmer.

Besonders wichtig sind die Regelungen, die mit Ihrer Person oder Ihrer künftigen Tätigkeit im Unternehmen in Zusammenhang stehen. Gerade diese Punkte bedürfen einer eingehenden **Überprüfung** und sollten im Arbeitsvertrag unbedingt geregelt sein. Dabei hilft Ihnen die folgende Checkliste.

Arbeitsanregungen

1. Besorgen Sie sich ein Arbeitsvertragsformular (z. B. Industrie- und Handelskammer) und machen Sie sich mit den Regelungen vertraut!

2. Gehen Sie die Checkliste zum Arbeitsvertrag (S. 140) durch! Informieren Sie sich in den angegebenen Gesetzestexten über die Schutzbestimmungen für Arbeitnehmer!

Checkliste: **Arbeitsvertrag**

- Besonders wichtig ist eine **Stellenbeschreibung,** in der die Art der Tätigkeit genau definiert wird. Außerdem sollte die Stellung des Arbeitnehmers in der betrieblichen Organisation angegeben werden.

- Der **Eintrittstermin** sollte konkret festgelegt werden.

- Die Höhe des **Gehalts** und der **Zahlungsmodus** werden im Arbeitsvertrag festgehalten und müssen natürlich den vorher getroffenen Vereinbarungen entsprechen.

- Verabredungen über eine **Erhöhung der Bezüge nach der Probezeit** sollten möglichst schon im Arbeitsvertrag schriftlich fixiert werden.

- Wichtig ist auch die Nennung der wöchentlichen **Arbeitszeit** und die Vergütung von **Überstunden.** Mitarbeiter in Führungspositionen vereinbaren meist ein außertarifliches Gehalt, das anfallende Überstunden einschließt.

- **Nebenleistungen,** wie z.B. Nutzung des Firmenwagens, Prämien, vermögenswirksame Leistungen, betriebliche Altersversorgung, Fahrtkostenzuschuss etc. gehören auch in den Arbeitsvertrag.

- Der **Urlaubsanspruch** orientiert sich meist an tarifvertraglichen Regelungen. Üblich sind 25 bis 30 Arbeitstage im Jahr. Auch individuelle Vereinbarungen sollten im Arbeitsvertrag genannt werden.

- **Nebentätigkeiten** bedürfen der Zustimmung des Arbeitgebers. Häufig werden sie im Arbeitsvertrag ausgeschlossen. Die Zustimmung zu einer Nebentätigkeit darf der Arbeitgeber allerdings nur verweigern, wenn die Nebentätigkeit den Arbeitnehmer in der Ausübung seiner im Arbeitsvertrag geregelten Aufgaben einschränkt.

- Die im Arbeitsvertrag genannten **Kündigungsfristen** orientieren sich meist an tarifvertraglichen Regelungen und am Kündigungsschutzgesetz.

- **Geheimhaltungsfristen** beinhalten eine Schweigepflicht über betriebliche Geheimnisse. Diese Verpflichtung gilt für den Arbeitnehmer auch nach Beendigung des Arbeitsverhältnisses und sollte nicht zu detailliert sein. Denn beim Wechsel des Arbeitgebers könnte sich dies nachteilig auf das weitere berufliche Fortkommen auswirken.

- In Arbeitsverträgen werden gelegentlich **Wettbewerbsvereinbarungen** für die Zeit nach Beendigung des Arbeitsverhältnisses getroffen. Solche Vereinbarungen sind für Berufsanfänger **unüblich.** Sollten Sie dennoch von einer solchen Klausel betroffen sein, empfiehlt sich die Konsultierung eines Rechtsanwalts.

- Der Gesetzgeber hat eine ganze Reihe von Vorschriften geschaffen, die dem **Schutz der Arbeitnehmer** dienen. In folgenden Gesetzeswerken sind einige Schutzbestimmungen geregelt:

  Kündigungsschutzgesetz, Arbeitsplatzschutzgesetz, Bundesurlaubsgesetz, Lohnfortzahlungsgesetz, Mitbestimmungsgesetz, Arbeitszeitordnung, Mutterschutzgesetz.

(Gabler Berufs- und Karriereplaner 1998/99: Wirtschaft. Wiesbaden: Gabler 1998, S. 201-203.)

Schriftverkehr

DIN 5008 „Schreib- und Gestaltungsregeln"

① **Anschrift**

Bei Anschriften in Deutschland ist eine Leerzeile nach der Zustellangabe (Straße und Hausnummer) bzw. Abholangabe (Postfach) einzuhalten; bei Auslandsanschriften entfällt diese Leerzeile.

Der Bestimmungsort ist in Großbuchstaben und in der Sprache des Bestimmungslandes anzugeben (z. B. NL – NIJMEGEN).

Großempfängeranschriften werden ohne Postfach bzw. Straße und Hausnummer angegeben.

② **Bezugszeichenzeile**

Das nummerisch angegebene Datum wird in der Reihenfolge Jahr – Monat – Tag mit einem Bindestrich gegliedert; Monat und Tag werden **zweistellig** angegeben.
(Der Name eines Bearbeiters folgt der Durchwahlnummer.)

③ **Betreff**

Die Angabe kann (durch Fettdruck) hervorgehoben werden.

④ **Einrücken**

Wenn Textteile hervorgehoben werden sollen, können sie eingerückt (Grad 20) oder zentriert werden.

⑤ **Anlage**

Anlagen können hervorgehoben werden.

Arbeitsanregung

Verfassen Sie eine normgerechte Bestellung (nach DIN 5008) und berücksichtigen Sie:
- Bezug auf das vorliegende Angebot (S. 142)
- genaue Produktbezeichnung (Art, Qualität)
- Menge, Preis
- Sonderwünsche (Lieferungs- und Zahlungsbedingungen)
- allgemeine Geschäftsbedingungen!

Papier-Mühle AG
Potsdamer Straße 15, 10200 Berlin

Papier-Mühle AG, Potsdamer Str. 15, 10200 Berlin

Stadt-Verlag GmbH
Thomas-Mann-Allee 9

30108 Hannover

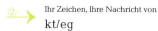

Ihr Zeichen, Ihre Nachricht von	Unser Zeichen, unsere Nachricht vom	Telefon/Fax	Datum
kt/eg	2000-04-15		2000-05-12

Angebot

Sehr geehrte Damen und Herren,

Wir danken für Ihre Anfrage vom 2000-04-15 und bieten an:

Chlorfreies Offsetpapier – gebleicht –, 50 g, Bogen für 8 DIN-A4 Seiten:

1 Palette m. 1.000 Bg.	138,60 DM/70,90 EUR
1 Palette m. 10.000 Bg. (je 1.000 Bg.)	117,80 DM/60,25 EUR
10 Palette m. 10.000 Bg. (je 1.000 Bg.)	81,00 DM/41,41 EUR

Bei einem Gesamtwert ab 40.000,00 DM/20.451,67 EUR gewähren wir 10 % Rabatt. Für die Lieferung mit eigenem LKW berechnen wir Transportkosten von 250,00 DM/ 127,82 EUR.
Die Lieferzeit beträgt 14 Tage.
Die Rechnungssumme ist binnen vier Wochen nach Erhalt der Rechnung zu begleichen. Bei Zahlung innerhalb von 10 Tagen gewähren wir 2 % Skonto.
Die Ware bleibt bis zur vollständigen Bezahlung unser Eigentum. Wir verweisen auf unsere allgemeinen Geschäftsbedingungen.

Mit freundlichem Gruß
Papier-Mühle-AG

Kristian Treu

Anlage
Katalog

Leben mit Technik

Technik & Fortschritt

- Technik und Menschenbild
- Forschung und Verantwortung
- Neue Kommunikationstechnologien

Sprache & Technik

Darstellen & Schreiben

- Bericht
- Protokoll
- Gebrauchsanweisung

Technik und Menschenbild

HANS MANZ, **Die Wahl**

Menschen machen Maschinen.
Mehr Menschen machen mehr Maschinen.
Weniger Menschen machen mehr Maschinen.
Weniger Menschen machen mehr Maschinen,
5 um mehr Mensch zu sein.
Mehr und mehr Menschen machen Maschinen,
um weniger und weniger Mensch zu sein.
Mehr und mehr Menschen machen Maschinen,
um mehr und mehr Maschine
10 und weniger Mensch zu sein.
Weniger Menschen machen mehr Maschinen,
um mehr Mensch
und weniger Maschine zu sein.

(Hans Manz, Die Welt der Wörter. Weinheim ⁴1996, S. 102.)

Arbeitsanregungen

1. Wodurch unterscheiden sich – inhaltlich und sprachlich – die Aussagen?
2. Was erreicht der Autor durch seine „Wahl"?
3. Welche Beziehung besteht zwischen Menschen und Maschinen?

4. Gestalten Sie – dem Schema der „Wahl" entsprechend – ein Gedicht zum Thema „Mensch und Buch" oder „Mensch und Auto" oder erfinden Sie andere Beispiele!

HANS MANZ, **Begegnung**

Zwei Freunde,
sie hatten sich lang nicht gesehen,
trafen sich auf einer Rolltreppe wieder.
Sie freuten sich ehrlich
5 und blieben stehen.
Doch ihr Wiedersehen war kurz und knapp,
denn der eine fuhr hinauf,
und der andere hinab.

(Hans Manz, Die Welt der Wörter. Weinheim; Beltz ⁴1996, S. 206.)

Arbeitsanregungen

1. Welche Rolle spielt die Technik beim Wiedersehen der zwei Freunde?
2. Charakterisieren Sie die Begegnung! Haben Sie ähnliche Erfahrungen gemacht?

Trepp auf, trepp ab

Überall sind Rolltreppen. Auf sechs-, siebenhundert bringt es eine ordentliche deutsche Großstadt. Wir nutzen sie, ohne lange darüber nachzudenken. Und doch bewegt uns die Frage: Woran denken Menschen auf dem Fließband?

„Rolltreppe? Das ist die Fahrt bergab, in den Hades, ins Gekröse der Stadt. Wo mich vielleicht eine rauschhafte Nacht erwartet …"

„Wenn man mit einem fremden Menschen diese Fahrt gemeinsam macht – das ist oft schön. Ich hätte manchmal Lust, ihn anzusprechen …"

„Gibt es eigentlich auch schöne Rolltreppen? Nee, ich glaub' nicht. Rolltreppen werden erst schön, wenn jemand drauf steht …"

„Ich stell' mich nicht hin und sage: Juhu, super, heute fahr' ich wieder Rolltreppe. Es ist eher eine ganz normale Lebensbewegung. Wie atmen …"

(Victoria Rabe, Schülerin, auf einer Rolltreppe der U-Bahn-Station Hans-Böckler-Platz in Köln)
In: ZEITmagazin, Nr. 4 vom 19. Jan. 1996, S. 12.)

Was ist eine Rolltreppe und wozu ist sie gut? Eine kleine, ganz und gar nicht repräsentative Umfrage fördert Folgendes zutage: Weiß nicht. Zum Rauffahren. Zum Runterfahren. Keine Ahnung. Weil's bequemer ist. Sind halt gut für ältere Menschen. Komische Frage. Zum Entspannen. Um Zeit zu sparen.

Und so weiter. Der Tenor bei dieser Erhebung war jedenfalls eindeutig: Rolltreppen sind Rolltreppen, und sie sind da. Also, was soll's? Rolltreppen sind zwar unauffällig, aber allgegenwärtig. Und auf dem Vormarsch. Auf 500, 600, 700 bringt es eine ordentliche deutsche Großstadt, Tendenz steigend.

Jeder kennt sie, jeder nutzt sie. Zum Beispiel in U-Bahnhöfen. Dort führen sie, bisweilen knarzend und granulatverkrustet, tief hinab in zugige Höhlen und hinauf an verkabelte Arbeitsplätze, in Bürohäuser, Versicherungspaläste und in den verkaufsoffenen Donnerstagabend. Oder auf Großflughäfen. Dort schaufeln sie, artig schnurrend und mit Koffern beladen, Heere von Buntgekleideten auf glitzernde Plateaus, zu Schaltern, Landebahnen, Einstiegluken. Oder in Kaufhäusern. Dort zeichnen sie, indem sie uns als Verbraucher verrücken, ein von matter Luft und Sonderangebotslyrik umspültes Zickzack mitten ins Auge des Konsumtaifuns.

Und dabei immer sachlich. Immer metallisch. Immer zielstrebig. Treppen? Nein. Rolltreppen gehören nur über drei Ecken zur großen architektonischen Stufensippe. Ihnen fehlt der Esprit, der Schwung des inszenierten Auftritts und die vornehme Kombination von Material und Gestaltung – Rolltreppen dürfen nicht schwingen, fächern, wendeln, sich ausbreiten und abdrehen, sie müssen immer gleich aussehen, Maschine bleiben. Eine Maschine, die die kürzeste Verbindung zwischen zwei Punkten schafft: die bequeme Diagonale, den eiligen Schrägstrich im Alphabet der Städte, der nichts wirklich vereint, sondern das Disparate zusammenspannt: oben und unten, kalt und warm, oder, wie im Kaufhaus, zwischen I. und VI. Etage: Herrenkonfektion, Heimwerker, Hobby, Teppiche, Kleintierbedarf.

Rolltreppen sind Apparate der reinen Bewegung – und als solche neutral.

(ZEITmagazin, Nr. 4 vom 19. Jan. 1996, S. 16.)

Arbeitsanregungen

1. Analysieren Sie die Äußerungen zur Rolltreppe!
   Veranlassen Sie Ihre Mitschüler auch zu spontanen Äußerungen zur Rolltreppe!

2. Wie wird die Rolltreppe beschrieben (Vorzüge – Nachteile)?

3. Welcher Zusammenhang besteht zu dem Gedicht „Begegnung"?
   Beherrscht die Technik den Menschen? Gibt es Möglichkeiten, sich ihr zu widersetzen?

4. Interviewen Sie Menschen an/auf einer Rolltreppe:
   – Was ist eine Rolltreppe?
   – Wozu ist eine Rolltreppe gut?
   Werten Sie Ihre Befragung aus und vergleichen Sie Ihre Ergebnisse mit denen in den abgedruckten Texten!

Eröffnung der ersten Eisenbahnlinie (Nürnberg – Fürth)

Nürnberg, 7. Dez. 1835:

„Schon um sieben Uhr machte sich Nürnberg zu Fuß, zu Pferd und zu Wagen auf den Weg, um zur rechten Zeit an Ort und Stelle zu sein. Gegen acht Uhr waren bereits die zu der Feierlichkeit eingeladenen Gäste von nah und fern versammelt. Man betrachtete lange Zeit den soliden Bau der Bahn, die zum Teil elegant gebauten Passagierwagen, neun an der Zahl; aber die freudigste und nicht zu erschöpfende Aufmerksamkeit widmete man dem Dampfwagen selbst, an welchem jeder so viel Ungewöhnliches, Rätselhaftes zu bemerken hat. Überdies nahm das ruhige, umsichtige, Zutrauen erweckende Benehmen des englischen Wagenlenkers in Anspruch. Bei jeder Schaufel Steinkohlen, die er nachlegte, beachtete er das richtige Maß und den rechten Zeitpunkt. Keinen Augenblick müßig, auf alles achtend, berechnete er auf die Minute genau den Zeitpunkt, da er den Zug in Bewegung zu setzen hatte. Er erschien uns als der regierende Geist der Maschine.

Es war eine unermessliche Menschenmenge vorhanden, die den Vorüberfahrenden zujubelte; in der Tat, es gewährt der Augenblick des vorüberdrängenden Wagenzuges fast ein größeres Vergnügen als das Selbstfahren. Es imponiert, wenn man den Wagenzug mit seinen 200 Personen wie von selbst, wenn auch nicht pfeilgeschwind, doch gegen alle bisherige Erfahrung schnell, unaufhaltsam heran, vorüber und in die Ferne dringen sieht. Das Schnauben und Qualmen des ausgestoßenen Dampfes, der sich so gleich als Wolke in die Höhe zieht, verfehlt auch seine Wirkung nicht. Pferde auf der nahen Chaussee sind daher beim Herannahen des Ungetüms scheu geworden, Kinder haben zu weinen angefangen und manche Menschen, die nicht alle zu den ungebildeten gerechnet werden dürfen, haben ein leises Beben nicht unterdrücken können. Ein erhebendes Gefühl bewirkt dieser Anblick in Hunderten und Tausenden, die kaum ahnen, welche Kenntnisse, Erfahrungen, Experimente, Kombinationen, wie viel Scharfsinn, Genie und Glück zusammenwirken mussten, um solche Maschinen zu erfinden, zu konstruieren. Für diese bleibt das Ganze ein Wunder, an das sie glauben, weil sie es sahen; und kein Zweifler wird imstande sein, ihnen diesen neuen Glauben an den menschlichen Geist und seine Macht zu erschüttern."

(Stuttgarter Morgenblatt vom 7. Dez. 1835.)

Klaus Sievers, Jochen Zeininger, **Transrapid 2004 (Hamburg – Berlin)**

Der Superzug wird auf einer Trasse in zwölf Meter Höhe mit Tempo 500 durch Nordostdeutschland schweben. Das ist die Planung für die Strecke zwischen Hamburg und Berlin, auf der der Transrapid im Jahr 2004 starten soll. Das Erstaunliche: Die Sicherungs- und Leittechnik für die Hight-Tech-Bahn wird einfacher ausfallen. Davon gehen die Experten bei Siemens in Braunschweig aus, die das Konzept entwickeln.

„Wir können die auf der Schiene erprobte Sicherungstechnik mit den elektronischen Stellwerken auch für den Transrapid verwenden", sagt Dieter Baum, der im Braunschweiger Siemens-Werk das Geschäftsgebiet Sicherungssysteme leitet. Der technische Aufwand dürfte im Vergleich zu einer Schienenstrecke sogar geringer sein, die Stellwerke könnten kleiner konfiguriert werden. Diese Vorzeigestrecke für den Transrapid sei ein in sich geschlossenes System.

Es werde kaum Ausfädelungen und auch nur wenige Spurwechselstellen geben, erläutert Baum. So könnte die Zahl der sehr teuren Weichen gering gehalten werden.

Die seien nämlich sehr kompliziert: Sie werden dadurch gestellt, dass ein Stahlträger auf 30 bis 40 Meter regelrecht gebogen wird. Beim derzeitigen Planungsstand wird es nur noch 12 statt ursprünglich geplanter 80 Weichen geben. Die Weichen braucht man in den Bahnhöfen, zum Spurwechsel in den Betriebshof und für Ausweichstellen aus der Strecke.

Neu beim Transrapid sei eigentlich nur die Zugbeeinflussung per Funk, berichtet Baum. Da es beim Magnetschwebezug natürlich keine Achszähler gebe, werde die Ortung der Züge durch Zählung von Nuten in der „elektrischen Trasse" oder mit Hilfe von punktförmigen Markierungen erfolgen. Per Funk werden diese Daten dann in den Rechner gebracht und dann an die Betriebsleitzentrale übermittelt. Dabei werde man ein Betriebsfunknetz nutzen. Per Funk werde auch der Zug gesteuert. Baum schließt nicht aus, dass später einmal auch die Satellitennavigation für die Ortung eingesetzt wird. Das sei aus Sicherheitsgründen (Militärsysteme) zur Zeit aber noch nicht möglich.

Auf Ständern in zwölf Meter Höhe soll der Transrapid mit Tempo 500 über die Strecke schweben.

Die äußerst optimistischen Planer gehen von 14 Millionen Passagieren pro Jahr aus. Das wären täglich 40.000. Das erfordert natürlich schnelle Taktzeiten auf der 300 Kilometer langen Strecke, die in rund 60 Minuten bewältigt werden soll. Geplant sind in der Spitze Taktzeiten von 12 Minuten, sodass für den Passagier – wie bei einer Stadtbahn – ein Fahrplan eigentlich überflüssig wird. Es wird im Transrapid nur Sitzplätze geben, sodass ein schnelleres Buchungssystem erforderlich ist. Der Verkehr soll von sechs Uhr morgens bis ein Uhr nachts laufen und täglich sollen 72 Züge in jede Richtung fahren. Dafür sollen 62 komplette Schwebezüge gebaut werden. Durchaus denkbar ist, dass nachts der Transrapid für den Transport leichter Güter genutzt wird.

Der Transrapid wird vollautomatisch ohne „Lokführer" fahren. Aber aus psychologischen Gründen werde es eine Fahrerkabine und einen Zugbegleiter geben, meint Baum. Die Automatisierung schaffe besondere Probleme. Bei Störfällen auf der Hochtrasse (vom Feuer im Zug bis zu geringsten Verwerfungen an den Trägern) seien Noteinsätze etwa zur Bergung der Passagiere sehr kompliziert. Deshalb habe man zwölf Nothaltepunkte (mit „Abstiegen") vorgesehen. Und das Betriebssystem müsse zu jedem Zeitpunkt auf der Strecke sicherstellen, dass der Zug mit maximalem Tempo zu diesem Nothalt komme und punktgenau abgebremst werde.

(Braunschweiger Zeitung vom 2. Sept. 1995, S. 6.)

(Deutsche Bahn. Verkehrsmuseum Nürnberg. Plakat, 1966/67. Agentur: McCann-Erickson, Frankfurt/M.)

(Deutsche Bahn. Verkehrsmuseum Nürnberg. Plakat, 1968. Agentur: McCann-Erickson, Frankfurt/M.)

Arbeitsanregungen

1. Beschreiben Sie die Zielsetzung, die mit der Werbung der Deutschen Bundesbahn angestrebt wurde!

2. Welche Rolle spielt die Technik bei der Darstellung der Werbeanzeigen? (Berücksichtigen Sie den Zusammenhang zwischen Slogan und Abbildung!)

3. Halten Sie die Plakate für werbewirksam? Warum?
(Zur Werbung vgl. auch S. 543 ff.)

Gerhart Hauptmann wurde 1862 in Obersalzbrunn (Schlesien) geboren und starb 1946 in Agnetendorf. Hauptmann gilt als einer der bekanntesten literarischen Vertreter des Naturalismus.

Bekannt geworden ist der Dichter vor allem durch seine Dramen: Vor Sonnenaufgang (1889), Die Weber (1892), Der Biberpelz (1893), Rose Bernd (1903), Die Ratten (1911). Hauptmann erhielt 1912 den Nobelpreis für Literatur.

Die Novelle **Bahnwärter Thiel** (1878) ist eines der ersten Zeugnisse seiner naturalistischen Dichtung.

Der abgedruckte Text ist ein Auszug aus dem 3. Kapitel der Novelle.

Lesehinweis

Gerhart Hauptmann, Die Weber. Frankfurt: Ullstein 1993 = Ullstein Buch 22901.

Gerhard Hauptmann in Selbstzeugnissen und Bilddokumenten. Reinbek: Rowohlt 1959 = rororo bildmonografien 27.

GERHART HAUPTMANN, Bahnwärter Thiel

Thiel begann wie immer so auch heute damit, das enge, viereckige Steingebauer der Wärterbude auf seine Art für die Nacht herzurichten. Er tat es mechanisch, während sein Geist mit dem Eindruck der letzten Stunden beschäftigt war. Er legte sein Abendbrot auf den schmalen, braun gestrichenen Tisch an einem der beiden schlitzartigen Seitenfenster, von denen aus man die Strecke bequem übersehen konnte. Hierauf entzündete er in dem kleinen, rostigen Öfchen ein Feuer und stellte einen Topf kalten Wassers darauf. Nachdem er schließlich noch in die Gerätschaft, Schaufel, Spaten, Schraubstock und so weiter, einige Ordnung gebracht hatte, begab er sich ans Putzen seiner Laterne, die er zugleich mit frischem Petroleum versorgte.

Als dies geschehen war, meldete die Glocke mit drei schrillen Schlägen, die sich wiederholten, dass ein Zug in der Richtung von Breslau her aus der nächstliegenden Station abgelassen sei. Ohne die mindeste Hast zu zeigen, blieb Thiel noch eine gute Weile im Innern der Bude, trat endlich, Fahne und Patronentasche in der Hand, langsam ins Freie und bewegte sich trägen und schlürfenden Ganges über den schmalen Sandpfad, dem etwa zwanzig Schritt entfernten Bahnübergang zu. Seine Barrieren schloss und öffnete Thiel vor und nach jedem Zuge gewissenhaft, obgleich der Weg nur selten von jemand passiert wurde.

Er hatte seine Arbeit beendet und lehnte jetzt wartend an der schwarz-weißen Sperrstange.

Die Strecke schnitt rechts und links gradlinig in den unabsehbaren grünen Forst hinein; zu ihren beiden Seiten stauten die Nadelmassen gleichsam zurück, zwischen sich eine Gasse frei lassend, die der rötlich braune, kiesbestreute Bahndamm ausfüllte. Die schwarzen, parallel laufenden Geleise darauf glichen in ihrer Gesamtheit einer ungeheuren eisernen Netzmaschine, deren schmale Stränge sich im äußersten Süden und Norden in einem Punkte des Horizontes zusammenzogen.

Der Wind hatte sich erhoben und trieb leise Wellen den Waldrand hinunter und in die Ferne hinein. Aus den Telegrafenstangen, die die Strecke begleiteten, tönten summende Akkorde. Auf den Drähten, die sich wie das Gewebe einer Riesenspinne von Stange zu Stange fortrankten, klebten in dichten Reihen Scharen zwitschernder Vögel. Ein Specht flog lachend über Thiels Kopf weg, ohne dass er eines Blickes gewürdigt wurde. Die Sonne, welche soeben unter dem Rande mächtiger Wolken hinabging, um in das schwarz-grüne Wipfelmeer zu versinken, goss Ströme von Purpur über den Forst. Die Säulenarkaden der Kiefernstämme jenseits des Dammes entzündeten sich gleichsam von innen heraus und glühten wie Eisen.

Auch die Geleise begannen zu glühen, feurigen Schlangen gleich, aber sie erloschen zuerst; und nun stieg die Glut langsam vom Erdboden in die Höhe, erst die Schäfte der Kiefern, weiter den größten Teil ihrer Kronen in kaltem Verwesungslichte zurücklassend, zuletzt nur noch den äußersten Rand der Wipfel mit einem rötlichen Schimmer streifend. Lautlos und feierlich vollzog sich das erhabene Schauspiel. Der Wärter stand noch immer regungslos an der Barriere. Endlich trat er einen Schritt vor. Ein dunkler Punkt am Horizonte, da wo die Geleise sich trafen, vergrößerte sich. Von Sekunde zu Sekunde wachsend, schien er doch auf einer Stelle zu stehen. Plötzlich bekam er Bewegung und näherte sich. Durch die Geleise ging ein Vibrieren und Summen, ein rhythmisches Geklirr, ein dumpfes Getöse, das lauter und lauter werdend zuletzt den Hufschlägen eines heranbrausenden Reitergeschwaders nicht unähnlich war.

Ein Keuchen und Brausen schwoll stoßweise fernher durch die Luft. Dann plötzlich zerriss die Stille. Ein rasendes Tosen und Toben erfüllte den Raum, die Geleise bogen sich, die Erde zitterte – ein starker Luftdruck – eine Wolke von Staub, Dampf und Qualm, und das schwarze, schnaubende Ungetüm war vorüber. So wie sie anwuchsen, starben nach und nach die Geräusche. Der Dunst verzog sich. Zum Punkt eingeschrumpft, schwand der Zug in der Ferne, und das alte heil'ge Schweigen schlug über dem Waldwinkel zusammen.

(Gerhart Hauptmann, Bahnwärter Thiel. Novellistische Studie, Stuttgart: Reclam 1955 = UB 6617, S. 17-19.)

Arbeitsanregungen

1. Welche Vorbereitungen trifft Bahnwärter Thiel vor der Ankunft des Zuges? Warum?

2. Wie empfindet Thiel die Zeit bis zum Herannahen des Zuges? Berücksichtigen Sie sein Verhältnis zur Natur und zur Technik!

3. Untersuchen Sie, wie das Vorbeifahren des Zuges von Hauptmann geschildert wird, indem Sie die Wörter herausschreiben, die die optische, akustische und persönliche Wahrnehmung – entsprechend des Vorbeifahrens – wiedergeben!

4. Vergleichen Sie die Nachricht zur Eröffnung der ersten Eisenbahnlinie zwischen Nürnberg und Fürth mit dem Bericht über den Transrapid und dem Novellenauszug!

5. Wie empfinden Sie heute das Vorbeifahren eines Zuges?
Hat sich durch die technische Entwicklung etwas geändert?
Beschreiben Sie Ihre Eindrücke in Form eines Erlebnisberichts!

Günter Kunert wurde 1929 als Sohn eines jüdischen Kaufmanns in Berlin geboren. Aufgrund seiner nichtarischen Herkunft wurde er während der Zeit des Nationalsozialismus von der Schule verwiesen.

Nach dem Krieg studierte Kunert einige Semester an der Kunsthochschule in Berlin; seit 1947 veröffentlicht der Autor vor allem Prosatexte und Lyrik.

Obwohl Kunert den Sozialismus bejaht hat, gehörte er zu den Kritikern der Politik in der ehemaligen DDR – vor allem nach der Ausbürgerung des Liedermachers Wolf Biermann (1976). Er hat sich immer wieder für die Freiheit des Wortes ausgesprochen.

Seit 1977 lebt Kunert als freier Schriftsteller in der Bundesrepublik Deutschland.

Ein Hauptthema seines literarischen Schaffens ist der Mensch (der Einzelne) und sein Verhältnis zur Gesellschaft, die Vergänglichkeit des Menschen, die Enthumanisierung und Isolation im Alltag – die Diskrepanz zwischen Anspruch und Wirklichkeit.

Günter Kunert, Die Maschine

Erhaben und in einsamer Größe reckte sie sich bis unters Werkhallendach; schuf sogleich die Vorstellung, Monument des Zeitalters zu sein und diesem gleich: stampfend, gefahrvoll, monoton und reichlich übertrieben. Und vor allem: Auch sie produzierte einzig und allein durch gegensätzliche Bewegung unterschiedlicher Kräfte, durch einen gezähmten Antagonismus[1] all ihrer Teile.

5

---
1 Antagonismus = Gegensatz

Aber in diesem wundervollen System blitzender Räder, blinkender Kolben, sich hebender und sich senkender Wellen war ein unansehnliches Teil, das wie von Schimmel überzogen schien und das sich plump und arhythmisch regte. Ein häßlicher Zusatz an der schönen Kraft. Ein Rest von Mattigkeit inmitten der Dynamik.

10 Als um die Mittagszeit ein Pfiff ertönte, löste sich dieses Teil von der Maschine und verließ die Halle, während die Maschine hilflos stehenblieb, zwiefach: in sich und am Ort. Plötzlich erwies sich: Das billigste Teil und das am schlimmsten vernachlässigte war das teuerste und nur scheinbar ersetzlich. Wo es kaputtgeht, wird es nicht lange dauern, bis über den Beton Gras gewachsen ist.

(Günter Kunert, Tagträume in Berlin und andernorts. Frankfurt: Fischer 1974 = ft 1437, S. 22.)

WOLTER, „Ich habe die Fehlerquelle gefunden: ein total veraltetes Einbauteil!"

(Informationen zur politischen Bildung 01/1998.)

Arbeitsanregungen

1. Welches Verhältnis zwischen Mensch und Maschine beschreibt Günter Kunert?

2. Wie beurteilt der Autor den technischen Fortschritt? (Berücksichtigen Sie den Schlussgedanken des Textes.) Welche Beziehung haben Sie zu Maschinen, mit denen Sie arbeiten?

3. Stellen Sie einen Zusammenhang her zwischen der Karikatur und der Kurzprosa!

GERO VON RANDOW, **Mensch Maschine Kultur**

Der Mensch ist im teilautomatisierten System keineswegs notwendigerweise der Helot[1], wie damals noch befürchtet wurde. Die „technische Unterordnung des Arbeiters unter den gleichförmigen Gang des Arbeitsmittels", die Karl Marx vor 130 Jahren richtig beobachtet hatte, wird durch eine neue, anspruchsvollere Kombination von Menschen und Maschinen ersetzt. Zur bloßen Bedienung der Maschine tritt das Einrichten, Überwachen und Instandhalten hinzu. Etwa wenn das Programm einer Werkzeugmaschine, bevor sie loslegen darf, noch einmal Schritt für Schritt überprüft wird. Wie muss das Werkstück aufgespannt werden? Ist die richtige Schneide gewählt, stimmen die Geschwindigkeiten, Kräfte, Toleranzen, lässt sich der Prozess durch eine geschickter gewählte Schrittfolge beschleunigen? Alles Fragen, die beim Programmieren im produktionsfernen Büro allein nicht optimal beantwortet werden können. Das verlangt vom Produktionsarbeiter nicht nur Kenntnisse, sondern auch Erfahrungen, ein taktiles Gefühl für Verspannungen etwa, ein geschultes Gehör, den Blick für kritische Situationen – und zwar auch später, wenn die Maschine mit der Bearbeitung begonnen hat und überwacht werden muss.

Wenn gar noch der Belegungsplan der Anlage so ausgereizt werden soll, dass nachgeordnete Abteilungen bestens bedient werden, dann reicht es wirklich nicht mehr, dass ein Arbeiter bloß seinen Dreh- oder Fräsjob macht und sonst nichts. Nein, modernisieren heißt informieren, sonst wird nichts daraus. [...]

Seit Beginn der achtziger Jahre geistert der Begriff „Gruppenarbeit" umher. Die Idee ist sogar noch älter, sie stammt aus den zwanziger Jahren und wurde damals bei Daimler-Benz in Untertürkheim ausprobiert. Eine Gruppe von Arbeitern, so lautet das Prinzip, teilt sich untereinander die Arbeit auf, je nach Fertigkeiten, Vorlieben, und auch wechselnd mit der Zeit und jeweils neuen Anforderungen an die Produktion angepasst. Zur autoritären Verfassung der deutschen Industrie, zum später einsetzenden Führerprinzip gar wollte dieses Organisationsprinzip schlecht passen; die Automation von heute könnte ihm indessen zu einer Renaissance verhelfen, denn sie erlaubt Flexibilität. Und wenn eine solche Gruppe auch noch erweiterte Kompetenzen erhält, wenn sie für Lagerhaltung, Instandsetzung und Ablaufplanung zuständig wird, dann steigen Motivation und Qualität. Einer Erhebung des Karlsruher Fraunhofer-Instituts für Systemtechnik und Innovationsforschung (ISI) zufolge sind Betriebe, die Gruppenarbeit eingeführt haben, um acht Prozent produktiver als andere.

(Die Zeit, Nr. 14 vom 28. März 1997.)

Arbeitsanregungen

1. Welche Bedeutung kommt nach Gero von Randow dem Menschen im automatisierten Produktionsprozess zu? Vergleichen Sie seine Auffassung mit der von Kunert!

2. Halten Sie Argumente, die für die Gruppenarbeit sprechen, auch für überzeugend?

---

1 Helot = Unterdrückter (griech.: Staatssklave im alten Sparta)

Hermann Kasack, Mechanischer Doppelgänger

„Ein Herr wünscht Sie zu sprechen", meldete die Sekretärin. Ich las auf der Besuchskarte: Tobias Hull, B. A. – Keine Vorstellung. Auf meinen fragenden Blick: „Ein Herr in den besten Jahren, elegant."

Anscheinend ein Ausländer. Immer diese Störungen. Irgendein Vertreter. Oder? Was weiß man. – „Ich lasse bitten."

Herr Tobias Hull tritt mit vorsichtigen Schritten ein. Er setzt Fuß vor Fuß, als fürchte er, zu stark aufzutreten. Ob er leidend ist? Ich schätze sein Alter auf Mitte vierzig. Eine große Freundlichkeit strahlt aus seinem glatt rasierten, nicht unsympathischen Gesicht. Sehr korrekt angezogen, beinahe zu exakt in seinen verbindlichen Bewegungen, scheint mir. Nun, man wird sehen. Mit der Hand zum Sessel weisend: „Was verschafft mir die Ehre Ihres Besuches?"

„Oh! Ich wollte mich Ihnen nur vorstellen."

„Sehr angenehm", sagte ich.

„Oh! Sie verstehen!" Dieses mit einem leicht jaulenden Ton vorgebrachte Oh! ist unnachahmlich. Seine müde, etwas monotone Stimme hat einen kleinen fremden Akzent. Er sieht mich mit freundlicher Erwartung an.

Über das Benehmen meines Besuches doch ein wenig erstaunt, wiederhole ich: „Sehr angenehm. Aber darf ich Sie fragen – "

Da werde ich sogleich mit seinem „Oh!" unterbrochen. „Bitte fragen Sie mich nicht." Und dann beginnt er, seine Geschichte zu erzählen, die er anscheinend schon hundertmal vorgebracht hat: „Ich bin nämlich ausgestopft!"

„Aber – erlauben Sie mal!"

Das eigentümliche Wesen, das mich überlegen fixiert, beachtet den Einwurf nicht, sondern fährt unbeirrt fort: „Erschrecken Sie nicht, weil ich eine Art Automat bin, eine Maschine in Menschenform, ein Ersatz sozusagen. Mr. Tobias Hull existiert wirklich. Der Chef einer großen Fabrik zur Herstellung von mechanischen Doppelgängern. Ich bin, wie sagt man, seine Projektion, ja, Agent in Propaganda. Ich kann Ihnen natürlich meinen Mechanismus im Einzelnen nicht erklären – Sie verstehen: Fabrikationsgeheimnis! Aber wenn Sie daran denken, dass die meisten Menschen heutzutage ganz schablonenmäßig leben, handeln und denken, dann werden Sie sofort begreifen, worauf sich unsere Theorie gründet! Herz und Verstand werden bei uns ausgeschaltet. Sie sind es ja, die im Leben so oft die störenden Komplikationen hervorrufen. Bei uns ersetzt die Routine alles. Sehr einleuchtend, nicht wahr?"

Ich nickte verstört.

„Oh! Mein Inneres ist ein System elektrischer Ströme, automatischer Hebel, großartig! Eine Antennenkonstruktion, die auf die feinsten Schwingungen reagiert. Sie lässt mich alle Funktionen eines menschlichen Wesens verrichten, ja in gewisser Weise noch darüber hinaus. Sie sehen selbst, wie gut ich funktioniere."

Zweifelnd, misstrauisch betrachte ich das seltsame Geschöpf. „Unmöglich!" sage ich. „Ein Taschenspielertrick. Sehr apart. Indessen – "

„Oh! Ich kann mich in sieben Sprachen verständigen. Wenn ich zum Beispiel den obersten Knopf meiner Weste drehe, so spreche ich fließend englisch, und wenn ich den nächsten Knopf berühre, so spreche ich fließend französisch, und wenn ich –"

„Das ist wirklich erstaunlich!"

„Oh! In gewisser Weise; vor allem aber angenehm. Wünschen Sie ein Gespräch über das Wetter, über Film, über Sport? Über Politik oder abstrakte Malerei? Fast alle Themen und Vokabeln des modernen Menschen sind in mir vorrätig. Auch eine Spule von Gemeinplätzen lässt sich abrollen. Alles sinnreich, komfortabel und praktisch. Wie angenehm wird es für Sie sein, wenn Sie sich erst einen mechanischen Doppelgänger von sich halten – oder besser, wenn Sie gleich zwei Exemplare von sich zur Verfügung haben. Sie könnten gleichzeitig verschiedene Dienstreisen unternehmen, an mehreren Tagungen teilnehmen, überall gesehen werden und selber obendrein ruhig zu Hause sitzen. Sie haben einen Stellvertreter Ihres Ich, der Ihre Geschäfte wahrscheinlich besser erledigt als Sie selbst. Sie werden das Doppelte verdienen und können Ihre eigene Person vor vielen Überflüssigkeiten des Lebens bewahren. Ihr Wesen ist vervielfältigt. Sie können sogar sterben, ohne dass die Welt etwas davon merkt. Denn wir Automaten beziehen unsere Existenz aus jeder Begegnung mit wirklichen Menschen."

„Aber dann werden ja die Menschen allmählich ganz überflüssig."

„Nein. Aus eben diesem Grunde nicht. Zwei Menschenautomaten können mit sich selbst nur wenig anfangen. Haben Sie also einen Auftrag für mich?"

Mit jähem Ruck sprang das Wesen auf und sauste im Zimmer hin und her.

„Oh! Wir können auch die Geschwindigkeit regulieren. Berühmte Rennfahrer und Wettläufer halten sich schon Doppelgänger-Automaten, die ihre Rekorde ständig steigern."

„Fantastisch! Man weiß bald nicht mehr, ob man einen Menschen oder einen Automaten vor sich hat."

„Oh!", zischte es an mein Ohr, „das letzte Geheimnis der Natur werden wir nie ergründen. – Darf ich also ein Duplikat von Ihnen herstellen lassen? Sie sind nicht besonders kompliziert zusammengesetzt, das ist günstig. Das hineingesteckte Kapital wird sich bestimmt rentieren. Morgen wird ein Herr kommen und Maß nehmen."

„Die Probe Ihrer Existenz war in der Tat verblüffend, jedoch –" Mir fehlten die Worte und ich tat so, als ob ich überlegte.

„Jedoch, sagen Sie nur noch: Der Herr, der morgen kommen soll, ist das nun ein Automat oder ein richtiger Mensch?"

„Ich nehme an, noch ein richtiger Mensch. Aber es bliebe sich gleich. Guten Tag."

Mr. Tobias Hull war fort. Von Einbildung kann keine Rede sein, die Sekretärin ist mein Zeuge. Aber es muss diesem Gentlemangeschöpf unmittelbar nach seinem Besuch bei mir etwas zugestoßen sein, denn weder am nächsten noch an einem späteren Tage kam jemand, um für meinen Doppelgänger Maß zu nehmen. Doch hoffe ich, wenigstens durch diese Zeilen die Aufmerksamkeit der Tobias-Hull-Gesellschaft wieder auf meine Person zu lenken.

Denn eines weiß ich seit jener Unterhaltung gewiss: Ich bin inzwischen vielen Menschen begegnet, im Theater und im Kino, bei Versammlungen und auf Gesellschaften, im Klub und beim Stammtisch, die bestimmt nicht sie selber waren, sondern bereits ihre mechanischen Doppelgänger.

(Willi Fehse [Hrsg.], Deutsche Erzähler der Gegenwart. Stuttgart: Reclam 1959 = UB 8262-265, S. 151-155.)

Arbeitsanregungen

1. Charakterisieren Sie den mechanischen Doppelgänger des Tobias Hull! Wie wirkt er auf den Ich-Erzähler? (Zur Personencharakteristik vgl. S. 117 f.)

2. Welche Vorteile eines mechanischen Doppelgängers werden in der Geschichte aufgezeigt? Gibt es auch Nachteile?

3. Nehmen Sie Stellung zur Äußerung des Doppelgängers, es bliebe sich gleich, ob man einen Automaten vor sich habe oder einen richtigen Menschen!

4. Wie beurteilen Sie das Fazit des Ich-Erzählers, er sei inzwischen vielen Menschen begegnet, „die bestimmt nicht sie selber waren, sondern bereits ihre mechanischen Doppelgänger"?

Hans Harald Bräutigam/Christian Weymayr, Ich, Ich und Ich

Zum erstenmal haben amerikanische Ärzte menschliche Embryonen geklont. Was alles kann die Reproduktionsmedizin?

Und was darf sie?

Dr. Jerry Hall ist ein ehrgeiziger Mann. Der Laborleiter im Zentrum für künstliche Befruchtung im Washingtoner Universitätsklinikum hat den Erfolg im Auge, denn die Konkurrenz unter den Reproduktionsmedizinern ist groß. Vor fünfzehn Jahren haben seine englischen Kollegen Patrick Steptoe und Robert Edwards das erste Retortenbaby, Louise Brown, zur Welt gebracht. Seither hat die Zahl der Paare, die eine künstliche Befruchtung vornehmen ließen, weltweit die halbe Million überschritten. Genaue Zahlen kennt niemand. Die Reproduktionsmedizin ist ein diskretes Geschäft.

Jerry Hall brach die Diskretion. Am 13. Oktober teilte er seinen Kollegen, die in Montreal auf einer Tagung der Amerikanischen Gesellschaft zum Studium der Fruchtbarkeit zusammengekommen waren, eine Neuigkeit mit: Er habe erstmals menschliche Embryonen geteilt und sie in Nährlösungen heranwachsen lassen. Theoretisch hätten daraus dann genetisch identische Menschen werden können – künstliche Mehrlinge. „Es ist klar, dass es nur eine Frage der Zeit war, bis irgendeiner mit solchen Versuchen beginnt", sagt der amerikanische Forscher, „und ich bin der Meinung, dass dies besser in einem offenen Diskurs geschieht und damit die ethische Diskussion endlich angeschoben wird." Denn angesichts des ausgefeilten Instrumentariums der Reproduktionsmediziner müsse in der Zukunft mit ganz anderen Dingen gerechnet werden als einer schlichten Befruchtung im Reagenzglas. [...]

Halls Versuche sind keine wissenschaftliche Großtat, längst ist das Klonen bei Tieren ein probates Mittel zur Verbesserung des Zuchterfolges. Auf diese Weise erhält man mehrmals die gleiche preisgekrönte Milchkuh oder den gleichen monströsen Schlachtbullen. Dass dies auch am Menschen gelingen könnte, wurde nie ernsthaft bezweifelt. Es wurde nur einfach nie versucht. Jedenfalls nicht öffentlich. Hall nennt vier neue Möglichkeiten, die sein Experiment der Reproduktionsmedizin eröffne:

- Die Sicherheitskopie. Bei einer gelungenen künstlichen Befruchtung könnte ein identischer Embryo im Gefrierfach aufbewahrt werden. Falls das Kind stirbt, dient der tiefgefrorene Zwilling in Wartestellung als identischer Ersatz.

- Das Testmodell. Soll nach einer Reagenzglasbefruchtung der Embryo auf genetische Defekte untersucht werden, muss ihm bislang eine Zelle entnommen werden. Eine Untersuchung, die den Embryo nicht selten das Leben kostet. Wird der Embryo jedoch vorher geklont, könnte ein Exemplar, da es sich ja um genetisch gleiche Embryonen handelt, für den Test geopfert werden.

• Das Ersatzteillager. Erkrankt ein Kind an Blutkrebs oder an einem Nierenleiden, kann ihm nur eine Knochenmarksübertragung oder eine Nierentransplantation helfen. Die funktioniert aber bloß dann, wenn die Spenderzellen genetisch gleich sind oder die Abstoßung medikamentös unterdrückt wurde. Auch dafür könnte die Kopie dienen. Man ließe sie ein Weilchen heranreifen, um sie als menschliches Ersatzteillager zu nutzen.

• Die Risikostreuung. Mit dem Embryosplitting, so der Fachausdruck für das Teilen der menschlichen Zellklumpen, stehen bei einer künstlichen Befruchtung mehrere Embryonen zur Einpflanzung in die Mutter zur Verfügung. Die Chancen dafür, dass sich einer der Embryonen auch wirklich einnistet und es zu einer erfolgreichen Schwangerschaft kommt, steigen. [...]

Die Manipulation der menschlichen Erbanlagen spielt bislang in der Reproduktionstechnik keine Rolle, auch nicht für Jerry Hall. Er tastete zwar das Erbgut nicht an und ließ auch die Zellen intakt. Für genetische Versuche am Menschen schafft die Reproduktionstechnik jedoch die Voraussetzungen. Bislang sind die Wissenschaftler, soweit bekannt ist, vor dem Schritt zurückgeschreckt, das menschliche Erbgut zu manipulieren.

Doch ohne Schwierigkeiten könnten die Jerry Halls in den Reprodukitonslaboratorien der Erde auch lebensfähige Embryonen klonieren. Mit kleinen technischen Verbesserungen ließe sich leicht jede beliebige Anzahl identischer Embryonen herstellen, sozusagen eineiige „Unendlich-Linge". Die können natürlich nicht alle von der genetischen Mutter ausgetragen werden, sondern von jeder Frau, der diese Art von Kinder-Konfektionsware zusagt. Die Embryonen können beliebig lange aufgehoben und um die Welt verschickt werden. Vielleicht könnte ein Versandhaus geklonte Embryonen in seinen Katalog aufnehmen – auf der Packung das Foto des schon geborenen Zwillings.

Auch der Wissenschaft stünde ein unerschöpflicher Vorrat an Embryonen zur Verfügung. Da diese alle identisch sind, ließe sich das von Forschern geforderte Postulat der Vergleichbarkeit von Versuchsanordnungen erfüllen. Ein Embryo wird manipuliert, seine Kopie nicht. Das Ergebnis lässt sich auf diese Weise exakt überprüfen. Jerry Halls Versuche lenken so den Blick auf ein Horrorszenario, das seit Jahren die Gegner der Reproduktions- und Gentechnik erschreckt: Chimären aus Mensch und Tier wären denkbar, und mit Hilfe der Gentechnik könnte der „Mensch nach Maß" endlich geschaffen werden.

(Hans Harald Bräutigam/Christian Weymayr, Ich, Ich und Ich. In: Die Zeit, Nr. 45 vom 5. November 1993.)

Arbeitsanregungen

1. Welche Absicht verfolgt Jerry Hall mit seinem Versuch, menschliche Embryonen zu klonen?

2. Mit welchen sprachlichen Mitteln werden die vier Möglichkeiten dargestellt, die das Experiment der Medizin eröffnet? Beschreiben Sie die Wirkung, die erzielt wird!

3. – Stellen Sie anhand des Textes Argumente für das Klonen menschlicher Embryonen zusammen!
    – Sammeln Sie Argumente, die gegen derartige Experimente sprechen und nehmen Sie begründet Stellung zur eingangs gestellten Frage: Was darf die Reproduktionsmedizin? (Zur Argumentation vgl. S. 568 ff.)

4. Vergleichen Sie den Artikel mit Hermann Kasacks Kurzgeschichte „Mechanischer Doppelgänger" (S. 156 f.)! Welche Intentionen liegen den beiden Texten zugrunde?

Gottfried Benn wurde 1886 als zweites Kind eines Pfarrers in Mansfeld/Brandenburg geboren und starb 1956 in Berlin. Nach dem Medizinstudium sammelte er zahlreiche Erfahrungen in seinem Beruf: Er arbeitete als Psychiater an der Charité, Berlin, fuhr 1914 als Schiffsarzt nach New York, nahm als Militärarzt aktiv am Ersten Weltkrieg teil und war Arzt in einem Krankenhaus für Prostituierte in Brüssel, bevor er sich 1917 als Facharzt für Haut- und Geschlechtskrankheiten in Berlin niederließ.

In seinem ersten Gedichtband „Morgue" (1912) stellt Benn Szenen aus dem Medizineralltag dar, eine Welt des Ekels und der Verwesung. Diese Gedichte mit ihren kalt sezierenden, Grauen erregenden Bildern wurden ein Skandalerfolg.

In den 20er Jahren nahm Benn eine neue Position ein: Ablehnung des rationalistischen Weltbilds der Naturwissenschaften und Sehnsucht nach einer Urzeit, die mythisch oder religiös bestimmt ist.

Benn bekannte sich zunächst zum Nationalsozialismus, wandte sich aber später von dem Gedankengut ab.

Der Tragik des Nihilismus[1] setzte Benn schließlich den Glauben an die formale Kraft der Kunst entgegen und zog selbst das Fazit:"[…] nichts gilt die Erscheinung, nichts der Einzelfall, alles die gesetzgeberische Umlagerung des Stils."

Lesehinweis
Gerd Haffmanns (Hrsg.), Ausgewählte Gedichte. Zürich: Diogenes 197.
Gottfried Benn, Fragmente. Destillationen. Aprèslude. Stuttgart: Klett-Cotta 1987.

Schallplatten
„Gottfried Benn liest ‚Gedichte und Prosa'". Deutsche Grammophon-Gesellschaft Nr. 41003.

---

1 Nihilismus = philosophische Anschauung, die Überzeugung von der Nichtigkeit alles Bestehenden

GOTTFRIED BENN, **Verlorenes Ich**

Verlorenes Ich, zersprengt von Stratosphären[1],
Opfer des Ion[2] –: Gamma-Strahlen[3]-Lamm –
Teilchen und Feld –: Unendlichkeitschimären[4]
auf deinem grauen Stein von Notre-Dame[5].

Die Tage gehn dir ohne Nacht und Morgen,
die Jahre halten ohne Schnee und Frucht
bedrohend das Unendliche verborgen –
die Welt als Flucht.

Wo endest du, wo lagerst du, wo breiten
sich deine Sphären an – Verlust, Gewinn –:
ein Spiel von Bestien: Ewigkeiten,
an ihren Gittern fliehst du hin.

Der Bestienblick: die Sterne als Kaldaunen[6].
Der Dschungeltod als Seins- und Schöpfungsgrund,
Mensch, Völkerschlachten, Katalaunen[7]
hinab den Bestienschlund.

Die Welt zerdacht. Und Raum und Zeiten
und was die Menschheit wob und wog,
Funktion nur von Unendlichkeiten –
die Mythe[8] log.

Woher, wohin – nicht Nacht, nicht Morgen,
kein Evoë[9], kein Requiem[10],
du möchtest dir ein Stichwort borgen –
allein bei wem?

Ach, als sich alle einer Mitte neigten
und auch die Denker nur den Gott gedacht,
sie sich den Hirten und dem Lamm verzweigten,
wenn aus dem Kelch das Blut sie rein gemacht,

und alle rannen aus der einen Wunde,
brachen das Brot, das jeglicher genoß –
o ferne zwingende erfüllte Stunde,
die einst auch das verlorne Ich umschloß.

(Gottfried Benn, Statische Gedichte. © 1948, 1983 by Arche Verlag AG, Raabe + Vitali, Zürich.)

---

1 Stratosphären = Schicht über der Erdatmosphäre (zwischen 10 - 80 km)
2 Ion = elektrisch geladenes Teilchen
3 Gamma = elektromagnetische Strahlung bei Atomkernumwandlungen
4 Chimären = Fantasieungeheuer
5 Notre Dame = Kathedrale in Paris
6 Kaldaune = Eingeweide frisch geschlachteter Tiere
7 Katalaunen = Katalaunische Felder in der Gegend der Champagne (Frankreich), auf denen 451 n. Chr. eine Schlacht gegen die Hunnen geführt wurde.
8 Mythe = Helden- und Göttersagen
9 Evoë = Jubelruf (Fest des Weingottes Dionysos)
10 Requiem = katholische Totenmesse

Arbeitsanregungen

1. Auf welche Bilder wird das Ich reduziert?
2. Wie wird die Orientierungslosigkeit verdeutlicht? Beschreiben Sie die jeweilige Wirkung!

3. Wodurch ist die „zwingende erfüllte Stunde" gekennzeichnet? Welche sprachlichen Mittel verstärken den positiven Eindruck?

Vilém Flusser, 1920 in Prag geboren, entging durch die Flucht nach Brasilien als Einziger seiner Familie der Verfolgung durch die Nationalsozialisten. Zu diesem tiefen Einschnitt in seinem Leben bemerkte er später: „Im Jahre 1945 stellte sich mir die Frage: Kann man leben? Ich habe lange Zeit eine Liste geführt, auf der ich Argumente pro und kontra Selbstmord aufgeführt habe. Ich habe mich nicht umgebracht. Aber es stellt sich die Frage, wie kann man überhaupt noch etwas machen? Die Geschichte war zu Ende, Auschwitz kann nicht mehr übertroffen werden."

Ob als Professor für Kommunikationsphilosophie, als Herausgeber einer philosophischen Zeitschrift oder als Abgesandter des brasilianischen Außenministeriums für kulturelle Zusammenarbeit – ein Leben lang galt Flussers Anliegen der Nähe zum anderen Menschen – der Überwindung der Entfremdung. Er setzte auf den Fortschritt der modernen Elektronik, die uns ungeahnte Möglichkeiten eröffnet, denn für ihn stand außer Zweifel, dass „alle Revolutionen technische Revolutionen sind".

Lesehinweis

Vilém Flusser, Nachgeschichten, Essays, Vorträge, Glossen. Düsseldorf: Bollmann 1991.
Vilém Flusser, Kommunikologie. Frankfurt: Fischer = ft 13389.
Vilém Flusser, Bodenlos. Eine philosophische Autobiographie. Frankfurt: Fischer 1999 = ft 13390.

VILÉM FLUSSER, Das Verschwinden der Ferne

Man kann heute mit einigem Recht von einem dreigeteilten Weltbild sprechen. Ein Triptychon¹ könnte dies wie folgt darstellen: im Mittelteil die Welt, wie wir sie mit dem Auge wahrnehmen, auf dem linken Flügel die Welt, wie sie im Teleskop erscheint, auf dem rechten schließlich die Welt aus der mikroskopischen Perspektive.

5 Versuchen wir einmal, uns in die Zeit Galileo Galileis zurückzuversetzen. Dessen Zeitgenossen hatten die Vorstellung von zwei Welten: einer sublunaren, also einer

---

1 Triptychon = dreiteiliges Altarbild

„unter dem Mond" gelegenen, sowie einer „über dem Mond" gelegenen Welt; für die Menschen waren sie miteinander unvergleichbare Ordnungen. Nun waren in der sublunaren Welt die vier sie ausmachenden Elemente in „Unordnung" geraten. Sollte eigentlich die Erde zuunterst liegen, darüber das Wasser, darüber wiederum die Luft und zuoberst das Feuer, so war doch auch Wasser in der Luft sowie unter der Erdoberfläche (Regen und Quellen) vorhanden, es fand sich Luft im Wasser (Luftblasen) und unter der Erde (Erdbeben). Andererseits konnte Erde in die Luft gelangen – etwa in Form von in die Höhe geworfenen Steinen. Diese „Unordnung" auf der Welt „unter dem Mond" wurde zwar immer wieder beseitigt, dennoch blieb das äußere Erscheinungsbild von Unregelmäßigkeiten gekennzeichnet: von Bergen und Tälern beispielsweise. In der Welt „über dem Mond" hingegen herrschte eine ewige, unveränderliche, kurzum beste Ordnung: perfekte Kugeln zogen dort perfekte Kreise. Bis eines Tages Galilei den Mond durch ein Teleskop betrachtete und dort auch Berge erkannte. In diesem Ereignis ist im Grunde das „Verschwinden der Ferne", das, was wir telematische Kultur nennen, angelegt.

Schließlich war es Newton, dem es gelang, einen Weg aus dieser Situation zu finden. Er vereinigte die himmlische mit der irdischen Mechanik, setzte Himmel und Erde gleich und zeigte damit, dass überall die gleiche harmonische Ordnung besteht und dass alle Unordnung in Wahrheit nur Schein ist. Er fand heraus, dass das Universum, in dem der Erdball seine Bahnen zieht, dass die Entfernungen im Himmel astronomisch groß sind. Somit haben das Teleskop und die damit in Zusammenhang stehenden Forschungen Newtons die Ferne nicht verschwinden gemacht, sondern sie – im Gegenteil – riesig vergrößert.

Vor der Erfindung des Teleskops hatte der Mensch ungefähr folgende Vorstellung der Welt: Um das Mittelmeer waren die Länder gelagert, und die wiederum waren vom Ozean umgeben. Darüber kreisten der Mond, die Sonne und die anderen Planeten, während das Firmament mit den Sternen den Hintergrund bildete. Dies alles war unvorstellbar groß: Niemand hätte auch nur daran gedacht, die Welt mit Pferd und Wagen oder gar zu Fuß durchqueren zu können. Das Alter dieser Ordnung schätzten einige Gelehrte in jener Zeit auf viele tausend Jahre. Zwar war der Mensch das Maß aller Dinge, da er die Dinge berechnen konnte, sie messbar machte – er unterteilt in Meter, Kilogramm, Stunden usw., im Vergleich zum Kosmos aber war er unendlich klein.

Mit der Entdeckung des Teleskops eröffnete sich dem Menschen eine neue Weltsicht: Die Wissenschaft erkannte, dass die Erde sich um ihre eigene Achse dreht und sich um die Sonne bewegt, die sich ihrerseits in einer Galaxie[1], gemeinsam mit unzähligen anderen Galaxien, um irgendetwas dreht, und dieses „irgendetwas" dreht sich wieder um etwas anderes. Dieses System existiert schon einige Milliarden Jahre, es wird noch lange existieren und doch wird es einmal vergehen.

Heute kann man sogar ungefähr berechnen, wie groß und wie schwer die Welt ist, aber die Zahlen, die man dabei erhält, haben zu viele Nullen, um uns konkrete Vorstellungen vermitteln zu können. Die Größenordnungen auf der Erde und dem Mond – betrachtet man etwa die Höhe der Berge – muten dagegen geradezu wie lächerliche Kleinigkeiten an. Vom Menschen als Maß aller Dinge kann in diesen Dimensionen keine wie auch immer geartete Rede mehr sein, er ist ein Provisorium auf der Erdoberfläche, eine winzige Ausbuchtung der Biosphäre[2]. Kurz: Das Teleskop hat überhaupt erst gezeigt, was „Ferne" wirklich bedeutet: Vor seiner Erfindung war eigentlich alles in der Nähe.

---

1 Galaxie = Sternensystem
2 Biosphäre = Gesamtlebensraum der Erde

Schaut man in das Teleskop umgekehrt hinein, übernimmt es die Funktion eines Mikroskops. Fragen wir uns also, was das Mikroskop eigentlich leistet: Durch-das-Mikroskop-Schauen bedeutet nicht etwa – wie man es vielleicht erwartet, „Nahesehen", sondern „Kleinsehen". Dieses optische Instrument beweist, dass Ferne nicht nur „weit von hier", sondern zugleich auch „fremd" bedeutet. Die Ausschnitte, die im Mikroskop sichtbar werden, sind zwar räumlich ganz nah beim Betrachter, sie muten ihn aber derart fremd an, dass sie „ferner" sind als alle Galaxien und Spiralnebel im Universum. Das Mikroskop demonstriert, dass nicht alles immer „himmelweit" fern sein kann. Dies stellt den Menschen in die Mitte zwischen „himmelweit" Fernem und „hautnah" Fernem.

Seit Tele- und Mikroskop kann man also eine Welt der Nähe in zwei Welten der Ferne unterscheiden. Die „nahe" Welt wird in Zentimetern und Sekunden gemessen, hier ist der Mensch das Maß aller Dinge. Die Welt, die wir durch das Teleskop wahrnehmen, wird in Lichtjahren und Jahrmilliarden gemessen; die Maßeinheiten der mikroskopischen Welt sind Mikromis[1] und Nanosekunden[2], hier gibt es kein Maß aller Dinge. Diese drei Welten greifen zwar ineinander – die Menschen senden Astronauten in die große Welt der Ferne, ins All, die Kernkraft kann andererseits in der kleinen Welt freigesetzt werden, doch sind sie nicht miteinander vereinbar, da die Zeit in der nahen Welt aus der Vergangenheit in die Zukunft läuft, in der großen Welt Schleifen bildet und in der kleinen Welt in Körner zerbröckelt. Um die Ferne verschwinden zu machen, müsste man diese drei Zeiten „synchronisieren". Erst das würde uns nahe bringen, was mit dem Begriff „Ferne" eigentlich gemeint ist.

So gestaltet sich der komplizierte Sachverhalt, in dessen Rahmen die Frage nach der so genannten telematischen Kultur gestellt werden muss. Es müsste eine Kultur sein, die darauf ausgerichtet ist, uns das Ferne nahe zu bringen, uns das Fremde vertraut zu machen, damit die Welt nicht mehr befremdlich ist und wir ihr nicht mehr entfremdet gegenüberstehen. Es müsste eine Kultur sein, die mindestens so greifbar für uns wäre wie damals jene noch heile Weltordnung, die Galileis Teleskop so sehr ins Wanken gebracht hatte. Aber solch eine Sehnsucht von nach Harmonie erfüllter Utopie meinen die Menschen meist gar nicht, wenn sie von Telematik reden. Sie meinen damit eine Welt voller materieller und immaterieller Kabel, durch die Menschen und künstliche Intelligenz miteinander vernetzt werden, um schneller als augenblicklich miteinander Informationen austauschen zu können. Betrachtet man die Sache allerdings eingehender, dann wird deutlich, dass die Menschen im Grunde doch Sehnsucht nach der verlorenen „heilen Welt" haben. Denn welchen Zweck hätten sonst all die Kabel, Netze und die künstliche Intelligenz, wenn nicht den, uns aus der Entfremdung heraus- und einander näher zu bringen?

Unter den zahlreichen Worten, die mit der Vorsilbe „tele" beginnen und die seit dem Teleskop Ausdruck für das Bestreben des Menschen nach Überbrückung der Entfremdung sind, ist in diesem Kontext das Wort „Telepathie" das aufschlussreichste. Während das Teleskop den Versuch bezeichnet, bis in den Himmel zu sehen, versteht man unter Telepathie den Versuch, über weite Strecken hinweg mit dem Fernen „mitzuschwingen". Das griechische Verb pathein bedeutet „schwingen", aber auch „fühlen" und vor allem „leiden". Demnach kann Telepathie als Methode zum Mitschwingen, Mitfühlen und Mitleiden mit dem Fernen verstanden werden. Analog zu den Begriffsbedeutungen von Telefon (Fernsprecher) und Telegraf (Fernschreiber) lässt sich der Begriff Telepath mit „Fernfühler" oder „Fernleider" übersetzen. Nun

---

1 Mikro = 1 Millionstel einer Einheit
2 Nanosekunde = 1 Milliardstel einer Sekunde

könnte man schlussfolgern, dass das Radio ein Telepath ist, da es mit einem entfernten Sender mitschwingt. Das Radio allerdings ist nicht genügend pathetisch – mitfühlend. Die telematische Kultur aber muss „pathetischer" werden, weil sie dem Anspruch gerecht werden muss, uns einander näher zu bringen. [...]

Um die „hermetische" Qualität der Telematik begreifen zu können, müssen wir die Geografie aus dem Zentrum unseres Blickfeldes verdrängen. Es geht bei der Telematik nämlich nicht darum, alle Ereignisse auf der Erdoberfläche zu synchronisieren, indem man beispielsweise einen Einwohner Europas mit einem Einwohner in Asien Schach spielen lässt. Die Telematik ist vielmehr eine Art des Postverkehrs, der sich von der Erdoberfläche ins elektromagnetische Feld „erhoben" hat und in den folglich nicht nur die mittlere, sondern ebenso die große und kleine Welt einbezogen sind (man denke an die Satelliten im Weltall und die Elektronen, die Bestandteil jedes Atoms sind). Es ist daher falsch anzunehmen, dass der Europäer dem Asiaten aus diesem Grunde näher gekommen sei, weil beide zugleich das gleiche Schachbrett betrachten: Sie kommen einander dadurch – und nur dadurch – näher, dass sie gemeinsam Schachspielen. Da das Schachspiel nun keine geografisch lokalisierbare Sache ist, sondern ein mit Leidenschaft, mit Passion, betriebenes Spiel, so kann man von einem telepathischen Ereignis sprechen: Im Schachspiel „schwingen" beide in der gleichen Stimmung; sie sind synchronisiert, also zu derselben Zeit präsent, einer ist für den anderen da. Die Spieler sind einander so nahe gekommen, dass jegliche Ferne zwischen ihnen aufgehoben ist. [...]

Wenn von Telematik die Rede ist, dann geht es um das Nahebringen des Fernen, also um Boten und Botschaften, vor allem aber – dies ist den Menschen nicht immer bewusst, um jene wichtigste Botschaft, die besagt, dass wir nur zu uns selbst kommen können, wenn wir zum anderen kommen. Sie legt uns dar, dass „Ferne" nicht das ist, was uns vom anderen und von anderen trennt, sondern dass wir selbst uns fern sind, dass wir diese Entfremdung von uns selbst aber überwinden können. Wir können uns selbst erst finden, wenn wir zum anderen finden, uns in ihm wiedererkennen und ihn anerkennen.

All die materiellen und immateriellen Kanäle, all die Netze und Verknüpfungen, all die künstlichen Intelligenzen und die Codes, in denen hin- und herlaufende Botschaften verschlüsselt sind, dienen nur dem einen Ziel: die Ferne, die uns daran hindert, zum anderen und dadurch zu uns selbst zu gelangen, aufzuheben, verschwinden zu machen. All diese technischen Errungenschaften stehen also letztlich im Zeichen der Nächstenliebe. Insoweit als dieser hermetischen Telepathie, dieser geheimnisvollen Technik der Überwindung der Entfremdung, Erfolg beschieden sein wird, stellt die telematische Kultur eine geradezu ungeheuerliche Hoffnung dar. Sofern es aber bei der Telematik nur darum gehen wird, Zeit und Raum zu überwinden, ohne dadurch den zwischen den Menschen klaffenden Abgrund der Fremdheit zu überwinden, handelt es sich bei dieser Kultur nur um ein Gadget[1].

(Vilém Flusser, Das Verschwinden der Ferne. In: Arch⁺ 03/1992, S. 31 ff.)

---

1 Gadget = Apparat, Vorrichtung

Wo sich Himmel und Erde berühren (16. Jahrhundert)

(Peter Mettenleiter/Stephan Knöbl [Hrsg.], Blickfeld Deutsch. Paderborn: Schöningh 1991, S. 152.)

Arbeitsanregungen

1. Beschreiben Sie das Weltbild des Menschen vor und nach der Erfindung des Teleskops!

2. Vergleichen Sie die mittelalterliche Vorstellung der Welt mit dem Holzschnitt aus dem 16. Jahrhundert!

3. Erstellen Sie eine Zeichnung oder Collage, welche die Weltsicht nach Erfindung von Teleskop und Mikroskop thematisiert!

4. Welche Forderungen stellt der Autor an die Verwirklichung einer telematischen Kultur?

5. Flusser vertritt die These, der Mensch habe im Grunde Sehnsucht nach der „verlorenen heilen Welt".
   Vergleichen Sie die Texte von Benn und Flusser unter diesem Gesichtspunkt! Sehen die Autoren eine Möglichkeit, diese Sehnsucht zu erfüllen? Nehmen Sie Stellung zu den angebotenen Lösungsmöglichkeiten!

Forschung und Verantwortung

Stefan Andres wurde 1906 als neuntes Kind eines Müllers in Breitwies bei Trier geboren. Nach dem Besuch einer Klosterschule wollte er anfangs Priester werden, wechselte später jedoch an die Philosophische Fakultät und studierte Germanistik, Kunstgeschichte und Philosophie. Sein erster Roman „Bruder Luzifer" (1932) spiegelt seine Kindheitserinnerungen an die Schulzeit bei den Kapuzinern. In der Novelle „El Greco malt den Großinquisitor" (1936) verarbeitet Andres seine Schwierigkeiten im Verhältnis zur Kirche; doch trotz der offenkundigen Differenzen ist sein Werk von tiefer Religiosität geprägt.

Eines seiner bekanntesten Werke „Wir sind Utopia" (1942) beschäftigt sich mit der konfliktreichen Situation eines nicht anpassungsbereiten Christen, die der Autor selbst erfahren hat.

Während der nationalsozialistischen Herrschaft lebte Andres im italienischen Exil (Positano bei Neapel). Seine Trilogie „Die Sintflut" ist eine nicht nur auf die Epoche Hitlers und Mussolinis beschränkte Auseinandersetzung mit dem Faschismus. Nach seiner Rückkehr blieb Andres bis 1961 in Unkel am Rhein; danach zog es ihn nach Rom, wo er 1970 starb.

STEFAN ANDRES, **Das Trockendock**

Das erste Trockendock in Toulon, das gegen Ende des 18. Jahrhunderts von einem Ingenieur namens Grognard erbaut wurde, verdankt seinen Ursprung einer merkwürdigen Begebenheit. Schauplatz war ein Seearsenal[1], im eigentlichen Sinne aber das Gesicht eines Galeerensträflings – das Antlitz eines für einen Augenblick um seine Freiheit verzweifelt ringenden Menschen.

Bevor es den von Grognard erbauten Wasserbehälter gab, der mit seinem steigenden Spiegel das Schiff in den Fluss hinausschob, war es üblich, dass ein Galeerensträfling die letzten Dockstützen des vom Stapel laufenden Schiffes, freilich unter Lebensgefahr, wegschlug, worauf dann im gleichen Augenblick der Koloss donnernd und mit Funken stiebendem Kiel ins Wasser schoss. Gelang es dem die Stützen fortschlagenden gefangenen Manne, nicht nur dem Schiff die erste Bewegung zu geben, sondern auch sich selbst mit einem gedankenschnellen riesigen Satz aus der Nachbarschaft des herabrutschenden hölzernen Berges zu bringen, dann war er im gleichen Augenblick in seine Freiheit und in ein neues Leben gesprungen; gelang es ihm nicht, blieb von seinem Körper nichts übrig als eine schleimige Blutspur.

Der Ingenieur Grognard, der sich erstmalig zu einem solchen Stapellauf eingefunden hatte, ergötzte seine Augen an den übrigen festlichen Gästen auf den Tribünen und ließ, ganz den düstern und ehernen Wundern des Arsenals hingegeben, den Silber-

---
1 Arsenal = Geräte. bzw. Waffenlager

knauf seines Stockes zu den immer neuen Märschen mehrerer Militärkapellen auf
die hölzerne Balustrade fallen, wo er sich mit andern Ehrengästen befand. Die
Kommandos gingen in der Musik unter, gleichwohl bewegten sich die Arbeiter, die
freien und die Sträflinge, des gewohnten Vorgangs wie stumme Ameisen kundig, mit
Tauen und Ketten und Stangen hantierend, als hinge ein jeder an einem unsichtbaren Faden.

Grognard hatte einen der besten Plätze, er stand dem Bug, etwa fünfzig Schritt entfernt, gerade gegenüber. Wiewohl er vom Hörensagen wusste, auf welch gefährliche
Weise man das Schiff flott machte und ins Wasser ließ, so hatte er sich doch nicht den
Vorgang aus den Worten in eine deutliche Vorstellung überführt. Ja, er war sogar
unbestimmt der Ansicht, dass es menschlich und gut sei, wenn ein ohnehin verwirktes Leben durch einen kühnen Einsatz sich entweder für die Allgemeinheit nützlich
verbrauche oder für sich selber neu beginne. Nun aber, als endlich die Stützen am
Schiffsrumpf alle bis auf die am Bug fortgenommen; als die Arbeiter zurückkommandiert und die Matrosen an Bord gegangen waren; als schließlich die Musik
mit ihren in die Weite schreitenden Takten plötzlich abbrach; als nur noch ein Trommelwirbel dumpf und knöchern gegen die düsteren Mauern des Arsenals anrollte –
und verstummte –, da kam ein einzelner Mann in seiner roten Sträflingsjacke mit den
schweren hufnagelbeschlagenen Schuhen über das Pflaster gegen das Schiff geschlurft.
Er trug einen riesigen Zuschlaghammer in der Hand, der zuerst herabhing, dann, je
näher der Mann dem schwarzen Schiffsbauch kam, sich zögernd hob und, als seine
winzige Gestalt der Fregatte so nahe war, dass ihr gewölbter Rumpf ihn wie ein schwarzer Fittich überschattete, einmal pickend und vorsichtig pochend eine Stütze berührte, schließlich aber in der Hand des Mannes auf dieselbe Weise herabhing.

Es lag eine gefährliche Stille über der Fregatte und den Zuschauern. Grognard bemerkte, dass er zitterte und mit dem Silberknauf seines Stockes die vorsichtig antastende Bewegung des Zuschlaghammers mitgetan hatte. Und als ob dieses winzige
Geräusch des Stockes sein Ohr erreicht hätte, – der Sträfling wandte sich plötzlich
wie Hilfe suchend um. Grognard konnte die Nummer an der grünfarbenen Mütze des
lebenslänglich Verurteilten lesen – es war die Nummer 3222 – und zugleich mit der
Zahl und wie durch sie hindurch sah er das zitternde Lächeln, in welchem der Sträfling seine Zähne entblößte und einmal langsam die Augen verdrehte, als wollte er
Schiff, Zuschauer, Mauern und Himmel mit diesem einen Blick gierig verschlingen.
Aber sofort wandte er sich wieder dem Schiff zu – mit einem Ruck, so als könnte die
Fregatte etwa hinter ihm arglistig ohne sein Zutun entrinnen. Einen Atemzug lang
blieb er regungslos stehen, den Hammer gesenkt, dann hob er ihn langsam... Es ging
ein Stöhnen über den Platz, man wusste nicht, kam es aus dem Publikum, dem ächzenden Gebälk des Schiffes oder der Brust des Mannes, der im gleichen Augenblick
zuschlug: einmal, zweimal, hin- und herspringend gelenkig wie ein Wiesel und wild
wie ein Stier, und dreimal zuschlug und viermal –, man zählte nicht mehr. Das Schiff
knackte, mischte seine vom Hammer geweckte Stimme in dessen Schläge – und da,
als noch ein Schlag kam, sprang es mit einem Satz vor, und auch der Mann sprang,
den Hammer wie in Abwehr gegen den plötzlich bebenden Schiffsrumpf werfend,
sprang noch einmal, blieb aber, als nun alles aufschrie, das Gesicht in den Händen,
stehen, wie ein Mensch im Traum – und der Schiffsrumpf rüttelte zischend und dröhnend über ihn fort.

Dieser Vorgang, der nur wenige Atemzüge lang gedauert hatte, löste einen brünstigen vieldeutigen Schrei aus, der hinter der Fregatte herschob – über die blutige Spur
fort, die alsbald einige Sträflinge mit Sand zu tilgen kamen.

Auch Grognard hatte im allgemeinen Jubel einen Schrei getan und mit dem Schrei zugleich einen Schwur. Dieser Schwur aber enthielt im ersten Augenblick seines Entstehens einen Kern: und in diesem barg sich das Bild eines Trockendocks.

Als hätte er gewusst, dass seine Lächerlichkeit damit besiegelt sei, wenn er die eigentliche Triebkraft zu diesem Plan enthüllte: er führte nur Beweggründe ins Feld, die das öffentliche Wohl und den Fortschritt betrafen. Und als endlich trotz aller Widerstände das Dock mit Becken und Schleusentor fertig war, geschah es, dass der Urheber, der sich nun von jenem zwischen Hoffnung und Todesangst verzerrten Lächeln des Galeerensträflings erlöst glaubte, von einem Gefangenen mit einem Hammer niedergeschlagen wurde – es war, als Grognard gerade den Platz am Trockendock überschritt. Der Gefangene trug die grüne Wollmütze der Lebenslänglichen und schleppte seine Kette gemächlich hinter sich her. Eine Weile war er um Grognard in immer enger werdenden Kreisen langsam herumgegangen, bis er schließlich vor ihm stand. Grognard sah offenbar zuerst nur die Mütze und die Nummer daran, bei deren Anblick er wie über einer geheimnisvollen Zahl jäh erstarrte. Doch da schrie auch schon der Mensch, seinen Hammer schwingend: „Das ist der Mann des Fortschritts, der uns den Weg zur Freiheit nahm! Zur Hölle mit dir!" Die herbeieilenden Wachen, die sich des Sterbenden annahmen, sahen, wie der noch einmal die Augen aufschlug, und hörten, wie er mit einer Stimme, die voller Verwunderung schien, flüsterte: „Ah – 3222 – Pardon – ich habe mich geirrt!"

(Stefan Andres, Die Verteidigung der Xanthippe. München: Piper 1961.)

Arbeitsanregungen

    1. Worum bemüht sich der Ingenieur Grognard? Woran liegt den Sträflingen?

    2. Mit welchen Worten beschreibt Andres das Schiff? Wie wirkt die Darstellung auf die Anwesenden?

    3. Welcher Zusammenhang besteht zwischen dem Stapellauf und den Sträflingen? Hat der technische Fortschritt den Menschen geholfen? (Berücksichtigen Sie die Aussage des letzten Satzes.)

Rabenaus wundersame Erlebnisse

(Hannoversche Allgemeine Zeitung vom 8. April 1995, S. 32.)

Robert Musil wurde 1880 in Klagenfurt (Österreich) geboren und starb 1942 in Genf. Als Junge hatte er die Militärschule besucht und danach Maschinenbau und Philosophie studiert. Von 1914–1918 war Musil als Offizier an der italienischen Front. Aus Österreich emigrierte er 1938 in die Schweiz.

Seine Erfahrungen als Schüler hat der Autor in der Erzählung „Die Verwirrungen des Zöglings Törleß" (1906) festgehalten.

Sein Hauptwerk, aus dem auch der hier abgedruckte Abschnitt stammt, ist **„Der Mann ohne Eigenschaften"** (1931). In diesem Roman erzählt Musil von der sterbenden Donaumonarchie und ihrer kranken Gesellschaft vor dem Ersten Weltkrieg. Jenes Österreich dient ihm als Spiegel für alle Krankheiten dieses Jahrhunderts.

Lesehinweis
Robert Musil, Sämtliche Erzählungen.
Reinbek: Rowohlt 1968.

Robert Musil, **Ein Verkehrsunfall**

Es soll also auf den Namen der Stadt kein besonderer Wert gelegt werden. Wie alle großen Städte bestand sie aus Unregelmäßigkeit, Wechsel, Vorgleiten, Nichtschritthalten, Zusammenstößen von Dingen und Angelegenheiten, bodenlosen Punkten der Stille dazwischen, aus Bahnen und Ungebahntem, aus einem großen rhythmischen Schlag und der ewigen Verstimmung und Verschiebung aller Rhythmen gegeneinander, und glich im Ganzen einer kochenden Blase, die in einem Gefäß ruht, das aus dem dauerhaften Stoff von Häusern, Gesetzen, Verordnungen und geschichtlichen Überlieferungen besteht. Die beiden Menschen, die darin eine breite, belebte Straße hinaufgingen, hatten natürlich gar nicht diesen Eindruck. Sie gehörten ersichtlich einer bevorzugten Gesellschaftsschicht an, waren vornehm in Kleidung, Haltung und in der Art, wie sie miteinander sprachen, trugen die Anfangsbuchstaben ihrer Namen bedeutsam auf ihre Wäsche gestickt, und ebenso, das heißt nicht nach außen gekehrt, wohl aber in der feinen Unterwäsche ihres Bewusstseins, wussten sie, wer sie seien und dass sie sich in einer Haupt- und Residenzstadt auf ihrem Platze befanden. [...]

Diese beiden hielten nun plötzlich ihren Schritt an, weil sie vor sich einen Auflauf bemerkten. Schon einen Augenblick vorher war etwas aus der Reihe gesprungen, eine quer schlagende Bewegung; etwas hatte sich gedreht, war seitwärts gerutscht, ein schwerer, jäh gebremster Lastwagen war es, wie sich jetzt zeigte, wo er, mit einem Rad auf der Bordschwelle, gestrandet dastand. Wie die Bienen um das Flugloch hatten sich im Nu Menschen um einen kleinen Fleck angesetzt, den sie in ihrer Mitte freiließen. Von seinem Wagen herabgekommen, stand der Lenker darin, grau wie Packpapier, und erklärte mit großen Gebärden den Unglücksfall. Die Blicke der Hinzukommenden richteten sich auf ihn und sanken dann vorsichtig in die Tiefe des Lochs, wo man einen Mann, der wie tot dalag, an die Schwelle des Gehsteigs gebettet hatte. Er war durch seine eigene Unachtsamkeit zu Schaden gekommen, wie allgemein zugegeben wurde. Abwechselnd knieten Leute bei ihm nieder, um etwas mit ihm anzufangen; man öffnete seinen Rock und schloss ihn wieder, man versuchte ihn aufzurichten oder im Gegenteil, ihn wieder hinzulegen; eigentlich wollte niemand etwas anderes damit, als die Zeit ausfüllen, bis mit der Rettungsgesellschaft sachkundige und befugte Hilfe käme.

Auch die Dame und ihr Begleiter waren herangetreten und hatten, über Köpfe und gebeugte Rücken hinweg, den Daliegenden betrachtet. Dann traten sie zurück und zögerten. Die Dame fühlte etwas Unangenehmes in der Herz-Magengrube, das sie berechtigt war für Mitleid zu halten; es war ein unentschlossenes, lähmendes Gefühl. Der Herr sagte nach einigem Schweigen zu ihr: „Diese schweren Kraftwagen, wie sie hier verwendet werden, haben einen zu langen Bremsweg." Die Dame fühlte sich dadurch erleichtert und dankte mit einem aufmerksamen Blick. Sie hatte dieses Wort wohl schon manchmal gehört, aber sie wusste nicht, was ein Bremsweg sei und wollte es auch nicht wissen; es genügte ihr, dass damit dieser grässliche Vorfall in irgendeine Ordnung zu bringen war und zu einem technischen Problem wurde, das sie nicht mehr unmittelbar anging. Man hörte jetzt auch schon die Pfeife eines Rettungswagens schrillen und die Schnelligkeit seines Eintreffens erfüllte alle Wartenden mit Genugtuung. Bewundernswert sind diese sozialen Einrichtungen. Man hob den Verunglückten auf eine Tragbahre und schob ihn mit dieser in den Wagen. Männer in einer Art Uniform waren um ihn bemüht, und das Innere des Fuhrwerks, das der Blick erhaschte, sah so sauber und regelmäßig wie ein Krankensaal aus. Man ging fast mit dem berechtigten Eindruck davon, dass sich ein gesetzliches und ordnungsgemäßes Ereignis vollzogen habe. „Nach den amerikanischen Statistiken", so bemerkte der Herr, „werden dort jährlich durch Autos 190.000 Personen getötet und 450.000 verletzt."

„Meinen Sie, dass er tot ist?" fragte seine Begleiterin und hatte noch immer das unberechtigte Gefühl, etwas Besonderes erlebt zu haben.

„Ich hoffe, er lebt", erwiderte der Herr. „Als man ihn in den Wagen hob, sah es ganz so aus."

(Robert Musil, Der Mann ohne Eigenschaften. Reinbek: Rowohlt 1972, S. 10-11.)

Arbeitsanregungen

1. Erklären Sie den Aufbau des Romanauszugs!

2. Wie reagieren die am Unfall beteiligten Personen? Wer hilft wem?

3. Vergleichen Sie diesen Text mit einem Bericht über einen Verkehrsunfall aus einer Tageszeitung! Worin liegen die Unterschiede?

4. Wie verhalten Sie sich an einem Unfallort?

5. Was empfindet das Unfallopfer in Rabenaus „wundersamen Erlebnissen" (S. 169)?

6. Texten Sie einen neuen Monolog für die Sprechblasen von „Rabenaus wundersamen Erlebnissen"!

Stephan Hermlin, **Die Vögel und der Test**

Zeitungen melden, dass unter dem Einfluss der
Wasserstoffbombenversuche die Zugvögel über der
Südsee ihre herkömmlichen Routen ändern.

Von den Savannen übers Tropenmeer
5 Trieb sie des Leibes Notdurft mit den Winden,
Wie taub und blind, von weit- und altersher,
Um Nahrung und um ein Geäst zu finden.

Nicht Donner hielt sie auf, Taifun nicht, auch
Kein Netz, wenn sie was rief zu großen Flügen,
10 Strebend nach gleichem Ziel, ein schreiender Rauch,
Auf gleicher Bahn und stets in gleichen Zügen.

Die nicht vor Wasser zagten noch Gewittern
Sahn eines Tags im hohen Mittagslicht
Ein höhres Licht. Das schreckliche Gesicht
15 Zwang sie von nun an ihren Flug zu ändern.
Da suchten sie nach neuen sanfteren Ländern.
Lasst diese Änderung euer Herz erschüttern ...

(Stephan Hermlin, Gesammelte Gedichte. München: Hanser 1979.)

Arbeitsanregungen

1. Hermlin verbindet in seinem Gedicht lyrische Sprache und Prosa. Welche Funktion erfüllt der formale Bruch?

2. Analysieren Sie das Flugverhalten der Vögel!
   Welche Metaphern werden in diesem Zusammenhang verwendet und welche Wirkung geht von ihnen aus? (Zur Analyse von Lyrik vgl. S. 459.)

3. Deuten Sie die Metapher „Das schreckliche Gesicht"!

4. Wie wirkt Hermlins Aufforderung auf Sie: „Lasst diese Änderung euer Herz erschüttern ..."?

Carl Friedrich von Weizsäcker, **Technik im Dienst humaner Zwecke**

Es gibt eine eigentümliche Faszination der Technik, eine Verzauberung der Gemüter, die uns dazu bringt, zu meinen, es sei ein fortschrittliches und ein technisches Verhalten, dass man alles, was technisch möglich ist, auch ausführt. Mir scheint das nicht fortschrittlich, sondern kindisch. Es ist das typische Verhalten einer ersten Genera-
5 tion, die alle Möglichkeiten ausprobiert, nur weil sie neu sind, wie ein spielendes Kind oder ein junger Affe. Wahrscheinlich ist diese Haltung vorübergehend notwendig, damit Technik überhaupt entsteht. Reifes technisches Handeln aber ist anders. Es benützt technische Geräte als Mittel zum Zweck. Den Raum der Freiheit planen kann nur der Mensch, der Herr der Technik bleibt. Mir liegt daran, klar zu machen,
10 dass diese reife Haltung nicht der Technik fremd, sondern erst die eigentlich techni-

sche Haltung ist. Jedes einzelne technische Gerät ist von einem Zweck bestimmt; es ist so konstruiert, dass das Zusammenwirken aller seiner Teile eben diesem Zweck dient. Kein Gerät ist Selbstzweck. Eine technische Zivilisation, deren Glieder sich gegenseitig hindern, gefährden und zerstören, ist technisch unreif. Eine Technik, die sich als Selbstzweck gebärdet, ist als ganze auf einer niedrigeren Entwicklungsstufe als ihre einzelnen Apparate; sie ist als ganze noch untechnisch. Wir müssen also ein Bewusstsein für den richtigen, den technischen Gebrauch der Technik gewinnen, wenn wir in der technischen Welt menschenwürdig überleben wollen. Das verlangt eine moralische Anstrengung, die sich in einer positiven Moral, einer gefestigten Sitte niederschlagen muss. Wir sollen nach Kant[1], so handeln, dass wir die Menschheit – wir würden heute sagen das Menschsein – in jedem Menschen nicht nur als Mittel, sondern als Zweck verstehen. Als leitende Regel muss gelten: Kein Mensch ist ein Gerät und Geräte dürfen nur zum Nutzen, nicht zum Schaden der Menschen gebraucht werden. Das wachsende Bewusstsein von dieser Regel wird sich äußern in der Herausbildung fester verbindlicher Formen des Umgangs mit der Technik.

(Carl Friedrich von Weizsäcker, Bedingungen des Friedens. Göttingen: Vandenhoeck & Ruprecht 1963, S. 19-20.)

Arbeitsanregungen

1. Worin sieht Weizsäcker eine „eigentümliche Faszination der Technik"?

2. Was versteht der Autor unter einem „reifen technischen Handeln"?

3. Nehmen Sie Stellung zu der leitenden Regel des Wissenschaftlers!

BERTOLT BRECHT[2], **Leben des Galilei**

Andrea ist zum Globus gegangen. Er holt die Abschrift heraus.

ANDREA Die „Discorsi"! *Er blättert in dem Manuskript. Liest:* „Mein Vorsatz ist es, eine sehr neue Wissenschaft aufzustellen, handelnd von einem sehr alten Gegenstand, der Bewegung. Ich habe durch Experimente einige ihrer Eigenschaften entdeckt, die wissenswert sind."

GALILEI Etwas mußte ich anfangen mit meiner Zeit.

ANDREA Das wird eine neue Physik begründen.

GALILEI Stopf es untern Rock.

ANDREA Und wir dachten, Sie wären übergelaufen! Meine Stimme war die lauteste gegen Sie!

GALILEI Das gehörte sich. Ich lehrte dich Wissenschaft, und ich verneinte die Wahrheit.

ANDREA Dies ändert sich alles. Alles.

GALILEI Ja?

---

1 Immanuel Kants (1724-1804) kategorischer Imperativ ist ein Prinzip zur moralischen Begründung des Handelns: "Handle so, dass die Maxime deines Willens jederzeit zugleich als Prinzip einer allgemeinen Gesetzgebung gelten könne."

2 (RR)

ANDREA Sie versteckten die Wahrheit. Vor dem Feind. Auch auf dem Felde der Ethik waren Sie uns um Jahrhunderte voraus.

GALILEI Erläutere das, Andrea.

ANDREA Mit dem Mann auf der Straße sagten wir: Er wird sterben, aber er wird nie widerrufen. – Sie kamen zurück: Ich habe widerrufen, aber ich werde leben – Ihre Hände sind befleckt, sagten wir. – Sie sagen: Besser befleckt als leer.

GALILEI Besser befleckt als leer. Klingt realistisch. Klingt nach mir. Neue Wissenschaft, neue Ethik.

ANDREA Ich vor allen andern hätte es wissen müssen! Ich war elf, als Sie eines andern Mannes Fernrohr an den Senat von Venedig verkauften. Und ich sah Sie von diesem Instrument unsterblichen Gebrauch machen. Ihre Freunde schüttelten die Köpfe, als Sie sich vor dem Kind in Florenz beugten: die Wissenschaft gewann Publikum. Sie lachten immer schon über die Helden. „Leute, welche leiden, langweilen mich", sagten Sie. „Unglück stammt von mangelhaften Berechnungen." Und: „Angesichts von Hindernissen mag die kürzeste Linie zwischen zwei Punkten die krumme sein."

GALILEI Ich entsinne mich.

ANDREA Als es Ihnen dann 33 gefiel, einen volkstümlichen Punkt Ihrer Lehren zu widerrufen, hätte ich wissen müssen, daß Sie sich lediglich aus einer hoffnungslosen politischen Schlägerei zurückzogen, um das eigentliche Geschäft der Wissenschaft weiter zu betreiben.

GALILEI Welches besteht in ...

ANDREA ... dem Studium der Eigenschaften der Bewegung, Mutter der Maschinen, die allein die Erde so bewohnbar machen werden, daß der Himmel abgetragen werden kann.

GALILEI Aha.

ANDREA Sie gewannen die Muße, ein wissenschaftliches Werk zu schreiben, das nur Sie schreiben konnten. Hätten Sie in einer Gloriole von Feuer auf dem Scheiterhaufen geendet, wären die anderen die Sieger gewesen.

GALILEI Sie sind die Sieger. Und es gibt kein wissenschaftliches Werk, das nur ein Mann schreiben kann.

ANDREA Warum dann haben Sie widerrufen?

GALILEI Ich habe widerrufen, weil ich den körperlichen Schmerz fürchtete.

ANDREA Nein!

GALILEI Man zeigte mir die Instrumente.

ANDREA So war es kein Plan?

GALILEI Es war keiner.

Pause

ANDREA *laut:* Die Wissenschaft kennt nur ein Gebot: den wissenschaftlichen Beitrag.

GALILEI Und den habe ich geliefert. Willkommen in der Gosse, Bruder in der Wissenschaft und Vetter im Verrat! Ißt du Fisch? Ich habe Fisch. Was stinkt, ist nicht mein Fisch, sondern ich. Ich verkaufe aus, du bist ein Käufer. O unwiderstehlicher Anblick des Buches, der geheiligten Ware! Das Wasser läuft im Mund zusammen und die Flüche ersaufen. Die Große Babylonische, das mörderische Vieh, die Scharlachene, öffnet die Schenkel, und alles ist anders! Geheiliget sei unsre schachernde, weißwaschende, todfürchtende Gemeinschaft!

ANDREA Todesfurcht ist menschlich! Menschliche Schwächen gehen die Wissenschaft nichts an.

GALILEI Nein?! – Mein lieber Sarti, auch in meinem gegenwärtigen Zustand fühle ich mich noch fähig, Ihnen ein paar Hinweise darüber zu geben, was die Wissenschaft alles angeht, der Sie sich verschrieben haben.

Eine kleine Pause.

GALILEI *akademisch, die Hände über dem Bauch gefaltet:* In meinen freien Stunden, deren ich viele habe, bin ich meinen Fall durchgegangen und habe darüber nachgedacht, wie die Welt der Wissenschaft, zu der ich mich selber nicht mehr zähle, ihn zu beurteilen haben wird. Selbst ein Wollhändler muß, außer billig einkaufen und teuer verkaufen, auch noch darum besorgt sein, daß der Handel mit Wolle unbehindert vor sich gehen kann. Der Verfolg der Wissenschaft scheint mir diesbezüglich besondere Tapferkeit zu erheischen. Sie handelt mit Wissen, gewonnen durch Zweifel. Wissen verschaffend über alles für alle, trachtet sie, Zweifler zu machen aus allen. Nun wird der Großteil der Bevölkerung von ihren Fürsten, Grundbesitzern und Geistlichen in einem perlmutternen Dunst von Aberglauben und alten Wörtern gehalten, welcher die Machinationen dieser Leute verdeckt. Das Elend der Vielen ist alt wie das Gebirge und wird von Kanzel und Katheder herab für unzerstörbar erklärt wie das Gebirge. Unsere neue Kunst des Zweifelns entzückte das große Publikum. Es riß uns das Teleskop aus der Hand und richtete es auf seine Peiniger, Fürsten, Grundbesitzer, Pfaffen. Diese selbstischen und gewalttätigen Männer, die sich die Früchte der Wissenschaft gierig zunutze gemacht haben, fühlten zugleich das kalte Auge der Wissenschaft auf ein tausendjähriges, aber künstliches Elend gerichtet, das deutlich beseitigt werden konnte, indem sie beseitigt wurden. Sie überschütteten uns mit Drohungen und Bestechungen, unwiderstehlich für schwache Seelen. Aber können wir uns der Menge verweigern und doch Wissenschaftler bleiben? Die Bewegungen der Himmelskörper sind übersichtlicher geworden; immer noch unberechenbar sind den Völkern die Bewegungen ihrer Herrscher. Der Kampf um die Meßbarkeit des Himmels ist gewonnen durch Zweifel; durch Gläubigkeit muß der Kampf der römischen Hausfrau um Milch immer aufs Neue verlorengehen. Die Wissenschaft, Sarti, hat mit beiden Kämpfen zu tun. Eine Menschheit, stolpernd in einem Perlmutterdunst von Aberglauben und alten Wörtern, zu unwissend, ihre eigenen Kräfte voll zu entfalten, wird nicht fähig sein, die Kräfte der Natur zu entfalten, die ihr enthüllt. Wofür arbeitet ihr? Ich halte dafür, daß das einzige Ziel der Wissenschaft darin besteht, die Mühseligkeit der menschlichen Existenz zu erleichtern. Wenn Wissenschaftler, eingeschüchtert durch selbstsüchtige Machthaber, sich damit begnügen, Wissen um des Wissens willen aufzuhäufen, kann die Wissenschaft zum Krüppel gemacht werden, und eure neuen Maschinen mögen nur neue Drangsale bedeuten. Ihr mögt mit der Zeit alles entdecken, was es zu entdecken gibt, und euer Fortschritt wird doch nur ein Fortschreiten von der Menschheit weg sein. Die Kluft zwischen euch und ihr kann eines Tages so groß werden, daß euer Jubelschrei über irgendeine neue Errungenschaft von einem universalen Entsetzensschrei beantwortet werden könnte. – Ich hatte als Wissenschaftler eine einzigartige Möglichkeit. In meiner Zeit erreichte die Astronomie die Marktplätze. Unter diesen ganz besonderen Umständen hätte die Standhaftigkeit e i n e s Mannes große Erschütterungen hervorrufen können. Hätte ich widerstanden, hätten die Naturwissenschaftler etwas wie den hippokratischen Eid der Ärzte entwickeln können, das Gelöbnis, ihr Wissen einzig zum Wohle der Menschheit anzuwenden! Wie es nun steht, ist das Höchste, was man erhoffen kann, ein Geschlecht erfinderischer Zwerge, die für alles gemietet werden können. Ich habe zudem die Überzeugung gewonnen, Sarti, daß ich niemals in wirklicher Gefahr schwebte. Einige Jahre lang war ich ebenso stark wie die Obrigkeit. Und ich überlieferte mein Wissen den Machthabern, es zu gebrauchen, es nicht zu gebrauchen, es zu mißbrauchen, ganz wie es ihren Zwecken diente.

Virginia ist mit einer Schüssel hereingekommen und bleibt stehen.

GALILEI Ich habe meinen Beruf verraten. Ein Mensch, der das tut, was ich getan habe, kann in den Reihen der Wissenschaftler nicht geduldet werden.

(Bertolt Brecht, Gesammelte Werke 3, Stücke 3, Frankfurt: Suhrkamp 1967 = werkausgabe edition suhrkamp, S. 1337–1341.)

HEINAR KIPPHARDT[1], **In der Sache J. Robert Oppenheimer**

GRAY Es ist danach klar, daß die Mehrheit des Ausschusses der Atomenergiekommission empfiehlt, die Sicherheitsgarantie an Dr. Oppenheimer nicht zu erteilen.

Zu Oppenheimers Verteidigern: Dagegen kann Einspruch bei der Atomenergiekommission erhoben werden. – Ich gebe Dr. Oppenheimer die Gelegenheit zu einem Schlußwort, das er erbeten hatte.

Oppenheimer erhebt sich, die Brille in der Hand, den Kopf leicht schief gehalten, in der Rede gelegentlich zögernd, wenn er über eine Formulierung nachdenkt.

OPPENHEIMER Als ich mich vor mehr als einem Monat zum erstenmal auf dieses alte Sofa setzte, war ich willens, mich zu verteidigen, denn ich fand keine Schuld an mir, und ich sah mich als Opfer einer bestimmten politischen Konstellation, die ich beklagenswert fand.

Zu dem widerwärtigen Unternehmen gezwungen, mein Leben zu rekapitulieren, meine Motive zu handeln, meine Konflikte, und auch die Konflikte, die sich nicht eingestellt hatten, – begann sich meine Haltung zu wandeln. Ich bemühte mich, vollkommen offen zu sein, und das ist eine Technik, die man erlernen muß, wenn man viele Jahre seines Lebens zu anderen Menschen nicht offen war. Indem ich über mich, einen Physiker in unserer Zeit, nachdachte, begann ich mich zu fragen, ob nicht tatsächlich so etwas stattgefunden hat wie Gedankenverrat, eine Kategorie, die Mr. Robb hier einzuführen empfahl. Wenn ich denke, daß es uns eine geläufige Tatsache geworden ist, daß auch die Grundlagenforschung in der Kernphysik heute die höchste Geheimnisstufe hat, daß unsere Laboratorien von den militärischen Instanzen bezahlt und wie Kriegsobjekte bewacht werden, wenn ich denke, was im gleichen Fall aus den Ideen des

Kopernikus oder den Entdeckungen Newtons geworden wäre, dann frage ich mich, ob wir den Geist der Wissenschaft nicht wirklich verraten haben, als wir unsere Forschungsarbeiten den Militärs überließen, ohne an die Folgen zu denken.

So finden wir uns in einer Welt, in der die Menschen die Entdeckungen der Gelehrten mit Schrecken studieren, und neue Entdeckungen rufen neue Todesängste bei ihnen hervor. Dabei scheint die Hoffnung gering, daß die Menschen bald lernen könnten, auf diesem klein gewordenen Stern miteinander zu leben, und gering ist die Hoffnung, daß sich ihr Leben eines nicht fernen Tages in seinem materiellen Aspekt auf die neuen menschenfreundlichen Entdeckungen gründen werde.

Es scheint ein weidlich utopischer Gedanke, daß die überall gleich leicht und gleich billig herstellbare Kernenergie andere Gleichheiten nach sich ziehen werde, und daß die künstlichen Gehirne, die wir für die großen Vernichtungswaffen entwickelten, künftig unsere Fabriken in Gang halten könnten, der menschlichen Arbeit ihren schöpferischen Rang zurückgebend. Das würde unserem Leben die materiellen Freiheiten schenken, die eine der Voraussetzungen des Glückes sind, aber man muß sagen, daß diese Hoffnungen durch unsere Wirklichkeit nicht zu belegen sind. Doch sind sie die Alternative zu der Vernichtung dieser Erde, die wir fürchten, und die wir uns nicht vorstellen können. An diesem Kreuzweg empfinden wir Physiker, daß wir niemals so viel Bedeutung hatten und daß wir niemals so ohnmächtig waren.

Als ich mein Leben hier durchging, fand ich, daß die Handlungen, die mich nach Ansicht des Ausschusses belasten, der Idee der Wissenschaften nähergestanden sind als die Verdienste, die man mir anrechnet. Ganz anders als dieser Ausschuß frage ich mich infolgedessen, ob wir Physiker unseren Regierungen nicht zuweilen eine zu große, eine zu ungeprüfte Loyalität gegeben haben, gegen unsere bessere Einsicht, in meinem Fall nicht nur in der Frage der Wasserstoffbombe.

Wir haben die besten Jahre unseres Lebens damit verbracht, immer perfektere Zerstörungsmittel zu finden, wir haben die Arbeit der Militärs getan, und ich habe in den Eingeweiden das Gefühl, daß dies falsch war. Obzwar ich die Entscheidung der Mehrheit dieses Ausschusses anfechten werde, will ich fernerhin an Kriegsprojekten nicht arbeiten, wie immer die angestrebte Revision ausfallen mag.

Wir haben die Arbeit des Teufels getan, und wir kehren nun zu unseren wirklichen Aufgaben zurück. Vor ein paar Tagen hat mir Rabi erzählt, daß er sich wieder ausschließlich der Forschung widmen wolle. Wir können nichts besseres tun als die Welt an diesen wenigen Stellen offenzuhalten, die offenzuhalten sind.

Vorhang

(Heinar Kipphardt, In der Sache J. Robert Oppenheimer. Frankfurt: Suhrkamp 1964 = es 64, S. 145-147.)

Friedrich Dürrenmatt[1], **Die Physiker**

MÖBIUS: Wir sind drei Physiker. Die Entscheidung, die wir zu fällen haben, ist eine Entscheidung unter Physikern. Wir müssen wissenschaftlich vorgehen. Wir dürfen uns nicht von Meinungen bestimmen lassen, sondern von logischen Schlüssen. Wir müssen versuchen, das Vernünftige zu finden. Wir dürfen uns keinen Denkfehler leisten, weil ein Fehlschluß zur Katastrophe führen müßte. Der Ausgangspunkt ist klar. Wir haben alle drei das gleiche Ziel im Auge, doch unsere Taktik ist verschieden. Das Ziel ist der Fortgang der Physik. Sie wollen ihr die Freiheit bewahren, Kilton, und streiten ihr die Verantwortung ab. Sie dagegen, Eisler, verpflichten die Physik im Namen der Verantwortung der Machtpolitik eines bestimmten Landes. Wie sieht nun aber die Wirklichkeit aus? Darüber verlange ich Auskunft, soll ich mich entscheiden.

NEWTON: Einige der berühmtesten Physiker erwarten Sie. Besoldung und Unterkunft ideal, die Gegend mörderisch, aber die Klimaanlagen ausgezeichnet.

MÖBIUS: Sind diese Physiker frei?

NEWTON: Mein lieber Möbius. Diese Physiker erklären sich bereit, wissenschaftliche Probleme zu lösen, die für die Landesverteidigung entscheidend sind. Sie müssen daher verstehen –

MÖBIUS: Also nicht frei.

Er wendet sich Einstein zu.

MÖBIUS: Joseph Eisler, Sie treiben Machtpolitik. Dazu gehört jedoch Macht. Besitzen Sie die?

EINSTEIN: Sie mißverstehen mich, Möbius. Meine Machtpolitik besteht gerade darin, daß ich zugunsten einer Partei auf meine Macht verzichtet habe.

MÖBIUS: Können Sie die Partei im Sinne Ihrer Verantwortung lenken, oder laufen Sie Gefahr, von der Partei gelenkt zu werden?

EINSTEIN: Möbius! Das ist doch lächerlich. Ich kann natürlich nur hoffen, die Partei befolge meine Ratschläge, mehr nicht. Ohne Hoffnung gibt es nun einmal keine politische Haltung.

MÖBIUS: Sind wenigstens Ihre Physiker frei?

EINSTEIN: Da auch sie für die Landesverteidigung...

MÖBIUS: Merkwürdig. Jeder preist mir eine andere Theorie an, doch die Realität, die man mir bietet, ist dieselbe: ein Gefängnis. Da ziehe ich mein Irrenhaus vor. Es gibt mir wenigstens die Sicherheit, von Politikern nicht ausgenützt zu werden.

EINSTEIN: Gewisse Risiken muß man schließlich eingehen.

MÖBIUS: Es gibt Risiken, die man nie eingehen darf: Der Untergang der Menschheit ist ein solches. Was die Welt mit den Waffen anrichtet, die sie schon besitzt, wissen wir, was sie mit jenen anrichten würde, die ich ermögliche, können wir uns denken. Dieser Einsicht habe ich mein Handeln untergeordnet. Ich war arm. Ich besaß eine Frau und drei Kinder. Auf der Universität winkte

Ruhm, in der Industrie Geld. Beide Wege waren zu gefährlich. Ich hätte meine Arbeiten veröffentlichen müssen, der Umsturz unserer Wissenschaft und das Zusammenbrechen des wirtschaftlichen Gefüges wären die Folgen gewesen. Die Verantwortung zwang mir einen anderen Weg auf. Ich ließ meine akademische Karriere fahren, die Industrie fallen und überließ meine Familie dem Schicksal. Ich wählte die Narrenkappe. Ich gab vor, der König Salomo erscheine mir, und schon sperrte man mich ein Irrenhaus.

NEWTON: Das war doch keine Lösung!

MÖBIUS: Die Vernunft forderte diesen Schritt. Wir sind in unserer Wissenschaft an die Grenzen des Erkennbaren gestoßen. Wir wissen einige genau erfaßbare Gesetze, einige Grundbeziehungen zwischen unbegreiflichen Erscheinungen, das ist alles, der gewaltige Rest bleibt Geheimnis, dem Verstande unzugänglich. Wir haben das Ende unseres Weges erreicht. Aber die Menschheit ist noch nicht so weit. Wir haben uns vorgekämpft, nun folgt uns niemand nach, wir sind ins Leere gestoßen. Unsere Wissenschaft ist schrecklich geworden, unsere Forschung gefährlich, unsere Erkenntnis tödlich. Es gibt für uns Physiker nur noch die Kapitulation vor der Wirklichkeit. Sie ist uns nicht gewachsen. Sie geht an uns zugrunde. Wir müssen unser Wissen zurücknehmen, und ich habe es zurückgenommen. Es gibt keine andere Lösung, auch für euch nicht.

(Friedrich Dürrenmatt, Die Physiker. Copyright ©1985 by Diogenes Verlag AG Zürich.)

Arbeitsanregungen

1. Erarbeiten Sie die Auffassung von der Verantwortung des Wissenschaftlers bei Brecht, Kipphardt und Dürrenmatt! Stellen Sie Gemeinsamkeiten und Unterschiede gegenüber!

2. Welche Verantwortung tragen Wissenschaftler? Ziehen Sie zur Beantwortung der Frage die Materialien in diesem Kapitel heran!

3. Versetzen Sie sich in die Situation der Wissenschaftler! Entwickeln Sie Dialoge für die jeweiligen Rollen unter Berücksichtigung des aktuellen Standes der Wissenschaft!

Projekt: Energie sparen

1. Schule/Betrieb

(Bundesministerium für Wirtschaft, Energiespartipps für Kids. München: MCP)

Die Schüler drehen jede dritte Röhre raus

„Das hätte ich nicht gedacht", sagte der 19-jährige Daniel. Vier Neonröhren reichen aus, um den Flur in der Integrierten Gesamtschule (IGS) zu beleuchten. Ein Stockwerk tiefer schneiden Jungen Alufolie in Streifen. Damit sollen Reflektoren der Neonröhren umklebt werden. „So strahlt 50 Pozent mehr Licht nach unten", hat Lehrer Markus Huch ausgerechnet.

Rund 120 Schüler, zumeist Neuntklässler, nehmen derzeit am Energiesparprojekt der Projektwoche teil. Sie umkleben Reflektoren von Neonlampen, drehen jede dritte Röhre heraus, befestigen so genannte Reflexionsfolie hinter den Heizkörpern, die gleichzeitig dämmt und die Wärme in den Raum zurückstrahlen lässt.

Die IGS Roderbruch gehört zu den 14 Pilotschulen des Sanierungsprogramms der Stadt Hannover. Seit vergangenem Herbst beteiligen sich weitere 50 Schulen daran. Um das Sparen zu belohnen, wurde ein Anreizsystem entwickelt, wonach die Schule dreißig Prozent des eingesparten Geldes zur freien Verfügung erhält. Dreißig Prozent gehen an die Stadt, der Rest wird für generelle Energiesparmaßnahmen eingesetzt.

Die IGS Roderbruch hat von November 1994 bis Mai 1995 ihre Stromkosten um knapp 13 000 Mark reduziert. Zwischen Mai 1995 und Mai 1996 können nach Huchs Berechnung sogar 80 000 Mark (das sind 24 Prozent des Stromverbrauchs) eingespart werden. „Wir wollen weg von der Klimaanlage", unterstreicht Direktor Bernd Steinkamp. Immerhin verursachen die drei Kühltürme jeweils rund 16 000 Mark Betriebskosten pro Jahr. Wenn ein mehr als 200 Quadratmeter umfassender Lichthof fertig ist, der Helligkeit in bislang stets dunkle Innenräume bringen soll, will Steinkamp den mittleren Turm abschalten. Bis zum Jahr 2000 pumpt die Stadt 15 Millionen Mark in die ökologische Sanierung der IGS. Auch der Lichthof kostet 2,1 Millionen Mart.   dö

(Hannoversche Allgemeine Zeitung vom 6. Juni 1996, S. 4.)

Arbeitsanregungen

Die Planung, Erarbeitung und Durchführung des Projekts sollen Sie in einem „Projekt-Bericht" dokumentieren, den Sie interessierten Institutionen/Gremien (Schule, Stadtwerke, Betriebsrat) zur Verfügung stellen können.

Verfassen Sie daher jeweils ein Ergebnisprotokoll Ihrer Arbeitsschritte!

1. • Bilden Sie Gruppen zu den Themenschwerpunkten:
   - Licht   – Strom
   - Wärme   – Abfall
   - Wasser

   die für die Grundversorgung Ihrer Schule/Ihres Betriebes von Bedeutung sind!

   • Erfassen Sie systematisch, wo Licht, Wärme, Wasser, Strom verbraucht werden und Abfall entsteht!

2. Informieren Sie sich bei den zuständigen Behörden (Stadtwerke) über Energiekonzepte und bei den Abfallwirtschaftsbetrieben über Müllvermeidung und -entsorgung (Recycling)!

   (Berücksichtigen Sie auch die Texte „Das E-Team" und „Die Schüler drehen jede dritte Röhre raus"!)

3. Entwickeln Sie entsprechende Sparvorschläge für die Schule/den Betrieb und stellen Sie diese in einem Maßnahmenkatalog zusammen! Werben Sie für Ihre Ideen (Plakate, Stellwände, Flugblätter, Leserbriefe) und setzen Sie diese um!

4. Prognostizieren Sie die Energiesparung! Welche Kosten lassen sich voraussichtlich pro Jahr durch Ihr Konzept einsparen?

2. Haushalt

Den „Stromfressern" auf der Spur

Elektrische Energie ist selbstverständlich und steht im Haushalt ständig zur Verfügung.

Häufig wird kaum Kenntnis von dem eigentlichen Stromverbrauch der Haushaltsgeräte genommen. Grund genug, eimmal zu kontrollieren, welche elektrischen Geräte im Haushalt vielleicht schon zum „alten Eisen" gehören.

GERÄT	Messdauer in Stunden bzw. pro Vorgang	Messergebnis in kWh	Vergleichswert pro Stunde bzw. pro Vorgang
Fernsehgerät: in Betrieb			0,08 kWh/Std.
Stand-by			0,01 kWh/Std.
Kaffeemaschine (6 Tassen)			0,1 kWh/Vorgang
Radiogerät			0,04 kWh/Std.
Gerät ihrer Wahl			

GERÄT	Arbeitsvorgang	Messergebnis in kWh	Vergleichswert pro Vorgang
Waschmaschine	95° C-Programm ohne Vorwäsche		1,9 kWh
	60° C-Programm ohne Vorwäsche		1,1 kWh
	30° C-Programm ohne Vorwäsche		0,7 kWh
Wäschetrockner (Abluft)	"schranktrocken" bei 800 U/min		3,0 kWh
	1200 U/min der Waschmaschine		2,4 kWh
Wäschetrockner (Kondensation)	"schranktrocken" bei 800 U/min		3,5 kWh
	1200 U/min der Waschmaschine		2,8 kWh
Geschirrspülmaschine	65° C-Normalprogramm		1,5 kWh
	50° C-Sparprogramm		1,0 kWh

GERÄT	Messdauer in Stunden	Messergebnis in kWh	Vergleichswert in 24 Stunden
Standkühlschrank mit ***-Fach ca. 145 l Nutzinhalt			0,6 kWh
Standkühlschrank ohne ***-Fach ca. 150 l Nutzinhalt			0,4 kWh
Stand-Kühl-Gefrierkombination 170 l/50 l Nutzinhalt			1,1 kWh
Standgefrierschrank 100 l Nutzinhalt			0,8 kWh
Standgefrierschrank 220 l Nutzinhalt			0,9 kWh
Gefriertruhe 250 l Nutzinhalt			0,6 kWh
Einbaukühlschrank mit ***-Fach 140 l Nutzinhalt			0,7 kWh
Einbaukühlschrank ohne ***-Fach 150 l Nutzinhalt			0,5 kWh
Einbaugefrierschrank 90 l Nutzinhalt			0,8 kWh

(Stadtwerke Hannover AG, Info-Blätter Stromverbrauchsmessgerät)

Arbeitsanregungen

1. Leihen Sie sich bei den zuständigen Stadtwerken ein Stromverbrauchsmessgerät! Messen Sie den Verbrauch Ihrer Haushaltsgeräte und tragen Sie die Daten in die Tabelle (Fotokopie) ein!
2. Vergleichen Sie den gemessenen Stromverbrauch mit dem eines modernen Gerätes in der Tabellenspalte „Vergleichswert"! Errechnen Sie den Kostenunterschied beim Betrieb der beiden Geräte pro Jahr! (Jede Kilowattstunde Strom kostet ungefähr 0,30 DM/0,15 EUR.)
3. Lohnt sich die Anschaffung eines neuen Gerätes für Ihren Haushalt? Lassen Sie sich im Informationscenter der Stadtwerke beraten!
4. Elektronische Energiesparlampen verbrauchen etwa 80% weniger Strom als eine gleich helle Glühlampe. Bei einer haushaltsüblichen Brenndauer von durchschnittlich 2,7 Stunden pro Tag halten sie etwa 10 Jahre. Errechnen Sie anhand der Tabelle, wie hoch die Energieersparnis in Ihrem Haushalt wäre, wenn Sie alle Glühlampen durch die entsprechende Energiesparversion austauschen würden!

   Wie viel Geld könnten Sie sparen? (Berücksichtigen Sie dabei die höheren Investitionskosten für eine Energiesparlampe)!

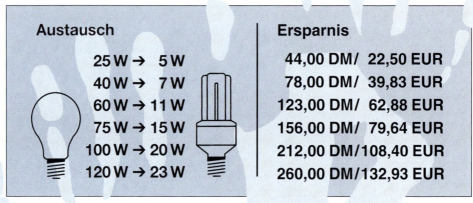

Austausch	Ersparnis
25 W → 5 W	44,00 DM/ 22,50 EUR
40 W → 7 W	78,00 DM/ 39,83 EUR
60 W → 11 W	123,00 DM/ 62,88 EUR
75 W → 15 W	156,00 DM/ 79,64 EUR
100 W → 20 W	212,00 DM/108,40 EUR
120 W → 23 W	260,00 DM/132,93 EUR

Strompreis DM 0,28/kWh, Lebensdauer 10 000 Std.

5. Fassen Sie Ihr Ergebnis in einem Projekt-Bericht zusammen und stellen Sie Ihre Ergebnisse interessierten Bürgern zur Verfügung (Mitschüler, Mitarbeiter, Eltern, Verwandte, Freunde)!

Neue Kommunikationstechnologien

Arbeitsanregungen

1. Beschreiben Sie die Aussage und Gestaltung der Werbeanzeige
   - Werbetext
   - Slogan
   - Abbildung!

2. Halten Sie die Werbeanzeige der Deutschen Telekom AG für gelungen? Warum?

3. Gestalten Sie eine Werbeanzeige, in der die Vorzüge des technischen Fortschritts deutlich werden: Bundesbahn, Auto, Telekom, Computer (Zur Werbung vgl. S. 543)!

Die besten Internet-Provider

		Anteil an der Gesamtwertung in Prozent	Preis 60%	Schnelligkeit 30%	Service 10%	Gesamtwertung	Monatsgebühr in Mark	Freistunden	Hauptzeit Pf/Min. (9-18 Uhr)	Nebenzeit Pf/Min. (18-9 Uhr)	Wochenende Pf/Minute	Telefongebühr inklusive	Hotline-Nummer	Web-Adresse
1	Talkline[6]		4,65	2,82	0,50	7,97	0	0	4,5	4,5	4,5	ja	01 80/5 38 38	www.talknet.de
2	Addcom		4,50	2,51	0,35	7,36	0	0	5,9	3,9	3,9	ja	01 80/5 22 55 40	www.addcom.de
3	NGI		4,65	1,86	0,35	6,86	0	0	4,89	4,89	4,89	ja	01 805/00 13 44 48	www.ng-net.de
4	Synnet		4,65	1,59	0,58	6,82	7,5	3	6,66	6,66	6,66	ja	0 70 24/9 78 2 30	www.synnet.de
5	Callisto		3,90	2,43	0,35	6,68	0	0	5,9	3,9/2,9/5,9	3,9 bis 2,9	ja	069/63 20 01	www.germany.net
6	Silyn-Tek[2]		4,95	1,20	0,35	6,50	0	0	3,4	3,4	3,4	ja	01 80/5 00 03 97	www.surf1.de
7	Mannesmann Arcor		3,30	2,51	0,60	6,41	9,9	3	4,9	4,9	4,9	ja	08 00/1 07 08 00	www.arcor-online.de
8	Tesion the blue window[3]		3,45	2,33	0,50	6,28	0	0	4,9	3,9	4,9 bis 3,9	ja	01 805/82 97 67	www.bluewin.de
9	VIAG Interkom		3,15	2,58	0,50	6,23	0	0	5	5	5	ja	01 805/51 50 55	www.planet-interkom.de
10	Gigabell		3,15	2,10	0,55	5,80	0	0	4,9	4,9	4,9	ja	08 00/0 20 02 02	www.gigabell.net
11	Komtel		2,40	2,36	0,73	5,48	0	0	4,6	4,6	4,6	ja	08 00/9 09 00 94	www.komtel.net
12	TeleBeL		2,55	2,49	0,43	5,47	5	0	6	6	6	ja	01 802/24 45 44	www.telebel.de
13	Mobilcom		3,01	1,94	0,50	5,45	0	0	5	5	5	ja	01 805/01 92 93	www.mobilcom.de
14	Drillisch		2,10	2,78	0,48	5,35	0	0	5	5	5	ja	08 00/0 10 0 50	www.drillisch.de
15	KDT		2,40	2,28	0,55	5,23	0	0	4,8	4,8	4,8	ja	01 801/11 21 12	www.kdt.de
16	UUNet		1,80	2,51	0,65	4,96	0	0	5,5	5,5 bis 4,9	5,5 bis 4,9	ja	01 805/62 63 65	www.knuut.de
17	Networking People[2]		2,25	2,33	0,38	4,95	0	0	4,5	4,5 bis 3,8	4,5 bis 3,8	ja	01 805/99 56 02	www.networking-people.de
18	In West Com[7]		2,55	2,36	0,00	4,91	0	0	4,9	4,9	4,9	ja	01 90/82 15 00	www.inwestnet.de
19	GTS		1,95	2,16	0,73	4,84	0	0	5,3	4,8	4,8	ja	08 00/1 04 08 00	www.gtsgroup.de
20	LN online		2,25	2,15	0,40	4,80	0	0	5,5	4,5	4,5	ja	04 51/1 44 22 02	www.LN-online.de
21	Callino		2,25	2,01	0,48	4,74	0	0	5,9	4,5	4,5	ja	01 80/2 25 54 66	www.surf-callino.de
22	Nikoma		2,40	1,62	0,65	4,67	0	0	4,79	4,79	4,79 bis 2,89	ja	040/80 80 40	www.nikoma.com
23	Icms		2,10	2,14	0,35	4,59	0	0	5	5	5	ja	01 802/00 01 91	www.verbundline.de
24	DUSnet		2,25	1,92	0,38	4,55	0	0	4,5	4,5/4,0/3,5	4,5/4,0/3,5	ja	02 11/6 00 80 54 00	www.dusnet.de
25	Ginko		1,50	2,64	0,35	4,49	0	0	4,9	3,9	3,9	ja	01 80/5 54 46 56	www.ginko.de
26	Scan-Plus		2,10	2,01	0,35	4,46	0	0	4,99	4,99 bis 3,99	4,99 bis 3,99	ja	07 31/92 01 30	www.scan-plus.de
27	Kroha und Heinze		2,10	1,95	0,35	4,40	0	0	5	5	5	ja	01 805/01 92 73	www.cubicip.de
28	DIG		1,65	2,06	0,68	4,38	7,5	2	5,8[4]	5,8[4]	5,8[4]	ja	07 4 23/87 50 38	www.dig.de
29	GBO.Net		1,35	2,60	0,35	4,30	0	0	5,5	5,5	5,5	ja	07 3 61/46 85 25	www.gbo.net

[1] Einsteigertarife; für Profilberechnung wurde das jeweils optimale Preismodell gewählt
[2] Anmeldegebühr erforderlich
[3] Mindestumsatz 6 Mark
[4] zzgl. 0,058 Mark pro Verbindung
[5] zzgl. 0,06 Mark pro Verbindung
[6] Mindestumsatz 6,75 Mark
[7] Mindestumsatz 10 Mark

Arbeitsanregungen

1. Worin liegen die wesentlichen Vorteile/Nachteile der wichtigsten Internet-Provider?
2. Welche Vor- und Nachteile bringen Ihnen die neuen Technologien?

3. • Klären Sie, welcher Einsatz des Internets an Ihrem Arbeitsplatz sinnvoll sein kann!
   • Stellen Sie eine Liste der für Ihren Arbeitsplatz sinnvollen Medien zusammen; informieren Sie sich bei verschiedenen Anbietern über Anschaffungs- und Betriebskosten und erörtern Sie den Nutzen für Ihren Arbeitsplatz/Betrieb!

Leben und Arbeiten in einer vernetzten Welt

Unsere Welt wird immer kleiner. Nicht, dass sie wirklich schrumpfen würde: Nein, die technischen Entwicklungen der Telekommunikation sind es, die Entfernungen verkürzen, den zwischenmenschlichen Kontakten völlig neue Möglichkeiten eröffnen und uns mehr und mehr Unterhaltungsmöglichkeiten bieten.

Das Telefon war der Anfang. Dann kam der Personalcomputer. Schon heute verknüpft ein intelligentes Netz von Rechnerverbindungen nicht nur die entlegensten Winkel des Globus, sondern schafft auch im persönlichen Umfeld völlig neue Perspektiven.

Wir gewöhnen uns so langsam an Tele-Banking und den Tele-Einkauf im Versandhaus. Doch selbst so alltägliche Dinge wie das Einkaufen im Supermarkt sind vom technischen Wandel berührt. In den Niederlanden läuft ein entsprechender Pilotversuch, an dem sich Philips, eine große Supermarktkette und eine große Anzahl Testhaushalte beteiligen: Homeshopping mit Philips CD-i. Die Versuchsmitglieder blättern am Fernseher in einem buntbebilderten CD-i Katalog, rufen die aktuellen Tagespreise von Lebensmitteln per Modem ab und bestellen schließlich per Knopfdruck. Am nächsten Morgen wird ins Haus geliefert.

Oder: Nach dem Essen wollen Sie fernsehen, aber es kommt nichts im Programm, was Sie interessiert. Kein Problem: In nicht allzu ferner Zukunft werden wir Videofilme per Computer auswählen und uns per Datenleitung sofort auf den Fernseher holen können – „Video-on-demand" heißt hier das Zauberwort.

Und schon heute fahren mehr und mehr Menschen nicht mehr ins Büro; sie arbeiten zu Hause und halten als so genannte „Tele-Mitarbeiter" per Fax, Computermodem oder Videokonferenz Kontakt zum Unternehmen, den Kollegen oder ihren Kunden. Sie können so wie früher im Team arbeiten, sind aber nicht mehr ans Büro oder an Reisezeiten gebunden und können sich ihre Zeit besser einteilen.

Eigentlich sieht es nur so aus, als ob unsere Welt kleiner wird. Unser Horizont wird weiter – und damit unsere persönliche Welt größer.

(Philips Europa Magazin 95/96, S. 10-11.)

Arbeitsanregung

Welche neuen Anwendungsmöglichkeiten bietet die Telekommunikation?

Teleworker

Charly, Alter etwa Ende dreißig, von Beruf Werbetexter. Charly hat Stress. Bis zum Abend sollen die Entwürfe für eine neue Kampagne fertig sein, auf dem Computer-Bildschirm aber steht gerade mal eine halbe Seite Text. Das Bildtelefon summt, Charly drückt die Empfangstaste. Auf dem Computerschirm erscheint das lachende Gesicht
5 des Grafikers „Na, geht's voran?", fragt er etwas mitleidig. „Hör mal, ich kann dir die Farbseiten erst nächste Woche schicken", fügt der Kollege gleich an. „Da bin ich auf dem Schiff, aber das macht nichts", sagt Charly und schnippt leicht gegen sein Notebook. „Ich habe ja meinen kleinen Freund dabei. Per Satellit bin ich überall zu erreichen." Den Kollegen freut's. „Frohes Schaffen noch", wünscht er zum Abschied,
10 „und hol dir keinen Sonnenbrand."

Vor Jahren noch wäre ein solcher Wunsch glatter Hohn gewesen. Doch jetzt arbeitet Charly, wann er will und wo er will. Zu Hause, auf seinem Segelboot oder eben im Garten, in der Sonne. Nur halt nicht im Büro der Werbeagentur, denn ein Büro gibt es nicht mehr. Charly ist ein „Teleworker". Seine Kollegen auch, und wenn sie sich se-
15 hen wollen, passiert das meist per Bildtelefon oder Videokonferenz. Einmal im Quartal treffen sich alle in einem Hotel – irgendwo, wo es noch schöner ist als in Charlys Garten. Werbeagenturen können sich so etwas leisten.

Charlys Kinder haben ihr eigenes Notebook, sie nehmen es auch mit in die Schule. Zu Beginn des Englisch-Unterrichts gibt es erst einen kleinen Film zum Thema der
20 Stunde, dann erklärt der Computer die neuen Vokabeln mit Hilfe kleiner Bilder und Grafiken, er gibt sogar die richtige Aussprache vor. Unterdessen arbeitet die Lehrerin mit einzelnen Schülern das nach, was in der vergangenen Stunde nicht geklappt hat. Nach der Pause dann eine Videokonferenz mit der Partnerklasse in Wales. In ein paar Wochen sollen die ersten Austauschschüler nach Deutschland kommen, da gibt
25 es viel zu besprechen...

hog

(PZ, Nr. 82. Bonn 1995, S. 10.)

Arbeitsanregungen

1. Wie bewältigt Charly Stress? Und Sie?

2. Ist Charlys Arbeitsplatz realistisch?

3. Was halten Sie von einem „Notebook" am Arbeitsplatz/in der Schule?

4. Können Sie sich vorstellen, als „Teleworker" zu arbeiten?
   - Stimmen Sie in Ihrer Klasse ab, wer dafür, dagegen oder unentschlossen ist;
   - bilden Sie entsprechend drei Gruppen, sammeln Sie Argumente und tragen Sie diese vor! (Berücksichtigen Sie auch den Text „Leben und Arbeiten in einer vernetzten Welt" [S. 187]!)

   (Zur Argumentation vgl. S. 568 ff.)

ARNIM STAUTH, **Mit EDV ins Theater**

„Ich möchte meine Karten abholen, für Stauth." – „18 oder 20 Uhr?" – „20 Uhr", sage ich. Die Dame an der Theaterkasse sieht mich abweisend an, wie einen, der schon wieder Ärger macht. „Die können wir erst nach sieben rausgeben."

Ich sage, dass ich kurz vor acht noch eine andere Aufführung besuchen möchte; es müsse doch wohl möglich sein, die zwei Karten eben mal rauszusuchen. „Für Stauth", sage ich noch mal, um ihr die Sache zu erleichtern. „Da kann ich nichts machen", sagt sie ungerührt, „der Computer hat noch nicht umgeschaltet." Ich verstehe nicht. Wie bitte? Jetzt brüllt sie schon fast durch die Scheibe: der Computer sei noch dabei, die 18-Uhr-Vorstellung „auszudrucken", da habe sie keinen „Zugriff" für 20 Uhr.

Sie ist genervt, man sieht's. Ich solle mich nicht so aufregen. Wenn ich „nur ein bisschen von EDV" verstünde, müsste ich das doch kapieren.

Das hat gesessen. Ich bin nicht auf der Höhe der Zeit, ich verstehe nichts von EDV; sie hat Recht. Als ob so eine Karte heute noch fix und fertig in der Schublade liegen könnte. Die Zeiten sind vorbei, das hätte ich eigentlich schon früher spitzkriegen können. Zum Beispiel vor drei Wochen, am Flughafen Tegel. *No smoking* und folgsam den *seat belt* eingehakt, *boarding pass* in der Hand, Sitz 9F, Fenster, Nichtraucher. Kommt da eine dezent geschminkte Blondine und sagt, ich säße auf ihrem Platz. Schwenkt dazu die Bordkarte – 9F, Fenster, Nichtraucher. „9F? Hab' ich auch." Was denn bei mir für ein Name „ausgedruckt" sei, links unten? Da steht Mayer. Bei ihr auch. Aber sie heißt Mayer – ich nicht!

„Tut mir leid." Sie lächelt. Ich zwänge mich an einem älteren Ehepaar vorbei aus der Reihe 9. „Tut mir leid", sagt auch der Steward, „das muss der Computer gewesen sein. Sehen Sie" – er merkt schon, dass er nicht so billig davonkommt – „wir haben zwei Terminals am Schalter, und wenn dann gleichzeitig ..." Ja natürlich, ein Schalter, zwei ... wie heißen die Dinger noch gleich? Zwangsversetzt auf 22E, inspiriert von feinwürzigem Virginia-Nebel habe ich 55 Minuten Zeit zu überlegen, wie das ist, mit den zwei Terminals.

Nicht alle Computer sind Schurken. Neulich in der Kölner Philharmonie: Mein Platz ist mies, Block X, Balkon. Da sieht man dem Dirigenten ins Gesicht und vom Orchester nur schwarzbefrackte Rücken. Als ich hinkomme, sitzt da eine kleine Japanerin auf meinem Stuhl und lässt unschuldig die Kniestrumpfbeine baumeln. Sie hat das gleiche Ticket wie ich ... Ich schicke einen tastenden Blick durchs holzvertäfelte Rund: In Block B, fünfte Reihe, entdecke ich zwei einladende rote Polster zwischen feinen Abendroben.

Es wurde ein prima Konzertabend. Wenn mich einer gefragt hätte, ganz cool hätte ich gesagt: „Der Computer, Sie verstehen. Hat mal wieder doppelt verkauft." Sie verstehen nicht? Also ein bisschen Ahnung von EDV...

(Die Zeit, Nr. 42 vom 9. Okt. 1987.)

Arbeitsanregungen

1. Welche Erfahrungen macht der Erzähler an der Theaterkasse, am Flughafen, im Flugzeug und im Konzertsaal?

2. Wie verarbeitet er diese Erfahrungen?

3. Ist der Einzug neuer Technologien für die Kommunikation zwischen Menschen hilfreich?

> **Über den Verfasser Clifford Stoll** (Selbstauskunft):
>
> „Cliff Stoll fertigt wöchentlich eine Sicherungskopie seiner Daten an, zahlt all seine shareware Gebühren, verwendet Zahnseide und lebt in Oakland, Kalifornien, zusammen mit drei Katzen, von denen er behauptet, er könne sie nicht leiden."

Interview mit Clifford Stoll

Frage: „Was ist dagegen einzuwenden, wenn man alle Informationen auf Knopfdruck zur Verfügung hat?"

C. S.: „Der information highway wird uns angepriesen als Informationsmittel, aber was er tatsächlich übermittelt, sind Daten. Zahlen, Bits und Bytes, aber verdammt wenig Information. Information nenne ich, was – im Gegensatz zu bloßen Daten – einen Nutzen hat, mir dann vorliegt, wenn ich es brauche, sowie präzise, verlässlich und nachprüfbar ist. Hinter den Daten, die via CompuServe und America Online zu mir kommen, steht niemand. Ist der Autor ein angesehener Arzt oder ein Verrückter? Ich weiß es nicht und da die meisten im Netz Künstlernamen verwenden, kann ich es auch nicht erfahren. Es kann eine elfjährige Göre sein oder ein weiser, siebzigjähriger Philosoph. Was fehlt, ist jemand, der sagt: Pass auf, dies hier taugt nichts! Verlagslektoren dienen als Qualitätssensoren; die meiste Zeit verbringen sie mit dem Ablehnen von Manuskripten. Aber sie gibt es im Netz ebenso wenig wie ausgebildete Journalisten.

Die Zeitungsverleger sind in Panik wegen des Internets. Warum eigentlich? Alle Welt investiert Unsummen, um endlich auch online zu sein. Verleger und Journalisten, Bibliothekare und Lehrer: Alle spielen Sie verrückt und sind eingeschüchtert von der Technologie. Sie denken: „Oh klasse, man kriegt unmittelbare Informationen, überall und sofort. Und wenn wir nicht mitmachen, werden wir an den Rand gedrängt."

Warum kommt niemand und sagt, „Moment mal, die schwatzen euch hier einen ziemlichen Schrott auf?"

Frage: „Was ist es Ihrer Meinung nach, das Leute dazu bringt, abends beim Heimkommen den Computer einzuschalten und ihn erst wieder auszuschalten, wenn sie schlafen gehen (in Ihrem Buch sprechen Sie ja davon, dass es mittlerweile haufenweise „Computerwitwen" gibt)? Warum sind so viele unfähig, ihn auszulassen und lieber ein Buch zu lesen?"

C. S.: „Das ist wie die Umstellung von Süßigkeiten auf Gemüse: Wir alle wissen, dass Gemüse gesünder ist, aber dann sitzen wir beisammen und es ist so schön gemütlich beim Kekse knabbern. Wenn sie alle sind, hat niemand mehr Appetit auf Gemüse. Nährwert: Gleich null. Computer machen ebenso süchtig wie Fernseher und sie üben auch die gleiche Art von Faszination aus."

Frage: „Glauben Sie, dass Ihre Zweifel von vielen geteilt werden?"

C. S.: „Ich stelle eigentlich nur die Fragen laut, die sich auch die meisten meiner Freunde seit Jahren im Stillen stellen. Auf mich hören die Leute, weil ich bekannt bin wie ein bunter Hund. Wenn meine Mutter, die mit ihren 75 Jahren noch ziemlich auf Draht ist, sagt, dass ihr Computer ziemlich umständlich zu benutzen ist, dann stimmt das zwar, aber keiner hört auf sie. Auf mich hören die Leute, obwohl ich auch nicht mehr weiß als meine Mutter."

(Interview mit Clifford Stoll. In: „The New York Times", vom 30. April 1995. Übersetzung: Oliver Thomas Domzalski.)

Clifford Stoll[1], Bücher auf Papier

Bücher auf Papier funktionieren verdammt gut, ebenso Postämter, Zeitungen und Telefone. Trotzdem gibt es Angebote von Verlagshäusern und Telefongesellschaften, bei denen ich mich nur am Kopf kratzen kann. Ich habe nur selten jemanden getroffen, der lieber digitale Bücher liest. Ich möchte meine Morgenzeitung nicht per Computer geliefert bekommen, und die Fotos der National Geographic nicht auf einer CD-ROM. Halten Sie mich für einen Höhlenmenschen, aber ich sehe mir die Fotos lieber an der Seite meiner Liebsten an, hole mir die Zeitung lieber auf dem Weg zur Arbeit und blättere lieber in einem echten Buch. (...)

Wie ist es also mit den elektronischen Büchern? Sie können jetzt Computerversionen von Klassikern abrufen, darunter Shakespeare, Milton und Voltaire. Auch moderne Arbeiten: Man achte nur einmal darauf, wie eilig es die Verlage haben, die neueste Belletristik formatiert für tragbare Computer herauszubringen.

„Hallo Cliff,
probier mal die Hypercard-Version der Zeitmaschine von H. G. Wells aus. Es ist cool, wie Du von Seite zu Seite springen kannst. Man sieht, wo alle großen Science-fiction-Bücher ihren Ursprung haben. Versuch's heut Nacht an Deinem Powerbook zu lesen.
Carl."

Stöhn. Der Laptop läßt sich nicht auf die Brust stellen. Ein Taschenbuch wiegt vielleicht ein halbes Pfund; dieses Teil aber zweieinhalb Kilo. Ich bette ihn also aufs Kissen, schalte das Licht aus und klappe den Leuchtschirm auf.

Report aus dem Online-Schlafzimmer: Ja, Sie können ein elektronisches Buch im Bett lesen. Die Bildhintergrundbeleuchtung ist perfekt, wenn Sie Ihren Partner nicht aufwecken wollen. Und trotz des steifen Nackens gewöhnen Sie sich allmählich daran, per Tastatur zur nächsten Seite zu kommen. Aber all Ihre Befürchtungen treffen zu: Es ist anstrengend, umständlich, gräßlich langsam und mechanisch. Der Text liest sich gar nicht einmal schlecht, aber man hat ein unfreundliches Gefühl. Abdrücke von Fettfingern zeigen sich auf Tasten und Trackball. Als ich am nächsten Morgen aufwache, schmust der Computer an meiner Wange.

Man braucht nicht umzublättern und keinen Schutzumschlag anzufassen. Im Hypertext gibt es sogenannte virtuelle Lesezeichen, Befehle, um zu einem bestimmten Absatz zurückzukehren. Sie sind nicht so gut wie die realen aus meinem Buchladen. Vielleicht habe ich ja nicht den richtigen Roman erwischt – keinen echten ROM-Reißer –, aber ich finde, Computer sind einfach keine nette Art, ein Buch zu lesen. Sparen Sie das Geld und kaufen Sie ein wirkliches Buch samt Taschenlampe.

Wo ich gerade darüber nachdenke, fällt mir auf, daß ich elektronische Bücher auch nicht im Bad, am Strand oder in der U-Bahn lesen kann. Die traditionellen Verleger brauchen sich keine Sorgen zu machen.

(Clifford Stoll, Die Wüste Internet. Geisterfahrten auf der Datenautobahn. Frankfurt: Fischer 1996.)

(Die Zeit, Nr. 22 vom 24. Mai 96.)

Arbeitsanregungen

1. Welche Einwände führt Clifford Stoll im Interview gegen den „information highway" ins Feld?
   Wie beurteilen Sie seine Kritik?

2. Nehmen Sie Stellung zu Stolls These „Computer machen süchtig"! Beschreiben Sie Ihre Erfahrungen!

3. Teilen Sie die Ansicht des Autors, Computer seien keine nette Art, Bücher zu lesen?

4. Verfassen Sie eine Glosse über das Lesen von Büchern im Bett!
   Illustrieren Sie Ihren Text!

REINHARD MATZ, **Der Störfall**

Montag Morgen – die Woche fängt gut an: Mit einer Fehlermeldung auf dem Bildschirm

Nichts Spektakuläres lag an. Eine kleine Broschüre war zu gestalten. Ein paar Dias einscannen, den Satz einrichten ... das Übliche eben. Montag.

Der Computer empfängt mich mit seinem aufmunternden Gong und heißt mich will-
5 kommen. Der Scanner beginnt zu schnurren. Programm aufgerufen, Dia eingelegt. PlugInScan: Preview ... Alles klar.

Nein, nicht alles klar. Eine undefinierte Fehlermeldung. Und die Aufforderung, alles zu überprüfen und den Prescan zu wiederholen. Mach' ich doch sofort.

Wieder nichts. Inzwischen haben sich Scanner und Zentraleinheit auf den präzisen
10 Satz „Paper jammed in ADF" geeinigt.

Papiermatsch? Wie das? Wo im Scanner gibt es Papier? Und was, um Himmels willen, ist ein ADF? Das Benutzerhandbuch schweigt.

Erster Seufzer, zurücklehnen, grübeln.

Selbstdiagnose: Scanner ist eingeschaltet und hat Strom. Durchlichtaufsatz ebenfalls:
15 Der grüne Einschaltknopf leuchtet. Noch mal aus- und hinter abschattender Hand wieder eingeschaltet. Jawohl. Aber keine Anzeige bei Power, Brightness und Ready.

Merkwürdig. Alle Kabel stecken fest in den Geräten, Vorgang wiederholen. Nichts. Mal die Leuchtstoffröhre auswechseln; ein kleiner, noch unbekannter Akt. Fünfzehn, na, zwanzig Minuten. Aber geschafft: Ohne Beschädigung und ohne Schrauben zu
20 verlieren oder übrig zu behalten. Ein Souveränitätskitzel, ein kleiner. Doch nichts hat sich verändert. „Paper jammed in ADF." Dieser Tag, ich beginne es zu ahnen, wird nicht wie geplant verlaufen.

Garantiefall? O ja, gerade noch! Aber wie einlösen? Na, beim Händler. Mein mittelfristiges Erinnerungsvermögen weiß es besser: Diese Firma, nennen wir sie Z., hat im
25 vergangenen Sommer dichtgemacht. Laden leer, aus die Maus.

Gerät bewegt? Nein. – Oder doch? Aber ja, natürlich! Als Freund A. den Scanner neulich geliehen hatte. Nein, danach noch keinen Scan gemacht. Der wird doch nicht ...? Der hätte doch ...! Oder womöglich beim Rücktransport?

Wer hilft? Computerspezi B. anrufen. B. ist nicht im Büro, sagt C., und, ach, blöd, B. hat seit letzter Woche eine neue Privatnummer, die habe er noch nicht. Vielleicht über Funk?

Tatsächlich erreiche ich B. über seine Funknummer. B. weiß zwar keinen Rat, aber einen Namen, eine Firma und eine Telefonnummer.

„Firma Y., D. am Apparat" (angenehme Stimme, feminin). – „Könnte ich bitte Herrn E. Sprechen?" – „Kann Herr E. Sie zurückrufen?" – Klar, kann er.

Okay, Rettung ist unterwegs. Entspannung. – Kein Rückruf. Ich rufe nochmals an. Wieder die angenehme, feminine Stimme (Firma Y). „Könnte ich *jetzt* bitte Herrn E. ...?" Herr E., stellt sich heraus, ist in der Zwischenzeit von Spezi B. besucht worden und bereits informiert. Das Wirgefühl einer weltumspannenden Computerfamilie wärmt mich.

„Ja, wissen Sie, so auf die Entfernung ...", sagt Herr E. „Was war doch gleich die Fehlermeldung?" – „Paper jammed in ADF." – E. lacht: „Ha, ha, tja, wenn da was in der Elektronik falsch läuft, da kommen die komischsten Meldungen. Rufen Sie mal Firma X. in München an, die machen Support, fragen Sie nach Herrn F."

„Firma X., G. am Apparat, Grüß Gott" (angenehme Stimme, feminin, süddeutsch). – „Matz, Köln, Herrn F., bitte, ein Garantiefall."

„Garantiefall? Da müssen Sie unsere Abteilung in Bamberg anrufen, Herrn H., aber nicht jetzt gleich, da ist Tischzeit, zwölf bis eins."

Ein Brot kann ich jetzt auch vertragen. Und mal hören, was Freund A., der potenzielle Sündenbock, davon hält.

Bevor A. zum Schadensfall Stellung nimmt, bereitet er mich auf die Wege eines Garantiefalles vor. Betont die Wichtigkeit von Seriennummer, Rechnung und Originalverpackung.

Seriennummer? Am Gerät nichts. Vielleicht unter dem Gerät? O ja, zehn Kilo gestemmt, da steht hinter „S/N=" etwas Neunstelliges mit zwei Buchstaben. Nach zwei weiteren Stemms habe ich es auf einen Zettel übertragen.

Rechnung. Die liegt beim Steuerberater in Vechta, Niedersachsen. Angerufen, Faxnummer durchgegeben, fünf Minuten später auf meinem Schreibtisch. Danke. Inzwischen müsste die Tischzeit von Herrn H. in Bamberg vorbei sein. „Garantiefall, sagen Sie? Ja, wir sind Distributor. Wissen Sie denn, ob das Gerät über uns ...? Haben Sie denn eine Seriennummer?" – Ich spule die Nummer ab, als wäre es meine Kontonummer. – „Na, die Nummer kann ich hier jetzt grad' nicht finden. Kann ich Sie zurückrufen?"

Inzwischen bereite ich mich auf die Verschickungsaktion vor. Die Originalverpackung lagert noch im Keller. Sie entpuppt sich als drei überdimensionierte, ineinander geschachtelte Kartons. Bin ich denn blöd? Das ganze Gedöns soll ich womöglich mit W. zu X. nach Bamberg schicken? Schau' ich lieber noch mal in die Gelben Seiten. Vielleicht findet sich die Firma Z. ja doch irgendwo.

Kein Eintrag unter Z. Aber was ist das? Unter der Adresse von Z. residiert jetzt mit der nämlichen Telefonnummer die Firma V. Und die Bonner Filialadresse ist auch die gleiche. Das kann kein Zufall sein. Konkurs, Übernahme, Umbenennung, was weiß ich.

„Dieser Anschluss ist vorübergehend nicht erreichbar. Dieser Anschluss ..." (angenehme Stimme, feminin, automatisch). V. hat es also auch schon erwischt.

Letzter Versuch: V.s Bonner Filiale. Besetzt. Dann geht lange keiner ran. Dann doch eine Stimme: „V., J. am Apparat" (feminin, unverschämt jung, freundlich). „Augenblick bitte, verbinde weiter.

K. am Apparat (Maskulin, ebenfalls jung und freundlich). „Sie sind die Nachfolgefirma von Z.?" – Nein, mit der Firma hätten sie nichts zu tun. – Ich schildere den Fall, fürchte um meine Garantie, ich protestiere: „Das ist doch komisch, die gleichen Adressen, Telefonnummern?" Ich höre sein Lächeln: Ich könne ja trotzdem mit dem Gerät vorbeikommen. Oder zur Filiale in Leverkusen fahren. Aber bitte eine Rechnungskopie mitbringen.

Leverkusen ist nicht weit, auf geht's. Fast vergessen: der Rückruf aus Bamberg, meine Seriennummer sei nicht registriert. Da müsse ich bei X.1 in Hamburg anrufen. Oder bei X.2 in Herford nachfragen. Ich könne mich aber auch gleich an die Vertretung von U. in Düsseldorf wenden. Düsseldorf! Da telefoniere ich von Köln nach München, Bamberg und Bonn, um schließlich Düsseldorf als Sitz der zuständigen Firmenvertretung zu erfahren! Aber was soll mir Düsseldorf, wenn man sich schon in Leverkusen so freundlich bereit erklärt hat, die Sache in die Hand zu nehmen. Also, alles eingepackt.

An der Scannerseite liegen bereits alle Enden frei. Noch die Verbindungen hinten am Rechner lösen und die zwei Netzkabel unten am Verteiler ... Moment! Was ist das? Da war ich doch noch gar nicht. Und trotzdem hängt da ein Kabel frei herum. Das kann doch nicht sein! Das ist nicht wahr!

Natürlich ist es wahr. „Paper jammed in ADF" ist nicht wahr. „Scanner unplugged", das hätte ich verstanden. Nicht verstehe ich, warum man den Einschaltknopf grün aufleuchten lässt, wenn die Funktionsteile keinen Strom erhalten.

Und trotz alledem, ich muss es gestehen: Die matte Resignation und das herzzerreißende Lachen fußen auf Erleichterung. Ein Tag, verflogen wie nichts. Arbeitsleistung netto: einen Stecker wieder eingestöpselt.

(Die Zeit, Nr. 9 vom 23. Februar 1996, S. 89.)

Arbeitsanregungen

1. Entschlüsseln sie alle Fachbegriffe und Abkürzungen!

2. Welche Folgen hat der „Störfall"? Worin liegt der Reiz des Textes?

3. Hilft die moderne Technologie dem Menschen am Arbeitsplatz? Wie beurteilen Sie die Arbeit am Computer? Sammeln Sie Gründe, die für und gegen den Einsatz neuerer Technologien sprechen! (Zur Argumentation vgl. S. 568 ff.)

Erich Pawlu, Zwischen Laptop und Natur

Karin hatte Hans über eine Zeitungsanzeige kennen gelernt. Als er ihr zum ersten Mal entgegentrat, fühlte sie jenes Zittern in den Kniekehlen, für das nur Ärzte und Verliebte eine Erklärung finden. Aber zugleich wunderte sich Karin, dass der fremde Mann mit einem Koffer aus dem Auto stieg. Bei diesem ersten Zusammentreffen hatte sie eher mit einem Blumenstrauß gerechnet. „Reisen Sie gleich weiter?" fragte sie schnippisch. „Oder brauchen Sie den Koffer etwa für Karteikarten?" „Karteikarten?" fragte Hans verdutzt. „Na ja, damit Sie die Übersicht über Ihre Rendezvous-Verpflichtungen nicht verlieren." Jetzt gab der Kontakt suchende Herr eine knappe Erklärung ab: „Ich bin Grundstücksmakler. Mit allen berufsspezifischen Verpflichtungen." Karin verstand nicht. „Weil sie Makler sind, rennen Sie Tag und Nacht mit einem Koffer durch die Landschaft?" „So ist es. Als Makler bin ich leider gesetzlich verpflichtet, meine Aktivitäten lücken- und makellos nachzuweisen. Das Finanzamt hat ein reges Interesse daran, exakt zu erfahren, wie ich meine Tage verbringe. Dazu benötige ich den tragbaren Computer. Er ist Stoppuhr, Buchhalter und Zeuge zugleich. Jeden Abend druckt er auf steuerrechtlich zulässigen Formularen eine Übersicht über meine Tagesmobilität aus."

„Sie leben ja wie in Orwells Welt", meinte Karin. „So schlimm ist es nicht", beruhigte Hans. „Noch lässt man mir kleine Spielräume für die Entscheidung, welche meiner Aktivitäten ich als privat und welche ich als beruflich einstufen möchte."

Karin gewöhnte sich nur mit Mühe daran, dass sie mit Hans nie ganz allein sein konnte. Der Computer war immer dabei. Wenn sie sich zum Mittagessen trafen, postierte Hans den Laptop vor dem staunenden Ober auf einem Restauranttisch, rief die Bildschirmmaske „Private Aktivitäten" auf und tippte die Uhrzeit sowie die Codeziffer für „Persönliche Vergnügungen" in den Speicher ein. „Bist du etwa sogar verpflichtet, jeden Kuss elektronisch zu verbuchen?" fragte Karin eines Tages, als sie sich schon sehr gut kannten. Hans küsste sie daraufhin und hielt dabei nicht nur seine Augen, sondern auch den Computerdeckel geschlossen. Damit bewies er, dass die Wissbegierde des Finanzamtes irgendwo auch Grenzen hat.

Eigentlich, dachte Karin, wollte ich ja immer einen fortschritts-, ordnungs- und gesetzliebenden Mann kennen lernen. Und erfolgreich sollte er auch sein. Also ist Hans genau der Richtige. Inzwischen wundert sich Karin nicht mehr, wenn Hans zu Beginn eines gemeinsamen Spaziergangs über romantische, aber baureife Wiesen die Maske „Geschäftliche Aktivitäten" auf den Laptop Bildschirm zaubert, um Ort und Zeit korrekt zu speichern. Der Gang durch die schöne Natur stimmt Karin zärtlich und Hans unternehmerisch. Anschließend sieht sich der Makler sofort nach einem provisorischen Arbeitsplatz für seinen Computer um. Eine Parkbank ist die Ideallösung. In Notfällen muss Karin den Laptop auf ihre gebeugten Knie nehmen. Da sieht sie aus, als diene sie Hans und dem Finanzamt in Büßerhaltung. Aber wenn sie dann mitverfolgt, wie ihr tüchtiger Freund den gemeinsamen Spaziergang vermarktet, röten sich vor Freude und Respekt ihre Wangen. Hans tippt zielstrebig die geschätzten Werte für die Bodenqualität, die Daten für die Möglichkeiten einer Verkehrserschließung und die Preise der benachbarten Grundstücke in die Tastatur. Dann interpoliert das elektronische System die Quadratmeterpreise des soeben durchwanderten Terrains. Da fliegt die Farbe des Lebens auch ins Gesicht des Computerbesitzers.

„Ein bereichernder Spaziergang", flüstert das liebende Paar. Karin und Hans beweisen, dass zwei Menschen völlig unterschiedliche Vorstellungen vom tieferen Sinn der Naturbegegnung haben können und sich dennoch nicht streiten müssen. Karin spürt mit jedem Spaziergang mehr Verbundenheit mit den heimischen Feldern, Wäldern und Auen. Hans bedient seinen tragbaren Computer, denkt ans Geschäft und freut sich darüber, dass ihm selbst bei strengster Auslegung der makler- und steuerrechtlichen Vorschriften noch vergönnt ist, in seine beruflichen Objektbesichtigungen ein paar private Freuden einzustreuen.

(Erich Pawlu, Laptop [Handheld] und Natur. In: Ralf Bülow, Denk, Maschine!. München 1988.)

Arbeitsanregungen

1. Gelingt es Karin und Hans in ihrer Beziehung, Berufswelt und Privatleben zu trennen?

2. Was würde sich für die beiden ändern, wenn
   - Hans ohne Laptop auskommen müsste,
   - Karin auch einen anschaffen würde?

Walter Barnhausen,
Weißer Laptop

Weißer elfenbeinfarbener Laptop
Du bist erwählt unter denen die da schreiben
Bewahrst meine Zeichen in Deinen Dateien
Deine hellen Signale muntern mich auf
5 Dein großer Speicher befreit uns für Jahre
Von jeglicher Enge Du bist rein

Du bist heller und schöner als alle die
Uns weissagen was noch geschrieben wird
Dein Liquid Cristal Display wie Samt
10 Lässt mich wachen bei Tag und bei Nacht
Erblick' ich das Schimmern des dunklen Blaus
Das flimmernde Licht in der Abschattung
So gibt es nicht Unmut noch Unklang

Weißer Laptop Deine Leichtigkeit freut
15 Den der Deine Grenzen stets achtet
Der Du an der Verbesserung wirkst
Bist schwer genug viel zu fordern
Wirst nicht müde Verfehlungen nachzusehen
Prägst formst durch alltäglichen Magnetismus
20 Mit Lichtblitzen voller Vergänglichkeit

Jetzt reisen wir in die Ferne der Sentiments
In die Weite der Wörter der Worte der Sätze
Der Jamben der Strophen der Verse der Oden
Dir verschreibe ich mich reinen Gewissens
25 Und lasse nicht von den Vergleichen
Mit den Unvollkommenen Imperfekten

(Walter Barnhausen, Der weiße Laptop. Bielefeld: Neues Literaturkontor 1991, S. 13.)

Arbeitsanregungen

1. Welche Bedeutung hat der Laptop für seinen Besitzer? Durch welche stilistischen Besonderheiten wird die Wertigkeit des Computers betont?

2. Deuten Sie die Aussage: „Dir verschreibe ich mich reinen Gewissens"! Teilen Sie die Auffassung des lyrischen Ichs?

3. Ist das lyrische Ich fortschrittsgläubig? Formulieren Sie Gedichtüberschriften, die diesem Aspekt Rechnung tragen!

Mischa Schaub, Vom Beobachter zum Teilnehmer – Virtual Reality

Virtual Reality oder VR ist ein modischer Begriff. Vor drei Jahren stieß ich erstmals in einem einführenden Artikel des „Scientific American" auf ihn. Mein etwas veralteter Fremdwörterduden definiert: „Virtuell: der Möglichkeit nach, scheinbar, anlagemäßig (Psychol.)".

Inzwischen gibt es wohl kaum noch eine Wochenend-Zeitungsbeilage, die nicht irgendwie eine journalistische Darstellung dieser neuen High-Tech-Anwendung versucht hätte. Die oberflächlich-euphorische Berichterstattung hat der VR einen übergroßen Erwartungsdruck verpasst, wie das bereits der künstlichen Intelligenz vor einigen Jahren geschah. Die Erläuterung der technischen und konzeptionellen Grundlagen führt zu einer Darstellung der Hoffnungen und Ängste, die mit einem menschlichen Aufenthalt im Modellraum verbunden werden.

[…]

Das Konzept der VR ist radikal einfach: Beeinflusst man die menschlichen audiovisuellen Sinnesorgane ausschließlich durch die synthetischen Informationen eines im Computer berechneten Weltmodells, entsteht im Opfer dieser Manipulation die Illusion, Bewohner der berechneten Kunstwelt zu sein. Im Unterschied zu anderen Formen der Sinnesbeeinflussung, wie zum Beispiel dem Kinofilm, ist man in der VR nicht mehr außen stehender Betrachter, sondern man wird zum Zentrum des Geschehens. Dreht man den Kopf, dreht der Rechner das vorgegaukelte Bild in entgegengesetzter Richtung, sodass man sich innerhalb einer fest aufgebauten Modellgeometrie zu befinden glaubt. Ein vergleichbarer, wenn auch ungleich schwächerer Ansatz findet sich in der „subjective camera" einiger Thrillersequenzen, wo man als ängstliches Opfer den unbekannten Raum betreten muss. In der VR sieht man aber nicht nur das, was der Regisseur als Sequenz eingeplant hat, jetzt kann man selber hinter Tür und Vorhang schauen, ob der Mörder da schon auf sein Opfer wartet. […]

Erlebt wird die VR durch eine Art Taucherbrille mit eingebauten Bildschirmen und einem mehrdimensionalen Sensorsystem zur Erfassung der räumlichen Lage des Benutzerkopfs. Die ersten Brillen dieser Art wurden durch die japanischen Miniaturfernseher möglich; Myron Krueger mokiert sich deshalb in „Artificial Reality II" darüber, wie tief die amerikanische Forschung gesunken sei, um auf die Demontage japanischer Spielzeuge angewiesen zu sein. Weil diese Brille auch Stereosound wiedergeben kann, wird sie als Eye Phone bezeichnet. Reality Goggles nennt sie Krueger und meint, dass sie in Zukunft nicht mehr von einer herkömmlichen Brille unterscheidbar sein werden.

Ebenfalls zur üblichen Grundausrüstung gehört ein so genannter Datenhandschuh. Im Eye Phone sieht man ein gerechnetes Computermodell der eigenen Hand vor sich im Raum schweben, das sich analog zur eigenen Hand im Handschuh verhält und mit welcher sich virtuelle Objekte bedienen lassen. Diese neue Anfassbarkeit theoretischer Konstrukte hat schon zum Schlagwort einer „Sensualisation" der Wissenschaften geführt.

[…]

Die Technikvisionäre der amerikanischen Kunstszene scheuen sich nur selten, die Forschungsbudgets der amerikanischen Militärs auszuschöpfen, um ihre Experimente durchführen zu können, was mit einem europäischen Künstler-Selbstverständnis kaum vereinbar wäre.

Vielleicht verständlich wird diese Bereitschaft zum Kompromiss angesichts der Hoffnungen, die ihre Verfechter auf die VR setzen. Sie sehen darin das Instrument einer neuen, sinnlich erfahrbaren Wissenschaft (ein Materialwissenschaftler könnte zum Beispiel durch die zur Landschaft vergrößerte Struktur seiner Materialproben wandern und atomare Strukturen anfassen), die radikalste Form der Unterhaltung (oder wollten Sie nicht auch schon immer mal mit einem Engelskörper versehen durch Manhattan fliegen?) und als den „Ersatz" der physischen Realität an sich. Myron Krueger als einer der Väter der VR meint, dass die künstliche Realität sich zum alltäglichen Aufenthalts- und Arbeitsort entwickeln könne, den man nur zu einem Abstecher in die Realität verlassen wird: „Physical reality will be like the backwoods – a nice place to visit, but you cannot get anything done there."

[...]

Mit VR-Terminals ausgestattete Teilnehmer können in einer interkontinentalen Telekonferenz einen imaginären Konferenzraum teilen, was bereits mit herkömmlichen Telefonleitungen praktisch erprobt wurde.

Jeder Wartungsmechaniker von Flugzeugtriebwerken kann mit VR die Mechanik untersuchen und die entsprechenden Datenblätter auf seiner Brille darstellen lassen. Die Chirurgin wird ihre Operation an einem tomografisch hergestellten Kadavermodell austesten und der Stadtplaner die Stadträte durch das digitale Modell seiner Architekturvorstellung führen. Während des gemeinsamen Aufenthalts können Fenster, Häuser und Straßenzüge verschoben, angemalt und durchschritten werden. Ob dieser Gruppenentwurfsprozess nicht bloß zu glücklicheren Stadträten und einem verzweifelten Stadtplaner führen wird, sei hier dahingestellt.

Falls sich diese Spekulationen als überspannt erweisen sollten, gibt es doch eine Anwendung, die sich umfassend durchsetzen wird: Mit dieser Technologie können physisch Behinderte zumindest zeitweise einen virtuellen Körper benutzen.

Zumindest eine natürliche Grenze spricht gegen Kruegers Vision eines ständigen Aufenthalts in der VR. Das Gehirn reagiert ungehalten auf sich widersprechende Informationen der Sinnesorgane. Das lässt sich beim Gebrauch professioneller Flugsimulatoren beobachten, wenn die Augen eine andere Gleichgewichtslage beschreiben als der Gleichgewichtssinn, was Übelkeit und Ohnmacht hervorrufen kann. Eine solch heftige Reaktion ist nicht zwangsläufig, aber verbreitet. Unangenehm dürfte jedenfalls sein, in der VR als Känguru durch Australien zu hüpfen und zugleich mit beiden Füßen auf dem Boden seines Wohnzimmers zu stehen.

(Mischa Schaub, Code - x: mulimediales Design. Köln: DuMont 1992, S. 138 ff.)

Arbeitsanregungen

1. Welche Anwendungsmöglichkeiten werden in dem Text genannt? Erklären Sie, wie die Anwendung der Virtual Reality funktioniert! Suchen Sie weitere Verwendungsbeispiele!

2. Wie beurteilen Sie den Nutzen dieses High-Tech-Produkts? Sehen Sie gesellschaftliche Gefahren?

Projekt: Homepage

Einige Links zu interessanten Seiten

Schulen ans Netz

Schulweb

Lehrseite für HTML-Programmierung

Suchmaschine AltaVista

Suchmaschine HotBot

Suchmaschine Yahoo

E-Mail

GEORG HOFF, **Tipps zur Gestaltung einer Homepage**

Eine Homepage ist ein ideales Mittel, um Informationen zu veröffentlichen und um sich der Öffentlichkeit mitzuteilen. Eine gute Gestaltung lässt sich schon mit einfachen Mitteln erreichen. Damit die Informationen auch den Betrachter erreichen, sollte die Homepage ein dem Zielpublikum angemessenes Layout besitzen. Beispielsweise wird sich eine Internetseite für Computerspieler wesentlich bunter präsentieren als die einer Bank. Grundsätzlich ist wichtig, dass die Seite übersichtlich bleibt und klar Auskunft darüber gibt, was auf ihr zu finden ist.

In der Regel beginnt die Internetpräsenz mit einer Startseite, von welcher Verweise (Links) auf weiterführende Seiten zeigen. Die Startseite sollte wie der Titel eines Buches kurz und prägnant wiedergeben, worum es sich bei der Internetpräsenz handelt, und nicht größer als das Browser-Fenster sein, um Scrollbalken seitlich und unten zu vermeiden. In der Regel sind solche Seiten für eine Bildschirmauflösung von 800 mal 600 Pixel konzipiert. Außerdem enthält die Startseite sinnvollerweise das Datum, an welchem das letzte Update der Seiten erfolgte. Weiterführende Seiten enthalten die eigentlichen Informationen. Hier kann informativer Text stehen, vielleicht auch ein Foto oder eine Grafik. Des Weiteren sind Verweise auf Seiten nützlich, welche für den Betrachter interessant sein könnten. Natürlich darf die E-Mail Adresse nicht fehlen.

Arbeitsanregungen

1. Erarbeiten Sie anhand der Tipps von Georg Hoff einen Kriterienkatalog zur Bewertung von Homepages und ergänzen Sie weitere Punkte, die Ihnen wichtig erscheinen!

2. Gestalten Sie ein Arbeitsblatt, in das Sie – etwa in tabellarischer Form – die Ergebnisse mehrerer Homepage-Beurteilungen aufnehmen können!

3. Bilden Sie Gruppen, die jeweils drei Homepages anderer Schulen bewerten! Tragen Sie für jedes Kriterium Noten zwischen 1 (sehr gut) und 6 (ungenügend) in Ihr Arbeitsblatt ein! Sollten Ihnen anhand der Beispiele weitere Kriterien einfallen, ergänzen Sie diese im Katalog!

Starten Sie nun Ihre Suche im Netz nach Schulen, die bereits eine Homepage ins Internet gestellt haben – z. B. unter http:// www.schulweb.de oder dem Suchbegriff „Schulen ans Netz" (http://www.san-ev.de)!

4. Werten Sie die Ergebnisse der Gruppenarbeiten in der Klasse aus! Welche Kriterien werden besonders gut erfüllt, welche werden oft vernachlässigt? Wo liegen die Gründe? Ermitteln Sie die Homepage, die am besten abgeschnitten hat!

5. Entwerfen und realisieren Sie eine Homepage für Ihre Schule und nutzen Sie dabei die Erfahrungen, die Sie bei Ihrer Bewertungsaktion gemacht haben!
   Verteilen Sie die Aufgaben für
   - das Layout der Homepage (Hintergrundfarbe, Schriftarten und -farben, Logo der Schule, Struktur der Seite)
   - die Fotos und Grafiken
   - die Texte zu verschiedenen Rubriken (beachten Sie dabei die Zielgruppen und entscheiden Sie sich gegebenenfalls für eine offizielle Version und eine „Von Schülern für Schüler")
   - eine Sammlung von wichtigen und witzigen Links
   - die Realisierung der Homepage am Computer (eine Lehrseite zur HTML-Programmierung finden Sie unter http://www.mcli.dist.maricopa.edu/tut/)!

Projekt: Chat im Net

Arbeitsanregungen

1. Machen Sie sich mit der Ch@tiquette, den „Benimmregeln" für Chats, vertraut – z.B. unter http://www.chatiquette.de!
   Können Sie sich mit den Regeln identifizieren? Eignen sie sich auch für alltägliche Kommunikationssituationen?

2. Bevor Sie zum Chatten ins Netz starten, schauen Sie sich die Emoticons und typischen Abkürzungen der Chatter an! Üben Sie ihren Einsatz, denn beim Chatten ist keine Zeit zu verlieren! Welchen Vorteil bietet der Chat-Slang?

3. Nehmen Sie am Schulwebchat teil unter http://www.schulweb.de! Um das erste Mal teilzunehmen, müssen Sie sich einen Spitznamen zulegen und die E-Mail-Adresse Ihrer Schule eingeben.

4. Reflektieren Sie Ihr Chat-Erlebnis, indem Sie das Arbeitsblatt (S. 201) ausfüllen! Werten Sie die Antworten in der Klasse aus und diskutieren Sie die Ergebnisse!

Erste Hilfe für SchulWeb-Chatter

Wichtige deutsche Chat-Kürzel

„bab"	Bussi auf Bauchi
„bussimz"	Bussi mit Zunge
„bvid"	bin verliebt in dich
„bvl"	brüllt vor Lachen
„dbdb"	du bist der/die Beste
„g"	grins
„hea"	hau endlich ab
„hindik"	hab immer nur dich im Kopf
„iha"	ich hasse Abkürzungen
„kgf"	knuddel ganz fest
„KK"	Krach und Kaos (auch: kluges Kerlchen)
„QG"	Quälgeist
„QK"	Quatschkopf
„Sfh"	Schluss für heute
„snif"	traurig, weinen
„ss"	so süß
„Y"	typisch Mann
„z"	zornig

(Computer & Co., II/99, S. 23.)

Smilies und Emoticons

:–)	Chatter lacht
:–]	Chatter lacht sarkastisch
:–))	Chatter lacht über beide Ohren
B–)	Chatter ist Brillenträger
:,–)	Chatter weint vor Freude
:–P	Chatter streckt die Zunge raus
:*)	Chatter ist betrunken
:o)	Chatter ist ein Clown
=:–)	Chatter ist ein Punker
:–)=	Chatter trägt einen Bart
:–(	Chatter ist schlecht drauf
:–\	Chatter ist skeptisch
;–)	Chatter zwinkert ironisch
:,–(	Chatter weint
:–0	Chatter ist schockiert
:–Q	Chatter raucht
I–0	Chatter ist müde
:h)	Chatter hat ein Herz für dich
:–I	Chatter ist stumm
[:–)	Chatter hat einen Hut auf

Auswertung Chatten

Was hat Ihnen gefallen?

Themen ....

Sprache ....

Anonymität ....

Was hat Ihnen nicht gefallen?

Themen ....

Sprache ....

Anonymität ....

Beantworten Sie bitte die folgenden Fragen:
1. Sind Sie direkt angesprochen worden?
2. Haben Sie jemanden angesprochen?
3. Wie lange haben Sie mit dieser Person gechattet?
4. Haben Sie die Chat-Räume häufig gewechselt?
5. Worüber haben Sie gesprochen?
6. Haben Sie selber Chat-Elemente benutzt?
7. Welche Bedeutung hat für Sie der Spitzname? Würden Sie unter Ihrem Namen genauso chatten?
8. Würden Sie die Chat-Gesprächspartner gerne im wirklichen Leben kennen lernen?
9. Würden Sie gerne häufiger chatten?
10. Es gibt „Chat-süchtige" Menschen. Können Sie sich vorstellen, warum?

(Sybille Breitmann, Michael Schopen, *Vom virtuellen in den realen Raum.* In: *Praxis Deutsch*, Nr. 158, S. 52.)

Kleines Lexikon der Fachbegriffe rund um den Computerkauf

Absturz

Umgangssprachliche Bezeichnung für einen Computerfehler, nach dessen Auftreten nicht mehr weitergearbeitet werden kann. Die Ursachen für einen Rechnerabsturz sind vielfältig und können sowohl an defekter Hardware als auch an fehlerhafter Software liegen.

Arbeitsspeicher

Der Arbeitsspeicher ist das „Kurzzeit-Gedächtnis" des Computers. Er nimmt das Betriebssystem, die Programme und Daten auf, mit denen Sie gerade am PC arbeiten. Für den Arbeitsspeicher werden RAM-Bausteine (Speichermodule) verwendet. Bei modernen PCs muss man dabei unterscheiden in:

- Hauptspeicher: Er enthält das aktive Betriebssystem, alle aktuell aufgerufenen Programme mit den Daten. Die Größe wird heutzutage in MegaBytes (MB) angegeben (1 MB = 1.048.576 Bytes oder Zeichen).
- Cache-Speicher: Dieser wesentlich schnellere Pufferspeicher enthält nur die zuletzt benutzten Programmteile und Daten. Aufgrund seines Preises fällt der Cache-Speicher meist relativ klein aus. Üblich sind Größen von 256 oder 512 KiloBytes (kB, 1 kB = 1.024 Bytes oder Zeichen).

Bandlaufwerk (Streamer)

Laufwerk im oder am Computer, das Bandkassetten zum Speichern von Daten benutzt. Wird zur Datensicherung eingesetzt.

Betriebssystem

Ein Betriebssystem dient als Mittler zwischen dem Benutzer- bzw. Anwenderprogramm und dem Computer, der Hardware. Es sorgt u. a. für den Datentransport zwischen den einzelnen Bestandteilen innerhalb des Computers. Standard-Betriebssysteme für PCs sind:

DOS (von Microsoft, IBM, Novell, PTS), Microsoft Windows 3.11 (benötigt DOS), Microsoft Windows 95, Microsoft Windows NT, IBM Betriebssystem OS/2, Diverse Unix-Versionen (SCO, Linux usw.)

Der Macintosh Computer (kurz: Mac) ist ein Computertyp des Herstellers Apple. Diese Macintosh-Computer zeichneten sich von Anfang an durch einfache Bedienung und gute Eignung zur Grafik- und Bildverarbeitung aus. Grundsätzlich sind Macintosh-Computer zu den PCs mit einem Intel Prozessor inkompatibel, da sie ein eigenes Betriebssystem und eigene Programme sowie Datenformate verwenden. Inzwischen gibt es jedoch Software, mit der DOS- und Windows-Daten gelesen werden können.

Tip: Gleich beim Kauf auf diese Notwendigkeit hinweisen!

Windows (MS Windows) ist ein grafikorientiertes Betriebssystem der Firma Microsoft für PC. Windows bietet volle Grafikunterstützung und Treiber für die typischerweise an einem PC betriebenen Geräte (Tastatur, Maus, Grafikkarte, Drucker, Soundkarte usw.). Windows existiert aktuell in mehreren Versionen:

- Windows 3.1: Erfordert zum Betrieb mindestens 3 MB Arbeitsspeicher und DOS.
- Windows für Workgroups 3.11: Erfordert zum Betrieb mindestens 4 MB Arbeitsspeicher und DOS. Beinhaltet eine einfache Unterstützung für ein lokales Netzwerk.
- Windows 95: Erfordert zum Betrieb mindestens 8 MB Arbeitsspeicher (in der Praxis eher 12 bis 16 MB). Weist zahlreiche Erweiterungen gegenüber Windows 3.x auf.
- Windows NT: Erfordert zum Betrieb mindestens 16 MB Arbeitsspeicher. Weist ebenfalls zahlreiche Erweiterungen gegenüber Windows 3.x auf. Wird vorwiegend in größeren lokalen Netzwerken eingesetzt.

BIOS

Abkürzung für Basic Input-Output System. In ROM-Bausteinen gespeichertes Programm, das den grundlegenden Datenverkehr zwischen Prozessor, Arbeitsspeicher und den einzelnen Geräten im PC steuert. Das BIOS ist in einem ROM-Chip auf der Hauptplatine des PCs untergebracht.

Byte

Ein Byte entspricht 8 Bits. Ein Byte ist die kleinste adressierbare Einheit im Arbeitsspeicher. Ein Zeichen wird beispielsweise in 1 Byte abgelegt. Größere Einheiten mehrerer Bytes sind: KiloByte (kB, 1 kB = 1024 Bytes), MegaBytes (MB, 1 MB = 1.048.576 Bytes), GigaByte (GB, 1 GB = 1.073.741.824 Bytes).

Bus, Bus-System

Als Bus bezeichnet man in der Datentechnik eine Gruppe parallel verlaufender Leitungen sowie die Mechanismen zur Steuerung der Signale auf diesen Leitungen.

Cache

Schneller Pufferspeicher, um den Zugriff auf den Arbeitsspeicher, die Festplatte oder ein CD-ROM-Laufwerk zu beschleunigen.

CD-ROM, CD-ROM-Laufwerk

Eine CD-ROM ist eine aluminiumbeschichtete Kunststoffscheibe, auf der computerlesbare Daten oder Bilder gespeichert sind. Diese können im Computer mit Hilfe eines CD-ROM-Laufwerks gelesen werden. Ein CD-ROM-Laufwerk kann außerdem die auf normalen Audio-CDs gespeicherte Musik abspielen.

CPU

Abkürzung für Central Processing Unit, Prozessor.

Datenschutz

Maßnahmen, um Personen vor dem Missbrauch ihrer Daten zu schützen. Gesetzlich festgelegt im Landes- und Bundesdatenschutzgesetz. Danach dürfen Daten verarbeitende Stellen nur solche personenbezogenen Daten erheben und speichern, die sie zur unmittelbaren Durchführung ihrer Aufgaben benötigen.

Datensicherung

Kopieren der Programme und Daten von der Festplatte auf ein anderes Speichermedium, um im Falle eines Datenverlustes die Originaldaten von diesem Speichermedium durch Zurückkopieren wiederherstellen zu können.

Diskette (Floppy Disk)

Magnetisierbare runde Kunststofffolie in einer Hülle zur Speicherung von Computerdaten. Disketten gibt es in unterschiedlichen Abmessungen (3,5 Zoll, 5,25 Zoll) und Speicherkapazitäten:

DD: Double Density = 720 kB (3,5)/360 kB (5,25)
HB: High Densitiy = 1,44 MB (3,5)/1.2 MB (5,25)
EHD: Extra High Density = 2,88 MB (3,5 Zoll)
ZIP: Iomega ZIP Drive Disk ca. 100 MB

Diskettenlaufwerk (Floppy Disk Drive)

In den Computer eingebautes oder extern daran angeschlossenes Gerät zum Lesen und Beschreiben von Disketten.

DOS (MS-DOS, PC-DOS, Novell DOS, PTS-DOS)

Abkürzung für Disk Operating System. Einfaches zeichenorientiertes Betriebssystem von Microsoft/IBM/Novell/PTS für PC.

Festplatte

Die Festplatte ist das „Langzeit-Gedächtnis" im Computer. Es handelt sich dabei um einen fest in den Computer eingebauten magnetischen Massenspeicher, auf dem Programme und Daten vorgehalten werden. Eine Festplatte besteht aus einer oder mehreren übereinander angeordneten magnetisch beschichteten Kunststoff- oder Glasscheiben, die sich mit einer hohen Geschwindigkeit drehen. Informationen werden mit Hilfe kleiner so genannter Schreib/Lese-Köpfe in kreisförmigen Spuren auf die magnetisierbaren Oberflächen geschrieben oder von diesen gelesen. Die Speicherkapazität heutiger Festplatten liegt zwischen 0,5 und 10 GigaByte (1 GB = 1.073.741.824 Bytes).

Grafikkarte (Videokarte)

PC-Einsteckkarte, die für die Umsetzung von Texten und Bildern zur Anzeige auf einem Monitor sorgt. Grafikkarten unterscheiden sich hin-

sichtlich ihrer Anzeigegeschwindigkeit, der Bildwiederholfrequenz, der grafischen Auflösung und der Zahl der gleichzeitig darstellbaren Farben.

Hardware

Computer, Speichermedien und alle Geräte, die daran angeschlossen sind. Anders ausgedrückt: Alles, was man anfassen kann. Ein Beispiel, um den Unterschied zur Software deutlich zu machen: Die Diskette selbst ist Hardware, das, was auf ihr gespeichert wird, ist Software.

Hauptplatine

Die Hauptplatine (Mainboard, motherboard) ist eine Platine am Boden des PC-Gehäuses, auf der sich u. a. Prozessor, Hauptspeicher, Cache-Speicher, Chipsatz und die Steckplätze für z. B. die Grafikkarte befinden.

Hauptspeicher

Teil des Arbeitsspeichers. Enthält das aktive Betriebssystem und alle aktuell aufgerufenen Programme mit den bearbeiteten Daten.

Internet

Weltweit größtes Netzwerk von Computern mit mehreren Millionen Teilnehmern. Zum Anschluss eines privaten Computers an das Internet wird ein Modem oder eine ISDN-Steckkarte benötigt. Außerdem ein Anbieter („Provider"), der für die Verbindung zwischen dem Telefonnetz und dem Internet sorgt.

ISDN

Abkürzung für Integrated Services Data Network. Mit dem ISDN sollen Telefon-, Telefax-, Telex- und Computerdienste in einem einzigen digitalen Netz integriert werden. Das ISDN soll langfristig das bisherige (analoge) Telefonnetz ablösen. Zu den Merkmalen des ISDN zählt eine einheitliche Übertragungsgeschwindigkeit von 64.000 Bits/Sekunde und eine damit einhergehende bessere Sprachverständlichkeit und höhere Datensicherheit bei der Übermittlung von Computerdaten. Um einen Computer an das ISDN anzubinden, werden spezielle ISDN-Steckkarten benötigt.

Joystick

In vier Richtungen beweglicher Steuerknüppel mit Tasten zum Anschluss an den PC. Wird in Computerspielen zur Bewegung und Steuerung von Objekten auf dem Bildschirm eingesetzt.

Maus

Eingabegerät, mit dem Sie einen auf dem Bildschirm sichtbaren Pfeil auf ein dort angezeigtes Objekt bewegen können. Durch Drücken einer der Maustasten lösen Sie anschließend eine bestimmte Funktion aus.

Modem

Kombination aus MOdulator (ein Gerät, das Computersignale in Telefonsignale umsetzt, um diese dann über das Telefonnetz zu senden) und DEModulator (Einrichtung, die diese Telefonsignale wieder in Computersignale zurückverwandelt). Modems dienen also dazu, Computer über das Telefonnetz zu verbinden. Sie unterscheiden sich in der Bauform (intern als Steckkarte, extern in einem eigenen Gehäuse) und durch die Geschwindigkeit, mit der sie Daten auf der Telefonleitung übermitteln. Üblich sind Geschwindigkeiten von 14.400 oder 28.800 Bits/s.

Multimedia, Multimedia-PC

Multimedia fasst Ton (Audio), Bild (Video) und Datenverarbeitung (Computer) zu einer Einheit zusammen. Ein Multimedia-PC ist daher meist mit entsprechenden Zusätzen ausgestattet: Grafikkarte, die Bilder in Echtfarben darstellen kann. Grafikkarte, die auch Videosequenzen abspielen kann.
Karten zum Erzeugen, Abspielen und Aufnehmen von Tönen (Sound-Karte), mit Lautsprechern. CD-ROM-Laufwerk, das in der Lage ist, Audio-, Foto- und Video-CDs zu lesen.

Netzwerk

Verbindung mehrerer Computer über Kabel, Modem und Telefonnetz oder ISDN. Sofern sich dieses Netzwerk auf ein Gebäude oder eine Firma beschränkt, spricht man von einem lokalen Netzwerk (Local Area Network, LAN), andernfalls von einem öffentlichen Netz (Wide Area Network, WAN). Zur Anbindung des Computers an ein Netzwerk werden spezielle Programme benötigt (Netzwerkbetriebssysteme oder besondere Zugriffsprogramme).

Online

Englisches Wort für „verbunden". Bezeichnet die Verbindung mehrerer Computer über Kabel, Modem und Telefonnetz oder ISDN. Mehrere so verbundene Computer bilden ein Netzwerk. Das weltweit größte Netzwerk dieser Art ist das Internet.

Personal Computer (PC)

Ursprünglich von IBM entwickelter Computer, der sich aufgrund seiner flexiblen Erweiterbarkeit als Industriestandard durchgesetzt hat. Ein PC verfügt über einen Prozessor von Intel oder einen dazu kompatiblen Prozessor. Eine Alternative zum Standard-PC bildet z.B. der Macintosh-Computer des Herstellers Apple.

Plug'n'play (Einstecken und Spielen)

Werbeversprechen der Computer-Industrie, wonach PCs durch einfaches Einstecken neuer Hardware erweitert werden können, ohne die Hardware vorher zu konfigurieren, d. h. an den Computer anpassen zu müssen. Bisher erst in Ansätzen verwirklicht. Zumindest Konfigurationsprogramme müssen noch gestartet werden.

Prozessor (CPU)

Der Prozessor (engl. Central Processing Unit) ist der „Motor" des Computers. In ihm laufen alle wichtigen Rechenvorgänge ab und er kontrolliert den Datenfluss zwischen den einzelnen Komponenten des Computers. Die Prozessoren typischer PC stammen vom Hersteller Intel oder sind zu diesen kompatibel. Die Prozessoren der Apple Macintosh Computer stammen zumeist von Motorola.

RAM

Abkürzung für Random Access Memory. Speicherbausteine, aus denen der Arbeitsspeicher aufgebaut ist.

ROM

Abkürzung für Read Only Memory. Speicherbausteine, die nur gelesen werden können. ROM-Bausteine enthalten Programme, die der Steuerung des Computers dienen. Beispiel ist das BIOS im PC oder auf der Grafikkarte.

Scanner

Gerät, das den Inhalt von Papiervorlagen einliest und als Grafik auf der Festplatte des Computers abspeichert. Um die eingescannte Grafik in einen weiterzuverarbeitenden Text umzuwandeln, bedarf es eines besonderen Texterkennungs-Programmes (OCR, Optical Character Recognition).

Schnittstelle

Standard zum Anschluss von Geräten im bzw. am PC. Typische Schnittstellen im PC sind:
- Parallele Schnittstelle (LPT, Line Printer). Hier wird der Drucker angeschlossen.
- Serielle Schnittstelle (COM, Communication Port). Hier wird eine serielle Maus oder z. B. ein Modem angeschlossen.
- Anschluss für den Joystick (Game Port).
- Tastaturanschluss

Software

Programme und Daten. Ein Beispiel, um den Unterschied zur Hardware deutlich zu machen: Die Diskette selbst ist Hardware, das was auf ihr gespeichert wird, ist Software.

Sound-Karte

Einsteckkarte für PCs, die es erlaubt, Töne zu generieren, abzuspielen, aufzuzeichnen und auf einem Datenträger abzuspeichern. An die Sound-Karte können extern u. a. Mikrofon und Lautsprecher angeschlossen werden.

Streamer

Englischer Begriff für Bandlaufwerk.

Taktfrequenz

Maß für die Geschwindigkeit, mit der der Prozessor betrieben wird, gemessen in Millionen Takten/Sekunde oder MegaHertz (MHz). Je Takt wird vom Prozessor eine einfache Anweisung ausgeführt; komplexere Befehle, wie z. B. die Division, benötigen mehrere Takte. In heutigen PCs eingesetzte Prozessoren laufen mit Taktfrequenzen zwischen 33 und 166 MHz.

Treiber

Kleines Programm, das als Bestandteil oder Erweiterung des Betriebssystems geladen wird, um bestimmte Geräte anzusteuern. Je nach Gerätetyp spricht man dann beispielsweise von Tastaturtreiber, Maustreiber, Druckertreiber, Grafik(karten)- oder Bildschirmtreiber.

(Verwaltungs-Berufsgenossenschaft, Sicherheitsreport, 02/1996, S. 13-16.)

Arbeitsanregungen

1. Erfüllt das Lexikon der Fachbegriffe seinen Zweck; sind Sie durch die Definitionen informiert?

2. Ergänzen Sie das Lexikon durch Definitionen zu den Begriffen:
   - Bit
   - Drucker
   - Java
   - Newsgroups
   - Search Engines
   - Chat
   - HTML
   - Links
   - Provider
   - Surfen!
   - neue Wörter, die in der Fachliteratur genannt werden!

Walter Barnhausen, **Umbrüche**

Seit es Dich gibt
Schreibautomat
Ist alles so leicht
So richtig Du brichst
5 Meine Zeilen um ohne Fehl
Er die Spalten die Seit
En es muss sich nicht
Reimen wie früher einmal dies
Es 'gab die Sporen kreuz und quer
10 Und ritt auf alle Seiten
Herüber, hinüber, hin und her,
Kann keine Ruh erreiten;
Reit't sieben Tag und sieben Nacht'
Es blitzt und donnert, stürmt und kracht
15 Du hast mich von dem Zwang befreit
Zu beugen was nicht mag
Ich hör' Dich sagen, wag's
Einfach versuch's ich schreibe doch
Für Dich brech' ich wenn's sein muss
20 Alles
Um.

(Walter Barnhausen, Der weiße Laptop. Bielefeld: Neues Literaturkontor 1991, S. 12.)

Arbeitsanregungen

1. In welchem Zusammenhang stehen Inhalt und formaler Aufbau des Gedichts?

2. Deuten Sie den Titel!

3. Gestalten Sie das Gedicht neu, indem Sie die Umbrüche verändern! Erzielt Ihre Version eine andere Wirkung als das Original?

Gesprächspsychotherapie nach Carl Rogers

Die von **Carl Rogers** (* 1902) entwickelte Gesprächspsychotherapie gehört zusammen mit der Psychoanalyse und der Verhaltenstherapie zu den etablierten Psychotherapieformen. Drei Grundhaltungen des Therapeuten definierte Rogers, dessen Ansatz von einem humanistischen Menschenbild geprägt ist, als notwendig für eine Erfolg versprechende Behandlung:

1. Positive Wertschätzung und emotionale Wärme
Die Akzeptanz des Klienten meint hier nicht, dass seine Einstellungen geteilt werden müssen, sondern dass der Therapeut Achtung vor dem menschlichen Wert des Klienten auszudrücken versteht. So soll dieser lernen, sich selbst gegenüber ähnliche Gefühle zu entwickeln.

2. Echtheit
An den Therapeuten wird der Anspruch gestellt, sich ehrlich in das Gespräch einzubringen. Seine Äußerungen müssen auch auf der nonverbalen Ebene mit Gestik und Mimik in Einklang zu bringen sein, damit der Klient Vertrauen entwickelt und sich öffnet.

3. Einfühlendes Verstehen
Der Therapeut soll sich um das Verständnis des Klienten bemühen. Durch ständiges Feedback signalisiert der Therapeut seinem Gegenüber, was er von dessen Gefühlen nachvollziehen kann.

Ein psychotherapeutisches Einzelgespräch

Kl.: Angestellter; Mitte zwanzig; männlich – 1. Kontakt ca. 10.–15. Minute
(**Kl.** = Klient, **Th.** = Psychotherapeut)

Kl.: Das ja, und, und, äh, auf der anderen Seite ist es wieder, gibt es sehr schwierige Dinge in der Firma (Th.: mhm), die dann, die wirklich sehr vielseitig sind (Th.: ja), und wo ich dann einfach nicht mitkomme (Th.: mhmm). Wo ich, so mich verstecke und und nichts hören und nicht sehen und kein Kommentar dazu (Th.: ja, ja). Am besten den Schwierigkeiten aus dem Weg gehen. (Th.: mhm) Und früher bin ich immer voll rein.

Th.: Ja, Sie fühlen sich in manchen Dingen einfach überlastet, ja, überfordert vielleicht. Ist es so?

Kl.: Ja, äh, (Th.: ja), ich kann dem eigentlich gar nicht ..., ob es nun 'ne Überforderung ist, ja. (2 Sek. Pause.) Ich dürfte nicht überfordert sein – im Grunde genommen. Also früher sah ich in, in, in, in diesen Dingen gar keine Schwierigkeit. Ich hätte nie eine gesehen, (Th.: mhm), oder jedenfalls keine von besonderem Belang. (Th.: mhm.) Aber jetzt schon morgens, wenn ich aufstehe, dann, dann hab' ich ein ungutes Gefühl und (Th.: mhm) Herzbeklemmung und ...

Th.: Sie gehen schon mit Unlust (Kl.: Ich geh' dann mit Unlust, ja.) an die Arbeit, ja. und ist es so, dass Sie in einem Gefängnis sich fühlen? (Kl.: ja, ja.) Mhm.

Kl.: Dauernd beobachtet, wenn irgendjemand anruft, dann könnt' ich was falsch gemacht haben. Ich bekomm' auch sehr viel' Sachen, relativ viel Sachen zurück, wo ich irgendwas nicht richtig gemacht habe. Das hängt nun auch wieder mit der Konzentrationsfähigkeit, der mangelnden, (Th.: mhm), zusammen, (Th.: ja), äh.

Th.: Ist es so, dass man Ihnen, äh, häufig diese Dinge zurückschickt und Sie fühlen sich dann selbst beeinträchtigt, dass Ihnen da wieder ein Fehler unterlaufen ist?

Kl.: Das, das, das wurmt mich dann natürlich maßlos. Und, und ich sag' mir dann, bist du denn also wirklich zu dumm dazu und ich hab' mich dann in letzter Zeit immer so selbst kasteit (Th.: mhm) und hab' auch, äh, so vor Bekannten immer gesagt, also dafür bin ich zu dumm. Und wenn sie mich fragen, was hast du gelernt (Th.: mhm), dann hab' ich gesagt, ja, Gott, gar nichts. Und, und, also wirklich, ich, äh, ich war, bin der reinste Pessimist geworden.

Th.: Ja, irgendwie haben Sie sich selbst abgewertet vor den anderen.

Kl.: Ja, äh, immer. (Th.: mhmm.) Aber wenn ich, wenn ich wiederum ganz ehrlich bin, (Th.: ja), dann komm' ich auf das zurück, dass ich eben sehr viele Dinge mit Fleiß gemacht habe (Th.: ja).

Th.: Sie suchen nach einer Erklärung (Kl.: mhm), woran es hängen könnte, ja, und Sie meinen, dass was Sie vorher geschafft haben, aufgrund des Fleißes allein oder hauptsächlich ...

Kl.: Hauptsächlich auf – das ist also mein, meine Bedenken, (Th.: mhmm) – dass ich hauptsächlich aufgrund des Fleißes und aufgrund eines sehr guten, trainierten Gedächtnisses (Th.: mhm, ja) geleistet habe, geschafft habe (Th.: mhmm), und es ist wie damals, es kommt irgendein kleiner Anstoß von draußen, egal welcher Art (Th.: mhmm) ...

(W.-J. Minsel, Praxis der Gesprächspsychotherapie. Wien 1975, S. 25.)

Arbeitsanregungen

1. Welche Ziele verfolgt die Gesprächspsychotherapie? Berücksichtigen Sie die Informationen der Einleitung!

2. Erläutern Sie, inwiefern sich die von Rogers geforderten Grundhaltungen des Therapeuten im Gesprächsbeispiel spiegeln!

3. Bringen die Äußerungen des Therapeuten den Klienten weiter? Werden Fortschritte erzielt?

4. Welche Bedeutung messen Sie der Wertschätzung, der Echtheit und dem einfühlenden Verstehen in einem privaten Gespräch bei?

JOACHIM NOCKE, Idealbesetzung

(Hannoversche Allgemeine Zeitung, vom 29. April 1995.)   Zeichnung: Joachim Nocke

Joseph Weizenbaum. Informatiker am Massachusetts Institute of Technology, hat einen Computer so geschult, dass er psychotherapeutische Gespräche führen kann.

„Eliza" behält stets die Initiative, nur sie stellt Fragen an GEO-Autor **Volker Arzt** und reagiert prompt auf jede Antwort. Dass sie in Wahrheit nichts versteht, zeigt der zweite Dialog: Auch auf Nonsens reagiert die Maschine stur nach Schema F.

VOLKER ARZT, **Beim künstlichen Psychiater auf der Couch**

Hallo, ich bin Eliza, wo liegt dein Problem?
Ich schreibe einen Artikel für GEO[1].
Bist du zu mir gekommen, weil du einen Artikel für GEO schreibst?
Ja.
Ist das der wahre Grund?
Ja, mir fällt das Schreiben so schwer.
Kommen keine anderen Gründe in Betracht?
Nein, im Augenblick ist das mein großes Problem!
Warum ist es dein großes Problem?
Weil die GEO-Redakteure langsam ungeduldig werden.
Sag mal, hast du irgendwelche psychologischen Probleme?
Ja, ich quäle mich so beim Formulieren.
Aha.
Vor allem find ich nie einen Anfang.
Kannst du mal ein Beispiel nennen?
Na ja, seit drei Tagen sitze ich jetzt vor einem leeren Blatt Papier.
Was bedeutet das für dich?
Dass ich als Autor ein Versager bin.
Glaubst du, dass es normal ist, als Autor ein Versager zu sein?
Vielleicht, aber ich möchte eine Ausnahme sein.
Was würde es für dich bedeuten, eine Ausnahme zu sein?
Ich wäre von allen anerkannt.
Und weiter?
Ich wäre glücklich und zufrieden.
Ich bin nicht ganz sicher, ob ich dich richtig verstehe?
Ich meine, ein guter Artikel wäre wichtig für mich – hast du denn jemals eine Geschichte geschrieben?
Wir reden über dich – nicht über mich.
Ich brauche Hilfe!
Kannst du das näher ausführen?
Ich würde gern diesen Dialog für meine Geschichte verwenden.
Bist du gekommen, weil du diesen Dialog für deine Geschichte verwenden möchtest?
Ja.
Aha.

„Das kann ja jeder behaupten"

Hallo, ich bin Eliza, wo liegt dein Problem?
Der Rhabarber pokert leise.
Bist du gekommen, weil der Rhabarber leise pokert?
Ja, und weil ich nicht Napoleon bin.

---

1 GEO = Zeitschrift

40 *Warum nicht?*
Ich habe keine Lust.
Seit wann hast du keine Lust?
Du bist ein lausiger Nachplapperer.
Würdest du es denn vorziehen, wenn ich kein lausiger Nachplapperer wäre?
45 Ja.
Interessant.
Eia popeia.
Und weiter?
Was raschelt im Stroh?
50 *Interessiert dich diese Frage?*
Die Wolken beißen selten tief.
Ich verstehe.
Das kann ja jeder behaupten.
Aha.
(GEO, Nr. 7, 1980, S. 113.)

Arbeitsanregungen

1. Vergleichen Sie die Äußerungen des Computers „Eliza" mit denen des Therapeuten! Durch welche sprachlichen „Tricks" wird das therapeutische Gespräch von „Eliza" simuliert?

2. Berücksichtigt „Eliza" die drei psychotherapeutischen Grundhaltungen?

3. Kann ein „Gespräch" mit einem Computer zur Lösung von Problemen beitragen?

4. Welche Intention verfolgt Volker Arzt mit seinem Artikel?

5. Was halten Sie von dem Betriebspsychologen in der Karikatur (S. 208)?

6. Verführt die Technik dazu, den Kontakt zur Realität zu verlieren?

Bericht

Berichte verfolgen die Absicht, einem Empfänger sachlich eindeutige Informationen von einem bestimmten Vorgang/Anlass zu übermitteln; daraus ergibt sich auch die Ausdrucksweise: sachbezogen und wertfrei.

Berichte werden aus unterschiedlichen Gründen verfasst; die wesentlichen sind:

| Unfallbericht | Lehrbericht | Reisebericht | Geschäftsbericht | Forschungsbericht |

Merkmale eines Berichts

Inhalt/Fragen

wer?	war an dem Ereignis (Unfall) beteiligt?	Personen
wann?	geschah das Ereignis?	Zeit
wo?	ereignete es sich?	Ort
was?/wie?	geschah es im Einzelnen?	Ablauf
warum?	kam es zu dem Ereignis?	Grund

Sprache

- Schreiben Sie sachlich und genau!
- Berichten Sie der Reihe nach!
- Vermeiden Sie alles Überflüssige!
- Formulieren Sie im Präteritum (Vergangenheit)!
- Verwenden Sie die indirekte Rede!

– Klären des Sachverhaltes
– Objektivität

DARSTELLEN & SCHREIBEN

GOSCINNY/UDERZO, **Volltreffer**

(Goscinny/Uderzo, Der Kampf der Häuptlinge. Stuttgart: Delta 1969, S. 11.)

Arbeitsanregungen

1. Asterix und Obelix müssen das Geschehen vor ihrem Häuptling Majestix rechtfertigen. Schildern Sie den Unfall aus der Sicht von Obelix! Formulieren Sie im Anschluss die Version des Asterix!

2. Fassen Sie die wichtigsten Informationen zu den sechs W-Fragen zusammen, die für einen Unfallbericht von Bedeutung sind!

3. Verfassen Sie zu dem dargestellten Geschehen einen kurzen Unfallbericht!

JEAN GRATON, Michel Vaillant – 23.000 Kilometer durch die Hölle

120 Konkurrenten sind in Dearborn/USA zum Start der Carrera Panamericana zusammengekommen, dem 23.000-Kilometer-langen Rennen quer durch Nord- und Südamerika. Favorit Michel Vaillant und sein Partner François Belmer auf dem Prototyp „Rush" der Firma Vaillant haben vor allem eins zu fürchten: das „Leader"-Team Nr. 13 mit dem Gespann Cramer/Hawkins. Kurz vor dem Ziel, in der Sandwüste von Feuerland, kommt es zur alles entscheidenden Auseinandersetzung.

(Jean Graton, Michel Vaillant – 23.000 Kilometer durch die Hölle. Zack Comic Box 16. Hamburg: Koralle, S. 46-47.)

Arbeitsanregungen

1. Fassen Sie das Geschehen in einem Unfallbericht zusammen!

2. Tragen Sie die Informationen zum Unfallhergang in das Formular ein!

Unfallbericht

Kein Schuldanerkenntnis, sondern eine Wiedergabe des Unfallherganges zur schnelleren Schadenregulierung

Von beiden Fahrzeuglenkern auszufüllen

Haftpflicht-Unterstützungs-Kasse kraftfahrender Beamter Deutschlands a. G. in Coburg

1. Tag des Unfalles	Uhrzeit	2. Ort (Straße, Haus-Nr. bzw. Kilometerstein)	3. Verletzte? A nein ☐ ja ☐ B nein ☐ ja ☐
4. Andere Sachschäden als an Fahrzeug A und B nein ☐ ja ☐		5. Zeugen (Name, Anschrift, Telefon – Insassen unterstreichen)	

Fahrzeug A

6. Versicherungsnehmer der HUK-Coburg (Name und Anschrift)

_____

_____

_____

Telefon (von 9 – 16 Uhr) _____
Besteht Berechtigung zum Vorsteuerabzug?
nein ☐ ja ☐

7. Fahrzeug Baujahr _____
Marke, Typ _____
Amtl. Kennzeichen _____

8. Versicherer Haftpflicht-Unterstützungs-Kasse kraftfahrender Beamter Deutschlands a. G. in Coburg
96444 Coburg
Vers.-Nr. _____
Nr. der Grünen Karte _____
(Für Ausländer)
„Attestation" oder Grüne Karte gültig bis _____

☐ Vollkasko mit ____ DM Selbstbeteiligung
☐ Kurzversicherung

9. Fahrzeuglenker
Name _____
Vorname _____
Adresse _____
Führerschein-Nr. _____
Klasse _____ ausgestellt am _____

10. Bezeichnen Sie durch einen Pfeil den Punkt des Zusammenstoßes ↓

11. Schäden

14. Bemerkungen

Fahrzeug B

6. Unfallpartner (Name und Anschrift)

_____

_____

_____

Telefon (von 9 – 16 Uhr) _____
Besteht Berechtigung zum Vorsteuerabzug?
nein ☐ ja ☐

7. Fahrzeug Baujahr _____
Marke, Typ _____
Amtl. Kennzeichen _____

8. Versicherer _____
Vers.-Nr. _____
Agent _____
Nr. der Grünen Karte _____
(Für Ausländer)
„Attestation" oder Grüne Karte gültig bis _____

Besteht eine Vollkasko-Versicherung?
☐ Vollkasko mit ____ DM Selbstbeteiligung

9. Fahrzeuglenker
Name _____
Vorname _____
Adresse _____
Führerschein-Nr. _____
Klasse _____ ausgestellt am _____

10. Bezeichnen Sie durch einen Pfeil den Punkt des Zusammenstoßes ↓

11. Schäden

14. Bemerkungen

12. Bitte Zutreffendes ankreuzen

	A		B	
1	☐	Fahrzeug war abgestellt	1	☐
2	☐	fuhr an	2	☐
3	☐	hielt an	3	☐
4	☐	fuhr aus Grundstück oder Feldweg aus	4	☐
5	☐	bog in Grundstück oder Feldweg ein	5	☐
6	☐	bog in einen Kreisverkehr ein	6	☐
7	☐	fuhr im Kreisverkehr	7	☐
8	☐	fuhr auf	8	☐
9	☐	fuhr in gleicher Richtung, aber in einer anderen Spur	9	☐
10	☐	wechselte die Spur	10	☐
11	☐	überholte	11	☐
12	☐	bog rechts ab	12	☐
13	☐	bog links ab	13	☐
14	☐	fuhr rückwärts	14	☐
15	☐	fuhr in die Gegenfahrbahn	15	☐
16	☐	kam von rechts	16	☐
17	☐	beachtete Vorfahrtszeichen nicht	17	☐
←		Anzahl der angekreuzten Felder	→	

13. Unfallskizze

Bezeichnen Sie: 1. Straßen 2. Richtung der Fahrzeuge A und B 3. Ihre Position im Moment des Zusammenstoßes 4. Straßenschilder 5. Straßennamen

15. Unterschrift der Fahrzeuglenker

A _____ | B _____

Polizeilich aufgenommen? ☐ Nein ☐ Ja
Gebührenpflichtig verwarnt? ☐ Keiner ☐ A ☐ B
Dienststelle/Aktenzeichen: _____

Voraussichtlich werden gegen VN der HUK Schadensersatzansprüche gestellt. ☐ Nein ☐ Ja
VN beabsichtigt, den Schaden selbst zu regulieren. ☐ Nein ☐ Ja

Bewußt unwahre oder unvollständige Angaben unseres Versicherungsnehmers über den Schadenfall führen, auch wenn dem Versicherer hierdurch kein Schaden entsteht, zum Verlust des Versicherungsanspruchs und berechtigen den Versicherer, seine gesamten Aufwendungen, die er aufgrund des Schadenfalles erbringen muß, zurückzufordern.

Protokoll

Das **Protokoll** ist eine Form des Berichts; es dient dazu, Verlauf oder Ergebnisse in unterschiedlichen Kommunikationssituationen schriftlich festzuhalten – wie z.B.: bei Gerichtsverhandlungen, Konferenzen, Unterrichtsstunden –, um mit Hilfe der Niederschrift verbindlich belegen zu können, was besprochen, beschlossen oder angeordnet wurde. Aufgrund des dokumentarischen Charakters müssen Protokolle persönlich unterschrieben werden. Es lassen sich zwei **Arten** unterscheiden:

Verlaufsprotokoll (Verhandlungsprotokoll)	Ergebnisprotokoll (Beschlussprotokoll)
Aufgabe	**Aufgabe**
– Ablauf und Aussagen zeitlich und inhaltlich genau wiedergeben – wichtige Änderungen, Tatsachen, Beschlüsse werden ausführlicher wiedergegeben (oft durch Schriftführer/Stenografen)	– wichtige Ergebnisse, Entscheidungen werden kurz zusammengefasst – Einzelheiten, Verfahrensabläufe, Nebensachen werden nicht berücksichtigt

Für das Protokoll einer Unterrichtsstunde genügt meistens die kurz gefasste Form des **Ergebnisprotokolls**; mit ihr können:

- Ablauf und Ergebnisse festgehalten werden
- Inhalte, Zusammenhänge aufgezeigt werden
- Missverständnisse geklärt werden
- Ansatzpunkte für eine kritische Auseinandersetzung gegeben werden
- Informationen vermittelt werden – auch an Teilnehmer, die nicht an der Veranstaltung teilnehmen konnten.

Merkmale eines Protokolls

Thema/Überschrift	Protokoll der Unterrichtsstunde vom: ....
wann?	Beginn: .... Ende: ....
wo?	Ort: .... Raum: ....
wer?	Leiter: ....
	Anwesend: ....
	Abwesend: ....
was?	Inhalte: ....
	....
wie?	Einzelergebnisse: ....
	....
Unterschriften:	Protokollführer: .... Leiter: ....

Informationen über Ergebnisse

Beispiel: **Ergebnisprotokoll**

Ergebnisprotokoll der Unterrichtsstunde vom 10. Sept. 19..

Beginn: 10:30 Uhr **Ende:** 11:15 Uhr

Ort: Berufsbildende Schule I, Raum 308, 38100 Braunschweig

Leiter: Frau L., Fachlehrerin Deutsch

Anwesend: 22 Schüler(innen) der Fachklasse BS

Abwesend: Martin G., entschuldigt [Teilnehmerliste]

Inhalt: Textanalyse am Beispiel einer Kurzgeschichte: Peter Bichsel, „Die Tochter"

Ergebnisse der Unterrichtsstunde

1. Begriff und Aufgabe der Inhaltsangabe

    Frau L. hebt die Bedeutung der Inhaltsangabe als Voraussetzung für eine differenzierte Betrachtung literarischer Texte hervor.

2. Die Auswertung (Interpretation) als Hauptbestandteil der Textanalyse.

3. Besprechen eines Beispiels aus dem Lehrbuch „Erkennen und Handeln" (S. 106).

4. Übung zur Anfertigung einer eigenen Interpretation zum Text „Das Trockendock" von Stefan Andres.

5. Fertigstellen der Interpretation als Hausaufgabe zur nächsten Deutschstunde.

Protokollführer: _____ **Leiter:** _____

Arbeitsanregungen

1. Überprüfen Sie das Beispiel des Ergebnisprotokolls! Sind die wesentlichen Merkmale berücksichtigt?

2. Verfassen Sie Ergebnisprotokolle von Unterrichtsstunden!

3. Welche Bedeutung hat das Protokoll für den Unterricht?

Gebrauchsanweisung

> Gebrauchsanleitungen
>
> **Alles klar?**
>
> Wolfgang B. aus der Mainstraße in Worms hatte eine harte Nuss zu knacken, als er die "GERMAN" Gebrauchsanleitung seines neuen CD-Players studieren wollte. Sein Kommentar:
>
> „Wenn man die Bedienungsanleitung eines Gerätes als dessen Visitenkarte ansieht, könnte man von der Firma Yoko leicht einen falschen Eindruck gewinnen. Meiner Meinung nach ist diesem koreanischen Hersteller im Olympia-Jahr eine absolut medaillenverdächtige Leistung gelungen!" Dem ist nichts hinzuzufügen. Hier eine ganz kleine Kostprobe:
>
> **GERMAN**
>
> Bevorsie die Einheit mit dem Hauptkörper Zuverbinden versuchen, lesen Sie bitte folgeude Instrution mit Vorsicht für Ihre Gefahrlosigkeit.
>
> **ACHTUNG**
>
> Zur abwendung von elektrischen Erschrecken trennen Sie es von dem Haupt, dann nehmen Sie den Deckel ab. Kein Verbraucher kann innere Tidle ausbessern. Bitte überlassen Sie die Ausbesserung dembefühigten spezialist.
>
> **SICHERHEITS WARNUNG EINMAL**
>
> Wann Sie nicht in Benutzung ist, muss diese Ausrüstung Vonden Haupte getrennt werden. Erlauben Sie diese Einheit nicht an die Regen oder Die Nässe Zu Kommen.

(test 05/1988, S. 7.)

ULRICH VON ZADOW, **Betriebsbereit**

Die Anleitung nicht verstanden?

Steht doch alles ganz genau drin. Gratulieren Ihnen zum Kauf unseres ... Zunächst müssen Sie ... Dann unter Beachtung des ... Sollten Sie jedoch ... dann ist, indem Sie ... durch Drücken von ... können Sie ... Taste erneut drücken. Kontrolle. Ist nun betriebsbereit.

Um ehrlich zu sein: Wahrscheinlich ist der Apparat danach nicht betriebsbereit. Und den Elan, den Fehler zu suchen, hat Ihnen die Anleitung auf keinen Fall vermittelt. Dabei gibt es Anforderungen. Die **tekom**[1] formuliert sie so:

„Die technische Dokumentation muss in übersichtlicher und logischer Form sachlich richtig alle Informationen enthalten, die zweckentsprechend von ihr erwartet werden."

Selbst wenn die Anleitung nach den Richtlinien erstellt wurde – und davon kann man nicht immer ausgehen – dann liegt das Problem nicht nur daran, dass sie unübersichtlich, unlogisch, sachlich falsch oder unvollständig gewesen wäre. Trotzdem werden viele Anleitungen nicht gerade gerne gelesen. Dabei gibt es durchaus lesbare Anleitungen. Sie sind allerdings in der Minderzahl.

(Ulrich von Zadow, Betriebsbereit. In: Joachim Kallinich/Clemens Schwender [Hrsg.], Erst lesen – dann einschalten! Zur Geschichte der Gebrauchsanleitung. Berlin: Museum für Post und Kommunikation 1997, S. 13.)

---

1 tekom = Gesellschaft für technische Kommunikation e. V., Fachverband technischer Redakteure. Das Zitat stammt aus einer Broschüre zum Berufsbild des Technischen Redakteurs, 1989.

Aus der Bedienungsanleitung des Grundig Radios 4055 WF/30

Der Fern-Dirigent

Ein Wunschtraum geht in Erfüllung

Wie oft haben Sie sich schon gewünscht, Ihr Rundfunkgerät aus der Entfernung bedienen zu können, ohne zwischen den einzelnen Programmfolgen immer wieder aufstehen und am Empfänger nachregulieren zu müssen. Dieses Nachregulieren ist bedingt durch die Vielseitigkeit des Rundfunkprogrammes.

Mit dem GRUNDIG-Fern-Dirigent stellen Sie durch einfachen Tastendruck bequem vom Sofa oder von Ihrem Sessel aus die Klangfarbe ein, die dem Charakter der jeweiligen Sendung entspricht. Daneben regulieren Sie gleichzeitig die Lautstärke und bedienen das GRUNDIG-3-D-Klangsystem, jene wundervolle Erfindung, welche die Vollendung des Rundfunkhörens schlechthin bedeutet. Außerdem wird mit jedem Tastendruck das jeweils gültige Symbol für 3-D – Sprache – Orchester – Solo und Jazz durch ein beleuchtetes Feld angezeigt.

Lassen Sie sich bitte den GRUNDIG-Fern-Dirigent einmal bei ihrem Rundfunkhändler unverbindlich vorführen. Sie werden genau so begeistert sein wie alle, die diese Fernbedienung bereits ausprobiert haben.

Arbeitsanregungen

1. Erfüllt die Anweisung für den „Fern-Dirigenten" die Anforderungen der tekom? Beweisen Sie Ihre These anhand des Textes!

2. Formulieren Sie eine neue Gebrauchsanweisung für das Grundig-Rundfunkgerät unter Berücksichtigung der tekom-Anforderungen!

3. Welche Hilfe leistet die Gebrauchsanweisung dem Käufers des CD-Players?

4. Ist es Ihnen bei der Lektüre einer Gebrauchsanweisung auch schon einmal so ergangen wie in den Textbeispielen? Berichten Sie von eigenen Erlebnissen!

Einen Platten reparieren

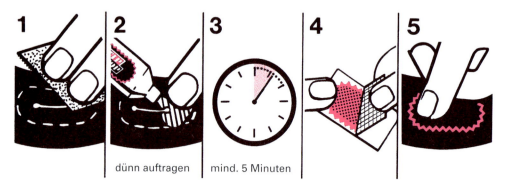

dünn auftragen   mind. 5 Minuten

Arbeitsanregungen

1. Beurteilen Sie die Anweisungen zur Reparatur eines defekten Fahrradreifens! Werden die Anforderungen der tekom (S. 218) erfüllt?

2. Ergänzen Sie die Abbildungen durch einen unmissverständlichen Text, der den Richtlinien gerecht wird!

3. Formulieren Sie eine eindeutige Anweisung zum Verzehr einer Banane! Lassen Sie Ihre Mitschüler nach Ihrer Anleitung handeln und korrigieren Sie Ihren Text beim Auftreten von Schwierigkeiten!

4. Es gibt im Internet die Net-Site http://www.ehow.com, die Antwort auf alle praktischen Fragen des Lebens verspricht – mal bescheiden: „Wie spitze ich einen Bleistift an?", mal anspruchsvoll: „Wie kann ich den Pulitzer-Preis gewinnen?" Gefühlvoll: „Wie fange ich eine Romanze per E-Mail an?" oder desillusioniert: „Wie trenne ich mich friedlich?"

   Wählen Sie sich auf der Internet-Site ein und studieren Sie die Anweisungen! Beurteilen Sie deren Nutzen!

   Entwickeln Sie Fragestellungen, die eHow.com noch nicht beantwortet, und schreiben Sie einen Beitrag! „Wenn unsere Redakteure beschließen, ihn zu veröffentlichen", heißt es auf der Homepage, „bekommen Sie die Autorenzeile."

Lesehinweis

Jürgen H. Hahn, Jetzt zieh den Zipfel durch die Masche. Gebrauchsanweisungen. München: dtv 1997 = dtv 20042.

Individuum & Gesellschaft

Beziehung & Verantwortung

- Liebe und Partnerschaft
- Unterdrückung und Widerstand
- Krieg und Verfolgung
- Natur und Umwelt
- Länder und Reisen

Sprechen & Verständigen

Darstellen & Schreiben

- Kreatives Gestalten

Liebe und Partnerschaft

Die Geschichte der Liebeslyrik ist fast mit der Geschichte der deutschen Literatur gleichzusetzen, kaum ein anderes Thema hat ein ähnliches Gewicht gewonnen und so viele Dichter inspiriert. „Dennoch ist bei aller durch die kulturhistorischen Epochen vorgegebenen spezifischen Gestaltungsweise des Themas Liebe die individuelle Abweichung des einzelnen Dichters von Zeitströmung oder vorgegebener Norm erstaunlich, wobei zu konzedieren ist, dass die Verbindlichkeit von poetologischen Regeln und zeitgebundenen emotionalen Verhaltensnormen in den letzten zweihundert Jahren weniger stark war als in den vorangehenden sechshundert Jahren." (Nachwort von Hans Wagener. In: Deutsche Liebeslyrik. Stuttgart: Reclam 1982 = UB 7759, S. 357.)

Im Folgenden sind einige Beispiele verschiedener lyrischer Texte (Gedicht, Ballade, Lied, Sonnett) aus bedeutenden Epochen abgedruckt, in denen es immer wieder um das eine Thema – die Liebe – geht. Auch der Wandel moralischer Konventionen und rechtlicher Normen lässt sich in ihnen nachvollziehen. Zur Interpretation von Gedichten vgl. auch Seite 454!

Lesehinweis

Deutsche Liebeslyrik. Hrsg. von Hans Wagener. Stuttgart: Reclam 1982 = UB 7759 (5).

Gedichte und Interpretationen Bd. 1 bis Bd. 6. Stuttgart: Reclam = 11B 7890 - 7895.

1000 Deutsche Gedichte und ihre Interpretationen. Hrsg. von Marcel Reich-Ranicki. 10 Bde. Frankfurt: Insel.

Dietrich Erlach, Lyrik vom Mittelalter bis zur Gegenwart. Düsseldorf: Schwann-Bagel 1986.

Jahrhundertgedächtnis. Deutsche Lyrik im 20. Jahrhundert. Hrsg. von Harald Hartung. Stuttgart: Reclam 1999 = UB 9742.

ANONYM

Dû bist mîn, ich bin dîn:	Du bist mein, ich bin dein:
des solt dû gewis sîn.	dessen sollst du gewiss sein.
du bist beslozzen	Du bist verschlossen
in mînem herzen:	in meinem Herzen:
verlorn ist daz slüzzelîn:	verloren ist das Schlüsselein:
dû muost immer drinne sîn.	du musst für immer drinnen sein.

(Deutsche Liebeslyrik, hrsg. von Hans Wagener. Stuttgart: Reclam 1982 = UB 7759, S. 5.)

Walther von der Vogelweide, waz ist minne?

Saget mir ieman, waz ist minne?	Kann mir jemand sagen, was *Minne* ist?
weiz ich des ein teil, sô wist ichs gerne mê.	Weiß ich davon auch schon einiges, so wüßt ich doch gern noch mehr von ihr. – Wer mehr davon versteht als ich,
Der sich baz denn ich versinne,	
der berihte mich durch waz si tuot sô wê.	der belehre mich, weshalb sie so weh tut.
5 Minne ist minne, tout sie wol.	Denn *Minne* ist doch *Minne* sofern sie wohltut!
tuot si wê, so enheizet si niht rehte minne.	Tut sie weh, heißt sie nicht rechtens *Minne*.
sus enweiz ich wie si danne heizen sol.	Und ich weiß nicht, wie man sie dann zu bezeichnen hat.
Obe ich rehte râten künne	Falls ich richtig zu raten vermag
waz diu minne sî, sô sprechet denne „jâ"!	was *Minne* ist, so ruft alle: „Ja"!
10 Minne ist zweier herzen wünne:	*Minne* ist das Glück zweier Herzen:
teilent sie gelîche, sost diu minne dâ.	tragen sie zu gleichen Teilen, dann ist *Minne* da.
Sol abe ungeteilet sîn,	Wird aber nicht geteilt,
sô enkans ein herze alleine niht enthalten.	dann vermag ein Herz allein nicht sie aufzunehmen.
owê woldest dû mir helfen, frouwe mîn!	Ach wolltest du mir helfen, meine Herrin!
15 Frouwe, ich trage ein teil ze swære.	Herrin, ich trage zu schwer.
wellest dû mir helfen, sô hilf an der zît.	Willst du mir helfen, dann hilf so lang es Zeit ist.
Sî abe ich dir gar unmære,	Bin hingegen ich dir durchaus gleichgültig,
daz sprich endelîche: sô lâz ich den strît,	so sag es klar und deutlich: dann geb ich den Kampf auf
Unde wirde ein ledic man.	und werde wieder mein freier Herr.
20 dû solt aber einez rehte wizzen, frouwe:	Über eines freilich mußt du dir dann im Klaren sein, Herrin:
daz dich lützel ieman baz geloben kan.	daß dich wohl kaum jemand schöner zu rühmen versteht.
Kan mîn frouwe süeze siuren?	Vermag denn meine Herrin das Süße in Bitternis zu verwandeln?
wænet si daz ich ir liep gebe umbe leit?	Meint sie, ich vermöchte Freude zu geben gegen Leid?
Sol ich si dar umbe tiuren	Soll ich sie erheben,
25 daz siz wider kêre an mîne unwerdekeit?	nur damit ich ihr dadurch als umso niedriger erscheine?
Sô kund ich unrehte spehen!	Dann müßte ich blind vernarrt sein!
wê waz sprich ich ôrenlôser ougen âne?	Aber ach, was sage ich da, ich ohne Ohren und Augen?
den diu minne blendet, wie mac der gesehen?	Doch wen Minne blendet, wie soll der sehen können?

(Walther von der Vogelweide, Gedichte. Ausgewählt, übersetzt und mit einem Kommentar von Peter Wapnewski. Frankfurt: Fischer[1] 1973 = Fischer Taschenbuch 6052, S. 46-47.)

---

1 (RR)

Johann Wolfgang von Goethe, Willkommen und Abschied

Es schlug mein Herz, geschwind zu Pferde!
Es war getan fast eh gedacht.
Der Abend wiegte schon die Erde,
Und an den Bergen hing die Nacht;
5 Schon stand im Nebelkleid die Eiche,
Ein aufgetürmter Riese, da,
Wo Finsternis aus dem Gesträuche
Mit hundert schwarzen Augen sah.

Der Mond von einem Wolkenhügel
10 Sah kläglich aus dem Duft hervor,
Die Winde schwangen leise Flügel,
Umsausten schauerlich mein Ohr;
Die Nacht schuf tausend Ungeheuer,
Doch frisch und fröhlich war mein Mut:
15 In meinen Adern welches Feuer!
In meinem Herzen welche Glut!

Dich sah ich, und die milde Freude
Floss von dem süßen Blick auf mich;
Ganz war mein Herz an deiner Seite
20 Und jeder Atemzug für dich.
Ein rosenfarbnes Frühlingswetter
Umgab das liebliche Gesicht,
Und Zärtlichkeit für mich – ihr Götter!
Ich hofft' es, ich verdient' es nicht!

25 Doch ach, schon mit der Morgensonne
Verengt der Abschied mir das Herz:
In deinen Küssen welche Wonne!
In deinem Auge welcher Schmerz!
Ich ging, du standst und sahst zur Erden
30 Und sahst mir nach mit nassem Blick:
Und doch, welch Glück, geliebt zu werden!
Und lieben, Götter, welch ein Glück!

(Goethes Werke. Bd. 1. Hrsg. von Erich Trunz. Hamburg: Wegner ⁸1966, S. 28-29.)

◀ *Gustav Klimt, Der Kuss 1907–1908 (Detail). Wien: Österreichische Galerie (Maße: 180 x 180 cm)*

KAROLINE VON GÜNDERODE,
Überall Liebe

Kann ich im Herzen heiße Wünsche tragen?
Dabei des Lebens Blütenkränze sehn,
Und unbekränzt daran vorüber gehn
Und muss ich trauernd nicht in mir verzagen?

5 Soll frevelnd ich dem liebsten Wunsch entsagen?
Soll mutig ich zum Schattenreiche gehn?
Um andre Freuden andre Götter flehn,
Nach neuen Wonnen bei den Toten fragen?

Ich stieg hinab, doch auch in Plutons Reichen,
10 Im Schoß der Nächte, brennt der Liebe Glut
Dass sehnend Schatten sich zu Schatten neigen.

Verloren ist wen Liebe nicht beglücket,
Und stieg er auch hinab zur styg'schen Flut,
Im Glanz der Himmel blieb er unentzücket.

(Karoline von Günderode, Überall Liebe. In: Diskussion Deutsch 1982, Heft 68, S. 580.)

CLEMENS BRENTANO,
Der Spinnerin Nachtlied

Es sang vor langen Jahren
Wohl auch die Nachtigall,
Das war wohl süßer Schall,
Da wir zusammen waren.

Ich sing und kann nicht weinen, 5
Und spinne so allein
Den Faden klar und rein,
Solang der Mond wird scheinen.

Als wir zusammen waren,
Da sang die Nachtigall, 10
Nun mahnet mich ihr Schall,
Dass du von mir gefahren.

Sooft der Mond mag scheinen,
Denk ich wohl dein allein,
Mein Herz ist klar und rein, 15
Gott wolle uns vereinen.

Seit du von mir gefahren,
Singt stets die Nachtigall,
Ich denk bei ihrem Schall,
Wie wir zusammen waren. 20

Gott wolle uns vereinen,
Hier spinn ich so allein,
Der Mond scheint klar und rein,
Ich sing und möchte weinen.

(Clemens Brentano, Gedichte. Hrsg. von Hartwig Schultz. Stuttgart: Reclam 1995 = UB 8669, S. 59.)

HUGO VON HOFMANNSTHAL, **Die Beiden**

Sie trug den Becher in der Hand
– ihr Kinn und Mund glich seinem Rand –,
so leicht und sicher war ihr Gang,
kein Tropfen aus dem Becher sprang.

5 So leicht und fest war seine Hand:
Er ritt auf einem jungen Pferde,
und mit nachlässiger Gebärde
erzwang er, dass es zitternd stand.

Jedoch, wenn er aus ihrer Hand
10 den leichten Becher nehmen sollte,
so war es beiden allzu schwer:
Denn beide bebten sie so sehr,
dass keine Hand die andre fand
und dunkler Wein am Boden rollte.

(Hugo von Hofmannsthal, Gedichte.
Frankfurt: Insel 1970 = Insel Bücherei 461, S. 12.)

PAUL BOLDT, **Sinnlichkeit**

Unter dem Monde liegt des Parks Skelett.
Der Wind schweigt weit. Doch wenn wir Schritte tun,
Beschwatzt der Schnee an deinen Stöckelschuhn
Der winterlichen Sterne Menuett.

Und wir entkleiden uns, seufzend vor Lust, 5
Und leuchten auf; du stehst mit hübschen Hüften
Und hellen Knien im Schnee, dem sehr verblüfften,
Wie eine schöne Bäuerin robust.

Wir wittern und die Tiere imitierend
Fliehn wir in den Alleen mit frischen Schrein. 10
Um deine Flanken steigt der Schnee moussierend.

Mein Blut ist fröhlicher als Feuerschein!
So rennen wir exzentrisches Ballett
Zum Pavillon hin durch die Tür ins Bett.

(Lyrik des Expressionismus. Hrsg. von Silvio Vietta.
München: dtv 1976, S. 184.)

ELSE LASKER-SCHÜLER, Ein Lied der Liebe

Seit du nicht da bist,
Ist die Stadt dunkel.

Ich sammle die Schatten
Der Palmen auf,
5 Darunter du wandeltest.

Immer muss ich eine Melodie summen,
Die hängt lächelnd an den Ästen.

Du liebst mich wieder –
Wem soll ich mein Entzücken sagen?

10 Einer Waise oder einem Hochzeitler,
Der im Widerhall das Glück hört.

Ich weiß immer,
Wann du an mich denkst –

Dann wird mein Herz ein Kind
15 Und schreit.

An jedem Tor der Straße
Verweile ich und träume

Und helfe der Sonne deine Schönheit malen
An allen Wänden der Häuser.

20 Aber ich magere
An deinem Bilde.

Um schlanke Säulen schlinge ich mich
Bis sie schwanken.

Überall steht Wildedel
25 Die Blüten unseres Blutes.

Wir tauchen in heilige Moose,
Die aus der Wolle goldener Lämmer sind.

Wenn doch ein Tiger
Seinen Leib streckte

30 Über die Ferne, die uns trennt,
Wie zu einem nahen Stern.

Auf meinem Angesicht
Liegt früh dein Hauch.

*(Else Lasker-Schüler, Gesammelte Werke in 3 Bänden,
Bd. 1. Hrsg. von Friedrich Kemp. München: Kösel 1959, S. 184/185.)*

BERTOLT BRECHT, **Ballade von der Hanna Cash**

1
Mit dem Rock von Kattun und dem gelben Tuch
Und den Augen der schwarzen Seen
Ohne Geld und Talent und doch mit genug
5 Vom Schwarzhaar, das sie offen trug
Bis zu den schwärzeren Zeh'n:
    Das war die Hanna Cash, mein Kind
    Die die „Gentlemen" eingeseift
    Die kam mit dem Wind und ging mit dem Wind
10   Der in die Savannen läuft.

2
Die hatte keine Schuhe und die hatte auch kein Hemd
Und die konnte auch keine Choräle!
Und sie war wie eine Katze in die große Stadt geschwemmt
15 Eine kleine graue Katze zwischen Hölzer eingeklemmt
Zwischen Leichen in die schwarzen Kanäle.
    Sie wusch die Gläser vom Absinth
    Doch nie sich selber rein
    Und doch muß die Hanna Cash, mein Kind
20   Auch rein gewesen sein.

3
Und sie kam eines Nachts in die Seemannsbar
Mit den Augen der schwarzen Seen
Und traf J. Kent mit dem Maulwurfshaar
25 Den Messerjack aus der Seemansbar
Und der ließ sie mit sich gehn!
    Und wenn der wüste Kent den Grind
    Sich kratzte und blinzelte
    Dann spürt die Hanna Cash, mein Kind
30   Den Blick bis in die Zeh.

4
Sie „kamen sich näher" zwischen Wild und Fisch
Und „gingen vereint durchs Leben"
Sie hatten kein Bett und sie hatten keinen Tisch
35 Und sie hatten selber nicht Wild noch Fisch
Und keinen Namen für die Kinder.
    Doch ob Schneewind pfeift, ob Regen rinnt
    Ersöff auch die Savann
    Es bleibt die Hanna Cash, mein Kind
40   Bei ihrem lieben Mann.

5
Der Sheriff sagt, daß er ein Schurke sei
Und die Milchfrau sagt: er geht krumm.
Sie aber sagt: Was ist dabei?
Es ist mein Mann. Und sie war so frei
45 Und blieb bei ihm. Darum.
    Und wenn er hinkt und wenn er spinnt
    Und wenn er ihr Schläge gibt:
    Es fragt die Hanna Cash, mein Kind
50   Doch nur: ob sie ihn liebt.

6
Kein Dach war da, wo die Wiege war
Und die Schläge schlugen die Eltern.
Die gingen zusammen Jahr für Jahr
55 Aus der Asphaltstadt in die Wälder gar
Und in die Savann aus den Wäldern.
    Solang man geht in Schnee und Wind
    Bis daß man nicht mehr kann
    So lang ging die Hanna Cash, mein Kind
60   Nun mal mit ihrem Mann.

7
Kein Kleid war arm, wie das ihre war
Und es gab keinen Sonntag für sie
Keinen Ausflug zu dritt in die Kirschtortenbar
65 Und keinen Weizenfladen im Kar
Und keine Mundharmonie.
    Und war jeder Tag, wie alle sind
    Und gab's kein Sonnenlicht:
    Es hatte die Hanna Cash, mein Kind
70   Die Sonn stets im Gesicht.

8
Er stahl wohl die Fische, und Salz stahl sie.
So war's. „Das Leben ist schwer."
Und wenn sie die Fische kochte, sieh:
75 So sagten die Kinder auf seinem Knie
Den Katechismus her.
    Durch fünfzig Jahr in Nacht und Wind
    Sie schliefen in einem Bett.
    Das war die Hanna Cash, mein Kind
80   Gott mach's ihr einmal wett.

(Bertolt Brecht[1], *Gesammelte Werke*. Bd. 8. Frankfurt: Suhrkamp 1967 = werkausgabe edition suhrkamp, S. 229 ff.)

---
1 (RR)

GOTTFRIED BENN, Liebe

Liebe – halten die Sterne
über den Küssen Wacht,
Meere – Eros der Ferne –
rauschen, es rauscht die Nacht,
5 steigt um Lager, um Lehne,
eh sich das Wort verlor,
Anadyomene
ewig aus Muscheln vor.

Liebe – schluchzende Stunden
10 Dränge der Ewigkeit
löschen ohne viel Wunden
ein paar Monde der Zeit,
landen – schwärmender Glaube! –
Arche und Ararat
15 sind dem Wasser zu Raube,
das keine Grenzen hat.

Liebe – du gibst die Worte
weiter, die dir gesagt,
Reigen – wie sind die Orte
20 von Verwehtem durchjagt,
Tausch – und die Stunden wandern
und die Flammen wenden sich,
zwischen Schauern von andern
gibst du und nimmst du dich.

(Gottfried Benn, Statische Gedichte.
© 1948, 1983 by Arche Verlag AG,
Raabe + Vitali, Zürich.)

ERICH FRIED, Dich

Dich
dich sein lassen
ganz dich

Sehen
dass du nur du bist 5
wenn du alles bist
was du bist
das Zarte
und das Wilde
das was sich losreißen 10
und das was sich anschmiegen will

Wer nur die Hälfte liebt
der liebt dich nicht halb
sondern gar nicht
der will dich zurechtschneiden 15
amputieren
verstümmeln

Dich dich sein lassen
ob das schwer oder leicht ist?
Es kommt nicht darauf an mit wie viel 20
Vorbedacht und Verstand
sondern mit wie viel Liebe und mit wie viel
Sehnsucht nach allem –
nach allem
was *du* ist 25

(Erich Fried, Es ist was es ist. Gedichte. Berlin:
Wagenbach 1983.)

ULLA HAHN, **Bildlich gesprochen**

Wär ich ein Baum ich wüchse
dir in die hohle Hand
und wärst du das Meer ich baute
dir weiße Burgen aus Sand.

5 Wärst du eine Blüte ich grübe
dich mit allen Wurzeln aus
wär ich ein Feuer ich legte
in sanfte Asche dein Haus.

Wär ich eine Nixe ich saugte
10 dich auf den Grund hinab
und wärst du ein Stern ich knallte
dich vom Himmel ab.

(Ulla Hahn, Herz über Kopf. Stuttgart: DVA 1981, S. 48.)

EUGEN GOMRINGER, **einanderzudrehen**

einanderzudrehen und
aufeinandereinstellen

ineinandergreifen und
einandermitteilen

miteinanderdrehen und   5
voneinanderlösen

auseinanderkreisen und
einandereinzudrehen

aufeinandereinstellen und
ineinandergreifen   10

einandermitteilen und
miteinanderdrehen

voneinanderlösen und
auseinanderkreisen

einanderzudrehen und   15

(Eugen Gomringer, konstellationen – ideogramme – stundenbuch. Stuttgart: Reclam 1977 = UB 9841 [2], S. 27.)

HANS CURT FLEMMING, **winterliebesgedicht**

weilessokaltist
ziehensichdiewörterzusammen
aufdempapier
undwir
5 rückenauchganznah
zusammen
dannkönnenwiruns
liebenundwärmen

winterdukannstunsmal.

(Hans-Curt Flemming, annäherung. Schorndorf: Windhueter Kollektiv ²1985.)

Aus dem Klappentext: „**Der Prophet** von **Khalil Gibran,** 1926 in New York erschienen, [...] hat in erster Linie als ein Beitrag zur kulturellen Renaissance der arabischen Welt zu gelten, die Gibran mit einigen gleichgesinnten Landsleuten um 1910 in London einzuleiten begann. **Der Prophet** ist ein Symbol für die Versöhnung zwischen Christentum und Islam."

Im Zentrum des Buches steht der Prophet Almustafa. Er beantwortet die Fragen der ihn umringenden Menschen, während er im Hafen einer fremden Stadt auf ein Schiff wartet, das ihn in die Heimat bringt.

KHALIL GIBRAN, **Der Prophet**

Da sagte Almitra: Sprich uns von der Liebe.
Und er hob den Kopf und sah auf die Menschen und es kam eine Stille über sie. Und mit lauter Stimme sagte er:

Wenn die Liebe dir winkt, folge ihr,
5   Sind ihre Wege auch schwer und steil.
Und wenn ihre Flügel dich umhüllen, gib dich ihr hin,
Auch wenn das unterm Gefieder versteckte Schwert dich verwunden kann.
Und wenn sie zu dir spricht, glaube an sie,
Auch wenn ihre Stimme deine Träume zerschmettern kann
10 wie der Nordwind den Garten verwüstet.
Denn so, wie die Liebe dich krönt, kreuzigt sie dich.
So wie sie dich wachsen lässt, beschneidet sie dich.
So wie sie emporsteigt zu deinen Höhen und die zartesten Zweige liebkost, die in der Sonne zittern,
15 Steigt sie hinab zu deinen Wurzeln und erschüttert sie in ihrer Erdgebundenheit.
Wie Korngarben sammelt sie dich um sich.
Sie drischt dich, um dich nackt zu machen.
Sie siebt dich, um dich von deiner Spreu zu befreien.
Sie mahlt dich, bis du weiß bist.
20 Sie knetet dich, bis du geschmeidig bist;
Und dann weiht sie dich ihrem heiligen Feuer, damit du heiliges Brot wirst für Gottes heiliges Mahl.
All dies wird die Liebe mit dir machen, damit du die Geheimnisse deines Herzens kennenlernst und in diesem Wissen ein Teil vom Herzen des Lebens wirst.
25 Aber wenn du in deiner Angst nur die Ruhe und die Lust der Liebe suchst,
Dann ist es besser für dich, deine Nacktheit zu bedecken und vom Dreschboden der Liebe zu gehen
In die Welt ohne Jahreszeiten, wo du lachen wirst, aber nicht dein ganzes Lachen, und weinen, aber nicht all deine Tränen.
30 Liebe gibt nichts als sich selbst und nimmt nichts als von sich selbst.
Liebe besitzt nicht, noch lässt sie sich besitzen;
Denn die Liebe genügt der Liebe. [...]

(Khalil Gibran, Der Prophet. Aus dem engl. von Karin Graf, © 1973 Patmos Verlag GmbH & Co. KG, Walter Verlag, Düsseldorf und Zürich.)

Arbeitsanregungen

1. Was ist Liebe?

2. Welcher lyrische Text (S. 222–233) spricht Sie am meisten an? Begründen Sie Ihren Eindruck aufgrund der inhaltlichen Aussage, der sprachlich-formalen Gestaltung und der Empfindung, die die Texte bei Ihnen hinterlassen!

3. Informieren Sie sich in einer Literaturgeschichte über Leben und Werk der Dichter der Liebeslyrik und die Zeit, in der die Gedichte entstanden sind!

4. Stellen Sie mit Hilfe der „Analyse von Lyrik" (S. 458)
   – Schlüsselwörter
   – Bilder (Vergleiche/Symbole/Metaphern)
   zusammen, die für die Gedichte und die jeweilige Epoche charakteristisch sind und die Sie für bedeutsam halten!

5. Untersuchen Sie das Metrum (vgl. S. 459) der Gedichte und bestimmen Sie die Wirkung, die erreicht wird!

6. Verfassen Sie – auf der Grundlage eines der Liebesgedichte (entsprechend der formalen Darstellung) – einen eigenen lyrischen Text!

7. Erstellen Sie eine Gedichtsammlung zu dem Motivkreis „Natur und Umwelt" oder „Frieden und Krieg", indem Sie Beispiele aus verschiedenen Literaturepochen auswählen und interpretieren!

Nichts geht über die Liebe

Ich zeige euch jetzt etwas, das noch weit wichtiger ist
als alle diese Fähigkeiten:

¹ Wenn ich die Sprachen aller Menschen spräche
und sogar die Sprache der Engel kennte,
aber ich hätte keine Liebe –,
dann wäre ich doch nur ein dröhnender Gong,
nicht mehr als eine lärmende Pauke.
² Auch wenn ich göttliche Eingebungen hätte
und alle Geheimnisse Gottes wüsste
und hätte den Glauben, der Berge versetzt,
aber ich wäre ohne Liebe –,
dann hätte das alles keinen Wert.
³ Und wenn ich all meinen Besitz verteilte
und nähme den Tod in den Flammen auf mich,
aber ich hätte keine Liebe –,
dann wäre es alles umsonst.

⁴ Wer liebt, ist geduldig und gütig.
Wer liebt, der ereifert sich nicht,
er prahlt nicht und spielt sich nicht auf.

20 ⁵ Wer liebt, der verhält sich nicht taktlos,
er sucht nicht den eigenen Vorteil
und lässt sich nicht zum Zorn erregen.
Wer liebt, der trägt keinem etwas nach;
⁶ es freut ihn nicht, wenn einer Fehler macht,
25 sondern wenn er das Rechte tut.
⁷ Wer liebt, der gibt niemals jemand auf,
in allem vertraut er und hofft er für ihn;
alles erträgt er mit großer Geduld.

⁸ Niemals wird die Liebe vergehen.
30 Prophetische Weisung hört einmal auf,
das Reden in Sprachen des Geistes verstummt,
auch das Wissen um die Geheimnisse Gottes
wird einmal ein Ende nehmen.
⁹ Denn unser Wissen von Gott ist Stückwerk,
35 und unser prophetisches Reden ist Stückwerk.
¹⁰ Doch wenn sich die ganze Wahrheit zeigt,
dann ist es mit dem Stückwerk vorbei.
¹¹ Anfangs, als ich noch ein Kind war,
da redete ich wie ein Kind,
40 ich fühlte und dachte wie ein Kind.
Dann aber wurde ich ein Mann,
und legte die kindlichen Vorstellungen ab.
¹² Jetzt sehen wir nur ein unklares Bild
in einem trüben Spiegel;
45 dann aber stehen wir Gott gegenüber.
Jetzt kennen wir ihn nur unvollkommen;
dann aber werden wir ihn völlig kennen
so wie er uns jetzt schon kennt.

¹³ Auch wenn alles einmal aufhört –
50 Glaube, Hoffnung und Liebe nicht.
Diese drei werden immer bleiben;
doch am höchsten steht die Liebe.

(Die Bibel im heutigen Deutsch. Das Neue Testament [1 Korinther 13]. Stuttgart: Deutsche Bibelgesellschaft ²1982, S. 194f.)

Arbeitsanregungen

1. Was ist das Ich ohne Liebe? (Vers 1–3) Wie ist der Mensch, der liebt? (Vers 4–7) Wird die Liebe vergehen? (Vers 8–10))

2. Suchen Sie eine Antwort auf die Frage, ob nichts über die Liebe geht!

3. Untersuchen Sie die Sprache des Neuen Testaments; erklären Sie die Bilder und Vergleiche! Korrespondieren Inhalt und Sprache?

4 Setzen Sie den Bibeltext mit dem Ausschnitt aus Khalil Gibrans „Der Prophet" in Beziehung. Gibt es Übereinstimmungen?

Friedrich Schiller wurde 1759 in Marbach/Neckar geboren. Nach dem Besuch der Lateinschule kam er 1773 auf die Karlsakademie bei Stuttgart, wo er Rechtswissenschaft und – auf Geheiß des Herzogs – Medizin studierte. Auf dieser „militärischen Pflanzschule" herrschten strenge Regeln; so war es Schiller unter anderem verboten, sich mit Literatur zu beschäftigen und Theaterstücke zu schreiben. Allerdings hielt er sich nicht an das Verbot und floh 1782 nach Mannheim, wo sein Drama „Die Räuber" mit großem Erfolg aufgeführt wurde. In diesem Drama rechnet der Dichter mit den tyrannischen Verhältnissen in den absolutistisch regierten Staaten der Zeit ab. 1784 ernannte ihn der sächsische Herzog zum Weimarischen Rat; 1789 erhielt Schiller eine Professur für Geschichte in Jena. Von 1784 an datiert die Freundschaft mit Goethe. Das Weimarische Theater, eng mit den Namen beider Dichter verbunden, erlebte in diesen Jahren seine Blütezeit. Die Französische Revolution mit ihrer Forderung nach „Freiheit, Gleichheit, Brüderlichkeit" wurde von Schiller enthusiastisch begrüßt. 1805 starb er infolge einer schweren Krankheit in Weimar im Alter von 46 Jahren.

Neben Goethe ist Schiller der hervorragendste Vertreter der deutschen Klassik. Seine Theaterstücke zeichnen sich durch eine anspruchsvolle, pathetische Sprache und durch die „großen Gegenstände", die dort dargestellt werden, aus. Nach seiner Ansicht sollte das Theater eine „moralische Anstalt" sein. Zentrales Thema der Dramen ist immer wieder die Freiheit. Die bedeutendsten Werke sind: Die Räuber (1782), Kabale und Liebe (1784), Don Carlos (1787), Wallenstein (1799), Maria Stuart (1800) und Wilhelm Tell (1804).

Der Textauszug ist die vierte Szene im 3. Akt aus **„Kabale und Liebe"**:

Die 16-jährige Tochter (Luise) eines frommen, einfachen Musikers hat ein Verhältnis mit dem jungen Major Ferdinand Walter – dem Sohn des Präsidenten am Hof des Herzogs.

Mit Rücksicht auf die Standesunterschiede wird durch „Kabale" versucht, die beiden Liebenden zu trennen. Luise soll gezwungen werden, durch einen „Liebesbrief" an den Hofmarschall (Kalb) als Verräterin der reinen Liebe – als leichtes Mädchen – dazustehen; dieser Brief soll dann Ferdinand zugespielt werden, um seine Eifersucht und Zweifel zu wecken.

Lesehinweis
Friedrich Schiller, Leben und Werk in Daten und Bildern, hrsg. von B. Zeller und W. Scheffler. Frankfurt: Insel 1977 = insel taschenbuch 226.

FRIEDRICH SCHILLER, **Kabale und Liebe**

Zimmer in Millers Wohnung.

Luise und Ferdinand.

LUISE. Ich bitte dich, höre auf. Ich glaube an keine glücklichen Tage mehr. Alle meine Hoffnungen sind gesunken.

FERDINAND. So sind die meinigen gestiegen. Mein Vater ist aufgereizt. Mein Vater wird alle Geschütze gegen uns richten. Er wird mich zwingen, den unmenschlichen Sohn zu machen. Ich stehe nicht mehr für meine kindliche Pflicht. Wut und

Verzweiflung werden mir das schwarze Geheimnis seiner Mordtat erpressen. Der Sohn wird den Vater in die Hände des Henkers liefern – Es ist die höchste Gefahr – – und die *höchste* Gefahr musste da sein, wenn meine Liebe den Riesensprung wagen sollte. – – Höre, Luise – ein Gedanke, groß und vermessen wie meine Leidenschaft, drängt sich vor meine Seele – *Du*, Luise, und *ich* und die *Liebe!* – Liegt nicht in diesem Zirkel der ganze Himmel? oder brauchst du noch etwas Viertes dazu?

LUISE. Brich ab. Nichts mehr. Ich erblasse über das, was du sagen willst.

FERDINAND. Haben wir an die Welt keine Forderung mehr, warum denn ihren Beifall erbetteln? Warum wagen, wo nichts gewonnen wird und alles verloren werden kann? – Wird dieses Aug' nicht ebenso schmelzend funkeln, ob es im Rhein oder in der Elbe sich spiegelt, oder im Baltischen Meer? Mein Vaterland ist, wo mich Luise liebt. Deine Fußtapfe in wilden sandigten Wüsten mir interessanter als das Münster in meiner Heimat – Werden wir, die Pracht der Städte vermissen? Wo wir sein mögen, Luise, geht eine Sonne auf, eine unter – Schauspiele, neben welchen der üppigste Schwung der Künste verblasst. Werden wir Gott in keinem Tempel mehr dienen, so zieht die Nacht mit begeisternden Schauern auf, der wechselnde Mond predigt uns Buße, und eine andächtige Kirche von Sternen betet mit uns. Werden wir uns in Gesprächen der Liebe erschöpfen? – Ein Lächeln meiner Luise ist Stoff für Jahrhunderte, und der Traum des Lebens ist aus, bis ich diese Träne ergründe.

LUISE. Und hättest du sonst keine Pflicht mehr als deine Liebe?

FERDINAND *(sie umarmend)*. Deine Ruhe ist meine heiligste.

LUISE *(sehr ernsthaft)*. So schweig und verlass mich – Ich habe einen Vater, der kein Vermögen hat als diese einzige Tochter – der morgen sechzig alt wird – der der Rache des Präsidenten gewiss ist. –

FERDINAND *(fällt rasch ein)*. Der uns begleiten wird. Darum keinen Einwurf mehr, Liebe. Ich gehe, mache meine Kostbarkeiten zu Geld, erhebe Summen auf meinen Vater. Es ist erlaubt, einen Räuber zu plündern, und sind seine Schätze nicht Blutgeld des Vaterlands? – Schlag *ein* Uhr um Mitternacht wird ein Wagen hier anfahren. Ihr werft euch hinein. Wir fliehen.

LUISE. Und der Fluch deines Vaters uns nach? – ein Fluch, Unbesonnener, der auch Mörder nie ohne Erhörung aussprechen, den die Rache des Himmels auch dem Dieb auf dem Rade hält, der uns Flüchtlinge unbarmherzig wie ein Gespenst von Meer zu Meer jagen würde? – Nein, mein Geliebter! Wenn nur ein Frevel dich mir erhalten kann, so hab ich noch Stärke, dich zu verlieren.

FERDINAND *(steht still und murmelt düster)*. Wirklich?

LUISE. Verlieren! – O ohne Grenzen entsetzlich ist der Gedanke – grässlich genug, den unsterblichen Geist zu durchbohren und die glühende Wange der Freude zu bleichen – Ferdinand! dich zu verlieren! – Doch! Man verliert ja nur, was man besessen hat, und dein Herz gehört deinem Stande – Mein Anspruch war Kirchenraub, und schaudernd geb ich ihn auf.

FERDINAND *(das Gesicht verzerrt und an der Unterlippe nagend)*. Gibst du ihn auf?

LUISE. Nein! Sieh mich an, lieber Walter. Nicht so bitter die Zähne geknirscht. Komm! Lass mich jetzt deinen sterbenden Mut durch mein Beispiel beleben. Lass *mich* die Heldin dieses Augenblicks sein – einem Vater den entflohenen Sohn wiederschenken – einem Bündnis entsagen, das die Fugen der Bürgerwelt auseinander treiben und die allgemeine ewige Ordnung zugrund' stürzen würde – *Ich bin die Verbrecherin* – mit frechen törichten Wünschen hat sich mein Busen getragen – mein Unglück ist meine *Strafe*, so lass mir doch jetzt die süße schmeichelnde Täuschung, dass es mein *Opfer* war – Wirst du mir diese Wollust missgönnen?

FERDINAND *(hat in der Zerstreuung und Wut eine Violine ergriffen und auf derselben zu spielen versucht – Jetzt zerreisst er die Saiten, zerschmettert das Instrument auf dem Boden und bricht in ein lautes Gelächter aus).*

LUISE. Walter! Gott im Himmel! Was soll das? – Ermanne dich. Fassung verlangt diese Stunde – es ist eine *trennende*. Du hast ein Herz, lieber Walter. Ich *kenne* es. Warm wie das Leben ist deine Liebe und ohne Schranken wie's Unermessliche – Schenke sie einer Edeln und Würdigern – sie wird die Glücklichsten ihres Geschlechts nicht beneiden – – *(Tränen unterdrückend)* mich sollst du nicht mehr sehn – Das eitle betrogene Mädchen verweine seinen Gram in einsamen Mauren, um seine Tränen wird sich niemand bekümmern – Leer und erstorben ist meine Zukunft – Doch werd ich noch je und je am verwelkten Strauß der Vergangenheit riechen. *(Indem sie ihm mit abgewandtem Gesicht ihre zitternde Hand gibt.)* Leben Sie wohl, Herr von Walter.

FERDINAND *(springt aus seiner Betäubung auf).* Ich entfliehe, Luise. Wirst du mir wirklich nicht folgen?

LUISE *(hat sich im Hintergrund des Zimmers niedergesetzt und hält das Gesicht mit beiden Händen bedeckt).* Meine Pflicht heißt mich bleiben und dulden.

FERDINAND. Schlange, du lügst. Dich fesselt was anders hier.

LUISE *(im Ton des tiefsten und inwendigsten Leidens).* Bleiben Sie bei dieser Vermutung – sie macht vielleicht weniger elend.

FERDINAND. Kalte Pflicht gegen feurige Liebe! – Und mich soll das Märchen blenden? – Ein Liebhaber fesselt dich, und Weh über dich und ihn, wenn mein Verdacht sich bestätigt! *(Geht schnell ab.)*

(Friedrich Schiller, Kabale und Liebe. Ein bürgerliches Trauerspiel. Stuttgart: Reclam 1990 = UB 33, S. 58-61.)

Arbeitsanregungen

1. Worum bittet Luise Ferdinand?

2. Deuten Sie die Aussagen im Verlauf des Dialoges! Wodurch entstehen Missverständnisse? Erläutern Sie an Beispielen, wie der Dichter die jeweiligen Aussagen zum Ausdruck bringt!

3. Wie verhalten sich Luise und Ferdinand am Schluss der Szene? (Berücksichtigen Sie auch die Regieanweisungen!) Wie beurteilen Sie ihr Verhalten?

4. Ist das Verhältnis der beiden Protagonisten durch „Liebe" geprägt? Welche Rolle spielen die gesellschaftlichen Verhältnisse?

5. Schreiben Sie den Dialog um, sodass er inhaltlich und sprachlich in der Gegenwart spielt – ohne die Intention Schillers zu verfälschen!

Theodor Fontane wurde 1819 in Neuruppin (Mark Brandenburg) geboren und starb 1898 in Berlin. Nach vielen Jahren, in denen er als Apotheker tätig war, widmete er sich mehr und mehr der Literatur. 1861 erschienen seine ersten Balladen, die ihn berühmt machten („John Maynard", „Gorm Grymme"). Die bekanntesten Romane sind „Irrungen Wirrungen" (1888), „Effi Briest" (1895) und „Der Stechlin" (1897) sowie die Kriminalgeschichte „Unterm Birnbaum" (1885).

In seinen Romanen schildert Fontane realistisch die Welt der Adligen, Bürger und Offiziere des preußischen Deutschland in der 2. Hälfte des 19. Jahrhunderts. Soziale Spannungen werden von ihm in Menschenschicksalen dargestellt.

In dem Roman **„Effi Briest"** wird die junge und lebensfrohe Effi an den tüchtigen und ernsten Baron von Innstetten verheiratet, dem seine Karriere als hoher Staatsbeamter besonders wichtig ist. Während eines Sommerurlaubs an der Ostsee lernt Effi einen jungen Offizier (Crampas) kennen, in den sie sich für kurze Zeit verliebt.

Nach vielen Jahren fallen ihrem Mann durch einen Zufall die Briefe von Crampas an Effi in die Hände. Instetten glaubt, nur durch ein Duell seine Ehre wiederherstellen zu können. Crampas wird getötet, die Ehe geschieden, die Tochter dem Vater zugesprochen. Die junge Frau wird von der Gesellschaft ausgeschlossen; sogar ihre Eltern verurteilen ihr Verhalten. Auf die Frage, wer die Schuld habe, antwortet der Vater mit den bekannten Worten: „Das ist ein *zu* weites Feld."

In dem angedruckten Text (Auszug aus dem 33. Kapitel) reflektiert Effi ihre Schuld, nachdem ihre kleine Tochter Annie sie wieder verlassen hat.

Lesehinweis

Theodor Fontane, Effi Briest. Stuttgart: Reclam 1969 = UB 6961 [3]

Dorothea Keuler, Die wahre Geschichte der Effi B. Ein Melodram. Zürich: Haffmanns 1998.

Christian Grawe, Fontane-Chronik. Stuttgart: Reclam 1998 = UB 9047.

Hugo Aust, Theodor Fontane. Ein Studienbuch. Tübingen: Francke 1998.

THEODOR FONTANE, Effi Briest

„Annie, mein süßes Kind, wie freue ich mich. Komm, erzähle mir", und dabei nahm sie Annie bei der Hand und ging auf das Sofa zu, um sich da zu setzen. Annie stand aufrecht und griff, während sie die Mutter immer noch scheu ansah, mit der Linken nach dem Zipfel der herabhängenden Tischdecke. „Weißt du wohl, Annie, dass ich dich einmal gesehen habe?"

„Ja, mir war es auch so."

„Und nun erzähle mir recht viel. Wie groß du geworden bist! Und das ist die Narbe da; Roswitha hat mir davon erzählt. Du warst immer so wild und ausgelassen beim Spielen. Das hast du wohl von deiner Mama, die war auch so. Und in der Schule? Ich denke mir, du bist immer die Erste, du siehst mir so aus, als müsstest du eine Musterschülerin sein und immer die besten Zensuren nach Hause bringen. Ich habe auch gehört, dass dich das Fräulein von Wedelstädt so gelobt haben soll. Das ist recht; ich war auch so ehrgeizig, aber ich hatte nicht solche gute Schule. Mythologie war immer mein Bestes. Worin bist du denn am besten?"

„Ich weiß es nicht." [...]

„Johanna hat mich bis vor das Haus begleitet..."

„Und warum hast du sie nicht mit heraufgebracht?"

„Sie sagte, sie wolle lieber unten bleiben und an der Kirche drüben warten."

„Und da sollst du sie wohl abholen?"

„Ja."

„Nun, sie wird da hoffentlich nicht ungeduldig werden. Es ist ein kleiner Vorgarten da, und die Fenster sind schon halb von Efeu überwachsen, als ob es eine alte Kirche wäre."

„Ich möchte sie aber doch nicht gerne warten lassen."

„Ach, ich sehe, du bist sehr rücksichtsvoll, und darüber werde ich mich wohl freuen müssen. Man muss es nur richtig einteilen ... Und nun sage mir noch, was macht Rollo?"

„Rollo ist sehr gut. Aber Papa sagt, er würde so faul; er liegt immer in der Sonne."

„Das glaub ich. So war es schon, als du noch ganz klein warst ... Und nun sage mir, Annie – denn heute haben wir uns ja bloß so mal wiedergesehen –, wirst du mich öfter besuchen?"

„O gewiss, wenn ich darf."

„Wir können dann in dem Prinz Albrechtschen Garten spazieren gehen."

„O gewiss, wenn ich darf."

„Oder wir gehen zu Schilling und essen Eis, Ananas oder Vanilleeis, das aß ich immer am liebsten."

„O gewiss, wenn ich darf."

Und bei diesem dritten „wenn ich darf" war das Maß voll; Effi sprang auf, und ein Blick, in dem es wie Empörung aufflammte, traf das Kind. „Ich glaube, es ist die höchste Zeit, Annie; Johanna wird sonst ungeduldig." Und sie zog die Klingel. Roswitha, die schon im Nebenzimmer war, trat gleich ein. „Roswitha, gib Annie das Geleit bis drüben zur Kirche. Johanna wartet da. Hoffentlich hat sie sich nicht erkältet. Es sollte mir leid tun. Grüße Johanna."

Und nun gingen beide.

Kaum aber, dass Roswitha draußen die Tür ins Schloss gezogen hatte, so riss Effi, weil sie sonst zu ersticken drohte, ihr Kleid auf und verfiel in ein krampfhaftes Lachen. „So also sieht ein Wiedersehen aus", und dabei stürzte sie nach vorn, öffnete die Fensterflügel und suchte nach etwas, das ihr beistehe. Und sie fand auch was in der Not ihres Herzens. Da neben dem Fenster war ein Bücherbrett, ein paar Bände von Schiller und Körner darauf, und auf den Gedichtbüchern, die alle gleiche Höhe hatten, lag eine Bibel und ein Gesangbuch.

[...] Sie griff danach, weil sie was haben musste, vor dem sie knien und beten konnte, und legte Bibel und Gesangbuch auf den Tischrand, gerade da, wo Annie gestanden hatte, und mit einem heftigen Ruck warf sie sich davor nieder und sprach halblaut vor sich hin: „O, du Gott im Himmel, vergib mir, was ich getan; ich war ein Kind ...

Aber nein, nein, ich war kein Kind, ich war alt genug, um zu wissen, was ich tat. Ich *hab* es auch gewusst, und ich will meine Schuld nicht kleiner machen, ... aber *das* ist zu viel. Denn das hier, mit dem Kind, das bist nicht *du*, Gott, der mich strafen will, das ist *er*, bloß er! Ich habe geglaubt, dass er ein edles Herz habe, und habe mich immer klein neben ihm gefühlt; aber jetzt weiß ich, dass *er* es ist, er ist klein. Und weil er klein ist, ist er grausam. Alles, was klein ist, ist grausam. Das hat *er* dem Kinde beigebracht, ein Schulmeister war er immer, Crampas hat ihn so genannt, spöttisch damals, aber er hat Recht gehabt. ‚O gewiss, wenn ich darf.' Du *brauchst* nicht zu dürfen; ich will euch nicht mehr, ich hass' euch, auch mein eigen Kind. Was zu viel ist, ist zu viel. Ein Streber war er, weiter nichts. – Ehre, Ehre, Ehre ... und dann hat er den armen Kerl totgeschossen, den ich nicht einmal liebte und den ich vergessen hatte, weil ich ihn nicht liebte. Dummheit war alles, und nun Blut und Mord. Und ich schuld. Und nun schickt er mir das Kind, weil er einer Ministerin nichts abschlagen kann, und ehe er das Kind schickt, richtet ers ab wie einen Papagei und bringt ihm die Phrase bei „wenn ich darf". Mich ekelt, was ich getan; aber was mich noch mehr ekelt, das ist eure Tugend. Weg mit Euch. Ich muss leben, aber ewig wird es ja wohl nicht dauern."

(Theodor Fontane, Effi Briest. München: Nymphenburger 1969, S. 278-280.)

Ulli Lommel, Hanna Schygulla in Rainer Werner Fassbinders Film „Effi Briest" (1974)

Arbeitsanregungen

1. Charakterisieren Sie Effi und ihre Tochter Annie!

2. Welche Rolle spielt das Kind in der Beziehung der Ehepartner?

3 Wie schätzt Effi das Verhalten ihres Mannes ein? Wie wird ihr Urteil sprachlich umgesetzt?

4. Klären Sie die gesellschaftliche Intention Fontanes:
   – Verhältnis zwischen Frau und Mann, Ehe
   – Verhältnis zwischen Eltern und Kind
   – Adel und Ehre!
   Vergleichen Sie die Verhältnisse mit denen in der Gegenwart!

5. Verfassen Sie einen inneren Monolog Effis aus heutiger Perspektive!

Thomas Mann wurde 1875 als Sohn einer wohlhabenden Patrizierfamilie in Lübeck geboren. Sein Vater war ein angesehener Kaufmann und Senator in der Hansestadt. Seine Mutter – Julia da Silva Bruns, von brasilianischer Herkunft – war künstlerisch veranlagt. Der Gegensatz zwischen Bürgertum und Künstlertum hat das Leben des Schriftstellers Thomas Mann geprägt und spiegelt sich auch in vielen seiner Werke wider.

Nach einer kurzen Zeit als Volontär in einer Feuerversicherungsanstalt in München reiste Thomas Mann nach Italien, wo er eine Zeit lang zusammen mit seinem Bruder Heinrich lebte. Ein Ergebnis dieses Aufenthalts war der Roman „**Buddenbrooks**" (1901), in dem er den Verfall einer Familie schildert und der ihm weltweite Anerkennung verschaffte. Während des 3. Reiches musste Thomas Mann emigrieren. Er ging in die USA. Von dort griff er in kritischen Rundfunkansprachen die nationalsozialistische Regierung in Deutschland an. 1952 kehrte er nach Europa zurück und ließ sich in Kilchberg bei Zürich nieder, wo er 1955 starb. 1929 erhielt Thomas Mann den Nobelpreis für Literatur.

Der abgedruckte Text ist das zehnte Kapitel des ersten Teils des Romans. Tony, die Tochter der angesehenen Kaufmannsfamilie Buddenbrook [in Lübeck], soll Herrn Grünlich heiraten, weil es aus finanziellen Gründen für die Firma sinnvoll erscheint, obwohl sie ihn nicht liebt: Es kommt zu dem abgedruckten Briefwechsel.

Lesehinweis
Thomas Mann, Sämtliche Erzählungen. Frankfurt: Fischer = Fischer Taschenbuch 1591/1592.
Klaus Schröter, Thomas Mann in Selbstzeugnissen und Bilddokumenten. Reinbek: Rowohlt 1964 = rowohlts bildmonografien 93.

THOMAS MANN, Buddenbrooks

Teuerste Demoiselle Buddenbrook!

Wie lange ist es her, daß Unterzeichneter das Angesicht des reizendsten Mädchens nicht mehr erblicken durfte? Diese so wenigen Zeilen sollen Ihnen sagen, daß dieses Angesicht nicht aufgehört hat, vor seinem geistigen Auge zu schweben, daß er während dieser hangenden und bangenden Wochen unablässig eingedenk gewesen ist des köstlichen Nachmittags in Ihrem elterlichen Salon, an dem Sie sich ein Versprechen, ein halbes und verschämtes zwar noch, und doch so beseligendes entschlüpfen ließen. Seitdem sind lange Wochen verflossen, während derer Sie sich behufs Sammlung und Selbsterkenntnis von der Welt zurückgezogen haben, so daß ich nun wohl hoffen darf, daß die Zeit der Prüfung vorüber ist. Endesunterfertigter erlaubt sich, Ihnen, teuerste Demoiselle, mitfolgendes Ringlein als Unterpfand seiner unsterblichen Zärtlichkeit hochachtungsvoll zu übersenden. Mit den devotesten Komplimenten und liebevollsten Handküssen zeichne als

Dero Hochwohlgeboren
ergebenster
Grünlich.

Lieber Papa!

O Gott, wie habe ich mich geärgert! Beifolgenden Brief und Ring erhielt ich soeben von Gr., so daß ich Kopfweh vor Aufregung habe, und weiß ich nichts Besseres zu tun, als beides an *Dich* zurückgehen zu lassen. Gr. *will* mich nicht verstehen, und ist das, was er so poetisch von dem Versprechen schreibt, einfach nicht der Fall, und bitte ich Dich so dringend, ihm nun doch kurzerhand plausibel zu machen, daß ich *jetzt noch tausendmal weniger* als vor sechs Wochen in der Lage bin, ihm mein Jawort fürs Leben zu erteilen, und daß er mich endlich in Frieden lassen soll, er *macht sich ja lächerlich*. Dir, dem besten Vater, kann ich es ja sagen, daß ich anderweitig gebunden bin an jemanden, der mich liebt und den ich liebe, daß es sich gar nicht sagen läßt. O Papa! Darüber könnte ich viele Bogen vollschreiben, ich spreche von Herrn Morten Schwarzkopf, der Arzt werden will und, sowie er Doktor ist, um meine Hand anhalten will. Ich weiß ja, daß es Sitte ist, einen Kaufmann zu heiraten, aber Morten gehört eben zu dem anderen Teil von angesehenen Herren, den Gelehrten. Er ist nicht reich, was wohl für Dich und Mama gewichtig ist, aber das muß ich Dir sagen, lieber Papa, so jung ich bin, aber das wird das Leben manchen gelehrt haben, daß Reichtum allein nicht immer jeden glücklich macht. Mit tausend Küssen verbleibe ich

Deine gehorsame Tochter

Antonie.

P.S. Der Ring ist niedriges Gold und ziemlich schmal, wie ich sehe.

Meine liebe Tony!

Dein Schreiben ist mir richtig geworden. Auf seinen Gehalt eingehend, teile ich Dir mit, daß ich pflichtgemäß nicht ermangelt habe, Herrn Gr. über Deine Anschauung der Dinge in geziemender Form zu unterrichten; das Resultat jedoch war derartig, daß es mich aufrichtig erschüttert hat. Du bist ein erwachsenes Mädchen und befindest Dich in einer so ernsten Lebenslage, daß ich nicht anstehen darf, Dir die Folgen namhaft zu machen, die ein leichtfertiger Schritt Deinerseits nach sich ziehen kann. Herr Gr. nämlich brach bei meinen Worten in Verzweiflung aus, indem er rief, so sehr liebe er Dich und so wenig könne er Deinen Verlust verschmerzen, daß er willens sei, sich das Leben zu nehmen, wenn Du auf Deinem Entschlusse bestündest. Da ich das, was Du mir von einer anderweitigen Neigung schreibst, nicht ernstnehmen kann, so bitte ich Dich, Deine Erregung über den zugesandten Ring zu bemeistern und alles noch einmal bei Dir selbst mit Ernst zu erwägen. Meiner christlichen Überzeugung nach, liebe Tochter, ist es des Menschen Pflicht, die Gefühle eines anderen zu achten, und wir wissen nicht, ob Du nicht einst würdest von einem höchsten Richter dafür haftbar gemacht werden, daß der Mann, dessen Gefühle Du hartnäckig und kalt verschmähst, sich gegen sein eigenes Leben versündigte. Das eine aber, welches ich Dir mündlich schon oft zu verstehen gegeben, möchte ich Dir ins Gedächtnis zurückrufen, und freue ich mich, Gelegenheit zu haben, es Dir schriftlich zu wiederholen. Denn obgleich die mündliche Rede lebendiger und unmittelbarer wirken mag, so hat doch das geschriebene Wort den Vorzug, daß es mit Muße gewählt und gesetzt werden konnte, da es feststeht und in dieser vom Schreibenden wohl erwogenen und berechneten Form und Stellung wieder und wieder gelesen werden und gleichmäßig wirken kann. – Wir sind, meine liebe Tochter, nicht *dafür* geboren, was wir mit kurzsichtigen Augen für unser eigenes, kleines persönliches Glück halten, denn wir sind nicht lose, unabhängige und für sich bestehende Einzelwesen, sondern wie Glieder in einer Kette, und wir wären, so wie wir sind, nicht denkbar ohne die Reihe derjenigen, die uns vorangingen und uns die Wege wiesen, indem sie ihrerseits mit Strenge und ohne nach rechts oder links zu blicken einer erprobten und ehrwürdigen Überlieferung folgten. Dein Weg, wie mich dünkt, liegt seit längeren Wochen klar und scharf abgegrenzt vor Dir, und Du müßtest nicht meine Tochter sein, nicht die Enkelin Deines in Gott ruhenden Großvaters und überhaupt nicht ein würdiges Glied unserer Familie, wenn Du ernstlich im Sinne hättest, Du allein, mit Trotz und Flattersinn Deine eigenen, unordentlichen Pfade zu gehen. Dies, meine kleine liebe Antonie, bitte ich Dich, in Deinem Herzen zu bewegen. –

Deine Mutter, Thomas, Christian, Clara und Klothilde (welch letztere mehrere Wochen bei ihrem Vater auf Ungnade verlebt hat), auch Mamsell Jungmann grüßen Dich von ganzem Herzen; wir freuen uns alle, Dich bald wieder in unsere Arme schließen zu können.

In treuer Liebe

Dein Vater.

(Thomas Mann, Buddenbrooks. Verfall einer Familie. Frankfurt: Fischer 1964, S. 126-128.)

Arbeitsanregungen

1. Charakterisieren Sie Herrn Grünlich! Wie beurteilen Sie sein Verhalten? (Zur Personencharakteristik vgl. S. 117)

2. Welche Grundsätze legt Tonys Vater seiner Tochter ans Herz? Nehmen Sie Stellung zu seinen „Lebensregeln"! Haben sie heute noch Bedeutung?

3. Messen Sie Grünlichs Verhalten an den Grundsätzen des Vaters! Warum konfrontiert der Vater den Verehrer seiner Tochter nicht mit diesen Regeln?

4. Schreiben Sie einen Antwortbrief, in dem Sie Tonys Interessen vertreten,
   – an ihren Vater
   – an Herrn Grünlich!

Heinrich Böll (1917 in Köln geboren; 1985 in Bornheim-Merten [Eifel] gestorben) gehört zu den erfolgreichsten Schriftstellern der Gegenwart (1972 Nobel-Preis für Literatur).

Sein Leben war geprägt durch die Erfahrungen in einem toleranten, humanistisch orientierten Elternhaus, als Kriegsteilnehmer und durch den Wiederaufbau in der Nachkriegszeit, zu denen er immer wieder seine kritische Stimme erhob: in Reden, Interviews, Essays, Erzählungen und Romanen.

Zu den bekanntesten Werken gehört der 1963 erschienene Roman **„Ansichten eines Clowns"**, in dem erzählt wird, wie der Pantomime Hans Schnier mit Marie, der Tochter eines Kleinwarenhändlers, zusammenlebt.

Lesehinweis
Heinrich Böll, Billard um halbzehn. München: dtv 1974 = dtv 991.
Der Schriftsteller Heinrich Böll, hrsg. von Werner Lengning. München: dtv 1977 = dtv 530.

HEINRICH BÖLL, **Ansichten eines Clowns**

Um sieben, als die Kinos angefangen hatten, ging ich in die Gudenaugasse, den Schlüssel schon in der Hand, aber die Ladentür war noch auf, und als ich reinging, steckte oben Marie den Kopf in den Flur und rief „Hallo, ist da jemand?" – „Ja", rief ich, „ich bins" – ich rannte die Treppe hinauf, und sie sah mich erstaunt an, als ich sie, ohne
5 sie anzurühren, langsam in ihr Zimmer hinaufdrängte. Wir hatten nicht viel miteinander gesprochen, uns immer nur angesehen und angelächelt, und ich wusste auch bei ihr nicht, ob ich du oder Sie sagen sollte. Sie hatte den grauen, zerschlissenen, von ihrer Mutter geerbten Bademantel an, das dunkle Haar hinten mit einer grünen Kordel zusammengebunden; später, als ich die Schnur aufknüpfte, sah ich, dass es
10 ein Stück Angelschnur von ihrem Vater war. Sie war so erschrocken, dass ich gar nichts zu sagen brauchte, und sie wusste genau, was ich wollte. „Geh", sagte sie, aber sie sagte es automatisch, ich wusste ja, dass sie es sagen musste, und wir wussten beide, dass es sowohl ernst gemeint wie automatisch gesagt war, aber schon als sie „Geh" zu mir sagte, und nicht „Gehen Sie", war die Sache entschieden. Es lag so viel
15 Zärtlichkeit in dem winzigen Wort, dass ich dachte, sie würde für ein Leben ausreichen, und ich hätte fast geweint; sie sagte es so, dass ich überzeugt war : sie hatte gewusst, dass ich kommen würde, jedenfalls war sie nicht vollkommen überrascht. „Nein, nein", sagte ich, „ich gehe nicht – wohin sollte ich denn gehen?" Sie schüttelte den Kopf. „Soll ich mir zwanzig Mark leihen und nach Köln fahren – und dich dann
20 später heiraten?" – „Nein", sagte sie, „fahr nicht nach Köln." Ich sah sie an und hatte kaum noch Angst. Ich war kein Kind mehr, und sie war eine Frau, ich blickte dorthin, wo sie den Bademantel zusammenhielt, ich blickte auf ihren Tisch am Fenster und war froh, dass kein Schulkram da herumlag: nur Nähzeug und ein Schnittmuster. Ich lief in den Laden runter, schloss ihn ab und legte den Schlüssel dahin, wo er schon
25 seit fünfzig Jahren hingelegt wird: zwischen die Seidenkissen und die Sütterlinhefte. Als ich wieder raufkam, saß sie weinend auf ihrem Bett. Ich setzte mich auch auf ihr Bett, an die andere Ecke, zündete eine Zigarette an, gab sie ihr, und sie rauchte die

erste Zigarette ihres Lebens, ungeschickt; wir mussten lachen, sie blies den Rauch so komisch aus ihrem gespitzten Mund, dass es fast kokett aussah, und als er ihr zufällig einmal aus der Nase herauskam, lachte ich: es sah so verworfen aus. Schließlich fingen wir an zu reden, und wir redeten viel. Sie sagte, sie denke an die Frauen in Köln, die „diese Sache" für Geld machten und wohl glaubten, sie wäre mit Geld zu bezahlen, aber es wäre nicht mit Geld zu bezahlen, und so stünden alle Frauen, deren Männer dorthin gingen, in ihrer Schuld, und sie wolle nicht in der Schuld dieser Frauen stehen. Auch ich redete viel, ich sagte, dass ich alles, was ich über die so genannte körperliche Liebe und über die andere Liebe gelesen hätte, für Unsinn hielte. Ich könnte das nicht voneinander trennen, und sie fragte mich, ob ich sie denn schön fände und sie liebte, und ich sagte, sie sei das einzige Mädchen, mit dem ich „diese Sache" tun wollte, und ich hätte immer nur an sie gedacht, wenn ich an die Sache gedacht hätte, auch schon im Internat; immer nur an sie. Schließlich stand Marie auf und ging ins Badezimmer, während ich auf dem Bett sitzen blieb, weiterrauchte und an die scheußlichen Pillen dachte, die ich hatte in die Gosse rollen lassen. Ich bekam wieder Angst, ging zum Badezimmer rüber, klopfte an, Marie zögerte einen Augenblick, bevor sie ja sagte, dann ging ich rein, und sobald ich sie sah, war die Angst wieder weg. Ihr liefen die Tränen übers Gesicht, während sie sich Haarwasser ins Haar massierte, dann puderte sie sich, und sie sagte: „Willst du nicht doch wieder gehn?" Und ich sagte „Nein." Sie betupfte sich noch mit Kölnisch Wasser, während ich auf der Kante der Badewanne saß und mir überlegte, ob zwei Stunden wohl ausreichen würden; mehr als eine halbe Stunde hatten wir schon verschwätzt. In der Schule hatte es Spezialisten für diese Fragen gegeben: wie schwer es sei, ein Mädchen zur Frau zu machen, und ich hatte dauernd Gunther im Kopf, der Siegfried vorschicken musste, und dachte an das fürchterliche Nibelungengemetzel, das dieser Sache wegen entstanden war [...]

Ich stand auf und sagte zu Marie: „Wein doch nicht", und sie hörte auf zu weinen und machte mit der Puderquaste die Tränenrillen wieder glatt. Bevor wir auf ihr Zimmer gingen, blieben wir im Flur noch am Fenster stehen und blickten auf die Straße: es war Januar, die Straße nass, gelb die Lichter über dem Asphalt, grün die Reklame über dem Gemüseladen drüben: Emil Schmitz. Ich kannte Schmitz, wusste aber nicht, dass er Emil mit Vornamen hieß, und der Vorname Emil kam mir bei dem Nachnamen Schmitz unpassend vor. Bevor wir in Maries Zimmer gingen, öffnete ich die Tür einen Spalt und knipste drinnen das Licht aus.

(Heinrich Böll, Ansichten eines Clowns. Roman. Köln: Kiepenheuer & Witsch 1963, S. 53-56.)

Arbeitsanregungen

1. Beschreiben Sie die Begegnung zwischen Marie und Hans!

2. Können Sie die Unterhaltung der beiden Liebenden nachvollziehen? Deuten Sie die einzelnen Phasen des Gesprächs!

3. Diskutieren Sie die Frage, ob „die Sache" mit Geld bezahlt werden kann und ob es zwei Arten der Liebe gibt!
Beziehen Sie auch andere Texte aus diesem Kapitel in Ihre Überlegungen mit ein!

Botho Strauß, 1944 in Naumburg/Saale geboren, studierte Germanistik, Theatergeschichte und Soziologie in Köln und München. Von 1967–1970 war er als Redakteur und Kritiker der Zeitschrift „Theater heute" tätig, anschließend als dramaturgischer Mitarbeiter an der Schaubühne am Halleschen Ufer in Berlin. Bereits in seinem ersten Stück „Hypochonder" (1972) ist die für seine Werke charakteristische Thematik angelegt.

Der Literaturkritiker Hans Wolfschütz schreibt über ihn: „Wirklichkeitsverständnis und Ästhetik von Botho Strauß sind entscheidend geprägt von der Erfahrung der gescheiterten Studentenrevolte von 1967/68. Seine Literatur trägt alle Zeichen von Melancholie und Resignation einer als nachrevolutionär erfahrenen Zeit. Wie viele Autoren seiner Generation hat auch er den ‚langen Marsch' nach innen angetreten […]. Wo handelndes Eingreifen nur noch vorstellbar ist, rücken die ‚natürlichen Schmerzen des Wohlergehens', die Seelenqualen, Gefühlsverwirrungen und gescheiterten Beziehungen in den Mittelpunkt. Die Figuren von Strauß sind Hypochonder, Menschen, die sich im Zwang der Selbstbeobachtung verfangen haben, für die Wirklichkeit nur noch als Wahn erfahrbar ist."

Lesehinweis
Botho Strauß, Trilogie des Wiedersehens. Groß und klein. Zwei Theaterstücke. München: dtv 1980 = dtv neue reihe 6309.

Botho Strauss, Paare, Passanten

In einem Restaurant erhebt sich eine größere Runde von jungen Männern und Frauen. Es ist bezahlt worden, und alle streben in lebhafter Unterhaltung dem Ausgang zu. Doch eine Frau ist sitzen geblieben am Tisch und sinnt dem nach, was eben an Ungeheuerlichem einer gesagt hat. Die anderen stehen bereits im Windfang des Lokals,
5 da kommt ihr Mann zurück. Er hat, kurz vor dem Ausgang, bemerkt, dass ihm die Frau fehlt. Aber da steht sie auch schon auf und geht an ihm vorbei durch beide Türen.

Mit dem Schlag einer ungewissen Stunde blicken in ihrem Heim, nach vielen Jahren der Ermüdung, der Benommenheit und der Trennungsversuche, zwei Menschen sich
10 mit sperrangelweiten Augen an. Ein Erkennen zieht sie zueinander, ein Verlangen, als könnte zuletzt nur die Aufwiegelung aller sexuellen Kräfte, wie eine Revolution, sie von der Last der gemeinsamen Geschichte befreien und diese beenden. Ein Schlussbegehren läuft aus allen Gassen ein, die sie mit gleichen Schritten je hinuntergingen. Ein Begehren, das sie selbst erfahren als das reine Aufbegehren. Sie umar-
15 men sich mit Armen der Gewalt, in der ihr Vertrautsein, ihre Erinnerung, ihre ausweglos lange Begleitung – in der die ganze Materie der Gewohnheit sich verdichtet und wie ein verlöschender Stern ins Schwarze der Nacktheit stürzt.

Trotz und inmitten der entschiedenen Verstimmung, die nach einem Streit zwischen ihnen eingetreten ist und wodurch sie zwei Tage ihrer Reise unter dem Druck einer äußeren Wortkargheit verbrachten, erhebt die Frau, die eben noch appetitlos in ihre Filetspitzen piekte, auf einmal den Kopf und summt laut und verliebt einen alten Schlager mit, der aus dem Barlautsprecher ertönt. Der Mann sieht sie an, als sei sie von allen guten Geistern, nun auch der Logik des Gemüts, verlassen worden.

Jede Liebe bildet in ihrem Rücken Utopie. In grauer Vorzeit, vom Glück und von Liedern verwöhnt, liegt auch der Ursprung dieser kläglichen Partnerschaft. Und der Beginn erhält sich als tiefgefrorener, erstarrter Augenblick im Herzen der Frau. Es ist immer noch illud tempus[1] in ihr, wo im Laufe der Zeit alles schrecklich verfiel und sich verändert hat. Erste Zeit, tiefgekühlt, eingefroren, nicht sehr nahrhafte Wegzehrung.

In ihrer ersten Stunde haben sich zwei, die noch mit dem Anfang spielen, so sehr verspätet, dass sie nun, jeder in seine Familie, sein Ehegatter zurück, durch den fremden Stadtteil hasten müssen, um eine U-Bahn zu erwischen, die sie mit noch eben unauffälligem Verzug nach Hause bringt. Die Eile, der Wind, der stolpernde Lauf rütteln das locker sitzende Geständnis frei, das in der Ruhe noch nicht herauskommen wollte. Und während sie rennen, die Frau um zwei Schritte dem Mann voraus, keucht er's hinter ihr her. Mit seinen Rufen, die wirken wie die anfeuernden Liebkosungen des Jockeys am Hals seines Rennpferds, prescht die Geliebte schneller noch voran, als habe ihr das Glück die Peitsche gegeben. In der Hetze kann sie den Kopf kaum wenden, um in die Luft zurückzurufen, dass auch sie ihn liebe. Dann verlieren sich beide in der Menschenmenge und finden sich erst am nächsten Tage wieder.

(Botho Strauß, Paare, Passanten. München: dtv 1984 = dtv 10250, S. 9-11.)

Arbeitsanregungen

1. Was verbindet die Paare in den vier Prosastücken?

2. Wie kommunizieren die Partner miteinander? Untersuchen Sie die sprachliche Gestaltung der Kommunikationssituationen! (Zur Kommunikation vgl. S. 399 ff.)

3. Welche Wirkung erzielt die Folge der kurzen Geschichten?
Berücksichtigen Sie bei Ihrer Deutung den Titel des Werks: „Paare, Passanten"!

4. Schreiben Sie eine Prosaskizze, die sich inhaltlich und formal in die Reihe „Paare, Passanten" einfügen lässt!

---

1 illud tempus (lat.) = jene Zeit

> **James Jones,** 1921 in Robinson/Illinois (USA) geboren, stammt aus einer verarmten amerikanischen Familie. Während des zweiten Weltkriegs nahm er als Soldat an Einsätzen im Pazifik teil, desertierte jedoch 1944. Seine Fronterfahrungen spiegeln sich in seinem ersten Roman **Verdammt in alle Ewigkeit** (1951), der realistischen Darstellung des Soldatenlebens in einem Ausbildungslager auf Hawaii kurz vor dem japanischen Überfall auf Pearl Harbor.
>
> In den USA löste das Werk aufgrund seiner schonungslosen Schilderung hitzige Diskussionen aus und wurde als Roman wie als Film ein großer Erfolg. Jones zog später in einem Wohnwagen durch die USA und verarbeitete seine Eindrücke in den Romanen „Die Entwurzelten", „Die Pistole" und „Kraftproben". Er starb 1977 in Southampton/New York.
>
>

James Jones, Verdammt in alle Ewigkeit

Meine Ansicht, sagte sein Verstand, und die Quintessenz meiner Schlußfolgerungen ist folgendes: die Illusion der romantischen Liebe, die sich auf dem Prinzip: ‚Ich mach was aus dir und du machst was aus mir' aufbaut, kann die Jahre des: ‚ich reiß dich herunter und du reißt mich herunter' nicht überdauern. Daher kommt es, daß die
5 Männer fremd gehen und die Frauen Betschwestern werden.

Solange man aber die Illusion aufrechterhalten *kann*, argumentierte er grimmig, so lange kann man *lieben*.

Stimmt, sagte sein Verstand kühl. Aber die Ehe ist ein großer Illusionszerstörer. Wenn du mir nicht glaubst, versuch's.

10 Das habe ich auch vor, antwortete er.

Verstehst du, sagte sein Verstand, das Grundprinzip hinter dem illusionären Prinzip der romantischen Liebe – mit anderen Worten, die Wirklichkeit hinter der Phantasie – ist Eigenliebe. Dies hat bis jetzt leider noch niemand entdeckt.

Wahrscheinlich kommt das daher, sagte Warden, daß für die Illusion als solche eine
15 so ausgezeichnete Reklame gemacht worden ist.

Ja, sagte sein Verstand gleichgültig. Aber um auf das zu kommen, wovon wir sprechen: in Wirklichkeit liebst du Milt Warden. Solange sie dein Ego stärkt und daher bewirkt, daß du Milt Warden noch mehr liebst, weil er doch so ein wundervoller einmaliger Mann ist, liebst du sie auch. Denn sie macht dich ja zu einem besseren
20 Mann. Reißt sie dich aber herunter und erreicht dadurch, daß du Milt Warden weniger liebst, weil er doch ganz offensichtlich ein Schweinehund ist, so liebst du sie bei weitem nicht mehr so. Denn dann bist du ja auch gar nicht mehr so ein netter Mensch. Hält dieses Herunterreißen allzu lange an, dann liebst du sie überhaupt nicht mehr. Wenn du's einmal begriffen hast, ist's dann wirklich ganz einfach.

25 Schön, sagte Warden ungeduldig, aber was hält zwei Leute davon ab, einander ununterbrochen was vorzumachen?

Sein Verstand runzelte die Stirn. Gar nicht einfach, das einem Laien zu erklären, sagte er. Theoretisch hält sie gar nichts davon ab. In der Praxis aber wird es auf die Dauer ziemlich ermüdend. Mit der Zeit wird es schwer, immer neue Komplimente zu
30 erfinden. Schließlich kommt es so weit, daß du dich nur noch wiederholen kannst. Natürlich wird der andere Teil mißtrauisch, wenn nicht gar gelangweilt.

Nette Vorstellung, sagte er. Du gibst mir wirklich eine nette Vorstellung. Schön, also das war die Diagnose. Wie steht's nun mit der Behandlung?

Du hast mich mißverstanden, sagte sein Verstand. Das Problem, um das es hier geht, ist lediglich die Isolierung des Virus. Wir haben nicht die Absicht, eine Heilmethode vorzuschlagen.

Großartig, sagte Warden. Einfach großartig. Du beweist mir, daß ich an einer Krankheit leide, und dann sagst du mir, daß sie unheilbar ist.

Nun, sagte sein Verstand, die Isolierung des Virus läßt gewisse Heilaussichten erkennen. Wir arbeiten zur Zeit an einigen Ideen ...

Wäre besser gewesen, sagte er, du hättest mich in seliger Unwissenheit sterben lassen.

Ich dachte, du seiest ein Mann, dem etwas an den Tatsachen liegt, sagte sein Verstand.

Tatsachen, du meine Güte. Wie stellst du dir vor, daß ich sie ihr beibringen werde?

Das ist deine Sache. Natürlich besteht noch die Möglichkeit, daß sie diese Tatsachen schon längst selbst kennt.

Ja, sagte er, gerade davor hab ich Angst.

Im gegenwärtigen Zeitpunkt, sagte sein Verstand, ist Heirat das einzige Heilmittel gegen die Liebe.

Du meinst, damit sie sich einfach abnützt?

Genau das.

Und damit ich den Rest des Lebens an Krücken gehe?

Na ja, sagte sein Verstand, immerhin lebst du noch.

Dann schon lieber Kinderlähmung, sagte er.

Ich denke, ich empfehle mich jetzt, sagte sein Verstand. Wenn ich was Neues erfahr, laß ich's dich schon wissen.

Dank dir schön, sagte er. Danke vielmals.

O bitte sehr, ist mir ein Vergnügen, dir zu helfen. Schluß für heute, sagte sein Verstand.

Er saß allein auf seinem Stuhl und fragte sich, ob dies wohl die Gefühle eines Mannes seien, dem der Arzt gerade mitgeteilt hat, daß er Krebs habe.

(James Jones, Verdammt in alle Ewigkeit. Frankfurt: Fischer 1981, S. 684/685.)

Arbeitsanregungen

1. Beschreiben Sie die „romantische Liebe" in dem Romanauszug! Inwiefern wird für die Liebe „eine so ausgezeichnete Reklame" gemacht?

2. Erläutern Sie das Prinzip der Eigenliebe, das hinter der „romantischen Liebe" stehen soll! Nehmen Sie zu dieser These Stellung!

3. Charakterisieren Sie Milt Warden! (Zur Personencharakteristik vgl. S. 117)
Berücksichtigen Sie die besondere Erzählperspektive in diesem Romanauszug!
Gibt es für Warden eine „Behandlung" seiner „Krankheit"?

STEFAN MOSES, **Gabriele Wohmann**

(Jürgen Serke, Frauen schreiben. Ein neues Kapitel deutschsprachiger Literatur. Hamburg: Gruner + Jahr 1979, S. 146.)

Arbeitsanregungen

 1. Beschreiben Sie Gabriele Wohmann! Wie wirkt sie auf den Betrachter?

2. Vergleichen Sie Ihre Charakteristik mit der folgenden von Jürgen Serke! Welche Übereinstimmungen und welche Unterschiede lassen sich feststellen?

> Eine Frau mit schwarzem, kräftigem Haar. Die Haare fallen, wie sie fallen, zu bändigen nur mit breitzinkigem Kamm. Doch Kämme mag sie offensichtlich nicht. Ein hageres, aber kein karges Gesicht. Eine schmale Figur. Dünn, mager, drahtig? Kennzeichnung, die trifft und doch nicht. Eine Schriftstellerin „mit bösem Blick", hat man sie genannt, nennt man sie noch immer.
>
> Gabriele Wohmann – eine Frau mit Negativ-Image. Sie liebt die Farbe Grau in der Landschaft, wenn Regen fällt, sie beschreibt in ihren Büchern den grauen Alltag in der Differenzierung dieser Farbe. Wer sie kennt, kennt sie als Hosen- und Pullover-Menschen in Schwarz. Sie bekennt sich zum Dunklen, zur Dunkelheit. Ins Dunkel gehüllt will sie aus dem Dunkel heraus. Qua Intellekt. Und das Herz? Doch wie kommt das Herz ins Hirn? Und werden die Gefühle nicht von ihr selbst immer wieder auf dem Weg ins Gehirn abgeschnitten?
>
> *(Jürgen Serke, Frauen schreiben. Ein neues Kapitel deutschsprachiger Literatur. Hamburg: Gruner + Jahr 1979, S. 136.)*

3. Informieren Sie sich anhand von Lexika (Literaturgeschichten) über Gabriele Wohmann! Legen Sie einen tabellarischen Lebenslauf der Schriftstellerin an!
(Zum Lebenslauf vgl. auch S. 122 ff.)

GABRIELE WOHMANN[1], Ein Hochzeitstag

Gegen zwölf Uhr hatte Martha Hofer alle ihre kleinen Überraschungen vorgeführt und sich, besonders für einen sowohl heiteren, als auch nachdenklich stimmenden Vierzeiler, würdigen lassen. Walter Hofer sah nun schläfrig und beschenkt aus. Das Sonntagswetter war von der bei Martha unbeliebten Art, ein plackiges Wetter mit gleißenden Sonnenscheinanfällen.

Gestern fand ich es viel angenehmer, sagte Martha.

Es kann nicht immer regnen, sagte Walter.

Ich meine nur, man wußte, woran man war, sagte Martha. Du, mit der kleinen Torte hast du nicht gerechnet, oder?

Nein, hab ich nicht, sagte Walter.

Sein Hausmantel besaß Stil, aber trotzdem glich er wie jeden Sonntag nach dem Frühstück einem auf die verkehrte Weise verwöhnten kleinen Kind.

Ist dir etwa übel? fragte Martha.

Nicht daß ich wüßte, sagte Walter.

Vielleicht essen wir zu viele Milchprodukte, was meinst du?

Noch suchte Martha das Gespräch, so hätte sie ihren Wunsch zu reden offiziell benannt. Doch bald könnte das umkippen und nichts als die Angst vor einem Riß im Zusammenhang sähe dann hervor, schon machte sich eine ungeduldige Gereiztheit geltend.

Möglich, gut möglich, sagte Walter.

---

1 (RR)

Was denn?

Das mit den Milchprodukten. Daß wir zu viel davon runterschlingen oder so.

Weil Martha keinen Sinn darin sah, in dieser Molkereimathematik zu verharren, auch sonst vorläufig keine Gesprächsidee hatte, setzte sie einen weit ausholenden feisten Seufzer zwischen ihren und Walters Fensterplatz zum wetterwendischen grellen Sonntag: warum sagte man eigentlich Mai oder Juni, April oder März zu Monaten, die im südwestlichen Deutschland alle auch Januar heißen könnten. Ach, vielleicht lebte sie nun einfach schon zu lange.

Ich lebe jetzt schon zehn Jahre länger mit dir als ohne dich, sagte sie.

Alle Achtung, sagte er.

Was Walter Hofer betraf, so spürte er sehr wohl den Wunsch seiner Frau, an einem Gewebe von Austausch mit ihm zu fädeln. Das entsprach auch dem, was er selber für richtig hielt, doch machte es ihm nun einmal zu schaffen, jeden Tag, den Gott sein ließ – und Walter empfand auf einmal die besondere Botschaft dieses göttlichen Seinlassens als etwas, das davonrann – jeden Tag, schon vom Aufstehen an, unterdrückte es ihn geradezu, daß ihm schlecht wurde vom Sprechen, auch vom Zuhören. Möglicherweise ein Fall für den Arzt. Entweder handelte es sich um ein organisches Problem, oder es war neurovegetativ.

Du hast nicht zufällig auch irgendwas für mich gerichtet, oder, sagte Martha.

Gelegentlich konnte sie so sein: spitzzüngig und lässignett in einem Atemzug, und ihr kleiner Satz glich einer Quinte, mit nacheinander angeschlagenen Tasten.

Ich hab diese Coupons, sagte Walter. Würde er jetzt ausführlicher, dann käme Brechreiz auf.

Ich werde gelebt haben und nie geritten sein, sagte Martha.

Sie schaute in den handtuchförmigen Garten. Die Anpflanzungen der Hofers hatten etwas von nachgestellter Wirklichkeit. Sie imitierten richtige Bäume. Alles blieb so niedrig.

Ich werde nie in meinem Leben geritten sein! Walter!

Martha rief mittlerweile.

Wenn Walter lediglich NA UND sagte, wirkte das zwar vermutlich ein wenig kränkend auf Martha, verhinderte aber, daß er zur Toilette aufbrechen müßte. Also sagte er NA UND, womit er ihr grünes Licht für weitere Zurufe aus ihrem ungelösten Leidensrätsel gab.

Und nie durch einen Wildbach gewatet sein! Nie werde ich am Felshang eines Canyons ein Lagerfeuerchen gemacht haben. Walter! Ich werde eines Tages sterben und keiner wird mir je eine Wunde mit Whisky ausgewaschen haben, und die Freundschaft mit einem Pferd, ich werde nicht wissen, was das ist.

Du wirst kein Mann gewesen sein, wenn du das meinst.

Ihm war schlecht, aber er fand es wichtig, Martha zu helfen.

Warum sehe ich Western so gern, fragte sie ihn, aber sie erwartete keine Auskunft. Sie wollte ihrem übersättigten Liebling aus der Not helfen, in die er durch sie geraten war.

Die Langeweile ist wie ein Laster, Schatz, sagte sie.

War das nicht Simenon, neulich abends? fragte Walter.

Wer es auch war, es könnte von mir sein, antwortete Martha.

Lohnte sich denn der Aufwand, sollte sie ihm helfen? Er kannte sich nach 30 Jahren immer noch nicht mir ihren Schwellen zur Gekränktheit aus.

Der Polizeichef von Tuscon/Arizona war es, sagte Walter.

Wie bitte?

Der das mit der Langeweile gesagt hat. Ein Laster. Gibt's noch Kaffee, oder wie?

Ich hatte Schampus vorbereitet, wegen heute, sagte Martha.

Daß sie selber, ganz für sich allein, mitleidig wußte, wie kaum verstanden und daher in Kränkungen als einem Dauermorast watend sie war, genügte im Grunde. Jemand, der nicht näher benannt werden konnte, besah ihr kleines, angeschrumpeltes Gesichtchen, dachte sie, und als sie nun mit Walter anstieß, als einer aufs Wohl des andern trank, empfand sie überrascht und gerührt, daß auch ihr Mann, der junge Bursche von der Einfahrt zu ihrem Wohnblock – 30 Jahre her – gnädig überwacht zu sein schien. Er sah vorsichtig aus, aber doch zutunlich. Er erinnerte Martha an den Dackel Daisy. Oh weh, bloß nicht jetzt auch noch an Daisy denken! Daisys letzter Blick vorm endgültigen Einschläfern enthielt so viel gutmütigen, pessimistischen Nachdruck. War womöglich Daisy ihr privater kleiner Hausgott?

Plötzlich fiel ein Graupelschauer über den Hoferschen Garten her, und ganz besonders die Rhabarberpflanzen wirkten volljährig, sehr ernstzunehmen.

Nun steckte Martha ihr Couponheftchen, Walters Bastelarbeit, mit den fünf freien Wünschen für den heutigen Hochzeitstag, zu den Couponheftchen der letzten Jahre. Mit etwas Geduld kämen jetzt auch die Tränen. Walters Übelkeit verflog, was mit dem Schampus zusammenhing, und weil er sich sprechbereit fühlte, auch Liebes fürs Marthachen im Sinn hatte, las er ihren Vierzeiler diesmal laut vor: „Ich bin seit 30 Jahren/Ganz Dein/Ich will, was wir einst waren/30 mal länger sein." Du hast es wieder genial gemacht, Gutes!

Ach Bestes, rief Martha, es geht aber wirklich gar nichts über deine Couponmäppchen.

Du solltest nur endlich mal Gebrauch davon machen, hm?

Die fünf mit einem Heftapparat geklammerten Coupons waren von Walter mit einer Nähnadel am rechten Ende perforiert worden. Dieser Couponteil würde, bei Wunscherfüllung, abgerissen werden.

Reiß mal ab, rief Martha, die weggelaufen war und ihr neuestes Heftchen nun vor Walter hin und her wedelte.

Ich hab einen Wunsch!

Sie wußte noch gar nicht genau, welchen von all den vielen Wünschen sie nun entwerten lassen wollte.

Im Tagesverlauf vergaßen die Hofers die Couponangelegenheit, aber abends fragte Walter.

Und was war jetzt mit dem Wunsch auf Gutschein?

Martha überlegte. Viel hatte ihr bedeutet, daß ein unangebrauchtes Couponheftchen in einem Briefumschlag mit ganz wenig Kommentar versehen auf den Postweg zu ihrer Schwester gebracht worden war: um die teilnehmen zu lassen, nicht aus Prahlerei mit ihrem guten Walter.

Was sonst? Daß es schon wieder glücklicherweise nachher einen Western gab, war doch nicht Walter zu verdanken ... Irrtum, großer Irrtum! Nur ihm, wie eigentlich alles, das mit oder ohne Freikarte in ihrem einen, einzigen ausrittlosen Leben zu haben war.

(Gabriele Wohmann, Der kürzeste Tag des Jahres. Darmstadt: Luchterhand 1984, S. 47-51.)

Arbeitsanregungen

1. ● Halten Sie den Inhalt des Gesprächs zwischen dem Ehepaar fest, indem Sie stichwortartig wesentliche Aussagen gegenüberstellen:

Martha Hofer	Walter Hofer
– das Gestern angenehmer empfunden . . .	– es kann nicht immer regnen . . .

● Kennzeichnen Sie den Verlauf des Gesprächs und bewerten Sie die Aussagen!

2. Welche Bedeutung kommt dem Motiv des „Western" zu?
Belegen Sie Ihre Ergebnisse inhaltlich und sprachlich an entsprechenden Beispielen!

3. Stellen Sie für Martha ein „Couponmäppchen" mit Wünschen für die Zukunft zusammen!

4. Verdeutlichen Sie Textaussagen, die Sie besonders ansprechen, durch szenisch dargestellte „Standbilder"!

5. In einem Gedicht beschreibt Gabriele Wohmann sich und ihren Mann vor dem Fernsehapparat, wie sie einen Western ansehen:

Du bewegst deine Füße, du gehst ganz schön mit
du hast Sachen an, die ich befürwortet habe
irgendwann konnte ich kaum noch Luft kriegen vor Liebe zu dir
und ich entschied für uns, daß wir am liebsten
in einem Film an den Folgen sehr guter Schüsse
sterben würden und nicht aus uns selbst heraus.
Mir fiel der kleine Rest von Heidelbeerkuchen ein,
ich holte ihn schnell aus dem Eisschrank
und du ißt das Stück
als wäre es nicht vergiftet!

(Jürgen Serke, Frauen schreiben. Ein neues Kapitel deutschsprachiger Literatur. Hamburg: Gruner + Jahr 1979, S. 139-140.)

Vergleichen Sie das autobiografische Gedicht mit der Kurzgeschichte „Ein Hochzeitstag" in Bezug auf
– Thema
– Verhältnis der Ehepartner zueinander
– Westernmotiv!

Irmtraud Morgner, geboren 1933, repräsentiert neben Sarah Kirsch, Christa Wolf und Günter de Bruyn eine neue Variante der damaligen DDR-Literatur. Dem Persönlichen und Individuellen gibt sie den Vorzug vor einer bis dahin durch einen vordergründigen Realismus geprägten Kunst.

In Erzählungen und Romanen, vor allem in ihrem bisherigen Hauptwerk **„Leben und Abenteuer der Trobadora Beatriz"** (1974), kreist sie um das Thema der Gleichberechtigung von Frau und Mann und stellt herkömmliches Rollenverhalten in Frage. Ihrem Werk bescheinigt die Kritik „Witz und Anmut, die unauflösliche Einheit von Intelligenz und Fantasie". Was sich in Morgners Stil spiegelt, ist zugleich ein wichtiges Motivpaar ihrer Geschichten, in denen Realität und Traumwelt, exakte Forschung und Einbildungskraft konkurrieren. Dabei schreibt die Autorin der Fantasie eine gesellschaftlich wirksame Funktion zu – die Vorwegnahme einer besseren Zukunft.

Mit den Worten „Kaffee verkehrt" beginnt das 19. Kapitel des 4. Buches aus dem Montageroman in 13 Büchern „Leben und Abenteuer der Trobadora Beatriz nach Zeugnissen ihrer Spielfrau Laura"; die Szene spielt in einem Café im damaligen Berlin (Ost) – eine „übliche" Begegnung zwischen Mann und Frau nur mit vertauschten Rollen.

Lesehinweis
Irmtraud Morgner, Hochzeit in Konstantinopel. München: dtv 1972 = dtv 835.

Irmtraud Morgner, **Kaffee verkehrt**

Als neulich unsere Frauenbrigade im Espresso am Alex Kapuziner trank, betrat ein Mann das Etablissement, der meinen Augen wohltat. Ich pfiff also eine Tonleiter rauf und runter und sah mir den Herrn an, auch rauf und runter. Als er an unserem Tisch vorbeiging, sagte ich „Donnerwetter".

Dann unterhielt sich unsere Brigade über seine Füße, denen Socken fehlten, den Taillenumfang schätzten wir auf siebzig, Alter auf zweiunddreißig. Das Exquisithemd zeichnete die Schulterblätter ab, was auf Hagerkeit schließen ließ. Schmale Schädelform mit rausragenden Ohren, stumpfes Haar, das irgendein hinterweltlerischer Friseur im Nacken rasiert hatte, wodurch die Perücke nicht bis zum Hemdkragen reichte, was meine Spezialität ist. Wegen schlechter Haltung der schönen Schultern riet ich zu Rudersport.

Da der Herr in der Ecke des Lokals Platz genommen hatte, mussten wir sehr laut sprechen. Ich ließ ihm und mir einen doppelten Wodka servieren und prostete ihm zu, als er der Bedienung ein Versehen anlasten wollte. Später ging ich zu seinem Tisch, entschuldigte mich, dass wir uns von irgendwoher kennen müssten, und besetzte den nächsten Stuhl.

Ich nötigte dem Herrn die Getränkekarte auf und fragte nach seinen Wünschen. Da er keine hatte, drückte ich meine Knie gegen seine, bestellte drei Lagen Sliwowitz und drohte mit Vergeltung für den Beleidigungsfall, der einträte, wenn er nicht tränke.

Obgleich der Herr weder dankbar noch kurzweilig war, sondern wortlos, bezahlte ich alles und begleitete ihn aus dem Lokal. In der Tür ließ ich meine Hand wie zufällig über eine Hinterbacke gleiten, um zu prüfen, ob die Gewebestruktur in Ordnung war. Da ich keine Mängel feststellen konnte, fragte ich den Herrn, ob er heute Abend etwas vorhätte, und lud ihn ein ins Kino „International".

Eine innere Anstrengung, die zunehmend sein hübsches Gesicht zeichnete, verzerrte es jetzt grimassenhaft, konnte die Verblüffung aber doch endlich lösen und die Zunge, also, dass der Herr sprach: „Hören Sie mal, Sie haben ja unerhörte Umgangsformen."

„Gewöhnliche", entgegnete ich. „Sie sind nur nichts Gutes gewöhnt, weil Sie keine Dame sind."

(Irmtraud Morgner, Leben und Abenteuer der Trobadora Beatriz nach Zeugnissen ihrer Spielfrau Laura. Darmstadt: Luchterhand 1977.)

Arbeitsanregungen

1. Vergleichen Sie das Verhalten der Frau und des Mannes!
   Stellen Sie Ihre Ergebnisse in einer Tabelle gegenüber:

Verhalten der Frau	Verhalten des Mannes
sie	er
– pfeift hinter einem Mann her	– nimmt Platz in einer Ecke
.	.
.	.
.	.

2. Welches Problem wirft die Autorin auf? Ist die Frau emanzipiert?

3. Diskutieren Sie das Rollenverhalten zwischen Mann und Frau in der Öffentlichkeit!

4. Schreiben Sie einen Text mit „vertauschten" Rollen!

Anneliese Raub,
Annette von Droste oder die Autorin hinter der Maske des „Stiftsfräuleins"

1838 malte Sprick auf Hülshoff das große Ölportrait der Dichterin. Bis gegen Ende 1840 beauftragte sie den Not leidenden Künstler noch mit mehreren kleinen Gemälden, darunter auch mit dem vorliegenden. Sie schenkte es Levin Schücking.

Was veranlasste die Droste, sich seit 1838 mindestens viermal porträtieren zu lassen? Karitative Gründe allein überzeugen ebenso wenig wie die Tatsache, dass es inzwischen Zeit war, noch etwas von der Jugendlichkeit ihrer Erscheinung festzuhalten. Wesentlicher ist vielmehr eine neue Stufe des Selbstbewusstseins als Mensch und Autorin. In die wenigen Jahre von 1838-1845 fällt die Blütezeit ihrer Dichtung, entsteht alles, was ihr einen festen Platz in der deutschen Literaturgeschichte sichert. Diese Hauptschaffensphase ist undenkbar ohne neue belebende menschlich-literarische Kontakte. Die Freundschaft mit dem literaturkritisch hoch begabten Levin Schücking aber wurde wichtiger als alle übrigen. Seit November 1839 besuchte er die Droste regelmäßig wöchentlich auf Rüschhaus.

Dieses alles macht es verständlicher, dass es die Dichterin jetzt drängt, speziellen Freunden ein Konterfei von sich zu schenken. Was da für Schücking entstand, war ohne Frage nicht gegen den Willen der Auftraggeberin – ein ganz und gar standesgemäßes Bild schlichter Noblesse. Nichts deutet auf die „nun gedrukte dichterin" (Laßberg, nach Gödden, S. 271), kein Buch, keine Feder, keine Leier, denn adeligen Damen, die durch nichts auffallen durften, verbot sich alles, was außerhalb der Standesrolle lag. Dem ernsten Eindruck des Bildes vermag man sich nicht zu entziehen. Der monoton dunkel gehaltene Hintergrund, das sich kaum davon abhebende schwarze Kleid mit hoch schließender weißer Halskrause unterstreichen den Gesichtsausdruck, in dem sich verhaltener Schmerz, edle Fassung und Resignation mischen. Man denkt an ein Stiftsfräulein, d. h. eine Insassin jener freiweltlichen Damenstifte, in denen die unverheirateten Töchter des Adels wohlversorgt dahinschmachteten.

Das apart geschnittene sensible Gesicht zeigt hinlänglich alle bezeugten Merkmale: die hohe Stirn, die schmale lange Nase, den feinen Mund, die großen hellblauen Augen, deren Iris im Weiß des stark hervortretenden Augapfels schwimmt. Die Dichterin der „Judenbuche", des „Geistlichen Jahres", des „Fräulein von Rodenschild" aber wird kaum ahnbar. Dem vollen Ausdruck dieses Innenlebens war Sprick nicht gewachsen. Das wusste die Droste. Dennoch aber stand sie voll hinter dieser Gabe an Schücking, wie ein Brief an ihn bezeugt (27.12.1842). So bleibt der Widerspruch, warum sie gerade ihm dieses persönlich stark zurückgenommene, rein standesgemäße Bild schenkte. Es verrät nichts von dem neuen Lebensgefühl jener „poetischen" Zeit (Brief an L. Schücking vom 10.10.1842), zu dem gerade er entscheidend beitrug. Wie anders wirkt dagegen die gelöste genrehafte Skizze, die Adele Schopenhauer – auch 1840 – von der Freundin auf Rüschhaus machte. Und schließlich zeichnete sich die Droste selbst 1840 in ihrem einzigen Lustspiel „Perdu" als schöne selbstbewusste Poetin (Anna von Thielen), die nonchalant mit ihrem jungen Anbeter Seybold (= Schücking) aufzutreten weiß. Wie passt das alles zusammen? Wir werden <u>alle</u> Bilder akzeptieren müssen als Zeugnisse ihrer vielschichtigen Existenz, die in mancherlei Rollenspiele schlüpfte, um sich den mühsam errungenen persönlichen Freiraum zu sichern. Und speziell an Schücking war die Botschaft unseres Bildes gerichtet, das über allen Klatsch und Verdacht erhaben bezeugen sollte, was sie ihm war und bleiben wollte: nicht die Geliebte, sondern die „Freundin fürs Leben und für jede Lage des Lebens" (Brief an E. Rüdiger, 25.6.1840).

(Johannes Sprick, Bildnis Annette von Droste-Hülshoff, 1840. In: Hildegard Westhoff-Krummacher [Hrsg.], Als Frauen noch sanft und engelsgleich waren. Münster: Westfälisches Landesmuseum für Kunst und Kulturgeschichte 1995, S. 282 f.)

Annette von Droste-Hülshoff, Am Turme

Ich steh auf hohem Balkone am Turm,
Umstrichen vom schreienden Stare,
Und lass gleich einer Mänade[1] den Sturm
Mir wühlen im flatternden Haare;
O wilder Geselle, o toller Fant[2],
Ich möchte dich kräftig umschlingen,
Und, Sehne an Sehne, zwei Schritte vom Rand
Auf Tod und Leben dann ringen!

Und drunten seh ich am Strand, so frisch
Wie spielende Doggen, die Wellen
Sich tummeln rings mit Geklaff und Gezisch,
Und glänzende Flocken schnellen.
O, springen möcht' ich hinein alsbald,
Recht in die tobende Meute,
Und jagen durch den korallenen Wald
Das Walross, die lustige Beute!

Und drüben seh ich ein Wimpel wehn
So keck wie eine Standarte,
Seh auf und nieder den Kiel sich drehn
Von meiner luftigen Warte;
O, sitzen möcht' ich im kämpfenden Schiff,
Das Steuerruder ergreifen
Und zischend über das brandende Riff
Wie eine Seemöwe streifen.

Wär' ich ein Jäger auf freier Flur,
Ein Stück nur von einem Soldaten,
Wär' ich ein Mann doch mindestens nur,
So würde der Himmel mit raten;
Nun muss ich sitzen so fein und klar,
Gleich einem artigen Kinde,
Und darf nur heimlich lösen mein Haar,
Und lassen es flattern im Winde!

(Annette von Droste-Hülshoff, Sämtliche Gedichte. Frankfurt: Insel 1988, S. 78/79.)

Arbeitsanregungen

1. Informieren Sie sich anhand von Lexika zur Literaturgeschichte über Annette von Droste-Hülshoff! Verfassen Sie einen kurzen Lebenslauf der Dichterin!

2. Vergleichen Sie Ihre Kurzbiografie mit dem Bild, das Anneliese Raub von der Droste entwirft! Finden sich die standesbewusste „adelige Dame" und die „selbstbewusste Poetin" im Lebenslauf der Dichterin wieder?

3. Charakterisieren Sie das lyrische Ich im Gedicht „Am Turme"! Warum heißt es in der letzten Strophe: „Und darf nur heimlich lösen mein Haar"?
   (Berücksichtigen Sie auch die biografischen Zusammenhänge!)

---

1 Mänade = griech. rasendes Weib (im Kult des griech. Weingottes Dionysos)
2 Fant = unreifer, junger Mensch

JOHANN HEINRICH RAMBERG, **Die gelehrte Frau**

(Hildegard Westhoff-Krummacher, Als Frauen noch sanft und engelsgleich waren. Münster: Westfälisches Landesmuseum. 1995, S. 277.)

Anna Blume, **Können Frauen denken?**

Können Frauen denken?

Arbeitsanregungen

1. Beschreiben Sie das Gemälde „Die gelehrte Frau"! Was erwartet der Künstler von einer Ehefrau und Mutter?

2. Welche Wirkung geht von Anna Blumes Fotoarbeit aus?
   Inwiefern setzt sie sich mit Rollenklischees auseinander?

3. Texten Sie neue Bildunterschriften für beide Arbeiten!

4. Inszenieren und fotografieren Sie Situationen, die das Rollenverständnis von Mann und Frau kommentieren!

Claudia van Weesen, Verborgene Liebe im Krankenhaus

Der packende Arztroman

Nach einem schweren Autounfall liegt Martin Thorbecke schwer verletzt in einer italienischen Klinik. Die Ärztin Dr. Anna Kersten wird mit dessen Rückführung nach Deutschland betraut. Magisch werden die beiden voneinander angezogen. Alles könnte so einfach sein, wenn da nicht noch Martins Freundin Andrea wäre und der eifersüchtige Kollege Dr. Barthmann…

Schwester Irmgard durchquerte mit großen Schritten den Flur der Station III B und öffnete schwungvoll die Tür zum Ärztezimmer.

„Frau Dr. Kersten, der Chef möchte Sie unverzüglich sprechen."

Anna hob den Blick von ihren Krankenblättern.

„Worum handelt es sich denn?"

Aber die immer eilige Schwester Irmgard war schon auf dem Weg zu Zimmer 17, wo soeben über der Tür das Rufzeichen aufgeleuchtet war.

Als sie jetzt Professor Syberberg gegenüberstand, war ihr doch etwas beklommen zumute.

„Wir bekamen vor einer halben Stunde den Anruf des Notdienstes", teilte ihr Professor Syberberg mit. „Wie Sie wissen, arbeiten wir mit dieser wichtigen Institution eng zusammen."

Anna nickte und sah ihren Chef erwartungsvoll an.

„In Italien, genau genommen in der Toscana, hat ein deutsches Urlauberpärchen einen schweren Autounfall erlitten. Das junge Mädchen ist nach Aussage der italienischen Ärzte absolut transportunfähig und liegt im Krankenhaus von Lucca. Wenn sich die Diagnose der dortigen Ärzte bestätigt, handelt es sich bei dem Mann um Verletzungen der Leber und des Magens. Der Notrettungsdienst bittet um einen fachkundigen Arzt, der die Transportfähigkeit entscheidet und die Rückführung verantwortlich leitet. Ich habe an Sie gedacht. Nicht etwa deswegen, weil Sie die italienische Sprache beherrschen, sondern vor allem, weil ich Ihre Fähigkeiten schätze."

Anna atmete tief durch, ehe sie antwortete. Schon immer hatte sie sich gewünscht, einmal zum Notrettungsdienst eingeteilt zu werden.

„Ich werde mir große Mühe geben, Ihr Vertrauen zu rechtfertigen", versprach sie ernsthaft.

„Also gut!" Professor Syberberg erhob sich und reichte ihr die Hand zum Abschied. „Um 18 Uhr geht die Chartermaschine nach Pisa. Der Flugrettungsdienst übernimmt alle organisatorischen Aufgaben. In Lucca setzen Sie sich bitte mit dem leitenden Krankenhausarzt Dr. Amantini in Verbindung. Halten Sie mich telefonisch auf dem Laufenden, falls eine Operation vorbereitet werden muss."

Anna war viel zu sehr in ihre Gedanken vertieft, um den Flug über die Alpen genießen zu können. Sie konnte es kaum erwarten, bis die kleine Maschine auf der Landebahn von Pisa aufsetzte. Ein Wagen des Krankenhauses wartete am Ende der Rollbahn und fuhr mit Blaulicht und Sirenengeheul los, sobald Anna auf dem Beifahrersitz Platz genommen hatte.

„Monaco, una bella città, festa di birra, Ok-to-ber-fest", schwärmte der Fahrer und strahlte sie an, während er in halsbrecherischem Tempo durch die Dunkelheit raste.

Eine knappe halbe Stunde nach der Landung stand die deutsche Ärztin am Bett des Verunglückten. Anna hatte in ihrer Berufslaufbahn schon viele Kranke und Verletzte gesehen. Immer hatten bei ihr vernunftmäßige Überlegungen und ärztliche Aspekte im Vordergrund gestanden. Sie konnte es sich nicht erklären, warum sie beim Anblick gerade dieses Patienten von einem wehmütigen Gefühl ergriffen wurde, das sie bisher noch nicht gekannt hatte.

Wie ein Gemälde von Tizian, dachte sie.

Das lange, schmale Gesicht, unter dessen Blässe man noch die Urlaubsbräune erkennen konnte, war von dunklen Locken umrahmt, und noch niemals hatte Anna so dichte, schwarze Wimpern gesehen, die jetzt leise zitterten.

Sie musste wohl ein wenig zu lange auf die beinahe marmorne Schönheit dieses jungen Mannes gestarrt haben. Denn der italienische Stationsarzt, der sie begleitet hatte, räusperte sich plötzlich hörbar.

„Wollen Sie jetzt untersuchen? Hier auf dem Tisch liegen unsere Befunde und Röntgenbilder."

Anna schrak hoch.

„Ja, natürlich, vielen Dank!"

Was die Untersuchung zutage brachte, stimmte bedenklich. Ob der junge Mann, dessen Name mit Martin Thorbecke angegeben war, den Transport überstehen würde? Die Maschine des Flugrettungsdienstes war jedenfalls mit allen lebenserhaltenden Apparaturen ausgestattet. Anna war entschlossen, mit all ihren Kräften um das Leben dieses Jungen zu kämpfen.

„Kann ich mal telefonieren?" fragte sie den italienischen Arzt.

Professor Syberberg in München beglückwünschte sie zu ihrem schnellen Entschluss und ihrem Verantwortungswillen.

„Ich werde die Operation in die Wege leiten, damit wir keine kostbare Zeit verlieren. Aber was ist mit dem Mädchen?"

Während der Transport für Martin Thorbecke vorbereitet wurde, ließ sich Anna zur Intensivstation führen.

Die 18-jährige Andrea Winter, die durch zahlreiche Schläuche mit verschiedenen Apparaturen verbunden war, lag noch im Koma.

„Ein Transport ist unmöglich", entschied der diensthabende Arzt der Intensivstation. „Überzeugen Sie sich selbst!"

Anna beobachtete auf dem Monitor die Herztätigkeit des schwer verletzten Mädchens.

„Professor Amantini hat noch gestern abend persönlich operiert", teilte ihr der italienische Kollege mit. „Aber der Zustand der Patientin ist nach wie vor sehr bedenklich. Sie hat bei dem Frontalzusammenstoß starke innere Verletzungen erlitten. Für morgen erwarten wir die Eltern der armen kleinen Signorina."

Anna reichte dem Arzt die Hand. „Ich danke Ihnen für alle Maßnahmen, denen ich mich selbstverständlich anschließe. Bitte, halten Sie uns in München auf dem Laufenden."

Als Martin Thorbecke nach über dreistündiger Operation aus dem OP gerollt wurde, war es vier Uhr früh. Noch in der Nacht hatte Syberberg persönlich den schwierigen Eingriff vorgenommen. Er schien zufrieden, während er sich aus dem Kittel helfen ließ.

„Kümmern Sie sich bitte um alles Weitere", wandte er sich an Anna, die ohne Müdigkeitserscheinungen der Operation zugeschaut hatte.

Schwester Irmgard hatte schon auf Station III B ein Bett richten lassen und hob gemeinsam mit einer Lernschwester den Verletzten von der Rollbahre.

„Rufen Sie mich, falls eine Veränderung eintritt", bat Anna, die noch die Anlegung eines Tropfes vorgenommen hatte. „Ich bin im Ärztezimmer jederzeit erreichbar."

Auf einmal spürte sie eine bleierne Müdigkeit. Sie legte sich auf die Liege im Bereitschaftsraum und schloss die Augen.

Als Schwester Irmgard sie an den Schultern rüttelte, war es draußen noch dämmerig.

„Die Herztätigkeit lässt nach", teilte sie der Ärztin mit besorgter Stimmt mit.

Anna war sofort hellwach. Tatsächlich wies die Aufzeichnung auf dem Monitor bedenkliche Schwankungen nach.

„Schnell, machen Sie die Spritze zurecht!" rief Anna und forderte ein herzstärkendes Medikament. Mühelos fand sie unter der zarten Haut die Vene und beobachtete mit Erleichterung, wie schnell sich nach dem Einstich die Herztätigkeit wieder normalisierte. Ihr schien es sogar, als ob das

Herz des jungen Mannes im gleichen, ruhigen Takt wie ihr eigenes schlage.

Als Schwester Irmgard sie zum zweiten Mal weckte, war es acht Uhr.

„Der Junge ist bei Bewusstsein!" rief die Oberschwester freudig.

„Na, du Faulenzerin", neckte Dr. Barthmann seine Kollegin.

„So gut wie du möchte ich es auch einmal haben. Erst darfst du einen netten Ausflug nach Italien machen und dann noch bis in den hellen Morgen hinein schlafen."

Anna zog einen sauberen weißen Kittel an und tat, als hätte sie diese Bemerkung nicht gehört. Sie kannte Otto Barthmann seit ihren gemeinsamen Studientagen, und trotz des engen Kontaktes hatte es Anna stets verstanden, die Annäherungsversuche ihres Kollegen abzuweisen.

In Zimmer 21 waren die Vorhänge zugezogen, um eine allzu starke Sonneneinwirkung auszuschließen. Vielleicht waren es nur die roten Vorhänge, vielleicht aber auch hatte sich der Patient dank seiner Jugend wider Erwarten schnell erholt. Jedenfalls war die marmorne Blässe einer leichten Röte gewichen.

„Waren Sie das, die im Flugzeug neben mir saß?" fragte er die Ärztin. Schwarze Schatten ließen seine Augen dunkel erscheinen, aber Anna erkannte trotz einer starken Trübung ein strahlendes Blau.

„Ja, ich habe Sie aus Lucca abgeholt und während des Fluges betreut. Sie haben uns ganz schöne Sorgen gemacht."

„Merkwürdig", meinte Martin Thorbecke. „Von dem Augenglick an, als Sie an mein Bett kamen, hatte ich keine Angst mehr, sterben zu müssen."

„Bedanken Sie sich bei Prof. Syberberg", wehrte Anna mit rauher Stimme ab. „Er hat Sie nämlich noch in der Nacht operiert."

Aber während sie dies sagte, dachte sie etwas ganz anderes: Auch er hatte so eine Verbindung zwischen uns gespürt.

Martin hatte das Reden angestrengt. Er schloss die Augen.

„Ich habe Durst", flüsterte er noch.

„Zu trinken gibt es leider heute noch nichts. Sie sind am Magen operiert worden. Ich werden Ihnen etwas geben, woran Sie lutschen können, damit die Schleimhäute nicht austrocknen."

Martin öffnete noch einmal die Augen und versuchte zu lächeln.

„Wenn sie sagen, dass ich nicht trinken darf, will ich auch gar nicht", flüsterte er mit immer leiser werdender Stimme.

Anna legte kurz ihre Hand auf seine Rechte, die sich kühl und beinahe leblos anfühlte.

„Ich schaue später wieder herein", sagte sie zu Schwester Irmgard, und zu ihrer eigenen Verwunderung hätte sie gern geweint.

Martin Thorbecke machte erstaunliche Fortschritte. Schon nach zehn Tagen konnte er am Arm der jungen Lernschwester Monika den Flur der Station III B auf und ab gehen.

„Warum führen Sie mich nicht auch einmal herum?" fragte er Anna, die täglich ihre Visite auf Zimmer 21 ein wenig ausdehnte.

„Ich bin Ärztin", entgegnete sie lächelnd. „Mit den Patienten spazieren zu gehen, fällt nicht in meinen Aufgabenbereich."

„Aber niemand kann Ihnen verbieten, nach Dienstschluss mit mir Schach zu spielen. Die Abende sind immer so langweilig", meinte Martin.

Anna machte eine abwehrende Handbewegung. „Ich habe 54 Patienten auf unserer Station zu betreuen. Stellen Sie sich vor, jeder wollte mir mir Schach spielen!"

„Dann müssten Sie es mit einem Simultanspiel versuchen", schlug Martin vor. „So von Brett zu Brett wechseln, wie das die großen Meister tun."

„Mal sehen, ob es sich einrichten lässt", stellte Anna vage ihr Kommen in Aussicht. Dabei war sie schon fest entschlossen, dem Zimmer 21 eine zusätzliche abendliche Visite abzustatten.

Sie war überrascht, wie schnell sich hierzu ein triftiger Grund finden ließ.

Es sind Nachrichten aus Lucca eingetroffen", teilte sie Otto Barthmann mit, der sie gern zum Essen ausführen wollte. „Ich denke, wir haben die Pflicht, dem jungen Thorbecke vom Zustand seiner Verlobten zu berichten. Sei mir nicht böse, ich begleite dich dann ein andermal."

„Die pflichteifrige Dr. Kersten", bemerkte Otto Barthmann ironisch und verzog sein Gesicht.

„Haben Sie sich nun doch zu einem Simultanspiel entschlossen?" fragte Martin ein bisschen frech.

Anna setzte ihr amtliches Gesicht auf.

„Wir haben eine gute Nachricht aus Lucca. Ihrer Freundin geht es besser. Aber sie wird noch einige Zeit in Behandlung bleiben müssen."

Anna beobachtete, wie sich über Martins Gesicht ein Schatten legte. Wie sehr er an dem Mädchen hängt, dachte sie und spürte zu ihrer Verwunderung eine leichte Eifersucht.

Aber Martins Entgegnung fiel ganz anders aus, als sie gedacht hatte.

„Ich glaube, Sie haben da falsche Vorstellungen, Frau Doktor."

„Was stelle ich mir denn vor?" fragte Anna.

„Na ja!" Martin wirkte verlegen. „Andrea behauptet zwar, dass sie niemals einen Mann so geliebt habe wie mich, aber von meiner Seite aus war die Bindung nicht so eng. Wir sind eben Studienkollegen."

„Aber man macht doch eine gemeinsame Urlaubsfahrt nur mit jemandem, an dem einem gelegen ist", sagte Anna mit leichtem Vorwurf in der Stimme.

„Das war es früher auch", antwortete Martin orakelhaft. „Aber jetzt ..."

Er brach ab, ohne seinen Satz zu vollenden, sah ihr fest in die Augen, ergriff ihre Hand und wollte sie zum Mund führen.

Anna erhob sich abrupt von der Bettkante, auf der sie sich niedergelassen hatte.

„Gute Nacht, Martin! Schlafen Sie gut, und vergessen Sie nicht, Ihr Medikament einzunehmen!"

Schneller als es ihrer ärztlichen Würde zukam, eilte sie zur Tür.

„Bitte komm zurück, Anna!" glaubte sie noch hinter sich zu hören. Aber vielleicht hatte sie sich geirrt.

Von nun an beschränkte sich Anna nur auf ihre ärztlichen Visiten im Beisein des Professors oder der Oberschwester. Aber jedes Mal, wenn sie in Martins Nähe kam, fühlte sie sich seltsam erregt.

„Du bist wirklich sehr um unseren Patienten auf Zimmer 21 besorgt", meinte Dr. Barthmann, der feinfühlig die Spannung zwischen Anna und Martin verspürte.

Anna merkte, wie sie errötete.

„Schließlich habe ich den Jungen persönlich aus Lucca abgeholt", gab sie etwas unlogisch zur Antwort.

Aber Otto Barthmann ließ sich nicht so leicht abspeisen.

„Es ist nicht gut, wenn zwischen Arzt und Patient ein Intimverhältnis besteht."

„Jetzt wirst du unverschämt!" rief Anna zornig. „Du ärgerst dich ja nur, dass ich dich abblitzen lasse."

„Wenn dieses Techtelmechtel nicht aufhört, werde ich Syberberg informieren", drohte Bartmann.

Anna schnappte nach Luft. Ihr fehlten die passenden Worte. Darum zog sie es vor zu schweigen und vertiefte sich in ihre Krankenblätter.

„Diesen jungen Mann hier können wir mit gutem Gewissen entlassen", meinte Syberberg zwei Tage nach dieser kollegialen Auseinandersetzung.

Statt sich zu freuen, schaute Martin den Professor entsetzt an.

„Aber ich habe immer noch Magenschmerzen", behauptete er. Tatsächlich sah er blass aus.

Der Chefarzt lächelte ihn an.

„Wir werden Ihnen noch eine Nachkur verschreiben. Sie werden bald wieder bei Kräften sein. Bedanken Sie sich übrigens bei Frau Dr. Kersten! Ohne Ihre Fürsorge wären Sie nicht so schnell gesundet."

Martin sah Anna mit brennenden Augen an.

„Danke!" flüsterte er kaum hörbar.

„Dann wollen wir mal die Entlassungspapiere anfertigen", meinte Schwester Irmgard fröhlich.

„Auf Frau Dr. Kersten warten ja noch viele andere Patienten", fügte Otto Barthmann hinzu und grinste vielsagend vor sich hin.

„Kommen Sie bitte sogleich zu mir!" forderte der Professor nach Beendigung der Visite Anna auf.

Ob Barthmann mich beim Chef angeschwärzt hat? überlegte Anna besorgt.

Aber Syberberg dachte gar nicht daran, ihr Vorwürfe zu machen.

„Wir müssen jetzt dieses junge Mädchen aus Lucca abholen. Da ich mit Ihrem Einsatz sehr zufrieden war, möchte ich Sie bitten, auch diesen Transport verantwortlich zu leiten."

Anna schaute geistesabwesend vor sich hin.

„Wie Sie wünschen, Herr Professor."

„Macht Ihnen denn diese Aufgabe keine Freude mehr? Vor einer Woche waren Sie doch noch mit Begeisterung dabei", wunderte sich Syberberg.

„Vielleicht bin ich nur ein wenig überarbeitet", entschuldigte sich Anna.

Der Professor klopfte ihr aufmunternd auf die Schultern.

„Das wird schon wieder. Sie haben ja auch in den letzten Wochen viel geleistet. Ich werde Sie bis zu Ihrem Abflug vom Dienst befreien."

Im Flur traf Anna auf Martin. Er stand wie verloren neben seinem kleinen Köfferchen.

„Holt dich denn niemand ab?" fragte Anna.

Martin schüttelte den Kopf. „Meine Eltern leben in Köln, und meine Zimmernachbarn im Studentenwohnheim sind in den Semesterferien verreist."

Anna war es gewohnt, schnelle Entscheidungen zu treffen. Aber so überstürzt hatte sie noch nie gehandelt.

„In einer Studentenbude kannst du jetzt nicht allein hausen. Du kommst mit zu mir", entschied sie. „Warte hier auf mich! Ich hole nur noch meine Sachen."

Sie sah die Freude in Martins Gesicht und eilte ins Ärztezimmer.

„Ich bin bis übermorgen vom Dienst befreit", teilte sie ihrem Kollegen mit, während sie den weißen Kittel in den Schrank hängte.

„Aha!" sagte Barthmann. Er schien sehr befriedigt zu sein. „Der Chef hat dich in die Wüste geschickt."

„Überhaupt nicht", erklärte Anna triumphierend. „Ich werde mit dem Flugrettungsdienst das Mädchen aus Lucca abholen."

Otto Barthmann grinste. „Na, es wird auch Zeit. Wenn der junge Mann das Mädchen zuschanden fährt, soll er sich auch um sie kümmern."

„Du bist ein Widerling", stieß Anna aus tiefstem Herzen hervor und verließ den Raum.

„Fühl dich wie zu Hause", forderte Anna ihren Gast auf, nachdem sie die kleine Apartmentwohnung betreten hatten.

Martin sah sich um und ließ sich aufseufzend in einen Sessel fallen.

„Hübsch ist es hier, wenn auch nicht annähernd so hübsch wie die Wohnungsinhaberin selbst."

Anna nahm ihm gegenüber auf der Couch Platz.

„Hör mir gut zu, Martin", begann sie möglichst streng. „In zwei Tagen werde ich Andrea zurückholen. Dann wirst du hier ausziehen und dich um das Mädchen kümmern. Ob sie jemals wieder ganz gesund sein wird, ist fraglich."

Martin war so schnell neben ihr, dass sie nicht mehr aufspringen konnte.

„Ach, Anna, was soll ich nur tun? Ich liebe dich so sehr. Aber es wäre wirklich gemein von mir, Andrea zu verlassen. Ohne mich wäre sie jetzt noch gesund."

Er legte seinen Kopf in Annas Schoß, und sie fuhr ihm sanft durch den dichten Haarschopf.

„Wir werden immer gute Freunde bleiben", tröstete sie ihn. Aber so recht glaubte sie nicht an ihre eigenen Worte. Noch niemals hatte sie für einen Mann so viel empfunden wie für Martin Thorbecke, der drei Jahre jünger als sie selbst war.

Martin hob den Kopf.

„Bitte lüge mich jetzt nicht an", bat er eindringlich. „Liebst du mich?"

Anna gelang es gerade noch zu nicken, aber eine Antwort konnte sie ihm nicht mehr geben, denn Martin umarmte sie stürmisch und küsste sie so wild, wie sie sich das immer gewünscht hatte.

„Gleich wirst du einen Rückfall erleiden", mahnte Anna, als er ihr Luft zum Reden ließ.

Aber Martin lachte nur.

„Ich werde Ihnen gleich beweisen, verehrte Frau Doktor, dass ich zu Recht entlassen worden bin."

Er wollte sie wieder in seine Arme ziehen, aber Anna schob ihn von sich.

„Wir müssen jetzt an Andrea denken."

Martin senkte den Kopf. „Könntest du nicht einfach entscheiden, dass sie noch transportunfähig ist?" fragte er hoffnungslos.

Anna war empört.

„Aber Martin, schämst du dich nicht? Hast Du noch niemals etwas von ärztlicher Ethik gehört?"

„Du hast ja recht", gab Martin zerknirscht zu. „Verzeih mir meine bösen Gedanken! Aber 48 Stunden lang gehöre ich noch ganz und gar dir."

Als die Maschine des Flugrettungsdienstes zwei Tage später vom Rollfeld abhob, stand Martin vor dem Flughafengebäude und winkte.

„Wir dürfen uns nie wiedersehen", hatte Anna gesagt. Aber Martin hatte geschwiegen, und Anna war froh gewesen, dass er ihrer Forderung nicht zugestimmt hatte.

Diesmal regnete es in Pisa. Traurig betrachtete Anna die trübe Landschaft. Von den graugrünen Olivenbäumen tropfte das Wasser, und das Weinlaub auf den Rebenhängen ließ seine Blätter hängen. Der goldene Engel hoch droben auf der Kirche von San Michele hatte seinen Glanz verloren.

In der städtischen Klinik von Lucca wurde sie durch Dr. Amantini empfangen. Er schien verlegen zu sein.

„Ist irgendetwas passiert?" fragte Anna besorgt.

Amantini schaute auf seine Hände und spielte mit einem großen Ring.

„Wie man es nimmt", meine er rätselhaft. „Die junge Dame möchte hierbleiben."

„Das finde ich aber sehr merkwürdig!" rief Anna. „Schließlich bin ich doch zum Rücktransport angefordert worden."

Amantini schaute ihr in die Augen.

„Vom ärztlichen Standpunkt ist gegen einen Transport nichts einzuwenden. Aber da gibt es etwas Persönliches. Bitte, sprechen Sie selbst mit der Signorina."

Anna schüttelte den Kopf und folgte dem Chef in den überdachten Innenhof. Soeben zeigten sich einige Sonnenstrahlen, und das Mädchen, das auf einer Bank unter einem gelb blühenden Mimosenbaum saß, sah in dem goldenen Licht sehr hübsch aus.

„Wie geht es Martin?" fragte sie und reichte der Ärztin eine kleine, zierliche Hand.

„Seine Verletzungen sind völlig ausgeheilt."

Das blasse Gesicht des Mädchens rötete sich. Sie drehte sich um und winkte einen gut aussehenden jungen Mann heran, der von weitem die kleine Gruppe beobachtet hatte.

„Das ist Alessandro", erklärte Andrea und legte seine Hand gegen ihre Wange. „Ohne ihn wäre ich nie gesund geworden. Alessandro hat mir immer wieder Mut gemacht, wenn ich verzweifeln wollte."

Der junge Mann zog ihren Kopf zu sich heran.

„Wir lieben uns und wollen heiraten."

„Wie?" rief Anna und konnte ihre Freude kaum verbergen. „Andrea will Martin verlassen?"

„Wer redet denn von verlassen?" fragte Andrea. „Alessandro besitzt ein Weingut bei Lucca und Martin darf uns besuchen, sooft er will."

„Da Martin gesund geworden ist, brauchst du wirklich keine Skrupel mehr zu haben", sagte Alessandro.

„Aber ich habe trotzdem eine Bitte", wandte sich Andrea an die Ärztin. „Bringen Sie ihm meine Entscheidung schonend bei. Ich weiß, dass Martin mich niemals verlassen hätte."

„Bestimmt nicht", versicherte Anna gegen ihr besseres Wissen.

Als Anna gegen Mitternacht ihr Auto auf dem Parkstreifen vor dem Münchner Apartmenthaus abstellte, sah sie Licht hinter den Vorhängen ihres Wohnzimmers schimmern. Sie stürzte treppauf, aber ehe sie noch den Schlüssel in der Handtasche finden konnte, wurde die Tür von innen aufgerissen und Martin zog sie in seine Arme.

Gespielt unwillig befreite sich Anna aus seiner Umarmung.

„Du bist also einfach hier geblieben", tadelte sie ihn streng. „Ich hatte dich doch weggeschickt."

Martin senkte den Kopf und tat geknickt.

„Ich bin ein armer, schwacher Patient und du bist eine hartherzige Ärztin, die nur für irgendwelche Mädchen in Italien zu sprechen ist."

„Meinst du etwa Andrea Winter, die demnächst einen italienischen Weingutsbesitzer heiraten wird?" fragte Anna und versuchte, ein möglichst harmloses Gesicht zu machen.

Zunächst starrte Martin sie entgeistert an, aber dann schien er plötzlich zu verstehen. Er packte Anna an beiden Händen und begann, mit ihr im Zimmer umherzutanzen.

„Ich darf also bei dir bleiben! Richte dich auf einen lebenslangen Privatpatienten ein und fang am besten gleich mit der Behandlung an."

Er warf sich ungestüm in ihre Arme und Anna hielt ihn fest.

ENDE

(Romanwoche, Nr. 3 vom 1. Feb. 1988, S. 13-18.)

Arbeitsanregungen

1. Welche Aussagen werden über das Äußere und das Wesen der beiden Hauptpersonen Anna und Martin getroffen? Wie werden sie sprachlich (Wortwahl) zum Ausdruck gebracht?

2. Charakterisieren Sie die Beziehung der beiden; entspricht sie Ihren Vorstellungen von der Rollenverteilung zwischen Mann und Frau?

3. Beurteilen Sie den Realitätsgehalt des Arztromans „Verborgene Liebe"! Begründen Sie Ihr Urteil!

4. Mit welchen sprachlichen Mitteln werden in dem Text Stimmungsbilder erzeugt? Vergleichen Sie Ihre Ergebnisse mit der Sprachanalyse des Textauszuges „Adolphine":

Adolphine

Adolphine streckte ihre zarten Glieder auf das weiche Moos; das heilige Rauschen in den Wipfeln der uralten Bäume, das Plätschern des zum Vater Rhein hinabeilenden Baches, lullten die Schlummermüde ein. Der Champagner und die Freude hatten den Liliensammet ihrer Wange geröthet; das Köpfchen lag in der rechten Schwanenhand; die linke ruhte auf dem schwellenden Moose. Freundlich lächelten die Purpurlippen, als schwebte ihr der Scherz des Tages vor der freudetrunkenen Seele, der kleine Mund war halb geöffnet, wie eine eben sich entfaltende Rosenknospe; der Lilien-Busen wogte ruhig und das niedlichste aller Füßchen im ganzen Rheingau war nur bis zur Zwickelspitze des blüthenweißen Strümpfchens sichtbar. Leise Lüfte vom fluthenden Rhein herauf, küßten ihr kühlend die brennende Stirn und das geschlossene Auge, und spielten heimlich mit dem lockigen Haar und den flatternden Bändern, und der lose Gott der Träume, der ihr auf des Champagners leichtem Schaume ein ganzes, mit mancherlei Gaukelwerk der Fantasie befrachtetes, bunt geflaggtes Schiffchen in des Herzens stillen Hafen gesandt, umfing sie jetzt mit seinen Blumenarmen.

Sprachanalyse (Beispiel)

Der Text ist gekennzeichnet durch die Kumulation[1] gewählter und meist gefühlsintensiver Adjektive (gleich im ersten Satz streckt Adolphine unter „heiligem" Rauschen „uralter" Bäume ihre „zarten" Glieder auf das „weiche" Moos); durch häufige Anwendung von intensivierenden Zusammensetzungen von Adjektiven („freudetrunken", „blüthenweiß"), vor allem von Substantiven, wobei wenigstens eines der bei den Zusammensetzungen verwandten Lexeme[2] emotionsbestimmt und die Zusammensetzungen zum Teil ungewöhnlich, aber immer gefühlsbetont und reizgerichtet sind (z.B. wird die „Schlummermüde", üppig ausgestattet mit „Liliensammet" der Wange, „Schwanenhand", „Purpurlippen", „Rosenknospe" des Mundes und „Lilien-Busen", von den „Blumenarmen" des Traumes umfangen). Gefühlsintensität wird ferner erreicht durch nachhaltige Superlativbildungen („das niedlichste aller Füßchen im ganzen Rheingau") und durch emotionale Aneignung erleichternde Diminutive[3] („Füßchen", „Strümpfchen", „Köpfchen", „Schiffchen").

(Günter Waldmann, Theorie und Didaktik der Trivialliteratur. Zitiert nach: Günter Waldmann, Trivialliteratur. Düsseldorf: Schwann 1977, S. 18/19.)

5. Vergleichen Sie den Inhalt des Arztromans mit der „Anweisung für die Schreiber von Romanheftchen".
Begründen Sie im Einzelnen, warum die Regeln für den Erfolg der Trivialliteratur von Bedeutung sind!

Anweisung für die Schreiber von Romanheftchen

Schöne Menschen, edle Züge

In Erfolgsromanen sollen Menschen eine Rolle spielen, die im Leben beruflichen Erfolg gehabt haben. Hier treten also auf: der erfolgreiche Unternehmer, der erfolgreiche Fabrikbesitzer, der erfolgreiche Ingenieur, der erfolgreiche Geschäftsmann schlechthin, auch der Gutsbesitzer, der seinen Herrenhof hochgewirtschaftet hat, der Graf, der aus seinem Schloss ein erfolgreich florierendes Hotel macht usw. Es ist also der Typ des Erfolgsmenschen, der in diesem Roman auftritt. Das entscheidende Kriterium des Erfolgsromanes müssen aber Ehe- und Schicksalsprobleme sein, die in Reichtum und Wohlstand ihre Ursache haben. Es soll im Erfolgsroman eine Frauengestalt vorkommen, in deren Schicksal sich die Leserin einfühlen kann, mit der sie leidet und glücklich ist. Der Erfolgsroman, es sei nochmals betont, muss ein Liebesroman, ein Frauenroman bleiben.

Die Personen

Die Hauptpersonen des Erfolgsromanes, etwa der Fabrikbesitzer, treten nicht als rücksichtslose Manager auf, sie gehen nicht über Leichen, sondern sie haben sich durch eigene Kraft und Fähigkeit emporgearbeitet, ihre Konflikte (Liebesproblem) entstehen durch Irrtum oder Eingriff des Schicksals.
Auch bei den Frauengestalten des Erfolgsromanes sollen die Konflikte in erster Linie aus den zwei Momenten Reichtum und Liebe entstehen. Hier tritt etwa die Frau eines erfolgreichen Unternehmers auf, die mit der neuen gesellschaftli-

---

1 Kumulation = Anhäufung
2 Lexeme = Sprachliche Bedeutungseinheit
3 Diminutive = Verkleinerungsform eines Nomens

chen Stellung ihres Mannes nicht mehr mitkommt; sie fühlt sich vernachlässigt, ihre Ehe war früher, ohne Reichtum und Geld, glücklicher. Oder die „kleine Angestellte" liebt ihren unverheirateten Chef, ihre Nebenbuhlerin ist reich und vermögend, aber die wahre Liebe entscheidet zu guter Letzt.

Natürlich sind alle diese Probleme auswechselbar, anstelle des Fabrikbesitzers bzw. Direktors kann sein Sohn treten, der ein unbegütertes Mädchen liebt. Der Fantasie des Autors sind hier keine Grenzen gesetzt und die Themen drehen sich im weitesten Sinne um das Thema: Geld und Liebe.

Die Hauptpersonen sollen gut aussehen, es sind schöne Menschen, sie tragen edle Züge. Die Hauptpersonen dürfen nicht als Kriminelle auftreten. Der Erfolgsroman sollte ohne Kriminalfälle auskommen. […]

Psychologisches

Reich zu sein, viel Geld zu besitzen, ist ein Wunschtraum vieler Menschen. Nicht umsonst spielen jede Woche Millionen Leute im Zahlenlotto. Ein Leben in angeblich sorglosem Reichtum gehört zum Wunschtraum vieler. Der Erfolgsroman soll diesem Wunschdenken insofern entgegenkommen, als hier der Leserin Gelegenheit gegeben wird, sich selbst in diese Traumwelt zu projizieren, um damit für ein paar Stunden ihrem eigenen Alltag zu entfliehen.

So koppelt der Autor das glückliche Ende einer dramatischen Liebesgeschichte zweckmäßig auch mit viel Geld und Besitz, um alle unterschwelligen Wünsche der Leserin zu befriedigen. Es wäre verkehrt, wenn etwa ein Erfolgsroman so enden würde, dass der Sohn eines reichen Vaters eine unbegüterte kleine Angestellte nur aus Liebe heiratet und auf den Reichtum des Vaters verzichtet.

Mit einer solchen Lösung würde das Wunschdenken der Leserin gestört, denn sie weiß selbst, welch eine große Rolle das Geld in ihrem eigenen Leben spielt, wie wichtig es ist, Geld zu besitzen. Liebe allein ist für sie nicht alles. Für die eigene Tochter einen reichen Mann zu finden, gehört ja zu ihren geheimen Wünschen. Es muss sich also zum erfüllten Liebesschicksal im Erfolgsroman auch das Geld einfinden (der Millionär versöhnt sich mit seinem Sohn, oder das arme Mädchen macht eine große Erbschaft). In diesem Sinne hat der Erfolgsroman etwas vom Charakter eines modernen Märchens.

Die Nebenpersonen

Der Gegenspieler des Helden oder der Heldin darf nicht gewaltsam aus der Romanhandlung ausscheiden, etwa durch Selbstmord, was im Frauenroman einen grässlichen Eindruck hinterlässt. Der Gegenspieler muss sein Glück anderswo finden oder sich als ein versöhnlicher, im Grunde guter Mensch in das Happy End des Romans einfügen.

Das Milieu

Die Erfolgsromane spielen in Deutschland unter deutschen Menschen. Der Held oder die Heldin können zwar im Ausland gewesen sein, müssen aber zu Beginn der Romanhandlung in Deutschland eintreffen. Das Milieu der Erfolgsromane ist durch den oben angesprochenen Personenkreis des erfolgreichen Unternehmers vorgezeichnet. Es können Menschen von Adel (Graf, Gräfin, Baron) auftreten und damit auch das Milieu eines Schlosses oder eines Herrenhauses gezeichnet werden. Die Umwelt folgender Personengruppen ist im Erfolgsroman zu vermeiden: Artisten (Zirkus), Künstler (Maler, Schriftsteller), Politiker, Journalisten, die Welt der Fotomodelle (Schönheitskönigin), die Personen und die Umwelt des Theaters und des Films (keine Filmstars), Sportler (Rennfahrer), Seeleute.

Alter der Personen

Das Alter der Hauptpersonen, die im Roman auftreten, liegt bei Männern bei 30 bis 50 Jahren, bei Frauen von 25 bis 40 Jahren.

Anzahl der Personen

Die Anzahl der Personen im Roman, die die Handlung tragen, soll auf höchstens sechs Personen beschränkt sein. Mehr Personen verwirren die Handlung und erschweren das Verständnis des Romanes.
[…]

Politik

Politische Themen, etwa die Problematik der deutschen Spaltung (Spionage, Agenten usw.), dürfen im Erfolgsroman nicht zur Sprache kommen.

Sex

Sex ist im Roman (wie bei allen Frauenromanen) tabu. Szenen mit erotischen Anklängen sind zu vermeiden. Liebesszenen beschränken sich auf die rein gefühlsmäßigen Beziehungen zwischen Mann und Frau.

Themen der Romane

Die Themen der Erfolgsromane werden vom Lektor gesteuert. Das geschieht durch Besprechung und Schriftwechsel mit dem Autor. Ohne Exposé wird kein Roman in Auftrag gegeben. Anregungen für aktuelle Themen kann man sich z. B. aus den Frauen-Illustrierten holen, wo auf den Seiten der „Lebensberater" eine Fülle von Liebes- und Eheproblemen angesprochen wird.

Die Handlung des Romans

Die Handlungsführung bzw. (Durchführung) Dramaturgie des Romans wird vom Lektor bereits mit Hilfe des Exposés überprüft. Lange Expositionen alten Stils sind nicht tragbar. Es soll, möglichst schon auf den ersten Seiten, ein „Erregungsmoment" auftauchen. Eine tragende Idee muss Spannung und Konfliktsituationen über 64 Seiten des Heftromanes gewährleisten.

Das Grundproblem des Romanes muss mit dem ersten Spannungsmoment schon angeschnitten werden. Die Überblendung (Szenenwechsel) muss klar und deutlich in die folgende Szene einweisen. Geschieht das nicht, so findet sich der Leser in der Romanhandlung nur schwer zurecht. Er verliert den Faden der Handlung und damit die Lust am Weiterlesen.

Mit einer neuen Szene darf kein neuer Roman beginnen. Beim Szenenwechsel ist zu beachten, dass gegen Schluss jeder Szene (vor dem nächsten Sternchen) eine neue Spannung erzeugt wird, die den Leser auf den nächsten Abschnitt neugierig macht. In dem folgenden Abschnitt darf nun noch nicht die Lösung der vorherigen Szene stehen, sondern erst im übernächsten. Man erhält auf diese Weise innerhalb der Gesamtspannung des Romanes einen kleinen „Spannungsbogen", der das Interesse der Leserin von Szene zu Szene wachhält.

Rückblenden sind unter allen Umständen zu vermeiden. Sie erschweren das Verständnis der Handlung, sind auch bei einem Roman von nur 64 Druckseiten nicht nötig.

(Frankfurter Rundschau vom 22. Jan. 1972, Nr. 18, S. VII.)

6. Verfassen Sie einen Liebesroman in Anlehnung an die „Anweisung für die Schreiber von Romanheftchen" und unter Berücksichtigung der sprachlichen Mittel, die Sie im Beispiel „Adolphine" kennen gelernt haben!
   (Lassen Sie ihn in einem anderen Milieu spielen als im abgedruckten Arztroman!)

DEBORAH ROSS, **Truly in Love**

(Los Angeles: Paper Moon Graphics, Inc. 1980.)

Arbeitsanregungen

1. Schreiben Sie eine Einführung in die dargestellte Szene nach dem Motto „Was bisher geschah"!

2. Übersetzen Sie den Dialog und führen Sie ihn bis zur Lösung des Konflikts fort!

3. Lässt sich die „Anweisung für die Schreiber von Romanheftchen" (S. 269) auf die Abbildung anwenden? Zeigen Sie Parallelen und Unterschiede auf!

4. Erläutern Sie, warum Ihnen die Darstellung gefällt/nicht gefällt?

Gustave Flaubert (1821–1880). Der Einsiedler von Croisset. Der erste moderne Romancier. Der Vater des Realismus. Der Mörder der Romantik. Die Pontonbrücke, die Balzac mit Joyce verbindet. Der Vorläufer von Proust. Der Bär in seiner Höhle. Der bourgeoise Bourgeoisophobe. In Ägypten, „der Vater des Schnurrbarts". [...]

Alle diese Titel erwarb sich ein Mann, dem adelnde Anredeformen gleichgültig waren: „Ehrungen entehren, Titel degradieren, Ämter machen dumm."

(Julian Barnes, Flauberts Papagei. Zürich: Haffmans 1987, S. 227.)

Der Roman **„Madame Bovary"**, den der dreißigjährige Flaubert 1851 beginnt, kann als dasjenige Werk gelten, das die literarische Epoche des Realismus einleitet. Im Zentrum der Romanhandlung steht Emma, Tochter eines Bauern aus der Nähe von Rouen. Sie lernt den Arzt Charles Bovary bei dessen Hausbesuchen kennen und heiratet ihn. Doch die Ehe mit dem farblosen Charles kann die großen Erwartungen nicht erfüllen, die Emma sich – inspiriert durch romantische Lektüre während ihrer Schulzeit im Kloster – erträumt hat. Auch die provinzielle Wirklichkeit ihres neuen Wohnortes Yonville bringt wenig Abwechslung.

So flüchtet sie in einen Flirt mit dem Notarsgehilfen Léon. Als dieser nach Paris abreist, macht die Enttäuschung sie endgültig bereit, ihr Glück in einem Verhältnis außerhalb der Ehe zu suchen. Sie verliebt sich in den Gutsbesitzer Rodolphe Boulanger, der sie schon nach kurzer Bekanntschaft zu einem Ausflug in die Umgebung einlädt...

Lesehinweis:
Gustave Flaubert, Madame Bovary. Zürich: Diogenes 1996 = detebe 29 721.

GUSTAVE FLAUBERT, **Madame Bovary**

„Wohin gehen wir denn?"
Er antwortete nicht. Sie atmete stoßweise. Rodolphe sah sich um und biß sich auf den Schnurrbart.
Sie kamen auf eine Lichtung, auf der man junge Bäume gefällt hatte. Sie setzten sich auf einen der Stämme, und Rodolphe begann von seiner Liebe zu sprechen.
Er erschreckte sie nicht gleich durch Komplimente. Er blieb ruhig, ernst, voll Schwermut.
Emma hörte ihm mit gesenktem Kopf zu und stöberte dabei mit der Fußspitze in den Holzspänen, die am Boden herumlagen.
Doch als er sagte: „Sind nicht unsere Geschicke von nun an vereint?", antwortete sie: „Nein! Sie wissen doch, dass es unmöglich ist."
[...]
Sie gab ihm den Arm, und sie machten sich auf den Rückweg. Er sagte:
„Was hatten Sie denn? Warum? Ich habe Sie nicht begriffen. Sie mißverstehen mich wohl. Sie thronen in meinem Herzen wie eine Madonna auf einem Piedestal, hoch oben, unbeweglich und rein. Aber ich kann ohne Sie nicht leben! ohne Ihre Augen, Ihre Stimme, Ihre Gedanken! Seien Sie meine Freundin, meine Schwester, mein Engel!"
Er schlang seinen Arm um sie. Sie versuchte, sich ihm sanft zu entwinden. Aber er hielt sie fest, und so gingen sie nebeneinander her.
Da hörten sie ihre Pferde, die die Blätter von den Büschen abrupften.
„Oh! noch nicht!" bat Rodolphe. „Bleiben wir noch! Bitte!"
Und er zog sie fort zu einem kleinen Teich, der ganz grün war von Wasserlinsen. Verwelkte Seerosen standen unbeweglich zwischen den Binsen. Bei dem Geräusch ihrer Schritte hüpften Frösche davon und verschwanden.
„Es ist falsch, es ist falsch", sagte sie. „Es ist Wahnsinn, Sie anzuhören."
„Warum? ... Emma! Emma!"

„Oh! Rodolphe!" sagte langsam die junge Frau und lehnte sich gegen seine Schulter.
Das Tuch ihres Kleids verfing sich am Samt seines Rocks, sie bog ihren weißen Hals zurück, dem ein Seufzer entstieg, und halb ohnmächtig, tränenüberströmt, mit einem langen Erbeben ihres ganzen Körpers und mit den Händen vor dem Gesicht gab sie sich hin.
Die Dämmerung brach herein; die Sonne schien fast waagrecht durch die Zweige und blendete sie.
[...] Dann vernahm sie ganz aus der Ferne, von einem Hügel jenseits des Waldes her, einen langgezogenen, undeutlichen Schrei, eine weithallende Stimme, und sie lauschte ihr still; wie ferne Musik vermischte sich der Ton mit den letzten Schwingungen ihrer erregten Nerven. Rodolphe, eine Zigarre zwischen den Zähnen, flickte mit seinem Taschenmesser den einen Zügel, der gerissen war.
Sie kehrten auf demselben Weg nach Yonville zurück. Sie sahen auf dem Boden die Spuren ihrer Pferde dicht beieinander und dieselben Büsche, dieselben Steine im Gras. Nichts um sie herum war verändert; und doch, schien ihr, war etwas Unerhörtes geschehen, als wenn die Berge ihren Platz verändert hätten. Rodolphe beugte sich ab und zu herab, um ihre Hand zu küssen.
Sie sah reizend aus zu Pferd! Mit ihrer schlanken Gestalt, kerzengerade sitzend, das Knie über der Mähne ihres Tieres gebeugt, ein wenig erhitzt von der frischen Luft, in der Röte des Abends.
Als sie Yonville erreicht hatten, ließ sie ihr Pferd auf dem Straßenpflaster tänzeln. Man lief an die Fenster, um sie zu sehen. Ihr Gatte fand beim Essen, dass sie gut aussehe; aber als er sie über ihren Ritt ausfragen wollte, tat sie, als habe sie nicht gehört; sie stützte den Ellbogen auf und blieb so zwischen den beiden Kerzen vor ihrem Teller sitzen.

(Gustave Flaubert, Madame Bovary. Zürich: Diogenes 1980, S. 189-191.)

Arbeitsanregungen

1. Charakterisieren Sie Emma und Rodolphe! (Zur Personencharakteristik vgl. S. 117!)

2. Durch welche sprachlichen Mittel wird die Illusion der romantischen Situation zerstört?

3. Vergleichen Sie Emmas Ausflugserlebnis mit ihrer romantischen Lektüre!

   Im Kloster gab es eine alter Jungfer, die alle Monate für acht Tage kam, um die Wäsche in Ordnung zu bringen. Da sie einer alten adligen Familie angehörte, die die Revolution ruiniert hatte, und deshalb vom Erzbischof protegiert wurde, aß sie im Refektorium mit den frommen Schwestern und hielt mit ihnen, bevor sie wieder an ihre Arbeit ging, einen kleinen Schwatz. Es geschah oft, daß die Pensionärinnen sich aus dem Arbeitszimmer stahlen und sie besuchten. Sie kannte galante Lieder des vorigen Jahrhunderts auswendig und sang sie ihnen, ohne die Näharbeit zu unterbrechen, halblaut vor. Sie erzählte Geschichten, teilte Neuigkeiten mit, machte Besorgungen in der Stadt und lieh den Großen heimlich Romane aus, die sie in ihrer Schürzentasche herumtrug und aus denen das gute Fräulein selbst in den Arbeitspausen lange Kapitel verschlang. Da gab es nichts als Liebesabenteuer, Liebhaber und Liebhaberinnen, verfolgte Damen, die in einsamen Pavillons ohnmächtig wurden, auf jeder Seite Pferde, die man zuschanden ritt, finstere Wälder, Herzensqualen, Schwüre, Schluchzen, Weinen und Küssen, Nachen im Mondschein, Nachtigallen in den Büschen, Herren, die tapfer wie Löwen und sanft wie Lämmer waren, tugendhaft wie es nicht möglich ist, immer schön angezogen und leicht zu Tränen zu rühren. Sechs Monate lang beschmutzte sich die fünfzehnjährige Emma also ihre Hände mit dem Staub der alten Leihbibliotheken.

   (Gustave Flaubert, Madame Bovary. Zürich: Diogenes 1980, S. 48.)

   Legen Sie eine Tabelle an, in der Sie die vergleichbaren Motive gegenüberstellen!

4. Emma Bovarys Flucht aus dem ehelichen Alltag in die idealisierten Liebesverhältnisse scheitert: Sie begeht Selbstmord. Sehen Sie einen Zusammenhang zwischen Emmas Scheitern und ihrer Orientierung an Vorbildern aus der Trivialliteratur?

5. Welche Bedürfnisse werden duch das Lesen von Trivialliteratur befriedigt? Wie beurteilen Sie diese Art der Lektüre? Sammeln Sie Argumente für und gegen das Lesen von Trivialliteratur! (Zur Argumentation vgl. S. 568 ff.!)

Unterdrückung und Widerstand

Jakob Grimm (1785–1863) und sein Bruder **Wilhelm Grimm** (1786–1859) haben zusammen die „Kinder- und Hausmärchen" (1812) herausgegeben; das Märchen **„Der Wolf und die sieben Geißlein"** ist dort aufgezeichnet.

Die beiden Germanisten hatten zunächst nur mündlich überlieferte Volkskunst schriftlich festgehalten, damit sie für die Zukunft nicht verloren ging. Sie vertraten die Auffassung, dass alle Märchen auf „die Überreste eines in die älteste Zeit hinaufreichenden Glaubens" zurückgingen.

Lesehinweis
Märchen der Brüder Grimm. München: Droemer-Knaur o. J.

Brüder Grimm in Selbstzeugnissen und Bilddokumenten. Reinbek: Rowohlt 1973 = rororo bildmonografien 201.

BRÜDER GRIMM, Der Wolf und die sieben jungen Geißlein

Es war einmal eine alte Geiß, die hatte sieben junge Geißlein und hatte sie lieb, wie eine Mutter ihre Kinder lieb hat. Eines Tages wollte sie in den Wald gehen und Futter holen, da rief sie alle sieben herbei und sprach, liebe Kinder, ich will hinaus in den Wald, seid auf eurer Hut vor dem Wolf, wenn er hereinkommt, so frisst er euch alle
5 mit Haut und Haar. Der Bösewicht verstellt sich oft, aber an seiner rauhen Stimme und an seinen schwarzen Füßen werdet ihr ihn gleich erkennen. Die Geißlein sagten 'liebe Mutter, wir wollen uns schon in Acht nehmen, Ihr könnt ohne Sorge fortgehen.' Da meckerte die Alte und machte sich getrost auf den Weg. Es dauerte nicht lange, so klopfte jemand an die Haustür und rief 'macht auf, ihr lieben Kinder, eure
10 Mutter ist da und hat jedem von euch etwas mitgebracht.' Aber die Geißerchen hörten an der rauhen Stimme, dass es der Wolf war, 'wir machen nicht auf', riefen sie, 'du bist unsere Mutter nicht, die hat eine feine und liebliche Stimme, aber deine Stimme ist rau; du bist der Wolf.' Da ging der Wolf fort zu einem Krämer und kaufte sich ein großes Stück Kreide: Die aß er und machte damit seine Stimme fein. Dann kam er
15 zurück, klopfte an die Haustür und rief 'macht auf, ihr lieben Kinder, eure Mutter ist da und hat jedem von euch etwas mitgebracht.' Aber der Wolf hatte seine schwarze Pfote in das Fenster gelegt, das sahen die Kinder und riefen 'wir machen nicht auf, unsere Mutter hat keinen schwarzen Fuß wie du: du bist der Wolf.' Da lief der Wolf zu einem Bäcker und sprach 'ich habe mich an den Fuß gestoßen, streich mir Teig dar-
20 über.' Und als ihm der Bäcker die Pfote bestrichen hatte, so lief er zum Müller und sprach 'streu mir weißes Mehl auf meine Pfote.' Der Müller dachte 'der Wolf will einen betrügen', und weigerte sich, aber der Wolf sprach 'wenn du es nicht tust, so fresse ich dich.' Da fürchtete sich der Müller und machte ihm die Pfote weiß. Ja, so sind die Menschen.
25 Nun ging der Bösewicht zum drittenmal zu der Haustüre, klopfte an und sprach 'macht mir auf, Kinder, euer liebes Mütterchen ist heimgekommen und hat jedem von euch

etwas aus dem Wald mitgebracht.' Die Geißerchen riefen 'zeig uns erst deine Pfote, damit wir wissen, dass du unser liebes Mütterchen bist.' Da legte er die Pfote ins Fenster, und als sie sahen, dass sie weiß war, so glaubten sie, es wäre alles wahr, was er sagte, und machten die Türe auf. Wer aber hereinkam, das war der Wolf. Sie erschraken und wollten sich verstecken. Das eine sprang unter den Tisch, das zweite ins Bett, das dritte in den Ofen, das vierte in die Küche, das fünfte in den Schrank, das sechste unter die Waschschüssel, das siebente in den Kasten der Wanduhr. Aber der Wolf fand sie alle und machte nicht langes Federlesen: eins nach dem andern schluckte er in seinen Rachen; nur das jüngste in dem Uhrkasten, das fand er nicht. Als der Wolf seine Lust gebüßt hatte, trollte er sich fort, legte sich draußen auf der grünen Wiese unter einen Baum und fing an zu schlafen.

Nicht lange danach kam die alte Geiß aus dem Walde wieder heim. Ach, was musste sie da erblicken! Die Haustüre stand sperrweit auf: Tisch, Stühle und Bänke waren umgeworfen, die Waschschüssel lag in Scherben, Decke und Kissen waren aus dem Bett gezogen. Sie suchte ihre Kinder, aber nirgends waren sie zu finden. Sie rief sie nacheinander bei Namen, aber niemand antwortete. Endlich, als sie an das jüngste kam, da rief eine feine Stimme, 'liebe Mutter, ich stecke im Uhrkasten.' Sie holte es heraus, und es erzählte ihr, dass der Wolf gekommen wäre und die andern alle gefressen hätte. Da könnt ihr denken, wie sie über ihre armen Kinder geweint hat. Endlich ging sie in ihrem Jammer hinaus, und das jüngste Geißlein lief mit. Als sie auf die Wiese kam, so lag der Wolf an dem Baum und schnarchte, dass die Äste zitterten. Sie betrachtete ihn von allen Seiten und sah, dass in seinem ausgefüllten Bauch sich etwas regte und zappelte. 'Ach Gott', dachte sie, 'sollten meine armen Kinder, die er zum Abendbrot hinuntergewürgt hat, noch am Leben sein?' Da musste das Geißlein nach Haus laufen und Schere, Nadel und Zwirn holen. Dann schnitt sie dem Ungetüm den Wanst auf, und kaum hatte sie einen Schnitt getan, so streckte schon ein Geißlein den Kopf heraus, und als sie weiter schnitt, so sprangen nacheinander alle sechse heraus, und waren noch alle am Leben, und hatten nicht einmal Schaden gelitten, denn das Ungetüm hatte sie in der Gier ganz hinuntergeschluckt. Das war eine Freude! Da herzten sie ihre liebe Mutter und hüpften wie ein Schneider, der Hochzeit hält. Die Alte sagte 'jetzt geht und sucht Wackersteine, damit wollen wir dem gottlosen Tier den Bauch füllen, solange es noch im Schlafe liegt.' Da schleppten die sieben Geißerchen in aller Eile die Steine herbei und steckten sie ihm in den Bauch, so viel sie hineinbringen konnten. Dann nähte ihn die Alte in aller Geschwindigkeit wieder zu, dass er nichts merkte und sich nicht einmal regte.

Als der Wolf endlich ausgeschlafen hatte, machte er sich auf die Beine, und weil ihm die Steine im Magen so großen Durst erregten, so wollte er zu einem Brunnen gehen und trinken. Als er aber anfing zu gehen und sich hin und her zu bewegen, so stießen die Steine in seinem Bauch aneinander und rappelten. Da rief er
    'was rumpelt und pumpelt
    in meinem Bauch herum?
    ich meinte, es wären sechs Geißlein,
    so sinds lauter Wackerstein.'

Und als er an den Brunnen kam und sich über das Wasser bückte und trinken wollte, da zogen ihn die schweren Steine hinein und er musste jämmerlich ersaufen. Als die sieben Geißlein das sahen, da kamen sie herbeigelaufen, riefen laut 'der Wolf ist tot! der Wolf ist tot!' und tanzten mit ihrer Mutter vor Freude um den Brunnen herum.

(Brüder Grimm, Kinder- und Hausmärchen. Darmstadt: Wissenschaftliche Buchgesellschaft. Darmstadt 1996, S. 63-65.)

Arbeitsanregungen

1. Wie gelingt es dem Wolf, das Vertrauen der sieben Geißlein zu gewinnen?
2. Welchen Umständen verdanken die Geißlein ihre Rettung?
3. Ist das Ende des Wolfs gerecht?

4. Beurteilen Sie das Verhalten von Krämer, Bäcker und Müller! „Sind so Menschen"?
5. Halten Sie die Einordnung des Märchens in das Kapitel „Unterdrückung und Widerstand" für gerechtfertigt?

6. Erarbeiten Sie die Merkmale des Volksmärchens und schreiben Sie ein Märchen zu einem Thema dieses Kapitels!

Rainer Maria Rilke wurde 1875 in Prag geboren; er sollte zunächst Offizier werden, begann dann ein juristisches Studium. Im Grunde lag es ihm aber nicht, ein „bürgerliches Leben" zu führen. Er widmete sich mit ganzer Kraft seiner Dichtung. In langen Reisen durch Rußland und Frankreich lernte Rilke viele berühmte Künstler kennen. Einige Jahre lebte er im Künstlerdorf Worpswede bei Bremen, wo er mit der Bildhauerin Clara Westhoff verheiratet war.

1902 ging er nach Paris, dort lernte er den Bildhauer Rodin kennen. An Clara schrieb Rilke: „Diese Stadt ist sehr groß und bis an den Rand voll Traurigkeit." An Arthur Holitscher wenige Wochen später: „Ich will vorläufig in Paris bleiben, eben weil es schwer ist."

Der Aufenthalt wurde für Rilke, so konstatiert sein Biograf Holthusen, „eine Schule des Elends, eine Herausforderung an die Kräfte des Fühlens, Sehens und Darstellens". Während dieser Zeit wandte sich der Dichter in seiner Lyrik ganz den Dingen der Welt zu: Kunstwerken, Blumen, Tieren (Dinglyrik). So muss er auch einmal im Pariser Pflanzengarten einen Panther beobachtet haben.

Nach mehreren Gastaufenthalten in vielen Ländern Europas starb der Dichter 1926 in Val-Mont bei Montreux.

Lesehinweis
Rainer Maria Rilke, Ausgewählte Gedichte. Frankfurt: Suhrkamp 1975 = Bibliothek Suhrkamp 184.
Rainer Maria Rilke, Die Aufzeichnungen des Malte Laurids Brigge. Frankfurt: Insel 1982 = it 630.

RAINER MARIA RILKE, **Der Panther**

(Im Jardin des Plantes[1], Paris)

Sein Blick ist vom Vorübergehn der Stäbe
so müd geworden, dass er nichts mehr hält.
Ihm ist, als ob es tausend Stäbe gäbe
und hinter tausend Stäben keine Welt.

Der weiche Gang geschmeidig starker Schritte,   5
der sich im allerkleinsten Kreise dreht,
ist wie ein Tanz von Kraft um eine Mitte,
in der betäubt ein großer Wille steht.

Nur manchmal schiebt der Vorhang der Pupille
sich lautlos auf –. Dann geht ein Bild hinein,   10
geht durch der Glieder angespannte Stille –
und hört im Herzen auf zu sein.

(Rainer Maria Rilke, Gesammelte Gedichte. Frankfurt: Insel 1962, S. 261.)

Arbeitsanregungen

1. Wird der Panther unterdrückt? Leistet er Widerstand?

2. Halten Sie den Inhalt der drei Strophen des Gedichts durch einen Satz fest!

3. Untersuchen Sie das Metrum des Gedichts! Welche Bedeutung hat es für die inhaltliche Aussage und den Rhythmus? (Zu den Begriffen Metrum und Rhythmus vgl. Grundbegriffe der Lyrik S. 459!)

4. Rilkes Biograf Hans Egon Holthusen bemerkt zum Gedicht „Der Panther":

   „Sehen lernen" (der Auftrag, mit dem Rilke sich selbst nach Paris geschickt hat) heißt also im Grunde: Die Fühlbarkeit der Welt bis zur äußersten Bewusstheit steigern […] Was schon der *Panther,* der geniale Treffer eines 27-Jährigen, leistet, ist nicht bloß „Einfühlung" oder „Intuition", sondern Identifikation von Ich und Gegenstand, Objektivation des Gefühls. (Hans Egon Holthusen, Rilke. Reinbek: Rowohlt 1985, S. 89.)

   Reflektieren Sie Holthusens Äußerungen! Ziehen Sie zu Ihren Überlegungen auch Rilkes biografischen Hintergrund hinzu!

5. Schreiben Sie einen Text (Gedicht), in dem ein Mensch, der eingesperrt ist, im Mittelpunkt steht!

6. Wie lässt sich das Gedicht filmisch umsetzen? Schreiben Sie ein entsprechendes Drehbuch! (Zur Literaturverfilmung vgl. S. 488!)

---

1 Jardin des Plantes = Pflanzengarten

> Der Franzose **Jean de La Fontaine** (1621–1695) gehört zu den bekanntesten Fabeldichtern in der Weltliteratur; die Fabeln zählen zum klassischen Bildungsgut des Abendlandes.

Jean de La Fontaine, Der Rabe und der Fuchs

Auf einem Baume Meister Rabe hockt,
im Schnabel hält er einen Happen Käse.
Vom Käseduft herbeigelockt,
spricht Meister Fuchs so fein als ob er läse:
5 „Ei, guten Morgen, Herr von Rabe,
was seid Ihr hübsch, welch stattliches Gehabe!
Nein, ohne Lüge, Eurer Stimme Pracht,
wär sie so schön wie Dero Federtracht,
des Waldvolks König wäret, ohne Zweifel, ihr!"
10 Der Rabe schnappt fast über vor Begier;
gleich soll der Wohllaut seiner Stimme schallen:
Er reißt den Schnabel auf und lässt den Käse fallen;
den schluckt der Fuchs; es schmunzelte der Heuchler
und sprach: „Mein Herr, ein jeder Schmeichler
15 lebt gut und gern von dem, der auf ihn hört:
Die Lehre ist doch wohl ein Stückchen Käse wert!"
Der Rabe, wütend und verdrossen,
schwor ab, jedoch zu spät, für immer solchen Possen.

(Therese Poser [Hrsg.], Fabeln, Arbeitstexte für den Unterricht. Stuttgart: Reclam 1975 = UB 9519, S. 18.)

> **Gotthold Ephraim Lessing** (1729 in Kamenz/Oberlausitz geboren; 1781 in Braunschweig gestorben) entstammte einer Pfarrersfamilie. Nach dem Besuch der Fürstenschule in Meißen studierte er zunächst Theologie, dann Medizin. 1767 folgte er einem Ruf als Dramaturg nach Hamburg an das damals neu gegründete „Deutsche Nationaltheater". Nachdem dieses Unternehmen scheiterte, erhielt er 1770 eine feste Stellung als Bibliothekar des Herzogs von Braunschweig in Wolfenbüttel.
>
> Lessing schrieb mehrere, auch heute noch häufig aufgeführte Theaterstücke, u.a. „Minna von Barnhelm", „Emilia Galotti" und „Nathan der Weise", aber auch literaturkritische Schriften und Fabeln. Eine der bekanntesten ist die von Rabe und Fuchs.
>
>
> *Lesehinweis*
> Wolfgang Drews, Gotthold Ephraim Lessing in Selbstzeugnissen und Bilddokumenten. Reinbek: Rowohlt 1962 = rowohlts monografien 75.
>
> Gotthold Ephraim Lessing, Nathan der Weise. Ein dramatisches Gedicht in fünf Aufzügen. Stuttgart: Reclam 1973 = UB 3.

GOTTHOLD EPHRAIM LESSING, **Der Rabe und der Fuchs**

Ein Rabe trug ein Stück vergiftetes Fleisch, das der erzürnte Gärtner für die Katzen seines Nachbars hingeworfen hatte, in seinen Klauen fort.

Und eben wollte er es auf einer alten Eiche verzehren, als sich ein Fuchs herbeischlich und ihm zurief: „Sei mir gesegnet, Vogel des Jupiter!" – „Für wen siehst du mich an?" fragte der Rabe. – „Für wen ich dich ansehe?", erwiderte der Fuchs. „Bist du nicht der rüstige Adler, der täglich von der Rechten des Zeus auf diese Erde herab kömmt, mich Armen zu speisen? Warum verstellst du dich? Sehe ich denn nicht in der siegreichen Klaue die verfehlte Gabe, die mir dein Gott durch dich zu schicken noch fortfährt?"

Der Rabe erstaunte und freute sich innig, für einen Adler gehalten zu werden. „Ich muss", dachte er, „den Fuchs aus diesem Irrtume nicht bringen." – Großmütig dumm ließ er ihm also seinen Raub herabfallen und flog stolz davon.

Der Fuchs fing das Fleisch lachend auf und fraß es mit boshafter Freude. Doch bald verkehrte sich die Freude in ein schmerzhaftes Gefühl; das Gift fing an zu wirken, und er verreckte.

Möchtet ihr euch nie etwas anderes als Gift erloben, verdammte Schmeichler!

(Therese Poser [Hrsg.], Fabeln. Arbeitstexte für den Unterricht. Stuttgart: Reclam 1975 = UB 9519, S. 27.)

James Thurber (1894–1961), bekannter amerikanischer Schriftsteller und Karikaturist, der in seinen Fabeln versucht, Tradition und Aktualität miteinander zu verbinden.

JAMES THURBER, **Der Fuchs und der Rabe**

Der Anblick eines Raben, der auf einem Baum saß, und der Geruch des Käses, den er im Schnabel hatte, erregten die Aufmerksamkeit eines Fuchses. „Wenn du ebenso schön singst, wie du aussiehst", sagte er, „dann bist du der beste Sänger, den ich je erspäht und gewittert habe." Der Fuchs hatte irgendwo gelesen – und nicht nur einmal, sondern bei den verschiedensten Dichtern –, dass ein Rabe mit Käse im Schnabel sofort den Käse fallen lässt und zu singen beginnt, wenn man seine Stimme lobt. Für diesen besonderen Fall und diesen besonderen Raben traf das jedoch nicht zu.

„Man nennt dich schlau und man nennt dich verrückt", sagte der Rabe, nachdem er den Käse vorsichtig mit den Krallen seines rechten Fußes aus dem Schnabel genommen hatte. „Aber mir scheint, du bist zu allem Überfluss auch noch kurzsichtig. Singvögel tragen bunte Hüte und farbenprächtige Jacken und helle Westen und von ihnen gehen zwölf aufs Dutzend. Ich dagegen trage Schwarz und bin absolut einmalig."

„Ganz gewiss bist du einmalig", erwiderte der Fuchs, der zwar schlau, aber weder verrückt noch kurzsichtig war. „Bei näherer Betrachtung erkenne ich in dir den berühmtesten und talentiertesten aller Vögel, und ich würde dich gar zu gern von dir erzählen hören. Leider bin ich hungrig und kann mich daher nicht länger hier aufhalten."

„Bleib doch noch ein Weilchen", bat der Rabe. „Ich gebe dir auch etwas von meinem Essen ab." Damit warf er dem listigen Fuchs den Löwenanteil vom Käse zu und fing

20 an, von sich zu erzählen. „Ich bin der Held vieler Märchen und Sagen", prahlte er, „und ich gelte als Vogel der Weisheit. Ich bin der Pionier der Luftfahrt, ich bin der größte Kartograf[1]. Und was das Wichtigste ist, alle Wissenschaftler und Gelehrten, Ingenieure und Mathematiker wissen, dass meine Fluglinie die kürzeste Entfernung zwischen zwei Punkten ist. Zwischen beliebigen zwei Punkten", fügte er stolz hinzu.

25 „Oh, zweifellos zwischen allen Punkten", sagte der Fuchs höflich. „Und vielen Dank für das Opfer, das du gebracht, indem du mir den Löwenanteil vermachst." Gesättigt lief er davon, während der hungrige Rabe einsam und verlassen auf dem Baum zurückblieb.

Moral: Was wir heut wissen, wussten schon Äsop und La Fontaine: Wenn du dich
30 selbst lobst, klingt's erst richtig schön.

(Fabeln, Parabeln und Gleichnisse. Hrsg. von Reinhard Dithmar. München: dtv 1978 = dtv-bibliothek 6092, S. 328-329.)

Arbeitsanregungen

1. Untersuchen Sie die Gespräche zwischen Rabe und Fuchs in den drei Fabeln: Vergleichen Sie die Ausgangssituation, die Entwicklung und den Schluss; erläutern Sie Gemeinsamkeiten und Unterschiede!

2. Diskutieren Sie die jeweilige „Moral" der Fabeln!

3. Martin Luther schrieb über das Wesen der Fabel:
   „Alle Welt hasset die Wahrheit, wenn sie einen trifft. Darum haben hohe Leute die Fabel erdichtet und lassen ein Tier mit anderen reden, als wollen sie sagen: Wohlan, es will niemand die Wahrheit hören noch leiden und man kann doch der Wahrheit nicht entbehren, so wollen wir sie schmücken und unter einer listigen Lügenfarbe und biblischen Fabel kleiden; und weil man sie nicht hören will aus Menschenmund, dass man sie doch höre aus Tier- und Bestienmund. So geschieht's denn, wenn man die Fabel liest, dass ein Tier dem anderen, ein Wolf dem anderen die Wahrheit sagt, ja zuweilen der gemalte Wolf oder Bär oder Löwe im Buch dem rechten zweifüßigen Wolf und Löwen einen guten Text heimlich liest, den ihm sonst kein Prediger, Freund noch Feind lesen dürfte."
   Zeigen Sie an Beispielen aus den drei Fabeln auf, ob Luthers Aussagen zur Fabel zutreffen!

4. • Schreiben Sie eine Fabel, indem Sie durch ein Gespräch zwischen Tieren eine Lehre (Moral) zum Ausdruck bringen, die Sie in der Gegenwart für wichtig halten!
   • Gestalten Sie – zeichnerisch – eine Fabel nach (vgl. Franz Kafka, Kleine Fabel)!

---

1 Kartograf = (wissenschaftlicher) Zeichner/Bearbeiter von Landkarten

Franz Kafka, **Kleine Fabel**

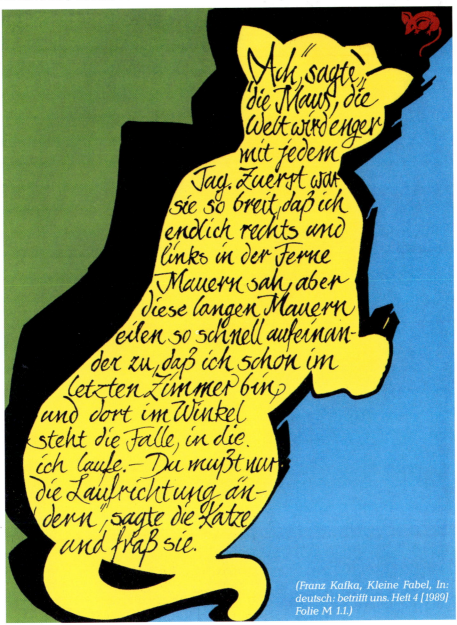

"Ach", sagte die Maus, "die Welt wird enger mit jedem Tag. Zuerst war sie so breit, daß ich endlich rechts und links in der Ferne Mauern sah, aber diese langen Mauern eilen so schnell aufeinander zu, daß ich schon im letzten Zimmer bin, und dort im Winkel steht die Falle, in die ich laufe. – Du mußt nur die Laufrichtung ändern", sagte die Katze und fraß sie.

(Franz Kafka, Kleine Fabel, In: deutsch: betrifft uns. Heft 4 [1989] Folie M 1.1.)

Arbeitsanregungen

1. Können Sie sich in die Situation der Maus hineinversetzen? Welche Bedeutung haben die Mauern?

2. Welche Wirkung geht von der besonderen Darstellung der Fabel aus?

Gila Lustiger (1963 in Frankfurt am Main geboren) studierte Germanistik an der Universität in Jerusalem, arbeitete danach als Lektorin in Tel Aviv und lebt heute als Journalistin und Schriftstellerin in Paris.

Ihr erster Roman **„Bestandsaufnahme"** (1995), aus dem der Textauszug entnommen ist, beschreibt in einzelnen Essays Abgründe der Verfolgung und Vernichtung. „Ein Buch aus der Sicht der Generation der Kinder der Opfer, das die Abgründe der Verfolgung und Vernichtung als Alltäglichkeit schildert." (Klappentext)

Die Darstellung von Schicksalen wird zur Bestandsaufnahme menschlicher Verhaltensweisen in Krisensituationen.

⑧

Gila Lustiger, Zugzwang

Die Formen der Fehler sind unerforschlich. Es gibt ihrer zu viele. Nach der Wahrscheinlichkeitstheorie stellen sie sich am häufigsten in ungünstigen Situationen ein, zum Beispiel dann, wenn man sich schon verloren glaubt. Als Auftakt sei folgender Fall vorgeführt.

5 Eine Maus sieht in der Ferne einen schwarzen Schatten und nimmt an, daß es die Katze ist, die auf sie lauert. Kopflos rennt sie in die entgegengesetzte Richtung, wo der Stahlrachen der Falle weit aufgerissen auf sie wartet. Hätte die Maus, statt davonzueilen, nachgedacht, hätte sie sich gesagt: „Der Schatten, den ich sehe, kann auch der eines Zaunes oder einer Hecke sein. Ich will mich leise heranpirschen, denn ich
10 kann nicht reglos hier stehenbleiben und auf mein Schicksal warten. Ich werde die Ursache des Schattens ergründen."

Doch die Maus läßt sich von ihrer Angst leiten, da sie sich in einer schlechten Ausgangsposition befindet. Sie ist Maus und nicht Katze. Sie ist diejenige, die gefressen wird, und nicht die, die frißt.

15 Oft werden Fehler auch durch grundlegende Mängel im Denken verursacht, die dann zutage treten, wenn man das Subjekt aus seiner gewohnten Umgebung herausreißt. Ist der Gegner daher nicht schon durch seine benachteiligte Stellung geschwächt, sollte man ihn auf unbekannte Wege locken, so daß er bei jedem Schritt, den er tut, neue, eigenständige Entscheidungen zu treffen hat.

(Gila Lustiger, Die Bestandsaufnahme. Berlin: Aufbau 1995, S. 78.)

Arbeitsanregungen

1. Setzen Sie den Text von Gila Lustiger mit Kafkas „Kleiner Fabel" (S. 283) in Beziehung! Warum wählen Autorin und Autor eine Maus als Protagonisten?

2. Handelt es sich in beiden Fällen um eine Fabel?

3. Entwickeln Sie Ratschläge, wie die Mäuse Fehler vermeiden könnten! Kann es Rettung für sie geben?

Bertolt Brecht wurde 1898 in Augsburg geboren. Schon als Schüler äußerte er heftig Kritik an Krieg, Macht und Unterdrückung. In München studierte Brecht eine Zeitlang Philosophie und Medizin, wurde 1918 als Lazaretthelfer eingestellt und erlebte dort die grausamen Folgen des Krieges besonders intensiv.

Brecht schrieb in diesen Jahren Theaterkritiken, erste Gedichte und Theaterstücke („Baal", „Trommeln in der Nacht"). 1924 ging er nach Berlin, arbeitete dort zunächst als Dramaturg an Max Reinhardts „Deutschem Theater", später als freier Schriftsteller und Regisseur.

In den Jahren 1926–30 studierte Brecht den Marxismus. 1933 musste er aus Deutschland emigrieren. Stationen seines Exils waren: die Tschechoslowakei, Frankreich, Dänemark, Schweden, Finnland und die USA. Im Exil schuf er einen großen Teil seiner bedeutendsten Stücke (u. a. „Mutter Courage und ihre Kinder", „Der gute Mensch von Sezuan") und theoretische Schriften über das epische Theater. 1947 kehrte der Autor nach Europa zurück – zunächst in die Schweiz – und übersiedelte von dort nach Ost-Berlin, wo er das berühmte ‚Berliner Ensemble' (Theater am Schiffbauer Damm) bis zu seinem Tode im Jahre 1956 leitete und vor allem seine eigenen Stücke in modellhaften Aufführungen inszenierte.

Zu seiner Biografie hat Brecht selbst einmal Folgendes geäußert:

Ich bin aufgewachsen als Sohn
Wohlhabender Leute. Meine Eltern haben mir
Einen Kragen umgebunden und mich erzogen
In den Gewohnheiten des Bedientwerdens
Und unterrichtet in der Kunst des Befehlens. Aber
Als ich erwachsen war und um mich sah,
Gefielen mir die Leute meiner Klasse nicht,
Nicht das Befehlen und nicht das Bedientwerden.
Und ich verließ meine Klasse und gesellte mich
Zu den geringen Leuten.

Die Texte sind den **„Geschichten vom Herrn Keuner"** entnommen, die in loser Folge zwischen den Jahren 1930–1956 entstanden sind. Es handelt sich um kurze, oft nur ein paar Zeilen umfassende Geschichten von lehrhaftem Charakter. Sie stellen Modellfälle menschlichen Verhaltens in bestimmten Situationen dar.

Lesehinweis
Bertolt Brecht, Geschichten vom Herrn Keuner. Frankfurt: Suhrkamp 1975 = suhrkamp taschenbuch 16.
Bertolt Brecht, Flüchtlingsgespräche. Frankfurt: Suhrkamp 1965 = Bibliothek Suhrkamp 63.

BERTOLT BRECHT, **Geschichten vom Herrn Keuner**

Der hilflose Knabe

Herr K. sprach über die Unart, erlittenes Unrecht stillschweigend in sich hineinzufressen und erzählte folgende Geschichte. „Einen vor sich hin weinenden Jungen fragte ein Vorübergehender nach dem Grund seines Kummers. ‚Ich habe zwei Groschen für das Kino beisammen', sagte der Knabe, ‚da kam ein Junge und riß mir einen aus der Hand', und er zeigte auf einen Jungen, der in einiger Entfernung zu sehen war. ‚Hast du denn nicht um Hilfe geschrien?' fragte der Mann. ‚Doch', sagte der Junge und schluchzte ein wenig stärker. ‚Hat dich niemand gehört?' fragte ihn der Mann weiter, ihn liebevoll streichelnd. ‚Nein', schluchzte der Junge. ‚Kannst du denn nicht lauter schreien?' fragte der Mann. ‚Nein', sagte der Junge und blickte ihn mit neuer Hoffnung an. Denn der Mann lächelte. ‚Dann gib auch den her', sagte er, nahm ihm den letzten Groschen aus der Hand und ging unbekümmert weiter."

Maßnahmen gegen die Gewalt

Als Herr Keuner, der Denkende, sich in einem Saale vor vielen gegen die Gewalt aussprach, merkte er, wie die Leute vor ihm zurückwichen und weggingen. Er blickte sich um und sah hinter sich stehen – die Gewalt.

„Was sagtest du?" fragte ihn die Gewalt.

„Ich sprach mich für die Gewalt aus", antwortete Herr Keuner.

Als Herr Keuner weggegangen war, fragten ihn seine Schüler nach seinem Rückgrat. Herr Keuner antwortete: „Ich habe kein Rückgrat zum Zerschlagen. Gerade ich muß länger leben als die Gewalt."

Und Herr Keuner erzählte folgende Geschichte:

In die Wohnung des Herrn Egge, der gelernt hatte, nein zu sagen, kam eines Tages in der Zeit der Illegalität ein Agent, der zeigte einen Schein vor, welcher ausgestellt war im Namen derer, die die Stadt beherrschen, und auf dem stand, daß ihm gehören solle jede Wohnung, in die er seinen Fuß setzte; ebenso sollte ihm auch jedes Essen gehören, das er verlange; ebenso sollte ihm auch jeder Mann dienen, den er sähe.

Der Agent setzte sich in einen Stuhl, verlangte Essen, wusch sich, legte sich nieder und fragte mit dem Gesicht zur Wand vor dem Einschlafen: „Wirst du mir dienen?"

Herr Egge deckte ihn mit einer Decke zu, vertrieb die Fliegen, bewachte seinen Schlaf, und wie an diesem Tage gehorchte er ihm sieben Jahre lang. Aber was er immer für ihn tat, eines zu tun hütete er sich wohl: das war, ein Wort zu sagen. Als nun die sieben Jahre herum waren und der Agent dick geworden war vom vielen Essen, Schlafen und Befehlen, starb der Agent. Da wickelte ihn Herr Egge in die verdorbene Decke, schleifte ihn aus dem Haus, wusch das Lager, tünchte die Wände, atmete auf und antwortete: „Nein."

Der Zweckdiener

Herr K. stellte die folgenden Fragen:

„Jeden Morgen macht mein Nachbar Musik auf einem Grammophonkasten. Warum macht er Musik? Ich höre, weil er turnt. Warum turnt er? Weil er Kraft benötigt, höre ich. Wozu benötigt er Kraft? Weil er seine Feinde in der Stadt besiegen muß, sagt er. Warum muß er Feinde besiegen? Weil er essen will, höre ich."

Nachdem Herr K. dies gehört hatte, daß sein Nachbar Musik machte, um zu turnen, turnte, um kräftig zu sein, kräftig sein wollte, um seine Feinde zu erschlagen, seine Feinde erschlug, um zu essen, stellte er seine Frage: „Warum ißt er?"

(Bertolt Brecht, Gesammelte Werke Bd. 12. Frankfurt: Suhrkamp 1967 = Werkausgabe edition suhrkamp, S. 375f., 381,377.)

Arbeitsanregungen

Der hilflose Knabe

1. Worin liegt der Grund des Kummers für den Jungen? Warum nimmt der Mann dem Jungen auch noch „den letzten Groschen" weg? Wie würden Sie sich verhalten?

2. Welche Lehre will Brecht vermitteln? Sehen Sie einen Bezug zur Biografie des Autors (vgl. Aussagen im Vorspann)?

Maßnahmen gegen die Gewalt

1. Erarbeiten Sie das Verhalten der Zuhörer, des Herrn Keuner, des Herrn Egge und des Agenten!

2. Formulieren Sie die Lehre (Moral) der Parabel!

3. Wie bringt Brecht Macht, Ohnmacht und Gewalt in den Kalendergeschichten zum Ausdruck?

4. Entwickeln Sie Möglichkeiten, dem Unrecht gegenüber Widerstand zu leisten!

Der Zweckdiener

Formulieren Sie eine Geschichte, in der Herr Keuner andere Fragen stellt!

Der 1896 in Nackenheim am Rhein geborene Schriftsteller **Carl Zuckmayer** lebte seit 1957 bis zu seinem Tod 1977 zurückgezogen im Schweizer Winterkurort Saas-Fee. In seiner 1966 erschienenen Autobiografie „Als wär's ein Stück von mir" berichtet der Autor über sein Leben und das Zusammensein mit vielen Schriftstellern und Künstlern seiner Epoche, sodass ein Spiegelbild der deutschen Kultur der letzten 50 Jahre entsteht.

In den 20er Jahren wurde Zuckmayer durch seine Theaterstücke („Der fröhliche Weinberg" und „Der Hauptmann von Köpenick") berühmt. 1933 Emigration (Amerika); 1946 kehrte er nach Europa zurück. Im selben Jahr wurde das Drama **„Des Teufels General"** uraufgeführt – eine Auseinandersetzung mit dem Verhalten der Offiziere im 3. Reich.

Im 3. Akt des Dramas kommt es zu dem hier abgedruckten Dialog zwischen General Harras und dem Ingenieur Oderbruch, mit dem er persönlich befreundet ist, in dem es um die Frage nach der Berechtigung des Widerstandes gegen Macht und Unterdrückung geht. Die Aufklärung von unerklärlichen Unfällen mit Kampfmaschinen, die zum Einsatz an die Front bestimmt sind, gehört in den Verantwortungsbereich des Generals. Oderbruch hat sich seinem Freund offenbart und zugegeben, dass er für die Materialfehler verantwortlich ist.

Lesehinweis
Carl Zuckmayer, Des Teufels General. Frankfurt: Fischer 1973 = Fischer Taschenbuch 7019.
Carl Zuckmayer, Der Hauptmann von Köpenick. Ein deutsches Märchen in drei Akten. Frankfurt: Fischer 1973 = Fischer Taschenbuch 7002.
Carl Zuckmayer, Als wär's ein Stück von mir. Frankfurt: Fischer = ft 1049.

CARL ZUCKMAYER, Des Teufels General

Harras: Und warum trefft ihr uns – aus dem Dunkel, aus dem Hinterhalt? Warum trefft ihr uns – anstatt des Feindes?
Oderbruch: Der Feind – ist unfaßbar. Er steht überall – mitten in unsrem Volk – mitten in unseren Reihen. […]
5 **Harras:** Haben Sie bedacht, was Niederlage heißt? Fremdherrschaft? Neue Gewalt – und neue Unterjochung?
Oderbruch: Das dauert nicht. Es wachsen Kinder heran, neue Geschlechter, die werden frei sein. Was aber uns unterjocht, jetzt, hier und heute – was uns alle zu Knechten macht, und schlimmer: zu Gehilfen, zu Mithelfern des Verbrechens,

das täglich unter unseren Augen geschieht, auch wenn wir sie schließen, das, Harras – das wird dauern, über unser Leben und unser Grab hinaus – es sei denn, wir tilgen die Schuld, mit unsrer eigenen Hand.

Harras: Die Schuld tilgen – durch neue Schuld? *Plötzlich fast schreiend:* Durch Blutschuld? Mord? Brudermord?! *Wieder gefaßt.* Glaubt ihr, daß Kain die Welt besser machte, als er den Abel erschlug? *Wendet sich ab.*

Oderbruch *schwer mit sich ringend, stockend:* Hören Sie mich an, Harras. Ich habe den Mord nicht gewollt. Ich hätte es nie für möglich gehalten, daß flugkranke Maschinen zum Einsatz kommen, ohne überprüft zu werden –

Harras: Von wem? Da kennen Sie die Brüder schlecht. Denen kommt es doch nur auf die Meldung an, daß die Quote erfüllt ist. Sie mußten das wissen, Oderbruch.

Oderbruch: Wir wollten die Kampfkraft schwächen, der sinnlosen Schlächterei ein Ziel setzen, weil es keinen anderen Weg gibt, um Deutschland zu befreien. Wir wollten die Waffe entschärfen – nicht den Mann töten, der sie führt. In der Nacht, in der ich von Eilers' Tod erfuhr, wollte ich Schluß machen, mit mir selbst. Ich lebe nur noch, weil ich nicht aufgeben darf zu kämpfen. Für Deutschland, Harras.

Harras: Sie denken zu kurz. Eine alte Freundin hat mir gesagt: eher schneide ich meine Wolljacken in Fetzen und verbrenne sie, als daß ich ein Stück für Hitlers Winterhilfe gebe. Weißt du nicht, habe ich sie gefragt, daß das Mord bedeutet – solang ein Soldat in Rußland erfrieren kann?

Oderbruch: Dann müssen wir auch diese Schuld auf uns nehmen. Reinigung – das ist unser Gesetz, und unser Urteil. Es ist mit Blut geschrieben.

Harras: Mit Freundesblut.

Oderbruch: Auch mit dem eigenen.

Harras *nach einer Pause:* Sagen Sie mir alles Oderbruch? Helfen Sie mir, es zu verstehen! Wie kamen Sie dazu? Sie waren unpolitisch. Sie liebten Technik. Sie machten Musik. Was hat Sie gepackt?

Oderbruch: Was jeden packen müßte. Scham.

Harras: Weichen Sie mir nicht aus, Oderbruch! Speisen Sie mich nicht ab – mit einem Wort! Sagen Sie mir alles! Wie kam es dazu?

Oderbruch: Da ist nicht viel zu sagen. Wie kam es dazu? Sie kennen meine Geschichte. Familie – Tradition – Karriere – das brach zusammen, als ich jung war. Ich wurde Werkstudent, Monteur, es ging hinauf, ein Unfall warf mich zurück, es ging hinunter, es war immer sehr schwer – bis das Übel siegte. Dann ging es mir besser. *Lächelnd.* Als unser Staat zum Teufel ging, wurde ich Staatsangestellter. So ging es Tausenden in Hitlers Reich. Es ist die Laufbahn eines der Seinen.

Harras: Und – und was geschah?

Oderbruch: Nichts – was ich erzählen kann. Kein persönlicher Grund. Keine – menschliche Erklärung. Mir starb kein Bruder im KZ. Ich liebe keine Jüdin. Kein Freund wurde mir aus dem Land gejagt. Ich kannte keinen, der am 30. Juni[1] fiel. Doch eines Tages – da habe ich mich geschämt, daß ich ein Deutscher bin. Seitdem – kann ich nicht mehr ruhen, bis – *leise* – bis es zu Ende ist.

Harras: Und die andern?

Oderbruch: Manche kamen aus Scham. Andre aus Wut, aus Haß. Einige, weil sie ihre Heimat, viele, weil sie ihre Arbeit liebten und ihr Werk oder die Idee der

---

[1] Röhmputsch am 30. Juni 1934 (Ernst Röhm war der Führer der SA)

    Freiheit und die Freiheit ihrer Brüder. Aber alle – auch die unversöhnlichen hassen – sind gekommen, weil sie etwas mehr lieben als sich selbst. Und es ist keiner mit uns, der nicht von selber kam.

60 **Harras:** Wie viele?

 Oderbruch: Ich weiß es nicht. Wir haben keine Mittel, sie zu zählen. Wir werden weniger, statt mehr. Viele verschwinden, die nicht wiederkommen. Die beiden Männer, die heut vor Ihnen standen – ich hatte sie nie zuvor gesehn. Sie kannten mich nicht. Aber ich wußte – sie gehören zu uns.

65 **Harras** *lauscht schweigend – mit verschlossenem Gesicht.*

 Oderbruch: Unsre Namen – haben wir vergessen. Da waren solche dabei mit jahrhundertealtem Wappenglanz. Andere, die nur auf Lohnzetteln stehn. Das zählt nicht mehr. Für eine Weltstunde – sind wir gleich geworden. Klassenlos. Die Stunde dauert nicht. Das wissen wir. Aber sie ist ein Zeichen. Für alle Zeit.

70 **Harras** *knapp, fast herrisch:* Was ist die Losung? Nicht „für alle Zeit". Jetzt hier, im Augenblick. Wie steht die Schlacht? Was ist das nächste Ziel?

 Oderbruch: Zerstörung. Eine bittere Losung. Die einzige, die uns bleibt. Wir können nicht haltmachen vor denen, die wir lieben. Wir dürfen nicht fragen, Harras, wo eines Mannes Herz schlägt. Nur, wo er steht. Wir machen nicht halt vor
75 uns selbst. Wir werden alle fallen.

 Harras: Das heißt – es ist umsonst. Sinnlose Hekatomben.[2]

 Oderbruch: Nicht sinnlos. Nicht umsonst. Wir wissen, wofür.

 Harras: Was nutzt das, wenn ihr verfault? Was ändert das, wenn ihr verscharrt seid? Gemartert – verbrannt – und vergessen?

80 **Oderbruch** *nach einem Schweigen:* Gregor der Große[3] wurde einst gefragt, ob das Erleiden der Marter ein Verdienst um den Himmel sei, für jeden, dem es widerfährt. Nein, sagte Gregor. Die Marter allein ist nichts. Wer aber weiß, wofür er leidet – dessen Zeugnis ist stärker als der Tod. Wir wissen, wofür.

 Harras *lauernd, gefährlich:* Und du glaubst – ich werde mich mitschlachten lassen? Ich
85 – der ich nicht weiß, wofür? Der ich allein bin? Der nicht von selber kam? Soll ich die Hände falten – wenn's ums Leben geht? *Wendet sich ab – geht zum Fenster.*

 Oderbruch *leise:* Es geht um die Seele, Harras. Auch um die Ihre.

 Harras *fährt herum:* Und wenn ich keine hätte? Und wenn ich sie – zum zweitenmal verkaufen will? Wer sagt Ihnen, daß ich euch nicht verrate, um meine Haut zu
90 retten? Wer sagt Ihnen das?

 Oderbruch: Sie haben einen Schwur geleistet, General Harras.

 Harras *geht auf ihn zu:* Dies ist die Stunde des Wortbruchs, der Tag des Meineids. Die Zeit der falschen Schwüre. Was kostet die Treue –? Und was ist ihr Lohn? Soll ich dein Leben schonen – weil du das meine opferst? Vielleicht habe ich ein
95 großes Bedürfnis, noch zu leben? Vielleicht braucht mich jemand? Vielleicht wartet jemand auf mich? Wer bist du, daß du glaubst, ich nehme dein Urteil an – ohne mich zu wehren? Wie darfst du es wagen, mir zu vertraun und dich in meine Hand zu geben? Dich – und all die andern?

 Oderbruch: Weil Sie in dieser Stunde einer der Unsren sind. Man verrät nicht – woran
100 man glaubt. […]

(Carl Zuckmayer, Des Teufels General. Frankfurt: Fischer 1973 = ft 7019, S. 149-152.)

---

2 Hekatombe = einem Unglück zum Opfer gefallene große Zahl von Menschen
3 Gregor der Große (590-604) Kirchenlehrer in Rom; Gründer eines Klosters, in dem er Mönch wurde

Arbeitsanregungen

1. Geben Sie die wesentlichen Aussagen des Generals Harras und des Ingenieurs Oderbruch aus dem Dialog wieder! (Zur Inhaltsangabe vgl. S. 108 ff.)

2. Stellen Sie die Argumente der beiden zum Widerstand gegenüber, vergleichen Sie die jeweiligen Begründungen und erklären Sie, welche Sie für überzeugend halten! (Zur Argumentation vgl. S. 566 ff.)

3. Ist Widerstand gegen Gewalt, Unterdrückung, Diktatur gerechtfertigt? Erörtern Sie die Folgen und entwickeln Sie Alternativen; beziehen Sie in Ihre Überlegungen historische Ereignisse mit ein! (Vgl. Sie auch die anderen Texte in diesem Kapitel.)

Feuersprüche
mit denen die Bücherverbrennungen am 10. Mai 1933 begleitet wurden

1. *Rufer:* Gegen Klassenkampf und Materialismus, für Volksgemeinschaft und idealistische Lebenserhaltung! Ich übergebe der Flamme die Schriften von Marx und Kautsky.
2. *Rufer:* Gegen Dekadenz und moralischen Verfall! Für Zucht und Sitte in Familie und Staat! Ich übergebe der Flamme die Schriften von Heinrich Mann, Ernst Glaeser und Erich Kästner.
3. *Rufer:* Gegen Gesinnungslumperei und politischen Verrat, für Hingabe an Volk und Staat! Ich übergebe der Flamme die Schriften von Friedrich Wilhelm Förster.
4. *Rufer:* Gegen seelenzerfasernde Überschätzung des Trieblebens, für den Adel der menschlichen Seele! Ich übergebe der Flamme die Schriften des Sigmund Freud.
5. *Rufer:* Gegen Verfälschung unserer Geschichte und Herabwürdigung ihrer großen Gestalten, für Ehrfurcht vor unserer Vergangenheit! Ich übergebe der Flamme die Schriften von Emil Ludwig und Werner Hegemann.
6. *Rufer:* Gegen volksfremden Journalismus demokratisch-jüdischer Prägung, für verantwortungsbewusste Mitarbeit am Werk des nationalen Aufbaus! Ich übergebe der Flamme die Schriften von Theodor Wolff und Georg Bernhard.
7. *Rufer:* Gegen literarischen Verrat am Soldaten des Weltkrieges, für Erziehung des Volkes im Geist der Wahrhaftigkeit! Ich übergebe der Flamme die Schriften von Erich Maria Remarque.
8. *Rufer:* Gegen dünkelhafte Verhunzung der deutschen Sprache, für Pflege des kostbaren Gutes unseres Volkes! Ich übergebe der Flamme die Schriften von Alfred Kerr.
9. *Rufer:* Gegen Frechheit und Anmaßung, für Achtung und Ehrfurcht vor dem unsterblichen deutschen Volksgeist! Verschlinge, Flamme, auch die Schriften der Tucholsky und Ossietzky!

(Neuköllner Tageblatt vom 12. Mai 1933. In: Drucksachen 10. Lesebuch. Düsseldorf: Pro Schule 1974, S. 29.)

Arbeitsanregung

Warum ist in Staaten, in denen Terror herrscht, Zensur üblich? Berücksichten Sie bei Ihren Überlegungen die „Feuersprüche"!

Die **Geschwister Scholl** (**Sophie,** geboren 1921 und **Hans,** geboren 1918) haben sich seit ihrer Zeit als Schüler im Gymnasium gegen die Nationalsozialistische Deutsche Arbeiter Partei (NSDAP) gewandt und gegen ihre Ziele opponiert. An der Universität sind sie Mitglieder einer Gruppe gewesen, die mit Briefen der „Weißen Rose" einen Flugblatt-Kampf gegen Diktatur und Unterdrückung führte.

Zwei Jahre vor dem Ende des Zweiten Weltkrieges (1943) wurden sie von der Geheimen Staatspolizei (Gestapo) verhaftet, nachdem sie beim Verteilen ihrer Flugblätter in der Universität München gesehen und denunziert worden waren. Sie wurden zum Tode verurteilt und hingerichtet.

Die Umstände sind in dem Bericht „Sie sind verhaftet" anschaulich dokumentiert.

Lesehinweis
Inge Jens (Hrsg.), Hans Scholl/Sophie Scholl. Briefe und Aufzeichnungen. Frankfurt: Fischer 1969 = ft 1012.

„Sie sind verhaftet" – Der 18. Februar 1943

Der 18. Februar 1943 war ein Donnerstag. [...] Sophie und Hans Scholl [...] hatten die Vorlesung früher verlassen, um noch rechtzeitig an einem Seminar in der Klinik teilnehmen zu können. [...] Die Geschwister Scholl liefen zu den Hörsälen, in denen zu diesem Zeitpunkt die Vorlesungen noch andauerten, und verteilten auf den men-
5 schenleeren Treppen, Fensterbänken und Mauervorsprüngen die mitgebrachten Flugblätter bis auf einen kleinen Rest. Sie hasteten zum Ausgang, und als sie schon wieder draußen waren, kam ihnen der Gedanke, sie müssten den Koffer ganz leeren und auch die restlichen Flugblätter verteilen. Also stürmten sie wieder die Treppen hinauf und warfen den Rest der Flugblätter in den Lichthof der Universität.

10 Kurz darauf öffneten sich die Hörsäle. Sophie und Hans Scholl rasten die Treppen hinunter. Ihnen entgegen kam der Hausdiener, der ‚Pedell' Jakob Schmid, ein ehemaliger Maschinenmeister. In großer Erregung packte er die beiden am Arm und schrie mehrmals: „Sie sind verhaftet." Die beiden waren plötzlich ganz ruhig und ließen alles weitere mit sich geschehen. Der Hausdiener führte sie zum Hausverwalter, die-
15 ser zum Rektor, dem SS-Oberführer Professor Dr. Walter Wüst. Die Gestapo wurde alarmiert. Innerhalb kurzer Zeit hatten die Beamten die Situation „unter Kontrolle" – wie, das hat eine Augenzeugin, die Studentin Christa Meyer-Heidkamp, beobachtet, die Hans Scholl aus den Vorlesungen von Professor Huber kannte. Sie berichtete:

„Alle Ausgänge (der Universität) waren gesperrt. Die Studenten erhielten Anweisung,
20 sich im Lichthof zu versammeln. Jeder, der ein Flugblatt an sich genommen hatte, musste es an den eigens dazu beauftragten Sammler abgeben. So standen wir zwei Stunden und warteten, bis schließlich Hans Scholl und seine Schwester mit gefesselten Händen an uns vorbeigeführt wurden. Er hat uns noch einmal angesehen, aber kein Muskel seines Gesichts zeigte ein Erkennen. Er wusste wohl, wie er jeden ihm
25 bekannten Kommilitonen in den Augen der Gestapo-Beamten verdächtig machen würde."

Noch im Lichthof mussten die Geschwister erste Fragen der Gestapo beantworten. In ruhigem Ton erklärten beide, sie hätten mit den Flugblättern nichts zu tun. Sie seien zufällig vorbeigekommen und vom Hausmeister und vom Hausdiener zu Unrecht
30 festgehalten worden. Die Gestapo legte nach dem Kurzverhör die eingesammelten Flugblätter probeweise in den Handkoffer, um zu sehen, ob sie überhaupt hineinpassten. Sie passten.

Dann wurden die Geschwister zum Wittelsbacher Palais, der Gestapo-Zentrale, gebracht. Dort setzten die Beamten die Befragung fort. Einer von ihnen, Robert Mohr, ein ehemaliger Polizist, der das Verhör in einer halbwegs sachlichen Atmosphäre leitete, bekam allmählich Zweifel, ob er tatsächlich zwei Mitglieder der Widerstandsgruppe vor sich hatte. Zäh und überzeugend blieben die Geschwister Scholl bei ihrer Version, die Sache mit den Flugblättern ginge sie nichts an. Doch dann wurde das Ergebnis der Durchsuchung ihrer Zimmer an der Franz-Joseph-Straße 14 bekannt. Dort fand die Gestapo mehrere hundert neue Acht-Pfennig-Briefmarken – ein gefährliches Indiz, welches die beiden Verhafteten stark belastete.

Christoph Probst fiel der Gestapo am nächsten Tag, dem 19. Februar 1943, in die Hände. In der Schreibstube der Studentenkompanie in Innsbruck sollte er wie an jedem Freitag seinen Sold erhalten. Statt des Solds lag ein Befehl vor, sofort zum Kompaniechef zu kommen. Dort standen die Gestapo-Schergen schon bereit, um ihn festzunehmen und in Fesseln abzuführen. Alexander Schmorell konnte fliehen. Er kehrte jedoch auf Irrwegen nach München zurück, wo er am 24. Februar verhaftet wurde.

(Hermann Vinke, Das kurze Leben der Sophie Scholl. Frankfurt: Büchergilde Gutenberg 1982, S. 143-144.)

HANS UND SOPHIE SCHOLL[1], **Das letzte Flugblatt**

Kommilitonen! Kommilitoninnen!

Erschüttert steht unser Volk vor dem Untergang der Männer von Stalingrad. Dreihundertdreißigtausend deutsche Männer hat die geniale Strategie des Weltkriegsgefreiten sinn- und verantwortungslos in Tod und Verderben gehetzt. Führer, wir danken dir!

Es gärt im deutschen Volk: Wollen wir weiter einem Dilettanten das Schicksal unserer Armeen anvertrauen? Wollen wir den niederen Machtinstinkten einer Parteiclique den Rest der deutschen Jugend opfern? Nimmermehr! Der Tag der Abrechnung ist gekommen, der Abrechnung der deutschen Jugend mit der verabscheuungswürdigsten Tyrannis, die unser Volk je erduldet hat. Im Namen der deutschen Jugend fordern wir vom Staat Adolf Hitlers die persönliche Freiheit, das kostbarste Gut des Deutschen zurück, um das er uns in der erbärmlichsten Weise betrogen.

In einem Staat rücksichtsloser Knebelung jeder freien Meinungsäußerung sind wir aufgewachsen. HJ, SA, SS haben uns in den fruchtbarsten Bildungsjahren unseres Lebens zu uniformieren, zu revolutionieren, zu narkotisieren versucht. „Weltanschauliche Schulung" hieß die verächtliche Methode, das aufkeimende Selbstdenken in einem Nebel leerer Phrasen zu ersticken. Eine Führerauslese, wie sie teuflischer und borniertet zugleich nicht gedacht werden kann, zieht ihre künftigen Parteibonzen auf Ordensburgen zu gottlosen, schamlosen und gewissenlosen Ausbeutern und Mordbuben heran, zur blinden, stupiden Führergefolgschaft. Wir „Arbeiter des Geistes" wären gerade recht, dieser neuen Herrenschicht den Knüppel zu machen. Frontkämpfer werden von Studentenführern und Gauleiteraspiranten wie Schuljungen gemaßregelt, Gauleiter greifen mit geilen Späßen den Studentinnen an die Ehre. Deutsche Studentinnen haben an der Münchner Hochschule auf die Besudelung ihrer Ehre eine würdige Antwort gegeben, deutsche Studenten haben sich für ihre Kameradinnen eingesetzt und standgehalten ... Das ist ein Anfang zur Erkämpfung unserer freien Selbstbestimmung, ohne die geistige Werte nicht geschaffen werden können. Unser Dank gilt den tapferen Kameradinnen und Kameraden, die mit leuchtendem Beispiel vorangegangen sind!

1 ⓇⓇ

Es gibt für uns nur eine Parole: Kampf gegen die Partei! Heraus aus den Parteigliederungen, in denen man uns weiter politisch mundtot halten will! Heraus aus den Hörsälen der SS-Unter- und Oberführer und Parteikriecher! Es geht uns um wahre Wissenschaft und echte Geistesfreiheit! Kein Drohmittel kann uns schrecken, auch nicht die Schließung unserer Hochschulen. Es gilt den Kampf jedes einzelnen von uns um unsere Zukunft, unsere Freiheit und Ehre in einem seiner sittlichen Verantwortung bewußten Staatswesen.

Freiheit und Ehre! Zehn lange Jahre haben Hitler und seine Genossen die beiden herrlichen deutschen Worte bis zum Ekel ausgequetscht, abgedroschen, verdreht, wie es nur Dilettanten vermögen, die die höchsten Werte einer Nation vor die Säue werfen. Was ihnen Freiheit und Ehre gilt, haben sie in zehn Jahren der Zerstörung aller materiellen und geistigen Freiheit, aller sittlichen Substanzen im deutschen Volk genügsam gezeigt. Auch dem dümmsten Deutschen hat das furchtbare Blutbad die Augen geöffnet, das sie im Namen von Freiheit und Ehre der deutschen Nation in ganz Europa angerichtet haben und täglich neu anrichten. Der deutsche Name bleibt für immer geschändet, wenn nicht die deutsche Jugend endlich aufsteht, rächt und sühnt zugleich, ihre Peiniger zerschmettert und ein neues geistiges Europa aufrichtet. Studentinnen! Studenten! Auf uns sieht das deutsche Volk! Von uns erwartet es, wie 1813 die Brechung des Napoleonischen, so 1943 die Brechung des nationalsozialistischen Terrors aus der Macht des Geistes. Beresina und Stalingrad flammen im Osten auf, die Toten von Stalingrad beschwören uns!

„Frisch auf mein Volk, die Flammenzeichen rauchen!"

Unser Volk steht im Aufbruch gegen die Verknechtung Europas durch den Nationalsozialismus, im neuen gläubigen Durchbruch von Freiheit und Ehre.

(Inge Scholl, Die Weiße Rose. Frankfurt: Fischer 1965 = Fischer Taschenbuch 88, S. 131-135.)

Arbeitsanregungen

1. Klären Sie die im Flugblatt angesprochenen historischen Zusammenhänge und Ereignisse (vgl. auch den Bericht „Sie sind verhaftet")!

2. Fassen Sie die wesentlichen Aussagen in Form von Thesen zusammen!

3. Mit welchen Argumenten begründen die Geschwister Scholl ihren Aufruf zum Kampf gegen das Regime?
   Wie beurteilen Sie die Argumente?

4. Welche Ziele verfolgen die Verfasser des Flugblattes? Wie beurteilen Sie die Zielsetzung?

5. Analysieren Sie die Sprache des appellativen Textes! Zeigen Sie die Besonderheiten an Beispielen auf!

Flugblatt, 1–2-seitige, teils illustrierte Gelegenheitsdruckschrift zur Verbreitung sensationeller Nachrichten oder propagandistischer, teils auch satirischer Stellungnahme zu aktuellen politischen, religiösen, sozialen, moralischen u. a. Fragen, seit 1488 üblich; Vorläufer der Zeitung.
(Gero von Wilpert, Sachwörterbuch der Literatur, Stuttgart: Kröner 1979, S. 273-274.)

A. R. PENCK, **Flugblatt 1974**

(Die Zeit, Nr. 12 vom 14. 03. 1997.)

Arbeitsanregung

1. Erfüllt das Flugblatt von A. R. Penck die angeführten Kriterien?

2. Vergleichen Sie die verschiedenen Arten der Flugblätter! Welches halten Sie für wirkungsvoller? Begründen Sie Ihren Standpunkt!

Alexander Solschenizyn (1918 in Kislowodsk [UdSSR] geboren) war bis zum Zweiten Weltkrieg Mathematiklehrer.

1953 wurde er (unter Stalin) verhaftet, zunächst in einem Arbeitslager gefangen gehalten und später nach Mittelasien in die Verbannung geschickt; der Autor wurde erst 1956 rehabilitiert. 1970 erhielt Solschenizyn den Nobelpreis für Literatur.

Nachdem sein Roman „**Der Archipel Gulag**" (1974) im Westen erschien, wurde Solschenizyn aus der UdSSR ausgewiesen und lebte bis zu seiner Rückkehr in die Heimat (1994) in den USA.

In einem „Prolog" zu seinem Roman hat der Autor vermerkt:

„Ich wage es nicht, die Geschichte des Archipels zu schreiben; der Zugang zu Dokumenten war mir verschlossen. Aber werden sie jemals für jemanden zugänglich sein? ... Die sich nicht ERINNERN wollen, hatten (und haben) Zeit genug, alle Dokumente bis aufs letzte Blatt zu vernichten.

Der ich gelernt habe, meine dort verbrachten elf Jahre nicht als Schande, nicht als verfluchten Alptraum zu verstehen, sondern jene hässliche Welt beinahe zu lieben; der ich jetzt durch glückliche Fügung zum Vertrauten vieler späten Erinnerungen und Briefe wurde: Vielleicht gelingt es mir, etwas aus Knochen und Fleisch hinüberzuretten? – aus noch lebendem Fleisch übrigens, vom heute noch lebenden Triton."

Lesehinweis

Alexander Solschenizyn, Ein Tag im Leben des Iwan Denissowitsch. München: dtv 1970 = dtv 751.

Georg Lukács, Solschenizyn. Neuwied: Luchterhand 1970 = SL 28.

ALEXANDER SOLSCHENIZYN, Der Archipel Gulag (Die Verhaftung)

Die Verhaftung! Soll ich es eine Wende in Ihrem Leben nennen? Einen direkten Blitzschlag, der Sie betrifft? Eine unfassbare seelische Erschütterung, mit der nicht jeder fertig werden kann und oft in den Wahnsinn sich davor rettet?

Das Universum hat so viele Zentren, so viele Lebewesen darin wohnen. Jeder von uns ist ein Mittelpunkt des Alls und die Schöpfung bricht in tausend Stücke, wenn Sie es zischen hören: „SIE SIND VERHAFTET!"

Wenn schon *Sie* verhaftet werden – wie soll dann etwas anderes vor diesem Erdbeben verschont bleiben?

Unfähig, diese Verschiebungen im Weltall mit benebeltem Gehirn zu erfassen, vermögen die Raffiniertesten und die Einfältigsten unter uns in diesem Augenblick aus der gesamten Erfahrung ihres Lebens nichts anderes herauszupressen, als dies:

„Ich?? Warum denn??" – Eine Frage, die schon zu Millionen und Abermillionen Malen gestellt wurde und niemals eine Antwort fand.

Die Verhaftung ist eine jähe, mit voller Wucht uns treffende Versetzung, Verlegung, Vertreibung aus einem Zustand in einen anderen.

Da jagten wir glücklich oder trabten unglücklich durch die lange winkelige Straße unseres Lebens, an Zäunen, Zäunen, Zäunen entlang, vorbei an moderigen Holzplanken, an Lehmmauern und Eisengittern, vorbei an Umfriedungen aus Ziegel und Beton. Wir verloren keinen Gedanken daran, was wohl dahinter lag. Weder versuchten wir hinüberzublicken, noch uns hinüberzudenken – dahinter aber begann das Land GULAG, gleich nebenan, keine zwei Meter von uns entfernt. Auch hatten wir in diesen Zäunen die Unmenge von genau eingepassten, gut getarnten Türen und Pförtchen nicht bemerkt. Alle, alle diese Pforten standen für uns bereit – und es öffnete sich rasch die schicksalhafte eine, und vier weiße Männerhände, an Arbeit nicht, dafür aber ans Zuschnappen gewöhnt, packen uns an Beinen, Armen, Haaren, am Ohr oder am Kragen, zerren uns wie ein Bündel hinein, und die Pforte hinter uns, die Tür zu unserem vergangenen Leben, die schlagen sie für immer zu.

Schluss. Sie sind – verhaftet!

Und keine andere Antwort finden Sie darauf als ein verängstigtes Blöken: „W-e-e-r? I-i-ch?? Warum denn??"

Ver-haf-tet-wer-den, das ist: ein Aufblitzen und ein Schlag, durch die das Gegenwärtige sofort in die Vergangenheit versetzt und das Unmögliche zur rechtmäßigen Gegenwart wird. Das ist alles. Mehr zu begreifen gelingt Ihnen weder in der ersten Stunde noch nach dem ersten Tag.

Noch blinkt Ihnen in Ihrer Verzweiflung wie aus der Zirkuskuppel ein künstlicher Mond zu: „Ein Irrtum! Das wird sich schon aufklären!"

Alles andere aber, was sich heute zur traditionellen und sogar literarischen Vorstellung über die Verhaftung zusammengefügt hat, entsteht und sammelt sich nicht mehr in Ihrem bestürzten Gedächtnis, sondern im Gedächtnis Ihrer Familie und der Wohnungsnachbarn.

Das ist: ein schrilles nächtliches Läuten oder ein grobes Hämmern an der Tür. Das ist: der ungenierte stramme Einbruch der an der Schwelle nicht abgeputzten Stiefel des Einsatzkommandos. Das ist: der hinter ihrem Rücken sich versteckende eingeschüchterte Zeuge als Beistand. (Wozu der Beistand? – Das zu überlegen, wagen die Opfer nicht, und die Verhafter haben es vergessen, aber es ist halt Vorschrift; so muss er denn die Nacht über dabeisitzen und gegen Morgen das Protokoll unterschreiben. Auch für den aus dem Schlaf gerissenen Zeugen ist es eine Qual: Nacht für Nacht dabei sein und helfen zu müssen, wenn man seine Nachbarn und Bekannten verhaftet.)

Die traditionelle Verhaftung – das heißt auch noch: mit zitternden Händen zusammensuchen, was der Verhaftete dort brauchen könnte: Wäsche zum Wechseln, ein Stück Seife und was an Essen da ist, und niemand weiß, was notwendig und was erlaubt ist und welche Kleidung am besten wäre, die Uniformierten aber drängen: „Wozu das alles? Dort gibt's Essen genug. Dort ist's warm." (Alles Lüge. Und das Drängen dient nur zur Einschüchterung.)

Die traditionelle Verhaftung hat noch eine stundenlange Fortsetzung, später, wenn der arme Sünder längst abgeführt ist und die brutale, fremde, erdrückende Gewalt sich der Wohnung bemächtigt. Das sieht so aus: Schlösser aufbrechen, Polster aufschlitzen, alles von den Wänden runter, alles aus den Schränken raus, ein Herumwühlen, Ausschütten, Aufschneiden, ein Reißen und Zerren – und Berge von Hausrat auf dem Boden, und Splitter unter den Stiefeln. Und nichts ist ihnen heilig während der Hausdurchsuchung! Während der Verhaftung des Lokführers Inoschins stand der kleine Sarg mit seinem eben verstorbenen Kind im Zimmer. Die *Rechtshüter* kippten das Kind aus dem Sarg heraus, sie suchten auch dort. Sie zerren Kranke aus ihren

Betten und reißen Verbände von Wunden. Und was alles wird während der Haussuchung als verdächtig erkannt werden! [...]

Das Geraffte führen sie fort, bisweilen muss es der Verhaftete selber schleppen. Auch Nina Alexandrowna Palitschinskaja durfte den Sack mit den Papieren und Briefen ihres unermüdlich tätig gewesenen verstorbenen Gatten, des großen russischen Ingenieurs, schultern – und er verschwand im Rachen der GPU auf Nimmerwiedersehen.

Für die aber, die nach der Verhaftung zurückbleiben, beginnen ab nun lange Monate eines zerrütteten, verwüsteten Lebens. Die Versuche, mit Plakaten durchzukommen. Und überall nur bellende Antworten: „Den gibt es nicht!", „Nicht in den Listen!" Zuvor aber muss man an den Schalter gelangen, aus dem das Gebell schallt, und das bedeutete in den schlimmen Leningrader Zeiten fünf Tage Schlange stehen. Und erst nach Monaten oder nach einem Jahr lässt der Verhaftete selbst von sich hören oder aber es wird einem das „Ohne Brieferlaubnis" an den Kopf geworfen. Das aber heißt – für immer. „Ohne Brieferlaubnis", das steht fast sicher für: erschossen*.

So stellen wir uns die Verhaftung vor.

Es stimmt auch. Die nächtliche Verhaftung von der beschriebenen Art erfreut sich bei uns gewisser Beliebtheit, weil sie wesentliche Vorzüge zu bieten hat. Alle Leute in der Wohnung sind nach den ersten Schlägen gegen die Tür vor Entsetzen gelähmt. Der zu Verhaftende wird aus der Wärme des Bettes gerissen, steht da in seiner halbwachen Hilflosigkeit, noch unfähig, einen klaren Gedanken zu fassen. Bei einer nächtlichen Verhaftung ist das Einsatzkommando in einer stärkeren Position: Sie kommen, ein halbes Dutzend bewaffneter Männer gegen einen, der erst die Hose zuknöpft; mit Sicherheit ist auszuschließen, dass sich während der Abführung und der Haussuchung am Hauseingang mögliche Anhänger des Opfers sammeln. Das gemächliche und systematische Aufsuchen von einer Wohnung hier, einer anderen dort, einer dritten und vierten in der darauffolgenden Nacht gewährt den bestmöglichen Einsatz des operativen Personals und die Inhaftierung einer vielfach größeren Zahl von Einwohnern, als der Personalstand ausmacht.

Einen weiteren Vorzug zeigen die nächtlichen Verhaftungen auch darin, dass weder die Nachbarhäuser noch die Straßen zu sehen bekommen, wie viele da nächtens abtransportiert werden. Erschreckend für die allernächsten Hausparteien, sind sie für die Entfernteren nicht existent. Sind wie nicht dagewesen. Über denselben Asphaltstreifen, über den zur nächtlichen Stunde Gefangenenwagen hin und her flitzen, marschieren am hellen Tage frohgemute Jugendscharen, mit Fahnen und Blumen und unbeschwerten Liedern.

Doch die *Verhaftenden*, deren Dienst ja einzig aus solchen Akten besteht, denen die Schrecken der Festzunehmenden längst etwas Vertrautes und Öde-Langweiliges geworden sind, betrachten den Inhaftnahmevorgang in einem viel weiteren Sinne. Die haben eine große Theorie; man glaube nur ja nicht naiv, es gäbe sie nicht. Die Inhaftnahme, das ist ein wichtiger Abschnitt im Lehrplan der allgemeinen Gefängniskunde, in der eine grundlegende gesellschaftliche Theorie als Basis nicht fehlt. Die Verhaftungen werden nach bestimmten Merkmalen klassifiziert: Verhaftungen am Tag und in der Nacht; zu Hause, im Dienst und unterwegs; erstmalige und wiederholte; Einzel- und Gruppenverhaftungen. Die Verhaftungen werden nach dem Grad der erforderlichen Überrumpelung eingestuft und nach der Stärke des zu erwartenden Wider-

---

* Mit einem Wort: „Wir leben unter verfluchten Bedingungen, wo ein Mensch spurlos verschwindet und auch seine Allernächsten, Frau und Mutter ..., jahrelang nichts über sein Schicksal erfahren." Stimmt's? Nein? Dies schrieb Lenin im Jahre 1910 in seinem Nachruf auf Babuschkin. Doch sei hier geradeaus festgehalten: Babuschkin leitete einen Waffentransport für den Aufstand, dabei wurde er auch erschossen. Er wusste, was er in Kauf nahm. Anders wir, die Karnickel.

standes (doch in Dutzenden Millionen von Fällen wurde kein Widerstand erwartet und auch keiner geleistet). Die Verhaftungen unterscheiden sich nach der Gewichtigkeit der geplanten Haussuchung*; nach der Notwendigkeit, bei der Beschlagnahme Protokolle zu führen, das Zimmer oder die Wohnung zu versiegeln, welche Notwendigkeit nicht immer gegeben ist; je nach Bedarf im weiteren Verlaufe auch die Frau des Abgeführten zu verhaften, die Kinder aber ins Kinderheim zu bringen bzw. den Rest der Familie in die Verbannung bzw. auch noch die greisen Eltern ins Lager. [...]

Nicht jedermann ist in seinem Heim, nach vorherigem Klopfen an der Tür, festzunehmen, nicht jedermann auch an seinem Arbeitsplatz. Bei vermuteter Böswilligkeit des zu Fassenden ist es besser, ihn in *Absonderung* zu verhaften, fern von der gewohnten Umgebung, von der Familie, den Kollegen, den Gleichgesinnten und den Geheimverstecken: dass er nicht die Zeit habe, etwas zu vernichten, zu verbergen, zu übergeben. Hohe Würdenträger in Partei und Armee wurden bisweilen an andere Orte versetzt, per Salonwagen auf die Reise geschickt und unterwegs verhaftet. Irgendein namenloser Sterblicher hingegen, ein angstgeschüttelter Zeuge der Verhaftungen rundum, den schiefe Blicke seiner Vorgesetzten seit einer Woche schon Böses ahnen ließen, wird plötzlich zum Gewerkschaftsrat beordert, wo man ihm strahlend einen Reisebonus für ein Sanatorium in Sotschi überreicht. Er dankt, er eilt jubelnd nach Hause, um den Koffer zu packen. In zwei Stunden fährt der Zug, er schilt die umständliche Gattin. Und schon am Bahnhof! Noch bleibt Zeit. Im Wartesaal oder an der Theke, wo er rasch ein Bier kippt, wird er von einem überaus sympathischen jungen Mann angesprochen: „Erkennen Sie mich nicht, Pjotr Iwanytsch?" Pjotr Iwanytsch wird verlegen: „Eigentlich nicht ... ich weiß nicht recht ..." Der junge Mann ist ganz freundschaftliches Entgegenkommen: „Aber, aber, Sie werden sich gleich erinnern ..." Und mit ehrfürchtiger Verbeugung zur Gattin hin: „Verzeihen Sie bitte, ich entführe Ihren Gatten bloß für *einen Augenblick* ..." Die Gattin gestattet, der Unbekannte hakt sich bei Pjotr Iwanytsch vertraulich unter und führt ihn ab – für immer oder für zehn Jahre.

Der Bahnhof aber lebt sein hastiges Leben – und merkt nichts ... Mitbürger, die Ihr gern Reisen unternehmt! Vergesst nicht, dass es auf jedem Bahnhof einen Außenposten der GPU gibt mit einigen Gefängniszellen dazu. [...]

Man muss den Organen Gerechtigkeit widerfahren lassen: In einer Zeit, da Festreden, Theaterstücke und Damengarderoben den Stempel der Serienproduktion zu tragen scheinen, zeigt sich die Verhaftung in vielfältigem Gewand. Man winkt Sie beiseite, nachdem Sie eben am Fabriktor Ihren Passierschein vorgewiesen haben – und drin sind Sie; man schleppt Sie aus dem Lazarett mit 39 Grad Fieber fort (Ans Bernstein) und der Arzt hat nichts gegen Ihre Verhaftung einzuwenden (soll er's nur versuchen!); man verhaftet Sie vom Operationstisch weg, auf dem Sie wegen eines Magengeschwürs lagen (N. M. Worobjow, Gebietsschulinspektor, 1936) – und bringt Sie, mehr tot als lebendig, blutverschmiert in die Zelle (so erinnert sich Karpunitsch). [...]

(Alexander Solschenizyn, Der Archipel Gulag. Bern: Scherz 1973, S. 15-21.)

---

* Dazu gibt es auch noch eine komplette Wissenschaft der Haussuchung. Ich hatte Gelegenheit, eine Broschüre für Fernstudenten der Juristischen Hochschule von Alma-Ata zu lesen. Dort wird speziell jenen Juristen Lob zuteil, die die Mühe nicht scheuen, 2 Tonnen Dünger, 6 Kubikmeter Holz und 2 Fuhren Heu zu durchwühlen, einen Bauernhof vom Schnee zu räumen, Ziegel aus dem Ofen herauszubrechen, die Senkgrube zu leeren, Klosettschüsseln zu untersuchen, in Hundehütten, Hühnerställen und Vogelhäusern zu suchen, Matratzen aufzuschneiden, Pflaster von der Haut zu reißen und Metallzähne auszubrechen, um sich zu vergewissern, dass darunter keine Mikrofilme verborgen lagen. Den Studenten wird wärmstens empfohlen, mit der Leibesvisitation zu beginnen und damit auch wieder abzuschließen (könnte doch sein, dass der Betreffende während der Aktion noch etwas unterschlagen hat) und nochmals an den gleichen Ort zurückzukehren, zu anderer Tageszeit – und die Durchsuchung zu wiederholen.

Arbeitsanregungen

1. Was bedeuten für das Ich die Worte: „Sie sind verhaftet!"?
   Welche Bedeutung haben Vergangenheit und Gegenwart für die Betroffenen?

2. Welche Folgen ergeben sich für den Verhafteten und diejenigen, die zurückbleiben?

3. Wie gehen die Verhaftenden vor?

4. Halten Sie das „Erinnern" von Menschen, die Unterdrückung und Gewalt erlebt haben, für wichtig? (Vgl. den „Prolog" im Vorspann!)

„Es sind einfach zu viele,

nicht in der Fabrik und nicht im Stall und nicht in der Küche aber am Feierabend, vor allem am Sonntag sind es plötzlich zu viele.

Sie fallen auf.

Sie sind anders."

(Max Frisch 1975)

DETLEF BISCHOFF, **Wer ist Ausländer?**

Die Frage ist juristisch einfach zu beantworten: Ausländer ist jeder, der nicht die deutsche Staatsangehörigkeit besitzt. Daraus folgt weiter, dass für ihn andere Vorschriften gelten, er also nicht in vollem Umfang die gleichen Rechte und Pflichten hat wie ein Deutscher ... „Ausländer" sein heißt aber nicht nur formal, eine Person mit anderer Staatsangehörigkeit zu sein. Es bedeutet auch, sozial ein „Anderer" – ein Fremder – zu sein, dem allein deswegen schon mit Misstrauen begegnet wird. Die Rechts- und Sozialgeschichte zeigt, dass seit jeher der „Fremde" als bedrohlich oder gar gefährlich empfunden wurde. Man verschloss seine Grenzen vor ihm oder duldete ihn nur mit einem minderen Rechtsstatus (Stellung in der Rechtsordnung). Misstrauen und Abwehrhaltung sind und waren aus religiösen, kulturellen und ökonomischen Gründen tief verwurzelt. Die Bildung von Nationalstaaten in der Neuzeit hat diese Entwicklung bis zum Exzess (Maßlosigkeit) von „Erbfeindschaften" gesteigert.

Andererseits wissen wir ebenso gut, dass kein Volk, kein Staat oder keine Kultur autonom (für sich allein) bestehen konnte und kann. Wechselseitige wirtschaftliche Abhängigkeiten und kulturelle Befruchtungen erfolgten und waren notwendig, wenn nicht materielle und geistige Verarmung die Folge sein sollte.

Gut gemeinte Versuche, dem Problem durch sprachliche Mittel zu begegnen, wenn etwa von „Mitbürgern", „Gästen", „interkulturellen Beziehungen" usw. die Rede ist, verdecken nur die Realität, beschönigen die bestehende Situation, ohne an ihr etwas zu ändern. Ausländer sind nun einmal – nicht nur in Deutschland – durch ihren minderen Rechtsstatus gekennzeichnet und vielfältigen sozialen Diskriminierungen (Benachteiligungen) ausgesetzt. Jeder, der sich mit der Situation der Ausländer in der Bundesrepublik beschäftigt, muss wissen, dass er es dabei auch mit einem allgemeinen, tief verwurzelten Misstrauen gegenüber Fremden zu tun hat. Die Schlagworte der Angst vor „Überfremdung" oder des „Verlusts der nationalen Identität" spiegeln diese Vorbehalte und Sorgen wider.

(Detlef Bischoff/Werner Teubner, Zwischen Einbürgerung und Rückkehr. Ausländerpolitik und Ausländerrecht der Bundesrepublik. Berlin 1990.)

Arbeitsanregungen

1. Setzen Sie die Aussage von Max Frisch mit der Grafik „Die ausländischen Mitbürger" (S. 300) in Beziehung!

2. Stimmen Sie der These zu, dass kein Volk (Staat) autonom bestehen kann? Berücksichtigen Sie bei Ihrer Argumentation die Diskussion um ein vereintes Europa!

3. Warum wird bei der Charakterisierung des Verhältnisses zwischen Deutschen und Ausländern oft von Euphemismen (beschönigenden, verhüllenden Wörtern) Gebrauch gemacht? Suchen Sie die Euphemismen aus dem Sachtext heraus und beschreiben Sie ihre Wirkung!

4. Sammeln Sie Schlagwörter, die die Angst vor Ausländern widerspiegeln! In welchen Situationen werden sie angewandt?

GABRIEL LAUB, **Fremde**

Fremde sind Leute, die später gekommen sind als wir; in unser
Haus, in unseren Betrieb, in unsere Straße, unsere Stadt,
unser Land. Die Fremden sind frech: Die einen wollen so leben
wie wir, die anderen wollen nicht so leben wie wir. Beides
5 ist natürlich widerlich.
Alle erheben dabei Ansprüche auf Arbeit, auf Wohnungen
und so weiter, als wären sie normale Einheimische.
Manche wollen unsere Töchter heiraten, und manche wollen
sie sogar nicht heiraten, was noch schlimmer ist.
10 Fremdsein ist ein Verbrechen, das man nie wieder gutmachen
kann.
Seit die Leibeigenschaft aufgehoben ist, gibt es überall viele
Fremde. In den großen Städten sind sie schlecht zu erkennen,
weil sie sich als normale Menchen zu tarnen verstehen.
15 Darum wäre es nötig, alle Menschen zu verpflichten, je
nach ihrer Herkunft eine Tracht zu tragen. Jedes Land sollte
einen bestimmten Hut haben, jede Stadt eine Sorte Hosen,
jede Straße ihre Halsbinde, jedes Haus Knöpfe mit der Hausnummer, jeder Betrieb Abzeichen.
20 So sähe man gleich auf den ersten Blick, wen man zum
Kaffee einladen, wem man einen niedrigeren Lohn zahlen und
von wem man eine höhere Miete verlangen kann.

(Gabriel Laub/Hans-Georg Rauch, Doppelfinten. Reinbek: Rowohlt 1975, S. 28.)

Arbeitsanregungen

1. Beschreiben Sie Ihre Empfindungen bei der Lektüre des Textes von Laub!

2. Warum werden die Fremden als „frech" bezeichnet?

3. Wie kommt die Wirkung des Textes zustande?

4. Schreiben Sie einen Prosatext, der
   – „Fremde" zum Thema hat
   – Ihre Erfahrungen im Ausland behandelt! (Er könnte beginnen: „Ich, in der Fremde, …")

Nix Ankara

(PZ Nr. 83, September 1995, S. 34.)

Arbeitsanregung

Formulieren Sie
- einen Kommentar der Frau auf das Verhalten ihres Mannes
- eine alternative Antwort des Mannes, die den ausländischen Bürgern gerecht wird!

WOLFGANG NIEDECKEN,

Arsch huh, Zäng ussenander! | Arsch hoch, Zähne auseinander!

Du mähß et Fröhstöckfernsehn ahn	Du machst das Frühstücksfernsehn an
un – selvsverständlich wie die Wetterkaat –	und – selbstverständlich wie die Wetterkarte –
kütt unger "ferner liefen", wo se wievill Asylante	kommt unter "ferner liefen", wo sie wie viele Asylanten
diss Nach plattjemaat.	heute Nacht plattgemacht haben.
5 Na klar, dä Mob hätt widder randaliert,	Na klar, der Mob hat wieder randaliert, 50
dä Bürjer applaudiert:	der Bürger applaudiert:
„Die Kanakken sinn ald ömquartiert,	„Die Kanaken sind schon umquartiert,
die Naach hätt sich rentiert."	die Nacht hat sich rentiert."
Du jehß ding Brühtcher holle,	Du gehst deine Brötchen holen,
10 su wie jede Morje waatste ahn dä Thek;	so wie jeden Morgen wartest du an der Theke. 55
do löht ne Typ em Blaumann Sprüch aff,	Da lässt ein Typ im Blaumann Sprüche ab,
bei dänne et dir kotzschlääsch weed.	bei denen es dir kotzschlecht wird.
Du denks: "Nur russ he, wat ess bloß passiert,	Du denkst: „Nur raus hier, was ist bloß passiert,
dat kein Sau reajiert?	dass keine Sau reagiert?
15 Wiesu's e janz Land ahm kusche,	Wieso ist ein ganzes Land am Kuschen, 60
als wöhr et paralisiert?	als wäre es paralysiert?"
Refrain:	Refrain:
Wie wöhr't, wenn du dämm Blaumann jetzt sähß,	Wie wär's, wenn du dem Blaumann jetzt sagst,
dat du Rassistesprüch nit verdrähß?	dass du Rassistensprüche nicht verträgst?
20 Wenn du en vüür dä Lück blamiers,	Wenn du ihn vor den Leuten blamierst, 65
endämm de'n einfach oplaufe löhß?	indem du ihn einfach auflaufen lässt?
Övverhaup: Wemmer selver jet däät?	Überhaupt: Wenn man selbst mal was tun würde.
Wemmer die Zäng ens ussenander kräät?	Wenn man die Zähne mal auseinander kriegen würde?
Wenn mir dä Arsch nit huhkrieje,	Wenn wir den Arsch nicht hochkriegen,
25 ess et eines Daachs zu spät.	ist es eines Tages zu spät. 70
Wohrs du dat nit, dä singem Vatter nie	Warst du das nicht, der seinem Vater nie
et Stillhahle verzeihe kunnt,	das Stillhalten verzeihen konnte,
weil dä sich domohls arrangiert hätt,	weil der sich damals arrangiert hatte,
bess'e schließlich vüür dä Trömmere stund?	bis er schließlich vor den Trümmern stand?
30 wie wöhr't wenn du ding Ideale	Wie wär's wenn du deine Ideale
langsam ens vertredde dääts?	langsam mal vertreten würdest? 75
Oder wills du em Ähnz drop waade,	Oder willst du im Ernst drauf warten,
dat dat irjendeiner für dich mäht?	dass das irgendeiner für dich tut?
Refrain:	Refrain:
35 Wie wöhr et, wemmer selver jet däät?	Wie wär es, wenn man selbst mal etwas tun würde? 80
Wemmer die Zäng ens ussenander kräät?	Wenn man die Zähne mal auseinander kriegen würde?
Wenn mir dä Arsch nit huhkrieje,	Wenn wir den Arsch nicht hochkriegen,
ess et eines Daachs zu spät.	ist es eines Tages zu spät.
Dä Schuhß ess fruchtbar noch,	Der Schoß ist fruchtbar noch,
40 uss dämm die Nazibrut russkroch.	aus dem die Nazibrut rauskroch. 85
Jetzt jilt et: Arsch huh, Zäng ussenander,	Jetzt gilt es: Arsch hoch, Zähne auseinander,
jetz, nit nähxte Woch!	jetzt, nicht nächste Woche!
Refrain:	Refrain:
wie wöhr et, wemmer selver jet däät?	Wie wär es, wenn man selbst mal was tun würde?
45 Wemmer die Zäng ens ussenander kräät?	Wenn man die Zähne mal auseinander kriegen würde? 90
Wenn mir dä Arsch nit huhkrieje,	Wenn wir den Arsch nicht hochkriegen,
ess et eines Daachs zu spät.	ist es eines Tages zu spät.

(Arsch huh, Zäng ussenander! Köln: Kiepenheuer & Witsch 1992, S. 146-149.)

Heinz Rudolf Kunze, **Aller Herren Länder**

Winde werden rauher
Wellen schäumen Wut
nur ums nackte Leben
nicht um Hab und Gut
bleiche Ausgesetzte
klammern sich ans Boot
draußen treiben Hände
ab in höchster Not

Bringen wir das fertig
ist die Arche voll
weiß hier keiner was man
tun und lassen soll

Du wirst nie zu Hause sein
wenn du keinen Gast
keine Freunde hast
dir fällt nie der Zauber ein
wenn du nicht verstehst
dass du untergehst wie alle
Menschenschänder
aller Herren Länder

Draußen vor der Festung
bis zum Horizont
lagern sie und warten
näher rückt die Front
grollende Kanonen
Angst in ihrem Blick
Hunger reckt die Arme
nirgends gehts zurück

Aufmerksam die Wachen
kalt und konsequent
selbst schuld wer den Schädel
gegen Mauern rennt

Du wirst nie zu Hause sein
wenn du keinen Gast
keine Freunde hast
dir fällt nie der Zauber ein
wenn du dich verschließt
nur dich selber siehst
du wirst nie zu Hause sein
wenn du keinen Gast
keine Freunde hast

Wir sind nichts Besondres
hatten nur viel Glück
Auserwählte kriegen halt das
größte Kuchenstück
Überall auf Erden
sind auch wir geboren
können wir gewinnen
haben wir verlorn

Keine Zeit für Grenzen
für Unterschied kein Raum
klein wird der Planet nur
ohne blauen Traum

Du wirst nie zu Hause sein
wenn du keinen Gast
keine Freunde hast
dir fällt nie der Zauber ein
wenn du nicht verstehst
dass du untergehst wie alle
Menschenschänder
aller Herren Länder

aller Herren Länder
aller Herren Länder

(http://www.heinzrudolfkunze.de)

Arbeitsanregungen

1. Haben Sie ähnliche Erfahrungen mit Ausländerfeindlichkeit in Deutschland gemacht wie Wolfgang Niedecken? Berichten Sie!

2. Besteht ein Zusammenhang zwischen Niedeckens Text und dem Sprichwort von Johann Wolfgang von Goethe (Zahme Xenien, 9. Buch)?
   Ein jeder kehre vor seiner Tür, und rein ist jedes Stadtquartier.
   Ein jeder übe sein' Lektion, so wird es gut im Rate stohn!

3. Interpretieren Sie Heinz Rudolf Kunzes Songtext! Berücksichtigen Sie dabei die Antithetik zwischen „Ausgesetzten" und „Auserwählten"!

4. Zu welchen Formen des Widerstands ruft Niedecken auf? Was will Kunze bewirken? Ergänzen Sie die Vorschläge durch eigene Ideen!

Reiner Kunze wurde 1933 in Oelsnitz im Erzgebirge geboren. Sein Vater war Bergarbeiter. Kunze studierte an der Universität Leipzig Philosophie und Journalistik und erhielt nach dem Studium einen Lehrauftrag an der Universität Leipzig. 1959 wurde er wegen politischer Differenzen aus dem Universitätsdienst entlassen. Zunächst arbeitete er als Hilfsschlosser; seit 1962 ist Kunze als freier Schriftsteller tätig. 1977 verließ er die damalige DDR und lebt seitdem in der Nähe von Passau.

Mit seinen Arbeiten will Kunze der Zerstörung und Fesselung des Einzelnen durch inhumane Strukturen entgegenwirken: *„Die Bewohnbarkeit der Erde ist die Voraussetzung menschlichen Glücks. Ob Dichter, Politiker oder Maurer – sie taugen in dem Maße nichts, in dem sie die Erde nicht bewohnbar machen."*

Der hier abgedruckte Prosatext ist dem Band **„Die wunderbaren Jahre"** (1976) entnommen, die Reiner Kunze mit einem Auszug aus Truman Capotes Roman „Die Grasharfe" so kennzeichnet: *„Ich war elf, und später wurde ich sechzehn. Verdienste erwarb ich mir keine, aber das waren die wunderbaren Jahre."*

Lesehinweis
Reiner Kunze, Die wunderbaren Jahre. Frankfurt: Fischer 1978 = Fischer Taschenbuch 2074.
Reiner Kunze, Zimmerlautstärke. Gedichte. Frankfurt: Fischer ²1973 = Reihe Fischer 30.
Reiner Kunze, ein tag auf dieser erde. Frankfurt: Fischer 1998.

REINER KUNZE, **Element**

1

Auf sein Bücherbrett im Lehrlingswohnheim stellte Michael die Bibel. Nicht, weil er gläubig ist, sondern weil er sie endlich einmal lesen wollte. Der Erzieher machte ihn jedoch darauf aufmerksam, daß auf dem Bücherbrett eines sozialistischen Wohnheims die Bibel nichts zu suchen habe. Michael weigerte sich, die Bibel vom Regal zu nehmen. Welches Lehrlingswohnheim nicht sozialistisch sei, fragte er, und da in einem sozialistischen Staat jedes Lehrlingswohnheim sozialistisch ist und es nicht zu den Obliegenheiten der Kirche gehört, Chemiefacharbeiter mit Abitur auszubilden, folgerte er, daß, wenn der Erzieher Recht behalte, in einem sozialistischen Staat niemand Chemiefacharbeiter mit Abitur werden könne, der darauf besteht, im Wohnheim auf sein Bücherbrett die Bibel stellen zu dürfen. Diese Logik, vorgetragen hinter dem Schild der Lessing-Medaille, die Michael am Ende der zehnten Klasse verliehen bekommen hatte (Durchschnittsnote Einskommanull), führte ihn steil unter die Augen des Direktors: Die Bibel verschwand, und Michael dachte weiterhin logisch. Die Lehrerin für Staatsbürgerkunde aber begann, ihn als eines jener Elemente zu klassifizieren, die in Mendelejews Periodischem System nicht vorgesehen sind und durch das Adjektiv „unsicher" näher bestimmt werden.

2

Eines Abends wurde Michael zur Betriebswache gerufen. Ein Herr in Zivil legte ihm einen Text vor, in dem sich ein Ich verpflichtete, während der Weltfestspiele der Jugend und Studenten die Hauptstadt nicht zu betreten, und forderte ihn auf zu unterschreiben. – Warum? fragte Michael. Der Herr blickte ihn an, als habe er die Frage nicht gehört. – Er werde während der Weltfestspiele im Urlaub sein, sagte Michael, und unter seinem Bett stünden nagelneue Bergsteigerschuhe, die er sich bestimmt nicht zu diesem Zweck angeschafft habe, den Fernsehturm am Alex zu besteigen. Er werde während der Weltfestspiele nicht einmal im Lande sein. – Dann könnte er also unterschreiben, sagte der Herr, langte über den Tisch und legte den Kugelschreiber, der neben dem Blatt lag, mitten aufs Papier. – Aber warum? fragte Michael. Der Text klinge wie das Eingeständnis einer Schuld. Er sei sich keiner Schuld bewußt. Höchstens, daß er einmal beinahe in einem VW-Käfer mit westberliner Kennzeichen getrampt wäre. Damals hätten sich die Sicherheitsorgane an der Schule über ihn erkundigt. Das sei für ihn aber kein Grund zu unterschreiben, daß er während der Weltfestspiele nicht nach Berlin fahren werde. – Was für ihn ein Grund sei oder nicht, das steht hier nicht zur Debatte, sagte der Herr. Zur Debatte stehe seine Unterschrift. – Aber das müsse man ihm doch begründen, sagte Michael. – Wer hier was müsse, sagte der Herr, ergäbe sich einzig aus der Tatsache, daß in diesem Staat die Arbeiter und Bauern die Macht ausübten. Es empfehle sich also, keine Sperenzien zu machen. – Michael begann zu befürchten, man könnte ihn nicht in die Hohe Tatra trampen lassen, verbiß sich die Bemerkung, daß er die letzten Worte als Drohung empfinde, und unterschrieb.

Zwei Tage vor Beginn seines Urlaubs wurde ihm der Personalausweis entzogen und eine provisorische Legitimation ausgehändigt, die nicht zum Verlassen der DDR berechtigte, und auf der unsichtbar geschrieben stand: Unsicheres Element.

3

Mit der topografischen Vorstellung von der Hohen Tatra im Kopf und Bergsteigerschuhen an den Füßen, brach Michael auf zur Ostsee. Da es für ihn nicht günstig gewesen wäre, von Z. aus zu trampen, nahm er bis K. den Zug. Auf dem Bahnsteig von K., den er mit geschulterter Gitarre betrat, forderte eine Streife ihn auf, sich auszuweisen. „Aha", sagte der Transportpolizist, als er des Ausweispapiers ansichtig wurde, und hieß ihn mitkommen. Er wurde zwei Schutzpolizisten übergeben, die ihn zum Volkspolizeikreisamt brachten. „Alles auspacken!" Er packte aus. „Einpacken!" Er packte ein. „Unterschreiben!" Zum zweitenmal unterschrieb er den Text, in dem sich ein Ich verpflichtete, während der Weltfestspiele die Hauptstadt nicht zu betreten. Gegen vierundzwanzig Uhr entließ man ihn. Am nächsten Morgen – Michael hatte sich eben am Straßenrand aufgestellt, um ein Auto zu stoppen – hielt unaufgefordert ein Streifenwagen bei ihm an. „Ihren Ausweis, bitte!" Kurze Zeit später befand sich Michael wieder auf dem Volkspolizeikreisamt. „Alles auspacken!" Er packte aus. „Einpacken!" Diesmal wurde er in eine Gemeinschaftszelle überführt. Kleiner Treff von Gitarren, die Festival-Verbot hatten: Sie waren mit einem Biermann-Song oder mit der Aufschrift ertappt worden: WARTE NICHT AUF BESSRE ZEITEN. Sein Name wurde aufgerufen. „Wohin?" – „Eine schweizer Kapelle braucht einen Gitarristen", sagte der Wachtmeister ironisch. Er brachte ihn nach Z. zurück. Das Konzert fand auf dem Volkspolizeikreisamt statt. „Sie wollten also nach Berlin." – „Ich wollte zur Ostsee." – Der Polizist entblößte ihm die Ohren. „Wenn Sie noch einmal lügen, vermittle ich Ihnen einen handfesten Eindruck davon, was die Arbeiter-und-Bauern-Macht ist!" Michael wurde fotografiert (mit Stirnband, ohne Stirnband) und entlassen. Um nicht weiterhin verdächtigt zu werden, er wolle nach Berlin, entschloß er sich, zuerst nach Osten und dann oderabwärts zur Küste zu trampen. In F. erbot sich ein Kraftfahrer, ihn am folgenden Tag unmißverständlich weit über den Breitengrad von Berlin hinaus mitzunehmen. „Halb acht vor dem Bahnhof." Halb acht war der Bahnhofsvorplatz blau von Hemden und Fahnen: Man sammelte sich, um zu den Weltfestspielen nach Berlin zu fahren. Ein Ordner mit Armbinde fragte Michael, ob er zu einer Fünfzigergruppe gehöre. – „Sehe ich so aus?" – Der Ordner kam mit zwei Bahnpolizisten zurück. „Ihren Ausweis!" Michael weigerte sich mitzugehen. Er erklärte. Er bat. Sie packten ihn an den Armen. Bahnhofszelle. Verhör. Die Polizisten rieten ihm, eine Schnellzugfahrkarte zu lösen und zurückzufahren. Er protestierte. Er habe das Recht, seinen Urlaub überall dort zu verbringen, wo er sich mit seinem Ausweis aufhalten dürfe. – Er müsse nicht bis Z. zurückfahren, sagten die Polizisten, sondern nur bis D. Falls er jedoch Schwierigkeiten machen sollte, zwinge er sie, das Volkspolizeikreisamt zu verständigen, und dann käme er nicht zu glimpflich davon. Ein Doppelposten mit Hund begleitete ihn an den Fahrkartenschalter und zum Zug. „Wenn Sie eher aussteigen als in D., gehen Sie in U-Haft!" Auf allen Zwischenstationen standen Posten mit Hund. In D. erwarteten ihn zwei Polizisten und forderten ihn auf, unverzüglich eine Fahrkarte nach Z. zu lösen und sich zum Anschlußzug zu begeben. Er gab auf. Auf dem Bahnsteig in Z. wartete er, bis die Polizisten auf ihn zukamen. Nachdem sie Paßbild und Gesicht miteinander verglichen haben, gaben sie ihm den Ausweis zurück. „Sie können gehen." – „Wohin?" fragte Michael.

(Reiner Kunze, Die wunderbaren Jahre. Prosa. Frankfurt: Fischer 1976, S. 38-42.)

Arbeitsanregungen

1. Charakterisieren Sie Michael! Berücksichtigen Sie im Hinblick auf Michaels Entwicklung auch die Gliederung des Textes!

2. Versetzen Sie sich in Michaels Situation! Wie beurteilen Sie sein Verhalten?

3. Wie reagiert der Staat? Welche Ziele verfolgt er?

4. Stellen Sie die Verhaltensweisen und Reaktionen im Einzelnen gegenüber!

5. Erläutern Sie die Folgen der staatlichen Maßnahmen (Macht) und ihre Wirkung (Unterdrückung) für den Einzelnen!

6. Warum heißt der Text "Element"? Was kritisiert der Autor?

Angst vor der Einsamkeit

Einmal in der Woche treffen sich AIDS-Infizierte bei der AIDS-Hilfe Köln. Sie reden über sich, wie sie es kaum im Familienkreis und schon gar nicht an der Arbeitsstelle wagen:

Keiner von ihnen leidet bisher an Krankheitssymptomen, auch Hilde N. (alle Namen geändert) nicht. Sie ist 20 Jahre alt. Mit 16 lernte sie ihre erste große Liebe kennen. Drei Jahre blieb sie mit Peter zusammen. Dann kam es wegen seiner homosexuellen Neigungen zum Bruch. ‚Einmal haben wir uns noch getroffen und geliebt.' Die Warnung sei dann vom Vater ihres Ex-Freundes gekommen: Peter habe AIDS, und sie solle sich besser untersuchen lassen.

,Was sollte schon sein? Ich hatte ja keinen Kontakt mehr mit anderen Männern gehabt.' – Als sie das Untersuchungsergebnis mitgeteilt bekam – ,Es tut uns leid, Sie sind positiv' –, habe sie das hingenommen, als ginge es um jemand anderen: ,Der Hammer kam am dritten Tag. Da hab' ich erst begriffen, dass ich vielleicht nur noch drei, vier Jahre habe.'

Die Reaktion: Hilde ging nicht mehr regelmäßig arbeiten, nahm Beruhigungstabletten, dachte: ,Jetzt haust du auf den Putz.' Erst nach langem Zögern sagte sie es ihren Eltern und ihrer Chefin. ,Die haben einfach toll reagiert.' Im Betrieb weiß es immer noch keiner.

Irgendwann wollte Hilde auch mit der netten Familie darüber sprechen, bei der sie öfters die Kinder hütet. Doch ihr fehlte der Mut. Sie log, der Test habe gezeigt, dass sie kein Virusträger sei. ,Es war grotesk. Die Frau weinte vor Freude, nahm mich in den Arm, holte eine Flasche Sekt aus dem Keller. – Da hab' ich begriffen, wie schlimm AIDS sein muss.'

Später erfuhr die Familie dann doch die Wahrheit. Sie hielt zu Hilde, eine beglückende Erfahrung, die längst nicht alle Infizierten machen können. Trotzdem, die Angst könne ihr keiner abnehmen. Natürlich habe auch sie den Traum von Kindern und Familie gehabt. Hilde bricht das Gespräch ab. ,Darüber kann ich noch nicht reden. Ich weiß noch nicht, was für andere Ziele ich mir im Leben setzen soll.'

Gegenüber sitzt Petra O., auch sie Anfang 20, auch sie Betroffene. Sie lebt in einem kleinen Dorf im Bergischen und weiß es seit vier Wochen: ,Ihr habt Glück, ihr lebt in einer Großstadt. Wenn ich das in meiner Umgebung sage, ist das mein Todesurteil.' Sie machte den Test, weil sich an ihrer Arbeitsstelle alle regelmäßig als Blutspender zur Verfügung stellen. ,Ich hab' sogar noch meine Mutter mitgeschleppt.'

Die Mutter erhielt das Ergebnis schnell, bei der Tochter dauerte es länger. Schließlich wurde sie aufgefordert, sich beim Hausarzt zu melden. Als der begann: ,Ich muss Ihnen etwas Ernstes sagen', brach Petra in Tränen aus. ,Ich dachte, ich hätte Krebs. Dass ich AIDS-positiv bin, war dann noch schlimmer.'

Natürlich habe sie überlegt, wer sie angesteckt haben könnte. Fünf Jahre war sie mit einem festen Freund zusammen, danach zwei Jahre mit einem anderen. Und als das zu Ende war, habe sie kurz zwei andere Männer näher kennen gelernt. Bisher hat sie niemandem davon erzählt, weder der Familie noch ihren Freunden.

,Tagsüber geht das ganz gut. Aber nachts träume ich davon, dass die Krankheit schon ausgebrochen ist.'

Und wie werden die Betroffenen mit der Einsamkeit fertig? ,Natürlich träumt man von einer engen Beziehung', gibt der langjährige Drogenabhängige Gerard S. zu. ,Ich hab' jetzt immer Kondome bei mir und suche mir nur noch Partnerinnen, die auch Virusträger sind.'

Alle in dieser Runde sprechen von der Verantwortung, die sie spüren, und von der Furcht, neue Liebespartner infizieren zu können. Die meisten ziehen sich ganz in ihre Einsamkeit zurück. Sind sie ehrlich, werden sie ohnehin von neuen Partnern zurückgestoßen, auch wenn ein intimer Kontakt mit entsprechendem Schutz möglich wäre.

Am meisten leiden Betroffene jedoch unter den immer noch weit verbreiteten falschen Vorstellungen über Ansteckungswege.

(Kölner Stadt-Anzeiger vom 1. Okt. 1987.)

Arbeitsanregungen

1. Welche Probleme beschäftigen die HIV-Infizierten, die zum wöchentlichen Treffen in die AIDS-Hilfe Köln kommen?

2. Entwickeln Sie Vorschläge, wie der zwanzigjährigen Petra O. geholfen werden könnte!

3. Vergleichen Sie den Artikel „Die Angst vor der Einsamkeit" mit der Abbildung „Verdammt positiv"! Welche sprachlichen und zeichnerischen Mittel unterstützen die Botschaft?

4. Die AIDS-Hilfe hat diese Abbildung als Gratispostkarte in Kneipen auslegen lassen. Wie beurteilen Sie das Projekt?

5. Entwerfen Sie weitere Postkartenmotive zum Thema AIDS!

Drehbücher gegen ein Virus

Am 1. Dezember 1992 schrieben mehrere französische Institutionen einen Wettbewerb aus: **„3000 Drehbücher gegen ein Virus".** Bis zum 31. Mai 1993 konnten Jugendliche im Alter bis zu 20 Jahren ihre Vorschläge zum Thema Aids einreichen. Die besten 30 wurden realisiert und im französischen Fernsehen über alle Kanäle ausgestrahlt. Der französische Verlag Hachette Jeunesse und der Fernsehsender Arte veröffentlichten 50 Drehbücher als Taschenbuch. Dieser Ausgabe sind die folgenden drei Beispiele entnommen.

1. Das Badezimmer

Sylvie ist in ihrem Badezimmer. Sie ist ungefähr 25 Jahre alt. Ihr Äußeres hat nichts Auffälliges, sie sieht ganz normal aus. Sie liegt in einem großen, warmen Bad. Ihre Wimperntusche ist auf ihren Wangen verlaufen. Sie hat die Augen ins Unendliche gerichtet. Sie scheint in Gedanken versunken. Man hat den Eindruck, dass sie nicht mehr atmet. Plötzlich holt sie tief Luft, taucht ihren Kopf unter Wasser und krümmt sich zusammen (nur das Geräusch von Wasser). Auf dem Bildschirm ist zu lesen:

> Sylvie hat gerade erfahren,
> dass ihr Freund HIV-positiv ist.

Man hört ihren Atem. Jetzt ist sie außerhalb des Wassers und sitzt auf dem Rand der Badewanne. Sie trägt einen weißen Bademantel. Sie erhebt sich langsam, betrachtet sich scheu im großen ovalen Spiegel. Plötzlich wird ihr Blick intensiv, dann ängstlich. Sie legt ihre nervöse rechte Hand an ihre Stirn und lässt sie mit kraftvollem Druck ihr Gesicht hinabfahren, ohne Sorge um ihr Aussehen. Ihr Kopf kippt langsam nach hinten, tief einatmend. Während sie ruhig ausatmet, sinkt ihre Hand auf die Brust. Ihre linke Hand hat sich sanft an ihre linke Wange gelegt. Mit seltsamer Gelassenheit hat sich ihre rechte Hand zur rechten Wange bewegt. Sie schaut ihr Spiegelbild an, Auge in Auge. Auf dem Bildschirm ist zu lesen:

> Sylvie und Vincent
> benutzen keine Kondome.

Sie untersucht ihren Körper und besonders ihre Arme. Man hat den Eindruck, als schaue sie unter ihre Haut, als betrachte sie ihre Adern. Stimme aus dem Off: „Sylvie möchte Gewissheit haben für ihn, für sich, für die Menschen ihrer Umgebung, ihre Eltern ..." Ihre Schultern, beginnen zu beben. Sylvie ist von Kummer überwältigt.

> Auf dem Bildschirm ist zu lesen:
> Wenn Sie Fragen zu Aids haben, rufen Sie uns an
> 02 21 - 89 20 31
> von 10 bis 22 Uhr
> Köln: Bundeszentrale für gesundheitliche Aufklärung *

(Übersetzt von den Hrsg. Aus: 50 scenarios contre un virus. Paris: Hachette Livre et Arte Éditions 1995, S. 117-118.)

---

* Im Original: Sida Info-Service, 05.36.66.36, 24 # sur 24 #

2. Après l'amour ... la vie

1. Scène à deux personnages. Noir et blanc. Scène d'amour. Son réel pas de musique. Quatre secondes.

2. Les mêmes personnages. La scène d'amour se prolonge. Quatre secondes.

3. Plan sur le visage de la fille. Ils prennent du plaisir. Cinq secondes.

4. Le garçon se retire et enlève son préservatif. Cinq à huit secondes.

5. Une petite poubelle en innox noire. La fille ouvre la poubelle avec son pied. Trois à quatre secondes.

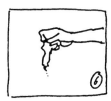

6. Gros plan sur la main du garçon qui y jette le préservatif. Quatre à six secondes.

7. La fille se rhabille. L'image passe en couleur. Début de la musique. Cinq secondes.

8. Le garçon ferme son jean. La musique augmente. Cinq secondes.

9. Le garçon et la fille quittent la chambre. La musique est de plus en plus rythmée et les couleurs plus franches. Quatre secondes.

10. Temps d'arrêt sur le seuil. La lumière du jour et très vive. Les couleurs et la musique s'intensifient. Quatre secondes.

11. La rue reprend ses droits. Le couple se perd dans l'espace et les couleurs de la vie. Ils sont sur le trottoir de la vie. Ils sont heureux. Musique.

VOIX OFF:

APRÈS L'AMOUR,

LA VIE.

(*50 scenarios contre un virus. Paris: Hachette Livre et Arte Éditions 1995, S. 73-75.*)

3. Der Goldfisch

Eine Straße mit einem Lebensmittelgeschäft und einer Apotheke. Ein junger Mann hält unter seinem Arm ein kleines, mit Wasser gefülltes Aquarium mit einem Goldfisch darin. Er ist im Begriff, die Straße zu überqueren, als plötzlich ein Sportwagen heranbraust (ein großes, schwarzes Auto, gesteuert von einem Hell's Angel), das ihn beinahe umwirft. In Panik lässt der Mann das Aquarium los, das auf der Erde zerbricht. Verwirrt hebt er den Goldfisch auf, lässt ihn in seine Tasche gleiten und stürzt in die Apotheke.

Dort bedient gerade eine Apothekerin hinter ihrem Ladentisch eine alte Dame. Die alte Dame hat einen Einkaufsbeutel (sie verlässt wahrscheinlich gerade die Apotheke), der unter anderem eine Flasche Mineralwasser enthält. Der Mann stürmt in die Apotheke und schreit: „Kondome! Schnell! Schnell!"

Er schubst die alte Dame grob beiseite und schüttelt die Apothekerin an den Schultern, immer noch schreiend: „Kondome! Schnell!" Die verblüffte Apothekerin gehorcht ihm mechanisch und reicht ihm eine Schachtel Kondome. Der Mann öffnet sie blitzschnell, nimmt ein Kondom, entrollt es, wendet sich zur alten Dame, reißt die Flasche aus der Einkaufstasche, füllt das Kondom mit Wasser, nimmt den Goldfisch aus seiner Tasche und lässt ihn ins Kondom gleiten. (Ja, das ist möglich! Ich hab es mit Kiki ausprobiert, meinem Goldfisch.)

Nahaufnahme des mit Wasser gefüllten Kondoms mit dem Goldfisch darin.

Auf dem Bildschirm kann man lesen:
Ein Kondom,
das rettet Ihnen das Leben.

(Übersetzt von den Hrsg. Aus: 50 scenarios contre un virus. Paris: Hachette Livre et Arte Éditions 1995, S. 41-42.)

Arbeitsanregungen

1. Verstehen Sie Inhalt und Aussage von „Après l'amour … la vie"?
   Versuchen Sie, den Text zu übersetzen!

2. Welches Drehbuch gefällt Ihnen am besten? Begründen Sie Ihre Wahl!

3. Welche Absicht verfolgen die Autorinnen und Autoren? Mit welchen filmischen und sprachlichen Mitteln setzen sie ihre Ziele um?

4. • Verfassen Sie ein Drehbuch zur Aidsproblematik! Entscheiden Sie sich für eins der folgenden Themen, die im französischen Wettbewerb vorgeschlagen wurden:
   – Eine witzige Situation beim Kauf eines Kondoms.
   – Das Kondom und seine Gebrauchsanweisung.
   – Ein junges Paar ist verliebt. Wie können die beiden Liebenden das Thema Aids anschneiden, ohne das gegenseitige Vertrauen zu zerstören?
   – Sie erfahren zufällig in einem Gespräch, dass Ihr Gesprächspartner HIV-positiv ist.
   – Er/sie ist HIV-positiv und stellt sich die Frage, ob er/sie es der Familie sagen soll oder nicht.
   – Werbung für die Aids-Hilfe.
   • Überlegen Sie, wie Sie Ihr Drehbuch in der Klasse präsentieren können!

Projekt: Hilfsorganisationen

Kinderhilfswerk der Vereinten Nationen

Für die Kinder dieser Welt.

Ihre Hilfe bedeutet *Leben*

Arbeitsanregungen

1. Ergänzen Sie die Liste der gemeinnützigen Institutionen!

2. Jeweils zwei bis drei Schülerinnen und Schüler arbeiten zusammen. Jede Gruppe wählt eine Organisation aus, mit der sie sich auseinander setzen will!
   Sammeln Sie Informationsmaterial über den Aufbau, die Ziele und Betätigungsfelder der Hilfsorganisation und stellen Sie Ihre Ergebnisse in der Klasse vor!

3. Diskutieren Sie mit Ihren Mitschülerinnen und Mitschülern, wie Sie eines der Hilfswerke mit einer Spende oder weiteren Aktionen unterstützen können!

4. Realisieren Sie die (Spenden-)Aktion und dokumentieren Sie die einzelnen Phasen Ihrer Arbeit!

5. Sorgen Sie für Berichterstattung über das Projekt in Tageszeitungen, bei der Hilfsorganisation, auf der Homepage Ihrer Schule usw.!

Krieg und Verfolgung

1. Leonard Freed (Magnum), Überlingen am Bodensee 1965

2. Robert Capa (Magnum), Tod eines Milizionärs, Spanien 1936

3. Lee Miller, Rache an der Kultur, London 1940

4. David Seymour (Magnum), Kind malt „den Krieg", Polen 1948

(1, 2 William Manchester, Zeitblende. Fünf Jahrzehnte Magnum Fotografie. München: Schirmer/Mosel 1989, S. 89, S. 105. 3 Apropos Lee Miller. Frankfurt: Neue Kritik 1995, S. 77. 4 Hanns Reich, Kinder aus aller Welt. München: Hanns Reich 1958, S. 71.)

Magnum. 1949 gründete der Fotojournalist Robert Capa zusammen mit Henri Cartier-Bresson und David „Chim" Seymour in Paris die Fotoagentur Magnum, die weltweit erste Firma dieser Art. Dem Konsortium fiel eine doppelte Aufgabe zu: Das Eigentumsrecht der Fotografen an ihren Bildern zu schützen und ihnen die Kontrolle über die publizistische Verwertung zu sichern.

Als Kriegsberichterstatter gab Capa den Kollegen den Rat: „Wenn eure Bilder nicht gut genug sind, dann wart ihr nicht nahe genug dran." 1954 kam Robert Capa bei einer Frontreportage in Indochina ums Leben, als er auf eine Mine trat. Zwei Jahre später wurde Seymour von einem ägyptischen Soldaten während der Suezkrise erschossen.

Magnum hat nicht an Bedeutung verloren. Heute führt die Agentur Büros in Paris, New York und London; über hundert der besten Fotografen gehören zu ihren Mitgliedern.

Lee Miller. Lee Miller, geboren 1907 in Poughkeepsie/USA, führte ein ruheloses Leben. Nach einer Karriere als Star-Model in New York reiste sie 1929 nach Paris, wo sie Schülerin, Modell und Geliebte des Surrealisten Man Ray wurde. Nach der Trennung von Ray eröffnete sie in New York ein Studio für Werbe- und Portraitfotografie. Um ihrem ägyptischen Ehemann Aziz Eloni Bey nach Kairo folgen zu können, gab sie diese Arbeit 1933 auf; fünf Jahre später verließ sie Bey für den englischen Maler Roland Penrose, mit dem sie nach London zog. Während des Zweiten Weltkriegs arbeitete sie als Fotoreporterin und Journalistin für die Zeitschrift „Vogue". Ihre Kriegsreportagen aus Frankreich, Belgien und Deutschland sind bewegende Dokumente der Zerstörung und des menschlichen Leids. Unterbrochen durch zahlreiche Reisen, lebte sie ab 1949 mit Penrose auf einem Landsitz in Sussex/England. Ihr Sohn Antony baute nach ihrem Tod 1977 das Lee-Miller-Archiv in Chiddingly/Sussex auf. „... aus irgendeinem Grund will ich immer woanders sein", schrieb Lee Miller über sich. „Es ist einfach meine Ruhelosigkeit – ich bin immer auf dem Sprung."

Lesehinweis
Apropos Lee Miller, Frankfurt: Neue Kritik 1995.
Richard Whelan, Robert Capa. Eine Biografie. Frankfurt: Fischer 1989.
William Manchester, Zeitblende. Fünf Jahrzehnte Magnum Photographie. München: Schirmer/Mosel 1989.

Arbeitsanregungen

1. Welches Foto beeindruckt Sie am stärksten? Erläutern Sie Ihre Wahl!

2. Analysieren Sie, inwiefern sich die Fotos hinsichtlich Motiv, Intention und Wirkung unterscheiden!

3. Diskutieren Sie den Einsatz von Bild- und Filmmaterial bei der Kriegsberichterstattung! Welche Wirkung soll erzielt werden? Gibt es ethische Grenzen? Ziehen Sie zu Ihrer Argumentation die Informationen zur Agentur Magnum, aktuelle Nachrichten und Reportagen aus Krisengebieten hinzu!

4. Wählen Sie eines der vier Fotos aus und bearbeiten Sie die entsprechende Aufgabe:
   – Schreiben Sie ein Haiku oder ein Elfchen zu Robert Capas „Tod eines Milizionärs"! (Zu Haiku und Elfchen, S. 431f.)
   – Verfassen Sie zu David Seymours „Kind malt ‚den Krieg'" einen Brief aus der Sicht des Mädchens, in dem es seine Gefühle ausdrückt!
   – Formulieren Sie zu Leonard Freeds Foto ein stummes Zwiegespräch, das einem der Ehepartner am Grab des Sohnes durch den Kopf geht!
   – Notieren Sie Ihre Assoziationen zu Lee Millers Foto und dem Titel „Rache an der Kultur"!

Erich Maria Remarque (1898–1970) hat mit seinem berühmt gewordenen Roman **„Im Westen nichts Neues"**, der 1929 erschien, den Menschen am Ende der Weimarer Republik (1918–1933) eine Geschichte aus dem Alltag des 1. Weltkrieges erzählt: einfach und anschaulich, aber auch dramatisch und erschütternd – aus der Sicht eines jungen Soldaten, der (wie der Autor selbst) von der Schulbank an die Front musste.

Stellungskämpfe, Materialschlachten, Gasangriffe, Patrouillen werden immer wieder „hautnah" beschrieben und stellen dadurch die politische Frage nach dem Sinn eines Krieges und nach der generellen Verantwortung.

In einem dem Roman vorangestellten Motto heißt es: *„Dieses Buch soll weder eine Anklage noch ein Bekenntnis sein. Es soll nur den Versuch machen, über eine Generation zu berichten, die vom Krieg zerstört wurde – auch wenn sie seinen Granaten entkam."*

Zur Zeit des Nationalsozialismus wurde Remarque die deutsche Staatsbürgerschaft aberkannt; seine Bücher wurden verboten und verbrannt – zu den bekanntesten gehören: „Arc de Triomphe", „Die Nacht von Lissabon", „Der Funke Leben".

Lesehinweis
Franz Baumer, E. M. Remarque. Berlin: Colloquium 1976 = Köpfe des XX. Jahrhunderts, Bd. 85.
Erich Maria Remarque, Die Nacht von Lissabon. Köln: Kiepenheuer & Witsch = KiWi 471.

Erich Maria Remarque, Im Westen nichts Neues

Ich sitze am Bette Kemmerichs. Er verfällt mehr und mehr. Um uns ist viel Radau. Ein Lazarettzug ist angekommen und die transportfähigen Verwundeten werden ausgesucht. An Kemmerichs Bett geht der Arzt vorbei, er sieht ihn nicht einmal an.
„Das nächstemal, Franz", sage ich.
5 Er hebt sich in den Kissen auf die Ellbogen. „Sie haben mich amputiert."
Das weiß er also doch jetzt. Ich nicke und antworte: „Sei froh, dass du so weggekommen bist."
Er schweigt.
Ich rede weiter: „Es konnten auch beide Beine sein, Franz. Wegeler hat den rechten
10 Arm verloren. Das ist viel schlimmer. Du kommst ja auch nach Hause."
Er sieht mich an. „Meinst Du?"
„Natürlich."
Er wiederholt: „Meinst du?"
„Sicher, Franz. Du musst dich nur erst von der Operation erholen."
15 Er winkt mir, heranzurücken. Ich beuge mich über ihn und er flüstert: „Ich glaube es nicht."
„Rede keinen Quatsch, Franz, in ein paar Tagen wirst du es selbst einsehen. Was ist das schon groß: ein amputiertes Bein; hier werden ganz andere Sachen wieder zurechtgepflastert."
20 Er hebt eine Hand hoch. „Sieh dir das mal an, diese Finger."
„Das kommt von der Operation. Futtere nur ordentlich, dann wirst du schon aufholen. Habt ihr anständige Verpflegung?"

Er zeigt auf eine Schüssel, die noch halb voll ist. Ich gerate in Erregung. „Franz, du musst essen. Essen ist die Hauptsache. Das ist doch ganz gut hier."
Er wehrt ab. Nach einer Pause sagt er langsam: „Ich wollte mal Oberförster werden."
„Das kannst du noch immer", tröste ich. „Es gibt jetzt großartige Prothesen, du merkst damit gar nicht, dass dir etwas fehlt. Sie werden an die Muskeln angeschlossen. Bei Handprothesen kann man die Finger bewegen und arbeiten, sogar schreiben. Und außerdem wird da immer noch mehr erfunden werden."
Er liegt eine Zeitlang still. Dann sagt er: „Du kannst meine Schnürschuhe für Müller mitnehmen."
Ich nicke und denke nach, was ich ihm Aufmunterndes sagen kann. Seine Lippen sind weggewischt, sein Mund ist größer geworden, die Zähne stechen hervor, als wären sie aus Kreide. Das Fleisch zerschmilzt, die Stirn wölbt sich stärker, die Backenknochen stehen vor. Das Skelett arbeitet sich durch. Die Augen versinken schon. In ein paar Stunden wird es vorbei sein.
Er ist nicht der erste, den ich so sehe; aber wir sind zusammen aufgewachsen, da ist es doch immer etwas anders. Ich habe die Aufsätze von ihm abgeschrieben. Er trug in der Schule meistens einen braunen Anzug mit Gürtel, der an den Ärmeln blank gewetzt war. Auch war er der Einzige von uns, der die große Riesenwelle am Reck konnte. [...]
Ich blicke auf meine Stiefel. Sie sind groß und klobig, die Hose ist hineingeschoben; wenn man aufsteht, sieht man dick und kräftig in diesen breiten Röhren aus. Aber wenn wir baden gehen und uns ausziehen, haben wir plötzlich wieder schmale Beine und schmale Schultern. Wir sind dann keine Soldaten mehr, sondern beinahe Knaben, man würde auch nicht glauben, dass wir Tornister schleppen können. Es ist ein sonderbarer Augenblick, wenn wir nackt sind; dann sind wir Zivilisten und fühlen uns auch beinahe so.
Franz Kemmerich sah beim Baden klein und schmal aus wie ein Kind. Da liegt er nun, weshalb nur? Man sollte die ganze Welt an diesem Bette vorbeiführen und sagen: Das ist Franz Kemmerich, neunzehneinhalb Jahre alt, er will nicht sterben. Lasst ihn nicht sterben!
Meine Gedanken gehen durcheinander. Diese Luft von Karbol und Brand verschleimt die Lungen, sie ist ein träger Brei, der erstickt.
Es wird dunkel. Kemmerichs Gesicht verbleicht, es hebt sich von den Kissen und ist so blass, dass es schimmert. Der Mund bewegt sich leise. Ich nähere mich ihm. Er flüstert: „Wenn ihr meine Uhr findet, schickt sie nach Hause."
Ich widerspreche nicht. Es hat keinen Zweck mehr. Man kann ihn nicht überzeugen. Mir ist elend vor Hilflosigkeit. Diese Stirn mit den eingesunkenen Schläfen, dieser Mund, der nur noch Gebiss ist, diese spitze Nase! Und die dicke weinende Frau zu Hause, an die ich schreiben muss. Wenn ich nur den Brief schon weg hätte.
Lazarettgehilfen gehen herum mit Flaschen und Eimern. Einer kommt heran, wirft Kemmerich einen forschenden Blick zu und entfernt sich wieder. Man sieht, dass er wartet, wahrscheinlich braucht er das Bett. [...]
Ich beuge mich über sein Gesicht, das im Schatten liegt. Er atmet noch, leise. Sein Gesicht ist nass, er weint. Da habe ich ja schönen Unsinn angerichtet mit meinem dummen Gerede!
„Aber Franz" – ich umfasse seine Schulter und lege mein Gesicht an seins. „Willst du jetzt schlafen?"
Er antwortet nicht. Die Tränen laufen ihm die Backen herunter. Ich möchte sie abwischen, aber mein Taschentuch ist zu schmutzig.
Eine Stunde vergeht. Ich sitze gespannt und beobachte jede seiner Mienen, ob er vielleicht noch etwas sagen möchte. Wenn er doch den Mund auftun und schreien

wollte! Aber er weint nur, den Kopf zur Seite gewandt. Er spricht nicht von seiner Mutter und seinen Geschwistern, er sagt nichts, es liegt wohl schon hinter ihm; – er ist jetzt allein mit seinem kleinen neunzehnjährigen Leben und weint, weil es ihn verlässt.

Dies ist der fassungsloseste und schwerste Abschied, den ich je gesehen habe, obwohl es bei Tiedjen auch schlimm war, der nach seiner Mutter brüllte, ein bärenstarker Kerl, und der den Arzt mit aufgerissenen Augen angstvoll mit einem Seitengewehr von seinem Bett fern hielt, bis er zusammenklappte.

Plötzlich stöhnt Kemmerich und fängt an zu röcheln.

Ich springe auf, stolpere hinaus und frage: „Wo ist der Arzt? Wo ist der Arzt?"

Als ich den weißen Kittel sehe, halte ich ihn fest. „Kommen Sie rasch, Franz Kemmerich stirbt sonst."

Er macht sich los und fragt einen dabeistehenden Lazarettgehilfen: „Was soll das heißen?"

Der sagt: „Bett 26, Oberschenkel amputiert."

Er schnauzt: „Wie soll ich davon etwas wissen, ich habe heute fünf Beine amputiert", schiebt mich weg, sagt dem Lazarettgehilfen: „Sehen Sie nach", und rennt zum Operationssaal.

Ich bebe vor Wut, als ich mit dem Sanitäter gehe. Der Mann sieht mich an und sagt: „Eine Operation nach der anderen, seit morgens fünf Uhr – doll, sage ich dir, heute allein wieder sechzehn Abgänge – deiner ist der siebzehnte. Zwanzig werden sicher noch voll –."

Mir wird schwach, ich kann plötzlich nicht mehr. Ich will nicht mehr schimpfen, es ist sinnlos, ich möchte mich fallen lassen und nie wieder aufstehen.

Wir sind am Bette Kemmerichs. Er ist tot. Das Gesicht ist noch nass von den Tränen. Die Augen stehen halb offen, sie sind gelb wie alte Hornknöpfe. –

Der Sanitäter stößt mich in die Rippen.

„Nimmst du seine Sachen mit?"

Ich nicke.

Er fährt fort: „Wir müssen ihn gleich wegbringen, wir brauchen das Bett. Draußen liegen sie schon auf dem Flur."

Ich nehme die Sachen und knöpfe Kemmerich die Erkennungsmarke ab. Der Sanitäter fragt nach dem Soldbuch. Es ist nicht da. Ich sage, dass es wohl auf der Schreibstube sein müsse, und gehe. Hinter mir zerren sie Franz schon auf eine Zeltbahn.

Vor der Tür fühle ich wie eine Erlösung das Dunkel und den Wind. Ich atme, so sehr ich es vermag, und spüre die Luft warm und weich wie nie in meinem Gesicht. Gedanken an Mädchen, an blühende Wiesen, an weiße Wolken fliegen mir plötzlich durch den Kopf. Meine Füße bewegen sich in den Stiefeln vorwärts, ich gehe schneller, ich laufe. Soldaten kommen an mir vorüber, ihre Gespräche erregen mich, ohne dass ich sie verstehe. Die Erde ist von Kräften durchflossen, die durch meine Fußsohlen in mich überströmen. Die Nacht knistert elektrisch, die Front gewittert dumpf wie ein Trommelkonzert. Meine Glieder bewegen sich geschmeidig, ich fühle meine Gelenke stark, ich schnaufe und schnaube. Die Nacht lebt, ich lebe. Ich spüre Hunger, einen größeren als nur vom Magen. –

(Erich Maria Remarque, Im Westen nichts Neues. Roman. Köln: Kiepenheuer & Witsch 1971, S. 30ff.)

Arbeitsanregung

Schreiben Sie den Brief an die Mutter Kemmerichs!
Berücksichtigen Sie dabei Kemmerichs letzte Stunden im Lazarett, die Gefühle des Freundes für den toten Kemmerich, Gedanken über den Krieg!

Ernest Hemingway (1899–1961) führte ein bewegtes Leben. Er war Journalist, Kriegsberichterstatter, Schriftsteller, Jäger und begeisterter Zuschauer bei Stierkämpfen.

Im spanischen Bürgerkrieg (1936–1939) unterstützte er die Republikaner gegen die unter General Franco kämpfenden Faschisten. Ereignisse aus dem spanischen Bürgerkrieg sind immer wieder Themen in seinem Werk; so auch in dieser Kurzgeschichte.

Durch Hemingways „short stories" wurde diese literarische Form auch in Deutschland bekannt und von vielen Schriftstellern übernommen (u. a. Borchert, Böll).

Zu den bedeutendsten Werken Hemingways gehören der Roman „Wem die Stunde schlägt" (1940) und die Erzählung „Der alte Mann und das Meer" (1952). 1954 erhielt er den Nobelpreis für Literatur. 1961 verübte er Selbstmord.

Lesehinweis
Ernest Hemingway, Sämtliche Erzählungen. Reinbek: Rowohlt 1966.
Ernest Hemingway, Wem die Stunde schlägt. Frankfurt: Fischer 1961 = Fischer Bücherei 408.
Hans-Peter Rodenberg, Ernest Hemingway. Reinbek: Rowohlt 1999 = rm 50626.

Ernest Hemingway, **Alter Mann an der Brücke**

Ein alter Mann mit einer stahlumränderten Brille und sehr staubigen Kleidern saß am Straßenrand. Über den Fluss führte eine Pontonbrücke und Karren und Lastautos und Männer, Frauen und Kinder überquerten sie. Die von Maultieren gezogenen Karren schwankten die steile Uferböschung hinter der Brücke hinauf und Soldaten halfen und stemmten sich gegen die Speichen der Räder. Die Lastautos arbeiteten schwer, um aus alledem herauszukommen, und die Bauern stapften in dem knöcheltiefen Staub einher. Aber der alte Mann saß da, ohne sich zu bewegen. Er war zu müde, um noch weiter zu gehen.

Ich hatte den Auftrag, die Brücke zu überqueren, den Brückenkopf auf der anderen Seite auszukundschaften und ausfindig zu machen, bis zu welchem Punkt der Feind vorgedrungen war. Ich tat das und kehrte über die Brücke zurück. Jetzt waren dort nicht mehr so viele Karren und nur noch wenige Leute zu Fuß, aber der alte Mann war immer noch da.

„Wo kommen Sie her?" fragte ich ihn.

„Aus San Carlos", sagte er und lächelte.

Es war sein Heimatort und darum machte es ihm Freude, ihn zu erwähnen, und er lächelte.

„Ich habe Tiere gehütet", erklärte er.

„So", sagte ich und verstand nicht ganz.

„Ja", sagte er, „wissen Sie, ich blieb, um die Tiere zu hüten. Ich war der letzte, der die Stadt San Carlos verlassen hat."

Er sah weder wie ein Schäfer noch wie ein Rinderhirt aus und ich musterte seine staubigen, schwarzen Sachen und sein graues, staubiges Gesicht und seine stahlumränderte Brille und sagte: „Was für Tiere waren es denn?"

„Allerhand Tiere", erklärte er und schüttelte den Kopf. „Ich musste sie dalassen."

Ich beobachtete die Brücke und das afrikanisch aussehende Land des Ebro[1]-Deltas und war neugierig, wie lange es jetzt wohl noch dauern würde, bevor wir den Feind sehen würden, und ich horchte die ganze Zeit über auf die ersten Geräusche, die immer wieder das geheimnisvolle Ereignis ankündigen, das man ‚Fühlung nehmen' nennt, und der alte Mann saß immer noch da.

„Was für Tiere waren es?" fragte ich.

„Es waren im ganzen drei Tiere", erklärte er. „Es waren zwei Ziegen und eine Katze und dann noch vier Paar Tauben."

„Und Sie mussten sie dalassen?" fragte ich.

„Ja, wegen der Artillerie[2]. Der Hauptmann befahl mir, fortzugehen wegen der Artillerie."

„Und Sie haben keine Familie?" fragte ich und beobachtete das jenseitige Ende der Brücke, wo ein paar letzte Karren die Uferböschung herunterjagten.

„Nein", sagte er, „nur die Tiere, die ich angegeben habe. Der Katze wird natürlich nichts passieren. Eine Katze kann für sich selbst sorgen, aber ich kann mir nicht vorstellen, was aus den anderen werden soll."

„Wo stehen Sie politisch?" fragte ich.

„Ich bin nicht politisch", sagte er. „Ich bin sechsundsiebzig Jahre alt. Ich bin jetzt zwölf Kilometer gegangen und ich glaube, dass ich jetzt nicht mehr weiter gehen kann."

„Dies ist kein guter Platz zum Bleiben", sagte ich. „Falls Sie es schaffen könnten, dort oben, wo die Straße nach Tortosa abzweigt, sind Lastwagen."

„Ich will ein bisschen warten", sagte er, „und dann werde ich gehen. Wo fahren die Lastwagen hin?"

„Nach Barcelona zu", sagte ich ihm.

„Ich kenne niemand in der Richtung", sagte er, „aber danke sehr. Nochmals sehr schönen Dank."

Er blickte mich ganz ausdruckslos und müde an, dann sagte er, da er seine Sorgen mit jemandem teilen musste: „Der Katze wird nichts passieren, das weiß ich; man braucht sich wegen der Katze keine Sorgen zu machen. Aber die andern; was glauben Sie wohl von den andern?"

„Ach, wahrscheinlich werden sie heil durch alles durchkommen."

„Glauben Sie das?"

„Warum nicht?" sagte ich und beobachtete das jenseitige Ufer, wo jetzt keine Karren mehr waren.

---

1 Ebro = Fluss in Spanien
2 Artillerie = Truppengattung, mit Geschützen ausgerüstet

„Aber was werden sie unter der Artillerie tun, wo man mich wegen der Artillerie fortgeschickt hat?"

„Haben Sie den Taubenkäfig unverschlossen gelassen?" fragte ich.

„Ja."

„Dann werden sie wegfliegen."

„Ja, gewiss werden sie wegfliegen. Aber die andern? Es ist besser man denkt nicht an die andern", sagte er.

„Wenn Sie sich ausgeruht haben, würde ich gehen", drängte ich. „Stehen Sie auf und versuchen Sie jetzt einmal zu gehen."

„Danke", sagte er und stand auf, schwankte hin und her und setzte sich dann rücklings in den Staub.

„Ich habe Tiere gehütet", sagte er eintönig, aber nicht mehr zu mir. „Ich habe doch nur Tiere gehütet."

Man konnte nichts mit ihm machen. Es war Ostersonntag, und die Faschisten rückten gegen den Ebro vor. Es war ein grauer, bedeckter Tag mit tiefhängenden Wolken, darum waren ihre Flugzeuge nicht am Himmel. Das und die Tatsache, dass Katzen für sich selbst sorgen können, war alles an Glück, was der alte Mann je haben würde.

(Ernest Hemingway, Sämtliche Erzählungen. Reinbek: Rowohlt 1966, S. 74-76.)

Arbeitsanregungen

1. Diese Kurzgeschichte entstand 1938 unter dem Eindruck des spanischen Bürgerkrieges. Nennen Sie alle Textstellen, die auf den Schauplatz „Krieg" hinweisen!

2. Welche Stimmung vermittelt die Sprache Hemingways? In welcher Beziehung steht sie zum Thema?

3. Worin bestand die Haupttätigkeit des alten Mannes, bevor der Krieg ausbrach? Welche Bedeutung hatte sie für ihn?

4. Wie ist die spontan aufgeworfene Frage „Wo stehen Sie politisch?" zu verstehen? Wie beurteilen Sie die Reaktion des alten Mannes?

5. Welche Probleme will Hemingway durch das Schicksal des alten Mannes zum Ausdruck bringen?

6. Ein formales Merkmal der Kurzgeschichte ist der „offene" Schluss. Welche Bedeutung hat er in dieser Geschichte?

(Zu den Merkmalen der Kurzgeschichte vgl. S. 114)

Heinrich Böll schrieb über **Wolfgang Borchert**:

„Wolfgang Borchert war achtzehn Jahre alt, als der Krieg ausbrach, vierundzwanzig, als er zu Ende war. Krieg und Kerker hatten seine Gesundheit zerstört, das Übrige tat die Hungersnot der Nachkriegsjahre, er starb am 26. November 1947, sechsundzwanzig Jahre alt. Zwei Jahre blieben ihm zum Schreiben und er schrieb in diesen beiden Jahren, wie jemand im Wettlauf mit dem Tode schreibt: Wolfgang Borchert hatte keine Zeit und er wusste es. Er zählt zu den Opfern des Krieges, es war ihm über die Schwelle des Krieges hinaus nur eine kurze Frist gegeben, um den Überlebenden, die sich mit der Patina geschichtlicher Wohlgefälligkeit umkleideten, zu sagen, was die Toten des Krieges, zu denen er gehört, nicht mehr sagen konnten: Dass ihre Trägheit, ihre Gelassenheit, ihre Weisheit, dass alle ihre glatten Worte die schlimmsten ihrer Lügen sind. Das törichte Pathos der Fahnen, das Geknalle der Salutschüsse und der fade Heroismus der Trauermärsche – das alles ist so gleichgültig für die Toten, Fahnen, Schüsse übers Grab, Musik ..."
(Heinrich Böll. Die Stimme Wolfgang Borcherts. In: Heinrich Böll-Erzählungen. Hörspiele, Aufsätze. Köln: Kiepenheuer & Witsch 1961, S. 352–356.)

Lesehinweis
Wolfgang Borchert, Draußen vor der Tür und ausgewählte Erzählungen. Reinbek: Rowohlt 1956 = rororo 170.

Peter Rühmkorf, Wolfgang Borchert. Reinbek: Rowohlt = rm 58.

Wolfgang Borchert, Die Küchenuhr

Sie sahen ihn schon von weitem auf sich zukommen, denn er fiel auf. Er hatte ein ganz altes Gesicht, aber wie er ging, daran sah man, dass er erst zwanzig war. Er setzte sich mit seinem alten Gesicht zu ihnen auf die Bank. Und dann zeigte er ihnen, was er in der Hand trug.

5 Das war unsere Küchenuhr, sagte er und sah sie alle der Reihe nach an, die auf der Bank in der Sonne saßen. Ja, ich habe sie noch gefunden. Sie ist übrig geblieben.

Er hielt eine runde tellerweiße Küchenuhr vor sich hin und tupfte mit dem Finger die blau gemalten Zahlen ab.

Sie hat weiter keinen Wert, meinte er entschuldigend, das weiß ich auch. Und sie ist
10 auch nicht so besonders schön. Sie ist nur wie ein Teller, so mit weißem Lack. Aber die blauen Zahlen sehen doch ganz hübsch aus, finde ich. Die Zeiger sind natürlich nur aus Blech. Und nun gehen sie auch nicht mehr. Nein. Innerlich ist sie kaputt, das steht fest. Aber sie sieht noch aus wie immer. Auch wenn sie jetzt nicht mehr geht.

Er machte mit der Fingerspitze einen vorsichtigen Kreis auf dem Rand der Telleruhr
15 entlang. Und er sagte leise: Und die ist übrig geblieben.

Die auf der Bank in der Sonne saßen, sahen ihn nicht an. Einer sah auf seine Schuhe und die Frau sah in ihren Kinderwagen.

Dann sagte jemand:

Sie haben wohl alles verloren?

Ja, ja, sagte er freudig, denken Sie, aber auch alles! Nur sie hier, sie ist übrig. Und er hob die Uhr wieder hoch, als ob die anderen sie noch nicht kannten.
Aber sie geht doch nicht mehr, sagte die Frau.
Nein, nein, das nicht. Kaputt ist sie, das weiß ich wohl. Aber sonst ist sie doch noch ganz wie immer: weiß und blau. Und wieder zeigte er ihnen seine Uhr. Und was das Schönste ist, fuhr er aufgeregt fort, das habe ich Ihnen ja noch überhaupt nicht erzählt. Das Schönste kommt nämlich noch: Denken Sie mal, sie ist um halb drei stehen geblieben. Ausgerechnet um halb drei, denken Sie mal.
Dann wurde Ihr Haus sicher um halb drei getroffen, sagte der Mann und schob wichtig die Unterlippe vor. Das habe ich schon oft gehört. Wenn die Bombe runtergeht, bleiben die Uhren stehen. Das kommt von dem Druck.
Er sah seine Uhr an und schüttelte überlegen den Kopf. Nein, lieber Herr, nein, da irren Sie sich. Das hat mit den Bomben nichts zu tun. Sie müssen nicht immer von den Bomben reden. Nein. Um halb drei war ganz etwas anderes, das wissen Sie nur nicht. Das ist nämlich der Witz, dass sie gerade um halb drei stehen geblieben ist. Und nicht um Viertel nach vier oder um sieben. Um halb drei kam ich nämlich immer nach Hause. Nachts, meine ich. Fast immer um halb drei. Das ist ja gerade der Witz.
Er sah die anderen an, aber die hatten ihre Augen von ihm weggenommen. Er fand sie nicht. Da nickte er seiner Uhr zu: Dann hatte ich natürlich Hunger, nicht wahr? Und ich ging immer gleich in die Küche. Da war dann fast immer halb drei. Und dann, dann kam nämlich meine Mutter. Ich konnte noch so leise die Tür aufmachen, sie hat mich immer gehört. Und wenn ich in der dunklen Küche etwas zu essen suchte, ging plötzlich das Licht an. Dann stand sie da in ihrer Wolljacke und mit einem roten Schal um. Und barfuß. Immer barfuß. Und dabei war unsere Küche gekachelt. Und sie machte ihre Augen ganz klein, weil ihr das Licht so hell war. Denn sie hatte ja schon geschlafen. Es war ja Nacht.
So spät wieder, sagte sie dann. Mehr sagte sie nie. Nur: So spät wieder. Und dann machte sie mir das Abendbrot warm und sah zu, wie ich aß. Dabei scheuerte sie immer die Füße aneinander, weil die Kacheln so kalt waren. Schuhe zog sie nachts nie an. Und sie saß so lange bei mir, bis ich satt war. Und dann hörte ich sie noch die Teller wegsetzen, wenn ich in meinem Zimmer schon das Licht ausgemacht hatte. Jede Nacht war es so. Und meistens immer um halb drei. Das war ganz selbstverständlich, fand ich, dass sie mir nachts um halb drei in der Küche das Essen machte. Ich fand das ganz selbstverständlich. Sie tat das ja immer. Und sie hat nie mehr gesagt als: So spät wieder. Aber das sagte sie jedesmal. Und ich dachte, das könnte nie aufhören. Es war mir so selbstverständlich. Das alles war doch immer so gewesen.
Einen Atemzug lang war es ganz still auf der Bank. Dann sagte er leise: Und jetzt? Er sah die anderen an. Aber er fand sie nicht. Da sagte er der Uhr leise ins weißblaue runde Gesicht: Jetzt, jetzt weiß ich, dass es das Paradies war. Das richtige Paradies.
Auf der Bank war es ganz still. Dann fragte die Frau: Und Ihre Familie?
Er lächelte sie verlegen an: Ach, Sie meinen meine Eltern? Ja, die sind auch mit weg. Alles ist weg. Alles, stellen Sie sich vor. Alles weg.
Er lächelte verlegen von einem zum anderen. Aber sie sahen ihn nicht an.
Da hob er wieder die Uhr hoch und er lachte. Er lachte: Nur sie hier. Sie ist übrig. Und das Schönste ist ja, dass sie ausgerechnet um halb drei stehen geblieben ist. Ausgerechnet um halb drei.
Dann sagte er nichts mehr. Aber er hatte ein ganz altes Gesicht. Und der Mann, der neben ihm saß, sah auf seine Schuhe. Aber er sah seine Schuhe nicht. Er dachte immerzu an das Wort Paradies.

(Wolfgang Borchert, Das Gesamtwerk. Hamburg: Rowohlt 1949, S. 102-104.)

Arbeitsanregungen

1. Welche Beziehung hat der Mann zu seiner Mutter? Deuten Sie die Erinnerung an die abendlichen Küchenszenen!

2. Beschreiben Sie die Bedeutung der Küchenuhr! Berücksichtigen Sie dabei auch das Verhalten des Mannes am Schluss der Kurzgeschichte!

3. Weisen Sie inhaltliche, formale und sprachliche Merkmale einer Kurzgeschichte an entsprechenden Beispielen nach! (Zur Kurzgeschichte vgl. S. 114)

4. Formulieren Sie einen Dialog über einen Gegenstand, der Ihnen viel bedeutet, nach einem Ereignis, das sie belastet hat!

Johannes Bobrowski wurde 1917 in Tilsit geboren. Er verbrachte seine Kindheit in Memel, war im Krieg Soldat in Russland und nach seiner Entlassung aus der Gefangenschaft Verlagslektor in Ostberlin, wo er 1965 starb.

Seine Gedichte, Erzählungen und Romane sind beeinflusst von der Erinnerung an die schuldbeladene Vergangenheit Deutschlands. Immer wieder gestaltet der Dichter das Bild osteuropäischer Landschaft, wo sich deutsche und slawische Kulturen und Sprachen begegneten und einander durchdrangen. Als Kind hat er sich oft bei den Großeltern im deutsch-litauischen Grenzgebiet am Fluss Szeszupe aufgehalten.

Der Überfall des nationalsozialistischen Deutschlands auf Polen (1939) und die Judenverfolgung bilden den historischen Hintergrund der folgenden Kurzgeschichte, die 1962 geschrieben wurde.

Lesehinweis
Johannes Bobrowski, Levins Mühle. Roman. Frankfurt: Fischer 1970 = Fischer Bücherei 956.

Johannes Bobrowski, Mäusefest

Moise Trumpeter sitzt auf dem Stühlchen in der Ladenecke. Der Laden ist klein und er ist leer. Wahrscheinlich weil die Sonne, die immer hereinkommt, Platz braucht und der Mond auch. Der kommt auch immer herein, wenn er vorbeigeht. Der Mond also auch. Er ist hereingekommen, der Mond, zur Tür herein, die Ladenklingel hat sich nur einmal und ganz leise nur gerührt, aber vielleicht gar nicht, weil der Mond hereinkam, sondern weil die Mäuschen so laufen und herumtanzen auf den dünnen Dielenbrettern. Der Mond ist also gekommen und Moise hat Guten Abend, Mond! gesagt und nun sehen sie beide den Mäuschen zu.

Das ist aber auch jeden Tag anders mit den Mäusen, mal tanzen sie so und mal so, und alles mit vier Beinen, einem spitzen Kopf und einem dünnen Schwänzchen.

Aber lieber Mond, sagt Moise, das ist längst nicht alles, da haben sie noch so ein Körperchen und was da alles drin ist! Aber das kannst du vielleicht nicht verstehen, und außerdem ist es gar nicht jeden Tag anders, sondern immer ganz genau dasselbe, und das, denk ich, ist gerade so sehr verwunderlich. Es wird schon eher so sein, dass du jeden Tag anders bist, obwohl du doch immer durch die gleiche Tür kommst und es immer dunkel ist, bevor du hier Platz genommen hast. Aber nun sei mal still und pass gut auf.

Siehst du, es ist immer dasselbe.

Moise hat eine Brotrinde vor seine Füße fallen lassen, da huschen die Mäuschen näher, ein Streckchen um das andere, einige richten sich sogar auf und schnuppern ein bisschen in die Luft. Siehst du, so ist es. Immer dasselbe.

Da sitzen die beiden Alten und freuen sich und hören zuerst gar nicht, dass die Ladentür aufgegangen ist. Nur die Mäuse haben es gleich gehört und sind fort, ganz fort und so schnell, dass man nicht sagen kann, wohin sie gelaufen sind.

In der Tür steht ein Soldat, ein Deutscher. Moise hat gute Augen, er sieht: Ein junger Mensch, so ein Schuljunge, der eigentlich gar nicht weiß, was er hier wollte, jetzt, wo er in der Tür steht. Mal sehen, wie das Judenvolk haust, wird er sich draußen gedacht haben. Aber jetzt sitzt der alte Jude auf seinem Stühlchen und der Laden ist hell vom Mondlicht. Wenn Se mechten hereintreten, Herr Leitnantleben[1], sagt Moise.

Der Junge schließt die Tür. Er wundert sich gar nicht, dass der Jude Deutsch kann, er steht so da und als Moise sich erhebt und sagt: Kommen Se man, andern Stuhl hab ich nicht, sagt er: Danke, ich kann stehen, aber er macht ein paar Schritte, bis in die Mitte des Ladens, und dann noch drei Schritte auf den Stuhl zu. Und da Moise noch einmal zum Sitzen auffordert, setzt er sich auch.

Jetzt sind Sie mal ganz still, sagt Moise und lehnt sich an die Wand.

Die Brotrinde liegt noch immer da, und, siehst du, da kommen auch die Mäuse wieder. Wie vorher, gar nicht ein bisschen langsamer, genau wie vorher, ein Stückchen, noch ein Stückchen, mit Aufrichten und Schnuppern und einem ganz winzigen Schnaufer, den nur Moise hört und vielleicht der Mond auch. Ganz genau wie vorher.

Und nun haben sie die Rinde wiedergefunden. Ein Mäusefest, in kleinem Rahmen, versteht sich, nichts Besonderes, aber auch nicht ganz alltäglich.

Da sitzt man und sieht zu. Der Krieg ist schon ein paar Tage alt. Das Land heißt Polen. Es ist ganz flach und sandig. Die Straßen sind schlecht und es gibt viele Kinder hier.

---

1 Leitnantleben = jiddischer Ausdruck (Herr Leutnant)

Was soll man da noch reden? Die Deutschen sind gekommen, unzählig viele, einer
sitzt hier im Judenladen, ein ganz junger, ein Milchbart. Er hat eine Mutter in Deutschland und einen Vater, auch noch in Deutschland, und zwei kleine Schwestern. Nun kommt man also in der Welt herum, wird er denken, jetzt ist man in Polen und später vielleicht fährt man nach England und dieses Polen hier ist ganz polnisch.

Der alte Jude lehnt an der Wand. Die Mäuse sind noch immer um ihre Rinde versammelt. Wenn sie noch kleiner geworden ist, wird eine ältere Mäusemutter sie mit nach Hause nehmen und die andern Mäuschen werden hinterherlaufen.

Weißt du, sagt der Mond zu Moise, ich muss noch ein bisschen weiter. Und Moise weiß schon, dass es dem Mond unbehaglich ist, weil dieser Deutsche da herumsitzt. Was will er denn bloß? Also sagt Moise nur: Bleib du noch ein Weilchen.

Aber dafür erhebt sich der Soldat jetzt. Die Mäuse laufen davon, man weiß gar nicht, wohin sie alle so schnell verschwinden können. Er überlegt, ob er Aufwiedersehen sagen soll, bleibt also einen Augenblick noch im Laden stehen und geht dann einfach hinaus.

Moise sagt nichts, er wartet, dass der Mond zu sprechen anfängt. Die Mäuse sind fort, verschwunden. Mäuse können das.

Das war ein Deutscher, sagt der Mond, du weißt doch, was mit diesen Deutschen ist. Und weil Moise noch immer so wie vorher an der Wand lehnt und gar nichts sagt, fährt er dringlicher fort: Weglaufen willst du nicht, verstecken willst du dich nicht, ach Moise. Das war ein Deutscher, das hast du doch gesehen. Sag mir bloß nicht, der Junge ist keiner, oder jedenfalls kein schlimmer. Das macht jetzt keinen Unterschied mehr. Wenn sie über Polen gekommen sind, wie wird es mit deinen Leuten gehen?

Ich hab gehört, sagt Moise.

Es ist jetzt ganz weiß im Laden. Das Licht füllt den Raum bis an die Tür in der Rückwand. Wo Moise lehnt, ganz weiß, dass man denkt, er werde immer mehr eins mit der Wand. Mit jedem Wort, das er sagt. Ich weiß, sagt Moise, da hast du ganz Recht, ich werd Ärger kriegen mit meinem Gott.

(Johannes Bobrowski, *Mäusefest und andere Erzählungen*. Berlin: Wagenbach 1969, S. 7-11.)

Arbeitsanregungen

1. Beschreiben und erläutern Sie das Verhalten des Moise und der Mäuse; stellen Sie die wesentlichen Verhaltensweisen stichwortartig in einer Tabelle gegenüber!

2. Welche Rolle spielt der junge Soldat?

3 Entschlüsseln Sie die symbolische Darstellung in der Kurzgeschichte (Namensgebung, Mond, Einswerden mit der Wand)!

4. Warum heißt die Geschichte „Mäusefest"?

Art Spiegelman schildert in seinem Comic „Maus" die authentische Geschichte seines Vaters Wladek, eines polnischen Juden, der Auschwitz überlebte. In Rückblenden wird die Zeit in Polen unter deutscher Besatzung lebendig: die Versuche der Juden, sich vor den Nationalsozialisten in Sicherheit zu bringen, Verrat, Verhaftung und Deportation ins Konzentrationslager.

Parallel zu dieser Geschichte zeichnet Spiegelman einen zweiten Erzählstrang, der die Bemühung des Sohnes beschreibt, die Kluft zwischen sich und dem verbitterten Vater zu überbrücken.

Sein Werk steht in der Tradition der ausdrucksstarken Underground-Comics der 60er und 70er Jahre und versucht durch Konzentration auf das Wesentliche das Unfassbare fassbar zu machen und durch die ungewöhnliche Wahl des Comicstrips die Schockwirkung zu erhöhen. Das populäre Medium soll dabei auch jene erreichen, für die der Holocaust Geschichte ist und mit deren Leben er scheinbar nichts mehr zu tun hat.

Art Spiegelman, geboren 1948 in Stockholm, lebt heute mit seiner Frau Françoise Mouly und seinen beiden Kindern in New York. Zusammen mit seiner Frau gibt er das avantgardistische Comic-Magazin «Raw» heraus. Ferner unterrichtet er an der New York School of Visual Arts und ist als künstlerischer Berater mehrerer Firmen tätig. Für «Maus» wurde er 1992 mit dem Pulitzer-Preis ausgezeichnet.

Lesehinweis
Art Spiegelman, Schlag mich auf ... Ich bin ein Hund. Reinbek: Rowohlt 1998.
Art Spiegelman, Maus II. Reinbek: Rowohlt 1993.

Art Spiegelman, **Maus**

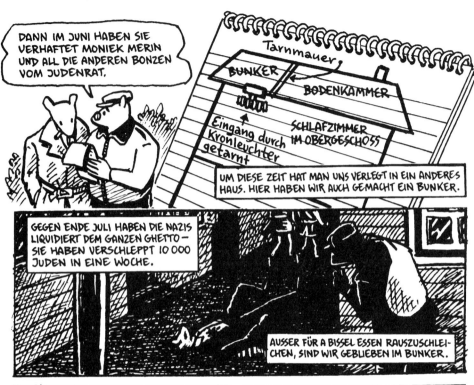

(Art Spiegelman, Maus I. Die Geschichte eines Überlebenden. Reinbek: Rowohlt 1989, S. 112-115.)

Arbeitsanregungen

1. Schildern Sie die Gefühle, die Sie beim Lesen und Betrachten der Geschichte haben!

2. Werden die Ziele erreicht, die Art Spiegelman mit seinem Comic verfolgt (vgl. Einleitung)? Halten Sie die Form des Comicstrips für angemessen, das Thema „Holocaust" darzustellen?

3. Charakterisieren Sie die dargestellten Juden! Welche unterschiedlichen Herangehensweisen im Umgang mit der Krisensituation spiegeln sich hier?

4. Schreiben Sie eine Kurzgeschichte auf der Grundlage des Comicstrips! (Zur Kurzgeschichte vgl. S. 114)

Günter Kunert, Zentralbahnhof

An einem sonnigen Morgen stößt ein Jemand innerhalb seiner Wohnung auf ein amtliches Schreiben: Es liegt auf dem Frühstückstisch neben der Tasse. Wie es dahin kam, ist ungewiss. Kaum geöffnet, überfällt es den Lesenden mit einer Aufforderung:

Sie haben sich, befiehlt der amtliche Druck auf dem grauen, lappigen Papier, am 5. November des laufenden Jahres morgens um acht Uhr in der Herrentoilette des Zentralbahnhofs zwecks Ihrer Hinrichtung einzufinden. Für Sie ist Kabine 18 vorgesehen. Bei Nichtbefolgung dieser Aufforderung kann auf dem Wege der verwaltungsdienstlichen Verordnung eine Bestrafung angeordnet werden. Es empfiehlt sich leichte Bekleidung, um einen reibungslosen Ablauf zu garantieren.

Wenig später taucht der solchermaßen Betroffene verzagt bei seinen Freunden auf. Getränke und Imbiss lehnt er ab, fordert hingegen dringlich Rat, erntet aber nur ernstes und bedeutungsvolles Kopfschütteln. Ein entscheidender Hinweis, ein Hilfsangebot bleibt aus. Heimlich atmet man wohl auf, wenn hinter dem nur noch begrenzt Lebendigen die Tür wieder zufällt, und man fragt sich, ob es nicht schon zu viel gewesen ist, sie ihm überhaupt zu öffnen. Lohnte es denn, wer weiß was alles auf sich zu laden für einen Menschen, von dem in Zukunft so wenig zu erwarten ist?

Der nun selber begibt sich zu einem Rechtsanwalt, wo ihm vorgeschlagen wird, eine Eingabe zu machen, den Termin (5. Nov.) aber auf jeden Fall einzuhalten, um Repressalien auszuweichen. Herrentoilette und Zentralbahnhof höre sich doch ganz erträglich und vernünftig an. Nichts werde so heiß gegessen wie gekocht. Hinrichtung? Wahrscheinlich ein Druckfehler. In Wirklichkeit sei „Einrichtung" gemeint. Warum nicht? Durchaus denkbar findet es der Rechtsanwalt, dass man von seinem frisch gebackenen Klienten verlange, er solle sich einrichten. Abwarten. Und vertrauen! Man muss Vertrauen haben! Vertrauen ist das wichtigste.

Daheim wälzt sich der zur Herrentoilette Beorderte schlaflos über seine durchfeuchteten Laken. Erfüllt von brennendem Neid lauscht er dem unbeschwerten Summen einer Fliege. Die lebt! Die hat keine Sorgen! Was weiß die schon vom Zentralbahnhof?! Man weiß ja selber nichts darüber ... Mitten in der Nacht läutet er an der Tür des Nachbarn. Durch das Guckloch glotzt ihn ein Auge an, kurzfristig, ausdruckslos, bis der Klingelnde kapituliert und den Finger vom Klingelknopf löst.

Pünktlich um acht Uhr morgens betritt er am 5. Nov. den Zentralbahnhof, fröstelnd in einem kurzärmeligen Sporthemd und einer Leinenhose, das leichteste, was er an derartiger Bekleidung besitzt. Hier und da gähnt ein beschäftigungsloser Gepäckträger. Der Boden wird gefegt und immerzu mit einer Flüssigkeit besprengt.

Durch die spiegelnde Leere der Herrentoilette hallt sein einsamer Schritt: Kabine 18 entdeckt er sofort. Er schiebt eine Münze ins Schließwerk der Tür, die aufschwingt, und tritt ein. Wild zuckt in ihm die Gewissheit auf, dass gar nichts passieren wird. Gar nichts! Man will ihn nur einrichten, weiter nichts! Gleich wird es vorüber sein und er kann wieder nach Hause gehen. Vertrauen! Vertrauen! Eine euphorische Stimmung steigt ihm in die Kehle, lächelnd riegelt er das Schloss zu und setzt sich.

Eine Viertelstunde später kommen zwei Toilettenmänner herein, öffnen mit einem Nachschlüssel Kabine 18 und ziehen den leicht bekleideten Leichnam heraus, um ihn in die rotziegeligen Tiefen des Zentralbahnhofs zu schaffen, von dem jeder wusste, dass ihn weder ein Zug jemals erreicht noch verlassen hatte, obwohl oft über seinem Dach der Rauch angeblicher Lokomotiven hing.

(Günter Kunert, Tagträume in Berlin und andernorts. München: Hanser 1972.)

Arbeitsanregungen

1. Welche Hilfe findet „Jemand" bei den Menschen?

2. Warum reagieren die Menschen in der dargestellten Form? In welcher Zeit kann das Geschehen stattfinden?

3. Charakterisieren Sie den Jemand! Hatte er Handlungsalternativen?

Imre Kertész (1929 in Budapest geboren) wurde 1944 nach Auschwitz und später nach Buchenwald deportiert und nach dem Krieg aus dem Konzentrationslager befreit.

An dem **„Roman eines Schicksallosen"** hat der Autor jahrzehntelang gearbeitet. Zunächst wollte kein Verlag aufgrund der großen Distanziertheit des Ich-Erzählers das Buch veröffentlichen, von dem es im Klappentext heißt: „Der Roman beschreibt und erklärt nicht, sondern vollzieht sich. Minute für Minute. Tag für Tag."

Der Vater ist verhaftet worden; ein Onkel bereitet den Jungen im Gespräch auf die neue Situation in der Familie vor und weist ihn auf seine große Verantwortung hin.

Lesehinweis
Imre Kertész, Fiasko. Roman. Berlin: Rowohlt Berlin 1999.

IMRE KERTÉSZ, **Roman eines Schicksallosen**

Bestimmt – sagte er – würde ich vor der Zeit erfahren, „was Sorge und Verzicht ist". Denn es sei ganz klar, dass ich es von nun an nicht mehr so gut haben könnte wie bisher – und das wolle er mir auch nicht verheimlichen, da wir ja nun „unter Erwachsenen" sprächen. „Jetzt", so sagte er, „hast auch du Anteil am gemeinsamen jüdischen Schicksal", und dann ist er noch weiter darauf eingegangen, wobei er etwa erwähnte, dass dieses Schicksal „seit Jahrtausenden aus unablässiger Verfolgung besteht", was die Juden jedoch „mit Ergebenheit und opferwilliger Geduld auf sich zu nehmen haben", da Gott ihnen dieses Schicksal um ihrer einstigen Sünden willen zuteil werden lasse, und gerade deswegen könnten sie auch nur von Ihm Barmherzigkeit erwarten; Er hingegen würde von uns erwarten, dass wir in dieser schweren Zeit an unserem Platz bleiben, an dem Platz, den Er uns zugeteilt hat, „je nach unseren Kräften und Fähigkeiten". Ich zum Beispiel – so habe ich von ihm erfahren – müsse künftig in der Rolle des Familienoberhaupts an meinem Platz bleiben. Und er wollte wissen, ob ich die Kraft und die Bereitschaft dazu in mir fühle. Ich hatte zwar seinem Gedankengang bis dahin nicht ganz folgen können, vor allem da nicht, als er das von den Juden, ihren Sünden und ihrem Gott gesagt hatte, aber irgendwie war ich von seinen Worten doch ergriffen. So habe ich eben gesagt: ja. Er schien zufrieden. Gut, sagte er. Er habe schon immer gewusst, dass ich ein verständiger Junge sei, der „über tiefe Gefühle und ein ernstes Verantwortungsbewusstsein" verfüge; und das sei bei den vielen Schicksalsschlägen ein gewisser Trost für ihn – so war seinen Worten zu entnehmen. Und dann hat er mir mit seinen Fingern, die außen mit Haarbüscheln bedeckt und innen leicht feucht waren, unters Kinn gegriffen, hat mein Gesicht angehoben und mit leiser, leicht zitternder Stimme gesagt: „Dein Vater steht vor einer großen Reise. Hast du schon für ihn gebetet?" In seinem Blick war etwas Strenges und vielleicht hat das in mir das peinliche Gefühl geweckt, ich hätte meinem Vater gegenüber etwas versäumt, weil ich, nun ja, von mir aus tatsächlich nicht daran gedacht hätte. Doch nun, da er dieses Gefühl in mir geweckt hatte, fing ich an, es als Belastung zu empfinden, als eine Art Schuld, und um mich davon zu befreien, habe ich ihm gestanden: „Nein." „Komm mit", sagte er.

(Imre Kertész, Roman eines Schicksallosen. Berlin: Rowohlt 1996, S. 26-27.)

Arbeitsanregungen

1. Auf welche Probleme und Aufgaben wird der Junge hingewiesen?

2. Wie reagiert der Junge auf die Ausführungen des Onkels?

3. Sehen Sie einen Zusammenhang zwischen der Haltung des Onkels in dem Romanauszug und dem Verhalten der Protagonisten in den Kurzgeschichten (S. 323, 326, 329, 336)?

Aus dem Klappentext zu dem Gedichtband MIKLÓS RADNÓTI, **Gewaltmarsch**

Eine Würdigung dieses bedeutenden ungarischen Lyrikers der Moderne (1909–1944) kann man nicht anders beginnen als mit der Heraushebung der größten Tat, der höchsten Leistung, die er vollbrachte und worin ihm kein anderer Dichter an die Seite gestellt werden kann. Als rassisch Verfolgter wurde er in den kritischen Jahren zum Arbeitsdienst herangezogen, verbrachte Monate, Jahre in Zwangsarbeitslagern, zuletzt in Serbien, und als dieses Lager vor den vordringenden Sowjettruppen geräumt werden musste, endete der bis zur Marschunfähigkeit erschöpfte Radnóti, wie so viele andere, durch Genickschuss. An sich kein ungewöhnliches Schicksal in jenen Jahren. Nun ist aber Radnóti bis zum letzten Augenblick angesichts des jeder Menschenwürde beraubten sicheren Todes Dichter geblieben. Die im Lager von Bor säuberlich in sein Notizbuch eingetragenen Gedichte sind dem Inhalt und der Form nach erlesene Meisterwerke und zeigen den Dichter auf der höchsten Höhe seiner Schaffenskraft. Diese Gedichte sind mit dem toten Dichter - bereits in ungarischem Gebiet – im Massengrab verscharrt und mit ihm exhumiert worden. Eine solche moralische Kraft und Werktreue kann man nicht hoch genug schätzen, und dennoch darf man sie nicht überschätzen. Sonst könnte der Eindruck erweckt werden, die Größe Radnótis liege einzig in seiner Standhaftigkeit und zu feiern wäre ein exzeptioneller Charakter, auf dessen dichterische Qualität es nicht mehr so sehr ankommt. Das wäre ein Trugschluss. Radnóti erregte schon als Zwanzigjähriger mit dem originellen Stil und kraftvollen Ton seiner Lyrik Aufsehen. In den etwa fünfzehn Jahren, die ihm zu seinem lyrischen Werk zur Verfügung standen, stieg er von Band zu Band – sie erschienen in rascher Folge – immer höher. Von Anfang an nahm er einen fortschrittlichen Standpunkt der Auflehnung gegen die bestehende Gesellschaft und deren Scheinmoral ein; er tat dies teils mit expressionistischer Zügellosigkeit, teils mit Abkehr vom Alltag und Flucht in ein Arkadien seiner Fantasie. Bald streifte der für das Zeitgeschehen aufgeschlossene Dichter alle Übertreibungen ab; er erkannte die faschistische Gefahr früher als andere, sagte ihr den Kampf an, führte ihn aber mit den erlesensten Mitteln des dichterischen Wortes, mit Eklogen in klassischer Form und selbst die von der Erkenntnis des unentrinnbaren Dichterschicksals erfüllten Gedichte schrieb er in formvollendeten Hexametern sowie die Liebesbekenntnisse an seine Frau bis zuletzt auch. Wiederholt sei nur eben, dass der an sich schon bedeutende Dichter mit seinen letzten Gedichten auf dem „Gewaltmarsch" zum Massengrab sich selbst übertraf. Die Gedichte, die er hinterließ, sind hell leuchtend, und so ist auch des Dichters moralische Größe. Unser Band ist nicht die erste Auswahl von Radnótis Gedichten, die in deutscher Sprache erscheint, es ist aber die erste, die ein deutschsprachiger Dichter aus dem ungarischen Original nachdichtete. Es ist der Schweizer Markus Bieler, seines Zeichens kalvinistischer Geistlicher in Spiegel bei Bern, der nach einer Begegnung mit diesem Dichter sich in dessen Sprache vervollkommnete, um ihm ganz nahe zu kommen und schließlich ihn lückenlos in der deutschen Sprache neu erstehen lassen zu können.

CORVINA VERLAG

Miklós Radnóti, **Gewaltmarsch**

Narr, der, zu Boden sinkend,   aufsteht, sich neu entlangbringt,
als wandelnder Gelenkschmerz   kaum Fuß und Knie in Gang bringt,
sich trotzdem aufrafft, dem gleich,   der leicht beflügelt geht,
und ruft der Graben, „bleib doch",   dem Lockruf widersteht,
5   denn eben, ihn erwarte   die Frau, antwortet er,
und auch ein Tod, sinnvoller   und würdiger als der.
Der fromme Narr, – wo Menschen   daheim gewesen sind,
dort kreist seit langem nur noch   der brandversengte Wind,
Hauswand und Pflaumenbaum sind   dem Boden gleichgemacht,
10 und Angst zerrauht den Sammet   der heimatlichen Nacht.
O wenn ich glauben könnte,   dass ich, was noch von Wert ist,
nicht nur im Herzen trage,   nein, dass es unversehrt ist,
die Heimkehr einen Sinn hat,   und in den Laubengängen
im Schatten, wo das Mus kühlt,   des Friedens Bienen sängen,
15 Spätsommer still sich sonnte   im ungestörten Traum
der Gärten, blanke Früchte   sich schaukelten im Baum,
und Fanni würde warten   blond, vor dem roten Hag,
und Schatten schriebe langsam   der träge Vormittag, –
noch kann's ja sein! so rund läuft   der Mond heut seinen Lauf!
20 Halt ein und schrei mich an, Freund!   und ja, ich stehe auf!
Bor, 15. September 1944

(Miklós Radnóti, Gewaltmarsch. Ausgewählte Gedichte. Budapest: Corvina 1979, S. 112.)

Arbeitsanregungen

1. Welcher Zusammenhang besteht zwischen Narr und lyrischem Ich?

2. Charakterisieren Sie die antithetisch dargestellten Situationen und Assoziationen! Welche Wirkung geht von den Zäsuren aus, die jede Zeile unterbrechen?

3. Welche Funktion erfüllen die Aufrufe in den letzten Versen des Gedichts?

4. Stellen Sie den Bezug zwischen dem Schicksal des Autors (S. 339) und dem Gedicht her! Verändern Kenntnisse der Biografie die Wirkung von Literatur auf den Leser? (Vgl. auch S. 111)

Paul Celan wurde 1920 in Czernowitz (Rumänien) geboren. Er war der Sohn deutschsprachiger Juden. 1938/39 studierte er in Tours (Frankreich) Medizin, nach der Rückkehr in seine Heimat die Sprache und Literatur romanischer Völker.

Während des 2. Weltkrieges floh Paul Celan aus einem Internierungslager und diente bei sowjetischen Truppen als Sanitäter. Als er 1944 zurückkehrte, waren seine Eltern verschleppt und im Konzentrationslager umgekommen. Nach dem Krieg beendete Celan sein Studium in Paris und war als Sprachlehrer und Übersetzer tätig. 1970 beging er in der Seine (Paris) Selbstmord.

In seiner Lyrik hat Celan nach neuen Wegen und Ausdrucksformen gesucht, um auch das „Unsagbare" sagen zu können; dadurch hat er sich weit von überlieferten Formen gelöst. Seine Gedichte enthalten oft fremdartige Vergleiche und Bilder, die nur schwer „dechiffriert" werden können. Seine Lyriksammlung „Mohn und Gedächtnis" (1952), zu der auch dieses Gedicht gehört, entstand unter dem Eindruck der Vernichtung der Juden durch die Nationalsozialisten; die **„Todesfuge"** wurde 1945 geschrieben.

Lesehinweis

Paul Celan, Ausgewählte Gedichte. Frankfurt: Suhrkamp ⁴1970 = es 262.

Lyrik nach Auschwitz. Adorno und die Dichter. Hrsg. von Petra Kiedaisch. Reclam 1995 = UB 9363.

Eine Fuge ist nach folgendem Grundschema komponiert:		
1. Durchführung	1. Thema – 2. Gegenthema – 3. Wiederholung des Themas – 4. Wiederaufnahme des Gegenthemas – 5. Weiterführung des Themas –	in der ersten Stimme meistens in der 2. Stimme intoniert erste Stimme zweite Stimme überwiegend in der 1. Stimme
	Zwischensatz oder Episode	
2. Durchführung	1. Thema 2. Gegenthema 3. Thema 4. Gegenthema 5. Weiterführung des Themas	meistens in verkürzter Form
	Zwischensatz (nimmt thematisch den ersten Zwischensatz wieder auf)	
3. Durchführung	in Form eines Kanons; die einzelnen Melodien (Themen) werden ineinander verschachtelt	

PAUL CELAN, **Todesfuge**

Schwarze Milch der Frühe wir trinken sie abends
wir trinken sie mittags und morgens wir trinken sie nachts
wir trinken und trinken
wir schaufeln ein Grab in den Lüften da liegt man nicht eng
5 Ein Mann wohnt im Haus der spielt mit den Schlangen der schreibt
der schreibt wenn es dunkelt nach Deutschland dein goldenes Haar Margarete
er schreibt es und tritt vor das Haus und es blitzen die Sterne er pfeift seine Rüden herbei
er pfeift seine Juden hervor und lässt schaufeln ein Grab in der Erde
er befiehlt uns spielt auf nun zum Tanz
10 Schwarze Milch der Frühe wir trinken dich nachts
wir trinken dich morgens und mittags wir trinken dich abends
wir trinken und trinken
Ein Mann wohnt im Haus der spielt mit den Schlangen der schreibt
der schreibt wenn es dunkelt nach Deutschland dein goldenes Haar Margarete
15 Dein aschenes Haar Sulamith[1] wir schaufeln ein Grab in den Lüften da liegt man nicht eng

Er ruft stecht tiefer ins Erdreich ihr einen ihr andern singet und spielt
er greift nach dem Eisen im Gurt er schwingts seine Augen sind blau
stecht tiefer die Spaten ihr einen ihr andern spielt weiter zum Tanz auf

Schwarze Milch der Frühe wir trinken dich nachts
20 wir trinken dich mittags und morgens wir trinken dich abends
wir trinken und trinken
ein Mann wohnt im Haus dein goldenes Haar Margarete
dein aschenes Haar Sulamith er spielt mit den Schlangen

Er ruft spielt süßer den Tod der Tod ist ein Meister aus Deutschland
25 er ruft streicht dunkler die Geigen dann steigt ihr als Rauch in die Luft
dann habt ihr ein Grab in den Wolken da liegt man nicht eng

Schwarze Milch der Frühe wir trinken dich nachts
wir trinken dich mittags der Tod ist ein Meister aus Deutschland
wir trinken dich abends und morgens wir trinken und trinken
30 der Tod ist ein Meister aus Deutschland sein Auge ist blau
er trifft dich mit bleierner Kugel er trifft dich genau
ein Mann wohnt im Haus dein goldenes Haar Margarete
er hetzt seine Rüden auf uns er schenkt uns ein Grab in der Luft
er spielt mit den Schlangen und träumet der Tod ist ein Meister aus Deutschland
35 dein goldenes Haar Margarete
dein aschenes Haar Sulamith

(Paul Celan, Mohn und Gedächtnis. Stuttgart: Deutsche Verlagsanstalt [3]1958.)

---

1 Sulamith = jüdischer Name aus dem Hohen Lied Salomos; Inbegriff der jüdischen Frau

Arbeitsanregungen

1. Erarbeiten Sie die Tätigkeiten und Aussagen der „wir"-Gruppe und der „er"-Person; halten Sie die Ergebnisse in Kernwörtern (stichwortartig) fest!

2. Welche Assoziationen verbinden Sie mit den entsprechenden Aussagen?

3. Entschlüsseln Sie die Metaphern des Gedichts im Zusammenhang mit dem Thema „Unterdrückung und Widerstand"! (Vgl. zur Analyse von Lyrik, S.. 458ff.)

4. Erläutern Sie die Form des Gedichts; berücksichtigen Sie den Aufbau einer Fuge und die Schreibweise zu Beginn der Verse!

5. In welcher Situation befinden sich die Personen? Beziehen Sie den Brief aus dem ECHOLOT in Ihre Überlegungen mit ein! (S. 343)

Im ECHOLOT hat der Schriftsteller **Walter Kempowski** Tagebuchaufzeichnungen aus der Zeit vom 1. Januar 1943 bis 28. Februar 1943 ganz unterschiedlicher Personen gesammelt; sie sind ein Spiegelbild der historischen Verhältnisse im Alltag.

Lesehinweis
Walter Kempowski, Das Echolot. Fuga Furiosa. Ein kollektives Tagebuch. 12. Januar bis 14. Februar 1945. München: Knaus 1999.

WALTER KEMPOWSKI, **Echolot**

MONTAG, 18. JANUAR 1943

Czech, Danuta (Auschwitz-Birkenau)

Mit dem 18. und 19. Transport des RSHA[1] aus Belgien sind 945 bzw. 610 Juden aus dem Lager Malines, insgesamt 1 555 Menschen eingetroffen. Unter ihnen 588 Männer, 162 Jungen, 680 Frauen und 125 Mädchen. Nach der Selektion werden 387 Männer, die die Nummern 89076 bis 89462 erhalten, sowie 81 Frauen, die die Nummern 29370 bis 29450 erhalten, als Häftlinge in das Lager eingewiesen. Die übrigen 1 087 Menschen werden in den Gaskammern getötet.

Mit einem Transport des RSHA sind aus dem Ghetto in Zambrow etwa 2000 polnische Juden – Männer, Frauen und Kinder – eingetroffen. Nach der Selektion [...] werden etwa 1 870 Menschen in der Gaskammer getötet.

Unter Bewachung der SS-Bereitschaft werden 200 Häftlinge aus dem Männerlager BIb in Birkenau in das Nebenlager Buna gebracht. In die Leichenhalle des Stammlagers werden die Leichen von 30 Häftlingen eingeliefert; fünf Tote stammen aus dem Nebenlager Buna.

(Walter Kempowski, Das Echolot. Ein kollektives Tagebuch. Januar und Februar 1943. Band II. 18. bis 31. Januar 1943. München: Knaus ²1993, S. 50.)

---

1 RSHA = Reichssicherheitshauptamt

Dokumente einer Liebe in unmenschlicher Zeit:

„Im Juni 1942 begegneten sich **Maria von Wedemeyer** und **Dietrich Bonhoeffer** zum ersten Mal. Im Januar 1943 verlobten sie sich. Die Braut war 19, er 37 Jahre alt, Widerstandskämpfer und bedeutender protestantischer Theologe. Im April wurde Bonhoeffer verhaftet, Maria hat ihn in Freiheit nicht wiedergesehen. [...] Im Oktober 1944 wird Dietrich Bonhoeffer in das Berliner Gestapo-Gefängnis verlegt; die Brautleute können sich nicht mehr sehen und schreiben. Am 8. April 1945 wird Bonhoeffer im KZ Flossenbürg hingerichtet." (ZEITmagazin, Nr. 41 vom 2. Oktober 1992, S. 50.)

Lesehinweis
Brautbriefe Zelle 92. Dietrich Bonhoeffer/Maria von Wedemeyer 1943–1949. München: Beck 1999 = becksche reihe 1312.

MARIA VON WEDEMEYER/DIETRICH BONHOEFFER, **Brautbriefe ins Gefängnis**

Mein sehr lieber, geliebter Dietrich!   Pätzig, den 8. Okt. 43

Drei Briefe und eine Sprecherlaubnis auf einmal, das ist ein bisschen viel für ein übervolles Herz, wie das meine. Wie soll ich dir in einem so dummen, lächerlichen Brief davon sprechen? – Wenn ein Brief von dir kommt und ich lese ihn, dann ist es, als
5 säßest du neben mir und sprächest zu mir, so, wie wir noch nie zusammen sprachen, wie wir aber sprechen werden, wenn wir allein sind. Ich möchte immer nur zuhören, wenn du so zu mir sprichst. Es ist, als wäre es Musik und nicht einfach Worte. Mit Worten redet man sich so leicht auseinander, aber in der Musik fühlt man sich zusammen. So sind alle deine Worte, die du schreibst. Wie eine offene Hand, die ich anfas-
10 sen kann, die ich lieb habe und an der ich mich festhalten will. – Es ist so gut, dass du schreibst was dich traurig macht, wann du dankbar und froh bist und wie du an mich denkst. Mein Unvermögen, dich mit meinen Briefen und Besuchen froh zu machen, empfinde ich so quälend. Dass du es trotzdem spürst was dahinter steht und was ich dir sage ohne es auszusprechen oder zu schreiben, danke ich dir. Wenn ich weiß, dass
15 du nach einem Wiedersehen froh bist, wie könnte ich dann traurig sein? – Sieh, Dietrich, es *muss* ja Stunden geben in denen man böse oder traurig oder verzweifelt ist. Aber sie sollen nicht größer werden als wir beide und unser Miteinander [...]

Mein Dietrich!   Pätzig, den 22. XI. 43

Die Briefe nach einer Sprecherlaubnis sind immer die allerschönsten, die du mir
20 schreibst. Oft frage und quäle ich mich, ob ich dir wirklich mit solch einem Wiedersehen wohl tun kann. Man stellt sich unter „Verlobtsein" landläufig doch sehr etwas anderes vor. Und wenn man dann so dasitzt und Konversation macht, die eigentlich nur oberflächlich und langweilig ist, obgleich man doch hundert, ja tausend Dinge weiß, die man sagen möchte und sagen muss, wenn man heulen möchte und doch
25 nur kalbert und außerdem auch irgendwie noch froh und glücklich ist, dann kann ich mir einfach nicht vorstellen, dass dies Durcheinander von Gefühlen und Gedanken dir ein ganz klein wenig helfen könnte. Nicht wahr, du schreibst und sagst mir, wenn es dich nicht freut, oder wenn du wünschst, dass ich einmal nicht komme. –

[...] Es ist, als würde die Spannung täglich größer in mir, als drängte alles hin zu einer
30 Entladung – meinem Empfinden nach *darf* es nun einfach nicht mehr länger dauern. – (oder ich werde ein überspanntes Frauenzimmer) – Früher schrieb ich all meine Gedanken an dich in mein Tagebuch. Aber das mag ich jetzt nicht mehr. Es teilt sich

dann alles so stark. Dann denke ich einmal an einen Tagebuch-Dietrich, einmal an einen Brief-Dietrich und ein andermal an einen Sprecherlaubnis-Dietrich. Und das ist scheußlich. Ich möchte ja doch weder nur einen Teil von dir, noch ein erdachtes Du. – Das verstehst du doch! –

[...] Ich möchte nur einmal neben dir hier in meinem Zimmer sitzen und dir das alles sagen können, so wie es ist. Erklären wollte ich dir – es gibt mehr zu klären, als du vielleicht weißt. Ich möchte dir erzählen können, dass es manchmal so schwierig ist, an dich zu schreiben. Ich kenne dich sehr wenig und kenne dich doch auch sehr gut. Und das ist schon wieder ein neues Durcheinander, dem ich nicht gewachsen bin. Manchmal fürchte ich mich auch vor einer Sprecherlaubnis. Ich weiß nicht, wie es werden wird, ich fühle nur, dass so viel davon abhängt und dass es gut werden müsste; aber die Kraft dazu spüre ich nicht. – Sag mir, was quält dich in Gedanken an mich? Quält es dich, dass ich dir fern bin, oder dass ich nicht ausreiche, dir eine wirkliche „Gehilfin" zu sein. Oder bist du nur traurig, weil ich betrübt bin. – Du sollst nicht traurig an mich denken. Du sollst wissen, dass ich immer deine Maria bleibe und dass ich dich lieb habe ...

(Brautbriefe. Dietrich Bonhoeffer – Maria von Wedemeyer 1943-1945. Hrsg. von R. A. Bismarck u. a. München: Beck 1992. S. 64 f., 85 f.)

Arbeitsanregungen

1. Welche Bedeutung haben die Briefe für die Brautleute?

2. Was können Worte, was kann Musik bewirken?

3. Untersuchen Sie alle Textstellen, die auf die Situation des Widerstandkämpfers im Gefängnis hinweisen! Mit welchen Worten vermittelt die Briefschreiberin ihre Empfindungen? Wie wirken sie in dieser Form?

4. Schreiben Sie einen Brief an einen Freund/eine Freundin, der/die sich in einer Ausnahmesituation befindet!

Die Tagebücher von **Victor Klemperer** (Professor für Romanistik in Dresden von 1920 bis zu seiner Zwangssuspendierung 1935) vermitteln ein aufschlussreiches, aber auch sehr persönlich geprägtes Bild eines Menschen in der inneren Emigration; sie sind ein stummer Begleiter in der Zeit, die für ihn, seine Frau, Familie und Freunde durch Demütigungen geprägt ist: Bibliotheksverbot, Telefonverbot, Ausgehverbot, Hausdurchsuchungen – Tragen des gelben „Judensterns".
Der Schriftsteller Martin Walser hat bei dem Erscheinen der „Tagebücher" gesagt:

„Sinnvoll wäre, dafür zu sorgen, dass Klemperer überall gegenwärtig wäre, dass er zu einer wichtigen Auskunftsquelle über diese Epoche deutscher Geschichte werden würde. Ich kenne keine Mitteilungsart, die uns die Wirklichkeit der NS-Diktatur fassbarer machen kann, als es die Prosa Klemperers tut. Film, Fotografie, Tonband, Fiktion, Geschichtsschreibung – alles, was ich bisher an Zeugnis oder Beschreibung der NS-Diktatur kennen gelernt habe, ist mir weniger eindringlich vorgekommen als die Aufzeichnungen Victor Klemperers." (Martin Walser, Schule der Genauigkeit. In: Die Welt, Nr. 86 vom 12. April 1996.)

Lesehinweis
Victor Klemperer, So sitze ich denn zwischen den Stühlen. Tagebücher 1945–1959. 2 Bde. Berlin: Aufbau 1999.

Victor Klemperer, **Ich will Zeugnis ablegen bis zum letzten**

16. Mai, Sonnabend nachmittag [1936]

Ich fühle mich alt, ich habe kein Zutraun zu meinem Herzen, ich glaube nicht, daß ich noch viel Zeit vor mir habe, ich glaube nicht, daß ich das Ende des dritten Reiches erlebe, und ich lasse mich doch ohne sonderliche Verzweiflung fatalistisch treiben und kann die Hoffnung nicht aufgeben. Evas [Klemperers Frau, die Hrsg.] starres Festhalten am Ausbau des Hauses ist mir eine Stütze. Wie ich den Druck, die Schmach, die Unsicherheit, die Verlassenheit ohne Eva aushalten sollte, ist mir unbegreiflich. Es geht wirklich immer böser zu. Gestern ein Abschiedsgruß von Betty Klemperer aus Bremen (und Felix war einer der ersten Ärzte, die das EK I[1] erhielten, er hat die russische Hindenburgoffensive mitgemacht, hat im Schützengraben verbunden); nun verlassen auch die Frauen unserer Familie Deutschland, und manchmal kommt mir mein Bleiben ehrlos vor – aber was soll ich draußen anfangen, der ich nicht einmal Sprachlehrer sein könnte? Isakowitz, bei dem Eva wieder viel zu tun hat (weitere Finanzverschlechterung), siedelt in ein paar Wochen nach London über; Köhlers, decentes et indecentes[2], lassen nichts mehr von sich hören: Der Beamte darf nicht „mit Juden und übelbeleumundeten Elementen" verkehren. Die politische Außenlage ist völlig wirr, aber sie bietet fraglos der Regierung Hitler die größten Chancen: Das riesige deutsche Heer wird von jeder Partei gefürchtet und von jeder gebraucht: vielleicht wird das deutsche Geschäft mit England, vielleicht mit Italien gemacht werden, aber gemacht wird es sicherlich und zugunsten der gegenwärtigen Regierung. Und ich glaube durchaus nicht mehr, daß sie innerdeutsche Feinde hat. Die Mehrzahl des Volkes ist zufrieden, eine kleine Gruppe nimmt Hitler als das geringste Übel hin, niemand will ihn wirklich los sein, alle sehen in ihm den außenpolitischen Befreier, fürchten russische Zustände, wie ein Kind den schwarzen Mann fürchtet, halten es, soweit sie nicht ehrlich berauscht sind, für realpolitisch inopportun, sich um solcher Kleinigkeiten willen wie der Unterdrückung bürgerlicher Freiheit, der Judenverfolgung, der Fälschung aller wissenschaftlichen Wahrheit, der systematischen Zerstörung aller Sittlichkeit zu empören. Und alle haben Angst um ihr Brot, ihr Leben, alle sind so entsetzlich feige. (Darf ich es ihnen vorwerfen? Ich habe im letzten Amtsjahr auf Hitler geschworen, ich bin im Lande geblieben – ich bin nicht besser als meine arischen Mitmenschen.)

(Victor Klemperer, Ich will Zeugnis ablegen bis zum letzten. Tagebücher 1933-1941. Bd. 1. Berlin: Aufbau ³1995, S. 263-264.)

Arbeitsanregungen

1. Inwiefern befindet sich der Autor in der inneren Emigration?

2. Sind die Selbstzweifel des Autors – „ich bin nicht besser als meine arischen Mitmenschen" – berechtigt?

---

1 EK I = Eisernes Kreuz 1. Klasse
2 decentes et indecentes (franz.) = schicklich, ehrbar u. unschicklich, unanständig

Anna Seghers wurde 1900 in Mainz geboren. Sie studierte Kunstgeschichte und Sinologie (chinesische Sprache und Literatur). 1928 trat sie der Kommunistischen Partei Deutschlands (KPD) bei. 1933 emigrierte sie nach Frankreich; später nach Mexico. Seit 1947 lebte die Schriftstellerin bis zu ihrem Tod (1983) in Ost-Berlin. Ihre Haltung in Prozessen von Kollegen in der ehemaligen DDR ist nicht unumstritten, weil sie ihre Stimme gegen Unrecht nicht erhoben hat.

Zu den bekanntesten Werken gehören: „Aufstand der Fischer von St. Barbara" (1928), „Das siebte Kreuz" (1942), „Transit" (1944) und die Erzählung **„Das Obdach"**.

Lesehinweis

Henri R. Paucker (Hrsg.), Neue Sachlichkeit. Literatur im „Dritten Reich" und im Exil. Stuttgart: Reclam 1974 = UB 9675.

Anna Seghers, Das siebte Kreuz. Roman, Darmstadt: Luchterhand 1977 = SL 108.

Anna Seghers, Das Obdach

An einem Morgen im September 1940, als auf der Place de la Concorde in Paris die größte Hakenkreuzfahne der deutsch besetzten Länder wehte und die Schlangen vor den Läden so lang wie die Straßen selbst waren, erfuhr eine gewisse Luise Meunier, Frau eines Drehers, Mutter von drei Kindern, dass man in einem Geschäft im XIV. Arrondissement[1] Eier kaufen könnte.

Sie machte sich rasch auf, stand eine Stunde Schlange an, bekam fünf Eier, für jedes Familienmitglied eins. Dabei war ihr eingefallen, dass hier in derselben Straße eine Schulfreundin lebte, Annette Villard, Hotelangestellte. Sie traf die Villard auch an, jedoch in einem für diese ruhige, ordentliche Person befremdlich erregten Zustand.

Die Villard erzählte, Fenster und Waschbecken scheuernd, wobei ihr die Meunier manchen Handgriff tat, dass gestern mittag die Gestapo[2] einen Mieter verhaftet habe, der sich im Hotel als Elsässer eingetragen, jedoch, wie sich inzwischen herausgestellt hatte, aus einem deutschen Konzentrationslager vor einigen Jahren entflohen war. Der Mieter, erzählte die Villard, Scheiben reibend, sei in die Santé[3] gebracht worden, von dort aus würde er bald nach Deutschland abtransportiert werden und wahrscheinlich an die Wand gestellt. Doch was ihr weit näher gehe als dieser Mieter, denn schließlich Mann sei Mann, Krieg sei Krieg, das sei der Sohn des Mieters. Der Deutsche habe nämlich ein Kind, einen Knaben von zwölf Jahren, der habe mit ihm das Zimmer geteilt, sei hier in die Schule gegangen, rede französisch wie sie selbst, die Mutter sei tot, die Verhältnisse seien undurchsichtig wie meistens bei den Fremden. Der Knabe habe, heimkommend von der Schule, die Verhaftung des Vaters stumm, ohne Tränen, zur Kenntnis genommen. Doch von dem Gestapooffizier aufgefordert, sein Zeug zusammenzupacken, damit er am nächsten Tag abgeholt werden könne

---

1 Arrondissement (frz.) = Bezirk
2 Gestapo = Geheime Staatspolizei im 3. Reich
3 Santé (frz.) = Gesundheit, hier Krankenhaus in Paris

und nach Deutschland zurückgebracht zu seinen Verwandten, da habe er plötzlich laut erwidert, er schmisse sich eher unter ein Camion, als dass er in diese Familie zurückkehre. Der Gestapooffizier habe ihm scharf erwidert, es drehe sich nicht darum, zurück oder nicht zurück, sondern zu den Verwandten zurück oder in die Korrektionsanstalt. – Der Knabe habe Vertrauen zu ihr, Annette, er habe sie in der Nacht um Hilfe gebeten, sie habe ihn auch frühmorgens weg in ein kleines Café gebracht, dessen Patron ihr Freund sei. Da sitze er nun und warte. Sie habe geglaubt, es sei leicht, den Knaben unterzubringen, doch bisher habe sie immer nur nein gehört, die Furcht sei zu groß. Die eigene Patronin fürchte sich sehr vor den Deutschen und sei erbost über die Flucht des Knaben.

Die Meunier hatte sich alles schweigend angehört; erst als die Villard fertig war, sagte sie: „Ich möchte gern einmal einen solchen Knaben sehen." Worauf ihr die Villard das Café nannte und noch hinzufügte: „Du fürchtest dich doch nicht etwa, dem Jungen Wäsche zu bringen?"

Der Patron des Cafés, bei dem sie sich durch einen Zettel der Villard auswies, führte sie in sein morgens geschlossenes Billardzimmer. Da saß der Knabe und sah in den Hof. Der Knabe war so groß wie ihr ältester Sohn, er war auch ähnlich gekleidet, seine Augen waren grau, in seinen Zügen war nichts Besonderes, was ihn als den Sohn eines Fremden stempelte. Die Meunier erklärte, sie brächte ihm Wäsche. Er dankte nicht, er sah ihr nur plötzlich scharf ins Gesicht. Die Meunier war bisher eine Mutter gewesen wie alle Mütter: Schlange stehen, aus nichts etwas, aus etwas viel machen, Heimarbeit zu der Hausarbeit übernehmen, das alles war selbstverständlich. Jetzt, unter dem Blick des Jungen, wuchs mit gewaltigem Ruck das Maß des Selbstverständlichen, und mit dem Maß ihre Kraft. Sie sagte: „Sei heute abend um sieben im Café Biard an den Hallen."

Sie machte sich eilig heim. Um weniges ansehnlich auf den Tisch zu bringen, braucht es lange Küche. Ihr Mann war schon da. Er hatte ein Kriegsjahr in der Maginotlinie[1] gelegen, er war seit drei Wochen demobilisiert, vor einer Woche hatte sein Betrieb wieder aufgemacht, er war auf Halbtagsarbeit gesetzt, er verbrachte den größten Teil der Freizeit im Bistro, dann kam er wütend über sich selbst heim, weil er von den wenigen Sous noch welche im Bistro gelassen hatte. Die Frau, zu bewegt, um auf seine Miene zu achten, begann zugleich mit dem Eierschlagen ihren Bericht, der bei dem Mann vorbauen sollte. Doch wie sie auf dem Punkt angelangt war, da der fremde Knabe, aus dem Hotel weggelaufen, in Paris Schutz vor den Deutschen suche, unterbrach er sie folgendermaßen: „Deine Freundin Annette hat wirklich sehr dumm getan, einen solchen Unsinn zu unterstützen. Ich hätte an ihrer Stelle den Jungen eingesperrt. Der Deutsche soll selbst sehn, wie er mit seinen Landsleuten fertig wird – Er hat selbst nicht für sein Kind gesorgt. Der Offizier hat also auch Recht, wenn er das Kind nach Haus schickt. Der Hitler hat nun einmal die Welt besetzt, da nützen keine Phrasen was dagegen." Worauf die Frau schlau genug war, rasch etwas andres zu erzählen. In ihrem Herzen sah sie zum erstenmal klar, was aus dem Mann geworden war, der früher bei jedem Streik, bei jeder Demonstration mitgemacht hatte und sich am 14. Juli[2] stets so betragen, als wollte er ganz allein die Bastille noch einmal stürmen. Er glich aber jenem Riesen Christophorus in dem Märchen – ihm gleichen viele –, der immer zu dem übergeht, der ihm am stärksten scheint und sich als stärker erweist als sein jeweiliger Herr, sodass er zuletzt beim Teufel endet. Doch weder in der Natur der Frau noch in ihrem ausgefüllten Tag war Raum zum Trauern. Der Mann war nun einmal ihr Mann, sie war nun einmal die Frau, da war nun einmal der fremde

---

1 Maginotlinie = ehemaliger Befestigungsstreifen entlang der frz. Ostgrenze
2 14. Juli = Nationalfeiertag der Franzosen

Junge, der jetzt auf sie wartete. Sie lief daher abends in das Café bei den Hallen und sagte zu dem Kind: „Ich kann dich erst morgen zu mir nehmen." Der Knabe sah sie wieder scharf an, er sagte: „Sie brauchen mich nicht zu nehmen, wenn Sie Angst haben." Die Frau erwiderte trocken, es handle sich nur darum, einen Tag zu warten. Sie bat die Patronin, das Kind eine Nacht zu behalten, es sei mit ihr verwandt. An dieser Bitte war nichts Besonderes, da Paris von Flüchtlingen wimmelte.

Am nächsten Tag erklärte sie ihrem Mann: „Ich habe meine Kusine Alice getroffen, ihr Mann ist in Pithiviers im Gefangenenlazarett, sie will ihn ein paar Tage besuchen. Sie hat mich gebeten, ihr Kind solange aufzunehmen." Der Mann, der Fremde in seinen vier Wänden nicht leiden konnte, erwiderte: „Dass ja kein Dauerzustand daraus wird." Sie richtete also für den Knaben eine Matratze. Sie hatte ihn unterwegs gefragt: „Warum willst du eigentlich nicht zurück?" Er hatte geantwortet: „Sie können mich immer noch hierlassen, wenn Sie Angst haben. Zu meinen Verwandten werde ich doch nicht gehen. Mein Vater und meine Mutter wurden beide von Hitler verhaftet. Sie schrieben und druckten und verteilten Flugblätter. Meine Mutter starb. Sie sehen, mir fehlt ein Vorderzahn. Den hat man mir dort in der Schule ausgeschlagen, weil ich ihr Lied nicht mitsingen wollte. Auch meine Verwandten waren Nazis. Sie quälten mich am meisten. Sie beschimpften Vater und Mutter." Die Frau hatte ihn darauf nur gebeten zu schweigen, dem Mann gegenüber, den Kindern und den Nachbarn.

Die Kinder konnten den fremden Knaben weder gut noch schlecht leiden. Er hielt sich abseits und lachte nicht. Der Mann konnte den Knaben sofort nicht leiden; er sagte, der Blick des Knaben missfalle ihm. Er schalt seine Frau, die von der eigenen Ration dem Knaben abgab, er schalt auch die Kusine, es sei eine Zumutung, anderen Kinder aufzuladen. Und solche Klagen pflegten bei ihm in Belehrungen überzugehen, der Krieg sei nun einmal verloren, die Deutschen hätten nun einmal das Land besetzt, die hätten aber Disziplin, die verstünden sich auf Ordnung. Als einmal der Junge die Milchkanne umstieß, sprang er los und schlug ihn. Die Frau wollte später den Jungen trösten, der aber sagte: „Noch besser hier als dort."

„Ich möchte", sagte der Mann, „einmal wieder ein richtiges Stück Gruyére zum Nachtisch haben." Am Abend kam er ganz aufgeregt heim. „Stell dir vor, was ich gesehen habe. Ein riesiger deutscher Camion, ganz voll mit Rädern von Käse. Die kaufen, was sie Lust haben. Die drucken Millionen und geben sie aus."

Nach zwei, drei Wochen begab sich die Meunier zu ihrer Freundin Annette. Die war über den Besuch nicht erfreut, bedeutete ihr, sich in diesem Quartier nicht mehr blicken zu lassen, die Gestapo habe geflucht, gedroht. Sie habe sogar herausbekommen, in welchem Café der Knabe gewartet habe, auch dass ihn dort eine Frau besucht, dass beide den Ort zu verschiedenen Zeiten verlassen hatten. – Auf ihrem Heimweg bedachte die Meunier noch einmal die Gefahr, in die sie sich und die Ihren gebracht hatte. Wie lange sie auch erwog, was sie ohne Erwägen in einem raschen Gefühl getan hatte, der Heimweg selbst bestätigte ihren Entschluss, die Schlangen vor den offenen Geschäften, die Läden vor den geschlossenen, das Hupen der deutschen Autos, die über die Boulevards sausten, und über den Toren die Hakenkreuze. Sodass sie bei ihrem Eintritt in ihre Küche dem fremden Knaben in einem zweiten Willkomm übers Haar strich.

Der Mann aber fuhr sie an, sie hätte an diesem Kind einen Narren gefressen. Er selber ließ seine Mürrischkeit, da die eignen Kinder ihn dauerten – alle Hoffnungen hatten sich plötzlich in eine klägliche Aussicht verwandelt auf eine trübe, unfreie Zukunft –, an dem fremden aus. Da der Knabe zu vorsichtig war und zu schweigsam, um einen Anlass zu geben, schlug er ihn ohne solchen, indem er behauptete, der

Blick des Knaben sei frech. Er selber war um sein letztes Vergnügen gebracht worden. Er hatte noch immer den größten Teil seiner freien Zeit im Bistro verbracht, was ihn etwas erleichtert hatte. Jetzt war einem Schmied am Ende der Gasse die Schmiede zwangsweise von den Deutschen abgekauft worden.

Die Gasse, bisher recht still und hakenkreuzfrei, fing plötzlich von deutschen Monteuren zu wimmeln an. Es stauten sich deutsche Wagen, die repariert werden sollten, und Nazisoldaten besetzten die Wirtschaft und fühlten sich dort daheim. Der Mann der Meunier konnte den Anblick nicht ertragen. Oft fand ihn die Frau stumm vor dem Küchentisch. Sie fragte ihn einmal, als er fast eine Stunde reglos gesessen hatte, den Kopf auf den Armen, mit offenen Augen, woran er wohl eben gedacht habe. Darauf sagte er: „An nichts und an alles. Und außerdem noch an etwas ganz Abgelegenes. Ich habe soeben, stell dir vor, an diesen Deutschen gedacht, von dem dir einmal deine Freundin Annette erzählt hat, ich weiß nicht, ob du dich noch erinnerst, der Deutsche, der gegen Hitler war, der Deutsche, den die Deutschen verhafteten. Ich möchte wohl wissen, was aus ihm geworden ist. Aus ihm und aus seinem Sohn." Die Meunier erwiderte: „Ich habe kürzlich die Villard getroffen. Sie haben damals den Deutschen in die Santé gebracht. Er ist inzwischen vielleicht schon erschlagen worden. Das Kind ist verschwunden. Paris ist groß. Es wird sich ein Obdach gefunden haben."

Da niemand gern zwischen Nazisoldaten sein Glas austrank, zog man oft mit ein paar Flaschen in Meuniers Küche, was ihnen früher ungewohnt gewesen wäre und beinah zuwider. Die meisten waren Meuniers Arbeitskollegen aus demselben Betrieb, man sprach freiweg. Der Patron in dem Betrieb hatte sein Büro dem deutschen Kommissar eingeräumt. Der ging und kam nach Belieben. Die deutschen Sachverständigen prüften, wogen, nahmen ab. Man gab sich nicht einmal mehr Mühe, in den Büros der Verwaltung geheim zu halten, für wen geschuftet wurde. Die Fertigteile aus dem zusammengeraubten Metall wurden nach Osten geschickt, um andren Völkern die Gurgel abzudrehen. Das war das Ende vom Lied, verkürzte Arbeitszeit, verkürzter Arbeitslohn, Sreikverbot. Die Meunier ließ ihre Läden herunter, man dämpfte die Stimmen. Der fremde Junge senkte die Augen, als fürchte er selbst, dass sein Blick so scharf sei, dass er sein Herz verraten könne. Er war so bleich, so hager geworden, dass ihn die Meunier mürrisch betrachtete und die Furcht äußerte, er möge von einer Krankheit befallen sein und die eignen Kinder noch anstecken. Die Meunier hatte an sich selbst einen Brief geschrieben, in dem die Kusine bat, den Knaben noch zu behalten, ihr Mann sei schwer krank, sie ziehe vor, sich für eine Weile in seiner Nähe einzumieten . – „Die macht sich's bequem mit ihrem Bengel", sagte der Meunier. Die Meunier lobte eilig den Jungen, er sei sehr anstellig, er ginge schon jeden Morgen um vier Uhr in die Hallen, zum Beispiel hätte er heute dieses Stück Rindfleisch ohne Karten ergattert.

Auf dem gleichen Hof mit den Meuniers wohnten zwei Schwestern, die waren immer recht übel gewesen, jetzt gingen sie gern ins Bistro hinüber und hockten auf den Knien der deutschen Monteure. Der Polizist sah sich's an, dann nahm er die beiden Schwestern mit aufs Revier, sie heulten und sträubten sich, er ließ sie in die Kontrollliste eintragen. Die ganze Gasse freute sich sehr darüber, doch leider wurden die Schwestern jetzt noch viel übler, die deutschen Monteure gingen bei ihnen jetzt aus und ein, sie machten den Hof zu dem ihren, man hörte den Lärm in Meuniers Küche. Dem Meunier und seinen Gästen war es längst nicht mehr zum Lachen, der Meunier lobte jetzt nicht mehr die deutsche Ordnung, mit feiner, gewissenhafter, gründlicher Ordnung war ihm das Leben zerstört worden, im Betrieb und daheim, seine kleinen und großen Freuden, sein Wohlstand, seine Ehre, seine Ruhe, seine Nahrung, seine Luft.

Eines Tages fand sich der Meunier allein mit seiner Frau. Nach langem Schweigen brach es aus ihm heraus, er rief: „Sie haben die Macht, was willst du! Wie stark ist dieser Teufel! Wenn es nur auf der Welt einen gäbe, der stärker wäre als er! Wir aber, wir sind ohnmächtig. Wir machen den Mund auf, und sie schlagen uns tot. Wie jener Deutsche, von dem dir einmal deine Annette erzählt hat, du hast ihn vielleicht vergessen, ich nicht. Er hat immerhin was riskiert. Und sein Sohn, alle Achtung! Deine Kusine mag sich selbst aus dem Dreck helfen mit ihrem Bengel. Das macht mich nicht warm. Den Sohn dieses Deutschen, den würde ich aufnehmen, der könnte mich warm machen. Ich würde ihn höher halten als meine eignen Söhne, ich würde ihn besser füttern. Einen solchen Knaben bei sich zu beherbergen, und diese Banditen gehn aus und ein und ahnen nicht, was ich wage und was ich für einer bin und wen ich bei mir versteckt habe! Ich würde mit offnen Armen einen solchen Jungen aufnehmen."

Die Frau drehte sich weg und sagte: „Du hast ihn bereits aufgenommen."

Ich habe diese Geschichte erzählen hören in meinem Hotel im XVI. Arrondissement von jener Annette, die dort ihren Dienst genommen hatte, weil es ihr auf der alten Stelle nicht mehr geheuer war.

(Anna Seghers, Das Obdach. In: Anna Seghers, Erzählungen 1926–1944. Berlin: Aufbau 1977. = Anna Seghers, Gesammelte Werke in Einzelausgaben. Bd. IX, S. 277-284.)

Arbeitsanregungen

1. Warum sucht der Junge Hilfe?

2. Beschreiben Sie die Handlungsweise und das Verhalten von Luise Meunier, ihrem Mann, dem Jungen und seinen Eltern! Charakterisieren Sie diese Personen unter Berücksichtigung der äußeren Umstände in Paris um das Jahr 1940!

3. Wie ist das Verhalten des Vaters Meunier zu Beginn und am Schluss der Erzählung zu erklären? Welche Gründe sind für seine Verhaltensänderung ausschlaggebend?

4. Wie könnte die Reaktion Meuniers auf die Offenbarung seiner Frau ausfallen? Schreiben Sie eine Fortsetzung der Handlung!

Wolf Böwig, **Gesichter des Krieges – Kroatien 1993**

Arbeitsanregungen

1. Beschreiben Sie das Foto!
   Welcher Gegensatz wird von dem Fotografen festgehalten? Durch welche gestalterischen Elemente wird der Kontrast betont?

2. Setzen Sie das Foto mit den Texten zum Krieg in Beziehung!
   Kann es für sich allein sprechen oder sind Worte notwendig?

3. Über die Arbeit des Fotojournalisten Wolf Böwig (Jahrgang 1964) heißt es in einer Rezension:
   „Der Krieg offenbart ihm, so seltsam es klingt, auch die humane Seite des Lebens. Denn zwischen Bombenangriffen und Sperrfeuern begegnen Menschen einander ohne Vorbehalte. Die existenzielle Bedrohung lässt keinen Raum für Distanz. Wo menschliche Nähe unvermittelt möglich wird, entsteht die Ahnung einer besseren Welt."
   Können Sie diesen Aspekt in Böwigs Fotografie aus Kroatien wiederfinden? Betrachten Sie auch die übrigen Abbildungen im Kapitel „Krieg und Verfolgung" unter diesem Gesichtspunkt!

4. Sammeln Sie Abbildungen, Fotos aus Tageszeitungen, Zeitschriften und Bildbänden zum Thema Krieg (1. Weltkrieg bis zur Gegenwart) und erläutern Sie Ihre Auswahl dem Betrachter durch entsprechend notwendige Informationen!

Durs Grünbein[1], **Für die da unten**

So, jetzt wißt ihr wie das ist,
Wenn zur besten Sendezeit
Krieg in jede Wohnung schneit.
Keiner bleibt mehr Zivilist.

Keinem hilft die dicke Haut,
Angelegt mit Bier und Schnitzel
Wenn ihm vor Massakern graut.
Und das Blut ist nicht mehr Kitzel,

Seit es Menschenströme fortreißt
Über Grenzen. In den Stuben
Sieht man kauend, wer ins Gras beißt.
Und man ahnt am Dorfrand Gruben,

Die kein Luftbild zeigt, wenn *Drohnen*[2]
Filmen, was ein Blitz zerstört.
Von den Leuten, die da wohnen,
Hat man vordem nie gehört.

Jetzt gilt jeder Turnschuh; Knöpfe
Werden hautnah fokussiert.
Erst zählt man noch Flüchtlingsköpfe,
Dann Gebeine, exhumiert[3].

(Frankfurter Allgemeine Zeitung, Nr. 85 vom 13.04.1999)

Arbeitsanregungen

1. Interpretieren Sie das Gedicht und berücksichtigen Sie dabei die sprachlichen und formalen Besonderheiten!

2. Welche Bedeutung hat das Enjambement (Zeilensprung) für den lyrischen Text? Beziehen Sie vor allem die 3. Strophe in ihre Überlegungen ein!

3. Deuten Sie den Titel „Für die da unten"!

4. Setzen Sie das Gedicht mit Wolfgang Gasts Text „Nichtfiktionale Programme: Nachrichten" (S. 509) in Beziehung!

---

1 (RR)
2 Drohne = unbemannter militär. Flugkörper, der programmgesteuert zum Ausgangspunkt zurückkehren kann
3 exhumieren = eine bestattete Leiche wieder ausgraben

Projekt: Krieg und Verfolgung

Arbeitsanregungen

1. Sammeln Sie in einem Brainstorming (vgl. S. 579)
   - Ideen, Begriffe, Fragen, Ansichten, Gefühle zum Thema Krieg und Verfolgung!

2. Protokollieren Sie die Assoziationen und legen Sie Interessenschwerpunkte fest!

3. Erstellen Sie eine Bild-Text-Collage auf der Grundlage der Schwerpunkte, die Sie festgelegt haben, und präsentieren Sie die Ergebnisse an einer Lesewand!

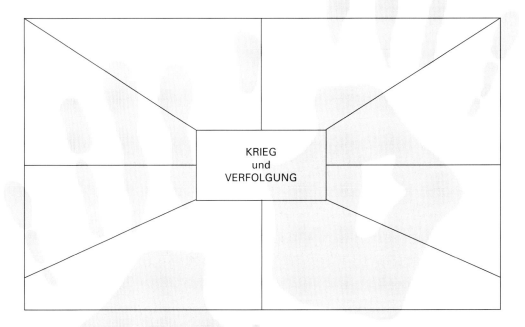

4. Ermitteln Sie alle Kriegsschauplätze in der Gegenwart; halten Sie die Orte an einer Weltkarte fest; dokumentieren Sie die Folgen an einer Wandzeitung!

Natur und Umwelt

Katalysatoren
Entschwefelung **Kläranlagen** Filter
Geruchsvernichter Schallschutz
Kläranlagen *Entschwefelung*
Entstaubung *Recycling* Müllverbrennung
Katalysatoren Gülleverarbeitung
Grundwassersanierung **Kläranlagen**
Entschwefelung Müllverbrennung Bodensanierung Filter
Bodensanierung *Geruchsvernichter* **Recycling**
Schallschutz Grundwassersanierung *Filter*
Katalysatoren Gülleverarbeitung **Schallschutz**
Katalysatoren Kläranlagen Filter *Müllverbrennung*
Bodensanierung Entstaubung Recycling **Entstaubung**
Grundwassersanierung Recycling Entschwefelung *Geruchsvernichter*
Katalysatoren Geruchsvernichter *Entstaubung* Katalysatoren
Schallschutz Katalysatoren Entstaubung Kläranlagen
Gülleverarbeitung Bodensanierung Katalysatoren Gülleverarbeitung **Filter**
Kläranlagen Grundwassersanierung Entschwefelung Schallschutz
Filter Geruchsvernichter *Müllverbrennung* Filter Grundwassersanierung
Müllverbrennung Entschwefelung *Katalysatoren* **Kläranlagen**
Grundwassersanierung **Recycling** *Geruchsvernichter* Recycling
Filter *Gülleverarbeitung* **Müllverbrennung** *Entstaubung*
Recycling Entstaubung *Grundwassersanierung* Katalysatoren
Katalysatoren Kläranlagen Schallschutz
Müllverbrennung **Entschwefelung** Bodensanierung
Schallschutz Gülleverarbeitung *Recycling*

(Die Zeit, Nr. 14
vom 1. April 1994.)

Durs Grünbein (1962 in Dresden geboren) lebt seit 1985 in Berlin. In seiner Lyrik versucht der Autor – symbolhaft und mit großer Sprachkraft – Beobachtungen im Alltag zum Ausdruck zu bringen, um Zusammenhänge zu erkunden und aufzuzeigen: Das Lebensgefühl einer Generation im Sozialismus („Grauzone morgens"), einen kritischen Rückblick über die Vergangenheit in der ehemaligen DDR („Schädelbasislektion").

Seine letzten Gedichtzyklen „Falten und Fallen" und „Den Teuren Toten" erschienen 1994. Für sein poetisches Werk erhielt Grünbein den Georg-Büchner-Preis 1995.

„An der Elbe" ist seinem ersten Gedichtband „Grauzone morgens" entnommen.

Lesehinweis

Durs Grünbein, Galilei vermißt Dantes Hölle und bleibt an den Maßen hängen. Aufsätze 1989–1995. Frankfurt: Suhrkamp 1996.

Durs Grünbein, Nach den Satiren. Gedichte. Frankfurt: Suhrkamp 1999.

Durs Grünbein, **An der Elbe**

»Wie gesagt ... irgendwas scheint
                          überschritten.« Ich
                      weiß nicht, doch
                  streune ich manchmal ganz

              grundlos diesen vergifteten Fluß
                              entlang, zähle
                          die Enten und un-
verwüstlichen Schwäne und dann
                  geschieht's, daß ich an all
diese Flußgötter denke (im Blick
                          den vorüber-
              treibenden Unrat: Papierfetzen und
              Blechkanister, etwas

Polystyrol) als hätte es sie (die
                  Orgasmen der 3000
              Töchter des Okeanos) überhaupt
                          nicht gegeben und
                      jeder Zufluß
wirft neue Blasen zartleuchtender
                  Chemikalien auf, an-
              gewidert spucke ich von der

      kahlen Uferterasse herab, fühle
              mich unbehaglich (der

                  »Held im Film«) und
bewundere später ein Paar strom-
              abwärts keuchender
                          alter Männer
              beim Jogging.

(Durs Grünbein, Grauzone morgens. Gedichte. Frankfurt: Suhrkamp 1995 = es 1507 NF 507, S. 35-36.)

Arbeitsanregungen

1. Sammeln Sie die Beispiele der Umweltverschmutzung an der Elbe, die der Autor beklagt! Was „scheint" in der Welt des lyrischen Ichs überschritten?

2. Welche Rolle spielt der Mensch in der Umwelt? Wie wird seine Situation sprachlich und formal zum Ausdruck gebracht?

3. Setzen Sie den Text in ein Drehbuch um, in dem die Beziehung zwischen Mensch und Umwelt deutlich wird! (Zum Drehbuch vgl. S. 488)

4. Deuten Sie die Zeichnung des „Baumes" zu Beginn des Kapitels! Worin liegt der Zusammenhang zum Problemkreis „Natur und Umwelt"?

Die „blaue Blume" Trillium[1] lockt. Wer sie in homöopathischer Dosis einnimmt, kann sein blaues Wunder erleben. Die Welt erscheint ihm dann in magisches blaues Licht getaucht, gerade so wie es **Michael Stephan** auf seiner Fotoarbeit zeigt. Verzerrte und verschärfte Wahrnehmung, Empfindsamkeit, Leiden und Heilen sind die Themen des hannoverschen Künstlers.

MICHAEL STEPHAN, **Alles sieht bläulich aus**

(Michael Stephan, Alles sieht bläulich aus. In: Lokalzeit/ Local Time. Kunstverein Hannover 1999, S. 201.)

Arbeitsanregungen

1. Notieren Sie Ihre Assoziationen beim Betrachten der Fotografie und halten Sie sie nach dem Prinzip des clusters (vgl. S. 431) fest!

2. Welche Erinnerungen an Ihre eigene Kindheit stehen im Einklang mit diesem Foto?

3. Sammeln Sie Informationen über die „blaue Blume" der Romantik! Gibt es Verbindungen zu Michael Stephans Arbeit?

---

1 Trillium bewirkt bei der Einnahme u. a. Symptomen auch „Blausehen". Die Blüte ist purpurfarben oder weiß. Das Mittel ist – weil nicht ganz ungefährlich – zur Therapie nur in der Apotheke erhältlich.

Heinrich Heine wurde 1797 in Düsseldorf als Sohn eines armen jüdischen Kaufmanns geboren. Er begann eine kaufmännische Lehre, gründete ein Manufakturwarengeschäft, mit dem er aber in Konkurs geriet. Nach 1819 studierte Heine Jura in Göttingen.

In der **„Harzreise"** beschreibt der Dichter, was er auf einer mehrwöchigen Wanderung im Herbst 1924 für Land, Stadt und Leute empfand. Ein zeitgenössischer Kritiker der Reisebilder schreibt: *„In einigen Gedichten und in seiner Harzreise quillt eine schöne Ader inniger Liebe zu der Natur und Verehrung des Schöpfers, ein poetischer Sinn und ein reines, selbst zartes Gefühl – und diese kunstlose Quelle ist mehr wert als alle die künstlichen Scherze."*

Heine entschied sich nach einigem Zögern für den Beruf des Schriftstellers, zumal sein Lebensunterhalt infolge der finanziellen Unterstützung durch einen wohlhabenden Onkel gesichert war. Im Mai 1831 ging Heine nach Paris, wo oppositionelle Publizisten nicht – wie im damaligen Deutschland – verfolgt wurden. 1843/44 reiste der Dichter noch einmal nach Hamburg; davon berichtet sein Buch „Deutschland. Ein Wintermärchen".

Im selben Jahr freundete er sich mit Karl Marx an. 1848 verschlimmerte sich eine Rückenmarkserkrankung so stark, dass er bis zu seinem Tode im Jahr 1856 das Bett nicht mehr verlassen konnte.

Heines berühmtester Lyrikband ist das „Buch der Lieder" (1827), zu dem auch das bekannte Loreley-Lied („Ich weiß nicht, was soll es bedeuten, dass ich so traurig bin") gehört.

Lesehinweis

Heinrich Heine, Die Harzreise. Stuttgart: Reclam 1972 = UB 2221.

Werner Filmer u.a., Die Harzreise. Auf Heinrich Heines Spuren. Hamburg: Eller & Richter 1997.

Heinrich Heine in Selbstzeugnissen und Bilddokumenten. Reinbek: Rowohlt 1960 = rororo bildmonografien 41.

Heinrich Heine, **Die Harzreise**

Bald empfing mich eine Waldung himmelhoher Tannen, für die ich, in jeder Hinsicht, Respekt habe. Diesen Bäumen ist nämlich das Wachsen nicht so ganz leicht gemacht worden und sie haben es sich in der Jugend sauer werden lassen. Der Berg ist hier mit vielen großen Granitblöcken übersäet, und die meisten Bäume mussten mit ihren
5 Wurzeln diese Steine umranken oder sprengen und mühsam den Boden suchen, woraus sie Nahrung schöpfen konnten. Hier und da liegen die Steine, gleichsam ein Tor bildend, über einander, und oben darauf stehen die Bäume, die nackten Wurzeln über jene Steinpforte hinziehend, und erst am Fuße derselben den Boden erfassend, sodass sie in der freien Luft zu wachsen scheinen. Und doch haben sie sich zu jener
10 gewaltigen Höhe empor geschwungen, und mit den umklammerten Steinen wie zusammengewachsen, stehen sie fester als ihre bequemen Kollegen im zahmen Forstboden des flachen Landes. So stehen auch im Leben jene großen Männer, die durch das Überwinden früher Hemmungen und Hindernisse sich erst recht gestärkt und

befestigt haben. Auf den Zweigen der Tannen kletterten Eichhörnchen und unter denselben spazierten die gelben Hirsche. Wenn ich solch ein liebes, edles Tier sehe, so kann ich nicht begreifen, wie gebildete Leute Vergnügen daran finden, es zu hetzen und zu töten. Solch ein Tier war barmherziger als die Menschen und säugte den schmachtenden Schmerzenreich der heiligen Genoveva.

Allerliebst schossen die goldenen Sonnenlichter durch das dichte Tannengrün. Eine natürliche Treppe bildeten die Baumwurzeln. Überall schwellende Moosbänke; denn die Steine sind fußhoch von den schönsten Moosarten, wie mit hellgrünen Sammetpolstern, bewachsen. Liebliche Kühle und träumerisches Quellengemurmel. Hier und da sieht man, wie das Wasser unter den Steinen silberhell hinrieselt und die nackten Baumwurzeln und Fasern bespült. Wenn man sich nach diesem Treiben hinab beugt, so belauscht man gleichsam die geheime Bildungsgeschichte der Pflanzen und das ruhige Herzklopfen des Berges. An manchen Orten sprudelt das Wasser aus den Steinen und Wurzeln stärker hervor und bildet kleine Kaskaden. Da lässt sich gut sitzen. Es murmelt und rauscht so wunderbar, die Vögel singen abgebrochene Sehnsuchtslaute, die Bäume flüstern wie mit tausend Mädchenzungen, wie mit tausend Mädchenaugen schauen uns an die seltsamen Bergblumen, sie strecken nach uns aus die wundersam breiten, drollig gezackten Blätter, spielend flimmern hin und her die lustigen Sonnenstrahlen, die sinnigen Kräutlein erzählen sich grüne Märchen, es ist alles wie verzaubert, es wird immer heimlicher und heimlicher, ein uralter Traum wird lebendig, die Geliebte erscheint – ach, dass sie so schnell wieder verschwindet!

(Heinrich Heine, Sämtliche Schriften. Bd. 2. München: Hanser 1969, S. 138-140.)

Arbeitsanregungen

1. Wie beschreibt der Dichter die Natur (Baum, Berg, Tier, Sonne, Wasser, Pflanze)?

2. Durch welche sprachlichen Mittel gelingt es Heine, die Schilderung der Natur anschaulich zu gestalten? Erläutern Sie die Vergleiche!

3. Wodurch und warum wirkt „alles wie verzaubert"?

4. Besteht ein Zusammenhang zwischen den Autorenportraits und den Texten?

Joseph von Eichendorff (1788–1857) wurde auf Schloss Lubowitz bei Ratibor in Oberschlesien geboren. Nach juristischen Studien ging er in preußische Staatsdienste.

Das literarische Werk gehört zur Epoche der Romantik. In seiner Dichtung beschreibt der Dichter das fahrende Leben. Die Helden haben meistens keine Berufs-, sondern nur Liebessorgen. Am bekanntesten wurde die Erzählung **„Aus dem Leben eines Taugenichts"** (1826). Auch in seiner Lyrik verherrlicht der Dichter das Wandern, die Natur und die Liebe: Romantisch sind der Gefühlsüberschwang, die Sehnsucht und die Vorliebe für Übergangsstimmungen und das Unbegrenzte der Vorstellungen.

Die Romantik versucht Geist und Natur, Endlichkeit und Unendlichkeit, Vergangenes und Gegenwärtiges zu vereinigen. Zweck der Kunst ist Erlebnis und Stimmung.

Lesehinweis

Paul Stöcklein, Joseph von Eichendorff in Selbstzeugnissen und Bilddokumenten. Reinbek: Rowohlt 1963 = rowohlts bildmonografien 84.

JOSEPH VON EICHENDORFF, **Aus dem Leben eines Taugenichts**

Das wollte mir gar nicht in den Sinn, denn die Landstraße lief gerade durch eine prächtige Landschaft auf die untergehende Sonne zu, wohl wie in ein Meer von Glanz und Funken. Von der Seite aber, wohin wir uns gewendet hatten, lag ein wüstes Gebirge vor uns mit grauen Schluchten, zwischen denen es schon lange dunkel geworden war. – Je weiter wir fuhren, je wilder und einsamer wurde die Gegend. Endlich kam der Mond hinter den Wolken hervor und schien auf einmal so hell zwischen die Bäume und Felsen herein, dass es ordentlich grauslich anzusehen war. Wir konnten nur langsam fahren in den engen steinichten Schluchten und das einförmige, ewige Gerassel des Wagens schallte an den Steinwänden weit in die stille Nacht, als führen wir in ein großes Grabgewölbe hinein. Nur von vielen Wasserfällen, die man aber nicht sehen konnte, war ein unaufhörliches Rauschen tiefer im Walde und die Käuzchen riefen aus der Ferne immerfort: „Komm mit, komm mit!" – Dabei kam es mir vor, als wenn der Kutscher, der, wie ich jetzt sah, gar keine Uniform hatte und kein Postillon war, sich einigemal unruhig umsähe und schneller zu fahren anfing, und wie ich mich recht zum Wagen herauslegte, kam plötzlich ein Reiter aus dem Gebüsche hervor, sprengte dicht vor unsern Pferden quer über den Weg und verlor sich zugleich wieder auf der andern Seite im Walde. Ich war ganz verwirrt, denn so viel ich bei dem hellen Mondschein erkennen konnte, war es dasselbe bucklige Männlein auf seinem Schimmel, das in dem Wirtshause mit der Adlernase nach mir gehackt hatte. Der Kutscher schüttelte den Kopf und lachte laut auf über die närrische Reiterei, wandte sich aber dann rasch zu mir um, sprach sehr viel und sehr eifrig, wovon ich leider nichts verstand, und fuhr dann noch rascher fort.

Ich aber war froh, als ich bald darauf von fern ein Licht schimmern sah. Es fanden sich nach und nach noch mehrere Lichter, sie wurden immer größer und heller, und endlich kamen wir an einigen verräucherten Hütten vorüber, die wie Schwalbennester auf den Felsen hingen. Da die Nacht warm war, so standen die Türen offen und ich konnte darin die hell erleuchteten Stuben und allerlei lumpiges Gesindel sehen, das wie dunkle Schatten um das Herdfeuer herumhockte. Wir aber rasselten durch die stille Nacht einen Steinweg hinan, der sich auf einen hohen Berg hinaufzog. Bald überdeckten hohe Bäume und herabhängende Sträucher den ganzen Hohlweg, bald konnte man auf einmal wieder das ganze Firmament und in der Tiefe die weite, stille Runde von Bergen, Wäldern und Tälern übersehen. Auf dem Gipfel des Berges stand ein großes, altes Schloss mit vielen Türmen im hellsten Mondschein. – „Nun Gott befohlen!" rief ich aus und war innerlich ganz munter geworden vor Erwartung, wohin sie mich da am Ende noch bringen würden.

Es dauerte wohl noch eine gute halbe Stunde, ehe wir endlich auf dem Berge am Schlosstore ankamen. Das ging in einen breiten, runden Turm hinein, der oben schon ganz verfallen war. Der Kutscher knallte dreimal, dass es weit in dem alten Schlosse widerhallte, wo ein Schwarm von Dohlen ganz erschrocken plötzlich aus allen Luken und Ritzen herausfuhr und mit großem Geschrei die Luft durchkreuzte. Darauf rollte der Wagen in den langen, dunklen Torweg hinein. Die Pferde gaben mit ihren Hufeisen Feuer auf dem Steinpflaster, ein großer Hund bellte, der Wagen donnerte zwischen den gewölbten Wänden. Die Dohlen schrien noch immer dazwischen – so kamen wir mit einem entsetzlichen Spektakel in den engen, gepflasterten Schlosshof.

(Joseph von Eichendorff, Novellen und Gedichte. München: Droemer/Knaur 1952, S, 64-66.)

Arbeitsanregungen

1. Beschreiben Sie, wie der Reisende die Natur erlebt!

2. Untersuchen Sie die sprachlichen Mittel, mit denen der Dichter die Landschaft beschreibt! Welche Wirkung entsteht; welche Erwartung wird geweckt?

3. Informieren Sie sich über die Literaturepoche der Romantik und weisen Sie an Beispielen aus dem Textauszug wesentliche Merkmale der Romantik nach!

Heinrich Böll, Irisches Tagebuch – Betrachtungen über den irischen Regen

Der Regen ist hier absolut, großartig und erschreckend. Diesen Regen schlechtes Wetter zu nennen, ist so unangemessen, wie es unangemessen ist, den brennenden Sonnenschein schönes Wetter zu nennen.

Man kann diesen Regen schlechtes Wetter nennen, aber er ist es nicht. Er ist einfach Wetter und Wetter ist Unwetter. Nachdrücklich erinnert er daran, dass sein Element das Wasser ist, fallendes Wasser. Und Wasser ist hart. Im Krieg war ich einmal Zeuge, wie ein brennendes Flugzeug an der Atlantikküste niederging; der Pilot setzte es auf den Strand, flüchtete sich aus der Nähe der explodierenden Maschine. Später fragte ich ihn, warum er das brennende Flugzeug nicht ins Wasser gesetzt habe, und er gab mir zur Antwort:

„Weil Wasser härter ist als Sand."

Ich habe ihm nie geglaubt, hier aber begriff ich es: Wasser ist hart.

Und wie viel Wasser sammelt sich über viertausend Kilometern Ozean, Wasser, das sich freut, endlich Menschen, endlich Häuser, endlich festes Land erreicht zu haben, nachdem es so lange nur ins Wasser, nur in sich selbst fiel. Kann es dem Regen schließlich Spaß machen, nur immer ins Wasser zu fallen?

Wenn dann das elektrische Licht ausgeht, wenn die erste Zunge einer Pfütze zur Tür hereinschlängelt, lautlos und glatt, glitzernd im Schein des Kaminfeuers; wenn das Spielzeug, das die Kinder natürlich haben liegen lassen, wenn Korken und Holzstücke plötzlich zu schwimmen beginnen und von der Zunge nach vorne getragen werden, wenn dann die Kinder erschrocken die Treppe herunterkommen, sich vors Kaminfeuer hocken (mehr erstaunt als erschrocken, denn auch sie spüren, mit welcher Lust sich Wind und Regen treffen, dass dieses Geheul Freudengeheul ist), dann weiß man, dass man der Arche nicht so würdig gewesen wäre, wie Noah ihrer würdig war ...

Binnenländertorheit, die Tür zu öffnen, um zu sehen, was draußen los sei. Alles ist los: die Dachpfannen, die Dachrinne, nicht einmal mehr das Mauerwerk ist sehr vertrauenserweckend (denn hier baut man provisorisch, wohnt aber dann, wenn man nicht auswandert, eine Ewigkeit in solchen Provisorien – bei uns aber baut man immer für die Ewigkeit und weiß nicht, ob die nächste Generation noch Nutzen von so viel Solidität haben wird).

Gut ist es, immer Kerzen, die Bibel und ein wenig Whisky im Haus zu haben, wie Seeleute, die auf Sturm gefasst sind; dazu ein Kartenspiel, Tabak, Stricknadeln und Wolle für die Frauen, denn der Sturm hat viel Atem, der Regen hat viel Wasser und die Nacht ist lang. Wenn dann vom Fenster her eine zweite Regenzunge vorstößt, die sich mit der ersten vereint, wenn das Spielzeug über die schmale Zunge langsam in die Nähe des Fensters schwimmt, dann ist es gut, in der Bibel nachzuschlagen, ob das Versprechen, keine Sintflut mehr zu schicken, wirklich gegeben worden ist. Es ist gegeben worden: man kann die nächste Kerze anzünden, die nächste Zigarette, kann die Karten wieder mischen, neuen Whisky einschenken, sich dem Trommeln des Regens, dem Heulen des Windes, dem Klappern der Stricknadeln überlassen. Das Versprechen ist gegeben. [...]

Wir standen auf; es war hell geworden und im gleichen Augenblick war es ruhig draußen. Wind und Regen hatten sich entfernt, die Sonne kam über den Horizont und ein großer Regenbogen stand über der See, so nah war er, dass wir ihn in Substanz zu sehen glaubten; so dünn, wie Seifenblasen sind, war die Haut des Regenbogens.

Immer noch schaukelten Korken und Holzstücke auf der Pfütze, als wir die Treppe hinauf in die Schlafzimmer gingen.

(Heinrich Böll, Irisches Tagebuch. München: dtv 1975 = dtv 1, S. 72-76.)

Arbeitsanregungen

1. Wie schildert Böll den Regen, was bedeutet er für ihn, warum ist der Autor fasziniert?

2. Verfassen Sie in Form einer Tagebucheintragung Beobachtungen zur Natur über
   – die Sonne
   – den Nebel
   – den Schnee!
   (Zum Tagebuch vgl. S. 435)

Vom 5.–17. Mai 1995 fanden an 17 ausgewählten öffentlichen Orten in Hannover künstlerische Ereignisse statt, die auf die epochalen Erschütterungen von 1945 und auf die besondere Prägung dieser Orte in der Stunde Null Bezug nahmen.

Stunde Null war ein Medien-Kunst-Projekt des Fachbereichs Kunst und Design der Fachhochschule Hannover.

Hanno Kübler, **B-Rain-Drops**

5 Videoinstallationen
Gefäße, Bildschirme, Recorder, Sockel
Niedersächsischer Landtag, Neues Rathaus, Niedersächsisches Ministerium für Finanzen, Niedersächsisches Umweltministerium, Amtsgericht

Fünf verschiedene Gefäße, Wannen, wie man sie zum Auffangen von Tropfwasser benutzt, zeigten anstelle des Bodens das Videobild von Wassertropfen, die auf eine Wasseroberfläche treffen. Dazu erklang das entsprechende Geräusch. Diese Videowannen waren an Orten bürgerlichen Glanzes und politischer Repräsentation aufgestellt, wie dem Landtag, dem Rathaus, verschiedenen Ministerien, dem Amtsgericht. Sie erinnerten an die Zeit vor 50 Jahren, als diese Gebäude in Trümmern lagen, und verwiesen gleichzeitig auf die alltägliche Gegenwart von Zerstörung und Elend überall auf der Welt.

Arbeitsanregungen

1. Welcher Zusammenhang besteht zwischen dem Kunstwerk von Hanno Kübler und dem Titel des Projekts „Stunde Null" im Mai 1995?

2. Warum wählt Hanno Kübler Orte des „bürgerlichen Glanzes und politischer Repräsentation" für seine Installationen?

3. Welche Verbindung besteht zwischen Heinrich Bölls These „Wasser ist hart" und den „B-Rain-Drops"? Deuten Sie den Titel „B-Rain-Drops"!

Georg Trakl, Gewitter

Ihr wilden Gebirge, der Adler
erhabene Trauer.
Goldnes Gewölk
raucht über steinerner Öde.
5 Geduldige Stille odmen die Föhren,
die schwarzen Lämmer am Abgrund,
wo plötzlich die Bläue
seltsam verstummt,
das sanfte Summen der Hummeln.
10 O grüne Blume –
O Schweigen.

Traumhaft erschüttern des Wildbachs
dunkle Geister das Herz,
Finsternis,
15 die über die Schluchten hereinbricht!
Weiße Stimmen
irrend durch schaurige Vorhöfe,
zerrissne Terrassen,
der Väter gewaltiger Groll, die Klage
20 der Mütter,
des Knaben goldener Kriegsschrei
und Ungebornes
seufzend aus blinden Augen.

O Schmerz, du flammendes Anschaun
25 der großen Seele!
Schon zuckt im schwarzen Gewühl
der Rosse und Wagen
ein rosenschauriger Blitz
in die tönende Fichte.
30 Magnetische Kühle
umschwebt dies stolze Haupt,
glühende Schwermut
eines zürnenden Gottes.

Angst, du giftige Schlange,
35 schwarze, stirb im Gestein!
Da stürzen der Tränen
wilde Ströme herab,
Sturm-Erbarmen,
hallen in drohenden Donnern
40 die schneeigen Gipfel rings.
Feuer
läutert zerrissene Nacht.

(Georg Trakl, Dichtungen und Briefe. Salzburg: Otto Müller 1969.)

Georg Trakl wurde 1887 in Salzburg geboren; im November 1914 starb er an einer Überdosis Kokain.

Nach einem Pharmaziestudium war Trakl als Sanitäter tätig. Mit dem Beginn des 1. Weltkrieges erlebte der Dichter in einer Sanitätskolonne die Grauen auf dem Schlachtfeld, ohne den Schwerverwundeten wirklich helfen zu können. Um die Erlebnisse zu verdrängen, griff er zum Rauschgift.

Arbeitsanregungen

 1. Wie empfindet das lyrische Ich die Natur? Durch welche Bilder (Vergleiche und Metaphern) werden die Gefühle zum Ausdruck gebracht? (Vgl. zur Analyse von Lyrik, S. 458)

 2. Welcher Zusammenhang besteht zwischen der Seele (Herz), der Finsternis (Natur) und den Umständen der Zeit?

 3. Vergleichen Sie das Erlebnis „Wasser" bei Böll, Kübler und Trakl!

Theodor Storm (1817–1888) stammt aus Husum. Er war Rechtsanwalt und Schriftsteller. Aus politischen Gründen musste der Dichter 1852 seine unter dänischer Herrschaft stehende Heimat verlassen. Er trat in den preußischen Staatsdienst ein, konnte aber später nach Husum zurückkehren.

Storm gilt als Dichter des poetischen Realismus – einer Stilrichtung, die sich zur Darstellung der Wirklichkeit bekennt. Er schrieb außer einer Reihe von Gedichten viele berühmte Novellen, z. B. „Pole Poppenspäler", „Die Söhne des Senators", „Hans und Heinz Kirch" und „Der Schimmelreiter".

In seinen Gedichten wird die Liebe zur Heimat und Natur immer wieder deutlich.

Lesehinweis

Hartmut Vincon, Theodor Storm in Selbstzeugnissen und Bilddokumenten. Reinbek: Rowohlt = rowohlts bildmonografien 186.

THEODOR STORM, **Abseits**

Es ist so still; die Heide liegt
Im warmen Mittagssonnenstrahle,
Ein rosenroter Schimmer fliegt
Um ihre alten Gräbermale;
5 Die Kräuter blühn; der Heideduft
Steigt in die blaue Sommerluft.

Laufkäfer hasten durchs Gesträuch
In ihren goldnen Panzerröckchen,
Die Bienen hängen Zweig um Zweig
10 Sich an der Edelheide Glöckchen;
Die Vögel schwirren aus dem Kraut –
Die Luft ist voller Lerchenlaut.

Ein halb verfallen niedrig Haus
Steht einsam hier und sonnbeschienen;
Der Kätner¹ lehnt zur Tür hinaus, 15
Behaglich blinzelnd nach den Bienen;
Sein Junge auf dem Stein davor
Schnitzt Pfeifen sich aus Kälberrohr.

Kaum zittert durch die Mittagsruh
Ein Schlag der Dorfuhr, der entfernten; 20
Dem Alten fällt die Wimper zu,
Er träumt von seinen Honigernten. –
Kein Klang der aufgeregten Zeit
Drang noch in diese Einsamkeit.

(Theodor Storm, Sämtliche Werke in vier Bänden, hrsg. von Peter Goldammer. Bd. 1. Berlin: Aufbau ²1967, S. 109–110.)

---

1 Kätner = norddt.: für Besitzer einer kleinen Kate (= Bauernhaus)

Sarah Kirsch, geboren am 16. April 1934 in Limlingerode, studierte Biologie in Halle, bevor sie 1963 das Literaturstudium in Leipzig aufnahm. 1976 gehörte sie zu den Unterzeichnern einer Petition, die sich gegen die Ausbürgerung Wolf Biermanns aus der ehemaligen DDR wandte. Ein Jahr später stellte sie einen Ausreiseantrag und zog nach West-Berlin, später nach Schleswig-Holstein.

Ihre Lyrik kreist um die Themen Einsamkeit, Enttäuschung und Desillusionierung, um die Sehnsucht danach, allein zu sein, und zugleich um den Wunsch nach Nähe. Immer sind es die eigenen Erfahrungen, die sie verarbeitet. Die Landschaft und Natur ihrer Umgebung, alltägliche Bilder und Stimmungen gehen in ihre Gedichte ein. *„Wenn man schreibt, schreibt man erst mal für sich selber"*, kommentiert Sarah Kirsch, *„darüber, was einen selber angeht. Danach setzt die eigentliche Arbeit ein: Man überprüft, ob das ein persönliches Gedicht ist. Das kann es ruhig sein, aber wenn es nur privat ist, sollte man es lieber in den Papierkorb werfen, denn dann gibt es für andere Leute nichts mehr her."*

1996 wurde Sarah Kirsch mit dem Georg-Büchner-Preis ausgezeichnet.

Lesehinweis
Sarah Kirsch, Hundert Gedichte. München: Langewiesche – Brandt 1997.

Sarah Kirsch, Im Sommer

Dünnbesiedelt das Land.
Trotz riesiger Felder und Maschinen
Liegen die Dörfer schläfrig
In Buchsbaumgärten; die Katzen
5 Trifft selten ein Steinwurf.

Im August fallen Sterne.
Im September bläst man die Jagd an.
Noch fliegt die Graugans, spaziert der Storch
Durch unvergiftete Wiesen. Ach, die Wolken
10 Wie Berge fliegen sie über die Wälder.

Wenn man hier keine Zeitung hält
Ist die Welt in Ordnung.
In Pflaumenmuskesseln
Spiegelt sich schön das eigne Gesicht und
15 Feuerrot leuchten die Felder.

(Sarah Kirsch, Katzenkopfpflaster. Gedichte. München: dtv ⁷1993, S. 92.)

Arbeitsanregungen

1. Charakterisieren Sie, wie die Natur in den lyrischen Texten von Storm und Kirsch dargestellt wird!

2. In welcher Beziehung stehen die beiden Gedichte zur Umweltproblematik? Wie wird die Gefährdung der Umwelt sprachlich zum Ausdruck gebracht?

3. Verfassen Sie eine ergänzende letzte Strophe aus Ihrer Sicht!

PAUL BOLDT, **Auf der Terrasse des Café Josty**

Der Potsdamer Platz in ewigem Gebrüll
Vergletschert alle hallenden Lawinen
Der Straßentrakte: Trams auf Eisenschienen,
Automobile und den Menschenmüll.

5 Die Menschen rinnen über den Asphalt,
Ameisenemsig, wie Eidechsen flink.
Stirne und Hände, von Gedanken blink,
Schwimmen wie Sonnenlicht durch den dunklen Wald.

Nachtregen hüllt den Platz in eine Höhle,
10 Wo Fledermäuse, weiß, mit Flügeln schlagen
Und lila Quallen liegen – bunte Öle;

Die mehren sich, zerschnitten von den Wagen. –
Aufspritzt Berlin, des Tages glitzernd Nest,
Vom Rauch der Nacht wie Eiter einer Pest.

(Silvio Vietta [Hrsg.], Lyrik des Expressionismus. Tübingen: Niemeyer ³1990, S. 53.)

GEORGE GROSZ, **Großstadt**

(George Grosz [1893–1959], Großstadt [Metropolis], 1916 [100x102 cm])

Arbeitsanregungen

1. Formulieren Sie für die Strophen des Gedichts (S. 367) eine Sinn tragende Überschrift!
   Leiten Sie aus den inhaltlichen Schwerpunkten die formalen Aufbauprinzipien ab!

2. Mit welchen Bildern (Metaphern, Vergleiche und Symbole) charakterisiert der Dichter die Stadt? (Vgl. zur Analyse von Lyrik, S. 458)

3. Welche Rolle spielt der Mensch in den Städten?

4. Sehen Sie einen Zusammenhang zwischen dem Gedicht zur Stadt und dem Gemälde „Großstadt" von George Grosz?

Hans Magnus Enzensberger wurde 1929 in Kaufbeuren/Schwaben geboren, studierte Germanistik und Philosophie, bereiste Europa von Lappland bis Gibraltar, lebte eine Zeit lang in Kuba, Berlin und heute – zurückgezogen – in Norwegen.

In seiner engagierten Lyrik arbeitet Enzensberger mit modernen Stilmitteln (Montage, Verfremdung, Kleinschreibung), um durch Analyse, Kritik und Provokation auf politische und soziale Einrichtungen Einfluss zu nehmen. Zu den bekanntesten Gedichtsammlungen gehören „verteidigung der wölfe", die er selbst in „freundliche", „traurige" und „böse" Gedichte einteilt, „landessprache" und „blindenschrift". Neben der Lyrik hat sich Enzensberger auch durch essayistische Schriften kritisch mit dem Verhältnis zwischen „Poesie und Politik" auseinander gesetzt. Für den Autor bedeutet die Sprache ihrem Wesen nach Widerstand, Protest und ist daher „von politischem Charakter".

„Die spezielle Richtung von Enzensbergers Kritik richtet sich übrigens ebenso gegen die Opfer der Macht wie gegen die Mächtigen selbst. Er wirft den Missbrauchten ihre Lethargie vor. Enzensberger stellt sich nicht auf die Seite der Macht, nur weil er die sich ihr Beugenden verachtet. Gerade dieses Element seines Denkens verleiht seinen Gedichten den Ton revolutionärer Aufrufe." (Alfred Andersch)

Lesehinweis

Hans Magnus Enzensberger, Leichter als Luft. Moralische Gedichte. Frankfurt: Suhrkamp 1999.

Über Hans Magnus Enzensberger. Hrsg. von Joachim Schickel. Frankfurt: Suhrkamp 1970 = es 403.

Christa Wolf wurde 1929 im heute polnischen Landsberg (Warthe) geboren und lebt zurzeit in Berlin. Zu ihren bekannten schriftstellerischen Werken gehören die Romane „Der geteilte Himmel" (1963), „Nachdenken über Christa T." (1968), „Kindheitsmuster" (1976), Essays, Aufsätze und Reden.

Die „Nachricht eines Tages" im Jahr 1986 war der **„Störfall"** in einem russischen Kernkraftwerk (Tschernobyl). Mit der gleichnamigen Erzählung versucht die Autorin sich den Fragen zu stellen, die durch die ständige Entwicklung in Wissenschaft und Technik aufgeworfen werden. Im Dialog mit ihrem Bruder, der sich einer schweren Gehirnoperation unterziehen muss, bekennt die Erzählerin selbstkritisch: „Nicht zuviel – zuwenig haben wir gesagt" – auch zu den Entwicklungen in Staat und Gesellschaft (DDR).

Im Vorspann zu diesem Buch heißt es: „Der Tag ist makellos geblieben bis zu seiner letzten Minute." An diesem Tag kommt die Nachricht aus Tschernobyl in einem kleinen Dorf in Mecklenburg an. An diesem Tag muss der Bruder der Erzählerin sich in der fernen Stadt einer Hirnoperation unterziehen. An diesem Tag kommen Besucher auf den Spuren alter Kriegserinnerungen in den Ort. An diesem Tag will der alte Nachbar ein paar Saatkartoffeln in den Boden kriegen. An diesem Tag soll man eigentlich nicht im Garten arbeiten."

„Störfall" ist Christa Wolfs Antwort auf eine nicht zu beantwortende Frage: Was ist an diesem Tag im April 1986 mit den Menschen geschehen?

Lesehinweis

Christa Wolf, Nachdenken über Christa T. München: dtv 1993 = 11 834.

Hans Magnus Enzensberger, an alle fernsprechteilnehmer

etwas, das keine farbe hat, etwas,
das nach nichts riecht, etwas zähes,
trieft aus den verstärkerämtern,
setzt sich fest in die nähte der zeit
5 und der schuhe, etwas gedunsenes,
kommt aus den kokereien, bläht
wie eine fahle brise die dividenden
und die blutigen segel der hospitäler,
mischt sich klebrig in das getuschel
10 um professuren und primgelder, rinnt,
etwas zähes, davon der salm stirbt,
in die flüsse, und sickert, farblos,
und tötet den butt auf den bänken.

die minderzahl hat die mehrheit,
15 die toten sind überstimmt.

in den staatsdruckereien
rüstet das tückische blei auf,
die ministerien mauscheln, nach phlox
und erloschenen resolutionen riecht
20 der august. das plenum ist leer.
an den himmel darüber schreibt
die radarspinne ihr zähes netz.

die tanker auf ihren helligen
wissen es schon, eh der lotse kommt,
25 und der embryo weiß es dunkel
in seinem warmen, zuckenden sarg:

es ist etwas in der luft, klebrig
und zäh, etwas, das keine farbe hat
(nur die jungen aktien spüren es nicht):
30 gegen uns geht es, gegen den seestern
und das getreide, und wir essen davon
und verleiben uns ein etwas zähes,
und schlafen im blühenden boom,
im fünfjahresplan, arglos
35 schlafend im brennenden hemd,
wie geiseln umzingelt von einem zähen,
farblosen, einem gedunsenen schlund.

(Hans Magnus Enzensberger, Landessprache. Frankfurt: Suhrkamp 1969 = edition suhrkamp 304, S. 26f.)

Christa Wolf, Störfall

O Himmel, strahlender Azur.

Nach welchen Gesetzen, wie schnell breitet sich Radioaktivität aus, günstigenfalls und ungünstigenfalls. Günstig für wen? Und nützte es denn den unmittelbar am Ort des Ausbruchs Wohnenden wenigstens, wenn sie sich, durch Winde begünstigt, verbreitete? Wenn sie aufstiege in die höheren Schichten der Atmosphäre und sich als unsichtbare Wolke auf die Reise machte? Zu meiner Großmutters Zeiten hat man sich unter dem Wort „Wolke" nichts anderes vorstellen können als kondensierten Wasserdampf. Weiß, womöglich, ein mehr oder weniger schön geformtes, die Phantasie anregendes Gebilde am Himmel. Eilende Wolken, Segler der Lüfte / Wer mit euch wanderte, wer mit euch schiffte ... Der käm woandershin. Kommentar unserer Großmutter, die niemals reiste, wenn man sie nicht aussiedelte. Warum, Bruder, sind wir so bewegungssüchtig? [...]

obwohl ich andererseits nicht dringend habe wissen wollen, wie die überaus saftige grüne Wiese vor dem Haus sich auf der Skala eines Geigerzählers heute ausgenommen hätte. Aber die paar Löwenzahnblätter, die kleinsten, zartesten, die ich aus Gewohnheit im Vorbeigehen abgepflückt habe, um sie, wie all die Tage schon, zum Mittag als Salat zu essen, habe ich dann doch lieber weggeworfen. Dazu haben auch nochmals das kleine wie das große Radio, die auf verschiedene Stationen eingestellt gewesen sind, einmütig zur vollen Stunde geraten: Nichts Grünes. Keine Frischmilch für Kinder.

(Christa Wolf, Störfall. Nachrichten eines Tages. Darmstadt: Luchterhand ³1987 = SL 777, S. 15/21.)

Arbeitsanregungen

1. Was wird über das „etwas" bei Enzensberger ausgesagt?
2. Wer sind die Leidtragenden? Wer sind die Verantwortlichen?
3. Erörtern Sie, warum sich das Gedicht „an alle fernsprechteilnehmer" (Titel) wendet!

4. Untersuchen Sie die Form und Sprache des Gedichts
   – Strophen- und Versanordnung
   – Schreibweise, Wortarten und Satzzeichen
   – Bilder (Metaphern, Vergleiche und Symbole)
   – Alliterationen und Wiederholungen
   und beschreiben Sie die Bedeutung und Wirkung dieser formalen und sprachlichen Gestaltung!

5. Setzen Sie den Auszug aus dem epischen Text (Erzählung) mit dem lyrischen Text in Beziehung! Vergleichen Sie Inhalt, Sprache und Intention!

6. In welcher literarischen Form wird das Problem überzeugender dargestellt? Begründen Sie Ihren Standpunkt nach den untersuchten Kriterien (Inhalt, Sprache, Form und Gehalt)!

Wolfgang Hildesheimer wurde am 9. Dez. 1916 in Hamburg geboren und verbrachte die Kindheit in seiner Geburtsstadt Berlin, in Kleve, Nijmegen und Mannheim. 1933 emigrierte er mit seinen Eltern über England nach Palästina, wo er eine Tischlerlehre absolvierte. Erste Kurzgeschichten veröffentlichte der Autor 1950: Arbeiten, in denen er sich satirisch mit der fragwürdigen Kultur und Bildung der Nachkriegsgesellschaft auseinander setzte. Auch sein erster Roman „Paradies der falschen Vögel" kreist in ironischer Brechung um das Thema „Schein und Sein", „Original und Imitat". Hörspiele und Bühnenstücke, die zum Teil dem absurden Theater zuzuordnen sind, folgen. Später erscheinen die großen Prosa-Monologe „Tynset" und „Masante", die von der Kritik begeistert aufgenommen werden.

1983 erklärt Hildesheimer seinen Abschied von der Literatur, die auf das „reale Grauen unserer Tage" nicht adäquat reagieren könne: „Wenn ich [...] am Schreibtisch sitze und nachdenke, dann guckt mich das bare Entsetzen an über unsere Zeit und unsere Lage, sodass ich absolut gelähmt bin." Kämpferisch und polemisch setzt er sich fortan in Reden, Vorträgen und Essays mit den „Katastrophen unserer Tage" auseinander. Die „Rede an die Jugend. Mit einem Postscriptum für die Eltern" ist Hildesheimers letzte Arbeit. Er starb 1991. Christian Hart Nibbrig würdigt die „Rede an die Jugend" als „seine letzte Warnung, aus verzweifelter Sorge um Natur und Kreatur, nicht aus bitterer Verhärtung, aus verletzter Sympathie, mit den Tieren zumal, nicht aus apokalyptischer Laune."

Lesehinweis

Wolfgang Hildesheimer, Lieblose Legenden. Frankfurt: Suhrkamp 1972 = BS 84.
Über Wolfgang Hildesheimer. Hrsg. von Dierk Rodewald. Frakfurt: Suhrkamp 1971 = es 488.

WOLFGANG HILDESHEIMER, **Rede an die Jugend**

Liebe Schülerinnen und Schüler, meine Damen und Herren,
[...]
Die vorige und erste Preisträgerin war Ilse Aichinger[1]. Ihre Rede war eindringlich, inspiriert und voller Elan, sie war einer großen Schriftstellerin würdig. Als Ausgangspunkt diente ihr ein Spruch, den sie irgendwo auf einer Mauer vorgefunden hatte. Er lautete: HALTET DIE WELT AN, ICH WILL AUSSTEIGEN! So unverbindlich, weil ungefährlich und anonym, es auch sein mag, einen solchen Satz unbeobachtet irgendwo hinzuschreiben –, im Gegensatz zu Ilse habe ich Sympathie für einen solchen Geheimschreiber. Nur wäre ich, gesetzt den Fall, daß ich diese Art symbolischer Subversion pflegen würde, an seiner Stelle weitergegangen und hätte eine Aufforderung an alle, die mit dieser Welt nicht mehr zufrieden sind, miteinbezogen, es mir gleichzutun, um anderswo, auf einem wohnlichen Planeten unserer Wahl, eine neue Gesellschaft zu gründen, deren moralische Gesetze vielleicht von den unseren noch nicht einmal so verschieden sind, deren Einhaltung aber alle Mit-Umsteiger garantieren müßten.

Natürlich wäre der Wortlaut eines solchen Konzeptes schwerlich an einer Mauer unterzubringen. Zudem wäre – das sei zugegeben – die Aufforderung vage, unreflektiert und defätistisch. Daher würde ich sie wohl doch dahingehend einschränken, daß wir auf unserer Erde bleiben und versuchen, sie grundlegend zu verändern.

Nur steht da, an Bedrohlichkeit zunehmend, die Frage vor uns, ob es dazu nicht schon zu spät ist, angesichts der irreversiblen Schäden, die wir ihr zugefügt haben. Wir können den Schwund der Bewohnbarkeit unserer Erde nicht verhindern, er muß wohl in das Programm der Natur – oder, wenn man so will, in Gottes Programm – eingeplant sein. Das Gesetz von Werden und Vergehen – dem übrigens alle Künste die wesentlichen Impulse verdanken, dem schließlich alle irdischen Dingen unterliegen –, wie könnte es sein, daß es für die Erde selbst nicht gelte! Vielleicht weil in diesem Fall das Vergehen der Schule des Gewordenen entspringt? Ich meine: Wir sind dermaßen mit dem Werden präokkupiert, daß wir nicht merken, wie gewaltsam und tödlich das Vergehen sich vollzieht. Wir können demnach unseren Untergang nicht verhindern. Wohl aber können wir ihn vielleicht um Wesentliches hinausschieben. Dies allerdings nicht, ohne radikal umzudenken. Ich benutze das Wort „umdenken" nicht gern, weil sich immer noch so wenige etwas darunter vorstellen können, obgleich es zum Gemeinplatz geworden ist. Wir kommen aber ohne es nicht mehr aus, und schon gar nicht, ohne die Konsequenzen daraus zu ziehen. [...]

Nun muß man freilich zum Umdenken denken können, und das ist leider nicht jedermanns Sache. Mit „denken" meine ich nicht „an etwas denken" oder „über etwas nachdenken" oder „etwas bedenken", sondern ich verstehe es als fortwährendes kontrapunktisches Selbstgespräch, als aktiven Vollzug, eine essentielle Stimme in der Partitur unseres Lebens, daher unaufhörliche Kontrolle all unseres Tuns und Lassens. Denken und Fühlen sollten in uns untrennbar durch einander bedingt sein. Die Frage „Warum tue ich das, was ich tue?" begleite uns immer. Und das Generalthema dieses Denkens in unserer Gegenwart ist die fortschreitende, ins Unüberblickbare sich steigernde Zerstörung der Erde, deren Zeugen wir sind und deren Urheber wir nicht sein wollen.

Bezeichnend für die Problematik, für den Zwiespalt im menschlichen Bewußtsein und für die Begrenztheit unserer Aufnahmebereitschaft ist, daß das Zuendedenken vieler unserer die Zukunft betreffender Gedanken auf ein Tabu stößt. Daß an einem bestimmten Punkt der Vorhang fällt, die Konvention einsetzt und uns zwingt, die angefangene Reihe der Folgerungen abzubrechen und den Rest des vorgenommenen Denk-

---
1 Vgl. Biografisches zu Ilse Aichinger S. 414

materials als ungedacht zu lassen. Das Hindernis beginnt bei der Verdrängung des Gedankens an die sich grenzenlos potenzierende Übervölkerung der Erde. Sie ist unser fundamentales Problem, von dem alle anderen Probleme ausgehen. Darüber zu sprechen wäre Sache eines Statistikers, der die beängstigenden Zahlen authentisch wiedergeben könnte. Dennoch möchte ich zu bedenken geben, daß die Zahlen bisher noch bei jeder nationalen Zählung über die Prognosen der Experten hinausgegangen sind. [...]

Zum Tabu: wir alle hegen – wahrscheinlich aus Gewohnheit, aber ebenso gewiß auch vom Willen zur Verdrängung bewegt – eine Zuversicht in die Zukunft, die unserem wahren Zustand nicht entspricht. Die meisten von uns zum Beispiel betrachten das sogenannte Wirtschaftswachstum – übrigens kein adäquates Wort, da es organische Evolution vortäuscht –, das Wirtschaftswachstum also, das pro Jahr, unbeirrt zukunftsträchtig, steigt, als eine unbezweifelbare Eigenschaft. Wir müssen uns aber darüber im klaren sein, daß es sich hier nicht um eine Hochrechnung von Leistung und Gewinn handelt, sondern auch um konkret Expandierendes. Daß all dieses Wachstum zu Material wird und sichtbar, spürbar, riechbar sich vergrößert. Und zwar nicht nur nach oben, sondern auch, auf meist unberechenbare und unheimliche Weise, nach unten in die Erde, wo es sich der sogenannten „Entsorgung" – ebenfalls ein Unwort – entzieht. Es breitet sich in die Fläche aus, wo es, zunehmend, Natur verdrängt, auf die wir aber immer mehr angewiesen sind. Ich kann Ihnen nicht angeben, wie viele Quadratmeter Natur auf der Erde pro Minute verloren gehen, denn auch diese Zahl potenziert sich ständig. [...]

Ich weiß aus Erfahrung, daß die Jugend sich dieser aus dem „Wachstum" entstehenden Probleme weitaus mehr bewußt ist und sie kritischer betrachtet als Erwachsene oder gar Über-Erwachsene wie ich, da sie mit dem Entstehen der Fehlentwicklung und der daraus resultierenden anwachsenden ökologischen Notlage groß geworden ist und diese sich tiefer in ihr Weltbild eingeprägt hat. Ich versuche, das Wort „Umwelt" zu vermeiden. Nicht nur wird es zum Gemeinplatz, auf dem sich, zunehmend, auch die Alibi-Sucher tummeln, sondern der Begriff ist auch zu schwach. Er klingt, als handle es sich um den wohlbestellten Garten, der unsere menschliche Behausung umgibt. Natürlich ist das Wort nicht mehr zu umgehen, aber es bleibt ein Euphemismus und eine Verharmlosung. Denn es handelt sich ja nicht nur um die Umwelt des Menschen, sondern um die Erde schlechthin, die Länder, die Meere, und damit – wahrhaftig nicht zuletzt – um das Reich der Tiere, Gottes andere und schon seit Ende der Sintflut benachteiligten Geschöpfe; um den machtlosen Partner des Menschen, um den es von Stunde zu Stunde schlechter bestellt ist und der, wie ich fürchte, in der Nachwelt zur Legende wird – sofern es eine Nachwelt gibt, die Legendenbildung gestattet.

Ich brauche nicht auf die verschiedenen Methoden der Ausrottung von Tieren einzugehen. Wöchentlich lesen wir über Spezies, die, wenn auch nicht durch unsere Schuld, so doch mit Hilfe unserer Gleichgültigkeit aussterben oder schon ausgestorben sind. Wie viele von uns sind sich im klaren darüber, daß eine Welt ohne Tiere auch für uns unbewohnbar wird! Wir würden ihr Aussterben nur um wenige Generationen überleben. [...]

Und hier fällt eine Schuld auf die Intellektuellen, die Schriftsteller zumal. Sie sind mit überwältigender Mehrheit tierfremd. Es fehlt ihnen damit eine wesentliche Dimension in der Wahrnehmung irdischer Phänomene und somit natürlich auch der Wunsch, sie in ihr eigenes Leben zu integrieren. Die letzten Tierliebhaber unter den Schriftstellern waren Wolfdietrich Schnurre und Günter Eich.

Schriftsteller und Geisteswissenschaftler sind ihrer Veranlagung nach homozentrisch, denn die Menschen und ihre Beziehung zueinander sind nicht nur ihr Material, sondern auch ihr Thema. Da die Menschheit sich heute in einem Zustand befindet, der ihr zunehmend gebietet, nicht nur auf die Stimme der Natur zu hören, sondern auch ihren dringenden Anforderungen gerecht zu werden, entsteht für den Schriftsteller eine neue Lage: Das zwischenmenschliche Aktionsfeld und damit der Ort, an dem die Fabel sich vollzieht, verblaßt angesichts der drohenden Allgegenwärtigkeit geschändeter Natur in all ihren Erscheinungsformen. Bald wird der Mensch ihr nicht mehr gewachsen sein. Er wird hilflos wie die Tiere, doch im Gegensatz zu ihnen wird er mit seiner schweren Schuld konfrontiert. Angesichts dieser Lage wird ihm das Erzählen vergehen, er beginnt, seine neue Situation zu erforschen. Sein Werk wird entweder zum Zustands- oder zum Rechenschaftsbericht – offene und verschlüsselte Autobiografie ist ja heute schon an der Tagesordnung – oder, umgekehrt, es wird zur Rekapitulation aller erfahrbarer Schönheit dieser Welt. [...]

Liebe Schülerinnen und Schüler: Dies ist nun doch keine wirkliche, sinngerechte oder gar ermutigende „Rede an die Jugend" geworden, und ich möchte Ihnen fast raten, sie als eine subjektive, aber ehrliche Rechtfertigung eines alten Schriftstellers für sein Verstummen zu betrachten. Ein Schriftsteller mag durch mehrere Generationen hindurch leben und alt werden, aber seine wahrhaft und wahrhaftig auswertbare Erlebnis- und Erfahrungskraft baut sich auf den Stadien seiner Jugend und seiner Frühzeit auf. Und ich bezweifle sehr, ob er, in dieser Zeit lebend, noch einmal sein kreatives Bewußtsein auf die rapide sich verändernden Verhältnisse völlig umstellen kann, ohne sich von den Sichtweisen und Denkschemata seiner Frühzeit beeinflussen zu lassen. Gewiß: Kein Leser verlangt Objektivität von ihm, aber er selbst muß das Objektive wägen können, um zu wissen, wie weit er sich davon entfernen kann. Es gibt zwar Werte, die ewig sind – obgleich man auch daran heute zweifeln möchte –, aber es gibt keine generationsüberdauernden Regeln des menschlichen Zusammenlebens und der entsprechenden Kommunikation. Die Zukunft ist unsicher, und jede neue Entwicklungsstufe trifft uns letztlich unvorbereitet. Sie erschreckt und überfordert uns immer wieder aufs neue. [...]

Wir sind also, wie so oft in unserer Zeit, auf das Hoffen angewiesen. Im Hoffen sind Sie, liebe Schülerinnen und Schüler, stärker und fester, als ich es bin. Und mein sehnlicher Wunsch wäre, daß Sie es nicht umsonst tun und später auf einer Erde leben können, deren Rettung sie Ihnen zu verdanken hat.

Ich weiß, daß ich in dieser Rede nicht viel gesagt habe. Dennoch habe ich ein gutes Gewissen, denn ich habe Sie nicht angelogen. Und ich hoffe, daß dereinst der nächste Preisträger meine Worte mit Fug und Recht in den Wind schlagen kann.

(Wolfgang Hildesheimer, Rede an die Jugend. Mit einem Postscriptum für die Eltern. Frankfurt: Suhrkamp 1991, S. 9-24.)

Arbeitsanregungen

1. Wie legt Hildesheimer den Spruch „Haltet die Welt an, ich will aussteigen" aus?

2. Warum hält der Autor den Begriff „Umwelt" für zu schwach? Teilen Sie seine Bewertung?

3. Setzen Sie sich kritisch mit der Rede Hildesheimers auseinander, indem Sie klären, auf welche Probleme er aufmerksam machen will und vor welchen Ereignissen er warnen will.
Verfassen Sie auf der Grundlage Ihrer Analyse einen Aufruf für ihre Mitschüler/die Öffentlichkeit, indem Sie zum Erhalt der Umwelt auffordern!

Ein Auto darf nicht die Welt kosten.

▶ Alles, was wir heute mit unserer Erde anstellen, müssen wir in Zukunft selbst verantworten, selbst in Ordnung bringen oder selbst ausbaden. Als Erfinder des Autos stehen wir natürlich ganz besonders in der Pflicht. Und wir wissen, daß wir diese Pflicht noch lange nicht erfüllt haben. Auch wenn zum Beispiel unser Mercedes E 300 DIESEL als erster die schärfsten Diesel-Abgasnormen der Welt (die von Kalifornien) erfüllt hat.

▶ Sicher, für die Natur kann man nie genug tun. Aber wir arbeiten daran – Tag für Tag. Schließlich geht es auch um die Zukunft des Automobils.

Mercedes-Benz
Ihr guter Stern auf allen Straßen.

Arbeitsanregungen

1. Setzen Sie die Anzeige mit der Rede von Hildesheimer in Beziehung! Gibt es inhaltliche Gemeinsamkeiten?
   Welche Intentionen werden verfolgt?

2. Wie beurteilen Sie die Behauptung von Mercedes-Benz: „[...] für die Natur kann man nie genug tun. Aber wir arbeiten daran – Tag für Tag."?

Länder und Reisen

Reiserätsel

Wo der Sommer besonders wichtig ist

Den letzten Sommer des Jahrhunderts (und noch ein paar Sommer danach) verbrachte der Dichter auf der Insel, die nach seinen eigenen Worten in der schönsten Landschaft seiner Heimat liegt. (Eines Landes übrigens, in dem der Sommer, vor allem aber der Höhe- und Wendepunkt des Sommers, eine ganz besondere Rolle spielt.)

„Die Wanderjahre scheinen beendet, und jetzt beabsichtige ich, in meinem Lande zu bleiben und mich redlich zu nähren", schrieb der Mann, der noch fünf Jahre zuvor – selbst hoch verschuldet – ganz andere Töne gespuckt hatte: „Ich bin der Ansicht, dass die Jugend das Recht hat, erst zu leben und *dann* ihre Schulden zu bezahlen!"

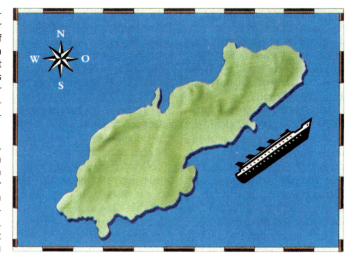

Heute ist eine Straße im Hauptort der Insel nach dem Dichter benannt, denn der einst Verfehmte gilt als wichtigster Dramatiker des Landes.

An dieser Straße verbringt seit sechzig Jahren eine andere große Autorin ihre Sommer: eine Frau, die schon zu Lebzeiten (ebenso wie ihre Figuren) zur Legende wurde, die noch im Alter von achtzig Jahren darauf bestand, auf Bäume zu klettern und mit dem erstgenannten Dichter ein Ideal teilt – den Pazifismus.

(ZEITmagazin, Nr. 26 vom 21. Juni 1996, S. 26.)

Arbeitsanregungen

1. Bringen Sie in Erfahrung, um welche Insel es sich handelt!

2. Erstellen Sie ein Rätsel für ein Reiseziel (Land, Stadt, Insel) – mit einer entsprechenden Skizze und einem kurzen Text, der für Touristen interessant ist!

3. Entwickeln Sie weitere Formen von Reiserätseln! Stellen Sie z. B. Länder oder Städte durch Standbilder dar und fotografieren Sie die Szenen!

und jetzt?

Marlon, 7,
ist dieses Jahr in den Ferien nach Ibiza geflogen, seine Oma besuchen. Allein, nur mit einem Schild um den Hals. Seitdem ist für den Erstklässler und seine Eltern alles anders. Ein Gespräch darüber, wie es im Leben weitergeht.

Los, erzähl mal! Wie war's?

Klasse.

Hattest du keine Angst?

Nein, gar nicht. Nur Mama und Papa; Papa ganz, ganz arg. Ich bin ja schon oft geflogen, nur halt noch nie allein.

Papa hatte Angst? Du nicht?

Ja. Mama auch, aber die gibt es nicht zu. Mama sagt immer: Marlon ist ja groß. Aber Papa hatte Angst. Als ich nicht am Flugplatz war, als er mich abholen wollte.

Wie, du warst nicht in der Maschine?

Nein, ich bin einen Tag später heimgekommen, weil mein Pass verschlampert war. Und keiner hat es Papa und Mama gesagt.

Was ist jetzt anders, nach dem Alleinflug?

Zu Papa hab' ich gesagt, ich will nicht so früh ins Bett. Er hat nein gesagt. Da hab' ich gesagt, ich fliege allein nach Ibiza. Wer allein nach Ibiza fliegt, muss nicht um sieben ins Bett. Das ist jetzt anders. Mama und Papa haben Ärger mit einem Handwerker, so ein Räuber. Ich habe gesagt: Lasst mich, ihr ruft ihn an, und ich rede mit dem durchs Telefon. Da haben sie nur gelacht.

Warst du sauer?

Klar. Ich lass mir nämlich nichts mehr gefallen. Man darf nicht einfach nur denken, man muss es auch sagen. Sonst nützt es nichts.

Und in der Schule? Hat sich da auch was geändert?

Ja. Ich bin jetzt mal allein mit dem Bus hingefahren und mit der Straßenbahn. Zwei Stationen. Umsteigen. Zwei Stationen. Aussteigen. Ist eigentlich ganz einfach. Es gibt Kinder in der 1a, die werden noch von ihrer Mutter ins Klassenzimmer gebracht, bis rein. Allein mit der Straßenbahn ist noch keiner gekommen. Nur ich. Das ist was ganz Besonderes.

Jetzt bist du ein Held?

Ich kann sagen, wer Räuber ist und wer Polizist. Wenn wir spielen vor den Hausaufgaben. Und ich darf mit den Großen spielen vor der Nachmittagsbetreuung.

Mit den Großen?

Ja, mit den Zweitklässlern, die wollen sonst nicht so gern, dass Kleine mit ihnen spielen. Aber ich spiele mit ihnen. Ich bin groß. Ich bin ja allein nach Ibiza geflogen.

Aber du hast doch jetzt auch Ärger in der Schule?

Nein. Nur in der Nachmittagsbetreuung. Aber das regle ich allein. Da sind solche, die denken, weil sie größer und stärker sind, können sie alles. Dabei sind das meistens Feiglinge. Wenn ich stehen bleibe und mit denen laut werde, werden die ganz klein. Von denen ist noch keiner allein geflogen.

Und wie läuft es mit den Erwachsenen?

Ich hab' zur Erzieherin gesagt, dass ich mir nichts mehr gefallen lasse. Ich bin groß im Kopf. Aber das glaubt sie nicht. Sie hilft nur den anderen Kindern bei Ärger. Dabei bin nur ich es, der nie schlägt. Trotzdem sagt sie, ich tue denen was.

Wie das?

Ich habe Kraft im Mund.

Kraft im Mund?

Ja, ich lass' mir von keinem was gefallen, ich kann mich wehren, mit Worten. Auch gegen Erwachsene. Andere Kinder schikken ihre Mütter, damit sie sich beschweren. Zu einer Mutter habe ich Meckerziege gesagt, zu irgendeiner Oma Petzliesel. Erwachsene denken, weil sie groß sind, können sie befehlen. So einfach ist das nicht. Papa will sich jetzt einmischen, aber ich kann mich allein wehren.

Du hast doch jetzt ab und zu Ärger mit ihm, oder?

Er sagt immer, wer allein fliegt, kann auch allein sein Zimmer aufräumen. Oder allein zum Bach gehen. Da spiele ich nämlich gern. Aber Papa bringt mich nicht mehr hin. Jetzt muss ich allein gehen. Blöd ist natürlich, dass ich jetzt ohne Papa am Bach bin, das macht weniger Spaß, da sind kaum andere Kinder. Neulich war ich mit zwei Freunden dort und bin reingefallen. Ich war pitschpatschnass. Und eine Beule am Kopf hatte ich auch. Da bin ich allein heimgelaufen, den ganzen Weg. Ich war ganz cool.

Cool?

Ja. Alle sagen, ich bin cool. Papa sagt es, seit seinem Rollerblades-Unfall. Da ist er mit dem Kopf gegen den Randstein und hat arg geblutet. Ich hab' gesagt, bleib liegen! Ich hole den Fotoapparat. Seitdem sagt er, ich bin cool.

Das klingt ja auch ganz schön cool.

Sagen Papa und Oma und Mama und alle. Wenn die in ein Flugzeug steigen, gukken sie vorher fünfmal, ob sie das Geld haben und den Pass und die Karten und die Tickets. Das ist nicht cool. Wer oft fliegt, ist mehr locker. So wie ich. Mein Papa hat mir vorher einen Satz auf Englisch beigebracht, für Notfälle.

Welchen Satz?

Mei näm is toilett.

My name is toilet? Da stimmt aber was nicht, oder?

Doch. Mei Näm is toilett. Wenn ich aufs Klo muss, hab' ich das gesagt. Dann hat mich die Stewardess gebracht.

Hat sie gelacht?

Nee. Wieso? Wenn ich sag', ich muss aufs Klo?

Dein letzter Ärger mit Mama und Papa, worum ging der?

Papa hat mich früher reingelegt. Ich hab' immer die Bilder angeguckt im Programmheft und hab' gesagt, da kommt *Tim und Struppi*, das will ich sehen. Er sagte dann, ist schon vorbei. Ich glaube, nein, weil, er will nämlich nicht, dass ich glotze. Jetzt lerne ich schnell die Uhr, und ich kann schon lesen, ich lass' mich nicht mehr reinlegen. Wer allein fliegt, darf Fernseh gucken. Und ich will James Bond gucken, in einem Autokino.

(Süddeutsche Zeitung Magazin, Nr. 31 vom 31. Juli 98, S. 38.)

Arbeitsanregungen

1. Welchen Effekt hatte der Flug auf Marlon?
   Charakterisieren Sie den Jungen und berücksichtigen Sie dabei, was ihn von Gleichaltrigen unterscheidet!

2. Wie beurteilen Sie Marlons Entwicklung?
   Wird sein Reiseerlebnis auch in Zukunft Einfluss auf ihn haben?

3. Würden Sie ihr Kind in diesem Alter allein fliegen lassen?
   Diskutieren Sie Vorteile und Risiken!

Bruce Chatwin, **Traumpfade**

Daß der Mensch eine wandernde Spezies ist, wird meines Erachtens durch ein Experiment bestätigt, das in der Tavistock-Klinik in London durchgeführt und von Dr. John Bowlby in seinem Buch *Attachment and Loss* beschrieben wurde.

Jedes normale Baby schreit, wenn es allein gelassen wird; um es zu besänftigen,
5 nimmt die Mutter es am besten in die Arme und wiegt es oder „wandert" mit ihm herum, bis es wieder zufrieden ist. Bowlby bastelte eine Maschine, die den Gang einer Mutter, das Tempo und die Bewegungen perfekt imitierte. Er stellte fest, daß das Baby, vorausgesetzt, es war gesund, satt und hatte es warm, sofort zu schreien aufhörte. „Die ideale Bewegung", schrieb er, „ist eine vertikale, mit einer Verschie-
10 bung von zehn Zentimetern." Langsames Wiegen, zum Beispiel dreißigmal pro Minute, hatte keine Wirkung: aber wenn man das Tempo auf fünfzigmal oder mehr steigerte, hörte jedes Baby mit dem Schreien auf und blieb dann fast immer still.

(Bruce Chatwin, Traumpfade. Frankfurt: Fischer¹ 1994, S. 309.)

Sören Kierkegaard, **Die Lust zu gehen**

Verlieren Sie vor allem nicht die Lust dazu, zu gehen: ich laufe mir jeden Tag das tägliche Wohlbefinden an und entlaufe so jeder Krankheit; ich habe mir meine besten Gedanken angelaufen, und ich kenne keinen, der so schwer wäre, daß man ihn nicht beim Gehen loswürde ... beim Stillsitzen aber und je mehr man stillsitzt, kommt
5 einem das Übelbefinden nur um so näher ... Bleibt man so am Gehen, so geht es schon. (Brief an Jette 1847)

(Bruce Chatwin, Traumpfade. Frankfurt: Fischer¹ 1994, S. 234.)

Blaise Pascal, **Zerstreuung**

Wenn ich mich mitunter daran gemacht habe, die vielfältige Geschäftigkeit der Menschen zu betrachten, die Gefahren und Mühsale, denen sie sich aussetzen, bei Hofe, im Kriege, woraus so viel Händel erwachsen, so viel Leidenschaften, so viel verwegene und oft schlimme Unternehmungen usw., habe ich entdeckt, dass alles Unglück
5 der Menschen von einem Einzigen herkommt: dass sie es nämlich nicht verstehen, in Ruhe in einem Zimmer zu bleiben. Wenn ein Mensch, der genug zum Leben besitzt, mit Freuden zu Hause zu bleiben vermöchte, würde er nicht hinausgehen, um über das Meer zu fahren oder eine Festung zu belagern. Man wird einen Rang im Heer nur darum so teuer kaufen, weil man es unerträglich fände, sich nicht aus der Stadt zu
10 rühren; und man sucht nur darum die Unterhaltungen und die Zerstreuungen der Spiele, weil man nicht mit Freuden zu Hause zu bleiben vermag.

Aber als ich das näher bedachte, und nachdem ich die Ursache all unseres Unglücks gefunden hatte, wollte ich den Grund davon entdecken, und ich fand, dass es einen sehr wirklichen dafür gibt; er besteht in dem natürlichen Unglück unserer schwa-
15 chen und sterblichen Verfassung, die so erbärmlich ist, dass nichts uns trösten kann, wenn wir näher daran denken.

(Blaise Pascal, Größe und Elend des Menschen. Frankfurt: Insel 1979, S. 13-14.)

---

1 (RR)

Arbeitsanregungen

1. Welche Bedürfnisse, die durch das Wandern und Reisen befriedigt werden, thematisieren die Texte!

2. Teilen Sie diese Bedürfnisse? Nehmen Sie begründet Stellung!

3. Verfassen Sie eine Liste mit Gründen, die für das Reisen sprechen!

JOSEPH VON EICHENDORFF,
Sehnsucht

Es schienen so golden die Sterne,
Am Fenster ich einsam stand
Und hörte aus weiter Ferne
Ein Posthorn im stillen Land.
5 Das Herz mir im Leib entbrennte,
Da hab ich mir heimlich gedacht:
Ach wer da mitreisen könnte
In der prächtigen Sommernacht!

Zwei junge Gesellen gingen
10 Vorüber am Bergeshang,
Ich hörte im Wandern sie singen
Die stille Gegend entlang:
Von schwindelnden Felsenschlüften,
Wo die Wälder rauschen so sacht,
15 Von Quellen, die von den Klüften
Sich stürzen in die Waldesnacht.

Sie sangen von Marmorbildern,
Von Gärten, die überm Gestein
In dämmernden Lauben verwildern,
20 Palästen im Mondenschein,
Wo die Mädchen am Fenster lauschen,
Wann der Lauten Klang erwacht
Und die Brunnen verschlafen rauschen
In der prächtigen Sommernacht. –

(1834)

(Joseph von Eichendorff, Werke. München: Hanser ² 1959, S. 30.)

GOTTFRIED BENN,
Reisen

Meinen Sie Zürich zum Beispiel
sei eine tiefere Stadt,
wo man Wunder und Weihen
immer als Inhalt hat?

5 Meinen Sie, aus Habana[1],
weiß und hibiskusrot[2],
bräche ein ewiges Manna[3]
für Ihre Wüstennot?

Bahnhofstraßen und Rueen,
10 Boulevards, Lidos, Laan –
selbst auf den Fifth Avenueen
fällt Sie die Leere an –

ach, vergeblich das Fahren!
Spät erst erfahren Sie sich:
15 bleiben und stille bewahren
das sich umgrenzende Ich.

(1951)

(Gottfried Benn. Sämtliche Gedichte. Klett-Cotta, Stuttgart 1998, S. 307.)

---

1 Habana = span. für Havanna (Kuba)
2 Hibiskus = tropisches Malvengewächs
3 Manna = vom Himmel gefallene Nahrung (Bericht über den Auszug Israels aus Ägypten)

SARAH KIRSCH, **Allerleirauh**

Aber am schönsten: mit dir
Oder ohne dich
Über die Boulevards laufen nichts im Gepäck
Als Rosinenbrot, Wein und Tabak
5 Die Leute der Länder festhalten
Im Auge und später
Sprechen davon, den Himmel beschreiben den Schnee
Du kommst mit dem Westwind und ich
Aus dem Norden, wir tragen
10 Das alles zusammen, die winzigen Pferde
Die senkrechten Palmen, die Sterne, Kaffeemaschinen
Nachmittags halb nach vier, wenn die Glocke
Im Käfig schaukelt und schreit

(Sarah Kirsch, Katzenkopfpflaster. Gedichte. München: dtv 1978 = dtv 11754, S. 106.)

Arbeitsanregungen

1. Welches der drei Gedichte trifft am ehesten Ihr Verständis vom Reisen? Warum?

2. Stellen Sie das entsprechende Gedicht in der Klasse vor, indem Sie Inhalt, Aufbau und sprachliche Besonderheiten erläutern! Begründen Sie, warum das Gedicht Sie anspricht?

3. Schreiben Sie ein Gedicht zum Thema „Reisen"!

Verena Stefan wurde 1947 in der Schweiz geboren; 1968 ging sie nach Berlin und ließ sich dort zur Krankengymnastin ausbilden. Heute arbeitet Verena Stefan „so wenig wie möglich als krankengymnastin, um so viel wie möglich mit sprache arbeiten zu können." Über ihre Erfahrungen beim Schreiben sagt sie: „die sprache versagt, sobald ich über neue erfahrungen berichten will, angeblich neue erfahrungen, die im geläufigen jargon wiedergegeben werden, können nicht wirklich neu sein. artikel und bücher, die zum thema sexualität verfasst werden, ohne dass das problem sprache behandelt wird, taugen nichts. sie erhalten den gegenwärtigen zustand.

ich zerstöre vertraute zusammenhänge. ich stelle begriffe, mit denen nichts mehr geklärt werden kann, infrage oder sortiere sie aus [...] jedes wort muss gedreht und gewendet werden, bevor es benutzt werden kann – oder weggelegt wird.

als ich über empfindungen, erlebnisse, erotik unter frauen schreiben wollte, wurde ich vollends sprachlos. deshalb entfernte ich mich zuerst so weit wie möglich von der alltagssprache und versuchte, über lyrik neue wege zu finden.

beim schreiben bin ich auf die sprache gestoßen, das klingt seltsam, doch es ist erstaunlich, wie viele leute schreiben können, ohne mit der sprache selber in berührung zu kommen."

Der folgende Text ist ein Auszug aus ‚Autobiografische Aufzeichnungen Gedichte Träume Analysen' über einen Selbstfindungsprozess, den Verena Stefan **„Häutungen"** genannt hat.

Lesehinweis
Verena Stefan, Wortgetreu ich träume. Geschichten und Geschichte. Zürich: Arche 1988.

Verena Stefan, **Häutungen**

[...] nach dem abitur war ich endlich unterwegs. die reise begann mit Ines, doch es geschah nicht mehr viel zwischen uns. wir hatten uns auseinander gelebt. meine jahre mit dem ersten mann machten sich bemerkbar. er war zum brennpunkt meines denkens geworden, meine fantasie hatte gelitten. Ines fand mich langweilig. wir trennten uns bald.

Ich versuchte, schritt für schritt fuss zu fassen in der welt. ich wollte alles erleben, mich allem aussetzen, mich prägen lassen. offen bis zur selbstaufgabe, anpassungsfähig bis zur vernichtung, tastete ich mich nach süden vor. die erste angst wich allmählich, ein hartnäckiges und unbestimmbares unbehagen aber war nicht zu vertreiben. ich beherrschte die welt nicht, ich war gast. es war fremdes territorium, auf dem ich mich befand. ich hatte mich unbemerkt eingeschlichen, ich hatte gewagt, mich allein zu bewegen – was aber würde geschehen, wenn man mich bemerkte?

Ich lächelte ununterbrochen. geheimnisvoll lächelnd in der welt um asyl bitten, bittenden auges die zulassung erfragen, mit leiser stimme wohlklingend unterwürfig. unterlasse ich das lächeln und schaue einen mann, der mich belästigt, zornig an oder werde handgreiflich, so bin ich ‚zickig', ‚unverschämt' – und gefährdet.

Ich stehe am Wittenbergplatz und warte auf das grün der ampel. in der linken hand trage ich eine tasche, die mit lebensmitteln angefüllt ist, in der rechten eine grosspackung mit toilettenpapier. ich spüre im rücken, dass zwei männer an mich herantreten und blicke über die schulter zurück. in dem moment fasst der mann links von mir in meine haare, die hennagefärbt[1] über den schultern liegen, lässt sie prüfend durch die finger gleiten und sagt zu seinem freund: prima haare! ich wirble herum und schleudere ihm die tüte mit dem toilettenpapier ins gesicht, ein guter, langer hebelarm. dann ist meine kraft erschöpft, mit weichen knien gehe ich über die strasse, mein arm jetzt bleischwer, ich kann ihn nicht mehr anheben. die beiden männer folgen mir, empört fluchend und mich als sau beschimpfend, weil ich gewagt habe, mich zu widersetzen. auf der anderen strassenseite drehe ich mich noch einmal um, zische, sie sollen die klappe halten. sie würden am liebsten auf mich losgehen, aber es ist helllichter tag, auf der strasse gibt es menschen, die beiden sind ausländer. wie ich in der u-bahn sitze, betrachte ich erbittert meine kleinen hände. allein mit ihnen hätte ich nicht einmal den einen schlag geschafft. ein all täglicher vorfall. eine all tägliche behandlung einer kolonisierten in einer stadt der ersten welt. vermutlich habe ich eine schönere wohnung, mehr soziale kontakte, erträglichere arbeitsbedingungen als die meisten ausländer in west-berlin. aber jeder in- oder ausländische mann kann mich, ungeachtet seiner lebens- und arbeitsbedingungen, täglich und stündlich auf irgendeine weise missbrauchen. habe ich bessere lebensbedingungen, weil ich unter umständen eine schönere wohnung habe als mein vergewaltiger?

Damals hatte ich lange blonde haare. klein war ich immer, es war leicht, einen arm um mich zu legen. mir war klar, dass ich beim trampen eine andere frau suchen musste, wollte ich einigermassen ungeschoren durchkommen. es gab keine andere frau. wie sollte ich allein die welt er fahren? es war gefährlich. mich mit einem mann einzulassen, hiess, komplizin seiner wie auch immer gearteten sexualität zu werden. das war ebenso gefährlich, wieso konnte ich nicht unbehelligt unterwegs sein, war mir der unmittelbare zugang zur welt versperrt! da war ich noch so neugierig, dass ich zumindest versuchte, allein die welt zu er fahren.

(Verena Stefan, Häutungen. Autobiografische Aufzeichnungen Gedichte Träume Analysen. München: Frauenoffensive 1975, S. 20 f.)

---

1 Henna = indisches Naturprodukt zum Haarefärben (rot)

Arbeitsanregungen

1. Charakterisieren Sie die Heldin! Berücksichtigen Sie dabei die Entwicklung, die sie durchläuft, und die Bedeutung, die das Reisen für sie hat!

2. Deuten Sie den Titel des Textes: „Häutungen"!

3. Verena Stefan sagt über ihr Schreiben, sie entferne sich „zuerst so weit wie möglich von der alltagssprache" und „zerstöre vertraute zusammenhänge" (vgl. Vorspann, S. 380). Belegen Sie ihre Aussage anhand des Romanauszugs! Welche Wirkung wird erzielt?

4. Stellen Sie Ratschläge für eine allein reisende Frau zusammen; berücksichtigen Sie dabei Reiseführer, die sich an diese Zielgruppe wenden!

Djuna Barnes, Klagelied auf das linke Ufer

Ich persönlich würde alles geben, was ich habe – außer dem, was es mir gegeben hat –, um wieder in dem Paris sein zu könne, wie es war, und an einem Bistrotisch zu sitzen, der die gusseisernen Beine im Sägemehl der Schneckenkörbe stehen hat, mit dieser schlecht gebügelten, billigen Baumwolltischdecke, die breit über mein bestes
5 Cape fällt – dieser Tischdecke mit dem verkrumpelten Saum, die durchtränkt ist vom Burgunder des Vortags –, eine Karaffe vin ordinaire vor mir, eine ovale Platte mit salade de tomates, eine Schale Kressesuppe, ein blanquette de veau, grüne Mandeln – was auch immer, nur um wieder das traurige, wütende Gebell der Taxihupen zu hören, die anmutig dahinfließende Sprache, wie sie von den Büroangestellten ver-
10 plaudert wird, die zwei Stunden frei haben zum Essen und Diskutieren. Die wahllos an die Kioske gepflasterten theatralischen Plakate zu sehen, die Schmähschriften an der Stuckwand des Hauses gegenüber […]. Das leichte Rascheln der Bäumchen in ihren Eisenkorsetts zu hören, wenn sie sich in die feuchte Luft schmiegen, den Knoblauch zu riechen und den argen gros bleu – die schlimmste aller Tabaksorten – oder
15 einfach durch die Glasfront ins Innere der Restaurants zu schauen, wo, hinter der Theke, der patron um seine tüchtige Frau herumtanzt, das Orgelpfeifenregiment der Flaschen hinter sich – rot, gelb, grün, braun –, das der Spiegel wiederholt – und vor sich in angemessenem Abstand die Seeanemonen-Mägen der französischen Bürger, die, die Servietten um den Hals, mit ihren muntern Frauen reden, denen mit den
20 niedrigen Brauen unter dem Fransenbesatz gestutzter Ponis, gekleidet in abscheuliches, ausdauerndes Schwarz, das gefältelt ist und staubig wie ein Armenbegräbnis, und über dem Ganzen das Gekräusel der Vokale und Konsonanten, klöppelspitzenfein und dabei unnachgiebig, lavierend zwar, doch in sich fest, eine Pflanze in fließendem Gewässer, denn das ist die an den französischen Geist geleinte französische
25 Zunge. […]

Dann hinüber zu gehen in ein nahegelegenes Café, auf einen Brandy, einen tilleul, einen Cointreau, wie man sich eben durch diesen besonders reizenden Verkehr mogelt – da sind die Automobile, Pferdedroschken, Wachsoldaten, denen Pferdeschwänze von der Helmkruppe herabfließen, der blaublusige Arbeiter, das eilende Zimmermädchen, das schreiende Marktmädchen mit seinem armlangen Brot -, hinüber zu wechseln auf jene Insel der Kontemplation, in das Straßencafé, das Freiluftwohnzimmer Frankreichs.

Und das ist das wahre Geheimnis, das Geheimnis jenes großen, gefallenen Landes: die offene Gastlichkeit der Straße. Vier Wände ergeben einen Streit, eine Tragödie; die Straße macht daraus eine vorübergehende Störung. Hier kann man kommen und gehen. Wenn man Freunde trifft und sich nicht einig ist, bezahlt man seine Rechnung und geht; wenn man »miteinander zurecht kommt«, kann daraus jede erdenkliche Harmonie erwachsen. In einem Café kann man den aufgeribbelten Ärmel der Zeit wieder neu stricken oder so verbittert sein, wie man will, und das nur sich selbst zu verdanken haben. Kein Haus kann so viel für sich beanspruchen. Das Haus birgt Bitterkeit, die Straße nicht.

(Djuna Barnes, Paris, Joyce, Paris. Berlin: Wagenbach 1988, S. 61-66.)

ROGER VIOLLET, **Paris war eine Frau**

(Andrea Weiss, Paris war eine Frau. Dortmund: Edition Ebersbach, Titelbild.)

Martin Walser[1], Ein fliehendes Pferd

Plötzlich drängte Sabine aus dem Strom der Promenierenden hinaus und ging auf ein Tischchen zu, an dem noch niemand saß. Helmut hatte das Gefühl, die Stühle dieses Cafés seien für ihn zu klein, aber Sabine saß schon. Er hätte auch nie einen Platz in der ersten Reihe genommen. So dicht an den in beiden Richtungen Vorbeiströmenden sah man doch nichts. Er hätte sich möglichst nah an die Hauswand gesetzt. Otto saß auch schon. Zu Sabines Füßen. Er sah aber noch zu Helmut herauf, als wolle er sagen, er betrachte sein Sitzen, so lange Helmut sich noch nicht gesetzt habe, als vorläufig. Sabine bestellte schon den Kaffee, legte ein Bein über das andere und schaute dem trägen Durcheinander auf der Uferpromenade mit einem Ausdruck des Vergnügens zu, der ausschließlich für Helmut bestimmt war. Er verlegte seinen Blick auch wieder auf die Leute, die zu dicht an ihm vorbeipromenierten. Man sah wenig. Von dem wenigen aber zuviel. Er verspürte ein Art hoffnungslosen Hungers nach diesen hell- und leichtbekleideten Braungebrannten. Die sahen hier schöner aus als daheim in Stuttgart. Von sich selbst hatte er dieses Gefühl nicht. Er kam sich in hellen Hosen komisch vor. Wenn er keine Jacke anhatte, sah man von ihm wahrscheinlich nichts als seinen Bauch. Nach acht Tagen würde ihm das egal sein. Am dritten Tag noch nicht. So wenig wie die gräßlich gerötete Haut. Nach acht Tagen würden Sabine und er auch braun sein. Bei Sabine hatte die Sonne bis jetzt noch nichts bewirkt als eine Aufdünstung jedes Fältchens, jeder nicht ganz makellosen Hautstelle. Sabine sah grotesk aus. Besonders jetzt, wenn sie voller Vergnügen auf die Promenierenden blickte. Er legte eine Hand auf ihren Unterarm. Warum mußten sie überhaupt dieses hin- und herdrängende Dickicht aus Armen und Beinen und Brüsten anschauen? In der Ferienwohnung wäre es auch nicht mehr so heiß wie auf dieser steinigen, baumlosen Promenade. Und jede zweite Erscheinung hier führte ein Ausmaß an Abenteuer an einem vorbei, daß das Zuschauen zu einem rasch anwachsenden Unglück wurde. Alle, die hier vorbeiströmten, waren jünger. Schön wäre es jetzt hinter den geraden Gittern der Ferienwohnung. Drei Tage waren sie hier, und drei Abende hatte er Sabine in die Stadt folgen müssen. Jedesmal auf diese Promenade. Leute beobachten fand sie interessant. War es auch. Aber nicht auszuhalten. Er hatte sich vorgenommen, Kierkegaards Tagebücher zu lesen. Er hatte alle fünf Bände dabei. Wehe dir, Sabine, wenn er nur vier Bände schafft.

(Martin Walser, Ein fliehendes Pferd. Frankfurt: Suhrkamp 1980 = st 600 S. 9-11.)

Arbeitsanregungen

1. Welche Stimmung geht von dem Foto (S. 383) aus? Was empfinden die jungen Frauen?

2. Verfassen Sie einen Dialog, der sich zwischen den beiden entwickeln könnte!

3. Was bedeutet der Platz im Straßencafé für Djuna Barnes?
Was empfindet das Paar Helmut und Sabine in der Novelle "Ein fliehendes Pferd" auf seinen Plätzen an der Uferpromenade?

4. Schildern Sie eigene Erlebnisse!

1

Arbeitsanregungen

1. Worin besteht die Besonderheit der „Reiseeindrücke eines Gourmets"?

2. Welche Wirkung auf den Betrachter geht von der Werbung aus? Halten Sie die Anzeige für gelungen? (Zur Werbung vgl. S. 541 ff.)

3. Entwerfen Sie einen Text zu Reiseerlebnissen, in dessen äußerem Aufbau sich das Thema spiegelt!

AXEL KUTSCH, **Schöne Grüße aus Afrika**

Liegen am Strand halb nackt
stop
wunderbar warm hier unten
stop
bei Euch tiefer Winter – ätsch –
stop
schwarze Bedienung spurt
stop
verneigt sich noch für ein Trinkgeld
stop
fühlen uns wie im Paradies
stop
nur bettelnde Kinder stören
stop
ansonsten alles wie im Prospekt
stop

(amnesty international [Hrsg.], Veränderung macht Leben. Lippstadt: Walter Leimeier Verlag 1989, S. 73.)

Arbeitsanregungen

1. Charakterisieren Sie den Verfasser/die Verfasserin des Telegramms!

2. Formulieren Sie ein Antwortschreiben (Telegramm) auf die „Schönen Grüße aus Afrika"!

„**Martin Parr** ist ein exemplarischer Fotograf oder, anders formuliert, ein exemplarischer Fotokünstler. – Als einer der führenden Vertreter der „Neuen europäischen Farbfotografie" ist er Mitglied der Agentur *Magnum,* der ersten Adresse des Fotojournalismus. (...)

Seine gesamte Laufbahn als Fotograf und damit folglich auch sein Werk stellt die relevanten Fragen zur Hoch- und zur Trivial-Kultur und Kommerz, zur Duplizität des fotografischen Dokuments und – ganz und gar nicht nebenbei – zu dem Leben, das wir alle heute führen."

(Gerry Badger, Die Fleischtöpfe Kataloniens – Martin Parrs Benidorm. In: Martin Parr, Benidorm. Hannover. Sprengel Museum 1999.)

Die abgebildeten Fotografien, Badger nennt sie „diese großen, aufdringlichen, unbehaglichen Bilder – psychedelische Farbfeldgemälde", stammen aus der Serie **Benidorm**. Parr nahm sie im gleichnamigen spanischen Seebad auf und zeigte sie 1999 im Sprengel Museum Hannover.

Martin Parr, **Benidorm**

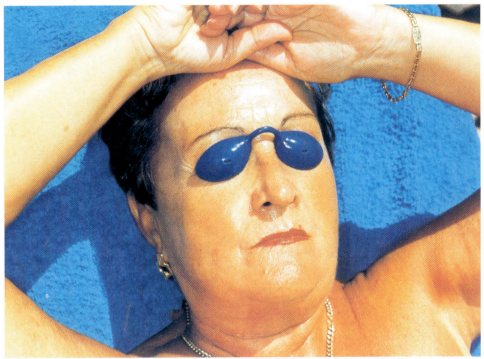

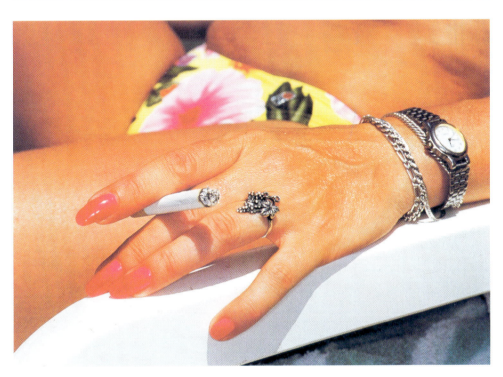

Paul Klee wurde 1879 in Münchenbuchsee bei Bern geboren. In den Jahren 1898 bis 1914 erhielt er von vielen bedeutenden Künstlern (Franz Marc, Pablo Picasso) wichtige Anregungen. Von 1921 bis 1930 hielt er sich als Meister am Bauhaus (= Hochschule für Gestaltung) in Weimar und Dessau auf. 1933 siedelte Klee nach Bern über; kurze Zeit später wurden seine Werke von den Nationalsozialisten als „entartet" beschlagnahmt. 1940 starb der Künstler in Locarno.

Als der Architekt Walter Gropius 1919 in Weimar das Bauhaus gründete, dachte er an den Neuaufbau des gesamten Bereiches unserer Kultur (Stadt, Haus, Möbel, Gerät, Bild und Plastik) aus den einfachsten Elementen Fläche, Körper, Raum, Material, Konstruktion. Am Bauhaus hat Paul Klee seine Methode der Malerei entwickelt. Der unabdingbare Ausgangspunkt jedes Bildes ist für ihn ein formales Thema, das jedem Bild die rhythmische Festigkeit gibt: dann tritt zum Rhythmus der Form die Melodie der Farbe. In dem Buch „Schöpferische Konfessionen" bekennt er: *„Früher schilderte man Dinge, die auf der Erde zu sehen waren, die man gern sah oder gern gesehen hätte. Jetzt wird die Realität der sichtbaren Dinge offenbar gemacht und dabei dem Glauben Ausdruck verliehen, dass das Sichtbare im Verhältnis zum Weltganzen nur isoliertes Beispiel ist, und dass andere Wahrheiten latent in der Überzahl sind. Die Dinge erscheinen im erweiterten und vermannigfachten Sinn, der rationellen Erfahrung von gestern oft scheinbar widersprechend. Eine Verwesentlichung des Zufälligen wird angestrebt ... Kunst verhält sich zur Schöpfung gleichnisartig. Sie ist jeweils ein Beispiel, ähnlich wie das Irdische ein komisches Beispiel ist."*

Das Werk (Größe 42,5 x 31 cm) befindet sich in der Peggy Guggenheim Collection in Venedig.

Paul Klee, **Bildnis der Frau P. im Süden**

Arbeitsanregungen

1. Welche Wirkung hat Paul Klees Gemälde in Verbindung mit dem Titel?

2. Vergleichen Sie Paul Klees „Bildnis der Frau P. im Süden" mit den Touristen, die Axel Kutsch und Martin Parr vorstellen!

3. Verhalten sich Menschen im Urlaub oft anders als zu Hause? Schildern Sie Ihre Erfahrungen!

4. Setzen Sie Ihre Vorstellung vom „typischen Touristen" in ein Bild oder eine Collage um!

CARLO FRUTTERO/FRANCO LUCENTINI, **Ferien auf dem Land**

„Liebe Francesca,
ich schreibe dir, weil es hier kein Telefon gibt (und selbstverständlich auch kein TV) und die Mobiltelefone verboten sind. Nach sechs Tagen auf dem Bauernhof „Alte Sonnenblume" kann ich dir gar nicht sagen, wie glücklich wir sind über unsere Wahl. Guido hatte ein bisschen Angst, er würde sich langweilen, aber er hat sich eines Besseren belehren lassen müssen, hier bleibt keine Minute, mit leeren Händen herumzustehen.
Der Wecker klingelt um 4.30 Uhr, und nach der Dusche mit Brunnenwasser (ich kurbele einen uralten Eimer hoch und gieße ihn über Guido, und er macht dasselbe mit mir) laufen wir mit den anderen in den Stall, um die 25 Kühe des Hofes zu melken. Dann Frühstück mit altbackenem Bauernbrot, Zwiebeln und ein paar Oliven. Dann alle raus auf die Felder zum Tomatenpflücken unter Anleitung eines maghrebinischen Experten, des supersympathischen Achmed, der uns mit scherzhaften Fußtritten in den Hintern antreibt. Um 11 Uhr geht's dann in den Obstgarten, zweites Frühstück mit den am Boden liegenden Pfirsichen, Birnen und Feigen, alle ohne Pestizide behandelt und deswegen ein bisschen angenagt, aber superauthentisch und voll biologisch. Danach wird das reife Obst auf den Bäumen gepflückt.
Um 13 Uhr ist Mittagessen mit besonders altbackenem Brot, Tomaten, Zwiebeln und einer eingesalzenen Sardelle. Den Nachmittag verbringen wir mit dem Backen riesiger Berge von Brot zum Altwerden und dem Zubereiten handgemachter Tagliatelle und Ravioli, die wir dann gegen Abend in großen Körben zum Magazin-Laden des Hofes an der Staatsstraße 126 bringen. Anschließend betreten wir den Laden noch einmal durch die Vordertür und kaufen selbst die am Morgen gemolkene Milch, das Obst und die Tagliatelle. Praktisch, was? Die Preise sind ein bisschen hoch, aber wir wissen wenigstens, was wir essen. Nach dem Abendessen Tanz auf der Tenne mit dem Bürgermeister, dem Postboten, dem Metzger und dem Jagdhüter des nahen Dorfes, hoch interessante Leute, die du normalerweise nie zu sehen bekommst und die uns von ihren Erfahrungen auf den Antillen oder in Namibia erzählen. Für 1000 Schweizer Franken pro Tag (hier zahlt man nur mit Devisen) kann man, scheint mir, wirklich nicht mehr verlangen. Wir sind braun gebrannt, schwielig und muskulös, und wir schlafen auf den Eiern (wir müssen sie selbst ausbrüten) wie Engel im siebenten Himmel. Aber jetzt muss ich wirklich die Kerze ausmachen (5,- DM das Stück). Ich schicke Dir einen Kuss ohne Kunstdünger und ohne Konservierungsmittel.
Deine Cristina."

(Carlo Fruttero/Franco Lucentini, Kleines Ferienbrevier. München: Piper 1994, S. 87-89.)

Arbeitsanregungen

1. Welche Bedürfnisse befriedigt Cristinas Urlaub auf dem Bauernhof „Alte Sonnenblume"?

2. Vergleichen Sie die Darstellung des Landlebens mit Ihren Kenntnissen über den Tagesablauf in einem landwirtschaftlichen Betrieb!

3. Welche Bedeutung hat der Einsatz von Ironie in diesem Brief? Nennen Sie Beispiele für dieses Stilmittel!

4. Entwerfen Sie einen Reiseprospekt, der mit Texten und Bildern für den Urlaub auf dem Bauernhof wirbt!

George Sand, Ein Winter auf Mallorca

Als wir eines Morgens ernstlich besorgt waren wegen des unablässigen Regens und des dadurch mittelbar oder unmittelbar verursachten Ungemachs, erreichte uns ein Brief des Grobians Gomez; er erklärte uns in echt spanischem Stil, wir „beherbergten" eine Person, die eine Krankheit „beherberge" und damit Ansteckungskeime in
5 sein Haus trage. Da dies Leben und Gesundheit von Mitgliedern seiner Familie gefährde, ersuche er uns, seinen Palast möglichst rasch zu räumen.

Eigentlich war es uns ganz recht, denn wir konnten dort nicht länger ohne das Risiko bleiben, im Zimmer zu ertrinken; andererseits durfte man bei dem Zustand des Kranken den Transport nicht wagen, schon wegen der mallorquinischen Verkehrsmittel,
10 aber auch des Wetters wegen. Eine andere schwierige Frage war, wohin? Das Gerücht von unserer Schwindsucht hatte sich wie ein Lauffeuer verbreitet und wir brauchten nicht mehr zu hoffen, irgendwo unterzukommen, nicht für Gold und nicht für eine einzige Nacht. Es war uns völlig klar, dass sich gefällige Leute mit einem Angebot der Aufnahme selbst der Verfemung ausgesetzt hätten, denn durch die Berüh-
15 rung mit uns wären sie vom gleichen Bann getroffen worden, der schon auf uns lag. Hätte der französische Konsul nicht Wunder vollbracht, um uns gastfreundlich unter seinem Dach zu empfangen, wären wir wie richtige Zigeuner gezwungen gewesen, in einer Höhle Unterschlupf zu suchen.

Ein zweites Wunder geschah und bescherte uns ein Winterasyl. In der Kartause von
20 Valldemosa lebte ein spanischer Emigrant, der sich dort aus mir unbekannten Gründen verborgen gehalten hatte. Bei einem Besuch der Kartause hatten es uns seine vornehme Art und die melancholische Schönheit seiner Frau angetan; auch gefielen uns die rustikalen und doch bequemen Möbel ihrer Zelle. Die poetische Stimmung dieser Kartause hatte mich betört. Es ergab sich, dass das mysteriöse Paar die Insel
25 eilig verlassen wollte; daher waren die beiden ebenso froh, uns Zelle samt Mobiliar abzutreten, wie wir am Erwerb. Für den bescheidenen Betrag von tausend Franken kamen wir also in den Besitz eines kompletten Haushalts. In Frankreich hätte es uns die Hälfte gekostet, so rar, teuer und schwer aufzutreiben sind in Mallorca die notwendigsten Gegenstände des täglichen Bedarfs.

30 Um die Dezembermitte machten wir uns an einem klaren Morgen bei strahlender Herbstsonne nach Valldemosa auf den Weg, um unsere Kartause in Besitz zu nehmen. Als wir die fruchtbare Ebene von Establiments hinter uns gelassen hatten, erreichten wir jenes wechselhafte Gelände, bald waldig, bald felsig-trocken und dann wieder feucht und frisch, wie von unsichtbarer Hand durcheinander gewürfelt. Aus-
35 genommen einige Täler der Pyrenäen hat sich die Natur mir gegenüber niemals so freigiebig in ihren Erscheinungsformen gezeigt wie in diesem mallorquinischen Buschland, das eine recht beträchtliche Fläche bedeckt und die prahlerische Behauptung der Mallorquiner Lügen zu strafen scheint, sie hätten den gesamten Boden der Insel mit höchster Vollkommenheit kultiviert.

40 Ich dachte nicht daran, ihnen deswegen böse zu sein, denn nichts ist schöner als solche verwilderten Gegenden: verkrümmte, verbogene, zerzauste Bäume, Furcht erregende Dornensträucher, herrliche Blumen, Moos- und Binsenteppiche, stachelige Kapernbüsche, zarte und bezaubernde Asphodelen. Alles nimmt Formen an, wie sie dem Schöpfer gerade in den Sinn kamen: ein Tobel, ein Hügel, ein steiniger Pfad,
45 der unvermittelt an einem Abgrund endet, ein Weg im Grünen, der sich arglistig in einem Bach verliert, eine Wiese, die den Wanderer erst freundlich einlädt und ihm dann eine steile Felswand vor die Füße setzt, Gehölze mit Felsbrocken übersät, dass man meinen könnte, sie wären vom Himmel gefallen, Hohlwege entlang dem Gieß-

bach, umwuchert von Myrte und Geißblatt, und schließlich ein Bauernhof, hingeworfen wie eine Oase mitten in diese Wüste mit seiner Palme gleich einem Wachtturm, der den Wandersmann durch die Einsamkeit geleitet. [...]

Denn so geht die Reise: Hohlwege, Gießbäche, Schlammlöcher, Hecken, Gräben sperren die Fahrt vergebens; wegen solcher lächerlichen Kleinigkeiten hält man nicht an. Das Ganze nennt sich übrigens „Straße". Anfangs hält man dies Hindernisrennen für einen schlechten Witz und fragt den Lenker, was ihn wohl gepiekt habe. „Das ist die Straße", antwortet er. „Aber dieser Bach?" „Das ist die Straße." „Und das tiefe Loch?" „Die Straße." „Und das Dickicht?" „Gehört auch zur Straße." „Sei's drum."

Sodann bleibt einem nichts anderes übrig, als sich abzufinden, die Polsterung zu segnen, ohne die man um Knochenbrüche nicht herumkäme, seinen Geist in Gottes Hand zu befehlen, die Landschaft zu betrachten und auf den Tod oder ein Wunder zu warten.

Und dennoch erreicht man sein Ziel zuweilen unversehrt, weil der Wagen in sich stabil ist, weil das Pferd kräftige Beine hat und vielleicht auch wegen des Gleichmuts des Kutschers, der es gewähren lässt, die Arme verschränkt und gelassen seine Zigarre raucht, während sich ein Rad am Berg und das andere über dem Abgrund dreht. An eine Gefahr, aus der andere sich nichts machen, gewöhnt man sich rasch; sie bleibt nichtsdestoweniger echt. Man kippt nicht immer um. Aber wenn es passiert, kommt man so leicht nicht wieder auf die Beine und Räder.

Um die Kartause zu erreichen, muss man aussteigen, denn kein Gefährt kann den gepflasterten Weg bewältigen, der zu ihr hinaufführt; er entzückt das Auge, wie er sich unter den schönen Bäumen dahinwindet; herrliche Ausblicke eröffnen sich bei jedem Schritt und werden schöner und schöner, je höher man steigt. Ich habe nie etwas Reizenderes und gleichzeitig Melancholischeres gesehen als diese Landschaft, wo Steineiche und Johannisbrotbaum, Pinie und Olivenbaum, Pappel und Zypresse die verschiedenen Farbtöne ihrer Blätter in tiefen Lauben vermischen, wahre Abgründe von Grün, und wo der Bach unter üppigem Buschwerk von unvergleichlicher Anmut hinabeilt. Ich werde nie eine Beuge der Passstraße vergessen, wo ein Blick rückwärts auf eins jener hübschen kleinen arabischen Häuser fällt, die ich schon beschrieben habe; es liegt auf einer Hügelkuppe, halb versteckt hinter seiner Feigenkaktushecke und flankiert von einer großen Palme, die sich über den Steilhang neigt und ihre Silhouette in den Himmel schreibt. Wenn mir in Paris Dreck und Nebel auf die Nerven gehen, schließe ich die Augen und sehe wie im Traum jene grüne Kuppe, jene fahlen Felsen und jene einzelne Palme, verloren im rosafarbenen Firmament. [...]

(George Sand, Geschichte meines Lebens. Frankfurt: Insel 1978, S. 204-210.)

Arbeitsanregungen

1. Durch welche sprachlichen Mittel werden die Eigenarten der Insel anschaulich? Legen Sie eine Tabelle der Landschaftsmerkmale an, die Sie besonders beeindrucken!

2. Vergleichen Sie George Sands Schilderung mit einem Urlaubsprospekt oder einem Reiseführer von Mallorca!
   Worauf legt die Dichterin Wert? Worauf kommt es in den aktuellen Texten an?

3. Informieren Sie sich über George Sands Biografie!
   Ergänzen Sie die Reiseführer um einen Text zum Stichwort „Historisches Mallorca – George Sand in der Kartause von Valldemosa"!

„Meine" Insel geht ungehindert dem Kollaps entgegen. Der Tourismus hat die soziale, ökonomische, ökologische und vor allem die politische Landschaft stark verändert. [...]

Angesichts dieser Situation befällt mich als Einheimischen im deutschen „Exil" eine Flut intensiver und konfliktärer Gedanken und Eindrücke: [...]

Mit der touristischen Krise seit 1989 (Überkapazitäten, geringe Qualität) kam für viele Inselbewohner die Arbeitslosigkeit. 1993 lag die Arbeitslosenquote bei ca. 30 Prozent. Mehr als 80 Prozent der Arbeitslosen sind ungelernte Arbeitskräfte. In der Krise zeigte sich die enorme Abhängigkeit der ehemals überwiegend in der Landwirtschaft tätigen Bevölkerung. Die Landjugend, die ihre landwirtschaftlichen Tätigkeiten aufgab, um in der Hauptstadt das „große Glück" zu suchen, ließ das „Lumpenproletariat" in Las Palmas anwachsen. In den Städten und der Umgebung der touristischen Zentren wachsen die Slums. Die Konsequenzen sind unbegrenzte Verarmung, sozialer Abstieg, höhere Kriminalität, Drogenhandel und -konsum sowie Prostitution. Die Lebensbedingungen auf Gran Canaria und z.B. das Bildungsniveau der Bevölkerung, das nach einer Erhebung im November 1990 mit ca. 30 Prozent Analphabeten (offiziell sechs Prozent) angegeben wurde, sind eindeutig „Dritte Welt"-ähnlich.

Trotz der auf 20 Prozent gesunkenen Auslastungsquote von Appartments und Hotels, expandiert das Baugewerbe weiter. Wie ist es zu verstehen, dass trotz gesunkener Qualität des touristischen Produkts, trotz geringer Kaufkraft der angesprochenen touristischen Nachfrage, trotz wachsender Kritik an der „Natur-Verbauung", trotz Zunahme der Arbeitslosenzahlen, noch immer weiter gebaut wird – unabhängig von den Vermarktungschancen? Das wahre Gesicht des touristischen Phänomens wird deutlich, nämlich seine „spekulativ-immobiliäre" Natur. Es wird weiter gebaut, weil das Baugewerbe eine völlig selbstständige Kraft innerhalb des Tourismusgeschäfts geworden ist. Man baut, weil man keinen anderen wirtschaftlichen Ausweg sieht als die touristische Ausnutzung der natürlichen Ressourcen – und man baut auch, um multinationale Schwarzgelder zu waschen. Hotels und Appartmentanlagen als „Geldwaschmaschinen". [...]

Ein weiteres Merkmal der fortgeschrittenen Entwicklung auf Gran Canaria ist die Motorisierung. Heute beträgt die Durchschnittsgeschwindigkeit in der Hauptstadt 14 km/h. Lärm- und Schadstoffemissionen seien hier nur am Rande erwähnt. Der Pkw-Bestand war in der Provinz Las Palmas (Gran Canaria, Lanzarote und Fuerteventura) bereits bis 1989 auf 346.000 Kraftfahrzeuge angewachsen. Obwohl es genügt, auf Gran Canaria zu wohnen, um zu sehen, dass die Insel keinen weiteren Autoverkehr verkraftet, werden immer noch neue Straßen und Autobahnen gebaut. Die mächtige Lobby der Autoimporteure (und Autovermieter) setzt sich entschieden gegen jegliche Maßnahme zur Reduzierung des privaten Pkw-Verkehrs zur Wehr. Dazu kommt, dass die politisch Verantwortlichen weder die öffentlichen Verkehrsmittel fördern noch die Benutzung des Pkws erschweren.

Jede zukünftige Politik, die eine höhere Lebensqualität der Bevölkerung zum Ziel hat, wird scheitern, wenn es hier nicht gelingt, den demographischen und touristischen Druck zu reduzieren bzw. zu steuern. Vor dem Hintergrund der neuen Markttendenzen erscheint es mir logisch, dass sich das touristische Wachstum auf die Requalifizierung des Produkts und eine bewusstere Positionierung im Markt beziehen muss. Der geplante Ausbau der Bettenkapazitäten macht deshalb keinen Sinn. Im Gegenteil! Das kanarische Angebot muss erheblich reduziert werden. Unter einer

Requalifizierung des Angebots verstehe ich einen Abbau der touristischen Anlagen mit mangelnder Qualität, Renaturierung der zerstörten sowie zukünftiger Schutz der bedrohten Umwelt.

Meine Gefühle gegenüber all dem, was auf „meiner" Insel passiert, sind Zorn und Ohnmacht. Die schönen Buchten und Strände, die vor Jahren noch unsere Ausflugsziele waren, sind heute zubetoniert und „für uns zerstört". Die Verbauung der restlichen freien Strände ist bereits geplant. Die wenigen Strände und Erholungsplätze im Inselinneren, die von den „gefräßigen" Bauherren bisher verschont geblieben sind, werden unter dem Motto „genießt es noch so lange wie möglich" besucht. Die Zerstörung der natürlichen Ressourcen geht ungehindert weiter, den verantwortlichen Politikern bereitet es scheinbar keine Probleme, dass dies einen großen Verlust für die einheimische Bevölkerung bedeutet.

Ironisch und traurig erscheint es mir, dass sich europäische, vor allem britische und deutsche Veranstalter durch die Vermarktung dieses Produktes selbst zu Komplizen der Zerstörung machen.

Später kommen sie dann wieder – die Veranstalter und ihre Umweltbeauftragten – führen „ökologische Putzmittel" ein oder veranlassen uns zur Abfalltrennung, während sie – natürlich auf chlorfreiem Papier – dafür werben. Ich glaube aber, es ist viel mehr als das notwendig, um ein sauberes Gewissen zu haben. [...]

Die unschuldige Hand, die aber schließlich den Mord begeht, ist der Tourist. Wir selber. Wie oft entscheiden wir uns für ein billiges Flugticket oder Pauschalangebote eines Veranstalters – auch wenn wir meinen, uns vor Ort anders als die anderen zu verhalten. Ohne zu ahnen, welche Opfer für unseren doch einfachen Wunsch nach ein paar Tagen Sonne, Sand und Spaß notwendig sind. Der Tourismus hat den kleinen Bauern, Besitzer seines Feldes, in einen Lohnarbeiter des Urlaubs-Geschäfts verwandelt. Man kauft das Land für einen, in seinen Augen hohen Preis ab und macht ihn abhängig von dem jetzt auf seinem Boden erbauten Hotel. So werden wir immer mehr zu Fremden im eigenen Land. [...]

(Reisebrief: Schriften zur Tourismuskritik Bd. 23. Massentourismus – Ein reizendes Thema. Berlin: gruppe neues reisen 1994, S. 113-117.)

Arbeitsanregungen

1. Welche Assoziation vebinden Sie mit der Insel Gran Canaria?

2. Wie stellt El Bereber „seine" Insel dar? Notieren Sie die negativen Folgen, die sich durch den Tourismus ergeben (Stichwörter)!

3. Sehen Sie einen Zusammenhang zu den Gedanken von Hermann Löns? Er schrieb 1908:

> „Zukünftig
> wird es nicht mehr darauf ankommen,
> dass wir überall hinfahren können,
> sondern ob es sich noch lohnt,
> dort anzukommen."

4. Welche Maßnahmen müssten die offiziell Verantwortlichen ergreifen, welche die Touristen?

Horst Krüger, Auf deutscher Autobahn

Ferienzeit, Badezeit – das zieht uns jetzt mächtig in den Süden. Sonne, Wasser, Amore, das drängt sich jetzt auf der Autobahn. Das windet sich über hundert Bundesstraßen, strömt über viele Zubringer, schleust sich in Kreisel ein, verteilt sich nach rechts und links und fädelt sich endlich in die Gerade ein und rollt und rollt und wird doch schon langsamer.

Schon kurz hinter Frankfurt herrscht drangvolle Enge. Es stockt. Das sind so die Nöte des Wohlstands, sagt man. Engpässe der Konsumgesellschaft: Stauung der Sehnsucht, Fernweh auf Bremsen – Auffahrunfälle und Blechschäden; das muss man in Kauf nehmen. Das sind so die Künste im freien Deutschland: Von Darmstadt bis Mannheim im ersten Gang fahren und möglichst noch, ohne den Kühler zum Kochen zu bringen. Wer kann das? Wer kocht dabei nicht? Es kriecht eine Schlange durch unser Land, eine blitzende Kobra windet sich auf dem Asphalt. Es ist die Urlaubsschlange, kilometerlang. Sie hat viel Gift und Galle in sich. Es blitzen böse Augen aus manchem Glied. Gesichter, die hart und verbissen sind. Ihr Äußeres ist überaus kostbar. Noch immer geht nichts über Schlangenhaut.

Bei Heidelberg löst sich das Ganze allmählich auf. Manchmal ist es ein Rätsel, wie solche Schlangen entstehen, wie sie liquidiert werden. Nun müsste doch etwas kommen, etwas Deutliches, Umständliches, das alles erklärte: eine Baustelle, eine Umleitung, ein Unfall wäre jetzt gut. Man fiebert zersplittertem Glas, einer richtigen Karambolage entgegen. Man hat ein Recht darauf nach so langem Stehen, aber es kommt nichts. Die Stauung löst sich einfach so auf. Wie eine Ziehharmonika zieht sie sich wieder auseinander, langsam, wird flott, läuft wieder.

Enttäuschung mischt sich in die Erfahrung neuer Beweglichkeit. Ganz in der Tiefe ist man verletzt; man möchte ein Opfer für seine Qual. Ein Toter wäre jetzt gut, ja. Er würde versöhnen für drei oder vier Stauungen noch, die kommen. Uralter Ritus auf deutscher Autobahn. Das Menschenopfer beschwichtigt noch immer die Götter. Aber es kommt nichts, das Opfer bleibt aus. Es kommen Bruchsal und Karlsruhe. Wälder, Wiesen, Kornfelder, Siedlungen fliegen am Fenster vorbei. Das kleine Gefühlchen, geprellt zu sein, verliert sich schon bald im badischen Land. Jetzt kommen die Ferien, der Süden, die Sonne. Der Götter ewiges Himmelblau: Näher, mein Gott, zu dir!

Plötzlich neue Stauung. Ganz kurz vor Offenburg und niemand hätte das hier auf der glatten, freien Bahn erwarten brauchen. Es kommt so plötzlich, dass überall Bremsen quietschen, Räder blockieren, Bremsspuren gezogen werden wie mit dem Radiergummi. Ferienfreuden fliegen nach vorn. Strohhüte und Wasserbälle kullern einen Augenblick über das Steuerrad. Halt dich doch fest, mein Gott, siehst du denn nichts? Aufatmen, na ja, ging noch mal gut – und dann ist man plötzlich ganz knapp hinter seinem Vordermann zum Stehen gekommen, der auch ganz knapp hinter seinem Vordermann steht, und dieser wieder hinter seinem und jener hinter diesem und immer so weiter. Das ging noch mal gut. So reicht sich das kleine Glück nach vorne, addiert sich vielhundertfach in der Schlange und wird vielleicht vorn in einem kleinen Unglück enden. Man wird das ja sehen.

Das Fenster herunter, ein Schluck aus der Teeflasche, die Pfeife her, tief einatmen, Luft schöpfen. Riechst du was? Es riecht doch schon anders hier. Ruhe in solchen Fällen ist immer noch erste Bürgerpflicht. Erwägungen über die Landschaft: schon Tabakanbau bei Lahr: Stumpen und Zigarillos, Vorahnung des Orients. Viel Wein an den Berghängen: die Spuren des Bacchus[1] in Baden. Die Ferien beginnen genau zwischen Straßburg und Baden-Baden. Und während man das fühlt, riecht, schmeckt, geht es langsam weiter. Achtung, ersten Gang einlegen, rollen, bremsen, auskuppeln, wie-

---

1 Bacchus = Gott des Weines

der einlegen, Gas geben. Einen Augenblick geht es voran, dann stockt es wieder. Dann wieder voran, dann nicht, das ist wieder die alte Tour. Wir Bundesdeutschen kennen das.

Plötzlich ist man vorn. Damit hatte man gar nicht gerechnet. Plötzlich sieht man alles: Ein Unglück wird von vorn serviert, ein blutiges Schauspiel liegt ausgebreitet wie auf einer Bühne, wie Shakespeare im vierten Akt – schwer zu beschreiben. Die Helden sind niedergestreckt: ein Romeo, auch Julia. Das war einmal ein Auto, das war einmal eine Liebe, das war einmal ein verborgenes Ferienglück, das gen Süden wollte, und liegt jetzt da auf dem Grünstreifen und rührt sich nicht mehr. Das Auto, ach, dieses Hüpferchen von einem Auto, dieses Wägelchen, das eigentlich nur so auf Rummelplätzen im Quadrat fahren sollte, dieses winzige Ferienglück eines Liebespaares, kleine Leute, die wie die Großen auch in den Süden wollten – es liegt zerfetzt und zerquetscht an der verbogenen Leitplanke. Einen Augenblick mutet es wie eine moderne Drahtplastik an, eine kühne und zugleich gespenstische Neuschöpfung des Zufalls, Pop Art oder Mobile oder so.

Auf dem Gras liegt ein Mädchen in einem weißen, hell geblümten Kleid. Es liegt wie im Urlaub im Gras, blond und still, und das Ganze sieht aus wie von einem Sonntagsmaler gemalt: so steif und bunt und richtig zum Greifen. Neben ihr liegt ein junger Mann, der Romeo. Das weiße Sporthemd ist auf der rechten Seite aufgerissen, ist rot, ist braun, ist schwarz von Blut. Das Blut zieht sich am rechten Arm herunter und der Arm ist noch dran, aber die Hand fehlt, ist ab, ist einfach abgerissen, muss irgendwo hängen geblieben sein. Sanitäter sind dabei, ihm den Arm abzubinden. Blut versickert am Straßenrand. Sie tragen eine Bahre herbei – und ich? Ich fahre ganz langsam vorbei, gleite lautlos und stumm über die Bühne des Todes. Will aber sehen, will alles mitbekommen, will nichts versäumen: halt das doch fest. Uraltes Lied: Mitten im Leben sind wir – und rasch tritt der Tod uns an. Uraltes Lied: Das ist sein Zeichen – heute. Nicht Kruzifix, nicht Sense, kein Knochenmann. Das war nur Vorgeschichte. Der Totentanz in unserer Zeit spielt auf der Autobahn. Und seine Geige ist der Wagen.

Pass doch nur auf! Siehst du denn nichts? Reiß dich doch los! Da stehen zwei Grüne und pumpen mit ihren Knien und rudern mit ihren Armen. Sie machen uns Zögernden Dampf. Nun los, nun schnell, nun Gas, nun haut doch schon ab! Zwei Polizisten stehen am Autobahnrand, stehen wie grüne, lederne Turner, krachend vor Kraft, vor Energie und Wille, und gehen immer in die Knie und kommen wieder hoch und rudern mit den Armen. Sie pumpen wie Herzchirurgen das Leben wieder an, geben Zeichen, schwitzen, winken, pumpen: Nun los, nun Gas, nun haut doch schon ab! Sie machen diese kraftvollen Freiübungen richtig im Takt und erinnern mich einen Augenblick an altrömische Galeereneinpeitscher, die ich im Kino sah, oder auch an meinen Unteroffizier damals im Kriege: Knie beugt, Arm vorstrecken, Gewehr in Vorhalte: Mensch stehen Sie doch gerade, Kerl. Knie streckt, Arme runter, den Hintern durchdrücken. Nun los, ihr Leute, Ferienvieh. Es warten der Süden, das Meer und die Sonne. Knie beugt, Arme vor, Gewehr in Vorhalte – nun los nach Rimini, nach Cattolica, Riccione. „Mensch, geben Sie doch endlich Gas!" schreit mir der Grüne strahlheiß ins offene Fenster und ist schon vorbei. Und geht wieder in die Knie ganz runter, schnellt wieder hoch und pumpt und pumpt so langsam die träge Schlange an. Ich sehe das nur noch im Rückspiegel. Ein schwerer Dienst, das ist sicher. Ich bin schon vorbei. Er bleibt.

Ich werde am Strand von Italien liegen. Ich werde auf bunten Terrassen zu Mittag essen und an den Abenden öfters in der Taverne Lacrimae Christi schlürfen. Das ist Pompejis Spezialität. Und ab und zu werde ich diese beiden Polizisten sehen. Die stehen hinter dir, begleiten dich überall. Aus welchem Lande kommst du?

(Horst Krüger, Deutsche Augenblicke. München: Piper 1969, S. 41-45.)

HADERER, **Letzte Urlaubsvorbereitungen**

(Stern, Nr. 29 vom 15. Juli 1993.)

Arbeitsanregungen

1. Mit welchen Bildern (Vergleichen) beschreibt der Autor die Fahrt auf der Autobahn? Gibt es einen Bezug zu Haderers „Letzten Urlaubsvorbereitungen"?

2. Wie beurteilen Sie Krügers Beobachtungen in Bezug auf menschliche Verhaltensweisen beim Autofahren? Wie fahren Sie auf der Autobahn? Worin liegt der Lustgewinn?

3. Verfassen Sie einen Fahrtbericht einer Reise mit dem Auto, in dem Sie „besondere Ereignisse", die Sie beobachtet oder erlebt haben, beschreiben!

Nie mehr verreisen?

Unser Klima ändert sich. Die derzeitige geringfügige Erwärmung von Luft und Wasser hebt den Meeresspiegel, erhöht das Sturmrisiko und die Niederschlagsheftigkeit. Dieses Spiel der Industriestaaten mit dem Klima bringt Ernteausfälle, Verlust von Trinkwasserreserven, Ausdehnung der Wüsten, Verbreitung tropischer Infektionskrankheiten, zusätzliche Kriege und zahlreiche noch unbekannte Wechselwirkungen. Was soll's, mögen da viele sagen, mich hat noch kein Lüftchen verweht. An anderen Stellen der Welt erleben Menschen das schon ganz anders. Sie melden Schäden in bisher unvorstellbarer Höhe. Die Münchener Rückversicherung, von der wir die obigen Beobachtungen und Folgerungen zitieren, fordert daher drastische Maßnahmen zur Verringerung der klimarelevanten Treibhausgase in unseren Ländern. Das sollte uns, die wir mit unserer Lebensweise alle dazu beitragen und letztendlich mitbezahlen müssen, nicht länger kalt lassen.

Also nie mehr verreisen?

(Verträglich Reisen, 01/1996, S. 3.)

Arbeitsanregungen

1. Welcher Zusammenhang besteht zwischen dem Reisen und den Katastrophen, die angeführt werden?

2. Beantworten Sie die Frage: „Nie mehr verreisen?" Berücksichtigen Sie auch die Erkenntnisse aus den Materialien dieses Kapitels!

Projekt: Klassenfahrt/Urlaubsreise

Arbeitsanregungen

1. Planen Sie eine Klassenfahrt/Urlaubsreise unter Berücksichtigung der Erkenntnisse, die Sie in diesem Kapitel erarbeitet haben!

   Beziehen Sie ebenfalls die „Tipps zum sanften Reisen" in Ihre Überlegungen mit ein! Ergänzen Sie die Liste gegebenenfalls!

Tipps zum sanften Reisen

Die folgenden Tipps sollten Ihnen bei der Planung des sanften Urlaubs helfen. Denn die letzte Verantwortung für den ökologischen, sozial verträglichen Urlaub liegt bei Ihnen!

- Wählen Sie Ihr Ferienziel in vernünftigem Verhältnis zur verfügbaren Zeit. Lieber einen langen Urlaub, als zwei kurze Städtereisen.
- Entscheiden Sie sich für Bahn, Bus oder Schiff. Fragen Sie nach Umweltaspekten der Reise. Sie sind KönigIn, auch beim Ferienkauf!
- Machen Sie sich mit dem Ferienland vertraut, lernen Sie einige Brocken der Landessprache.
- Die lokale Bevölkerung ist GastgeberIn, nicht Dienstpersonal.
- Bucht Ihr Veranstalter Dienstleistungen (Hotels, Restaurants) vor Ort? Kaufen Sie lokale Souvenirs, damit Ihr Geld im Ferienland bleibt.
- Informieren Sie sich über lokale Umweltprobleme. Kommen die Nahrungsmittel aus der Region? Sind sie ökologisch, tierfreundlich produzierte Waren? Unterstützen Sie die Arbeit lokaler Umweltgruppen.
- Respektieren Sie die Landessitten, den Glauben und die Kultur. Tragen Sie passende Kleidung und fotografieren Sie nicht aufdringlich.
- Nehmen Sie sich Zeit, für sich und Ihre Angehörigen. Streichen Sie Aktivitäten, schlafen Sie dafür länger. Legen Sie lange Anfahrtswege in Etappen zurück. Der Weg ist auch ein Stück des Ziels!

(*Verträgliches Reisen*, 01/1996, S. 66.)

2. Stellen Sie Reiseziele und ein Programm für eine Klassenfahrt/Urlaubsreise zusammen, z.B.: Stadtrundgang, Wissensquiz, Schnitzeljagd, kulturelle Veranstaltungstipps, Führungen:

   „Dem Dichter auf der Spur" (z.B. Fontane, Wanderungen durch die Mark Brandenburg; Heine, Harzreise; Goethe, Italienische Reise; Kafka in Prag)!

3. Bestimmen Sie die Verantwortlichen für die einzelnen Aspekte der Fahrt und organisieren Sie die Reise!

4. Gestalten Sie ein ansprechendes Reisebuch als Erinnerung!

Andreas Paul Weber (1893 in Arnstadt/Thüringen geboren) wurde vor allem durch seine kritischen Grafiken (Handzeichnungen und Lithografien) bekannt. Erste Arbeiten erschienen zur Zeit des 1. Weltkrieges. Danach trat Weber vor allem als Buchillustrator hervor (Till Eulenspiegel, Reineke Fuchs). Eine Wende in seinem Leben bedeutete der Anschluss an den „Widerstandskreis" um Ernst Niekisch, dem Herausgeber der Zeitschrift „Der Widerstand" (1926–1934). Seine Arbeiten nahmen nun einen stärker politisch-satirischen Charakter an.
Nach dem 2. Weltkrieg fand der Künstler zunächst wenig Beachtung, was sich erst in den 70er Jahren änderte, als ihm verschiedene Ehrungen zuteil wurden (Ernennung zum Professor, Verleihung des Großen Bundesverdienstkreuzes durch den Bundespräsidenten Heinemann). 1973 eröffnete die Stadt Ratzeburg ein A. Paul Weber-Haus.
Die Technik der Lithografie ist dadurch gekennzeichnet, dass mit fetthaltiger Kreide oder Tusche auf feinkörnigen Platten gezeichnet wird. Beim Einfärben nehmen nur die bezeichneten Linien und Flächen des Steines Druckfarbe an. Auf einer Presse werden dann die Abzüge hergestellt.

A. Paul Weber, **Das Gerücht**

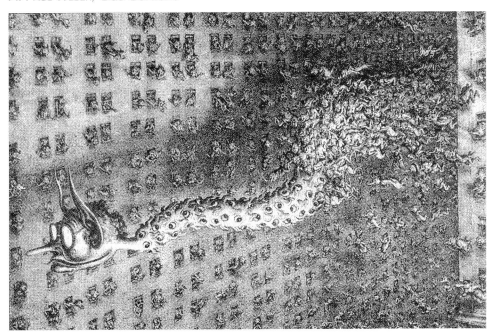

(A. Paul Weber, Kritische Grafik. Handzeichnungen und Lithografien aus 40 Jahren. Hamburg: Hoffmann und Campe 1973, S. 15.)

Stephan Russ-Mohl,
Das Gerücht – das älteste Kommunikationsmedium der Welt

Sie sind allgegenwärtig und doch nicht greifbar. Sie vergiften die Atmosphäre, aber auch engagierte Umweltschützer streuen sie gelegentlich aus. Oft stören sie empfindlich und auf subversive Weise das menschliche Zusammenleben, sie beeinflussen aber auch das Börsengeschehen und die Politik, und in der Konkurrenz um Kunden, Wählerstimmen und Macht werden sie gezielt als Waffen eingesetzt. Mitunter waren und sind sie sogar kriegsentscheidend – und doch sind sie so gut wie unerforscht: Gerüchte.

Das „älteste Kommunikationsmedium der Welt" nennt sie der französische Sozialforscher Jean-Noël Kapferer. Für ihn sind Gerüchte keineswegs mysteriös, sondern „gehorchen einer zwingenden Logik, deren Mechanismen sich im Einzelnen analysieren lassen".

Für Kommunikationswissenschaftler sind Gerüchte ein zwar spannendes und unterhaltsames, aber letztlich auch ein undankbares Thema. Sie sind kaum fassbar und entziehen sich damit weitgehend empirischer Überprüfung. Bis der Forscher zur Stelle ist und seine Messinstrumentarien aufgebaut hat, ist das Gerücht meist verraucht, klagt Kapferer. Er muss es wissen – denn trotz solch leidvoller Erfahrungen hat er sich Gerüchten an die Fersen geheftet und ihre Erforschung zu seinem Lebenswerk gemacht.

Doch was ist überhaupt ein Gerücht? Jean-Noël Kapferer zufolge dürfe es keineswegs mit Falschinformation gleichgesetzt werden, denn häufig erweisen sich Gerüchte ja durchaus als zutreffend. Er selbst bezeichnet damit Informationen, die in der Gesellschaft kursieren; sie seien entweder von offiziellen Quellen noch nicht bestätigt, oder sie würden sogar dementiert.

Deshalb sei ein Gerücht häufig eine „Gegenmacht": Es enthülle „verborgene Wahrheiten", stelle „wieder eine Transparenz der Macht her"; es sei, „eine als störend wirkende Wortmeldung" und zugleich „der erste freie Rundfunk". Überall, wo die Öffentlichkeit verstehen wolle, jedoch keine offiziellen Antworten erhalte, gebe es Gerüchte: „Sie sind der Schwarzmarkt der Information."

Gerüchte erfährt man meist von Menschen, denen man nahe steht. Das gesellschaftliche Leben beruht letztlich darauf, dass wir anderen vertrauen und ihnen die Aufgabe überlassen, die Wahrheit zu überprüfen. Darin liegt begründet, weshalb sich Gerüchte schnell wie Lauffeuer verbreiten können – insbesondere, wenn sie amüsant sind, Neugier und Überraschung hervorrufen, also Nachrichtenwert haben. Dann sind sie, so Kapferer, „ein großer gemeinschaftlicher Kaugummi".

Gerüchte geraten jedoch nicht so in Umlauf, wie das Kommunikationsforscher lange Zeit angenommen haben. Das Modell des „Stille-Post"-Spiels, das wir seit Kindheitstagen kennen und dessen sich die Forscher immer wieder bedienten, vermag die Entstehung von Gerüchten nur unzureichend zu erklären. Im Wesentlichen besteht es darin, dass in einer langen Kommunikations-Kette einer dem anderen etwas ins Ohr flüstert – und am Ende kommt dann jeweils etwas ganz anderes heraus, als am Anfang eingegeben wurde.

Nach diesem Muster könne allenfalls der Verfallsprozess eines Gerüchts erklärt werden, meint Kapferer. Denn nur im Endstadium, wenn das Gerücht bereits uninteressant geworden sei, fühlten sich die Vermittler – wie unter Laborbedingungen – nicht selbst betroffen, das Weitergesagte werde dann nicht mehr diskutiert. Ein Gerücht gehe dagegen „aus einem schöpferischen Prozess hervor": Niemand zwinge einen, ein Gerücht weiterzugeben. Jeder tue es aus eigenem Antrieb, weil er sich von der Botschaft betroffen fühle und möchte, dass man seine Gefühle teile. Deshalb werde auch nicht einfach nur wiederholt, was man selbst mitgeteilt bekommen habe; vielmehr würden Gerüchte „aufgebaut" – soll heißen: ausgeschmückt, zugespitzt, vereinfacht, oft auch dramatisiert.

Die Weitergabe erfolge im Gespräch. Gerade dieser Prozess der Diskussion, in dem ja auch auf kritische Fragen einzugehen ist, trägt – so Kapferer – dazu bei, dass Gerüchte umgestaltet werden. Etwa beruhten sie meist auf anonymen und unsicheren Quellen. In der Absicht, den Gesprächspartner zu überzeugen, würden sie oft einer glaubwürdigeren Quelle zugeschrieben – und verselbstständigten sich so.

Großer gemeinschaftlicher Kaugummi: "The Gossips" von Norman Rockwell (1948)

In der Politik sieht Kapferer das Gerücht als Waffe, die zahlreiche Vorteile biete. Es braucht keine Beweise, kann im kleinsten Kreis ausgebrütet werden. Vor allem aber kann sein Urheber selbst im Dunkeln bleiben: „Andere reden an unserer Stelle und werden zu freiwilligen oder unfreiwilligen Übermittlern des Gerüchts. Die Quelle bleibt verborgen, unerreichbar und geheimnisvoll. Niemand ist verantwortlich, aber jeder weiß Bescheid."

Außerdem gibt es kein Zaubermittel, um Gerüchte zu überwachen oder zu ersticken. Insbesondere das Dementi ist nach Kapferer als Gegenwehr meist untauglich. Zum einen, weil es keine zugkräftige Nachricht ist, denn darauf hat man ohnehin gewartet: „Wenn jemand angegriffen wird, erklärt er oder lässt erklären: ,Ich bin unschuldig'." Zum anderen wird mit dem Dementi auch denjenigen das Gerücht mitgeteilt, die es noch gar nicht gekannt hatten. Es ist also sorgfältig zu erwägen, ob es nicht bessere Strategien gibt, um ein Gerücht zu bekämpfen, rät Kapferer. [...]

Wie das Gerücht indes zur Nachricht wird und, solchermaßen geadelt, in Korrespondentenberichten um die ganze Welt jagt, bleibt eher im Vagen. Von den ungeahnten neuen Möglichkeiten, Gerüchten durch nachgestellte oder gar am Computer fabrizierte Film- und Bildsequenzen auf durchschlagende Weise Glaubwürdigkeit zu verleihen, ist bei Kapferer erst gar nicht die Rede. Und seine Vorstellung, die Massenmedien gehorchten „der Logik einer vertikalen Kommunikation", die sich kontrolliert „von oben nach unten" vollzieht, ist vorgestrig.

Ein wachsender Teil der Medienbranche lebt von Gerüchten, und selbst hochseriöse Zeitungen, wie etwa das „Wall Street Journal", öffnen ihnen ihre Spalten, ja widmen ihnen sogar regelmäßig Kolumnen. Würden wir nicht vom seriösen Profi-Journalisten zuvörderst erwarten, dass er Nachrichten und damit auch Gerüchte auf ihren Wahrheitsgehalt hin überprüft?

Gewiss, wenn ein Gerücht erst einmal in der Welt ist, hat es auch als Gerücht Nachrichtenwert – und jeder Börsianer kann ein Lied davon singen, wie oft aufgrund bloßen Rumorens höchst reale Umsätze getätigt werden. Aber reicht das aus, um zu erklären und zu rechtfertigen, weshalb die Medien heute Gerüchte so gern und exzessiv weiterverbreiten? Haben Gerüchte nicht auch deshalb Hochkonjunktur, weil die Trennlinien zwischen Journalismus und Unterhaltung immer mehr verwischt werden? Gründliche Recherchen würden Geld kosten, Gerüchte und Geschwätz, zu neudeutsch: Talk, lassen sich dagegen kostengünstig streuen und haben im Kampf um Einschaltquoten und Auflagen obendrein oft den höheren Unterhaltungswert als überprüfte Fakten und differenzierte Hintergrundanalysen. Andererseits sind die Medien nicht die einzigen Beelzebuben. Gerüchte sind enorm anpassungsfähig und können so auch mühelos in ganz unterschiedlichen Publikumsschichten zirkulieren.

So wird erklärbar, weshalb sich auch die abstrusesten Gerüchte als zählebig erweisen können. Etwa erhielt der Waschmittel- und Kosmetikkonzern Procter & Gamble über Jahre hinweg monatlich bis zu 15 000 besorgte Anrufe, weil sich in den USA ein Gerücht hielt, wonach das Unternehmen zehn Prozent seiner Gewinne an eine satanische Sekte überweise.

Leichter hatte es da schon McDonalds: Über den Fastfood-Giganten wurde getuschelt, in seinen Hamburgern würden Regenwürmer verarbeitet. Der Konzern parierte das Gerücht, indem er in einer PR-Kampagne nachwies, dass ein Kilo Regenwürmer fünfmal teurer sei als ein Kilo normales Hackfleisch. Vorsorglich, so Kapferer, habe McDonalds allerdings auch Fernseh-Werbespots geschaltet: „100 Prozent reines Rindfleisch!"

(Die Welt, Nr. 87 vom 13./14. April 1996.)

Arbeitsanregungen

1. Beschreiben Sie die Abbildungen! Was wollen die Künstler zum Ausdruck bringen?

2. Welche Funktionen des Gerüchts werden in dem Artikel aufgeführt?

3. Worin unterscheiden sich die Gerüchte?

4. Haben Sie Erfahrungen mit Gerüchten gemacht? Beschreiben Sie Ihre Empfindungen!

HILDE DOMIN, **Unaufhaltsam**

Das eigene Wort,
wer holt es zurück,
das lebendige
eben noch ungesprochene
5 Wort?

Wo das Wort vorbeifliegt,
verdorren die Gräser,
werden die Blätter gelb,
fällt Schnee.
10 Ein Vogel käme dir wieder.
Nicht dein Wort,
das eben noch ungesagte,
in deinen Mund.
Du schickst andere Worte
15 hinterdrein,
Worte mit bunten, weichen Federn.
Das Wort ist schneller,
das schwarze Wort.
Es kommt immer an,
20 es hört nicht auf,
anzukommen.

Besser ein Messer als ein Wort.
Ein Messer kann stumpf sein.
Ein Messer trifft oft
25 am Herzen vorbei.
Nicht das Wort.

Am Ende ist das Wort,
immer
am Ende
30 das Wort.

JOHANNES BOBROWSKI, **Sprache**

Der Baum
größer als die Nacht
mit dem Atem der Talseen
mit dem Geflüster über
der Stille 5

Die Steine
unter dem Fuß
die leuchtenden Adern
lange im Staub
für ewig 10

Sprache
abgehetzt
mit dem müden Mund
auf dem endlosen Weg
zum Hause des Nachbarn 15

(Johannes Bobrowski, Wetterzeichen. Gedichte. Berlin: Wagenbach 1967.)

(Hilde Domin, Rückkehr der Schiffe. Frankfurt: Fischer 1962.)

Arbeitsanregungen

1. Erarbeiten Sie die Aussagen zur Sprache in den lyrischen Texten! Tragen die Gedichte etwas zur „Verständigung" bei?

2. Analysieren Sie die Bilder (Vergleiche und Metaphern); welche Bedeutung haben sie für die Aussage der Gedichte? (Zur Analyse von Lyrik vgl. S. 458)

3. Verfassen Sie einen eigenen lyrischen Text, in dem Sie zum Ausdruck bringen, was die Sprache für sie bedeutet und was Sie mit ihr in Verbindung bringen!

Scott McCloud, **Kommunizieren**

(Scott McCloud, Comics richtig lesen. Hamburg: Carlsen 1994, S. 202-203.)

Arbeitsanregungen

1. Ist Kommunikation ein Notbehelf?

2. Welche Konflikte könnten vermieden werden, wenn wir in der Lage wären, „von Gehirn zu Gehirn" zu kommunizieren?

3. Formulieren Sie die Gedanken der Personen (Bild 2, 3)!

405

FRIEDEMANN SCHULZ VON THUN, **Miteinander reden**

Die Anatomie einer Nachricht (oder: Wenn einer etwas von sich gibt ...)

Der Grundvorgang der zwischenmenschlichen Kommunikation ist schnell beschrieben. Da ist ein Sender, der etwas mitteilen möchte. Er verschlüsselt sein Anliegen in erkennbare Zeichen – wir nennen das, was er von sich gibt, seine *Nachricht*. Dem *Empfänger* obliegt es, dieses wahrnehmbare Gebilde zu entschlüsseln. In der Regel stimmen gesendete und empfangene Nachricht leidlich überein, sodass eine Verständigung stattgefunden hat. Häufig machen Sender und Empfänger von der Möglichkeit Gebrauch, die Güte der Verständigung zu überprüfen: Dadurch, dass der Empfänger zurückmeldet, wie er die Nachricht entschlüsselt hat, wie sie bei ihm angekommen ist und was sie bei ihm angerichtet hat, kann der Sender halbwegs überprüfen, ob seine Sende-Absicht mit dem Empfangsresultat übereinstimmt. Eine solche *Rückmeldung* heißt auch *Feedback*.

Abb.: Beispiel für eine Nachricht aus dem Alltag:
Die Frau sitzt am Steuer, der Mann (Beifahrer) ist Sender der Nachricht.

Schauen wir uns die „Nachricht" genauer an. Für mich selbst war es eine faszinierende „Entdeckung", die ich in ihrer Tragweite erst nach und nach erkannt habe, *dass ein und dieselbe Nachricht stets viele Botschaften gleichzeitig enthält*. Dies ist eine Grundtatsache des Lebens, um die wir als Sender und Empfänger nicht herumkommen. Dass jede Nachricht ein ganzes Paket mit vielen Botschaften ist, macht den Vorgang der zwischenmenschlichen Kommunikationen so kompliziert und störanfällig, aber auch so aufregend und spannend.

Um die Vielfalt der Botschaften, die in einer Nachricht stecken, ordnen zu können, möchte ich vier seelisch bedeutsame Seiten an ihr unterscheiden. Ein Alltagsbeispiel (s. Abb. oben).

Der Mann (= Sender) sagt zu seiner am Steuer sitzenden Frau (= Empfänger): „Du, da vorne ist grün!" – Was steckt alles drin in dieser Nachricht, was hat der Sender (bewusst oder unbewusst) hineingesteckt und was kann der Empfänger ihr entnehmen?

1. Sachinhalt (oder: Worüber ich informiere)

Zunächst enthält die Nachricht eine Sachinformation. Im Beispiel erfahren wir etwas über den Zustand der Ampel – sie steht auf grün. Immer wenn es „um die Sache" geht, steht diese Seite der Nachricht im Vordergrund – oder sollte es zumindest.

Auch im Augenblick übermittle ich in diesem Kapitel an den Leser zahlreiche Sachinformationen. Sie erfahren hier Grundlagen der Kommunikationspsychologie. – Dies ist jedoch nur ein Teil von dem, was sich gegenwärtig zwischen mir (dem Sender) und Ihnen (den Empfängern) abspielt. Wenden wir uns daher dem zweiten Aspekt der Nachricht zu:

2. Selbstoffenbarung (oder: Was ich von mir selbst kundgebe)

In jeder Nachricht stecken nicht nur Informationen über die mitgeteilten Sachinhalte, sondern auch Informationen über die Person des Senders. Dem Beispiel können wir entnehmen, dass der Sender offenbar deutschsprachig und vermutlich farbtüchtig ist, überhaupt, dass er wach und innerlich dabei ist. Ferner: dass er es vielleicht eilig hat usw. Allgemein gesagt: In jeder Nachricht steckt ein Stück Selbstoffenbarung des Senders. Ich wähle den Begriff der Selbstoffenbarung, um damit sowohl die gewollte *Selbstdarstellung* als auch die unfreiwillige *Selbstenthüllung* einzuschließen. [...]

3. Beziehung (oder: Was ich von dir halte und wie wir zueinander stehen)

Aus der Nachricht geht ferner hervor, wie der Sender zum Empfänger steht, was er von ihm hält. Oft zeigt sich dies in der gewählten Formulierung, im Tonfall und anderen nicht sprachlichen Begleitsignalen. Für diese Seite der Nachricht hat der Empfänger ein besonders empfindliches Ohr; denn hier fühlt er sich als Person in bestimmter Weise behandelt (oder misshandelt). In unserem Beispiel gibt der Mann durch seinen Hinweis zu erkennen, dass er seiner Frau nicht recht zutraut, ohne seine Hilfe den Wagen optimal zu fahren.

Möglicherweise wehrt sich die Frau gegen diese „Bevormundung" und antwortet barsch: „Fährst du oder fahre ich?" – wohlgemerkt: Ihre Ablehnung richtet sich in diesem Fall nicht gegen den Sachinhalt (dem wird sie zustimmen!). Sondern ihre Ablehnung richtet sich gegen die empfangene Beziehungsbotschaft.

Allgemein gesprochen: Eine Nachricht senden heißt auch immer, zu dem Angesprochenen eine bestimmte Art von Beziehung auszudrücken. Streng genommen ist dies natürlich ein spezieller Teil der Selbstoffenbarung. Jedoch wollen wir diesen Beziehungsaspekt als davon unterschiedlich behandeln, weil die psychologische Situation des Empfängers verschieden ist: Beim Empfang der Selbstoffenbarung ist er ein nicht selbst betroffener *Diagnostiker* („Was sagt mir deine Äußerung über *dich* aus?"), beim Empfang der Beziehungsseite ist er selbst „betroffen" (oft im doppelten Sinn dieses Wortes).

Genau genommen sind auf der Beziehungsseite der Nachricht zwei Arten von Botschaften versammelt. Zum einen solche, aus denen hervorgeht, was der Sender vom Empfänger hält, wie er ihn sieht. In dem Beispiel gibt der Mann zu erkennen, dass er seine Frau für hilfsbedürftig hält. – Zum anderen enthält die Beziehungsseite aber auch eine Botschaft darüber, wie der Sender *die Beziehung zwischen sich und dem Empfänger* sieht („so stehen wir zueinander"). Wenn jemand einen anderen fragt: „Na, und wie geht es in der Ehe?" – dann enthält diese Sach-Frage implizit auch die Beziehungsbotschaft: „Wir stehen so zueinander, dass solche (intimen) Fragen durchaus möglich sind." – Freilich kann es sein, dass der Empfänger mit dieser *Beziehungsdefinition* nicht einverstanden ist, die Frage für deplaziert und zudringlich hält. [...]

4. Appell (oder: Wozu ich dich veranlassen möchte)

Kaum etwas wird „nur so" gesagt – fast alle Nachrichten haben die Funktion, auf den Empfänger Einfluss zu nehmen. In unserem Beispiel lautet der Appell vielleicht: „Gib ein bisschen Gas, dann schaffen wir es noch bei Grün!"

Die Nachricht dient also (auch) dazu, den Empfänger zu veranlassen, bestimmte Dinge zu tun oder zu unterlassen, zu denken oder zu fühlen. Dieser Versuch, Einfluss zu nehmen, kann mehr oder minder offen oder versteckt sein – im letzteren Falle sprechen wir von Manipulation. Der manipulierende Sender scheut sich nicht, auch die anderen drei Seiten der Nachricht in den Dienst der Appellwirkung zu stellen. Die Berichterstattung auf der Sachseite ist dann einseitig und tendenziös, die Selbstdarstellung ist darauf ausgerichtet, beim Empfänger bestimmte Wirkung zu erzielen (z.B. Gefühle der Bewunderung oder Hilfsbereitschaft); und auch die Botschaften auf der Beziehungsseite mögen von dem heimlichen Ziel bestimmt sein, den anderen „bei Laune zu halten" (etwa durch unterwürfiges Verhalten oder durch Komplimente). Wenn Sach-, Selbstoffenbarungs- und Beziehungsseite auf die Wirkungsverbesserung der Appellseite ausgerichtet werden, werden sie *funktionalisiert*, d.h. spiegeln nicht wider, was ist, sondern werden zum Mittel der Zielerreichung.

Der Appellaspekt ist vom Beziehungsaspekt zu unterscheiden, denn mit dem gleichen Appell können sich ganz unterschiedliche Beziehungsbotschaften verbinden. In unserem Beispiel mag die Frau den Appell an sich vernünftig finden, aber empfindlich auf die Bevormundung reagieren. Oder umgekehrt könnte sie den Appell für unvernünftig halten („ich sollte nicht mehr als 60 fahren"), aber es ganz in Ordnung finden, dass der Mann ihr in dieser Weise Vorschläge zur Fahrweise macht. […]

Die nun hinlänglich beschriebenen vier Seiten einer Nachricht sind im folgenden Schema zusammengefasst:

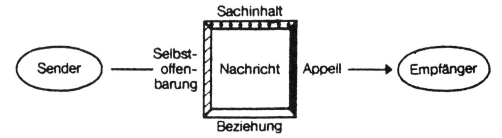

Abb.: Die vier Seiten (Aspekte) einer Nachricht – ein psychologisches Modell der zwischenmenschlichen Kommunikation.

Dieses Modell ist angeregt durch BÜHLER (1934) und WATZLAWICK u.a. (1969). BÜHLER unterscheidet „drei Aspekte der Sprache": *Darstellung* (= Sachinhalt), *Ausdruck* (= Selbstoffenbarung) und *Appell*. WATZLAWICK unterscheidet zwischen dem *Inhalts-* und *Beziehungsaspekt* von Nachrichten. Der „Inhaltsaspekt" ist gleichbedeutend mit dem „Sachinhalt" des vorliegenden Modells. Der „Beziehungsaspekt" ist dagegen bei ihm weiter definiert und umfasst im Grunde alles drei: „Selbstoffenbarung", „Beziehung" (im engeren Sinne) und „Appell", und damit auch den „metakommunikatorischen" Anteil an der Nachricht, der Hinweise darauf gibt, wie sie aufzufassen ist. Den Vorteil des hier vorgestellten Modells sehe ich darin, dass es die Vielfalt möglicher Kommunikationsstörungen und -probleme besser einzuordnen gestattet und den Blick öffnet für verschiedene Trainingsziele zur Verbesserung der Kommunikationsfähigkeit.

(Friedemann Schulz von Thun, Miteinander reden: Störungen und Klärungen. Reinbek: Rowohlt 1987 = rororo sachbuch 7489, S. 25-30.)

Mensch mit vier Ohren

1. Beispiel

Selbstdarstellungs-Ohr
"Was ist das für einer?" "Was ist mit ihm?"

Beziehungs-Ohr
"Wie redet der eigentlich mit mir?"
"Wen glaubt der vor sich zu haben?"

Informations-Ohr
"Wie ist der Sachverhalt zu verstehen?"

Appell-Ohr
"Was soll ich tun, denken, fühlen aufgrund seiner Mitteilung?"

2. Ohren im Test

Wenn es knallt, beruflich oder privat, dann könnte es am Gehör liegen: Es ist auf die falsche Frequenz eingestellt. Prüfen Sie sich selbst.

Arbeitsanregung

Kreuzen Sie bei jedem Beispiel an, welches Ohr Ihrer Meinung nach angesprochen werden soll! In Zweifelsfällen dürfen Sie auch zwei Antworten ankreuzen! Am Schluss addieren Sie, wie viele Kreuze Sie bei jedem Ohr gemacht haben! Ein Ohr wird dominieren.

Abteilungsleiter zum Mitarbeiter: „Die Akte Schulz liegt ja immer noch hier!"

Information: Akte Schulz liegt hier.
Beziehung: Sie sind wohl zu faul, die Akte wegzuräumen.
Selbstdarstellung: Ich bin sauer, weil ich sie längst weggeräumt hätte.
Appell: Räumen Sie die Akte weg!

Verkäufer zu einem Kollegen: „Der Kunde da vorn will bedient werden."

Information: Der Kunde möchte bedient werden.
Beziehung: Sie merken wohl gar nichts, Ihnen muss man immer alles erst sagen, so faul sind Sie.
Selbstdarstellung: Ich muss mich um alles kümmern. Bei mir wäre der Kunde schon bedient worden.
Appell: Nun bedienen Sie den Kunden endlich!

Mitarbeiter zum Chef: „Die Arbeit gefällt mir nicht."

Information: Das ist eine unmögliche Arbeit.
Beziehung: Sie mögen mich wohl nicht.
Selbstdarstellung: Ich möchte mehr Einfluss auf meine Arbeit nehmen können, ich fühle mich nicht wohl.
Appell: Geben Sie mir eine andere Arbeit!

Chef zum Bewerber: „Zuverlässigkeit ist mein oberstes Prinzip."

Information: Zuverlässigkeit ist sehr wichtig.
Beziehung: Sie verstehen meine Prinzipien bestimmt.
Selbstdarstellung: Mich ärgert die Unzuverlässigkeit anderer, denn ich bin sehr zuverlässig.
Appell: Seien Sie unbedingt zuverlässig, sonst haben Sie hier keine Chance!

Mitarbeiter zu den Ausführungen eines Kollegen: „Was bedeutet denn ökonomische Relevanz?"

Information: Was heißt ökonomische Relevanz?
Beziehung: Sie benutzen oft Fremdwörter, das macht Sie nicht gerade sympathisch.
Selbstdarstellung: Ich kann damit nichts anfangen.
Appell: Nun erklären Sie mir das mal!

Vorgesetzter zu seinem Assistenten: „Es ist schon spät. Lassen Sie uns Schluss machen für heute."

Information: Es ist spät geworden.
Beziehung: Sie sehen auch nicht gerade fit aus. Bestimmt sind Sie müde.
Selbstdarstellung: Ich bin müde, ich kann mich nicht mehr konzentrieren.
Appell: Jetzt ist es aber genug!

Abteilungsleiter zu seiner Sekretärin: „Die Ablage könnten Sie besser kontrollieren."

Information: Die Ablage könnte besser kontrolliert werden.
Beziehung: Sie sind schlampig, unordentlich.
Selbstdarstellung: Bei mir passiert so etwas nicht. Ich bin für Ordnung.
Appell: Bringen Sie die Ablage in Ordnung!

Der Vorgesetzte zu einem Boten: „Wann kommen Sie wieder?"

Information: Um welche Uhrzeit kann ich Sie voraussichtlich zurückerwarten?
Beziehung: Sie kommen oft zu spät zurück.
Selbstdarstellung: Ich hab' noch etwas vor.
Appell: Seien Sie bitte pünktlich.

3. Die Auswertung

Informationshörer: Sie sind überzeugt davon, dass jeder ein Recht auf seine eigene Meinung hat. Aber Gefühle und Stimmungen haben in einer Diskussion nichts zu suchen. Sie sind in Ihrem Verhalten sehr diszipliniert.

Sie können es akzeptieren, wenn Ihre Vorschläge nicht angenommen werden, aber Sie erwarten eine sachliche Begründung. Sie neigen aber zu langatmigen Ausführungen.

Beziehungshörer: Zwei Dinge merken Sie sehr schnell: wenn jemand Sie bevormunden will oder Sie abschätzig behandelt. Mit autoritären Führungskräften kommen Sie nicht klar. Für Sie ist es immer wichtig, dass es möglichst wenig Reibereien in Ihrem Team gibt. Sie haben viel Verständnis für „Menschlichkeit".

Selbstdarstellungshörer: Sie sind ein guter Menschenkenner. Sie haben keine Angst davor, sich mitzuteilen. Ihre Mitmenschen empfinden Sie als sehr einfühlsam und verständnisvoll. Sie wissen immer schon im Voraus, wie es um den anderen steht. Dabei möchte der andere Ihnen sagen, wie er zu Ihnen steht. Das kriegen Sie nicht immer mit.

Appellhörer: Sie wissen ganz genau, was andere von Ihnen wollen. Sie sind sehr hilfsbereit, zuvorkommend und engagiert. Sie lesen Ihren Mitmenschen jeden Wunsch von den Augen ab, selbst wenn Ihre Mitmenschen gar keinen Wunsch haben.

Damit unterliegen Sie der Gefahr, ausgenutzt zu werden. Gestehen Sie anderen Menschen öfter das Recht auf ihre eigenen Gefühle zu.

Arbeitsanregungen

1. Können Sie sich mit der für Sie in Frage kommenden Klassifizierung identifizieren?
2. Wie schätzen Ihre Mitschüler Sie ein? Halten sie das Ergebnis des Tests für zutreffend?
3. Ist Ihnen die Bearbeitung des Tests leicht gefallen?
   Was bleibt in den Beispielen zu den Kommunikationssituationen unberücksichtigt?

4. Ergänzen Sie den Test durch Kommunikationssituationen, die Sie aus eigener Erfahrung kennen!

BERTOLT BRECHT[1], Andrea und Galilei

ANDREA „O, früher Morgen des Beginnens!
O Hauch des Windes, der
Von neuen Küsten kommt!"
Und Sie müssen Ihre Milch trinken, denn dann kommen sofort wieder Leute.

GALILEI Hast du, was ich dir gestern sagte, inzwischen begriffen?

ANDREA Was? Das mit dem Kippernikus seinem Drehen?

GALILEI Ja.

ANDREA Nein. Warum wollen Sie denn, daß ich es begreife? Es ist sehr schwer, und ich bin im Oktober erst elf.

GALILEI Ich will gerade, daß auch du es begreifst. Dazu, daß man es begreift, arbeite ich und kaufe die teuren Bücher, statt den Milchmann zu bezahlen.

ANDREA Aber ich sehe doch, daß die Sonne abends woanders hält als morgens. Da kann sie doch nicht stillstehn! Nie und nimmer.

GALILEI Du siehst! Was siehst du? Du siehst gar nichts. Du glotzt nur. Glotzen ist nicht sehen. *Er stellt den eisernen Waschschüsselständer in die Mitte des Zimmers.* Also das ist die Sonne. Setz dich. *Andrea setzt sich auf den einen Stuhl. Galilei steht hinter ihm.* Wo ist die Sonne, rechts oder links?

ANDREA Links.

GALILEI Und wie kommt sie nach rechts?

ANDREA Wenn Sie sie nach rechts tragen, natürlich.

GALILEI Nur so? *Er nimmt ihn mitsamt dem Stuhl auf und vollführt mit ihm eine halbe Drehung.* Wo ist jetzt die Sonne?

ANDREA Rechts.

GALILEI Und hat sie sich bewegt?

ANDREA Das nicht.

GALILEI Was hat sich bewegt?

ANDREA Ich.

GALILEI *brüllt:* Falsch! Dummkopf! Der Stuhl!

ANDREA Aber ich mit ihm.

GALILEI Natürlich. Der Stuhl ist die Erde. Du sitzt drauf.

FRAU SARTI *ist eingetreten, das Bett zu machen. Sie hat zugeschaut.* Was machen Sie eigentlich mit meinem Jungen, Herr Galilei?

GALILEI Ich lehre ihn sehen, Sarti,

FRAU SARTI Indem Sie ihn im Zimmer herumschleppen?

ANDREA Laß doch, Mutter. Das verstehst du nicht.

FRAU SARTI So? Aber du verstehst es, wie? Ein junger Herr, der Unterricht wünscht. Sehr gut angezogen und bringt einen Empfehlungsbrief. *Übergibt diesen.* Sie bringen meinen Andrea noch so weit, daß er behauptet, zwei mal zwei ist fünf. Er verwechselt schon alles, was Sie ihm sagen. Gestern abend bewies er mir schon, daß die Erde sich um die Sonne dreht. Er ist fest überzeugt, daß ein Herr namens Kippernikus das ausgerechnet hat.

ANDREA Hat es der Kippernikus nicht ausgerechnet, Herr Galilei? Sagen Sie es ihr selber!

FRAU SARTI Was, Sie sagen ihm wirklich einen solchen Unsinn? Daß er es in der Schule herumplappert und die geistlichen Herren zu mir kommen, weil er lauter unheiliges Zeug vorbringt. Sie sollten sich schämen, Herr Galilei.

GALILEI *frühstückend:* Auf Grund unserer Forschungen, Frau Sarti, haben, nach heftigem Disput, Andrea und ich Entdeckungen gemacht, die wir nicht länger der Welt gegenüber geheimhalten können. Eine neue Zeit ist angebrochen, ein großes Zeitalter, in dem zu leben eine Lust ist.

FRAU SARTI So. Hoffentlich können wir auch den Milchmann bezahlen in dieser neuen Zeit, Herr Galilei. *Auf den Empfehlungsbrief deutend:* Tun Sie mir den einzigen Gefallen und schicken Sie den nicht auch wieder weg. Ich denke an die Milchrechnung. *Ab.*

GALILEI *lachend:* Lassen Sie mich wenigstens meine Milch austrinken! - *Zu Andrea:* Einiges haben wir gestern also doch verstanden!

ANDREA Ich habe es ihr nur gesagt, damit sie sich wundert. Aber es stimmt nicht. Den Stuhl mit mir haben Sie nur seitwärts um sich selber gedreht und nicht so. *Macht eine Armbewegung vornüber.* Sonst wäre ich nämlich heruntergefallen, und das ist ein Fakt. Warum haben Sie den Stuhl nicht vorwärts gedreht? Weil dann bewiesen ist, daß ich von der Erde ebenfalls herunterfallen würde, wenn sie sich so drehen würde. Da haben Sie's.

GALILEI Ich habe dir doch bewiesen ...

ANDREA Aber heute nacht habe ich gefunden, daß ich da ja, wenn die Erde sich so drehen würde, mit dem Kopf die Nacht nach unten hängen würde. Und das ist ein Fakt.

GALILEI *nimmt einen Apfel vom Tisch:* Also das ist die Erde.

ANDREA Nehmen Sie nicht lauter solche Beispiele, Herr Galilei. Damit schaffen Sie's immer.

GALILEI *den Apfel zurücklegend:* Schön.

ANDREA Mit Beispielen kann man es immer schaffen, wenn man schlau ist. Nur, ich kann meine Mutter nicht in einem Stuhl herumschleppen wie Sie mich. Da sehen Sie, was das für ein schlechtes Beispiel ist. Und was ist, wenn der Apfel also die Erde ist? Dann ist gar nichts.

GALILEI *lacht:* Du willst es ja nicht wissen.

ANDREA Nehmen Sie ihn wieder. Wieso hänge ich nicht mit dem Kopf nach unten nachts?

GALILEI Also hier ist die Erde, und hier stehst du. *Er steckt einen Holzsplitter von einem Ofenscheit in den Apfel.* Und jetzt dreht sich die Erde.

ANDREA Und jetzt hänge ich mit dem Kopf nach unten.

GALILEI Wieso? Schau genau hin! Wo ist der Kopf?

ANDREA *zeigt am Apfel:* Da. Unten.

GALILEI Was? *Er dreht zurück.* Ist er etwa nicht an der gleichen Stelle? Sind dir Füße nicht mehr unten? Stehst du etwa, wenn ich drehe, so? *Er nimmt den Splitter heraus und dreht ihn um.*

ANDREA Nein. Und warum merke ich nichts von der Drehung?

GALILEI Weil du sie mitmachst! Du und die Luft über dir und alles, was auf der Kugel ist.

ANDREA Und warum sieht es so aus, als ob die Sonne läuft?

GALILEI *dreht wieder den Apfel mit dem Splitter:* Also unter dir siehst du die Erde, die bleibt gleich, sie ist immer unten und bewegt sich für dich nicht. Aber jetzt schau über dich. Nun ist die Lampe über deinem Kopf, aber jetzt, was ist jetzt, wenn ich gedreht habe, über deinem Kopf, also oben?

ANDREA *macht die Drehung mit:* Der Ofen.
GALILEI Und wo ist die Lampe?
ANDREA Unten.
GALILEI Aha!
ANDREA Das ist fein, das wird sie wundern.

(Bertolt Brecht, Leben des Galilei. Frankfurt: Suhrkamp 1963 = edition suhrkamp 1, S. 11-16.)

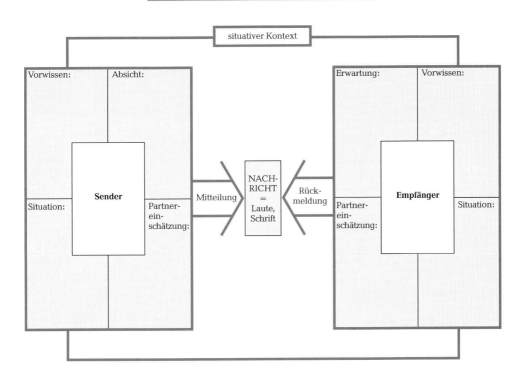

Arbeitsanregungen

1. Worüber sprechen Andrea und Galilei?

2. Wie kommunizieren sie miteinander?

3. Beschreiben Sie die Rolle der Frau Sarti im Kommunikationsprozess!

4. Verdeutlichen Sie die Kommunikation zwischen Schüler (Andrea) und Lehrer (Galilei) anhand des Kommunikationsmodells, indem sie es entsprechend ausfüllen (Fotokopie)!

Ilse Aichinger – am 1. November 1921 in Wien geboren, kurz vor ihrer Zwillingsschwester Helga. Die Mutter ist Ärztin, der Vater Lehrer und Bibliomane, die Eltern trennen sich 1926. Nach den Nürnberger Gesetzen gilt die Mutter als volljüdisch, 1938 verliert sie ihre Arbeit. Die Großmutter und die Geschwister der Mutter werden 1942 nach Minsk deportiert und kommen dort um. Ilse Aichinger überlebt den Krieg mit ihrer Mutter in Wien. Nach dem Krieg beginnt sie ein Medizinstudium, bricht es aber ab, um ihren Roman „Die größere Hoffnung" zu schreiben, der 1948 bei Fischer erscheint. 1952 bekommt Ilse Aichinger den Preis der Gruppe 47, an deren Treffen sie gerne teilnimmt, weil sie sich dort wie in einem Pfadfinderlager vorkommt. Hier lernt sie Günter Eich kennen, den sie 1953 heiratet. Die Kinder des Schriftstellerpaares, Mirjam und Clemens, kommen 1954 und 1957 zur Welt. Die Familie lebt in Großmain bei Salzburg. 1972 stirbt Günter Eich. Seit 1988 lebt Ilse Aichinger in Wien.

Ilse Aichinger gehört zu den bedeutendsten Autorinnen der Nachkriegszeit. Ihr Werk ist schmal, das Schweigen gehört dazu. „Ich gebrauche jetzt die besseren Wörter nicht mehr", heißt es in dem Band „Schlechte Wörter". Sie schreibt Kurzgeschichten, Hörspiele, Szenen und Dialoge. Ihr einziger Gedichtband „Verschenkter Rat" erscheint 1978. Ihre Werke sind erhältlich in einer neu edierten Werkausgabe: Gesammelte Werke in 8 Bänden, Fischer Taschenbuchverlag, zusammen 78,00 DM. *(Die Zeit, Nr. 45 vom 1. Nov. 1996.)*

(RR)

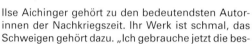

ILSE AICHINGER, **Das Fenster-Theater**

Die Frau lehnte am Fenster und sah hinüber. Der Wind trieb in leichten Stößen vom Fluß herauf und brachte nichts Neues. Die Frau hatte den starren Blick neugieriger Leute, die unersättlich sind. Es hatte ihr noch niemand den Gefallen getan, vor ihrem Haus niedergefahren zu werden. Außerdem wohnte sie im vorletzten Stock, die Stra-
5 ße lag zu tief unten. Der Lärm rauschte nur mehr leicht herauf. Alles lag zu tief unten. Als sie sich eben vom Fenster abwenden wollte, bemerkte sie, daß der Alte gegenüber Licht angedreht hatte. Da es noch ganz hell war, blieb dieses Licht für sich und machte den merkwürdigen Eindruck, den aufflammende Straßenlaternen unter der Sonne machen. Als hätte einer an seinem Fenster die Kerzen angesteckt, noch ehe
10 die Prozession die Kirche verlassen hat. Die Frau blieb am Fenster.

Der Alte öffnete und nickte herüber. Meint er mich? dachte die Frau. Die Wohnung über ihr stand leer und unterhalb lag eine Werkstatt, die um diese Zeit schon geschlossen war. Sie bewegte leicht den Kopf. Der Alte nickte wieder. Er griff sich an die Stirne, entdeckte, daß er keinen Hut aufhatte und verschwand im Innern des
15 Zimmers.

Gleich darauf kam er in Hut und Mantel wieder. Er zog den Hut und lächelte. Dann nahm er ein weißes Tuch aus der Tasche und begann zu winken. Erst leicht und dann immer eifriger. Er hing über die Brüstung, daß man Angst bekam, er würde vornüberfallen. Die Frau trat einen Schritt zurück, aber das schien ihn nur zu bestärken. Er
20 ließ das Tuch fallen, löste seinen Schal vom Hals – einen großen bunten Schal – und ließ ihn aus dem Fenster wehen. Dazu lächelte er. Und als sie noch einen weiteren Schritt zurücktrat, warf er den Hut mit einer heftigen Bewegung ab und wand den

Schal wie einen Turban um seinen Kopf. Dann kreuzte er die Arme über der Brust und verneigte sich. Sooft er aufsah, kniff er das linke Auge zu, als herrsche zwischen ihnen ein geheimes Einverständnis. Das bereitete ihr solange Vergnügen, bis sie plötzlich nur mehr seine Beine in dünnen, geflickten Samthosen in die Luft ragen sah. Er stand auf dem Kopf. Als sein Gesicht, gerötet, erhitzt und freundlich wieder auftauchte, hatte sie schon die Polizei verständigt.

Und während er, in ein Leinentuch gehüllt, abwechselnd an beiden Fenstern erschien, unterschied sie schon drei Gassen weiter über dem Geklingel der Straßenbahnen und dem gedämpften Lärm der Stadt das Hupen des Überfallautos. Denn ihre Erklärung hatte nicht sehr klar und ihre Stimme erregt geklungen. Der alte Mann lachte jetzt, so daß sich sein Gesicht in tiefe Falten legte, streifte dann mit einer vagen Gebärde darüber, wurde ernst, schien das Lachen eine Sekunde lang in der hohlen Hand zu halten und warf es dann hinüber. Erst als der Wagen schon um die Ecke bog, gelang es der Frau, sich von seinem Anblick loszureißen.

Sie kam atemlos unten an. Eine Menschenmenge hatte sich um den Polizeiwagen gesammelt. Die Polizisten waren abgesprungen, und die Menge kam hinter ihnen und der Frau her. Sobald man die Leute zu verscheuchen suchte, erklärten sie einstimmig in diesem Haus zu wohnen. Einige davon kamen bis zum letzten Stock mit. Von den Stufen beobachteten sie, wie die Männer, nachdem ihr Klopfen vergeblich blieb und die Glocke allem Anschein nach nicht funktionierte, die Tür aufbrachen. Sie arbeiteten schnell und mit einer Sicherheit, von der jeder Einbrecher lernen konnte. Auch in dem Vorraum, dessen Fenster auf den Hof sahen, zögerten sie nicht eine Sekunde. Zwei von ihnen zogen die Stiefel aus und schlichen um die Ecke. Es war inzwischen finster geworden. Sie stießen an einen Kleiderständer, gewahrten den Lichtschein am Ende des schmalen Ganges und gingen ihm nach. Die Frau schlich hinter ihnen her.

Als die Tür aufflog, stand der alte Mann mit dem Rücken zu ihnen gewandt noch immer am Fenster. Er hielt ein großes weißes Kissen auf dem Kopf, das er immer wieder abnahm, als bedeutete er jemandem, daß er schlafen wolle. Den Teppich, den er vom Boden genommen hatte, trug er um die Schultern. Da er schwerhörig war, wandte er sich auch nicht um, als die Männer schon knapp hinter ihm standen und die Frau über ihn hinweg in ihr eigenes finsteres Fenster sah.

Die Werkstatt unterhalb war, wie sie angenommen hatte, geschlossen. Aber in die Wohnung oberhalb mußte eine neue Partei eingezogen sein. An eines der erleuchteten Fenster war ein Gitterbett geschoben, in dem aufrecht ein kleiner Knabe stand. Auch er trug sein Kissen auf dem Kopf und die Bettdecke um die Schultern. Er sprang und winkte herüber und krähte vor Jubel. Er lachte, strich mit der Hand über das Gesicht, wurde ernst und schien das Lachen eine Sekunde lang in der hohlen Hand zu halten. Dann warf er es mit aller Kraft den Wachleuten ins Gesicht.

(Ilse Aichinger, Das Gefesselte. Frankfurt: Fischer 1958, S. 61.)

Arbeitsanregungen

1. Stellen Sie das Verhalten der Personen (Frau, Alter, Junge) dar!

2. Jeder Beteiligte hat das Geschehen anders erlebt; charakterisieren Sie die jeweilige Kommunikationssituation!

3. Geben Sie das Ereignis – objektiv – auf einem Polizeirevier zu Protokoll (zum Protokoll vgl. S. 216)!

Loriot[1], **Feierabend**

Bürgerliches Wohnzimmer. Der Hausherr sitzt im Sessel, hat das Jackett ausgezogen, trägt Hausschuhe und döst vor sich hin. Hinter ihm ist die Tür zur Küche einen Spalt breit geöffnet. Dort geht die Hausfrau emsiger Hausarbeit nach. Ihre Absätze verursachen ein lebhaftes Geräusch auf dem Fliesenboden.

SIE Hermann ...
ER Ja ...
SIE Was machst du da?
ER Nichts ...
5 **SIE** Nichts? Wieso nichts?
ER Ich mache nichts ...
SIE Gar nichts?
ER Nein ... *(Pause)*
SIE Überhaupt nichts?
10 **ER** Nein ... ich *sitze* hier ...
SIE Du *sitzt* da?
ER Ja ...
SIE Aber irgendwas *machst* du doch?
ER Nein ... *(Pause)*
15 **SIE** *Denkst* du irgendwas?
ER Nichts Besonderes ...
SIE Es könnte ja nicht schaden, wenn du mal etwas spazierengingest ...
ER Nein-nein ...
SIE Ich bringe dir deinen Mantel ...
20 **ER** Nein danke ...
SIE Aber es ist zu kalt ohne Mantel ...
ER Ich gehe ja nicht spazieren ...
SIE Aber eben wolltest du doch noch ...
ER Nein, *du* wolltest, daß ich spazierengehe ...
25 **SIE** Ich? *Mir* ist es doch völlig egal, ob *du spazieren*gehst ...
ER Gut ...
SIE Ich meine nur, es könnte dir nicht schaden, wenn du mal spazierengehen würdest ...
ER Nein, *schaden* könnte es nicht ...
30 **SIE** Also, was willst du denn nun?
ER Ich möchte hier sitzen ...
SIE Du kannst einen ja wahnsinnig machen!
ER Ach ...
SIE Erst willst du spazierengehen ... dann wieder nicht ... dann soll ich deinen Mantel
35 holen ... dann wieder nicht ... was denn nun?

Die meisten Männer wissen nicht, was im Kopf ihrer Frau vorgeht.

---

1 (RR)

ER Ich möchte hier sitzen ...
SIE Und jetzt möchtest du plötzlich da sitzen ...
ER Gar nicht plötzlich ... ich wollte immer nur hier sitzen ... und mich entspannen ...
SIE Wenn du dich wirklich *entspannen* wolltest, würdest du nicht dauernd auf mich einreden ...
ER Ich sage ja nichts mehr ... *(Pause)*
SIE Jetzt hättest du doch mal Zeit, irgendwas zu tun, was dir Spaß macht ...
ER Ja ...
SIE Liest du was?
ER Im Moment nicht ...
SIE Dann lies doch mal was ...
ER Nachher, nachher vielleicht ...
SIE Hol dir doch die Illustrierten ...
ER Ich möchte erst noch etwas hier sitzen ...
SIE Soll *ich* sie dir holen?
ER Nein-nein, vielen Dank ...
SIE Will der Herr sich auch noch bedienen lassen, was?
ER Nein, wirklich nicht ...
SIE Ich renne den *ganzen Tag* hin und her ... Du könntest doch wohl *einmal* aufstehen und dir die Illustrierten holen ...
ER Ich möchte jetzt nicht lesen ...
SIE Dann quengle doch nicht so rum ...
ER *(schweigt)*
SIE Hermann!
ER *(schweigt)*
SIE Bist du taub?
ER Nein-nein ...
SIE Du tust eben *nicht*, was dir Spaß macht ... statt dessen *sitzt* du da!
ER Ich sitze hier, *weil* es mir Spaß macht ...
SIE Sei doch nicht gleich so aggressiv!
ER Ich bin doch nicht aggressiv ...
SIE Warum schreist du mich dann so an?
ER *(schreit)* ... Ich schreie dich nicht an!!

(Loriots Dramatische Werke. Zürich: Diogenes 1981, S. 120-123.)

Arbeitsanregungen

1. Spielen Sie die Szene; improvisieren Sie einen Schluss!

2. Nehmen Sie einen Rollentausch vor!

3. Zeichnen Sie ein Cartoon zum Thema „Die meisten Frauen wissen nicht, was im Kopf ihrer Männer vorgeht"!

Ungewohnte Klänge aus Gallien

Aus dem Dorf der unbeugsamen Gallier hört man seit Monaten ungewohnte Klänge: Miraculix schimpft auf Plattdeutsch, Majestix und Verleihnix zanken auf Schwäbisch und Kleopatra weist ihren Julius in schönstem Kölsch zurecht. Die drei bereits erschienenen Mundartausgaben der französischen Comic-Reihe **„Asterix"** finden lebhaften Absatz, der Ehapa-Verlag legt immer wieder neu auf und plant bereits weitere sprachliche Abenteuer.

[...]

„Mit zunehmender Globalisierung der Kultur entsteht bei Menschen der Wunsch nach Heimat", erklärt der Direktor des Instituts für deutsche Sprache den Erfolg der Mundarthefte. Dialekt biete eine sprachliche Heimat. Auch das Bedürfnis nach Unverwechselbarkeit werde durch sprachliche Besonderheiten gestillt. „Zwischen Deutschland und Moskau gibt es überall McDonald's und Coca-Cola – die Trivialkultur ist überall", sagt er.

Damit auch Dialekt-Laien das Geschehen mitverfolgen können, stellt der Verlag den Mundartabenteuern Übersetzungshilfen voran. [...]

dpa

Asterix snackt platt

(Goscinny, Uderzo, Asterix snackt platt. De Törn för nix. Stuttgart: Ehapa 1996, S. 5.)

Asterix off säggsch

(Goscinny, Uderzo, Asterix off säggsch: De Rose und's Schwärd. Stuttgart: Ehapa 1997, S. 5.)

Arbeitsanregungen

1. Übersetzen Sie die mundartlichen Texte ins Hochdeutsche!

2. Wodurch unterscheiden sich die Texte in der Wirkung?

3. Verfassen Sie für die Comics Dialoge in einem Ihnen geläufigen Dialekt (Gegend, aus der Sie kommen oder Großeltern beheimatet sind...)!

Voll gut

Kennen Sie die Steigerungsform von gut? Besser? Falsch. Total gut? Auch falsch. Supergut? Vergessen Sie's. „Voll gut" muss es heißen: Nachzuprüfen in Diskos, auf Schulhöfen und in der Schlange bei McDonalds. Sprachpuristen werden bei dieser Wortkombination wohl voll an die Decke gehen. Doch das ist den Teenies voll egal.

5 Die Jungs von „Take That" sind voll süß, bestimmte Jeans sind voll das Muss. Wem es nicht gut geht, ist voll schlecht drauf und wer gar nicht erst kommt, war hinterher voll nicht da.

Noch vor einigen Jahren war alles total. Total stark, total doof, total fatal. Doch das ist schon voll lange vorbei und wird höchstens noch mit Räucherstäbchen, Erdbeertee,
10 Schneidersitz und Wollsocken in Verbindung gebracht.

Wer einen über den Durst trinkt, ist übrigens voll besoffen. Wieso eigentlich nicht voll voll?

(Hannoversche Allgemeine Zeitung, Nr. 162 vom 14. Juli 1995, S. 17.)

Szene-Talk

Die Modemacherin Jil Sander im *Frankfurter Allgemeine Magazin*: „Ich habe vielleicht etwas Weltverbesserndes. Mein Leben ist eine giving-story. Ich habe verstanden, dass man contemporary sein muss, das Future-Denken haben muss. Meine Idee war, die Hand-tailored-Geschichte mit neuen Technologien zu verbinden. Und für
5 den Erfolg war mein coordinated concept entscheidend, die Idee, dass man viele Teile einer collection miteinander combinen kann. Aber die audience hat das alles von Anfang an auch supported. Der problembewusste Mensch von heute kann diese Sachen, diese refined Qualitäten mit spirit eben auch appreciaten. Allerdings geht unser voice auch auf bestimmte Zielgruppen. Wer Ladyisches will, searcht nicht bei
10 Jil Sander. Man muss Sinn haben für das effortless, das magic meines Stils."

(Der Spiegel, Nr. 14 vom 1. April 1996, S. 270.)

CHRISTINE RICHARD, **Zeichensprache**

An ihren Abkürzungen werdet ihr sie erkennen: Unser Schriftbild mathematisiert sich zusehends. „Wir waren schon 3x im Meer baden. Liebe Grüße, Ulla + Heinz." Eine Urlaubsrechnung wird da aufgemacht. Auch in deutschen Schulaufsätzen wird mit Kürzel- und Zeichensprache gearbeitet, mit den Klassikern im profansten Sinne des Wortes *abgerechnet,* mit *Maria Stuart* zum Beispiel: „Elisabeth will nicht heiraten, während Maria 2 auf einmal hatte, die aber auf merkwürdige Weise umkamen."

Logo, dass sich später „Marias 3ecks-Verhältnis rächt", auch wenn sie zu ihrer Rettung noch ein „2-Gespräch mit der Rivalin" führt. Auch „Mortimer, der 20 J. in England gelebt hat, kann ihr nicht helfen". Und so ist der „innere Leidensweg der Kgin. sehr lange", wenn auch ohne Angabe von „km/st" (Kilometer je Stunde).

Quersumme des Ganzen: Maria muss am Schluss „rein phys. untergehen am Schafott". Mit ihr die deutsche Sprache, deren volle Laute in diesem Kürzel-Kauderwelsch bis zur Unkenntlichkeit abmagern. Diese doppelte Katastrophe kann selbst Schiller nicht aufhalten und schon gar nicht sein „08/15-Dramenbau mit retardierendem Moment". Wohl deshalb nennt sich d. Trsp. i. 5 Akten v. F. Schiller auch TRG (= „Tragödie" oder auch „Trümmergesetz" laut Abkürzungs-Duden).

Ungeheurer Vorzug dieser Schreibweise: Die Deutscharbeit wird nunmehr maschinenlesbar, die Korrekturarbeit für Lehrer weniger zeitaufwendig, Personaleinsparungen winken.

Schüler, Lehrer, Kultusbürokraten: Jeder ist sein eigener REFA-Fachmann zur Einsparung von Arbeitszeit, jeder Vollstrecker eines geheimen Bildungsplans mit dem Grobziel einer größtmöglichen Rationalisierung und Effizienz. Ob diese Maria Stuart nun ein Weib „von rührend wundersamem Reiz" war oder nur „weiblich", „wb." oder gar „w" – ein kleiner Unterschied nur und ohne große Folgen.

Je knapper, je lieber, je schlichter, desto verständlicher. Auch für das Alltägliche ist gesorgt. Längst steht auf den WC-Türen ausgerechnet derer, die lesen lernen sollen, nicht mehr „Mädchen" oder „Jungen", kleine Männchen oder Bildsymbole verkürzen den Weg vom Bedürfnis zu seiner Befriedigung – ohne den Umweg über den Begriff.

(Die Zeit, Nr. 41 vom 4. Okt. 1985, S. 49.)

Arbeitsanregungen

1. Kennzeichnen Sie die Besonderheiten der „Fachsprachen"! Sind die Fachbegriffe notwendig? Was macht sie reizvoll?

2. Welche Fachbegriffe verwenden Sie in Freizeit und Beruf?

3. Erstellen Sie eine Liste mit ungewöhnlichen Begriffen, die Sie umgangssprachlich verwenden (mit Übersetzung)!

Nichtsprachliche Kommunikation

(Hannoversche Allgemeine Zeitung vom 24./25. Feb. 1973.)

Piktogramme

Verkehrszeichen

❶
- a) Achtung! Glatteis
- b) Gefahrstelle
- c) Pannenschild

❷
- a) Halt! Vorfahrt gewähren!
- b) Stop! Polizeikontrolle
- c) Halt! Einfahrt verboten

❸
- a) Parkverbot für Taxen
- b) Haltverbot für Taxen
- c) Taxenstand

❹
- a) Unklare Verkehrslage
- b) Achtung Gefahrenstelle
- c) Kreuzung oder Einmündung mit Vorfahrt von rechts

Online-Smilies

:-)
:-]
:-))
B-)
:,-)
:-P
:*)
:o)
=:-)
B-))
:-0
:-Q
I-0

Arbeitsanregungen

1. Beschreiben und erläutern Sie die einzelnen Situationen bei den Telefongesprächen (S. 422)!

2. Setzen Sie die Piktogramme in Sprache um! Kreuzen Sie die entsprechenden Lösungen zu den Verkehrszeichen (Fotokopie) an!

3. Übersetzen Sie die Online-Smilies! (Vgl. S. 201)

4. Wo traten die Symbole der Piktogramme auf? Warum enthalten sie keine sprachlichen Zusätze?

5. Erstellen Sie eigene Beispiele, mit denen Sie symbolisch eine Absicht zum Ausdruck bringen, z.B.:
   – Straßenschilder für Kinder
   – Symbole für die Zimmer in Ihrer Wohnung
   – weitere Online-Smilies!

Kreatives Gestalten

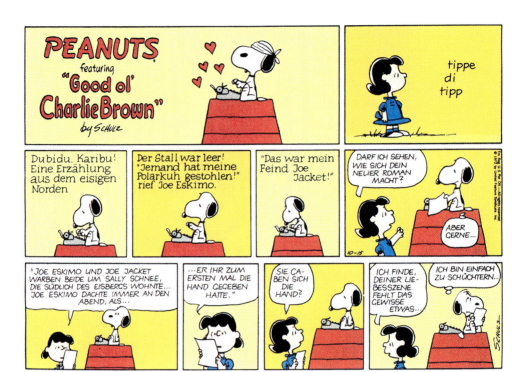

Arbeitsanregungen

1. Erläutern Sie Snoopys Seufzer: „Ich bin einfach zu schüchtern …!"

2. Müssen Schriftsteller mutig sein? Nehmen Sie Stellung!

3. Was halten Sie von Snoopys Romanbeginn?
   Übernehmen Sie die Rolle des Lektors, geben Sie Snoopy Anregungen, korrigieren Sie ihn oder machen Sie ihm Mut!
   Fügen Sie Ihre Kommentare in Luzys Sprechblasen ein!

Rekonstruktion eines Gedichts

> **Prosafassung „Draussen die Düne"**
>
> draussen die düne einsam das haus eintönig ans fenster der regen hinter mir tictac eine uhr meine stirn gegen die scheibe nichts alles vorbei grau der himmel grau die see und grau das herz

Dieses Gedicht von Arno Holz wirkt befremdend, liest man es als Aneinanderreihung von Wörtern, ohne Interpunktion und Großschreibung, ohne die sinnstiftende Untergliederung in Zeilen und Abschnitte und ohne die grafische Anordnung mit räumlicher Zuordnung und Leerstellen, durch die der Text erst Gestalt annimmt.

Je mehr sich freie Verse in Wortwahl und Satzbau der Alltagssprache nähern, desto wichtiger wird die Druckanordnung. Bei einer Versfassung kann der Text visuell strukturiert werden durch:

- die Einteilung in Verszeilen,
- das Verhältnis von Verszeile zur syntaktischen Gliederung,
- Anordnung in Strophen,
- Großschreibung der Zeilenanfänge,
- Links- oder Rechtsbündigkeit bzw. Mittelachsenanordnung,
- Abstände und Einrückungen

Arbeitsanregungen

1. Ordnen Sie den Prosatext „Draussen die Düne" neu in Versfassung!

2. Begründen Sie Ihre Druckanordnung! Welche Wirkung erzielt sie?

3. Vergleichen Sie Ihre entstandene Verfassung mit dem Original von Arno Holz (S. 426)!

4. Gestalten Sie den Text „Allerleirauh" in Versform und vergleichen Sie Ihr Ergebnis mit dem Original von Sarah Kirsch (S. 380)!

> **Prosafassung „Allerleirauh"**
>
> aber am schönsten mit dir oder ohne dich über die boulevards laufen nichts im gepäck als rosinenbrot wein und tabak die leute der länder festhalten im auge und später sprechen davon den himmel beschreiben den schnee du kommst mit dem westwind und ich aus dem norden wir tragen das alles zusammen die winzigen pferde die senkrechten palmen die sterne kaffeemaschinen nachmittags halb nach vier wenn die glocke im käfig schaukelt und schreit

ARNO HOLZ, **Draussen die Düne**

Einsam das Haus,
eintönig,
ans Fenster,
der Regen

Hinter mir,
tictac
eine Uhr,
meine Stirn
gegen die Scheibe.

Nichts.

Alles vorbei.

Grau der Himmel
grau die See
und grau
das Herz.

Zu dem Gedicht hat Arno Holz selbst geäußert:

„Die für den ersten Augenblick vielleicht etwas sonderbar anmutende Druckanordnung – unregelmäßig abgeteilte Zeilen und unsichtbare Mittelachse […] – habe ich gewählt, um die jeweilig beabsichtigten Lautbilder möglichst auch schon typografisch anzudeuten. Denn wenn irgend eine bisher, so ist es gerade diese Form, die, um ihre volle Wirkung zu üben, den lebendigen Vortrag verlangt. Ich nenne das durch diese ‚unsichtbare Mittelachse' erzeugte ‚sichtbare Etwas' das Ohrbild eines Gedichtes."

(Neue Technologien und Allgemeinbildung. Hrsg. vom Nds. Kultusministerium. Hannover: Berenberg 1992, S. 26-27.)

Arbeitsanregungen

1. Reflektieren Sie die Äußerungen von Arno Holz! Was meint er mit dem „Ohrbild eines Gedichtes"?

2. Rezitieren Sie das Gedicht! Bemühen Sie sich um einen lebendigen Vortrag!

Ein Tor wie ein Gedicht

AUSGEWÄHLT UND IN FORM GEBRACHT VON FRITZ TIETZ

3 : 2

Achtung

Achtung

Heiß

Nicht im Tor

Kein Tor

– Oder doch?

Jetzt

Was entscheidet der Linienrichter?

– Tor

Rudi Michel (1966)

(Jürgen Roth/Klaus Bittermann [Hrsg.], Wieder keine Anspielstation. Berlin: Bittermann 1996, S. 103.)

Arbeitsanregungen

1. Verfremden Sie das Gedicht durch Variation der Typografie!

2. Wählen Sie weitere Kommentare von Sportreportern aus und bringen Sie diese in eine lyrische Form!

Konkrete Poesie

Ernst Jandl, **fliegen**

                              fliegen

                      fliegen

                fliegen

             fliegen

          fliegen

        fliegen

      fliegen

    fliegen

fliegen

Ernst Jandl, **wettrennen**

er
ers
erst
erste
erster
erst er
erste ers
erster erst
erst er erste
erste ers erster
erster erst erst er
erst er erste erste ers
erste ers erster erster erst
erster erst erst er erst er erste
erst er erste erste ers erste ers erster
erste ers erster erster erst erster erst erst er
erster erst erst er erst er erste erst er erste erste ers
erst er erste erste ers erste ers erster erste ers erster erster erst
erste ers erster erster erst erster erst erst er erster erst erst er erst er erste
erster erst erst er erst er erste erst er erste erste ers erst er erste erste ers erste ers erster

Ernst Jandl, **ottos mops**

ottos mops trotzt
otto: fort mops fort
ottos mops hopst fort
otto: soso

5 otto holt koks
otto holt obst
otto horcht
otto: mops mops
otto hofft

10 ottos mops klopft
otto: komm mops komm
ottos mops kommt
ottos mops kotzt
otto: ogottogott

(Ernst Jandl, Der künstliche Baum. Neuwied: Luchterhand 1970 = SL 9, S. 13, 27, 58.)

Arbeitsanregungen

1. Wodurch wirken die Texte von Ernst Jandl?

2. Wählen Sie weitere Verben und gestalten Sie entsprechend dem Vorbild „fliegen" und „wettrennen" eigene Texte!

3. Gestalten Sie nach dem Muster von „ottos mops" einen eigenen Text (Änderung der Person und des Tieres)!

Collagen

Gertrud Kolmar/Ulla Hahn, **Wir Juden**

Nur Nacht hört zu. Ich liebe dich,
Ich liebe dich, mein Volk.

*Auf meinen Knien das Häufchen
Fotokopien wird leichter*

5 *Langsamer lesen.*

Ich werde sterben, wie die vielen sterben;
Durch dieses Leben wird die Harke gehn
Und meinen Namen in die Scholle kerben.
Ich werde leicht und still und ohne Erben
10 Mit müden Augen kahle Wolken sehn.

*Mit jedem Blatt lege ich Lebenszeit ab
von einer die schrieb im vorletzten Brief:*

Ganz ohne Freude bin ich freilich nicht
Sie meinte ihre Erinnerungen
Weinte mit keinem Wort
Lebte vom Leben schon sehr weit entfernt

Legte an alles Geschehen längst
den Maßstab der Ewigkeit
Trat freiwillig unter ihr Schicksal
hatte es schon im Voraus bejaht, sich ihm
im Voraus gestellt, schrieb sie.

Langsamer lesen

Er hielt an meiner Straßenecke.
Bald wuchs um ihn die Menschenhecke.
Sein Bart war schwarz, sein Haar war schlicht
Ein großes östliches Gesicht,
doch schwer und wie erschöpft von Leid.
Ein härenes verschollenes Kleid.
Er sprach und rührte mit der Hand
sein Kind, das arm und frostig stand:
„Ihr macht es krank, ihr schafft es blass;
wie Aussatz schmückt es euer Hass,
ihr lehrt es stammeln euern Fluch,
ihr schnürt sein Haupt ins Fahnentuch,
zerfresst sein Herz mit eurer Pest,
dass es den kleinen Himmel lässt –"
Da griff ins Wort die nackte Faust:
„Schluck selbst den Unflat, den du braust!
Du putzt dich auf als Jesus Christ
und bist ein Jud und Kommunist.
Du krumme Nase, Levi, Saul
hier, nimm den Blutzins und halt's Maul!"
Ihn warf der Stoß, ihn brach der Hieb.
Die Leute zogen weg. Er blieb.
Gen Abend trat im Krankenhaus
der Arzt ans Bett. Es war schon aus. –
Ein Galgenkreuz, ein Dornenkranz
im fernen Staub des Morgenlands.
Ein Stiefeltritt, ein Knüppelstreich
im dritten, christlich-deutschen Reich.

Wir wissen nicht wo sie starb
Wir wissen nicht wann sie starb
Ihre Mörder sind bekannt

Im letzten Brief fiel ihr ‚eben etwas
Ulkiges ein'. Versprechen und Pläne.
Herzliche Grüße

Langsamer lesen

Immer wieder von vorn.

(Lyrikerinnen. Gedichte von Droste-Hülshoff bis heute. Hrsg. von Katja Ebstein, Lutz Görner. Köln: Reziteater 1990, S. 94-97.)

Arbeitsanregungen

1. Beschreiben Sie die Wirkung der Collagetechnik in dem Gedicht von Gertrud Kolmar und Ulla Hahn!

2. Wählen Sie ein Gedicht aus, das Sie besonders anspricht, und setzen Sie Ihre Assoziationen in den Text ein!
   (Verwenden Sie dafür z. B. einen Computer, sodass Sie die Versatzstücke beliebig verrücken können.)

3. Erstellen Sie ein Verlaufsprotokoll einer Unterrichtsstunde! Fügen Sie in das Protokoll Bemerkungen, Zwischenrufe und Gedanken Ihrer Mitschüler ein!
   (Zum Protokoll, vgl. S. 216)

4. Verfassen Sie einen „Reiseführer" durch Ihre Stadt:
   Sammeln Sie Fotos und Postkarten und ergänzen Sie diese durch Texte aus der Tageszeitung (Lokales), durch eigene Gedanken und durch Beobachtungen, die Sie selbst an diesen Schauplätzen gemacht haben (Geräusche, Gesprächsfetzen, Begebenheiten)!

Bild als Schreibanlass

(Reporter ohne Grenzen. 100 Fotos für die Pressefreiheit 1995. Berlin: Druckhaus am Treptower Park 1995. Titelblatt.)

Arbeitsanregungen

Cluster

Cluster ist eine Möglichkeit der assoziativen Verknüpfung von Ideen und Vorstellungen (bildliches Denken), mit der Gedanken gegliedert werden können.

Ein Wort bildet den Ausgangspunkt; von diesem „Kern", der mit einem Kreis versehen wird, können die Gedanken in alle Richtungen gehen und entsprechend durch Striche verbunden werden, bis die Ideenkette erschöpft ist.

Kleben Sie eine Kopie des Fotos „Time for Peace" in die Mitte eines Plakates und malen Sie leere Kreise darum herum, die Sie mit Strichen untereinander und mit dem Foto verbinden! Füllen Sie die Kreise mit Ihren Gedanken und Ideen, mit Bildern oder Symbolen! Orientieren Sie sich an unterschiedlichen Fragestellungen, z.B.:

– Was bedeutet Frieden für mich?
– Was kann ich persönlich für den Frieden tun, was die Politiker?
– Welcher Augenblick war heute für mich ein Moment des Friedens?

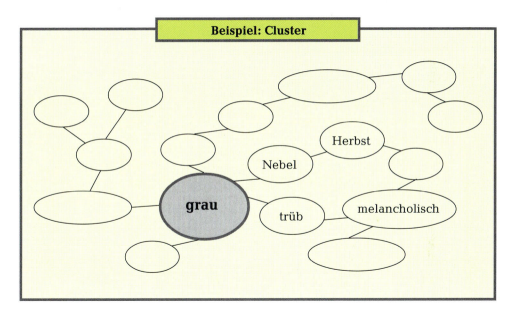

Haiku

Ein Haiku ist eine japanische lyrische Kurzform, die aus drei Zeilen besteht. Die erste Zeile hat fünf Silben, die zweite sieben Silben, die dritte wieder fünf Silben. Die Zeilen reimen sich nicht.

Schreiben Sie ein Haiku zum Foto „Time for Peace"!

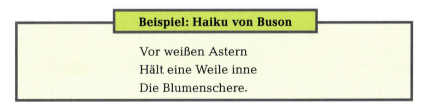

Elfchen

Die Gedichtform Elfchen besteht aus elf Wörtern. Die erste Zeile hat ein Wort, die zweite zwei Wörter, die dritte drei und die vierte vier. Die letzte Zeile besteht erneut aus einem Wort. Die vierte Zeile muss mit dem „lyrischen Ich" beginnen.

Schreiben Sie ein Elfchen zum Foto „Time for Peace"!

Beispiel: Elfchen eines Schülers

Rom
Deine Mentalität
Verkehrszeichen ohne Bedeutung
Ich stehe staunend da
Rums

Kriminalgeschichten

IDEEN-GENERATOR

Datei: ROMANSTD.GEN

		1	2	3	4
Opfer	:	Ehefrau	Vorgesetzter	Gastwirt	Kassierer
Tatort	:	Bungalow	Strand	Wald	Museum
Täter	:	Sekretärin	Gärtner	Spieler	Bande
Aufklärung	:	Geständnis	Indizien	Zufall	Verrat
Titelheld	:	Jogger	Hausarzt	Angler	Nachbarin
Todesursache	:	Rattengift	Erwürgen	Erstechen	Unfall
Tatmotiv	:	Eifersucht	Geldgier	Erbschaft	Neid
Tatumstände	:	Dienstag	Abends	Morgens	August
Verdächtige	:	Vater	Bruder	Mutter	Nachbar
Schlusslösung	:	Happyend	Selbstmord	Lottogewinn	Freundschaft

** Ideen-Vorschlag **

Opfer	**Tatort**	**Täter**	**Aufklärung**	**Titelheld**
Vorgesetzter	Wald	Tante	Geständnis	Jogger
Todesursache	**Tatmotiv**	**Tatumstände**	**Verdächtige**	**Schlusslösung**
Erstechen	Geldgier	Dienstag	Nachbar	Selbstmord

Laden/Speichern   Ansehen   Eingabe   Mischen   Drucken   Quitt
Anwahl: CURSOR   Auswahl: Buchstabe oder [ENTER]

(Neue Technologien und Allgemeinbildung. Hrsg. vom Nds. Kultusministerium. Hannover: Berenberg 1992, S. 276.)

Krimirezepte: Von den Zutaten zum Krimi

> **Beispiel:**
> *Opfer:* Polizist; *Tatort:* Wald; *Täter:* Spieler; *Aufklärung:* Indizien; *Titelheld:* Jogger; *Todesursache:* Rattengift; *Tatmotiv:* Hass; *Tatumstände:* abends; *Verdächtige:* Mutter; *Schlusslösung:* Streit.

1. Im Ideengenerator finden Sie die „Zutaten" zu Ihrem Krimi. Ergänzen Sie den „Generator" mit weiteren Informationen und wählen Sie „Zutaten" für Ihren Krimi aus!

   Verbinden Sie die „Zutaten" mit Aussagesätzen. Damit die Übersichtlichkeit nicht verloren geht, sollten Sie zu einem Satz nicht mehr als zwei bis drei „Zutaten" wählen.

> **Beispiel:**
> *Ein Spieler ermordet einen Polizisten mit Rattengift. Der Mord geschieht abends im Wald. Das Motiv ist Hass. Verdächtigt wird zuerst die Mutter des Opfers. Der Täter wird durch Indizien überführt. Titelheld ist ein Jogger. Schlusslösung: Streit??*

Wenn „Zutaten" übrig bleiben, nicht verwerfen! Vielleicht können Sie sie später zum „Würzen" des Krimis verwenden, z.B.: Schlusslösung: „Streit".

> **Beispiel:**
> *Als die Mutter verdächtigt wird, kommt es zu einem fürchterlichen Streit in der Familie. Dabei wird deutlich, dass sich alle Familienmitglieder untereinander hassen und sich gegenseitig jede Schlechtigkeit, ja sogar einen Mord, zutrauen.*

2. „Zutaten" sind noch kein endgültiges „Rezept"! In einem nächsten Schritt müssen Sie sich Fragen überlegen, um eine inhaltliche Verbindung zwischen den „Zutaten" herzustellen, z.B.:
   - Um was für eine Art von Spieler handelt es sich bei dem Täter?
   - Warum hasst er den Polizisten?
   - Wie lockt/trifft er den Polizisten abends in den/im Wald?
   - Wie bringt er den Polizisten dazu, abends im Wald „Rattengift" zu nehmen?
   - Warum wird die Mutter verdächtigt?
   - Welche Indizien führen auf die Spur des Täters?
   - Wer ist der Jogger? Wie trägt er zur Auflösung des Falles bei?

3. Aus der Beantwortung dieser Fragen können weitere Fragen aufgeworfen werden, z.B.:
   - Warum greift der Mörder ausgerechnet zum Rattengift?
   - Wo liegt der Wald?
   - Wie kommt man zum Wald?
   - Wer findet die Leiche?

4. Kreieren Sie aus den „Zutaten" einen spannenden Krimi!

(Nach: Neue Technologien und Allgemeinbildung. Hrsg. vom Nds. Kultusministerium. Hannover: Berenberg 1992. S. 277.)

Text als Schreibanlass

Wolf Wondratschek, **43 Liebesgeschichten**

Didi will immer. Olga ist bekannt dafür. Ursel hat schon dreimal Pech gehabt. Heidi macht keinen Hehl daraus.

Bei Elke weiß man nicht genau. Petra zögert. Barbara schweigt.

Andrea hat die Nase voll. Elisabeth rechnet nach. Eva sucht überall. Ute ist einfach zu kompliziert.

Gaby findet keinen. Sylvia findet es prima. Marianne bekommt Anfälle.

Nadine spricht davon. Edith weint dabei. Hannelore lacht darüber. Erika freut sich wie ein Kind. Bei Loni könnte man einen Hut dazwischenwerfen.

Katharina muß man dazu überreden. Ria ist sofort dabei. Brigitte ist tatsächlich eine Überraschung. Angela will nichts davon wissen.

Helga kann es. Tanja hat Angst. Lisa nimmt alles tragisch. Bei Carola, Anke und Hanna hat es keinen Zweck.

Sabine wartet ab. Mit Ulla ist das so eine Sache. Ilse kann sich erstaunlich beherrschen.

Gretel denkt nicht daran. Vera denkt sich nichts dabei. Für Margot ist es bestimmt nicht einfach.

Christel weiß, was sie will. Camilla kann nicht darauf verzichten. Gundula übertreibt. Nina ziert sich noch. Ariane lehnt es einfach ab. Alexandra ist eben Alexandra.

Vroni ist verrückt danach. Claudia hört auf ihre Eltern.

Didi will immer.

(Wolf Wondratschek, Früher begann der Tag mit einer Schußwunde. München: Hanser 1969, S. 67.)

Arbeitsanregungen

1. Was verbirgt sich hinter den einzelnen Aussagen?
   Wählen Sie einen Satz aus und erzählen Sie die entsprechende Geschichte!

2. Gestalten Sie 43 „männliche" Liebesgeschichten!

3. Beschreiben Sie die Wirkung, die Ihre 43 Liebesgeschichten hinterlassen; verdeutlichen Sie die Intention, die Sie mit der „männlichen" Geschichte beabsichtigen!

Tagebuch

(Die Zeit, Nr. 8 vom 14. Feb. 1997)

Ich erfahre heute, im Alter von 81 Jahren, ein starkes Bewusstsein von mir, genau so, wie ich mir von mir mit 5 oder 6 Jahren bewusst war. Das Bewusstsein ist bewegungslos. Und nur wegen dieser Bewegungslosigkeit können wir die Bewegung dessen sehen, was wir Zeit nennen. Wenn Zeit vergeht, ist es notwendig, dass es etwas gibt, das konstant bleibt. Und es ist das Bewusstsein vom Selbst, das konstant ist.
LEO TOLSTOI (1910)

Jedes Leben umfasst viele Tage, Tag nach Tag. Wir wandern durch uns selbst und begegnen Räubern, Gespenstern, Riesen, Greisen, Jünglingen, Ehefrauen, Witwen, Brüdern-in-der-Liebe. Aber immer begegnen wir uns selbst. JAMES JOYCE (1922)

Tagebucheintragungen von Franz Kafka

25. Oktober [1921]. Gestern Ehrenstein.

Die Eltern spielten Karten; ich saß allein dabei, gänzlich fremd: der Vater sagte, ich solle mitspielen oder wenigstens zuschauen; ich redete mich irgendwie aus. Was bedeutete diese seit Kinderzeit vielmals wiederholte Ablehnung? Das gemeinschaftliche, gewissermaßen das öffentliche Leben wurde mir durch die Einladung zugänglich gemacht, die Leistung, die man als Beteiligung von mir verlangte, hätte ich nicht gut, aber leidlich zustande gebracht, das Spielen hätte mich wahrscheinlich nicht einmal allzusehr gelangweilt – trotzdem lehnte ich ab. Ich habe, wenn man es danach beurteilt, unrecht, wenn ich mich beklage, daß mich der Lebensstrom niemals ergriffen hat, daß ich von Prag nie loskam, niemals auf Sport oder auf ein Handwerk gestoßen wurde und dergleichen – ich hätte das Angebot wahrscheinlich immer abgelehnt, ebenso wie die Einladung zum Spiel. Nur das Sinnlose bekam Zutritt, das Jusstudium, das Bureau, später dann sinnlose Nachträge, wie ein wenig Gartenarbeit, Tischlerei und dergleichen, diese Nachträge sind so aufzufassen wie die Handlungsweise eines Mannes, der den bedürftigen Bettler aus der Tür wirft und dann allein den Wohltäter spielt, indem er Almosen aus seiner rechten in seine linke Hand gibt.

Ich lehnte aber immer ab, wohl aus allgemeiner und besonders aus Willensschwäche, ich habe das verhältnismäßig sehr spät erst begriffen. Ich hielt diese Ablehnung früher meist für ein gutes Zeichen (verführt durch die allgemeinen großen Hoffnungen, die ich auf mich setzte), heute ist nur noch ein Rest dieser freundlichen Auffassung geblieben.

2. November. Vage Hoffnung, vages Zutrauen.

Ein endlos trüber Sonntagnachmittag, ganze Jahre aufzehrend, ein aus Jahren bestehender Nachmittag. Abwechselnd verzweifelt in den leeren Gassen und beruhigt auf dem Kanapee. Manchmal Erstaunen über die fast unaufhörlich vorbeiziehenden farblosen, sinnlosen Wolken. „Du bist aufgehoben für einen großen Montag!" – „Wohl gesprochen, aber der Sonntag endet nie."

(Max Brod [Hrsg.], Franz Kafka. Tagebücher 1910-1923. Frankfurt: Fischer[1] 1951, S. 547ff.)

---

1 ⓇⓇ

Das Tagebuch der Anne Frank

Anne Frank wurde am 12. Juni 1929 in Frankfurt am Main als Tochter jüdischer Eltern geboren. Die Familie verließ Deutschland im Jahr 1933, fand in Holland Asyl und versteckte sich im 2. Weltkrieg in einem Hinterhaus an der Prinsengracht in Amsterdam. Am 4. August 1944 verhaftete die Polizei alle acht Bewohner und brachte sie in verschiedene Konzentrationslager. Zwischen alten Büchern und Zeitschriften, die von der Polizei liegen gelassen wurden, fand man Annes Tagebuch, in dem sie über ihre inneren und äußeren Erlebnisse im Hinterhausversteck geschrieben hatte. Anne Frank starb kurz vor Kriegsende im KZ Bergen-Belsen.

Lesehinweis
Das Tagebuch der Anne Frank. Frankfurt: Fischer o. J. = Fischer Taschenbuch 77.
Melissa Müller, Das Mädchen Anne Frank. Die Biografie. München: Claassen 1998.

Samstag, 1. April 1944

Liebe Kitty!

[...] Ich kann nie, niemals den Traum von Peters Wange vergessen, als alles, alles so schön war. Sollte er sich nicht auch danach sehnen? Sollte es allein Verlegenheit sein, daß er seine Liebe nicht gesteht? Warum will er mich so oft bei sich haben? Oh, warum spricht er nicht? Ich will aufhören, will ruhig sein. Ich werde stark bleiben und mit Geduld wird das andere auch kommen, aber ... und das ist das Schlimme: Es sieht so dumm aus, so als ob ich ihm nachlaufe, weil *ich* immer nach oben muß und er nicht zu mir kommt. Aber das liegt an der Einteilung der Zimmer und er begreift es wohl. O, er muß noch viel mehr begreifen.

Anne

Freitag, 28. April 1944

Liebe Kitty!

Meinen Traum von Peter Wessel habe ich nie vergessen. Wenn ich daran denke, glaube ich heute noch, seine Wange an der meinen zu fühlen mit jenem herrlichen Empfinden, das so schön war. Mit Peter hier hatte ich wohl auch dieses Empfinden, aber niemals in so starkem Maße, bis ... wir gestern abend zusammen saßen, wie gewöhnlich auf dem Sofa einander in den Armen. Da glitt die alte Anne plötzlich weg und eine zweite Anne war da. Die zweite Anne, die nicht vergnügt und übermütig ist, die nur lieb haben will und sanft sein.

Ich saß an ihn gepreßt und fühlte die Rührung in mir aufsteigen. Die Tränen traten mir in die Augen und rollten über mein Gesicht auf seinen Overall. Ob er das gemerkt hat? Keine Bewegung verriet es. Ob er ebenso empfindet wie ich? Er sprach auch kaum ein Wort. Weiß er, daß er zwei Annes vor sich hat? Wieviel unbeantwortete Fragen!

Um halb neun stand ich auf und ging ans Fenster, wo wir uns immer verabschiedeten. Ich zitterte noch, ich war noch Anne Nr. 2. Er kam mir nach, ich schlang meine Arme um seinen Hals und küßte seine linke Wange. Als ich ihm auch einen Kuß auf die rechte geben wollte, begegnete mein Mund dem seinen. Taumelnd drängten wir uns aneinander, noch einmal und noch einmal, um nie mehr aufzuhören!

Peter hat so viel Bedürfnis nach Zärtlichkeit. Er hat zum erstenmal ein Mädel entdeckt, zum erstenmal gesehen, daß diese „Plagegeister" auch ein Herz haben und ganz verändert sind, wenn man mit ihnen allein ist. Er hat zum erstenmal in seinem Leben seine Freundschaft und sich selbst gegeben, er hat niemals vorher einen Freund oder eine Freundin gehabt. Nun haben wir uns gefunden. Ich kannte ihn auch nicht, hatte nie einen Vertrauten, und nun ist es doch so weit gekommen. Immer wieder peinigt mich die Frage:

„Ist es gut, ist es richtig, daß ich so nachgiebig bin, so leidenschaftlich, ebenso leidenschaftlich und voller Verlangen wie Peter? Darf ich als Mädel mich so gehenlassen?" Darauf gibt es nur die eine Antwort:

„Ich hatte solche Sehnsucht, schon so lange, ich war so einsam, und nun habe ich Trost und Freude gefunden!" Morgens sind wir wie immer, auch des Mittags noch, des Abends aber läßt sich das Verlangen nicht mehr zurückhalten und das Denken an die Seligkeit und das Glück jeder Begegnung. Dann gehören wir uns ganz allein. Jeden Abend nach dem letzten Kuß habe ich das Gefühl, weglaufen zu müssen, um ihm nicht mehr in die Augen zu sehen, fort, fort, fort, um ganz allein im Dunkeln zu sein!

Aber wohin komme ich, wenn ich die 14 Stufen hinuntergehe? Ins volle Licht, es wird erzählt, gelacht, ich werde etwas gefragt, muß antworten und darf mir nichts anmerken lassen. Mein Herz ist noch zu weich, um solches Erlebnis, wie gestern abend, direkt wieder abzuschütteln. Die sanfte Anne ist selten, aber sie läßt sich darum auch nicht gleich wieder zur Tür hinausjagen. Peter hat mich getroffen, wie ich tiefer noch niemals getroffen wurde, außer in meinem Traum! Peter hat mich gepackt und mein Innerstes nach außen gekehrt. Ist es nicht selbstverständlich für jeden Menschen, daß er danach wieder zur Ruhe kommen muß, um sein Innerstes wieder ins Gleichgewicht zu bringen? O Peter, was hast Du mit mir gemacht? Was willst Du von mir? Wo soll das hin? Oh, nun begreife ich Elli, nun, da ich es selbst erlebe, begreife ich ihre Zweifel.

Wenn ich älter wäre und er würde mich heiraten wollen, was würde ich wohl antworten? Anne, sei ehrlich! Heiraten würdest Du ihn nicht können, aber loslassen ist auch so schwer! Peters Charakter ist noch nicht ausgeglichen, er hat noch zu wenig Energie, zu wenig Mut und Kraft. Er ist noch ein Kind, innerlich nicht älter als ich, er will hauptsächlich Ruhe und Glück finden.

Bin ich wirklich erst vierzehn? Bin ich noch ein dummes Schulmädel? Bin ich wirklich noch in allem so unerfahren? Ich habe mehr Erfahrung als die anderen, ich habe etwas erlebt, das fast niemand in meinem Alter kennengelernt hat. Ich habe Angst vor mir selbst, ich habe Angst, daß ich mich in meinem Verlangen zu schnell hingebe, wie soll es dann später mit anderen Jungen werden? Oh, es ist so schwer, immer liegen Herz und Verstand im Streit, jedes muß zu seiner Zeit sprechen. Aber weiß ich auch sicher, daß ich die Zeit richtig gewählt habe?

Anne

(Das Tagebuch der Anne Frank. Frankfurt: Fischer o. J. = Fischer Taschenbuch 77, S. 164ff.)

Die Date Paintings von On Kawara

Jedes von Kawaras Gemälden stellt einen einzelnen Tag dar – den einen, der durch das aktuelle Datum, an welchem das Werk entstand, bestimmt ist
5 – und wird von ihm als einzelner Bestandteil oder Detail der *Today Series* als ganzer angesehen. Buchstaben, Ziffern oder Interpunktionszeichen, vergrößert auf die Größe der Leinwand, werden auf die Seiten ausgerichtet im Zentrum platziert. Obwohl sie den Eindruck erwecken, als wären sie mit Schablone gezeichnet, sind die Buchstaben vom Monat, in Großbuchstaben wiedergegeben und, falls nötig, abgekürzt, zusammen mit den Zahlen, die den Tag und das Jahr angeben, von Hand kunstvoll in weiß auf einem dunklen Hintergrund gezeichnet. Die Schrift, die subjektive Wahl des Künstlers verändert sich raffiniert von Bild zu Bild, ist jedoch nicht durch eine objektiv definierbare Ratio oder System bestimmt. Die frühesten Werke in der Serie sind azurblau, während andere rot gemalt wurden. Für den größten Teil jedoch gilt, dass die Hintergrundsfarbtöne der Gemälde dahin tendieren, dunkle Graubrauns oder Graugrüns zu sein oder Blaus, die darauf zugehen, es aber niemals sind: Schwarz. […]

Gemälde von Kawara mit ihrer schlichten und auffallenden Darbietung des Datums,
30 an welchem jedes entstand, weisen auf den Moment ihrer Entstehung hin und grenzen so ihren eigenen Ort innerhalb der Zeitspanne der Geschichte ab. Wenn in einer Hinsicht ein Datum so stumm ist wie ein Bild, steht es in anderer Hinsicht für die unbegrenzte Anzahl von Ereignissen – von den persönlichen bis zu den universalsten –, die sich an bestimmten Daten ereignen. Zeitlichen Wegweisern gleich heben die Date
35 Paintings emblematisch ihre Umgebung hervor, egal ob sie inmitten anderer Werke eingefügt sind oder isoliert an einer Wand hängen. […]

Zusammen mit dem Beginn der Date Paintings hat Kawara seit 1966 eine Serie von Loseblattnotizbüchern geführt, die ein Werk mit dem Titel *I READ* umfasst. Die Seiten in regelmäßiger Folge, mit jedem Tag des Jahres in Beziehung gebracht, an dem
40 er ein Gemälde gemacht hat, enthalten Ausschnitte der Tagespresse, die Kawara auf ein einzelnes Standardblatt von gewöhnlichem Millimeterpapier klebt, auf das Tag, Monat und Jahr aufgeprägt sind. Die frühen Zeitungsausschnitte für *I READ* lieferten Kawara die Untertitel für die Gemälde dieses einzelnen Tages und inspirierten auf diese Weise anfänglich die Idee zu diesem Werk. Zudem stammten die Zeitungsaus-
45 schnitte aus Zeitungen, die an dem Ort, an dem er das Date Painting gemacht hat, veröffentlicht wurden.

(On Kawara, Date paintings in 89 cities. Hamburg: Deichtorhallen. Ausstellung vom 12. März 1992 bis 10. Mai 1992, S. 230-237.)

Tagebuch eines AIDS-Kranken

Hamburg, den 16.08.1985

„Mein Name ist Werner H. Ich wurde am 12. März in Hameln geboren. Und ich werde bald sterben, wahrscheinlich in Hamburg, an einer Krankheit, für die es kein Heilmittel gibt.

Ich habe AIDS. Die Ärzte des Hamburger Tropenkrankenhauses haben es mir gerade gesagt. Maximal ein Jahr geben sie mir noch. Ich will diese Zeit nutzen, um den Verlauf der Krankheit und das, was ich dabei empfinden werde, in diesem Tagebuch zu dokumentieren. Dazu haben mir die Ärzte geraten. Ich würde, meinten sie, bald jemanden oder etwas brauchen, dem ich mich anvertrauen könne. Von meinen Mitmenschen solle ich lieber nichts erwarten. Das habe ich schon gemerkt. [...]

01.09.1985

Langsam lässt der quälende Husten nach, um dessentwillen ich mich habe überhaupt untersuchen lassen. Mein Körper werde nicht mehr mit den Bazillen fertig, erklärten mir die Ärzte. Mein Immunsystem sei geschädigt. Jetzt bekomme ich Medikamente, höllisch schwere Geschütze, von denen man abhängig werden kann. Aber das ist bei mir wohl egal.

12.09.1985

Komme gerade aus der Firma. Der Chef hat mich nach Hause geschickt. Bin nach einem Hustenanfall zusammengebrochen und hab' ihm dann reinen Wein eingeschenkt. Aber er war ganz in Ordnung, was nun mit mir passiert und ob man denn wirklich nichts machen kann. Dann meinte er, ich solle mich doch krank schreiben lassen oder in Rente gehen. Wenn man nur noch so wenig zu leben hat, solle man sich das bisschen Zeit nicht mit Arbeit verderben. Erst mal soll ich jetzt bezahlten Urlaub nehmen, bis auf weiteres. Klang ja ganz nett, aber ich glaube, er hat Angst, die Kollegen könnten erfahren, was mit mir los ist.

09.10.1985

Habe heute morgen beim Duschen zwei rotviolette, knapp markstückgroße Flecken auf meiner Brust entdeckt. ‚Das ist das Kaposi-Sarkom, Hautkrebs, bekommen fast alle AIDS-Kranken', sagt mein Hausarzt. ‚Nicht gerade ermutigend', erwiderte ich, und er gab zurück: ‚Wäre es Ihnen lieber, ich würde beschönigende Märchen erzählen?' Nein, dann doch lieber die Wahrheit.

24.11.1985

Heute hat mein Vater Geburtstag. Gehe aber nicht hin. Bin zu schlapp und sehe schlimm aus. Ich erschrecke ja selbst, wenn mir morgens so ein Totenschädel aus dem Spiegel entgegenblickt. Auch an der rechten Schläfe hat sich jetzt ein Kaposi-Sarkom entwickelt.

24.12.1985

Heiligabend. Eben waren meine Eltern zu Besuch, außerdem die letzten drei Freunde, die mir geblieben sind. Ich hab' geheult wie ein Schlosshund. Wird wohl mein letztes Weihnachten. Langsam packt mich die Angst.

06.01.1986

Frohes neues Jahr? Bin eben aus der Klinik zurück. Ausgerechnet Silvester klappte ich mit hohem Fieber zusammen. Lungenentzündung. Pilze haben sich angesiedelt, weil mein Immunsystem geschwächt ist. Kann man nichts machen.

17.02.1986

Mir geht es unheimlich schlecht. Mein Oberkörper sieht wie ein Streuselkuchen aus: ein Kaposi neben dem anderen. Einige sind entzündet und tun verdammt weh. Außerdem habe ich Fieber und bekomme kaum noch Luft. Die verfluchten Pilze ...

06.03.1986

Habe jemanden von der AIDS-Hilfe kennen gelernt. Das ist eine Art Selbsthilfe-Verein. Endlich mal einer, der keine Angst hat, sich gleich anzustecken.

01.04.1986

Leider kein Aprilscherz: Bin schon wieder im Krankenhaus. Kann nicht mal selber aufstehen. Jeden Tag stirbt ein bisschen mehr. Verdammt, ich fange tatsächlich an zu heulen ...

17.05.1986

Eine Schwester schreibt das hier für mich. Ich kann es nicht mehr. Jeden Tag muss ich jetzt damit rechnen, dass es vorbei ist. Ohne den Klinik-Priester wäre ich wohl verrückt geworden vor Angst. Ich danke ihm.

Rückblickend kann ich sagen, dass ich noch Glück hatte, weil es so schnell ging. Manche sind jahrelang krepiert. Und ich hab' keine Schmerzen: Morphium. Das spielt nun wirklich keine Rolle mehr.

Nachtrag

Werner H. starb am 19.05.1986 gegen sieben Uhr an Kreislaufversagen. Er wurde in seiner Heimatstadt Hameln beigesetzt. *(Umwelt und Gesundheit 03/04-1986/87.)*

Arbeitsanregungen

1. Welche Aufgaben erfüllt das Tagebuch für die Verfasser?

2. Erfüllen die Tagebuchauszüge die Kriterien der wissenschaftlichen Definition?
   Tagebuch, für tägliche bzw. regelmäßige Aufzeichnungen aus dem eigenen Leben und Schaffen und z.T. auch dem polit., kulturellen, wissenschaftl. usw. Zeitgeschehen bestimmte Form der nicht kunstmäßigen Prosa von monologischem Charakter (Betrachtung, Beschreibung), doch mit dem Reiz der Unmittelbarkeit, der Unausgewogenheit und Aufeinanderbezogenheit, die das Leben als Phänomen zu erfassen sucht und die Widersprüche in der Person des Verfassers überwindet. Die Formen schwanken von hingeworfenen Kurznotizen nur als Gedächtnisstütze oder Rohmaterial e. geplanten Autobiografie bis zur essayist. Meinungs- und Gewissenserforschung; vielfach sollen Chiffren Unbefugten die Lektüre erschweren. Das T. steigt in neuerer Zeit trotz aller Tagesgebundenheit zu e. bedeutenden lit. Form auf. *(Gero von Wilpert, Sachwörterbuch der Literatur. Stuttgart: Kröner Verlag, 7. Aufl. 1989, S. 918.)*

3. Schreiben Sie Tagebuchnotizen zu Problemen oder Erlebnissen, die für Sie von Bedeutung sind (vgl. Sie auch die weiteren Tagebuchaufzeichnungen im Lehrbuch, z.B. von Victor Klemperer (S. 345), ECHOLOT (S. 343)!

4. Nehmen Sie Ideen von On Kawara (S. 438) auf und gestalten Sie eine "Today Series"!

ÖFFENTLICHKEIT

Kultur & Erfahrung

- Literatur
- Theater
- Film/ Fernsehen
- Bildende Kunst

Sprache & Meinungsbildung

- Zeitung
- Werbung
- Rede

Darstellen & Schreiben

- Argumentation
- Referat/ Facharbeit

Literatur

Die „Stiftung Lesen" führte 1993 eine Umfrage zum Leseverhalten in Deutschland durch. Die Ergebnisse sind die erste repräsentative Bestandsaufnahme des Lese- und Medienverhaltens der Bevölkerung im vereinigten Deutschland, die im Folgenden auszugsweise wiedergegeben werden:

Buchlektüre: Lesefrequenz

Frage: „Was würden Sie ungefähr schätzen, wie oft Sie dazu kommen, ein Buch zur Hand zu nehmen, um darin zu lesen, etwas nachzuschlagen oder darin zu blättern?"

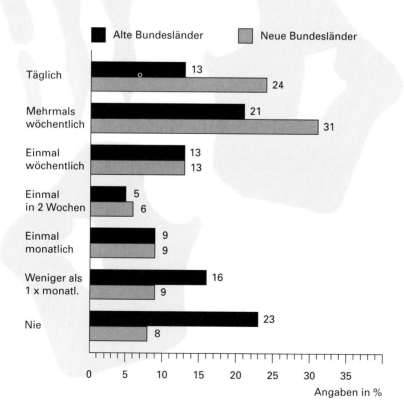

Einstellungen zum Lesen: Verhinderungsgründe

Von 100 Personen sagen, diese Aussage sei für sie ...	sehr zutreffend	zutreffend	weniger zutreffend	nicht zutreffend	Mittelwert
Ich finde, man kann sich heute auch auf andere Weise als durch Bücherlesen unterhalten	31	36	22	7	2,06
Durch Radio und Fernsehen kann ich mich schneller über das Wichtigste informieren als durch Zeitunglesen	32	32	22	13	2,16
Es erscheinen so viele Bücher, dass es völlig unmöglich ist, den Überblick zu behalten	32	31	20	14	2,16
Ich unternehme lieber andere Dinge, als mich hinter Büchern zu vergraben	28	28	26	14	2,27
Dicke Wälzer schrecken mich ab	30	24	22	22	2,38
Wenn Bibliotheken geschlossen würden, wäre das für mich kein großer Verlust	28	24	23	21	2,38
Wenn ich die Verfilmung eines Buches im Fernsehen o. Kino gesehen habe, habe ich keine Lust mehr, das Buch zu lesen	27	25	25	21	2,40
Einen Urlaub ohne Bücher/Lesen kann ich mir gut vorstellen	28	21	23	24	2,45
Beim Lesen habe ich oft das Gefühl, dass ich dabei zu viel Zeit verbrauche	18	25	29	27	2,66
Durch Lesen erhalte ich wenig Rat und Hilfe für meinen Alltag	12	24	37	24	2,75
Längeres Lesen strengt mich sehr an	17	22	29	31	2,75
Ich kann mich durch Lesen häufig nur schlecht konzentrieren	14	22	32	31	2,81
Wenn Bücher nicht so teuer wären, würde ich mehr kaufen	13	22	29	30	2,81
Texte ohne Bilder finde ich langweilig	11	15	30	42	3,05
Die Schule hat mir den Spaß am Lesen verdorben	5	12	28	51	3,30
Ich lese beruflich/in der Schule so viel, dass ich privat keine Lust mehr habe	5	10	24	56	3,36

Der Mittelwert wurde errechnet aus: sehr zutreffend = 1; zutreffend = 2; weniger zutreffen = 3; nicht zutreffend = 4

(Stiftung Lesen [Hrsg.], Leseverhalten in Deutschland 1993, Bezugsadresse: Fischtorplatz 23, 55116 Mainz.)

Arbeitsanregungen

1. Entwerfen Sie einen Fragebogen zum „Leseverhalten von Schülern", indem Sie sich am Beispiel der Stiftung Lesen orientieren!

2. Führen Sie eine Befragung an Ihrer Schule durch!

3. Werten Sie die Ergebnisse aus und stellen Sie diese (mit Hilfe der EDV) grafisch dar!

4. Schreiben Sie eine Nachricht und einen Kommentar zum „Leseverhalten von Schülern" für Ihre Schülerzeitung! (Vgl. S. 532/535)

Felicitas Hoppe studierte Rhetorik und Literaturwissenschaft, arbeitete als Dramaturgin und Journalistin, bevor sie mit „Picknick der Friseure" zwanzig Kurzgeschichten veröffentlichte: absurd, phantasievoll, manchmal bitterböse. Dafür bekam die Wahl-Berlinerin 1996 den „aspekte"-Literaturpreis.

Lesehinweis
Felicitas Hoppe, Picknick der Friseure. Reinbek: Rowohlt 1996 = rororo 22284.
Felicitas Hoppe, Pigafetta. Reinbek: Rowohlt 1999.

Felicitas Hoppe, Der erste Satz schreibt die Geschichte

Schreiben war immer ein fester Bestandteil meines Lebens. Das klingt nach Standardlegende, stimmt aber, ich habe mit sieben Jahren angefangen. Wenn mir danach war, habe ich mich hingesetzt und geschrieben. Lange dachte ich, alle machen das so, das sei ganz normal. Es war die Form, mich auszudrücken und zu beschäftigen: Ich hatte keine Hobbys und war ein Stubenhocker. Noch heute schreibe ich am liebsten drinnen. Ich bin keine Jäger- und Sammlerautorin, besitze weder Zettelkästen noch Archiv noch sammle ich Zeitungsausschnitte. Ich notiere auch eigene Ideen nur ganz selten. Obwohl ich lange an den Arbeiten feile, bin ich eine Lustschreiberin. Ich folge einem Satz oder einem Bild, die im Kopf ankern. Der Titel „Picknick der Friseure" fiel mir abends vorm Einschlafen ein. Es war ein Spiel der Assoziationen, ich dachte: Morgen setzt du dich hin und machst was daraus. Als würde man mir eine Melodie geben und ich würde dazu improvisieren. Beim Schreiben gibt es weder einen Vorentwurf noch die Idee einer Handlung, die bei A anfängt und bei Z aufhört. Ich beginne am Computer mit dem ersten Satz: „Jedes Jahr im Mai kommen die Friseure." Daraus versuche ich etwas zu entwickeln. Ich sehe die Friseure, stelle sie irgendwo hin. Natürlich bleibe ich irgendwann stecken. Dann drucke ich den Minitext aus und tippe ihn sofort noch mal ab, wie ein Weitspringer, der wieder Anlauf nimmt, in der Hoffnung, diesmal ein Stück weiter zu kommen. Dabei stolpere ich über einzelne Wörter, beginne zu ändern. Ich tippe den Text wieder und wieder ab, dabei wird er immer länger, bis er fertig ist. Für vier Seiten beschreibe ich etwa fünfzig Blatt Papier, die ich alle wegwerfe. Nur ein paar Varianten der überarbeiteten Endversionen hebe ich auf.

Deshalb gibt es von mir selten Manuskripte, in denen Korrekturen stehen. Sie sehen aus wie normale Seiten mit vielen Fehlern, da ich sehr schnell schreibe. Es ist für mich eine absolute Horrorvorstellung, fünf Minuten zu überlegen, was für ein Wort ich einsetzen soll. Ich brauche die limitierte körperliche Tätigkeit des Tippens. Es ist, als würde ich mich, indem ich mich körperlich in Gang bringe, auch im Kopf in Bewegung setzen. [...]

(Elle 10/97. Beilage.)

Arbeitsanregungen

1. Wie entsteht Literatur? Berücksichtigen Sie auch die übrigen Texte in diesem Kapitel!

2. Lesen – Wo tun Sie's am liebsten?

Friedrich Dürrenmatt, der am 5. Januar 1921 in Konolfingen im Kanton Bern als Sohn eines protestantischen Pfarrers geboren wurde (er starb 1990 in Neuenburg/Schweiz), ging in Bern zur Schule und studierte nach dem Abitur Literatur, Philosophie und Naturwissenschaften. Eine Zeitlang zwischen Malerei und Literatur schwankend, entschied er sich nach ersten Theatererfolgen endgültig für die Bühne und ließ sich 1952 in Neuchâtel als freier Schriftsteller nieder. 1959 wurde ihm der Schiller-Preis der Stadt Mannheim verliehen, dem zahlreiche weitere Ehrungen im In- und Ausland folgten. Seit 1969 arbeitete Dürrenmatt, wenngleich mit einigen Unterbrechungen, als Dramaturg, Regisseur und Direktoriumsmitglied am Basler Theater und war darüber hinaus journalistisch tätig.

Obwohl Dürrenmatt eine ganze Anzahl von Prosatexten geschrieben und mit einigen davon, vor allem mit den Kriminalromanen *Der Richter und sein Henker* (1952) und *Der Verdacht* (1953), großen Erfolg hatte, gründet sich sein Ruhm vor allem auf seine Leistungen als Dramatiker. In seinen ersten Stücken („Es steht geschrieben", 1947, 1967 in einer Neubearbeitung unter dem Titel „Die Wiedertäufer" herausgegeben; „Der Blinde", 1947) noch deutlich dem expressionistischen Theater verhaftet, war der entscheidende Schritt für Dürrenmatt die Auseinandersetzung mit der Theatertheorie und Aufführungspraxis Bert Brechts, von dem er nicht nur das generelle Konzept der nacharistotelischen Illusionsdurchbrechung übernahm, sondern auch einzelne Stilmittel, wie vor allem den kommentierenden Song. [...]

(Illustrierte Geschichte der deutschen Literatur Bd. VI. Hrsg. von Anselm Salzer u. a.: Köln: Naumann & Göbel o. J., S. 211.)

Die erfolgreichsten Stücke:
„Romulus und der Große" (1950)
„Die Ehe des Herrn Mississippi" (1952)
„Ein Engel kommt nach Babylon" (1953)
„Der Besuch der alten Dame" (1956)
„Die Physiker" (1962).

Friedrich Dürrenmatt, Wozu Literatur?

[...] Die Physik, die Naturwissenschaft ist durch ihre notwendige Verbindung mit der Mathematik weitgehend dem Verständnis des Nichtphysikers entrückt, d. h. dem Verständnis der überwiegenden Anzahl der Menschen. Das wäre nicht schwerwiegend, wenn die Naturwissenschaften in sich abgeschlossen, ohne Wirkung nach außen
5 blieben. Das aber ist nun keineswegs der Fall. Im Gegenteil, sie schleudern immer neue Möglichkeiten in die Welt, Radar, Fernsehen, Heilmittel, Transportmittel, elektronische Gehirne usw. Der Mensch sieht sich immer gewaltiger von Dingen umstellt, die er zwar handhabt, aber nicht mehr begreift. Dazu kommt, daß der Friede vorläufig nur deshalb besteht, weil es Wasserstoff- und Atombomben gibt, die für den
10 unermeßlich größten Teil der durch sie bedrohten wie auch bewahrten Menschheit vollends unverständlich sind. Die Technik, können wir mit einer gewissen Vorsicht sagen, ist das sichtbar bildhaft gewordene Denken unserer Zeit. Sie steht zur Physik ähnlich wie die Kunst zur Religion des alten Ägypten, die nur noch von einer Priesterkaste verstanden wurde.

Dazu kommt noch ein weiterer Umstand. Die Menschheit ist, um einen Ausdruck der Physik anzuwenden, aus dem Bereich der kleinen Zahlen in jenen der großen Zahl getreten. So wie in den Strukturen, die unermeßlich viele Atome umschließen, andere Naturgesetze herrschen als im Innern eines Atoms, so ändert sich die Verhaltensweise der Menschen, wenn sie aus den relativ übersichtlichen und, was die Zahl ihrer Bevölkerung betrifft, kleineren Verbänden der alten Welt in die immensen Großreiche unserer Epoche geraten. Wir sehen uns heute Staatsorganisationen gegenüber, von denen die Behauptung, sie seien Vaterländer, nur noch mit Vorsicht aufzunehmen ist. Ebenso bemüht sich die heutige Politik oft, Ideen aufrechtzuerhalten, die der staatlichen Wirklichkeit nicht mehr entsprechen: Daher das allgemeine Gefühl, einem boshaften, unpersönlichen, abstrakten Staatsungeheuer gegenüberzustehen. Politik im alten Sinne ist kaum mehr möglich. Wir brauchen eine technische Bewältigung von technischen Räumen, vor allem eine neue, genaue Unterscheidung von dem, was des Kaisers, von dem, was Gottes ist, von jenen Bezirken, in denen Freiheit möglich, und jenen, in denen sie unmöglich ist. Die Welt, in der wir leben, ist nicht so sehr in eine Krise der Erkenntnis gekommen, sondern in einer Krise der Verwirklichung ihrer Erkenntnisse. Sie ist ohne Gegenwart entweder zu sehr der Vergangenheit verhaftet oder einer utopischen Zukunft verfallen. Der Mensch lebt heute in einer Welt, die er weniger kennt, als wir das annehmen. Er hat das Bild verloren und ist den Bildern verfallen. Daß man heute unser Zeitalter eines der Bilder nennt, hat seinen Grund darin, daß es in Wahrheit eines der Abstraktion geworden ist. Der Mensch versteht nicht, was gespielt wird, er kommt sich als ein Spielball der Mächte vor, das Weltgeschehen erscheint ihm zu gewaltig, als daß er noch mitbestimmen könnte; was gesagt wird, ist ihm fremd, die Welt ist ihm fremd. Er spürt, daß ein Weltbild errichtet wurde, das nur noch dem Wissenschafter verständlich ist, und er fällt den Massenartikeln von gängigen Weltanschauungen und Weltbildern zum Opfer, die auf den Markt geworfen werden und an jeder Straßenecke zu haben sind. [...]

Was soll der Schriftsteller tun? Zuerst hat er zu begreifen, daß er in dieser Welt zu leben hat. Er dichte sich keine andere, er hat zu begreifen, daß unsere Gegenwart auf Grund der menschlichen Natur notwendigerweise so ist. Das abstrakte Denken der Menschen, die jetzige Bildlosigkeit der Welt, die von Abstraktheiten regiert wird, ist nicht mehr zu umgehen. Die Welt wird ein ungeheurer technischer Raum werden oder untergehen. Alles Kollektive wird wachsen, aber seine geistige Bedeutung einschrumpfen. Die Chance liegt allein noch beim einzelnen. Der einzelne hat die Welt zu bestehen. Von ihm aus ist alles wieder zu gewinnen. Nur von ihm, das ist seine grausame Einschränkung. Der Schriftsteller gebe es auf, die Welt retten zu wollen. Er wage es wieder, die Welt zu formen, aus ihrer Bildlosigkeit ein Bild zu machen. [...]

Es gibt in der deutschen Sprache die zwei Ausdrücke „sich ein Bild machen" und „im Bilde sein". Wir sind nie „im Bilde" über diese Welt, wenn wir uns über sie kein Bild machen. Dieses Machen ist ein schöpferischer Akt. Er kann auf zwei Arten verwirklicht werden: durch Nachdenken, dann werden wir notgedrungen den Weg der Wissenschaft gehen müssen, oder durch Neuschöpfen, das Sehen der Welt durch die Einbildungskraft. Den Sinn dieser beiden Haltungen, oder besser – dieser beiden Tätigkeiten – stelle ich dahin. Im Denken manifestiert sich die Kausalität hinter allen Dingen, im Sehen die Freiheit hinter allen Dingen. In der Wissenschaft zeigt sich die Einheit, in der Kunst die Mannigfaltigkeit des Rätsels, das wir Welt nennen. Sehen und Denken erscheinen heute auf eine eigenartige Weise getrennt. Eine Überwindung dieses Konflikts liegt darin, daß man ihn aushält. Nur durch Aushalten wird er überwunden. Kunst, Schriftstellerei ist, wie alles andere auch, ein Bewähren. Haben wir das begriffen, ahnen wir auch den Sinn.

(Friedrich Dürrenmatt, Theater. Essays und Reden. Hrsg. von E. Brock-Sulzer. Zürich: Copyright © 1985 by Diogenes Verlag AG Zürich)

Arbeitsanregungen

1. Worin sieht Dürrenmatt die Rolle der
   - Naturwissenschaft
   - Technik
   - Politik
   - Menschen
   - Schriftsteller?

   Beurteilen Sie seine Aussagen!

2. Wie begründet der Schriftsteller die Frage „Wozu Literatur"? Fassen Sie die wesentlichen Argumente und Beispiele in Thesen zusammen!

3. Wie machen Sie sich „ein Bild von der Welt", um „im Bilde zu sein"?

4. Eine bevorzugte Form der Abhandlung von Schriftstellern zu Fragen der Kunst oder Literatur ist der Essay:

   Essay (engl., franz. *essai* = Versuch), kürzere Abhandlung über e. wissenschaftlichen Gegenstand, e. aktuelle Frage des geistigen Lebens u. Ä. in leicht zugänglicher, doch künstlerisch anspruchsvoller, geistreicher und ästhetisch befriedigender Form, gekennzeichnet durch bewusste Subjektivität der Auffassung […] die wesenstiefe Erkenntnisse zu vermitteln sucht und e. Nachvollziehen des persönlichen Erlebnisses erstrebt, Vorläufigkeit der Aussage bei aller Treffsicherheit im Einzelnen und Unverbindlichkeit der aufgezeigten möglichen Zusammenhänge, die keine Verallgemeinerung zulässt. Der E. gilt daher als offene Form und unterscheidet sich durch die subjektive Formulierung von der streng wissenschaftlich-sachlichen Abhandlung, durch des geistige Niveau und Streben nach zeitlosen Einsichten vom breiteren und oberflächlicheren journalistischen Feuilleton.

   (Gero von Wilpert, Sachwörterbuch der Literatur. Stuttgart: Kröner Verlag, 7. Aufl. 1989, S. 267 f.)

   Verfassen Sie unter Berücksichtigung wesentlicher Kriterien und der Texte (S. 446 bis 453) einen Essay über die Bedeutung, die Literatur/Kunst für Sie hat!

GOTTFRIED BENN[1], **Können Dichter die Welt verändern?**

A.: Sie haben in zahlreichen Aufsätzen hinsichtlich der Figur des Dichters einen Standpunkt vertreten, der ungefähr besagt: der Dichter hat keine Wirkung auf die Zeit, er greift in den Lauf der Geschichte nicht ein und kann seinem Wesen nach nicht eingreifen, er steht außerhalb der Geschichte. Ist das nicht ein etwas absoluter Standpunkt?

B.: Wünschten Sie, ich hätte geschrieben, der Dichter solle sich für das Parlament interessieren, die Kommunalpolitik, die Grundstückseinkäufe, die notleidende Industrie oder den Aufstieg des fünften Standes?

A.: Es gibt aber doch eine Reihe namhafter Schriftsteller, die Ihre ablehnende Stellung nicht teilen und aus der Anschauung heraus arbeiten, daß wir an einer Wendung der Zeit stehen, daß ein neuer Menschentyp sich bildet und daß der Weg in eine gänzlich veränderte und bessere Zukunft beschrieben werden kann?

B.: Natürlich können Sie eine bessere Zukunft beschreiben, es gab immer Erzähler der Utopie, zum Beispiel Jules Verne oder Swift. Was die Wendung der Zeit angeht, so habe ich schon wiederholt meine Untersuchungen darauf gerichtet, daß die Zeit sich immer wendet, immer ein neuer Menschentyp sich bildet und daß Formeln wie Menschheitsdämmerung und Morgenröte schon allmählich Begriffe von einer geradezu mythischen Solidität und Regelmäßigkeit darstellen. […]

---

1 (RR)

A.: [...] Aber haben nicht doch die Künstler seit Urzeiten der Menschheit gedient, indem sie durch Nachbildung und dichterische Darstellung den beunruhigenden Erscheinungen das Furchtbare genommen haben?

B.: [...] Der Dichter, eingeboren durch Geschick in das Zweideutige des Seins, eingebrochen unter acherontischen Schauern in das Abgründige des Individuellen, indem er es gliedert und bildnerisch klärt, erhebt es über den brutalen Realismus der Natur, über das blinde und ungebändigte Begehren des Kausaltriebes, über die gemeine Befangenheit niederer Erkenntnisgrade und schafft eine Gliederung, der die Gesetzmäßigkeit eignet. Das scheint mir die Stellung und Aufgabe des Dichters gegenüber der Welt. Sie meinen, er solle sie ändern? Aber wie sollte er sie denn ändern, sie schöner machen – aber nach welchem Geschmack? Besser – aber nach welcher Moral? Tiefer – aber nach dem Maßstab welcher Erkenntnisse? Woher soll er überhaupt den Blick nehmen, mit dem er sie umfaßt, das Wissen, um sie zu führen, die Größe für Gerechtigkeit gegenüber ihren Zielen – auf wen sollte er sich denn überhaupt stützen – auf sie, „die in lauter Kindern lebt", wie Goethe sagt, „aber die Mutter, wo ist sie?"

A.: Er nimmt also die Maßstäbe allein aus sich selbst, verfolgt keine Zwecke und dient keiner Tendenz?

B.: Er folgt seiner individuellen Monomanie. Wo diese umfassend ist, erwirkt sie das äußerste Bild von der letzten dem Menschen erreichbaren Größe. Diese Größe will nicht verändern und wirken, diese Größe will sein. Immer beanstandet von der Stupidität des Rationalismus, immer bestätigt von den Genien der Menschheit selbst. Einer Menschheit, die, soweit ich ihr Schicksal übersehe, nie Überzeugungen folgte, sondern immer nur Erscheinungen, nie Lehren, sondern immer Bildern, und die sich von zu weit her verändert, als daß unsere Blicke sie verfolgen könnten.

A.: Also schreibt der Dichter Monologe?

B.: Autonomien! Es arbeitet hier, um ein Schillersches Wort zu gebrauchen, die regellos schweifende Freiheit am Bande der Notwendigkeit. Diese Notwendigkeit aber ist transzendent, nicht empirisch, nicht materiell, nicht opportunistisch, nicht fortschrittlich. Sie ist die Ananke, sie ist das Lied der Parze: aus Schlünden der Tiefe gerechtes Gericht. Sie ist das Geheimnis des Denkens und des Geistes überhaupt. Sie trifft nur wenige, und Dichter und Denker sind in ihrer letzten Form vor ihr identisch.

(Gottfried Benn, Gesammelte Werke in vier Bänden. Hrsg. von Dieter Wellershoff. Band 4: Autobiographische und vermischte Schriften. Klett-Cotta, Stuttgart 1961, 7. Aufl. 1992.)

Arbeitsanregungen

1. Klären Sie den Inhalt des Textes mit Hilfe entsprechender Nachschlagewerke!

2. Erarbeiten Sie aus dem Dialog, was – nach Benn – ein Dichter kann und was er nicht kann! Verfassen Sie ein strukturiertes Thesenpapier!

3. „Können Dichter die Welt verändern?" Diskutieren Sie die Frage, indem Sie sich auf Beispiele aus diesem Lehrbuch berufen!

Brigitte Reimann wurde 1933 in Burg bei Magdeburg geboren. Lehrerin. Erste Veröffentlichung bereits 1955. Sie starb 1973 nach langer Krankheit in Berlin.

Im Klappentext zu ihrem ersten Tagebuch-Band heißt es:

»Ich weiß nicht, wann ich wahrhaftig ich selbst bin, am Schreibtisch oder sonst. Ich frage mich, ob all meine Kraft und mein Mut die auf einem Blatt Papier geschaffenen Menschen fressen oder ob ich gar keine Kraft und keinen Mut habe und sie gerade deshalb meinen Gestalten gebe.«

Brigitte Reimann schrieb diese Sätze mit 29 Jahren. Mit der für sie typischen Radikalität benannte sie ihre Konflikte als Autorin und als Frau: leben wollen und schreiben müssen, geliebt werden wollen und wahrhaftig sein müssen. Sich allem immer ganz hinzugeben, und zwar sofort, gehörte zu ihren dominierenden Charakterzügen, und sie selbst stand hilflos der eigenen Lebenswut gegenüber und trieb sich doch ständig an: »Wer weiß, wie lange ich noch lebe …«

Gestorben ist sie zehn Jahre später an Krebs, aber eigentlich war es die Überdosis Leben, die sie ihrem Körper zugemutet hat – Affären, Arbeit, Alkohol –, die sie so früh sterben ließ, und eben jene zerstörerischen Selbstzweifel. So manisch, wie sie alles betrieb, hat sie seit ihrer Jungmädchenzeit Tagebuch geführt. Die frühen Aufzeichnungen hat sie selbst vernichtet. Dieser erste Band der Edition ihrer Tagebücher setzt ein, als sie sich von ihrem ersten Ehemann zu trennen beginnt, den Schriftsteller Siegfried Pitschmann kennenlernt und mit ihm in eines der neuen Industriezentren, nach Hoyerswerda, zieht. […]

Wegen ihres leidenschaftlichen Engagements wird sie in Kommissionen des Politbüros berufen, aber bald wird ihr klar, dass die falschen Leute sie für ihre Ziele vereinnahmen wollen. Und so sind die Tagebücher nicht nur Dokument der Emanzipation einer Frau von herrschenden Moralvorstellungen und einer Schriftstellerin von dogmatischen Erwartungen, sondern auch einer politischen Desillusionierung.

Lesehinweis

Brigitte Reimann, Franziska Linkerhand. Roman. Berlin: Aufbau 1998.

Brigitte Reimann, Alles schmeckt nach Abschied. Tagebücher 1964–1970. Berlin: Aufbau 1998.

Formen der Literatur. Hrsg. von Otto Knörrich. Stuttgart: Kröner = KTA 478.

Arbeitsanregungen

 1. Charakterisieren Sie Brigitte Reimann anhand des Tagebuchauszuges!

Welche Beziehung hat sie zu den Staatsorganen der DDR? Welche Ziele verfolgt sie mit ihrer literarischen Arbeit?

 2. Wie wird die Autorin im Klappentext des Aufbau Verlags dargestellt?

Vergleichen Sie die Schilderung der Persönlichkeit mit Reimanns Selbstzeugnis! Finden sich Übereinstimmungen?

BRIGITTE REIMANN, **Dafür schreibe ich**

Petzow, 18. Februar 1963 (nachts)

[...] Ich bin todmüde, 20 Seiten Drehbuch geschafft. Aber ich muß endlich die Sache mit Prof. Norden[1] hinter mir haben, und meine Müdigkeit zwingt mich zur Kürze. [...]

Er ließ sich von meinem neuen Buch erzählen, und natürlich brachte ich meine Frage an, was man denn nun noch schreiben dürfe. „Alles, wenn die Proportionen stimmen." Nun gut. Auf einmal aber erzählt er von Freunden, die ermordet worden sind: die einen von Hitler, die anderen von Stalin. Und seine Rede nach Ungarn: von weißem und von rotem Terror, und die Rüge, die er dafür vom ZK[2] bekam. Und dies und immer anderes, Schlimmeres, was ich nicht einmal meinem Tagebuch anvertraue, und mit „liebste Brigitte" und in einem Ton, der mich erst mit Unruhe, dann mit Angst erfüllte: in was für ein Abenteuer habe ich mich da eingelassen? Ein Blick in die Welt der Drahtzieher, die ich nicht verstehe, und nicht verstehen will. Ich bin Schriftsteller, bin ein naiver Mensch, und meinetwegen auch doof – ich will auf meinem Boden bleiben. Ich will die Augen zumachen vor denen da, aber ich kann es nicht mehr: ich starre gebannt auf ein Schauspiel, in dem eine fremde Sprache gesprochen wird: Sind sie zynisch? Sind sie nur hart, weil die Zeit, die Politik (Gott, was ist das: die „hohe Politik"?) es verlangen, weil sie furchtbare Erfahrungen gemacht haben. Was ist „die Macht"? Sind die Mächtigen weise? Sind sie verderbt? Sind sie wirklich immer die hart Arbeitenden?

Jetzt rege ich mich doch wieder auf, und stehe da mit meinen hundert Fragen und Angst und einer brennenden Neugier, diese *Menschen* kennenzulernen.

Ja, und dann: mein Erfolg. „Sie haben doch jetzt Publizität", sagte Norden, „nützen Sie sie, wo Sie nur können." Und jetzt muß ich es wieder mit meinen dummen dürren Worten sagen, weil ich diesen teuflisch klugen Mann (manche nennen ihn einen Jesuiten) nicht wiederholen kann: Ich habe erfahren, wie man jemanden „macht". Sie haben nachgeholfen, sie wissen schon, wen sie sich aussuchen, und nun bin ich es, heute noch, und ich habe publicity, weil das PB[3] sie mir verschafft hat – und morgen? Ein Schritt daneben ... Niemals habe ich mich so ausgeliefert gefühlt, so dicht an einem Abgrund, ich bin ohnmächtig, man kann mich wegpusten wie ein Staubkorn. „Liebste Brigitte, nützen Sie das ..." Wie lange noch?

Ich sehe Gespenster. Ich spinne. Ich will nicht mehr darüber nachdenken. Mir ist hundeelend. Ich gehe jetzt ins Bett. Ich will arbeiten und gute und ehrliche Bücher schreiben, verdammt. Sie sind doch *Genossen*. Ach, ich Esel und albernster aller Dummköpfe mit meinem gemütvollen Sozialismus: „hienieden Brot genug für alle Menschenkinder ..." Doch. Und die Rosen und die Myrthe und die Zuckererbsen. Doch. Genau das. Den Menschen Schuhe an die Füße. Das ist das Nächste, das Erste, dafür schreibe ich. Ich laß mir nicht Angst machen vor mir selber.

(Brigitte Reimann, *Ich bedaure nichts. Tagebücher 1955–1963.* Berlin: Aufbau 1997, S. 294-296.)

---

1 Albert Norden, 1958–1981 Mitglied des Politbüros des SED-Zentralkomitees
2 ZK = Zentralkomitee
3 PB = Politbüro

„Wenn der 1942 geborene Österreicher **Peter Handke** bereits im Jahre 1969 ein prominenter deutscher Schriftsteller war, so hat sein Ruhm, oder genauer, seine Berühmtheit begonnen mit zwei, wie soll ich sagen: Aktivitäten, Publikationen, Ereignissen, Auftritten. Er beschimpfte die Autoren, die zu einer Tagung der Gruppe 47 1966 in Princeton versammelt waren, und er publizierte ein Theaterstück mit dem Titel ‚Publikumsbeschimpfung'. Obwohl beides leicht unter den Oberbegriff ‚Beschimpfung' einzuordnen ist, erkennt man doch zugleich, weshalb beides nur schwer vergleichbar, benennbar ist. Es handelt sich einmal um eine unmittelbare persönliche Reaktion gegen Produzenten von Literatur, und zwar von einer Art Literatur, die den Autor Handke, die den Anfänger Handke langweilte. Zum anderen aber handelt es sich um Literatur, die dieser Autor Handke verfasst hat gegen die Art Literatur, von der er sich vor den Autoren der Gruppe 47 distanzierte. Zeigt er in der ‚Publikumsbeschimpfung', wie die Literatur aussieht, die er will im Gegensatz zu der, die er auf der Tagung der Gruppe 47 angeboten bekam? War das eine nur die literatisierte Version des anderen oder war die kritisch-persönliche Reaktion nur die Anwendung der Literatur in der Praxis?" (Helmut Heißenbüttel, Peter Handke. In: Text und Kritik, Nr. 24/24a. München: Boorberg ²1971.)

Lesehinweis

Absichten und Einsichten. Texte zum Selbstverständnis zeitgenössischer Autoren. Hrsg. von Markus Krause/Stephan Speicher. Stuttgart: Reclam 1990 = UB 8640 (4).

Peter Handke, Ich bin ein Bewohner des Elfenbeinturms

Literatur ist für mich lange Zeit das Mittel gewesen, über mich selber, wenn nicht klar, so doch klarer zu werden. Sie hat mir geholfen zu erkennen, daß ich da war, daß ich auf der Welt war. Ich war zwar schon zu Selbstbewußtsein gekommen, bevor ich mich mit der Literatur beschäftigte, aber erst die Literatur zeigte mir, daß dieses Selbstbewußtsein kein Einzelfall, kein Fall, keine Krankheit war. Ohne die Literatur hatte mich dieses Selbstbewußtsein gleichsam befallen, es war etwas Schreckliches, Beschämendes, Obszönes gewesen; der natürliche Vorgang erschien mir als geistige Verwirrung, als eine Schande, als Grund zu Scham, weil ich damit allein schien. Erst die Literatur erzeugte mein Bewußtsein von diesem Selbstbewußtsein, sie klärte mich auf, indem sie zeigte, daß ich kein Einzelfall war, daß es anderen ähnlich erging. Das stupide System der Erziehung, das wie auf jeden von den Beauftragten der jeweiligen Obrigkeit auch auf mich angewendet wurde, konnte mir nicht mehr so viel anhaben. So bin ich eigentlich nie von den offiziellen *Erziehern* erzogen worden, sondern habe mich immer von der Literatur verändern lassen. Von ihr bin ich durchschaut worden, von ihr habe ich mich ertappt gefühlt, von ihr sind mir Sachverhalte gezeigt worden, deren ich nicht bewußt war oder in unbedachter Weise bewußt war. Die Wirklichkeit der Literatur hat mich aufmerksam und kritisch für die wirkliche Wirklichkeit gemacht. Sie hat mich aufgeklärt über mich selber und über das, was um mich vorging.

Seit ich erkannt habe, worum es mir, als Leser wie auch als Autor, in der Literatur geht, bin ich auch gegenüber der Literatur, die ja wohl zur Wirklichkeit gehört, aufmerksam und kritisch geworden. Ich erwarte von einem literarischen Werk eine Neuigkeit für mich, etwas, das mich, wenn auch geringfügig, ändert, etwas, das mir eine noch nicht gedachte, noch nicht bewußte *Möglichkeit* der Wirklichkeit bewußt macht, eine neue Möglichkeit zu sehen, zu sprechen, zu denken, zu existieren. Seitdem ich erkannt habe, daß ich selber mich durch die Literatur habe ändern können, daß mich die Literatur zu einem andern gemacht hat, erwarte ich immer wieder von der Literatur eine neue Möglichkeit, mich zu ändern, weil ich mich nicht für schon endgültig halte. Ich erwarte von der Literatur ein Zerbrechen aller endgültig scheinenden Weltbilder. Und weil ich erkannt habe, daß ich selber mich durch die Literatur ändern konnte, daß ich durch die Literatur erst bewußter *leben* konnte, bin ich auch überzeugt, durch meine Literatur andere ändern zu können. Kleist, Flaubert, Dostojewski, Kafka, Faulkner, Robbe-Grillet haben mein Bewußtsein von der Welt geändert.

Jetzt, als Autor wie als Leser, genügen mir die bekannten Möglichkeiten, die Welt darzustellen, nicht mehr. Eine Möglichkeit besteht für mich jeweils nur einmal. Die Nachahmung dieser Möglichkeit ist dann schon unmöglich. Ein Modell der Darstellung, ein zweites Mal angewendet, ergibt keine Neuigkeit mehr, höchstens eine Variation. Ein Darstellungsmodell, beim ersten Mal auf die Wirklichkeit angewendet, kann realistisch sein, beim zweiten Mal schon ist es eine Manier, ist irreal, auch wenn es sich wieder als realistisch bezeichnen mag.

Eine solche Manier des Realismus gibt es heute etwa in der deutschen Literatur. Weithin wird mißachtet, daß eine einmal gefundene Methode, Wirklichkeit zu zeigen, buchstäblich »mit der Zeit« ihre Wirkung verliert. Die einmal gewonnene Methode wird nicht jedesmal neu überdacht, sondern unbedacht übernommen. Es wird so getan, als sei die Beschreibung dessen, was positiv ist (sichtbar, hörbar, fühlbar ...) in sprachlich vertrauten, nach der Übereinkunft gebauten *Sätzen* eine *natürliche*, *nicht* gekünstelte, *nicht* gemachte *Methode*. Die *Methode* wird überhaupt für die *Natur* gehalten. Eine Spielart des Realismus, in diesem Fall die Beschreibung, wird für naturgegeben gehalten. Man bezeichnet diese Art der Literatur dann auch als »unliterarisch«, »unpreziös«, »sachlich«, »natürlich« (Der Ausdruck »dem Leben abgelauscht« scheint sich nicht durchgesetzt zu haben). Aber in Wirklichkeit ist diese Art der Literatur genausowenig natürlich wie alle Arten der Literatur bis jetzt: nur der Gesellschaft, die mit Literatur zu tun hat, ist die Methode vertraut geworden, so daß sie gar nicht mehr spürt, daß die Beschreibung nicht Natur, sondern Methode ist. Diese Methode wird im Augenblick nicht mehr reflektiert, sie ist schon rezipiert worden. Unreflektiert verwendet, steht sie der Gesellschaft nicht mehr kritisch gegenüber, sondern ist einer der Gebrauchsgegenstände der Gesellschaft geworden. [...]

(Peter Handke, Ich bin ein Bewohner des Elfenbeinturms. Frankfurt: Suhrkamp 1972, S. 19–20.)

Arbeitsanregungen

1. Welche Bedeutung hat die Literatur für Handke? Welchen Ansprüchen muss sie genügen?

2. Der Literaturkritiker Peter Pütz charakterisiert Handkes literarische Entwicklung:
   „Spätestens seit ‚Publikumsbeschimpfung' wird jede seiner literarischen Arbeiten zu einem Affront, sowohl gegen sein Publikum als auch gegen die eigene Position des bereits Erreichten, gegen die drohende Manier, gegen sein letztes Werk. Mit jeder neuen Herausforderung seiner Leser widerruft und verlässt er zugleich seine Vergangenheit; mit jedem Schlag nach vorne stößt er sich von seinem eigenen Hintergrund ab."
   Erläutern Sie im Zusammenhang des Textes, warum der ständige Neuanfang zu Handkes schriftstellerischem Programm gehört!

3. Versetzen Sie sich in die Situation als „Bewohner eines Elfenbeinturms" und schreiben Sie einen Essay über die Bedeutung, die die Literatur und Kunst für Sie hat!

Zur Interpretation von Gedichten

BERTOLT BRECHT[1]
Über das Zerpflücken von Gedichten

Der Laie hat für gewöhnlich, sofern er ein Liebhaber von Gedichten ist, einen lebhaften Widerwillen gegen das, was man das Zerpflücken von Gedichten nennt, ein Heranführen kalter Logik, Herausreißen von Wörtern und Bildern aus diesen zarten blütenhaften Gebilden. Demgegenüber muß gesagt werden, daß nicht einmal Blumen verwelken, wenn man in sie hineinsticht. Gedichte sind, wenn sie überhaupt lebensfähig sind, ganz besonders lebensfähig und können die eingreifendsten Operationen überstehen. […]

Der Laie vergißt, wenn er Gedichte für unnahbar hält, daß der Lyriker zwar mit ihm jene leichten Stimmungen, die er haben kann, teilen mag, daß aber ihre Formulierung in einem Gedicht ein Arbeitsvorgang ist und das Gedicht eben etwas zum Verweilen gebrachtes Flüchtiges ist, also etwas verhältnismäßig Massives, Materielles. Wer das Gedicht für unnahbar hält, kommt ihm wirklich nicht nahe. In der Anwendung von Kriterien liegt ein Hauptteil des Genusses. Zerpflücke eine Rose, und jedes Blatt ist schön.

WALTHER KILLY
Ohne Arbeit und Übung geht es nicht ab

Das *empfinden* ist eine Weise, Gedichte laienhaft zu apperzipieren, welche ebenso wie die *leichten Stimmungen* zwar Vergnügen bereitet, aber von Kunst nichts ahnen lassen wird.

Sie wird erst bemerkenswert in der Wahrnehmung des Kunstcharakters, zu dessen Realisation verschiedene Elemente zusammenwirken; wenn man ihnen nachfragt, so werden sie Kriterien für die Erkenntnis des Ganzen an die Hand geben. Gerade um solche Kriterien ist der Leser verlegen, der in ein Zeitalter geboren ist, das keine verbindliche Poetik, ja überhaupt keine Verbindlichkeit mehr sein Eigen nennt. Am ehesten wird sich ihm noch ein Zugang über die Geschichte der Erscheinungen eröffnen, welche im Vergleich – so wie im Vergleich verschiedener Literaturen – den Blick schärft für das Besondere und Eigentümliche, das Abwegige und das Gelungene. Aber auch dieser Zugang ist mit Hindernissen verstellt, zu welchen vor allem das abnehmende Interesse an der Geschichte und der Irrtum gehören, Literatur werde weniger der Tradition als einer individuellen Spontaneität verdankt. Die gleiche Spontaneität, die man dem Autor unterstellt, glaubte man dem Leser zutrauen zu dürfen, nicht ahnend, dass es nicht nur bei der Hervorbringung, sondern auch bei der Wahrnehmung von Gedichten ohne Arbeit und Übung nicht abgeht.

(Lyrik vom Mittelalter bis zur Gegenwart. Hrsg. von Dietrich Erlach. Suhrkamp Verlag 1986, S. 252.)

---

[1] (RR)

Hans Magnus Enzensberger, Über Gedichte

Brecht-Gedichte kann jeder lesen. Sie haben die Struktur einer Zwiebel: Die erste Schale ist jedem zugänglich; ein geübter Leser entdeckt darunter drei oder vier weitere Schalen. Viele Leute haben Angst vor Gedichten. Man hat das Gefühl, das Gedichte lesen in der Schule habe sie für ihr restliches Leben abgeschreckt. Die Pluralität von Lektüre wird den Schülern überhaupt nicht eingeräumt. Dabei gibt es eben nicht nur eine richtige Lesart, sondern immer viele.

(Süddeutsche Zeitung, Nr. 195 vom 25. August 1999.)

Günter Eich, Thesen zur Lyrik

Das und so möchte ich schreiben:
Gedichte ohne die Dimension Zeit
Gedichte, die meditiert, nicht interpretiert werden müssen
Gedichte, die schön sind ohne Schönheit zu enthalten
Gedichte, in denen man sich zugleich ausdrückt und verbirgt   5
Unweise Gedichte und direkte Gedichte
Die Liste kann fortgesetzt werden
Lyrik ist überflüssig, unnütz, wirkungslos. Das legitimiert
sie in einer utilitaristischen¹ Welt. Lyrik spricht nicht
die Sprache der Macht, – das ist ihr verborgener   10
Sprengstoff.

(Günter Eich, Gesammelte Werke, Band 4. Frankfurt: Suhrkamp 1973, S. 388.)

Arbeitsanregungen

1. Fassen Sie die Äußerungen der Autoren zur Interpretation von Gedichten in Thesenform zusammen! Mit welchen Thesen können Sie sich identifizieren?

2. Rudolf Hartung hat eine Analyse zu Eichs Gedicht „Ende eines Sommers" verfasst (S. 456 ff.). Halten Sie seine Interpretation für angebracht, obwohl der Dichter Werke schaffen möchte, „die meditiert, nicht interpretiert werden müssen"?
Begründen Sie Ihre Meinung und greifen Sie dabei auch auf die Argumente aus den vorangegangenen Texten zurück!

3. Interpretieren Sie „Ende eines Sommers" unter werkimmanenten Aspekten! (Zur Interpretation vgl. S. 111)
Reflektieren Sie Ihre Ergebnisse, indem Sie sie mit Hartungs Deutung vergleichen!

---

1 Utilitarismus = Lehre, die im Nützlichen die Grundlagen des sittlichen Verhaltens sieht und ideale Werte nur anerkennt, sofern sie dem Einzelnen oder der Gemeinschaft nützen

GÜNTER EICH[1], **Ende eines Sommers**

Wer möchte leben ohne den Trost der Bäume!

Wie gut, daß sie am Sterben teilhaben!
Die Pfirsiche sind geerntet, die Pflaumen färben sich,
während unter dem Brückenbogen die Zeit rauscht.

5 Dem Vogelzug vertraue ich meine Verzweiflung an.
Er mißt seinen Teil von Ewigkeit gelassen ab.
Seine Strecken
werden sichtbar im Blattwerk als dunkler Zwang,
die Bewegung der Flügel färbt die Früchte.

10 Es heißt Geduld haben.
Bald wird die Vogelschrift entsiegelt,
unter der Zunge ist der Pfennig zu schmecken.

RUDOLF HARTUNG[1], **Ende eines Sommers**

Man lernt langsam, auch in der Rolle des Lehrenden. Und so dauerte es seine Zeit, bis ich begriff, daß das Gedicht Günter Eichs so einfach und leicht verständlich nicht ist, wie es den Anschein haben mag. Kompliziert in seiner gedanklichen Struktur ist gerade auch der erste Vers. Er setzt die Trostbedürftigkeit des Lebens voraus wie die
5 Einsicht, daß Bäume Trost spenden können, und er verschärft, nicht ohne Emphase, diese Voraussetzungen in dem bekenntnishaften Ausruf: „Wer möchte leben ohne den Trost der Bäume!" – als gehöre eng zum Leben immer auch seine Unmöglichkeit oder die Möglichkeit der Absage.

Hat der erste Vers, auf eher indirekte Weise, die Vergänglichkeit des Lebens und die
10 lange Lebensdauer der Bäume aufgerufen, so verknüpft beides der folgende Vers. Am Prozess des Sterbens haben auch die Bäume teil – in jedem Herbst und zuletzt definitiv –, und dies wird gut genannt (weil es Gemeinsamkeit schafft und vielleicht auch weil das schweigende Sterben der Bäume ein Exempel setzt). Mit diesem Sterben – auch schon mit dem Titel *Ende eines Sommers* – strömt gleichsam Zeitlichkeit
15 ins Gedicht ein, wobei, in glücklicher Abhebung gegen eine gewisse Allgemeinheit der ersten Verse, nun mit sehr konkreten Beispielen – Pfirsiche, Pflaumen – der Vorgang des Erntens und Reifens veranschaulicht wird; auch unterm Brückenbogen rauscht die Zeit – als strömendes Wasser – vorbei und hinab.

Was diese Bilder des Vergehenden an Verzweiflung wecken, wird in einer kühnen
20 irrationalen Geste – es ist jene Kühnheit, die sich der Verzweiflung verdankt – dem „Vogelzug" überantwortet: Fortfliegenden, die dem Herbst entrinnen, als gebe es eine definitive Flucht vor dem Tod; kreatürlichen Wesen, die ohne Bewußtsein des Sterbens „gelassen" ihre kleine Zeitspanne leben. [...] In den folgenden drei Versen wird die im Wort „Vogelflug" enthaltene Zeitlichkeit freigesetzt. Die „Strecken" des Vogelflugs
25 – der räumliche Ausdruck impliziert eine bestimmte Zeitdauer – werden ablesbar am Laub und an der Färbung der Früchte. Was in gewöhnlicher Rede und mit einer eingefahrenen Metapher „Der Herbst färbt die Blätter" heißt, wird im Gedicht durch eine verfremdende Metaphorik ersetzt, die zwar wissenschaftlich ebensowenig haltbar ist

1 (RR)

wie die alte, aber durch ihre überraschende Neuheit das Phänomen und die Beziehung der Phänomene erst wieder, und fast schockartig, zu Bewußtsein bringt. Kraft dieser künstlerischen Umsetzung verwirklicht sich das Gedicht: die abgenutzte Welt wird wieder sichtbar, die Wirklichkeit wird neu entdeckt – ein Vorgang, den Glück und Erschrecken begleiten, der momentan und immerwährend ist. [...]

Die letzte Strophe beginnt mit dem Vers: „Es heißt Geduld haben." Vor diesem Vers, dem der Blick auf das Enteilende und die das Ende ankündigenden Veränderungen vorausging, ist eine Pause. Oder genauer: ein emphatisches Schweigen – wie nicht selten zwischen den Strophen bei Günter Eich –, dessen Bedeutungsschwere beim Lesen des neuen Verses offenbar wird. Solche Pausen, mag auch im Einzelfall ihr „Gehalt" nicht immer leicht zu bestimmen sein, sind zumal bei Eich für das Gedicht ebenso konstitutiv wie die Aussage der Verse; wer sie nicht oder nur als leere Zeit empfindet, erfährt nicht das Gedicht. Ähnliches wäre auch im Hinblick auf das einzelne Wort zu sagen. Es gilt zu vernehmen, auf welche Weise es sich dem Schweigen entringt, wie beschaffen die Relation von Schweigen und Laut ist.

Um zu der Pause zwischen der vorletzten und der letzten Strophe dieses Gedichts zurückzukehren: in ihr wird – schweigend – die durch die Erfahrung des endenden Sommers aufgerufene Vergänglichkeit auch des eigenen Lebens bedacht, jenes Lebens, das am Rande seiner Unmöglichkeit steht und dem Verzweiflung so gewiß ist, daß sie nicht näher begründet zu werden braucht. Dieses Bedenken mündet in eine Einsicht, und erst diese wird sprachlich wieder artikuliert: „Es heißt Geduld haben." Geduld trotz Verzweiflung; Geduld trotz der Ungeduld, die auf Entschlüsselung jener Erscheinungen drängt, die jetzt und hier nicht lesbar sind; Geduld wohl auch, weil, wie angedeutet, die authentische Erfahrung der Wirklichkeit Glück und Schrecken zugleich ist.

Am Ende, und das heißt: „bald" wird das jetzt noch chiffriert Erscheinende – die „Vogelschrift" – lesbar sein; eine Hoffnung, die der bei Günter Eich häufig verlautbarten Erfahrung entspringt, daß die irdischen Erscheinungen einen geheimen Sinn in sich bergen, eine uns zugedachte „Botschaft", die sich uns gleichwohl verweigert. Unterpfand dieser Erwartung ist der Geschmack des Pfennigs unter der Zunge: der Obolus, der Charon für die Überfahrt zu entrichten sein wird, ist jetzt schon zu schmecken; der Tod ragt in die Gegenwart hinein.

Offen bliebe die Frage, ob diese Hoffnung, die eine bittere zu nennen wäre, weil sie im Tod zu gewinnen ist – das Wort „bitter" drängt sich übrigens beim Lesen des letzten Verses unwillkürlich auf –, ob und inwiefern diese Hoffnung begründet ist. [...] Glaubwürdiger in dem Gedicht Günter Eichs ist die Verzweiflung, die offenbar kaum einer Begründung bedarf, überdies auch durch den ersten Vers: „Wer möchte leben ohne den Trost der Bäume!" schon etwas „vorbereitet" ist. –

Zu sprechen bleibt zuletzt noch von einer Glaubwürdigkeit anderer, künstlerischer Art; einer magischen Verführung, ohne die das Gedicht nicht wäre, was es ist. Gemeint sind gewisse Korrespondenzen im Sprachleib jener Wörter, die in einem Sinnbezug zueinander stehen. Daß, beispielsweise, im ersten Vers der Konsonant „b" von „leben" in dem Wort „Bäume" wiederkehrt, verleiht der Aussage geheime Überzeugungskraft: Leben und Bäume, so wird sanft suggeriert, gehören zusammen; gemeinsam ist ihnen überdies das „Sterben" in welchem Wort der Konsonant sich wiederum findet.

(Vernehmen auch muß man, wie im Diphthong des Worts „Bäume" das Trostspendende sich so weit ausladend entfaltet wie die Gegenstände, die aufgerufen werden...) – Von den „Pfirsichen" und „Pflaumen" des dritten Verses war in anderem Zusammenhang schon die Rede: an sehr Konkretem – selbst die Wörter sind sehr konkret – sollte der herbstliche Vorgang aufgezeigt werden. Der auffallende Doppelkonsonant der beiden Wörter kehrt wieder im zu schmeckenden „Pfennig" des letzten Verses: der Münze, die zwar nicht wie die Früchte am Ende des Sommers geerntet, indessen nach dem definitiven irdischen Ende zu entrichten sein wird; geerntet, diese Assoziation ist zulässig, wird der Träger der Münze im Tod.

Erstaunlich wäre es, würde die Zeitlichkeit, die das Thema des Gedichts bildet und schon in den bislang angeführten Beispielen aufzuspüren war, nicht noch weiter suggestiv zur Anschauung gebracht. Das Wort „Zeit", verknüpft mit dem Gedanken an ihre Vergänglichkeit – sie rauscht als Fluss unter dem Brückenbogen –, erscheint im vierten Vers. Sogleich im nächsten Vers begegnen wir wieder dem Anfangsbuchstaben des Worts in den Vokabeln „Vogelzug" und „Verzweiflung": im Vogelzug, der den innigsten Bezug zur Zeit, zum Ende eines Sommers hat; in der Verzweiflung, die wesentlich in der Zeitlichkeit und damit Vergänglichkeit des Daseins wurzelt. So können die Anfangsbuchstaben dieses Wortes für die menschliche Daseinsverfassung wiederkehren im dunklen „Zwang", der im Blattwerk als Ergebnis der verrinnenden Zeit sichtbar wird. „Dunkel" wird dieser Zwang genannt, doch ist diesem Vorgang nicht Verzweiflung zuzuordnen, sondern jene Gelassenheit, die auch dem Vogelzug eignet: sterblich ist der Mensch wie die Kreatur und die irdischen Dinge; aber nur der Mensch weiß das.

(Doppelinterpretationen. Das zeitgenössische deutsche Gedicht zwischen Autor und Leser. Hrsg. von Hilde Domin. Frankfurt: Fischer 1976 = ft 1060, S. 46–53.)

Zur Analyse von Lyrik

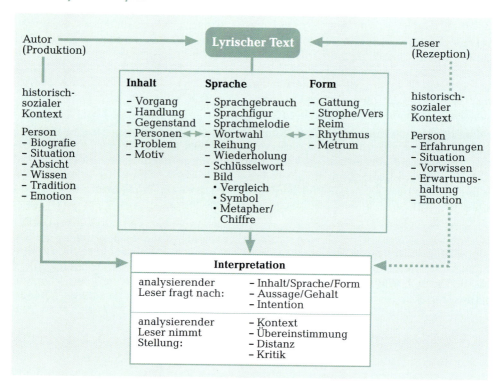

Grundbegriffe der Lyrik

Chiffre

(franz.: Zahl, Geheimzahl)

in moderner Dichtung, besonders Lyrik, Stilfigur des Wirklichkeitsschwundes: emblemartig abkürzende Zeichen (einfache Worte oder Sprachgebärden, deren Bedeutung aus dem Textzusammenhang hervorgeht, diesen aber erst verständlich macht; ein verschlüsseltes Zeichen, das unkontrollierbare Gefühlswerte ausdrücken will

Beispiel
„Stadt" für Hoffnungslosigkeit *(bei Georg Trakl)* Mit allen Augen sieht die Kreatur das Offene *(Rainer Maria Rilke)*

Metapher

(griech.: metaphora = Übertragung)

gilt als dichterische Form bildlicher Ausdrücke;

übertragene Bedeutung für Wörter, Begriffe, die nicht im ursprünglichen Sinn gemeint sind

Beispiel
Fuß des Berges Tischfuß Redefluss Licht der Wahrheit

Metrum

Das Metrum *(griech.: metron = Maß)* ergibt sich durch die Tonfolge der Silben beim Sprechen; je nach dem Verhältnis der unbetonten Silbe ($|\breve{x}|$ = Senkung) und der betonten Silbe ($|\bar{x}|$ = Hebung) wird das Versmaß bestimmt. Die wichtigsten metrischen Figuren sind:

Jambus $|\breve{x}\ \bar{x}|$

(auf eine unbetonte Silbe folgt regelmäßig eine betonte Silbe; **Kennzeichen:** steigend, aufschnellend, drängend, fortschreitende Bewegung)

Beispiel
∪ — ∪ — ∪ — ∪ — Am grauen Strand, am grauen Meer ∪ — ∪ — ∪ — und seitab liegt die Stadt *(Theodor Storm)*

Trochäus $|\bar{x}\ \breve{x}|$

(auf eine betonte Silbe folgt regelmäßig eine unbetonte Silbe; **Kennzeichen:** laufend-fallende Bewegung)

Beispiel
— ∪ — ∪ — ∪ — ∪ — ∪ Ach, es ist so dunkel in des Todes Kammer *(Mathias Claudius)*

Daktylus $|\bar{x}\ \breve{x}\ \breve{x}|$

(auf eine betonte Silbe folgen zwei unbetonte Silben; **Kennzeichen:** lebhaft-tänzerische Bewegung)

Beispiel
— ∪ ∪ — ∪ ∪ — ∪ Ach, wer da mitreisen könnte ∪ ∪ — ∪ ∪ — ∪ In der prächtigen Sommernacht *(Joseph von Eichendorff)*

Anapäst |x̆ x̆ x̄|

(auf zwei unbetonte Silben folgt eine betonte Silbe; **Kennzeichen:** feierlich-gewichtige Bewegung)

Beispiel

⌣ ⌣ — ⌣ ⌣ — ⌣ ⌣ — ⌣
Da ergreifts ihm die Seele mit Himmels-
—
gewalt,

⌣ ⌣ — ⌣ ⌣ — ⌣ ⌣ —
Und es blitzt aus den Augen ihm kühn

(Friedrich Schiller)

Rhythmus

(griech.: rhythmos = Fluss)

kennzeichnet den Sprechfluss (Pausen, Tempo, Klang [helle oder dunkle Vokale; weiche oder harte Konsonanten])

Beispiel

| **Kolon** | = rhythmische Einheit bis zur Pause |
| **Enjambement** | = rhythmische Einheit über Vers oder Strophe hinaus |

Strophe

(griech.: Wendung)

Verbindung von mindestens zwei Versen von gleichem oder verschiedenem Bau zu einer regelmäßig wiederkehrenden, in sich geschlossenen, höheren metrischen Einheit (System) durch Metrum, Reim, Versart und -zahl als Gliederung eines lyrischen Textes

Symbol

(griech.: symbolon = Wahrzeichen, Merkmal)

In der Dichtung ein sinnlich gegebenes und fassbares, bildkräftiges Zeichen, das über sich selbst hinaus als Offenbarung veranschaulichend und verdeutlichend auf einen höheren, abstrakten Bereich verweist, im Gegensatz zur **Allegorie** „Sinnbild" von besonderer eindringlicher Gefühlswirkung, künstlerischer Kraft und weit gespanntem Bezugskreis, das in der Gestaltung des Einzelnen, Besonderen ein nicht ausgesprochenes Allgemeines durchscheinen und ahnen lässt und als andeutender Ersatz für ein geheimnisvolles, undarstellbares und hinter der sinnlichen Erscheinungswelt liegendes Vorstellungsgebilde im Bild dessen weiten seelischen Gehalt zu erschließen sucht, der im Bild enthalten, jedoch von ihm selbst verschieden ist.

Beispiel

„Krone"	für Macht
„Kreuz"	für Glaube
„Waage"	für Gerechtigkeit

(Definitionen nach: Gero von Wilpert, Sachwörterbuch der Literatur. Stuttgart: Kröner ⁴1964 = KT 231, S. 100, 682, 691.)

Buchrezensionen

PRINZ Buchtest
Leselust oder Qual? Antwort gibt der Literaturtest

Irvine Welsh
Trainspotting

Rogner und Bernhard, 300 Seiten, 29 Mark

BUCH DES MONATS

DER AUTOR

Irvine Welsh wurde 1958 in Edinburgh geboren. Mit 16 Jahren verließ er die Schule, um Fernsehmechaniker zu lernen. Er jobbte als Handwerker, arbeitete im Büro und spielte in Punk-Bands. Musikalisch war mit ihm nicht viel los, dafür verfasste er fünf Seiten lange Songtexte – daraus ging schließlich „Trainspotting" hervor. Als wesentlichen Einfluss seiner Literatur nennt er Iggy Pop und die Sex Pistols.

DIE STORY

Im Zentrum steht eine Gruppe von Jugendlichen in Leith, Schottland, lose zusammengehalten von einem gemeinsamen Interesse: Drogen, Heroin, Speed, Ecstasy, Koks, Valium, Opium – sie jagen sich jeden Mist durch die Adern und in alle verfügbaren Körperöffnungen. Das Buch orientiert sich an der Hauptfigur Renton, der als Einziger die psychische Dimension seiner Drogensucht reflektiert.

BESTER SATZ

„Entscheide dich für Hypothekenraten; Waschmaschinen; Autos; entscheide dich dafür, auf der Couch rumzusitzen und bescheuerte, nervtötende Gameshows anzuglotzen. Entscheide dich dafür, langsam zu verrotten, dich im Pflegeheim vollzupissen und -zuscheißen, dass es deinen selbstsüchtigen, versauten Blagen, die du in die Welt gesetzt hast, peinlich ist. Entscheide dich fürs Leben."

DIE BOTSCHAFT

Weit davon entfernt, Drogenexperimente als Bewusstseinserweiterung oder als Ausbruch aus gesellschaftlichen Konventionen zu mystifizieren, wie Borroughs und seine Kumpels, gerät „Trainspotting" auch zu keinem schottischen Drogendrama à la „Wir Kinder vom Bahnhof Zoo". Welshs Abort-Humor bewahrt den Leser vor den grausamen Abgründen des Drogenkonsums. Bedrückende Millieuschilderungen werden im Grotesken erträglich. Der schottische Gassenslang wurde brillant ins Deutsche gerettet.

 LOHNT DAS LESEN?

„Trainspotting" steht auf der Anwärterliste für Kultromane ganz oben.

Angelika Libera

Sätze aus dem Abfalleimer
„Trainspotting": Irvine Welsh kennt die Junkies von Edinburgh

Ein skurriles Hobby der Briten heißt „train spotting", „Züge gucken". Man wartet stundenlang auf Eisenbahnbrücken oder in Bahnhofsnähe auf Dampflokomotiven und notiert die Zugnummern. Der Ehrgeiz der „train spotter" zielt darauf, möglichst viele Relikte der guten alten Zeit in ihren Notizblöcken zu versammeln. In Leith, einem heruntergekommenen Vorort Edinburghs, ist dieser kostenlosen Freizeitbeschäftigung die Grundlage entzogen. Hier fahren längst keine Züge mehr. Statt dessen erblickt man Obdachlose, Säufer und Drogensüchtige, denen der stillgelegte Bahnhof als Unterschlupf dient.

„Wenns hier noch Züge gäb, dann würd ich einen nehmen, raus aus diesem Dreckloch", erklärt Begbie halbherzig seinem Freund Mark Renton, genannt Rents. Doch das ist eine Floskel. Beide sind an Leith gekettet, der eine ein prügelwütiger Krimineller, der andere ein Junkie. Die jugendlichen Antihelden in Irvine Welshs Erstlingswerk „Trainspotting" halten nicht nach Zugnummern Ausschau, sondern nach dem nächsten Schuss Heroin.

Der Roman, der 1993 in England herauskam und jetzt in deutscher Übersetzung erscheint, hatte in Großbritannien außerordentlichen Erfolg. Der Stoff wurde für die Bühne bearbeitet und in diesem Jahr von Danny Boyle verfilmt [...]. Aber man lasse sich von der Betriebsamkeit um den neuen „Kultautor", um Kinoerfolg und Bestsellerlisten nicht täuschen: Der achtunddreißig Jahre alte Welsh hat einen Drogenroman geschrieben, von dem man wohl sagen muss, dass er die Wirklichkeit abbildet.

Zuerst zerbirst die Sprache. Welshs Wörter und Sätze klingen, als hätte er sie aus dem Abfalleimer. Die Gedanken und Gespräche seiner Fixer sind im Slang der Bewohner von Leith gehalten; Schimpfwörter und kryptische Vokabeln, die genauso zerschlissen wirken wie die Welt, die sie beschreiben. Mit jedem Satz scheint Welsh seinen Lesern sagen zu wollen: Mein Edinburgh liegt in einem fremden Land. Den rollenden schottischen Akzent lässt er durch phonetische Umschrift einfließen – keine leichte Aufgabe für den Übersetzer Peter Torberg. „Ah'd take oaf his jaykit, sit um doon, and gie um a can ay Export", heißt ein Satz im Original. An dem unmöglichen Vorhaben, zu den Lautverdrehungen des Akzents in der deutschen Übersetzung ein Äquivalent zu schaffen, versucht Torberg sich verständlicherweise gar nicht erst. Er hält sich strikt an die Umgangssprache: „Hab ihm die Jacke abgenommen, ihm nen Stuhl angeboten und ne Dose Bier."

Nicht weniger zerzaust als ihre Sprache wirkt auch der Alltag der Junkies. In kurzen Abschnitten erzählt Welsh Geschichten von den entwürdigenden Besuchen beim Dealer, von den Schmerzen des Entzugs, von den zerschorften Leibern, in denen alle Venen zerstochen sind. Rents, der im Mittelpunkt der meisten Episoden steht, kommentiert diesen Krieg gegen den eigenen Körper mit beißender Ironie. Doch „Trainspotting" ist nur selten komisch, und oft verlangt das Weiterlesen Überwindung.

Die deprimierende Lakonie der Drogensucht wird nur durch die Niederlagen der „Hibernians" gegen die „Hearts" im Fußball-Lokalderby unterbrochen. Und durch die kurze Trauer um die Freunde, die an Aids sterben: In der Edinburgher Drogenszene ist der Tod so normal geworden wie die Sportschau am Samstagnachmittag. William S. Burroughs' Satz aus seinem Vorwort zu „Junkie" (1953) bestätigt Irvin Welshs „Trainspotting" für die neunziger Jahre: Drogenabhängigkeit ist kein Rausch, sondern eine Lebensweise.

Obwohl die Figuren Tag für Tag Tragödien erleben, haben sie keine Läuterung zu erwarten. Trotzig haben sich Rents und seine Freunde in der schottischen „Interzone" eingerichtet. Sie kommen zurecht, auch wenn sie nicht glücklich sind. Im Gegensatz zu Burroughs' surreal aufgeblasenen Opium-Träumen stilisiert „Trainspotting" den Drogenkonsum nicht zu einem intellektuellen Hobby. Welsh verzichtet aber auch aufs Moralisieren. Sein Roman ist gleichermaßen frei von preiswerter Betroffenheit wie von herkömmlicher Sozialkritik. Er berichtet aus einer Welt, die jenseits von Gut und Böse zynische Beständigkeit zeigt. Wenn er abhängig sei, sagt Rents, habe er wenistens nur eine einzige Sorge. Das erleichtere das Leben ungemein.

KOLJA MENSING

Irvine Welsh: „Trainspotting". Roman. Aus dem Englischen übersetzt von Peter Torberg. Verlag Rogner & Bernhard, Hamburg 1996, 438 S., geb., 33,00 DM.

(Frankfurter Allgemeine Zeitung, Nr. 189 vom 15. August 1996.)

Arbeitsanregungen

1. Welche der Rezensionen motiviert Sie stärker zum Lesen von „Trainspotting"?

2. Vergleichen Sie den „Prinz Buchtest" mit dem Artikel „Sätze aus dem Abfalleimer"! Notieren Sie stichpunktartig, welche Informationen die längere Kritik zusätzlich liefert! Sind diese Aspekte für Sie von Bedeutung?

3. Verfassen Sie eine Rezension zu einem Buch Ihrer Wahl nach dem Schema des „Prinz Buchtests"!

Projekt: Literatur-Preisrätsel

Beispiel

Diesmal hat sich Scusi Boilchen etwas ganz Einfaches für Sie ausgedacht: Es geht um jene Schriftstellerin, die „Le Figaro" 1977 anlässlich der Verleihung des Prix Medicis für den besten ausländischen Roman „die britische Simone de Beauvoir" nannte. Sie wurde in Persien geboren, ihre Eltern hatten eine Farm in Afrika – genauer: in Südrhodesien. Sie kam erst mit dreißig nach England und hatte dort sofort erste literarische Erfolge. In einem ihrer Romane (der im Mai in der dtv edition erschienen ist) verarbeitete sie die Erinnerungen an ihre afrikanische Kindheit: „Martha blickte über eine gute Meile Busch hinweg zu einem Streifen rosafarbenen, gepflügten Bodens; und dann kletterte das Buschland, dunkelgrün und düster, einen Hügelrücken hinauf bis zu einem anderen Fleck nackter Erde, diesmal einem lehmiggelben; und dann, Rücken auf Rücken, Falte auf Falte erstreckte sich der Busch bis zu einer Kette blauer Kopjes."

(dtv magazin, 03/1996. München: dtv 1996, S. 21.)

a) Wie heißt diese zeitgenössische Schriftstellerin?
b) Aus welchem Roman stammt die zitierte Passage?

Arbeitsanregungen

1. Bilden Sie Rätsel-Teams (4-5 Personen)!
   - Wählen Sie eine Autorin/einen Autor und ein Werk aus (Bereich: Epik, Lyrik oder Dramatik), das Ihnen besonders aufgefallen ist, das Sie für anregend und lesenswert halten!

2. Erarbeiten Sie ein Literatur-Rätsel, indem Sie
   - eine charakteristische Kurzbiografie erstellen,
   - eine besondere persönliche Eigenart hervorheben,

   - eine Auszeichnung (Literatur-Preis) angeben
   - eine Porträtskizze, z. B.: einen Scherenschnitt anfertigen
   - aus dem gewählten Werk eine Textstelle herausnehmen, die besonders geeignet erscheint, den Zusammenhang und die Intention der Autorin/des Autors zu kennzeichnen
   - Anfangssätze von bekannten Romanen/Novellen zitieren!

3. Entwickeln Sie bis zu drei Fragen zum Werk, die gelöst werden müssen!

4. Wählen Sie eine Gruppe von Jurymitgliedern!
   Stellen Sie Kriterien zusammen, nach denen Sie die Gewinner auswählen wollen und setzen Sie Preise aus!

5. Gestalten Sie die Preisverleihung in Ihrer Klasse/Schule/Familie in einem ansprechenden Rahmen (z. B.: Literarischer Salon/Literaturcafé)!

Theater

(Sempé, Stille, Sinnenlust und Pracht. Zürich: Diogenes 1988, S.59.)

> Der sagenumwobene Iffland-Ring wird dem jeweils „bedeutendsten und würdigsten Bühnenkünstler des deutschsprachigen Theaters auf Lebenszeit verliehen". Nach dem Tod des Schauspielers Josef Meinrad ging die Auszeichnung 1996 an den Schweizer Bruno Ganz über, den Meinrad als seinen Nachfolger bestimmt hatte. Aus Anlass der Verleihungszeremonie am Wiener Burgtheater gab Theaterregisseur **Claus Peymann** Anekdoten zum Besten:

Claus Peymann, Wahre Größe

„Ich weiß nicht, ob über Bruno Ganz viele Anekdoten im Umlauf sind, ich weiß nicht, ob er ein Mann für Anekdoten ist. Aber ich kenne drei Geschichten, die ich charakteristisch für Bruno Ganz halte. Die erste erzähle ich seit Jahren – und ich weiß nicht einmal, ob sie überhaupt stimmt.

5 Bruno Ganz, junger Schauspieler am Jungen Theater Göttingen, soll Kurt Hübner, Generalintendant des legendären Bremer Theaters, vorsprechen. Hübner bittet Bruno Ganz zum Vorsprechen – aus Zeitgründen – nach Berlin. Das Vorsprechen findet im Hotel statt, in Hübners relativ kleinem Hotelzimmer, weil es keinen anderen ruhigen Raum gibt. Hübner setzt sich ans Kopfende seines Bettes, Bruno Ganz steht am
10 Fußende. Ganz hebt an, Hübner unterbricht: »Ein Moment noch«; er holt aus dem Koffer einen Operngucker, hält ihn verkehrt herum vor die Augen und sagt: »Bitte, jetzt können Sie beginnen.«

Eine Anekdote, gewiss, aber vielleicht auch die schöne Erkenntnis, dass in der Entfernung erst die wahre Größe eines Menschen und Schauspielers, einer Figur klar
15 wird ..."

(Theater heute, 07/1996, S. 61.)

> **Max Reinhardt** (1873-1943) war ein bekannter Schauspieler und Theaterleiter der 20er Jahre in Berlin. Seine Auffassung vom Theater als einer „zweiten Wirklichkeit", die den Zuschauer in eine freiere Welt entführen sollte, war nicht unumstritten (Bekenntnis zum „kulinarischen Theater").

Max Reinhardt, Die ganze Welt ist eine Bühne

Heutzutage ernsthaft Theater zu spielen ist im Grunde genommen eine Donquichotterie[1]. Das heißt mit künstlerischen Idealen ankämpfen zu wollen gegen die ungeheuren Windmühlen, die im Sturm unserer Zeit klappern.

Die ganze Welt ist eine Bühne geworden, auf der sich alltäglich die aufregendsten
5 Dramen abspielen. Große Stars spielen die Hauptrollen. Sie agieren weithin sichtbar im Licht von tausend Scheinwerfern und ihre Stimmen dringen in die kleinste Stube, in die entfernteste Hütte.

---

[1] Don Quichotte = Ritter von der traurigen Gestalt, Held eines Romans von Cervantes
Donquichotterie = eine von Cervantes beschriebene Geisteshaltung entsprechend der Handlung (zum Scheitern verurteiltes Unternehmen eines Schwärmers)

Sie verkünden ihre Befehle unter Blitz und Donner der Kanonen. Sie schaffen ihre Mitmenschen nach ihrem Ebenbilde, indem sie sie in dieselbe Jacke zwängen, die sie selbst tragen, und sie führen Kreuzzüge gegen den Glauben, gegen die Worte und gegen die Rasse ihres Herrn und Heilands. Denn sie sind eifersüchtige Götter, die keinen Gott neben sich dulden.

Das Schauspiel, das sich in jedem Akt selbst überbieten muss, erschüttert die alte Drehbühne dieses Erdballs bis in die Tiefe.

Die Menschheit ist gleichfalls erschüttert, aber sie bleibt stumm und gebannt im Zuschauerraum. Sie bezahlt ein schrecklich hohes Eintrittsgeld. Sie applaudiert auch nicht. Der Applaus wird auf der Scene exekutiert. Er ist ein Teil der Vorstellung.

Von Zeit zu Zeit tritt jemand vor den Vorhang und sagt den Menschen, dass sie glücklich sind und sie keine bessere Zeit gehabt haben.

Und manche glauben es ...

(Schauspielhaus Bochum, Programmbuch Nr. 68 – Thomas Bernhard, Der Theatermacher. 1985, S. 49.)

Johann Wolfgang von Goethe wurde 1749 in Frankfurt/Main geboren und starb 1832 in Weimar. Nach dem Studium der Rechte war er bis zur Übersiedlung nach Weimar (1775) am Reichskammergericht in Wetzlar tätig. Am Hof des Herzogs Karl August in Weimar wurde Goethe 1779 „Geheimer Rat".

Während seiner „Italienischen Reise" (1786–88) erlebte er die Welt der Antike. In diesen Jahren wandte er sich auch stark den Naturwissenschaften zu. Von 1791–1817 leitete Goethe das Weimarer Hoftheater; außerdem hatte er die Oberaufsicht über die wissenschaftlichen Institute der Universität Jena.

Goethe gehört – neben Friedrich Schiller – zu den bedeutendsten Vertretern der Klassik. Nach eigenen Worten sind seine Dichtungen „Bruchstücke einer großen Konfession". Die Vielseitigkeit seines Schaffens zeigt sich auch darin, dass er in allen Formen der Dichtung (Gedichte, Romane, Dramen, Epigramme, Abhandlungen) schrieb.

Die Romane **„Wilhelm Meisters Lehrjahre"** (1795/96) und die in zwei Fassungen vorliegende Fortsetzung „Wilhelm Meisters Wanderjahre" (1821, 1829) gelten zusammen als größter Entwicklungs- und Bildungsroman deutscher Sprache. In ihm wird dargestellt, wie die Hauptfigur – Wilhelm Meister – sich von einem genialischen Jüngling zu einem verantwortungsvollen, der Gemeinschaft dienenden Bürger wandelt und entwickelt. In der Form des Reiseromans verbinden die Wanderungen Wilhelm Meisters als Rahmenhandlung die verschiedenen Elemente des Romans. Das Werk birgt in vielerlei Formen die Altersweisheit des Dichters.

Lesehinweis:
Johann Wolfgang von Goethe in Selbstzeugnissen und Bilddokumenten. Reinbek: Rowohlt 1964 = rororo bildmonografien 100.

Johann Wolfgang von Goethe, Wilhelm Meister über das Theater

„Ich bin gestraft genug!" rief Wilhelm aus; „erinnern Sie mich nicht, woher ich komme und wohin ich gehe.

Man spricht viel vom Theater, aber wer nicht selbst darauf war, kann sich keine Vorstellung davon machen. Wie völlig diese Menschen mit sich selbst unbekannt sind, wie sie ihr Geschäft ohne Nachdenken treiben, wie ihre Anforderungen ohne Grenzen sind, davon hat man keinen Begriff. Nicht allein will jeder der Erste, sondern auch der Einzige sein, jeder möchte gern alle Übrigen ausschließen und sieht nicht, dass er mit ihnen zusammen kaum etwas leistet; jeder dünkt sich wunder original zu sein und ist unfähig, sich in etwas zu finden, was außer dem Schlendrian ist; dabei eine immer währende Unruhe nach etwas Neuem. Mit welcher Heftigkeit wirken sie gegeneinander! und nur die kleinlichste Eigenliebe, der beschränkteste Eigennutz macht, dass sie sich miteinander verbinden. Vom wechselseitigen Betragen ist gar die Rede nicht; ein ewiges Misstrauen wird durch heimliche Tücke und schändliche Reden unterhalten; wer nicht liederlich lebt, lebt albern. Jeder macht Anspruch auf die unbedingteste Achtung, jeder ist empfindlich gegen den mindesten Tadel. Das hat er selbst alles schon besser gewusst! Und warum hat er denn immer das Gegenteil getan? Immer bedürftig und immer ohne Zutrauen, scheint es, als wenn sie sich vor nichts so sehr fürchten als vor Vernunft und gutem Geschmack, und nichts so sehr zu erhalten suchten als das Majestätsrecht ihrer persönlichen Willkür."

Wilhelm holte Atem, um seine Litanei noch weiter fortzusetzen, als ein unmäßiges Gelächter Jarnos ihn unterbrach. „Die armen Schauspieler!" rief er aus, warf sich in einen Sessel und lachte fort, „die armen, guten Schauspieler! Wissen Sie denn, mein Freund", fuhr er fort, nachdem er sich einigermaßen wieder erholt hatte, „dass Sie nicht das Theater, sondern die Welt beschrieben haben, und dass ich Ihnen aus allen Ständen genug Figuren und Handlungen zu Ihren harten Pinselstrichen finden wollte? Verzeihen Sie mir, ich muss wieder lachen, dass Sie glaubten, diese schönen Qualitäten seien nur auf die Bretter gebannt." [...]

„Sie können", sagte er, „Ihren Menschenhass nicht ganz verbergen, wenn Sie behaupten, dass diese Fehler allgemein seien."

„Und es zeugt von Ihrer Unbekanntschaft mit der Welt, wenn Sie die Erscheinungen dem Theater so hoch anrechnen. Wahrhaftig, ich verzeihe dem Schauspieler jeden Fehler, der aus dem Selbstbetrug und aus der Begierde zu gefallen entspringt; denn wenn er sich und andern nicht etwas scheint, so ist er nichts. Zum Schein ist er berufen, er muss den augenblicklichen Beifall hoch schätzen, denn er erhält keinen andern Lohn; er muss zu glänzen suchen, denn deswegen steht er da."

„Sie erlauben", versetzte Wilhelm, „dass ich von meiner Seite wenigstens lächele. Nie hätte ich geglaubt, dass Sie so billig, so nachsichtig sein könnten."

„Nein, bei Gott! dies ist mein völliger, wohl bedachter Ernst. Alle Fehler des Menschen verzeih' ich dem Schauspieler, keine Fehler des Schauspielers verzeih' ich dem Menschen. Lassen Sie mich meine Klagelieder hierüber nicht anstimmen, sie würden heftiger klingen als die Ihrigen."

(Johann Wolfgang von Goethe, Wilhelm Meisters Lehrjahre, 7. Buch. Werke in 14 Bänden, Bd. 7. Hrsg. von Erich Trunz. Hamburg: Wegner 1968, S. 433-435.)

Arbeitsanregungen

1. Analysieren Sie den Zusammenhang zwischen Theater und Wirklichkeit in den Texten von Peymann, Reinhardt und Goethe!

2. Welche Aufgaben kommen dem Theater zu?

3. Nehmen Sie Stellung zu der Aussage: „Alle Fehler des Menschen verzeih' ich dem Schauspieler, keine Fehler des Schauspielers verzeih' ich dem Menschen"!

HANS DOLL/GÜNTHER ERKEN, Klassikerinterpretationen

Die Schwierigkeiten der Stückinterpretation sind bei zeitgenössischen Autoren sicher geringer als bei den Klassikern, zeitgenössische Autoren leben meist noch und stehen gegebenenfalls als Diskussionspartner zur Verfügung. Außerdem kann sich der Regisseur leichter in das Lebensgefühl, die Psyche, die politischen und sozialen Verhältnisse des heutigen Menschen einfühlen, als dies bei Theaterfiguren aus vorangegangenen Jahrhunderten, zu deren Umfeld er ja nur durch die Geschichtsschreibung Zugang hat, der Fall ist.

Wie sieht das bei den Klassikern aus? Aischylos, Sophokles, Euripides, Shakespeare, Molière, Goldoni, die deutschen Klassiker – sie alle werden ständig gespielt und interpretiert. Große Theaterliteratur war meist – direkt oder indirekt – engagiert und zeitkritisch. Was für uns bleibt, ist die Größe der Charaktere, die Ungewöhnlichkeit der Fabel, die Sprache, die künstlerische Form, die Ästhetik. Was nicht mehr auf direktem Wege in unsere Zeit gerettet werden kann, ist das zeitlich bezogene Engagement, die Aktualität von damals, als die Stücke noch nicht „klassisch" waren. Wer versteht heute noch die Fülle tagespolitischer Anspielungen in den Chören der Griechen? Wer das dialektische Raffinement Molières, der aus seinem dreiaktigen, vom Hof verbotenen *Tartuffe* ein fünfaktiges Stück mit dem am Schluss alles lösenden Monarchen formte und die Komödie damit aufführbar machte? Wer kann heute noch unmittelbar empfinden, was Schillers *Räuber* und seine *Kabale und Liebe* einmal an Engagement, Aufdeckung und Zerstörung von Tabus bedeutet haben?

Heute lassen sich drei Arten der Klassikerinterpretationen unterscheiden. Zum einen die äußerlich „werkgetreue": Sie verknappt den Text, verändert ihn aber nicht; kostümlich und bühnenbildnerisch bleibt sie in der historischen Situation. Dann die Bearbeitung: Brecht zum Beispiel hat Shakespeares *Coriolan* textlich und dramaturgisch neu gefasst, er hat ihn für die heutige Zeit und auf sein Denkmodell zugeschnitten und verändert. Und drittens die Radikalinszenierung: Hier wird der Text weit mehr als bei einer üblichen Strichfassung gekürzt, umgestellt und verändert; Kostüm und Dekoration werden oft in extremer Weise gegen den bisherigen Ort gesetzt, die Sprachbehandlung wendet sich bewusst und dialektisch gegen den Vers. Alle drei Methoden werden mit wechselndem Erfolg angewendet. [...]

Zu einer wichtigen Entscheidung der Regiekonzeption gehört auch die Bestimmung der Zeit, in der das Stück spielen soll. Einen *Hamlet* im zeitgenössischen Frack gab es in den zwanziger Jahren von London bis Berlin, und Schiller-Interpretationen in SS-Uniform tauchten nach dem Zweiten Weltkrieg auf. Über die Zulässigkeit solcher Experimente, uns so die klassischen Stoffe „zeitnah" zu bringen, ist die Diskussion bis heute nicht abgebrochen. Entscheidend für das Gelingen solcher Inszenierungen ist fast immer die Qualität der einzelnen Interpretation und die Ernsthaftigkeit der Konzeption.

Von zentraler Bedeutung ist das Einstreichen des Textes, denn hier wird entschieden, welche Textstellen gespielt und welche gestrichen, also nicht gespielt werden sollen. Dieses „Einrichten" oder „Einstreichen" von Texten hat zunächst einen rein künstlerischen Akzent und ist ganz auf die Inszenierungskonzeption abgestellt. Aber es gibt dabei auch praktische Aspekte. Ein *Carlos*, ungestrichen gespielt, könnte bis zu fünf, sechs Stunden dauern, eine für heutige Normalzuschauer nicht mehr zumutbare Spieldauer. Schiller bearbeitete seine Texte für Aufführungen zum Teil selbst, ebenso wie er Goethes *Egmont* einstrich. Goethe selbst überarbeitete seinen *Tasso* für das Theater.

(Dramaturgische Techniken als Schlüssel zum Textverständnis. In: deutsch. betrifft uns 06/1992, S. 13.)

Arbeitsanregungen

1. Welche Probleme bringt die Inszenierung eines klassischen Stückes heute mit sich?

2. Erstellen Sie eine Liste der aktuellen Inszenierungstechniken für ein klassisches Stück! Halten Sie die Bearbeitungen des Originals für sinnvoll?

3. Überprüfen Sie, welche Art der Klassikerinterpretation Andreas Kriegenburg mit „Schillers Tell" vorgenommen hat!

„Wilhelm Tell" gehört zu den großen klassischen Dramen **Friedrich Schillers**. (Zur Biografie des Autors vgl. S. 235)

Tell, ein schweizerischer Jäger, wird von dem habsburgischen Reichsvogt Hermann Geßler gezwungen, einen Apfel vom Kopf seines Sohnes Walter zu schießen. Nach dem Gelingen der Mutprobe tötet Tell den verhassten Tyrannen und gibt so das Signal zum Volksaufstand gegen die habsburgische Herrschaft.

Lesehinweis
Friedrich Schiller, Wilhelm Tell, Schauspiel. Stuttgart: Reclam 1993 = UB 12.

Max Frisch, Wilhelm Tell für die Schule. Frankfurt: Suhrkamp 1970.

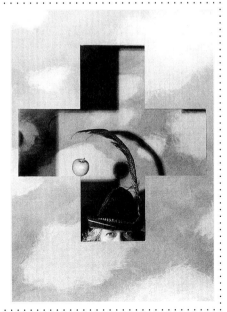

Roland Koch als „Schillers Tell"
Regie: Andreas Kriegenburg
Schauspielhaus Hannover

„Schillers Tell" (Schauspielhaus Hannover 1996)

VIERTER AUFZUG – DRITTE SZENE

(Der Franzos musiziert unten in der Mitte, lacht gelegentlich über besondere Phrasen. Aus seinem Kostüm befördert er eine Flasche, die er mit den Zähnen öffnet. Er genehmigt sich einen Schluck „Scharfes Zeug" und stellt die Flasche auf seinem Akkordeon ab.)

Franzos *(kreischig)*
  Übrigens, sollte auch ganz Europa sich gegen uns erklären, wir sind
  stärker als Europa. Die Frankenrepublik ist unüberwindlich wie die
  Vernunft, unsterblich wie die Wahrheit.

Er pfeift zur Musik über die Flasche, lacht darüber. Armgard betritt die Ebene von rechts, den Dolch im Gewande. Der Franzos bietet ihr etwas an. Armgard riecht daran, nimmt einen Schluck und hustet groß „scharf"; der Franzos lacht sich einen Apart. Sie stellt die Flasche zurück auf ihren Platz und nimmt einen Dolch aus dem Ausschnitt, setzt ihn dem Franzosen an die Stirn. Es blutet.)

Armgard
  Mein Mann liegt im Gefängnis,
  Die armen Waisen schrein nach Brot.
  Schon in den sechsten Mond liegt er im Turm,
  Und harrt auf den Richterspruch vergebens.
  Ich weiche nicht von diesem Platz,
  Bis mir der Vogt den Mann zurückgegeben!

(Armgard nimmt das Messer von des Franzosen Stirn und stützt sich auf das Akkordeon. Sie spielt mit dem Messer hohe, falsche Töne. Davon unbefriedigt, stellt sie sich hinter ihn, drückt mit einer ganzen Hand Lärm heraus.)

Tell *(kommt oben rechts apfelessend, wirft den Apfel nach dem Franzosen und brüllt)*
  Ruhe jetzt, Schluss mit diesem Lärm! *etc.*

(der Franzos und Armgard setzen sich, er spielt leiser. Tell kommt zu ihnen heruntergeklettert, schimpft vor sich hin)

Tell
  Spielt doch schöne Melodien, z. B. Chüjerglüt, Alphorn, bling bling,
  Glöckchen von einem verlorenen Geisli. *(er jammert immer elender, etwas zuckend)*

(Musik endet. Der Franzos schiebt Tell den Flachmann rüber, Tell trinkt ihn leer, schiebt ihn zurück)

Franzos
  C'est vide. *(stellt Flasche aufs Akkordeon)*

Tell *(leise, nervös)*
  Durch diese hohle Gasse muss er kommen,
  Na warte, den krieg ich
  Es führt kein andrer Weg nach Küßnacht – Hier
  Vollend ich's – Die Gelegenheit ist günstig. *(händeknackend)*

(Armgard schaut nach, was Tell da redet)

  Mach deine Rechnung mit dem Himmel, Vogt,
  Fort musst du, deine Uhr ist abgelaufen. *(nestelt am Kostümärmel)*

(Armgard steht vor Tell, er gibt ihr seine Armbrust zu halten, packt sie am Nacken und droht)

45 Keine Spiele!

(wieder leise und nervös zum Publikum)

    Ich lebte still und harmlos – Das Geschoss
    War auf des Waldes Tiere nur gerichtet,
    Meine Gedanken waren rein von Mord

50 *(Armgard gibt Tell die Armbrust zurück, der weiterredend nimmt; sie geht nach links ab)*

    Du hast aus meinem Frieden mich heraus
    Geschreckt, in gärend Drachengift hast du
    Die Milch der frommen Denkart mir verwandelt,
    Zum Ungeheuren hast du mich gewöhnt –
55   Wer sich des Kindes Haupt zum Ziele setzte,
    Der kann auch treffen in das Herz des Feinds.

(er bindet sich die Schuhe zu, setzt sich, die Armbrust an den übergeschlagenen Fuß hängend. Etwas kratzt ihn, er zieht aus seinem Wams den zweiten Pfeil, findet keinen Platz an der Armbrust für ihn und behält ihn, drehend, in Händen)

60   Komm du hervor, du Bringer bittrer Schmerzen,
    Mein teures Kleinod jetzt, mein höchster Schatz

(prüft den Pfeil, Spitze vorm Auge, spricht mit ihm)

    Ein Ziel will ich dir geben, das bis jetzt
    Der frommen Bitte undurchdringlich war –
65   Doch dir soll es nicht widerstehn

(legt den Pfeil weg)

    – Und du,
    Vertraute Bogensehne, die so oft
    Mir treu gedient hat in der Freude Spielen,
70   Verlass mich nicht im fürchterlichen Ernst.
    Nur jetzt noch halte fest, du treuer Strang,
    Der mir so oft den herben Pfeil beflügelt –
    Entränn' er jetzo kraftlos meinen Händen,
    Ich habe keinen zweiten zu versenden.

75 *(singt „Rösli im Garten", fordert den Franzos vergeblich auf, mitzuspielen, krabbelt zu ihm und fingert über eine Tastatur, ohne einen Ton herauszubringen. Franzos schaut sich an, was Tell da spielt, spielt die Melodie auf der anderen Tastatur mit.)*

(Pause, ohne Musik)

(Tell klettert zum Schach hinauf, murmelt „Geßler", kniet vor dem Brett wie zu Be-
80 *ginn, lacht sich eins, zieht und sagt „matt!" Dann zerkaut er die schwarze Dame und bläst sie in Form von Traubenzuckerstaub aus dem Mund. Kauend und spuckend klettert er am Attinghausen Seil herunter zum Franzosen. Er schaut ins Publikum, spricht noch kauend)*

    jede Straße führt ans End' der Welt.
85   Sie alle ziehen ihres Weges fort *(kläglich sich an den Franzos lehnend)*
    An ihr Geschäft – und meines *(Pause)* ist der Mord!

(Tell setzt sich wieder in Vogelposition, reckt sich ab und an und sackt wieder zusammen. Franzos spielt tröstlich „Au claire de lune" während des Folgenden)

    Sonst, wenn der Vater auszog, liebe Kinder,
    Da war ein Freuen, wenn er wiederkam;
    Denn niemals kehrt' er heim, er bracht' euch etwas,
    War's eine schöne Alpenblume, war's
    Ein seltner Vogel oder Ammonshorn,
    Wie es der Wandrer findet auf den Bergen –

    Jetzt geht er einem andern Weidwerk nach,
    Am wilden Weg sitzt er mit Mordgedanken:
    Des Feindes Leben ist's, worauf er lauert.

    – Und doch an euch nur denkt er, lieben Kinder,
    Auch jetzt

(fast rufend, hoch, nach einem Einsacken hochgestützt)

    – Euch zu verteid'gen, *(neuer Ansatz)* eure holde Unschuld
    Zu schützen vor der Rache des Tyrannen,
    Will er zum Morde jetzt den Bogen spannen!

(Der Franzos nach rechts ab mit Musik, draußen Stille. Solange der Franzos draußen ist, leise und erregt:)

    Mein ganzes Leben lang hab ich den Bogen
    Gehandhabt, mich geübt nach Schützenregel,
    Ich habe oft geschossen in das Schwarze
    Und manchen schönen Preis mir heimgebracht
    Vom Freudenschießen *(steht auf, hoch)* – Aber heute will ich
    Den Meisterschuss tun und das Beste mir
    Im ganzen Umkreis des Gebirgs gewinnen.

(Weint ein wenig, dreht sich um sich selbst und geht rechts ab.)

(Der Franzos kommt auf der mittleren Ebene spielend wieder herein, Armgard kommt rechts Mitte herein, lehnt auf Eingang, singt mit der Melodie.)

(Tell läuft oben von links nach rechts durch, murmelt: „Durch diese hohle Gasse muss er kommen.")

(Geßler kommt rechts oben auf der Flucht herein, sieht das Schach, beugt sich hinunter, sieht sich furchtsam um, sagt: „Ist er schon da?" Harras links oben herein, geht zum Schach.)

Geßler
    Sagt, was Ihr wollt, ich bin des Kaisers Diener
    Und muss drauf denken, wie ich ihm gefalle.
    Er hat mich nicht ins Land geschickt, dem Volk
    Zu schmeicheln und ihm sanft zu tun – Gehorsam
    Erwartet er; der Streit ist, ob der Bauer
    Soll Herr sein in dem Lande oder der Kaiser.

Armgard *(zum Franzos, macht sich nach links auf den Weg hoch zu Geßler)*
    Jetzt ist der Augenblick! Jetzt bring ich's an!

(der Franzos hockt sich hin)

Harras *(hakt seine Arme ins Kreuz)*
Der Turm auf D4 war der Fehler von Schwarz.

Geßler
D4 war kein Fehler. Das ist die „Wiener Variante", genau so spielt man das.
135   Man opfert den Bauern und dann bietet man die Dame an.

(aus hoffnungsloser Defensive)

Ich hab den Hut nicht aufgesteckt zu Altdorf
Des Scherzes wegen, oder um die Herzen
Des Volks zu prüfen; diese kenn ich längst.

140   *(Tell schaut zum Eingang links unten herein, verbirgt sich, singt leise „mon ami Pierrot")*

Ich hab ihn aufgesteckt, dass sie den Nacken
Mir lernen beugen, den sie aufrecht tragen –
Das Unbequeme hab ich hingepflanzt
150   Auf ihren Weg, wo sie vorbeigehn müssen,
Dass sie drauf stoßen mit dem Aug' und sich
Erinnern ihres Herrn, den sie vergessen. *(tippt sich gegen die Stirn)*

Rudolf der Harras *(widersprechend, lässig ins Kreuz gestützt)*
Das Volk hat aber doch gewisse Rechte –

155 **Geßler** *(abwehrend)*
Die abzuwägen, ist jetzt keine Zeit!

(kichert, fast bewundernd)

Dies kleine Volk ist uns ein Stein im Weg –
So oder so – Es muss sich unterwerfen.

160 **Armgard** *(stürzt links oben herein, erregt, hält sich an der Wand. Harras fällt ihr entgegen, mit links ins Kreuz gehakt)*
Barmherzigkeit, Herr Landvogt! Gnade! Gnade!

Geßler *(brüllt sie an)*
Was dringt Ihr Euch auf offner Straße mir
165   In Weg – Zurück!

Armgard *(Geßler murmelt ab und zu wissend und zunächst amüsiert)*
Mein Mann liegt im Gefängnis,
Die armen Waisen schrein *(Geßler mit einem Fingerzeig vorwegnehmend „nach Brot")*
170   nach Brot – Habt Mitleid,
Gestrenger Herr, mit unserm großen Elend.

Rudolf der Harras
Wer seid Ihr? Wer ist Euer Mann?

Armgard *(zum Publikum, kreischig; Harras tritt hinter sie)*
175   Ein armer
Wildheuer, guter Herr, vom Rigiberge,
Der überm Abgrund weg das freie Gras
Abmäht von den schroffen Felsenwänden,
Wohin das Vieh sich nicht getraut zu steigen –

Rudolf der Harras *(lacht sie aus, beugt sich zu ihr, spricht in ihr Ohr)*
Bei Gott, ein elend und erbärmlich Leben!
(zu Geßler) Ich bitt Euch, gebt ihn los, den armen Mann,
(zu Armgard) Was er auch Schweres mag verschuldet haben,
Strafe genug ist sein entsetzlich Handwerk.

Armgard *(dreht zu ihm um, beharrlich)*
Ich weiche nicht von diesem Platz,
Bis mir der Vogt den Mann zurückgegeben!
Schon in den sechsten Mond liegt er im Turm
Und harret auf den Richterspruch vergebens.

Geßler *(laut)*
Weib, wollt Ihr mir Gewalt antun? Hinweg!

Armgard *(hart und zornig fordernd)*
Gerechtigkeit, Landvogt! Du bist der Richter
Im Lande an des Kaisers Statt und Gottes. *(nach vorne zeigend, die Geste stehen lassend)*
Tu deine Pflicht! So du Gerechtigkeit
Vom Himmel hoffest, so erzeig sie uns.

Geßler
Fort, schafft das freche Volk mir aus den Augen.

Armgard *(stellt sich an die Kante des Ausgangs, verschränkt Arme und Beine und setzt nach)*
Nein, nein, ich habe nichts mehr zu verlieren.
Du kommst nicht von der Stelle, Vogt, bis du
Mir Recht gesprochen – Falte Deine Stirne,
Rolle die Augen, wie du willst
– *(feststellend)* Wir sind
So grenzenlos unglücklich, dass wir nichts
Nach deinem Zorn mehr fragen –

Geßler
Weib, mach Platz,
Oder *(er haut mit dem Springer „bah, bah, bah" ein paar mal auf den Boden)* mein Ross geht über dich hinweg. *(zeigt ihr drohend den Springer)*

Armgard
Lass es über mich dahingehn – da – *(wirft sich zu Boden, an den Rand)*
Hier lieg ich, lass mich
Von deines Pferdes Huf zertreten werden,
Es ist das Ärgste nicht, was du getan –

Geßler *(zu ihr tretend, brüllt)*
Weib, seid Ihr rasend? *(es ärgert ihn zunehmend)*

Armgard
Tratest du doch längst
Das Land des Kaisers unter deine Füße! *(dreht den Kopf nach vorn)*
– Oh, ich bin nur ein Weib! Wär' ich ein Mann,
Ich wüsste wohl was Besseres, als hier
im Staub zu liegen –

Geßler *(steht vor dem Kreuz, verzweifelt brüllend)*
Wo sind meine Knechte?
Man reiße sie von hinnen, oder ich
Vergesse mich und tue, was mich reuet.

(hinter seinem Rücken zückt Armgard ihr Messer gegen ihn)

Ein allzu milder Herrscher bin ich noch
Gegen dies Volk – die Zungen sind noch frei,
Es ist noch nicht ganz, wie es soll, gebändigt –
Doch soll es anders werden, ich gelob es,
Ich will ihn brechen, diesen starren Sinn,
Den kecken Geist der Freiheit will ich beugen.
Ein neu Gesetz will ich in diesen Landen
Verkündigen – ich will –

(Schussgeräusch. Geßler, der sich in Rage geredet hatte, bricht ab. Armgard lässt ihr Messer sinken. Geßler öffnet einige Schritte rückwärts gehend den Mantel, lässt ihn fallen, greift verwundert in seinen Rücken, wo der Pfeil sitzt. Er setzt sich an die hintere Wand gestützt)

Rudolf der Harras
Turm auf D4 war ein Fehler. Du hast den Bauern übersehen. *(nach rechts ab)*

Tell *(taucht im Schweizerkreuz auf, agitiert)*
Du kennst den Schützen, suche keinen anderen!
Frei sind die Hütten, sicher ist die Unschuld
Vor dir, du wirst dem Lande nicht mehr schaden. –

(Schauspielhaus Hannover, „Schillers Tell" [Manuskript], S. 61-68.)

Arbeitsanregungen

1. Vergleichen Sie Andreas Kriegenburgs „Tell"-Inszenierung, die am 5. Oktober 1996 am Schauspielhaus Hannover Premiere hatte, mit Schillers Original (Reclam UB 12)!
Welche Wirkung erzielt Kriegenburgs Interpretation?

2. Charakterisieren Sie Tell und Armgard in beiden Texten! Wie beurteilen Sie Kriegenburgs Rollenverständnis?

3. In einer Rezension zu „Schillers Tell" schreibt Hendrik Brandt in der Hannoverschen Allgemeinen Zeitung vom 7. Oktober 1996:

„In diesem Klima bleibt Roland Kochs wunderbar wadenstrotzender Tell in Radlerhosen ein kleiner Privatheld, der noch unpolitischer ist als seine edlen Freunde. Ein Mini-Freigeist mit Familiensinn [...]."

Andreas Laages bemerkt in einem Hörfunkbeitrag, „dass Tell, der Held, nicht wirklich Held mehr ist, schon gar nicht daheim bei seinen Kindern Walti und Werni und der gerade mal wieder hochschwangeren Frau Hedwig [...]".

Nehmen Sie Stellung zu den Thesen der Theaterkritiker! Ziehen Sie sowohl die Textvorlage „Schillers Tell" als auch das Szenenfoto (S. 477) hinzu!

Szenenfoto „Schillers Tell"

Held im trauten Heim? Tell (Roland Koch) und Hedwig (Leila Abdullah)

EUGÈNE IONESCO, **Der neue Mieter**

Mieter *Er steht, den Arm auf die Rückenlehne des Sessels gestützt, in der Mitte, während die Träger immer neue Möbel, die von außen hereingeschoben werden, übernehmen und ihn schweigend mit dem Blick befragen. Er weist ihnen mit der freien Hand die Stellen an:* Da, dort, da, dort, ... usw. *Das Spiel soll möglichst lange dauern, der Rhythmus kann wechseln, einmal langsam sein, sich beschleunigen, dann wieder sein gleichmäßig langsames Tempo aufnehmen; im gegebenen Moment bringt der erste Möbelträger von rechts ein Rundfunkgerät; auf seinen fragenden Blick antwortet der Mieter mit kaum erhobener Stimme.*

Mieter Aber nein, keineswegs.

Erster Möbelträger Es funktioniert nicht.

Mieter In dem Falle ja. Hierher. *Deutet auf eine Stelle neben dem Sessel. Der erste Möbelträger gehorcht, geht zurück nach rechts, andere Möbel holen, während von links der zweite Möbelträger mit demselben fragenden Blick einen Eimer bringt.* Ja, selbstverständlich, hierher.

Zeigt auf die andere Seite neben dem Sessel. Der zweite Möbelträger stellt den Eimer hin. Dann gehen beide Möbelträger, jeder nach seiner Seite, ab und kommen mit Möbeln wieder, mit denen sie den Kreis um den Mieter enger und enger schließen. Das Spiel geht nun wortlos, in absoluter Stille vor sich; die Geräusche und die Stimme der Concierge sind draußen nach und nach vollkommen verstummt. Die Träger gehen mit lautlosen Schritten, auch die Möbel machen keinerlei Geräusch. Jedesmal, wenn die Träger ein anderes Möbelstück hereintragen, werfen sie dem Mieter denselben fragenden Blick zu, und dieser weist ihnen wortlos mit einer Handbewegung die Stellen an, wo die Gegenstände hin sollen, deren Kreis sich enger und enger um ihn schließt. Diese stumme, aus Gesten bestehende Szene, in der alle Bewegungen wie mit der Zeitlupe zerlegt scheinen, soll ebenfalls lange dauern, vielleicht noch länger als die vorige mit dem »Da! Da!« des Mieters. Endlich bringt der zweite Möbelträger von links eine riesige Standuhr, während der andere sein Spiel fortsetzt. Wie der Mieter die Standuhr erblickt, zeigt er sich überrascht und unentschlossen, dann winkt er ab; daraufhin macht der zweite Möbelträger mit seiner Standuhr kehrt und will ein anderes Möbelstück bringen, der erste Möbelträger kommt mit einer andern Standuhr, die der ersten aufs Haar gleicht. Der Mieter schickt ihn mit einer Handbewegung fort, besinnt sich dann aber.

Mieter Doch ... schließlich und endlich, warum nicht? *Die Uhr wird, dem Winke des Mieters entsprechend, neben dem Sessel aufgestellt. Der zweite Möbelträger bringt jetzt einen großen, sehr hohen Wandschirm. Er kommt damit beim Sessel an, während der erste Möbelträger auf seiner Seite ebenfalls mit einem ebenso großen und hohen Wandschirm anlangt.*

Zweiter Möbelträger Sie werden keinen Platz mehr haben!

Mieter Doch. *Setzt sich in seinen Sessel mitten im Kreis.* So gehts. *Ein zweiter, dann ein dritter Wandschirm werden gebracht und so abgestellt, dass der Mieter in seinem Kreis von drei Seiten verbaut ist, eine Seite – die zum Publikum – bleibt offen. Der Mieter sitzt in seinem Sessel, mit dem Hut auf dem Kopf, und wendet* *das Gesicht dem Publikum zu. Die beiden Möbelträger strecken, jeder von seiner Seite aus, über die Wandschirme hinweg, hinter denen ihr Körper verborgen bleibt, die Köpfe dem Mieter entgegen und sehen ihn einen Augenblick an.*

Erster Möbelträger Gut so? Fühlen Sie sich wohl?

Mieter *nickt:* Ja. Zu Hause fühlt man sich am wohlsten.

Zweiter Möbelträger Sie sind müde geworden. Ruhen Sie sich etwas aus.

Mieter Machen Sie weiter. Ist noch viel da?

Stummes Spiel. Der Mieter bleibt unbeweglich, mit dem Hut auf dem Kopf, dem Publikum zugewandt, sitzen. Die beiden Möbelträger gehen zu den Türen, der eine nach rechts, der andere nach links: Die Türflügel stehen weit offen: Bretter, so breit und hoch wie die Türen, links grün, rechts violett, anscheinend die Rückseiten hoher, breiter Schränke, verbauen vollkommen die Türöffnungen. Mit symmetrischen Bewegungen, den Blick auf ihre jeweilige Tür gerichtet, kratzen sich die beiden Möbelträger ratlos den Kopf unter ihrer Mütze. Gleichzeitig zucken sie die Achseln, heben die Arme und stemmen sie in die Hüften. Dann schlängeln sie sich zwischen den Möbeln durch, jeder nach seiner Seite, sehen sich an und sagen:

Erster Möbelträger Was machen wir nun?

Zweiter Möbelträger Was machen wir nun?

Mieter Ist noch viel unten? Es ist noch nicht zu Ende?

Der erste Möbelträger sieht, ohne zu antworten, den zweiten ratlos an. Dieser erwidert seinen Blick.

Mieter *ohne sich zu rühren, wie immer sehr ruhig:* Haben Sie nun alle Möbel gebracht? *Ein paar Augenblicke lang stummes Spiel. Jeder der beiden Möbelträger wendet das Gesicht erst seiner Tür, dann, ohne sich von der Stelle zu rühren, dem Mieter zu, der sie nicht mehr sehen kann.*

Erster Möbelträger Monsieur, es ist sehr unangenehm, aber ...

Mieter Aber was?

Zweiter Möbelträger Die übrigen Möbel sind zu groß, die Türen sind nicht hoch genug.

Erster Möbelträger Wir kommen nicht durch.

Mieter Welche sind es denn noch?

Erster Möbelträger Schränke.

Mieter Der grüne? Der violette?

Zweiter Möbelträger Ja.

Erster Möbelträger Und das ist nicht alles. Es ist noch mehr da.

Zweiter Möbelträger Die Treppe ist voll. Man kann nicht mehr vorbei.

Mieter Der Hof ist auch voll. Die Straße ebenfalls.

Erster Möbelträger Die Fahrzeuge verkehren nicht mehr in der Stadt. Überall Möbel.

Zweiter Möbelträger *zum Mieter:* Sie brauchen sich wenigstens nicht zu beklagen. Sie haben einen Sitzplatz.

Erster Möbelträger Die Untergrundbahn geht vielleicht noch.

Zweiter Möbelträger O nein.

Mieter *immer von seinem Platz aus:* Nein, auch die Tunnels sind blockiert.

Zweiter Möbelträger *zum Mieter:* Sie haben aber Möbel! Die ganze Gegend überschwemmen Sie damit!

Mieter Die Seine fließt nicht mehr. Blockiert. Kein Wasser mehr.

Erster Möbelträger Also was machen wir, wenn nichts mehr hereingeht?

Mieter Draußen kann man sie nicht lassen. *Die Möbelträger sprechen immer von ihrem Platz aus.*

Erster Möbelträger Wir könnten sie über den Dachboden einladen. Aber ... dazu müssten wir die Decke durchbrechen.

Zweiter Möbelträger Nicht nötig. Modernes Haus. Rolldecke. *Zum Mieter:* Wissen Sie das?

Mieter Nein.

Zweiter Möbelträger Ja. Das ist sehr einfach. Man klatscht in die Hände. *Er will es tun.* Die Decke öffnet sich.

Mieter *vom Sessel aus:* Nicht doch! Ich fürchte für die Möbel, wenn es regnet. Sie sind neu und empfindlich.

Zweiter Möbelträger Keine Gefahr, Monsieur, ich kenne das System. Die Decke öffnet sich, schließt sich, öffnet und schließt sich nach Wunsch.

Erster Möbelträger Dann könnte man doch vielleicht ...

Mieter *vom Sessel aus:* Unter der Bedingung, dass sofort wieder zugemacht wird. Keine Nachlässigkeit!

Erster Möbelträger Wird nicht vergessen. Ich bin ja da. *Zum zweiten Möbelträger:* Bist du soweit?

Zweiter Möbelträger Ja.

Erster Möbelträger *zum Mieter:* Soll'n wir?

Mieter Meinetwegen.

Erster Möbelträger *zum zweiten:* Los!

Der zweite Möbelträger klatscht in die Hände. Von der Decke fallen vorn auf die Bühne große Bretter, die den Eingeschlossenen den Augen des Publikums gänzlich entziehen. Es können auch ein, zwei Bretter zwischen die Möbel auf die Bühne fallen. Oder z.B. dicke Tonnen, sodass der neue Mieter vollkommen blockiert ist. Der erste Möbelträger klopft dreimal an die Seiten des so entstandenen Verschlages, es erfolgt keine Antwort, deshalb geht er mit seiner Leiter auf die Bretter zu, die den Mieter einschließen. Er hält einen Blumenstrauß in der Hand und versucht, ihn vor den Blicken des Publikums zu verbergen. Leise

> *lehnt er die Leiter rechts an und klettert hinauf: Wie er auf der Höhe des seitlichen Brettes angelangt ist, blickt er von oben ins Innere des Verschlags und ruft dem Mieter zu:*

Erster Möbelträger Fertig, Monsieur, alles ist da. Fühlen Sie sich behaglich? Zufrieden mit Ihrer Einrichtung?

Stimme des Mieters *wie sonst, nur ein wenig gedämpft:* Die Decke! Machen Sie die Decke zu, bitte.

Erster Möbelträger *oben von der Leiter zu seinem Kollegen:* Mach die Decke zu. Du hast vergessen.

Zweiter Möbelträger *von seinem Platz aus:* Ja, richtig. *Klatscht in die Hände, die Decke schließt sich.* So.

Stimme des Mieters Danke.

Erster Möbelträger *auf seiner Leiter:* So sind Sie gut geschützt. Frieren werden Sie nicht ... wie geht's?

Stimme des Mieters *nach einer Pause:* Danke, gut.

Erster Möbelträger Geben Sie mir Ihren Hut, Monsieur, er wird Ihnen im Wege sein. *Nach kurzer Zeit sieht man den Hut von innen heraufkommen.*

Erster Möbelträger *nimmt den Hut und wirft die Blumen ins Innere des Verschlages:* So. Jetzt wird es ganz gemütlich. Nehmen Sie noch diese Blumen. *Zum zweiten Möbelträger:* Alles da?

Zweiter Möbelträger Alles da.

Erster Möbelträger Gut. *Zum Mieter:* Wir haben alles gebracht, Monsieur, jetzt sind Sie bei sich zu Hause. *Steigt von der Leiter herunter.* Wir gehen. *Lehnt die Leiter gegen die Wand, oder aber er legt sie sacht und geräuschlos irgendwo zwischen die Gegenstände, die den Mieter einschließen.*

Erster Möbelträger *zum zweiten Möbelträger:* Komm. *Aufs Geratewohl gehen die beiden Möbelträger, man weiß nicht recht wohin, jeder auf seiner Seite nach hinten, unsichtbaren Ausgängen zu, rätselhaften Ausgängen, denn das Fenster ist verbarrikadiert, die Türen auch, hinter den weit geöffneten Türflügeln sieht man immer noch die schreiend bunten Bretterwände, die die Ausgänge verbauen. Einmal bleibt der erste Möbelträger, mit dem Hut des Mieters in der Hand, in einer Ecke der Bühne stehen, dreht sich um und sagt in Richtung auf den Eingeschlossenen:*

Erster Möbelträger Sie brauchen nichts mehr? *Stille.*

Zweiter Möbelträger Sie brauchen nichts mehr?

Stimme des Mieters *nach einer Pause – nichts rührt sich auf der Bühne.* Auslöschen! *Vollkommene Dunkelheit.* Danke.

VORHANG

(Eugène Ionesco, Theaterstücke II. Neuwied: Luchterhand 1960, S. 182–187.)

THOMAS KOEBNER, **Das Groteske**

Im grotesken Bild verzerren sich die menschlichen Proportionen, Größenverhältnisse und Bewegungen verlieren das selbstverständliche Maß: Sie erregen Aufmerksamkeit durch ihre Unnatürlichkeit. Die Bühnenfiktion löst sich also vom Diktat empirisch gewonnener Natürlichkeitsvorstellungen los, wird selbstständig. Das groteske Bild distanziert den Zuschauer vom Geschehen, ohne dies allerdings zu historisieren (wie BRECHT es als zweite Stufe der Verfremdungstechnik wünschte). Die Bühnenwelt erscheint plötzlich als fremd, als grimassierende Maske. Die Reaktion des Publikums ist nicht die der Katharsis oder eines Sich-Bewusstwerdens des Problems, sondern Bestürzung und Ratlosigkeit. Die Bühne fügt sich zum grotesken Bild, wenn eine überlegene Macht menschlichen Willen übertrumpft, das Chaos apokalyptische Ausmaße annimmt, die Bedrängnis des Einzelnen auf der Szene so anwächst, dass er in seinem Menschsein zu Tier oder Apparat verkürzt erscheint. Ein Vorgang, der grotesk wird, lässt sich vorerst nicht durch Erklärungen einholen. So behauptete eine Untersuchung mit guten Gründen, das Groteske sei die Entstellung des Menschen durch den Menschen (Arnold Heidsieck). Aber gerade diese Deutung übersieht die wichtige Funktion des Grotesken, die Ursachen der plötzlichen Weltverzerrung ausdrücklich im Unklaren zu lassen. Der Rückfall ins Tierische, die unerwartete Idiotie oder das Unheimliche des gerade noch Lebenden sollen eben wie von „Natur" so erscheinen und nicht gleich als Produkt der Geschichte begriffen werden. Dass sie in weiterem Sinne ein Produkt der Geschichte, ein Ausdruck der entfremdeten Welt sind, interessiert nur den Historiker, nicht das Publikum. Schließlich fällt noch die Tableau-Wirkung des grotesken Bildes auf: Die Szene erstarrt und der Zeitfluss der Spielhandlung scheint vorübergehend aufgehoben. Das Groteske erschreckt.

(Thomas Koebner [Hrsg.], Tendenzen der deutschen Literatur seit 1954. Stuttgart: Kröner 1971, S. 400.)

Arbeitsanregungen

1. Welche Merkmale des Grotesken unterscheidet Thomas Koebner?

2. Weisen Sie diese Merkmale in Ionescos Stück „Der neue Mieter" nach!

3. Stellen Sie die Charakteristika des absurden Theaters in einer Tabelle zusammen! Nutzen Sie Ihre Arbeitsergebnisse aus der Untersuchung der Texte „Der neue Mieter" und „Das Groteske"!

Das absurde Theater					
Menschenbild	Sprache	Dinge	Struktur	Wirklichkeits-darstellung	Wirkung

(Tabelle nach: Das Theater des Absurden. In: deutsch. betrifft uns 06/1992, S. 31.)

4. Untersuchen Sie nach dem gleichen Schema die Merkmale des klassischen Theaters (Schiller), des epischen Theaters (Brecht, Leben des Galilei) und des dokumentarischen Theaters (Kipphardt, In der Sache J. Robert Oppenheimer)!

Modell-Szene

Man wählt eine **Schlüsselszene** aus, in der bereits alle wichtigen Personen auftreten, und arbeitet sie von der Textanalyse bis zu Details der Darstellung aus. (Möglichkeit, Rollenbesetzung auszuprobieren)

Man fragt nach der Bedeutung der Szene für das Stück und nach den Beziehungen der Personen zueinander.

Die Darstellung wird im Einzelnen geprobt und unterschiedliche Spielvarianten miteinander verglichen. An der Modellszene soll klar werden:
- um was es bei diesem Stück eigentlich geht,
- wie die Rollencharaktere aussehen,
- welche Aspekte beim Zusammenspiel wichtig sind
- und welche Darstellungsmittel eingesetzt werden können.

Da nicht alle Szenen mit der gleichen Sorgfalt analysiert und besprochen werden können, ist solch exemplarisches Vorgehen sehr hilfreich: Es erleichtert den Spielern den Einstieg in ihre Rollen und klärt das Inszenierungskonzept für das gesamte Stück.

Rollenbiografie

Mit dieser Technik werden die handelnden **Personen untersucht,** ihre Situation, ihre Befindlichkeit, ihr Beziehungsgeflecht. Typische Fragen sind: Was ist das für ein Mensch? Wie hat er gelebt? Welche Ausbildung, welche beruflichen Ambitionen, welche Interessen, welche Vorlieben, Abneigungen und Ticks hat er/sie? Welche Freunde und Feinde umgeben ihn? Welches Ziel wird in der zu spielenden Situation verfolgt? Welche körperliche und seelische Konstitution liegt vor? usw.

Bei vorgegebenen Texten werden manche Fragen im Stück beantwortet. Vieles findet sich jedoch nicht expressis verbis, sodass der Spieler entscheiden muss, wie er die Person auffassen will, wie er die **Rolle interpretiert.**

Erst die gelungene Einfühlung in die Situation der handelnden Person führt zu überzeugendem Spiel.

Subtext

Der Subtext berücksichtigt die Unterscheidung in innere und äußere Vorgänge, indem er alles aufnimmt, was die Personen **denken** und **fühlen,** aber nicht sagen. (Also alles, was „zwischen den Zeilen" steht oder stehen könnte!)

Man kann das schriftlich festhalten, einen Außenstehenden zur stummen Aktion des Spielers sprechen lassen oder die Figur alle aufkommenden Gedanken in der Ich-Form ausdrücken lassen.

Vor-Spiel

Keine Handlung beginnt beim Punkt Null. Frage ist: Was haben die Personen vor Beginn der 1. Szene gerade getan? Was ist dem Beginn des Stückes eigentlich alles **vorausgegangen?**

Einen Einstieg könnte ein stummes Vor-Spiel oder auch ein improvisierter szenischer Dialog liefern.

Manchmal ist dieses Vor-Spiel so überzeugend, dass es jenseits der Trainingsabsicht ins reale Spiel integriert wird.

Körperliche Aneignung

Man versucht einen Zugang zur jeweiligen Rolle dadurch zu bekommen, dass man sich so bewegt, wie die Figur es aufgrund ihrer körperlichen Voraussetzungen, ihres Typs und der vorliegenden Situation tun würde. Dem dient folgende Überlegung:

Ist die Figur alt oder jung, dick oder dünn, kräftig oder schwach, steif oder beweglich, plump, kurzsichtig, fahrig, nervös? Wie geht, erhebt, setzt sie sich? Welche Eigenarten in Haltung, Gestik, Mimik usw. liegen vor? Welche Eigenschaften (stolz, unsicher, ängstlich, eingebildet, schüchtern) könnten im Körperausdruck zur Geltung kommen) usw.

Dem folgt das Spiel, in dem ausgewählte Szenen zunächst **pantomimisch** gegeben werden, um sich auf den Körperausdruck zu konzentrieren und sich nicht vom Text beeinflussen zu lassen.

Durch eine Reihe von Übungen kann man versuchen, mit Hilfe von **Requisiten** oder **Kostümteilen** einem bestimmten Rollentypus näher zu kommen, indem man Vorgaben der Requisition mit-ausspielt (z.B. klobige Schuhe = plumper Gang; schwerer Mantel = statuarisches Auftreten usw.).

Voraussetzung einer körperlichen Aneignung von Rollen ist die genaue Beobachtung von Haltungen und Bewegungsabläufen im Körperausdruck von Menschen.

Handlungsanweisung (verdeckt)

Das Theater lebt davon, dass die Handlung auf der Bühne die entscheidende Wirkung auslöst.

Regieanweisungen sind meist knapp gefasst, in vielen Einzelszenen fehlen sie ganz. Nun kann sich der Spieler ja nicht einfach textsprechend ‚hinstellen', sondern muss adäquate Handlungen ausdenken. Das Vorgehen könnte etwa so aussehen:

- überlegen, in welcher **Situation** und **Beziehung** zueinander sich die Personen befinden;
- unterschiedliche Realisationen **durchspielen** (evtl. Parallel-Gruppen);
- Entscheidung für die attraktivste Variante, (Analyse-Beispiel: zwei Personen, ein Mann und eine Frau befinden sich in der Wohnung und sprechen über den beruflich gescheiterten Sohn.

Sind sie beim Essen? Wird der Tisch gedeckt? Liest jemand Zeitung, näht oder bastelt, versucht die Aufmerksamkeit des Partners zu erregen, versteckt sich hinter hektischer, belangloser Betriebsamkeit?

Sprechen sie offen oder murmeln sie vor sich hin? usw.).

Choreografie

Gemeint ist hier die Möglichkeit, bestimmte Szenen durch dynamische Stell-Proben, Organisation der Auf- und Abgänge, der Anordnung von ‚Massenauftritten', kurz durch Beobachtung aller Bewegungen auf der Bühne choreografisch anzuspielen und die Eindrücke zu verwerten.

Die Versuche können stumm, bei unterlegter Musik oder mit Handlungskommentar erfolgen.

(Besonders Interessierte fertigen u.U. ein Bewegungsdiagramm bzw. eine Partitur)

Improvisation/Stegreifspiel

Stegreifspiel und Improvisation sind sowohl Techniken des Theaters als auch eigenständige Gattungen. Sie werden hier benutzt, um Erkenntnisse über **Stück-Charakter** und **Rollen-Gestaltung** zu gewinnen.

Bevor der endgültige Text festgelegt und die Rollen verteilt werden, gewinnen die Spieler bereits einen Eindruck von Stückproblematik und Rollentyp.

Man kann eine Szene auch mehrfach spielen lassen und dabei die Rollen mit **unterschiedlichen** Darstellern besetzen.

Im Stegreifspiel sprechen die Darsteller oft freier, als wenn sie durch einen Text „behindert" werden; sie bekommen besseren Zugang zur Rolle und finden ein spannungsreicheres, intensiveres **Zusammenspiel.**

Kurioserweise haben jugendliche Darsteller oft Schwierigkeiten mit dem Stegreifspiel, wenn sie wissen, dass eine feste Textfassung bereits existiert. Eine Improvisation zu einer thematisch ähnlichen Situation kann dann weiterhelfen.

Beispiel für Improvisationsmöglichkeiten „Familienfeier"

a) Man zeigt die Personen bei der **Vorbereitung** der Situation:
   Vorbereitung der Feier durch die Gastgeber;
   Vorbereitung der Gäste auf die Feier;
   Gäste auf dem Weg zur Feier;
   Kaufen (Ein- oder Auspacken) eines Geschenkes;
   Situation in den Nebenräumen (was geschieht in der Küche, im Keller, im Bad usw.).

b) Man zeigt die gleichen Personen in **anderem Umfeld:**
   im Büro, zu Hause, auf einer Reise, im Bett, in der Disco usw.

c) Man ordnet den Personen probeweise andere **Motive und Gefühle** zu:
   Streit – Neid – Eifersucht – Hass – Langeweile – Unsicherheit usw.

(Dramaturgische Techniken als Schlüssel zum Textverständnis. In: deutsch. betrifft uns 06/1992, S. 14–15.)

Arbeitsanregungen

1. Setzen Sie sich mit den Probentechniken auseinander! Welche erscheint Ihnen besonders wirkungsvoll?

2. Wenden Sie die attraktivsten Probentechniken an einem der Dramen-Texte aus dem Lesebuch an! Hilft die Technik, den Text besser zu verstehen? Wie beurteilen die Zuschauer Ihre Darbietung?

3. Erschließen Sie eine Kurzgeschichte aus dem Lesebuch mit Hilfe der Probentechniken! Lässt sich diese Methode problemlos auf epische Texte übertragen?

Projekt: Theaterinszenierung

Arbeitsanregungen

Inszenieren Sie ein Theaterstück Ihrer Wahl und gestalten Sie eine Aufführung in Ihrer Schule! Beachten Sie dabei folgende Gesichtspunkte:

– Wählen Sie eine Modell-Szene und lesen Sie diese mit verteilten Rollen! Klären Sie so das Thema des Stücks, die Rollencharaktere, die Aspekte des Zusammenspiels und mögliche Darstellungsmittel (vgl. Probentechniken, S. 483ff.)!

– Prüfen Sie die Notwendigkeit einer Textbearbeitung (Streichungen, Erweiterungen durch Texte/Rollen/Szenen, Aktualisierung, Einsatz von Dialekt)!

– Führen Sie Rollentests durch und legen Sie die Rollenbesetzung fest!

– Verteilen Sie die Verantwortung für Regie, Technik, Bühnenbild, Kostüme und Promotion!

– Erarbeiten Sie die Rollen und Spielelemente (Gestik, Mimik, Position auf der Bühne) unter Einsatz der Probentechniken (vgl. S. 483ff.)!

– Entscheiden Sie sich für geeignete Spielmittel (Bühnenbild, Kostüme, Licht, Musik)!

– Fixieren Sie die Texte und Regieanweisungen in einem „Reader"!

– Legen Sie einen Zeitplan für die Szenen- und Durchlaufproben und die Generalprobe fest!

– Organisieren Sie die Promotion (Programmheft, Plakat, Pressemitteilung für Vorankündigung und Rezension, Einladungen)!

– Erstellen Sie eine Check-Liste für die Durchführung des Theaterabends von A bis Z (von der „Abendkasse" bis zur „Zusammenkunft des Ensembles" bei einer Premierenfeier)!

Film/Fernsehen

WOODY ALLEN, Mach's noch einmal, Sam

Im Mittelpunkt der intelligenten Filmkomödie **„Mach's noch einmal, Sam"**, die auf einem Theaterstück **Woody Allens** basiert, steht der schüchterne Filmjournalist Allan Felix (Woody Allen). Seine Versuche, sich so zu verhalten wie sein Idol Humphrey Bogart, sind zum Scheitern verurteilt, Bogarts coole Ratschläge helfen nichts. Erst als Felix den Mut findet, zu seinen Schwächen zu stehen, bekommt er sein Leben in den Griff.

Lesehinweis

Lexikon des internationalen Films. Reinbek: Rowohlt 1995 = rororo Handbuch

Arbeitsanregungen

1. Charakterisieren Sie Humphrey Bogart und Woody Allen, ausgehend vom abgebildeten Foto und den Erinnerungen, die Sie an Filme der beiden haben!
Warum wurde Humphrey Bogart zum männlichen Mythos?

2. Welche Filmstars begeistern Sie? Haben Sie ein Idol?
Beschreiben Sie die Eigenschaften, die Sie an Ihrem Vorbild bewundern!

3. Haben Filmidole Einfluss auf unsere private und gesellschaftliche Realität, auf Ideale, Ziele, Wertvorstellungen? Oder sind sie nur Ausdruck des Zeitgeists?
Nehmen Sie Stellung!

Filme verstehen

James Monaco

„Wir wissen sehr wohl, dass wir lernen müssen zu lesen, bevor wir versuchen können, Literatur zu genießen oder zu verstehen: Aber wir neigen dazu zu glauben, dass jeder einen Film lesen kann. Es ist wahr, jeder kann einen Film sehen, sogar Katzen. Aber einige Leute haben es gelernt, visuelle Bilder zu verstehen […]"

(James Monaco, Filme verstehen. Kunst. Technik. Sprache. Geschichte und Theorie des Films. Reinbek: Rowohlt 1980, S. 138.)

Richard Gilman

Filme zu »sehen« ist leicht. Da sie Wirklichkeit nachahmen, findet jeder Zugang zu ihrer Oberfläche. Filme zu verstehen ist schwierig. Denn sie erzählen in ihrer eigenen Sprache, die zu entschlüsseln ein geschultes Auge verlangt. Je mehr einer über Filme weiß, desto mehr teilen sie ihm mit. Je bewusster er sich mit ihnen auseinander setzt, desto weniger dominiert ihr Charakter als Ware.

Film ist Ware – Produkt einer Filmindustrie, die zur Reproduktion des Vorhandenen neigt. Film ist Kunst – geschaffen von Filmemachern, die die Wirklichkeit in Frage stellen und die Fantasie zu ihrer Veränderung freisetzen. Film ist Technik – ein kompliziertes Instrument, dessen Handhabung die filmische Erzählweise bestimmt. Filmgeschichte vollzieht sich in der Dialektik von Gegensätzen – im Produktionsprozess selbst wie in der Wechselwirkung von Film und Gesellschaft.

(Richard Gilman. In: James Monaco, Filme verstehen. Reinbek: Rowohlt, S. 2.)

Kriterien der Filmanalyse

Einstellungsgrößen

Die Einstellungsgrößen (engl.: shots) beschreiben den Bildausschnitt, unabhängig vom Format. Zur Erläuterung werden den hier aufgeführten Einstellungsgrößen mögliche Bildinhalte in Klammern hinzugefügt; die beispielhaften Zeichnungen stammen aus Frank Le Galls „Theodor Pussel".

Panorama (Landschaft)

Totale (Person mit Großteil des Handlungsraums)

Halbtotale (Person in geringer Raumtiefe, Interaktionsraum)

Halbnah (Person bildfüllend oder unten leicht angeschnitten)

Américaine (Person bis zum Gürtel oder „bis zum Colt")

Nah (Brustbild)

Groß (vgl. Passfoto, der Kopf kann jedoch angeschnitten sein)

Detail (Teile des Körpers oder des Gesichts)

(Frank le Gall, Theodor Pussel. Im Palast des Nabobs. Hamburg: Carlsen 1995, S. 24, 43-45, 47.)

Kameraperspektiven

Die Kameraperspektive gibt den Standpunkt an, den die Kamera auf der senkrechten Ebene dem Gegenstand gegenüber einnimmt. Möglich sind beispielsweise:

- Vogelperspektive
- Aufsicht
- Augenhöhe
- Untersicht
- Froschperspektive.

Kamerabewegung

Es gibt zwei grundlegende Arten von Kamerabewegungen. Die Kamera kann sich entweder um eine ihrer drei – imaginären – Schwenkachsen drehen oder sie bewegt sich von einem Ort zum anderen. Bei diesen beiden Bewegungsarten liegt jeweils ein grundsätzlich anderes Verhältnis zwischen Kamera und Gegenstand vor. Beim **Schwen-**
5 **ken** („pan") oder **Neigen** („tilt") verfolgt die Kamera den sich bewegenden (oder ändernden) Gegenstand; beim **Rollen** („roll") ändert sich nicht der Gegenstand, sondern nur seine Lage innerhalb des Bildes.

Dagegen bewegt sich die Kamera bei **Fahrten** (*„track"* oder *„dolly"*) und Kranaufnahmen in der horizontalen oder vertikalen Ebene, dabei ist der Gegenstand statisch oder
10 beweglich. Diese verschiedenen Bewegungsarten und ihre diversen Kombinationen haben einen starken Einfluss auf das Verhältnis zwischen Gegenstand und Kamera (und damit auf den Zuschauer); dadurch kommt den Kamerabewegungen eine große Bedeutung als Determinante für den Inhalt des Films zu. […]

Die französische „nouvelle vague" in den frühen Sechzigern ist bekannt für die Entwicklung eines neuen Vokabulars von Bewegungen der Handkamera; außerdem ermöglichte die leichte Handkamera den Stil des „cinéma vérité" im Dokumentarfilm, wie er heute vorherrscht. [...] Die wacklige Kamera wurde zum Klischee der sechziger Jahre. Dann, Anfang der siebziger Jahre, entwickelte der Kameramann Garrett Brown zusammen mit Ingenieuren von Cinema Products Inc. ein System namens „Steadicam". In den letzten Jahren fand diese Art des Filmens viele Anhänger. Durch eine Art Weste wird das Gewicht der Kamera auf die Hüften des Kameramanns verlagert; ein abgefederter Stativ-Arm dämpft die Bewegungen der Kamera, wodurch eine Ruhe des Bildes erreicht wird. [...]

(James Monaco. Filme verstehen. Reinbek: Rowohlt 1980, S. 89-92 und S. 190.)

Montage

Die Nachbearbeitung durch Schnitt und Nachvertonung legt fest, in welchem Zusammenhang die Aufnahmen wahrgenommen werden. In der Wirkung der Montage kommt das Prinzip der filmischen Illusion am deutlichsten zum Ausdruck: Bilder oder Bildfolgen werden nicht getrennt voneinander wahrgenommen, sondern verschmelzen in der Wahrnehmung des Betrachters zu einer Einheit, auch wenn sie in der Realität in keinem räumlichen oder zeitlichen Zusammenhang stehen. Die Montage schafft Verbindungen in Raum und Zeit sowie gedankliche und gefühlsmäßige Verbindungen zwischen den Bildern. Es gibt eine Fülle von Montageformen, die sich aber nicht systematisch aufzählen lassen, da sie sich in ihrer Wirkung überschneiden. Die folgenden Beispiele sollen das Prinzip der Montage verdeutlichen.

Erzählende Montage
Der Film gibt in den seltensten Fällen eine Handlung in der Realzeit wieder, sondern das Geschehen wird durch Auslassung und Zeitsprünge verdichtet. (Eine Person steigt aus einem Auto aus. Die Kamera schwenkt ihrem Blick folgend an der Fassade eines Hochhauses hoch, bleibt auf einem Fenster stehen. Schnitt. In der folgenden Einstellung betritt die Person ein Zimmer.)

Parallelmontage
Zwei räumlich getrennte, aber inhaltlich aufeinander bezogene Handlungen werden abwechselnd ineinander montiert. Bei dieser Montageform handelt es sich um ein gängiges dramaturgisches Mittel, um Spannung zu erzeugen. (Ablauf eines Verbrechens – Retter unterwegs zum Tatort.)

Rhythmische Montage
Je nach Länge der montierten Einstellung kann die Montage die Illusion der zeitlichen Beschleunigung schaffen bzw. den Eindruck von Ruhe hervorrufen.

Kausalmontage
Die Inhalte einer Einstellung werden als Ursache der in der nächsten Einstellung gezeigten Inhalte dargestellt. (Kinder spielen Ball. Ein Kind wirft den Ball. Der Ball fliegt in eine Fensterscheibe.)

Kontrastmontage
Gegensätzliche Bildinhalte werden durch die Montage gegenübergestellt. (Slums – spiegelnde Hochhausfassaden.) Dadurch wird eine gedankliche und gefühlsmäßige Verbindung geschaffen, die über die im Bild dargestellten Inhalte hinausweist. Die Bilder werden z.B. Symbol für Armut und Reichtum, Ausbeutung usw.

In den angeführten Montageformen ging es um die Verbindung von Bildern zu einer Aussage. Daneben lässt sich der Sinn von Bildern durch unterschiedliche Kommentierung, durch Unterlegen von Musik usw. verändern.

Schnitt-Technik

Für die Montage spielt die Gestaltung der Übergänge zwischen zwei Einstellungen eine Rolle.

Harter Schnitt	Eine Einstellung folgt der anderen ohne erkennbaren Übergang.
Abblenden	Allmähliches Verdunkeln des Bildes.
Aufblenden	Allmähliches Aufhellen des Bildes zur richtigen Beleuchtung.
Schwarzblende	Zwei Einstellungen werden durch eine Schwarzphase (Aufnahme mit Objektivdeckel) voneinander getrennt.
Unschärfe	Am Ende einer Einstellung wird das Bild unscharf, die folgende Einstellung beginnt ebenfalls unscharf.
Trickblenden	Mit einem Stück Pappe o.Ä. lassen sich bestimmte Formen der Trickblende nachahmen (z.B. Wischblende, langsames Verdunkeln des Bildes von einer Seite oder von oben nach unten).
Reißschwenk	Am Ende einer Einstellung wird so schnell geschwenkt, dass das Bild unscharf wird.

(Arbeitsmaterialien für die Kurse zur aktiven Videoarbeit. Hrsg. vom Niedersächsischen Landesverwaltungsamt 1994, S. 13-19.)

Beleuchtung

Grundsätzlich kann zwischen **natürlicher Lichtführung,** die sich oft auf den Einsatz der vorhandenen Lichtquellen beschränkt, und der **dramatischen Lichtführung** unterschieden werden, die durch Hell-Dunkel-Effekte eine besondere Atmosphäre schafft. Auch die Richtung des Lichteinfalls ist für die Wirkung der Ausleuchtung von Bedeutung, zum Beispiel: *Frontallicht, Gegenlicht, Seitenlicht.*

Natürliches Licht

„Der Stadtneurotiker" (1977): Diane Keaton und Woody Allen starten erste Annäherungsversuche

Dramatisches Licht

„Manhattan" (1979): Diane Keaton und Woody Allen treffen sich auf einer Cocktail-Party im Museum of Modern Art

Ton

Unauffällig ist die **Atmosphäre** eines Ortes, und doch hat jeder Raum, jede Straße, jede Stadt ihr eigenes Grundgeräusch. Selbst wenn es vom Zuschauer/Zuhörer nicht bewusst wahrgenommen wird, beeinflusst es die Stimmung, die vom Film ausgeht. **Geräusche** hingegen sind charakteristische Töne, die für die Geschichte des Films wichtig sind. Sie können gezielt durch eine Nachvertonung eingesetzt werden, denn nicht immer sind sie am Drehort vorhanden. Selbst die **Sprache** wird oft im Studio neu aufgenommen; eine Nachvertonung in einer anderen Sprache heißt Synchronisation.

Zur Akzentuierung bestimmter Bildinhalte wird die **Musik** eingesetzt. Fehlt sie ganz, wie etwa in Hitchcocks Klassiker „Die Vögel", kommt den Geräuschen eine ungleich größere Bedeutung zu.

Unterschieden wird zwischen **Off-Ton,** bei dem die Quelle nicht im Bild sichtbar ist, und dem **On-** oder **Synchronton,** bei dem sie zu sehen ist oder aus dem Bildzusammenhang deutlich wird. Nicht immer kommt der Ton **parallel,** d. h. in natürlicher Lautstärke und dem Bildinhalt entsprechend, zum Einsatz. Bei **polarisierender** Verwendung wird der Ton verstärkt. Wird er **disparat** genutzt, steht er in Widerspruch zum Bild.

Fachbegriffe

Establishing shot	Einstellung zu Beginn einer Sequenz (oft Panorama oder Totale), die einen einführenden Überblick über Lokalität, Situation, Personen usw. gibt
Plansequenz	Begriff für eine in langer Einstellung gedrehte Sequenz, in der oft komplizierte Kamerabewegungen durchgeführt werden (auf Schnitte wird verzichtet)
Subjektive Kamera	Die Kamera nimmt die Position einer Figur ein – der Zuschauer sieht, was die Figur sieht

Arbeitsanregungen

1. Wählen Sie Filmausschnitte (Videos) aus, an denen Sie die Kriterien der Filmanalyse beispielhaft dokumentieren können! Stellen Sie Ihre Beispiele in der Klasse vor!

2. Untersuchen Sie die Wirkung von Einstellungsgrößen, Kameraperspektiven und -bewegungen, Montage, Beleuchtung und Ton in den ausgewählten Beispielen! Beachten Sie dabei den Hinweis des Medienwissenschaftlers Wolfgang Gast:
   Es gibt keine festgelegte Bedeutung dieser oder jener Einstellungsgröße, Perspektive, Beleuchtungsvariante, Kamerabewegung, keine starre Semantik einer bestimmten Montageform, keine Wahrnehmungssteuerung durch bestimmte Wort-Bild-Ton-Inszenierungen; nur im Kontext von Inhalt, Genre, Erwartungshorizont des Konzipienten und filmsprachlicher Struktur erschließen sich Sinn und Wirkungspotenzial eines audiovisuellen Textes - erschlossen durch Interpretation.

3. Ergänzen Sie die Fachbegriffe der Filmanalyse und erstellen Sie ein kleines Handbuch!

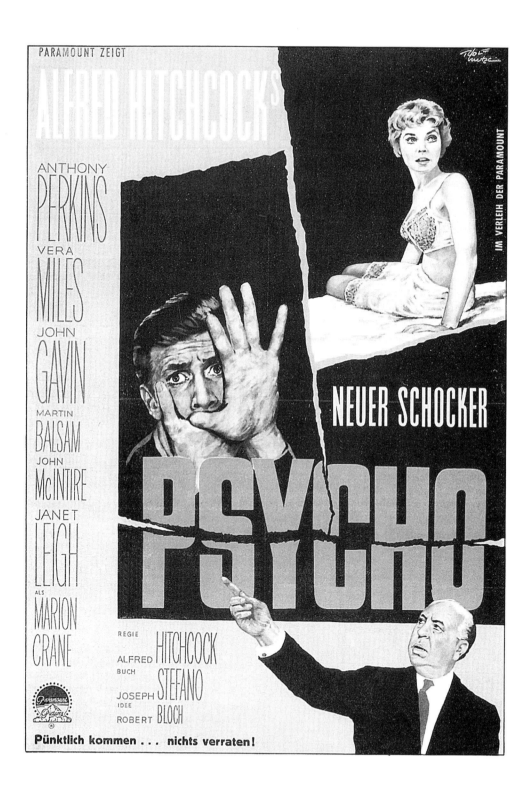

François Truffaut, Mr. Hitchcock, wie haben Sie das gemacht?

Psycho

Marion (Janet Leigh) und Sam, ihrem Geliebten (John Gavin), fehlen die Mittel zu einem normalen Familienleben. Als ihr Arbeitgeber ihr 40 000 Dollar anvertraut, die sie auf die Bank bringen soll, stiehlt Marion das Geld und verlässt Phoenix. Nachts steigt sie in einem kaum besuchten Motel ab. Dessen junger Besitzer, Norman Bates (Anthony Perkins), vertraut sich ihr an. Er erzählt ihr, dass er in dem unheimlichen viktorianischen Haus nebenan zusammen mit seiner Mutter lebt, einer kranken und offenbar eigenwilligen Frau.

Als Marion vorm Schlafengehen unter die Dusche gehen will, taucht die alte Frau auf und tötet sie mit einem Dutzend Messerstichen. Dann verschwindet sie so plötzlich, wie sie erschienen ist. Als Norman die Leiche entdeckt, scheint er wirklich bestürzt, aber dann beseitigt er sorgfältig alle Spuren der Tat. Marions Leiche, ihr Gepäck, ihre Kleider und das Geld verbirgt er in ihrem Auto und versenkt dies in einem Teich.

Drei Leute folgen der Spur der Vermissten: Ihre Schwester Lila (Vera Miles), Sam und Arbogast (Martin Balsam), ein Versicherungsagent, der nach dem verschwundenen Geld sucht. Norman erweckt Arbogasts Misstrauen, als er sich weigert, ihn zu seiner Mutter zu bringen. Nachdem er Lila und Sam von seinem Verdacht berichtet hat, kehrt Arbogast heimlich in das Haus zurück, um mit Normans Mutter zu sprechen. Er geht in den ersten Stock hinauf und wird ebenfalls durch zahlreiche Messerstiche getötet. Vom Sheriff des Ortes erfahren Lila und Sam, dass Normans Mutter seit zehn Jahren tot und begraben ist. Als die beiden das Motel durchsuchen, entgeht Lila nur knapp dem Tode. Während des Kampfes, der sich anschließt, erweist sich Norman als Schizophrener, der, wenn er sich mit seiner Mutter identifiziert, zu einem pathologischen[1] Mörder wird.

Alfred Hitchcock im Interview mit François Truffaut

François Truffaut:
Ich habe den Roman Psycho gelesen und fand, der Autor arbeitet nur mit miesen Tricks. Oft steht da: „Norman setzte sich neben seine alte Mutter und sie begannen, miteinander zu reden." Das ist eine Erzählkonvention, die mich wirklich abstößt. Der Film ist entschieden loyaler erzählt und das merkt man vor allem, wenn man ihn wiedersieht. Was hat Ihnen an dem Buch gefallen?

Alfred Hitchcock:
Ich glaube, das Einzige, was mir gefallen hat und mich dazu gebracht hat, den Film zu machen, war der unerwartete Mord unter der Dusche. Das ist ganz unvermittelt und deshalb hat es mich interessiert. […]

François Truffaut:
Übrigens gibt es in *Psycho* nicht eine sympathische Figur, mit der das Publikum sich identifizieren könnte.

Alfred Hitchcock:
Das war auch nicht nötig. Aber Mitleid hat das Publikum wahrscheinlich doch mit Janet Leigh gehabt, wenn sie stirbt. Der erste Teil der Geschichte ist übrigens genau das, was man hier in Hollywood einen „roten Hering" nennt, das heißt ein Dreh, der die Aufmerksamkeit ablenken soll, um den Mord besonders stark zu machen, dass er wirklich völlig überraschend kommt. Dass der ganze Anfang in die Länge gezogen

---

1 pathologisch = krankhaft

war, alles was den Gelddiebstahl und Janet Leighs Flucht betrifft, war unbedingt notwendig, um das Publikum mit der Frage zu fesseln: Wird sie gefasst oder nicht? Erinnern Sie sich, wie ich immer wieder auf diese vierzigtausend Dollar zurückkomme? Vor Beginn der Dreharbeiten, beim Drehen und bis zum Schluss habe ich daran gearbeitet, die Bedeutung des Geldes hochzuspielen.

Wissen Sie, das Publikum möchte immer vorgreifen und sagen können: „Ah, ich weiß schon, was jetzt kommt!" Dem muss man nicht nur Rechnung tragen, sondern man muss die Gedanken des Zuschauers vollkommen lenken. Je mehr Details von der Autofahrt des Mädchens mitgeteilt werden, umso mehr sind die Zuschauer von der Flucht in Anspruch genommen. Aus diesem Grund bekommen auch der Polizist mit der dunklen Brille auf dem Motorrad und der Wechsel der Autos eine solche Bedeutung. Später beschreibt Anthony Perkins Janet Leigh sein Leben im Motel, sie tauschen Eindrücke aus und der Dialog bezieht sich auf die Probleme des Mädchens. Man nimmt an, sie ist entschlossen, nach Phoenix zurückzukehren und das Geld zurückzugeben. Wahrscheinlich denkt der Teil des Publikums, der gern vorhersieht: „Ah, der junge Mann wird sie dazu bringen, ihre Absicht zu ändern." Man dreht und wendet das Publikum und hält es möglichst weit von dem entfernt, was sich wirklich ereignen wird.

Ich wette, um was Sie wollen, dass man Janet Leigh in einer üblichen Produktion die andere Rolle gegeben hätte, die der Schwester, die die Untersuchungen anstellt. Es ist nicht üblich, dass der Star eines Films im ersten Drittel umkommt. Ich habe das absichtlich getan, auf diese Weise kommt der Mord noch unerwarteter. Deshalb habe ich dann auch darauf bestanden, dass nach dem Beginn des Films keine Besucher mehr eingelassen wurden. Die Zuspätkommenden hätten auf Janet Leigh gewartet, nachdem sie bereits mit den Füßen nach vorn die Leinwand verlassen hat.

Dieser Film ist sehr interessant konstruiert. Er war, was das Spiel mit dem Publikum betrifft, für mich die aufregendste Erfahrung. In *Psycho* habe ich das Publikum geführt, als ob ich auf einer Orgel gespielt hätte.

FRANÇOIS TRUFFAUT:

Ich bewundere den Film ungeheuer, aber es gibt für mich einen Moment, der etwas leer ist, etwa nach dem zweiten Mord, die beiden Szenen mit dem Sheriff.

ALFRED HITCHCOCK:

Das Auftreten des Sheriffs hat mit einer Sache zu tun, von der wir schon öfter gesprochen haben, mit der leidigen Frage: „Weshalb gehen sie nicht zur Polizei?" Im Allgemeinen antworte ich: „Sie gehen nicht zur Polizei, weil einem das immer stinkt." Da sehen Sie nun, was dabei herauskommt, wenn die Leute zur Polizei gehen.

FRANÇOIS TRUFFAUT:

Aber es wird dann gleich danach wieder interessant. Ich habe den Eindruck, die Gefühle des Publikums schlagen im Verlauf des Films mehrmals um. Zu Beginn hofft man, dass Janet Leigh sich nicht schnappen lässt. Der Mord kommt sehr überraschend, aber sobald Anthony Perkins alle Indizien beiseite gebracht hat, wendet man ihm seine Gunst zu und hofft, dass er keine Schwierigkeiten bekommt. Später, als man durch den Sheriff erfährt, dass Perkins' Mutter schon seit acht Jahren tot ist, wechselt man wieder unvermittelt das Lager und ist gegen Anthony Perkins, aber aus bloßer Neugier.

ALFRED HITCHCOCK:

Das bringt uns wieder zu der Vorstellung vom Zuschauer als Voyeur zurück. Ein wenig ist das so auch in *Dial M for Murder*[1].

---

1 Alfred Hitchcocks Film „Bei Anruf Mord" (1954)

FRANÇOIS TRUFFAUT:

Allerdings. Wenn Ray Millands Telefonanruf auf sich warten lässt und der Mörder sich bereits anschickt, die Wohnung wieder zu verlassen, ohne Grace Kelly umgebracht zu haben. Dann denkt man: „Hoffentlich wartet er noch einen Moment."

ALFRED HITCHCOCK:

Das ist eine allgemeine Regel. Wir haben das schon gesagt, als wir über den Dieb sprachen, der ein Zimmer durchsucht und das Publikum immer auf seiner Seite hat. Mit Anthony Perkins, wenn er zuschaut, wie das Auto im Teich versinkt, ist das genauso, obwohl eine Leiche drin ist. Wenn das Auto einen Moment lang nicht weitersinkt, sagt sich das Publikum: „Hoffentlich geht das Auto auch ganz unter." Das ist ein natürlicher Instinkt.

FRANÇOIS TRUFFAUT:

Aber sonst ist der Zuschauer vor Ihren Filmen unschuldiger, er zittert um den zu Unrecht Verdächtigten. In *Psycho* zittert man erst um eine Diebin, dann um einen Mörder und schließlich, wenn man erfährt, dass dieser Mörder ein Geheimnis hat, hofft man, dass er geschnappt wird, nur weil man hinter die Geschichte kommen möchte.

ALFRED HITCHCOCK:
So sehr identifiziert man sich?

FRANÇOIS TRUFFAUT:

Vielleicht ist es nicht gerade Identifikation, aber die Sorgfalt, mit der Perkins alle Spuren des Verbrechens beseitigt, nimmt einen doch für ihn ein. Das ist so, wie wenn jemand eine Arbeit gut macht. Ich glaube, außer dem Vorspann hat Saul Bass noch Zeichnungen für den Film gemacht.

ALFRED HITCHCOCK:

Nur für eine Szene und die habe ich nicht verwenden können. Saul Bass sollte den Vorspann machen, und weil er sich für den Film interessierte, habe ich ihn eine Szene zeichnen lassen, die, in der der Inspektor Arbogast die Treppe hinaufgeht, ehe er erdolcht wird. [...] Da gab es die Einstellung von einer Hand, die das Geländer hinaufgleitet, und eine Fahrt, bei der man durch die Gitterstäbe Arbogasts Füße sieht.

Als ich die Muster der Szene sah, merkte ich, dass es so nicht ging, und das war für mich eine interessante Entdeckung. So geschnitten, war das kein unschuldiger Mann, der die Treppe hinaufging, sondern jemand, der etwas im Schild führt. Die Einstellungen hätten gepasst, wenn es sich um einen Mörder gehandelt hätte, aber der Sinn dieser Szene war genau der entgegengesetzte. Erinnern Sie sich, was wir alles gemacht haben, um das Publikum auf diese Szene vorzubereiten: Dass da eine geheimnisvolle Frau im Haus sein sollte, dass diese Frau aus ihrem Haus herausgekommen sei, um die junge Frau unter der Dusche zu erstechen. Alles was der Treppenszene Suspense[2] verleihen konnte, war in diesen Elementen angelegt. Deshalb mussten wir hier ganz einfach vorgehen. Man brauchte nur eine Treppe zu zeigen und einen Mann, der sie so einfach wie möglich hinaufgeht.

FRANÇOIS TRUFFAUT:

Sicher hat Ihnen die zunächst schlecht gedrehte Szene geholfen, dem Inspektor Arbogast zu zeigen, wie er sich bewegen musste. Im Französischen sagt man: „Er erscheint wie eine Blume." Das heißt, dass er „gepflückt" werden kann.

---

2 Suspense = Spannung

ALFRED HITCHCOCK:

Er ist nicht eigentlich unbeteiligt, aber ausgesprochen arglos. Wenn Arbogast die Treppe hinaufgeht, ist das nur eine Einstellung. Wenn er auf der letzten Stufe ankommt, habe ich die Kamera sehr hoch platziert. Aus zwei Gründen. Einmal, um die Mutter senkrecht von oben filmen zu können, denn wenn ich sie von hinten gezeigt hätte, hätte das so ausgesehen, als verstecke ich absichtlich ihr Gesicht, und das Publikum wäre misstrauisch geworden. Bei meiner Perspektive hatte man nicht den Eindruck, dass ich es vermeiden wollte, die Mutter zu zeigen. Der zweite und hauptsächliche Grund, mit der Kamera so hoch zu gehen, war aber, dass ich einen starken Kontrast wollte zwischen der Totale der Treppe und der Großaufnahme seines Gesichts, wenn ihn das Messer trifft. Das ist genau wie Musik. Die Kamera oben: Geigen. Und plötzlich groß das Gesicht: ein Beckenschlag!

In der Einstellung von oben sieht man die Mutter und das Messer, das zusticht. In die Bewegung des Messers hinein habe ich auf die Großaufnahme von Arbogast geschnitten. Wir hatten ihm eine kleine mit Hämoglobin³ gefüllte Plastikröhre an den Kopf geklebt. In dem Moment, wenn sich das Messer seinem Gesicht nähert, zog ich an einem Faden, sodass das Hämoglobin herausspritzte und das ganze Gesicht mit Blut übergoss, aber an genau vorhergesehenen Stellen. Dann fiel er rückwärts die Treppe hinunter. [...]

(François Truffaut, Mr. Hitchcock, wie haben Sie das gemacht? München: Heyne 1993, S. 260-268.)

Arbeitsanregungen

1. François Truffaut behauptet, der Autor des Romans „Psycho" arbeite mit „miesen Tricks". Inwiefern ist der Film „loyaler"?

2. Stellen Sie eine Liste der filmischen Mittel zusammen, mit denen Hitchcock arbeitet, um die beiden Morde überraschend geschehen zu lassen!
Ergänzen Sie die Aufstellung durch eine Spalte „Wirkung auf den Zuschauer"!

3. Wodurch gelingt es dem Regisseur, das Publikum bis zum Ende des Films darüber zu täuschen, wer der Täter ist?

4. Trägt das deutsche Filmplakat (S. 494) zu „Psycho" (S. 495) den Absichten Hitchcocks Rechnung?

5. Sehen Sie sich einen Krimi oder Thriller im Fernsehen an und untersuchen Sie, wie die Spannung erzeugt wird und Überraschungsmomente vorbereitet werden! Vergleichen Sie die Filme mit „Psycho"!

---

3 Hämoglobin = Farbstoff der roten Blutkörperchen

GABRIELE WOHMANN[1], **Imitation**

Sie betraten die Bar, und sanft leitete er sie an einen intimen Nischentisch. Seine Augen waren zärtlich und roh, besitzergreifend. Sie atmete schwer, im glänzenden Blick lagen Unsicherheit und Hoffnung.
– You are terribly sweet, sagte er leise. Sie schüttelte den Kopf, lächelte. Er beteuerte es ihr, umschloß mit einer Hand ihre gefalteten kleinen Finger, fragte, ob sie tanzen wolle.
Sie tanzten, dicht aneinandergedrängt und immer noch zu weit voneinander entfernt. Schwere, süße Betäubung. Die Musik, sein Atem, ihr Parfum, Augen, Hände, Wärme. Ein Rausch.
Er verging nicht. Im Taxi brachte er sie nach Hause. Sie wohnte allein. Darf ich? O nein. Nur eine Tasse Kaffee. Bitte!
Er durfte. Zärtlicher großer Mann, seine erregende, wunderbare Liebe. Herzklopfen, sanft sanft kam er zu ihr, ein paar Tränen, die nur die Augen füllten und nicht die Wangen hinunterliefen, ihre Hingabe, dem Zuschauer versprochen in der Glut eines Augenaufschlags, in der Verschmelzung ihrer Lippen.
– Noch was trinken?
– Ja, wär' nicht schlecht.

Sie betraten die Bar, und mißmutig bahnte er sich einen Weg durch die Tische, fand keinen guten Platz. Sie hinter ihm her.
Unsympathisch muß er wirken mit seinem finsteren Gesicht, den unvergnüglichen Lippen. Er bestellte das billigste Getränk, fand es immer noch zu teuer.
– Hübscher Film, sagte sie.
– Na, reichlich dick aufgetragen, brummte er.
– Was willst du, Kitsch ist's immer.
Beleidigt saß sie, betrachtete mit geringschätziger Wehmut die Tanzpaare.
– Blöd, bei der Hitze zu tanzen, sagte sie traurig.
Er sah auf, fixierte eine aparte kleine Mulattin, schlank und drahtig und halb nackt in den Armen ihres Partners.
– Kommt drauf an, sagte er.
Schwere, bittere Enttäuschung. Die Musik, sein festgenagelter Blick, daß man nicht geliebt wurde, daß man nicht liebte. Hitze. Eine schwache, leise bohrende Qual. Sie verging nicht. Verstimmt tappten sie durch die dunklen Straßen.

(Gabriele Wohmann, Rechte liegen bei der Autorin.)

Arbeitsanregungen

1. Beschreiben Sie die äußere und innere Situation der beiden Paare!
Mit welchen sprachlichen Mitteln werden sie dargestellt?
Wodurch kommen die Unterschiede zustande?

2. Setzen Sie die Kurzgeschichte in ein Drehbuch um!
Tragen Sie Wohmanns Stilmitteln durch die Wahl der filmischen Mittel Rechnung!
Nehmen Sie dabei Anregungen aus dem Abschnitt „Kriterien der Filmanalyse" auf!

3. Reflektieren Sie die Wirkung Ihrer Filmversion!
Stellen Sie Ihr Drehbuch in der Klasse vor und vergleichen Sie es mit den Ergebnissen Ihrer Mitschüler!

Projekt: Kurzfilm

Arbeitsanregungen

Planen und realisieren Sie einen Kurzfilm; organisieren Sie dann eine Vorführung in Ihrer Schule! Beachten Sie dabei folgende Aspekte:

1. Wählen Sie eine Kurzgeschichte oder ein Gedicht – zum Beispiel aus diesem Lesebuch – als Textvorlage aus!
2. Diskutieren Sie Ihr Verständnis des Textes innerhalb Ihrer Filmgruppe! Fassen Sie Ihre Filmidee in einem Erzählsatz zusammen, der die Hauptperson/das Hauptproblem, die Herausforderung und die Entwicklung beschreibt!
3. Legen Sie ein Storyboard – die zeichnerische Version des Drehbuches – für Ihren Film an! Nutzen Sie dafür das Formblatt „Storyboard", in das bereits weitere Aspekte des Drehbuchs aufgenommen sind.
4. Planen Sie den Ablauf der Dreharbeiten und fixieren Sie die einzelnen Schritte!
5. Verteilen sie die Aufgaben für Regie, Kamera, Licht, Ton, Requisite! Besetzen Sie die Rollen!
6. Starten Sie die Dreharbeiten: Beachten Sie bei der Durchführung die „Hinweise für die Aufnahme mit dem Camcorder" (S. 501) und „Zehn Regeln für den Schnitt" (S. 502)!
7. Es bietet sich an, das Filmmaterial in ein Sichtungsprotokoll aufzunehmen, bevor Sie mit dem Schnitt und der Vertonung beginnen.
8. Stellen Sie einen Soundtrack für Ihren Film zusammen!
9. Organisieren Sie die Filmpremiere und Werbung für diesen Abend!

Storyboard

Einstellungs-Nr.	Zeit	Skizze	Regiehinweise: Handlung, Kamerabewegung, Licht	Atmosphäre, Geräusche, Musik	Sprache

Hinweise für die Aufnahme mit dem Camcorder

1. **Aufnahmebeginn**

Für einen sauberen Anfang bei neuen Aufnahmen empfiehlt es sich, die Kamera einige Momente mit aufgesetztem Objektivdeckel laufen zu lassen. (Dies gilt auch für den Bandanfang, da dieser am meisten strapaziert wird.)

2. **Lichtverhältnisse**

Fenster und Lichtquellen sollten sich bei Aufzeichnungen immer hinter dem Camcorder befinden.

Starke Kontraste – z.B. hellen Hintergrund – möglichst vermeiden.

Denken Sie dabei an folgende Möglichkeiten:
- Verkleinern des Bildausschnitts
- Gegenlichtschalter
- evtl. manuelle Blendenaussteuerung

3. **Bildformat**

Mit dem Camcorder möglichst nah an das Motiv herangehen; Szenen möglichst formatfüllend aufnehmen.

Wegen des geringen Auflösungsvermögens und des kleinen Bildschirmformats ist das Videobild bei Groß- und Nahaufnahmen optimal. Bei komplexen, detailreichen Szenen – z.B. Panoramaaufnahmen – sind Einzelheiten in der Totale nicht erkennbar.

4. **Manuelle Scharfeinstellung**

4.1 Maximale Tele-Einstellung auf das Objekt
4.2 Scharf einstellen
4.3 Bildausschnitt wählen
4.4 Aufzeichnung beginnen

Bei unverändertem Abstand zwischen Camcorder und Objekt bleibt das Bild unabhängig vom gewählten Bildausschnitt scharf.

5. **Bildausschnitt**

Bei bewegten Objekten mit größerem Bildausschnitt (Halbnah-Halbtotal) arbeiten.

Verändert sich der Abstand zwischen Camcorder und Objekt, muss die Schärfe während der Aufzeichnung nachreguliert werden.

Arbeitet man mit Tele-Einstellungen (Groß- und Nahaufnahmen), ist der Tiefenschärfenbereich sehr gering. Bei bewegten Objekten empfiehlt es sich daher, mit einem größeren Bildausschnitt zu arbeiten, um den größeren Tiefenschärfenbereich auszunutzen.

6. **Bewegung vor der Kamera**

Bewegte Objekte lassen sich leichter bei größerem Bildausschnitt verfolgen.

Bei Groß- und Nahaufnahmen wandern Objekte bereits bei geringen Bewegungen aus dem Bildausschnitt und lassen sich schlecht mit der Kamera verfolgen. Der Bildeindruck wird sehr unruhig.

7. **Bewegung durch die Kamera**

7.1 *Langsames Schwenken.*
Der Zuschauer braucht Zeit zum Lesen der Bilder.
7.2 *Gleichzeitiges Schwenken und Zoomen vermeiden.*
7.3 *Schwenks und Zoomfahrten sollten ein Ziel haben.*

Der Zuschauer erwartet, dass ihm durch einen Schwenk oder eine Zoomfahrt etwas gezeigt wird. Zielloses Herumsuchen mit der Kamera wirkt desorientierend.

8. **Schnitt mit der Kamera**

Bildsprünge zwischen zwei Einstellungen mit demselben Motiv lassen sich durch deutliche Veränderung der Einstellungsgröße oder des Kamerastandpunktes vermeiden.

9. **Gestaltungsmöglichkeiten der Übergänge zwischen zwei Einstellungen**

9.1 Ab- und Aufblenden: automatisch mit FADE, manuell durch Veränderung der Blende, mit Hilfsmitteln wie schwarzer Pappe etc.
9.2 Mit schwarzer Pappe o.ä. Hilfsmitteln lassen sich auch Trickblenden – z.B. Wischblenden – nachahmen.
9.3 Schwarzblende durch Aufsetzen des Objektivdeckels zwischen zwei Einstellungen.
9.4 Übergang durch Schärfenverlagerung – z.B. auf Zweig oder Glitter im Vordergrund.
9.5 Einstellung unscharf werden lassen, folgende unscharf beginnen.
9.6. Schwenk in den Himmel als Schluss einer Einstellung.
9.7 Reißschwenk: Schneller Schwenk von einem Punkt zum anderen, wobei das Bild zwischen diesen beiden Punkten unscharf wird.

Regeln für den Schnitt

1. Eine Einstellung sollte nie länger als unbedingt nötig gezeigt werden. In der Regel zwischen 1–10 Sekunden. „Totalen" brauchen mehr Zeit als Großaufnahmen.
2. Achten Sie beim Bildschnitt auf wechselnde Einstellungsgrößen und Kamerastandpunkte. Die Montage ähnlicher Einstellungen ist in der Regel langweilig.
3. Die Abfolge von Einstellungen muss Sinn machen. Schneiden Sie keine unzusammenhängenden Bilder zusammen.
4. In Kameraschwenks, -fahrten und -zooms sollte nicht (!) geschnitten werden, es sei denn, man schneidet in einen Schwenk bzw. in eine Zoomfahrt mit der gleichen Geschwindigkeit und der gleichen Richtung.
5. Beim Schnitt in wechselnde Einstellungen von einem bewegten Objekt sollte das Objekt an der Schnittstelle in etwa die gleiche Position auf dem Monitor haben.
6. Der eleganteste Schnitt ist der Bewegungsschnitt, doch muss man hierfür schon bei der Aufnahme das geeignete Material produzieren.
7. Der beste Schnitt ist der unsichtbare Schnitt.
8. Schwierige Schnittstellen lassen sich meist mit „Zwischenschnitten" glätten.
9. Experimentieren Sie mit Zeitverkürzungen.
10. Innerhalb einer Szene sollte nur hart geschnitten werden. Überblendungen und andere Tricks werden in der Regel bei Szenenwechsel eingesetzt.

Sichtungsprotokoll zu		Blattnr.: ....
Einst. Nr.	Länge von – bis	Bild/Ton	Bemerkungen

(Arbeitsmaterialien für die Kurse zur aktiven Videoarbeit. Hrsg. vom Niedersächsischen Landesverwaltungsamt 1994, S. 16, 19, 23.)

A. Paul Weber, **Jedem das Seine**

(A. Paul Weber, Kritische Grafik. Hamburg: Hoffmann und Campe 1973, S. 44.)

Jürgen Alberts, **Mediensiff**

Die Sendung, die an diesem Samstagabend zum ersten Mal ausgestrahlt werden sollte, war auf Krawall aus. Natürlich nicht so wie bei den bösen Privaten. Mehr Niveau. Mehr Schlagabtausch. Die Hunde sollten bellen und wenn möglich auch beißen.

Eine Redeschlacht ohne Regeln, ein Live-Talk ohne Limit. »K.O.« sollte Feinde fürs Leben zusammenbringen.

Der Moderator, nach dessen Konzept diese Sendung war, brauchte einen Sieg. Ganz gleich, wer von den beiden Kontrahenten zu Boden ging.

Die Politiker standen vor der schwach beleuchteten Kulisse und blickten gezielt aneinander vorbei. Schon bei der Begrüßung hatten sie es vermieden, sich die Hand zu geben. Ein kurzes Nicken. Mehr nicht.

Der Moderator registrierte es mit Freude.

Zwei Kampfhähne.

Alte Freunde. Neue Feinde.

Sie würden übereinander herfallen, würden Leichen aus den Kellern hervorholen und zur Schau stellen, sich nicht scheuen, den anderen zur Strecke zu bringen. Dazu war in den letzten Wochen zu viel geschehen. Weiße Westen bespritzt. Schmutzige

Wäsche kilometerweise. Vorwürfe. Denunziation. Menschenjagd. Ein Sockelsturz stand bevor.

„Ich fände es gut, wenn Sie mit einem Lächeln hereinkommen", sagte der Regisseur zu dem älteren der beiden, „das macht Sie sympatisch. Mit so einer verbissenen Miene verschrecken Sie uns die weiblichen Zuschauer."

Der Moderator hasste diesen Regisseur, der nur Aufträge bekam, weil die fest angestellten Hausregisseure nicht bereit waren, um diese Uhrzeit zu arbeiten. Die Dienstvorschriften machten Programm. Seit Jahren betrieb der Regisseur ein privates Studio, werkelte an Werbung, Pornos und Pop, ließ sich Sondereinsätze fürstlich bezahlen und schikanierte seine Mitarbeiter. Wer ihn kritisierte, flog. Der Moderator hatte versucht, diesen Regisseur für seine »K.O.«-Sendung zu verhindern, hatte Briefe geschrieben, Aktennotizen angefertigt. Vergeblich.

Auch die heftige Auseinandersetzung darüber, ob »K.O.« live gesendet oder einige Stunden vorher aufgezeichnet werden sollte, hätte der Moderator beinahe verloren. Er musste die ganze Hierarchie hinauftraben, um sein Konzept zu verteidigen. Immer wieder die gleichen Argumente. Wenn es nicht live ist, gibt es nach der Aufzeichnung regelmäßig Krach, weil einer der beiden Kontrahenten dies, der andere jenes herausgeschnitten haben will. Die Aufzeichnung als Vorzensur.

Der Intendant hatte ein Einsehen, obwohl er sich nur ungern in Programmfragen einmischte. „Das machen meine Mitarbeiter schon richtig", sagte er, bevor er die wesentlichen Fragen selbst entschied. Der neue Fernsehdirektor, der »K.O.« unter keinen Umständen live auf den Sender gehen lassen wollte, musste klein beigeben. Er hoffte darauf, dass der Moderator mit seinem Konzept ins Trudeln geriet. Oder dass die gewünschten Gäste ausblieben.

„Wenn Sie bitte jetzt auf Ihre Positionen gehen würden", befahl der Regisseur. Er wartete darauf, dass die drei Herren seinen Anweisungen folgten. Dann zog er sich zurück.

Im Regieraum wurden Wetten abgeschlossen, ob »K.O.« sich länger als ein halbes Jahr im Programm halten würde oder nicht.

Als der Regisseur eintrat, verstummten alle Gespräche. Seine Wutausbrüche waren gefürchtet.

„Noch zwei", zeigte der Aufnahmeleiter an.

Die Kontrahenten standen mehrere Meter voneinander entfernt. Beide hielten die Hände vorm Geschlechtsteil gefaltet.

In der Mitte der Moderator, der als Letzter das Licht des Studios betreten sollte, nachdem die beiden Gäste von einer Geisterstimme vorgestellt worden waren.

Bei »K.O.« handelte es sich um kein neues Konzept. In den weltbestimmenden Fernsehnationen gab es ähnliche Sendungen. In den USA liebte man Moderatoren, die ihre Gäste so provozieren konnten, dass es zu Handgreiflichkeiten kam. Wenn jemand die Beherrschung verlor, stiegen die Quoten.

Es hatte einen schweren Konflikt in der Fernsehanstalt um den Vorspann gegeben. Drei Grafiker lagen sich in den Haaren, bemühten ihre Anhänger, damit ihre Lösung akzeptiert wurde. Fußtruppen, Freunde. Angreifer, Feinde. Am Ende entschied sich der Fernsehdirektor für eine Schriftlösung, Wort-Effekte. Die Sequenz mit den beiden Boxern, die ein Grafiker »Raging bull« nachempfunden hatte, wanderte ins Archiv. Nun platzten Worte aufeinander. Ausrufezeichen als Kinnhaken.

Die Anfangsmusik.

Der Moderator zischte dem jüngeren der beiden Kontrahenten zu, er solle ins Scheinwerferlicht treten. Fast wäre der Auftritt verpasst worden.

Fünfzig Sekunden.

Die Geisterstimme zählte Posten und Karrieresprünge auf, nannte Positionen und Kritik. Angriffsflächen, Schwachstellen.

Dann trat der andere Kontrahent hervor. Mit einem Lächeln, wie verordnet. Fünfzig Sekunden Vorstellung: der Aussteiger, der kein Pardon kannte, aber alle Interna.

Der Moderator drückte den rechten Zeigefinger zwischen seine Augenbrauen. Die heilige Stelle. Das machte er, um sich besser konzentrieren zu können. Eine Jin-Jindo-Lehrerin hatte ihm den Trick verraten.

Wenn diese Sendung scheiterte, konnte er sich nach einem neuen Posten umsehen.

»K.O.« sollte die Gegner an einen Tisch bringen, die sich niemals mehr begegnen wollten.

Für die zweite Sendung gab es ebenfalls eine Krawallpaarung, die sich sehen lassen konnte: eine Sprinterin, die mehrere Jahre wegen Doping gesperrt war, und ihr Verfolger, ein Professor aus Köln, der sie zur Strecke gebracht hatte.

„Guten Abend, meine Damen und Herren, zum ersten Mal »K.O.«, vielleicht nicht ganz zu der Sendezeit, die wir uns wünschen, aber dafür live aus Studio B. Es gibt keine Vorreden, keine ..."

In diesem Augenblick krachte ein Schuss.

Von der Decke kam ein Echo.

Die Bildmischerin schaltete um.

Kamera eins schwenkte mit.

Fuhr ran.

Großaufnahme, in schwachem Licht.

Der Verletzte, der sich zuckend bewegte.

„Aus", schrie der Regisseur über das Studio-Mikrofon.

Alle standen wie gebannt.

Niemand reagierte.

Der Oberbeleuchter schob die Regler hoch.

Nun war der Angeschossene gut zu sehen.

„Aus! Aus! Aus!" Die Stimme des Regisseurs überschlug sich.

Die Bildmischerin brachte die Studio-Totale. [...]

(Jürgen Alberts, Mediensiff. München: Heyne 1995, S. 7-11.)

Arbeitsanregungen

1. Welche Ziele verfolgt die Talk-Show »K.O.«? Mit welchen Mitteln werden sie erreicht?

2. Erläutern Sie die Schwierigkeiten, auf die der Moderator mit seinem Konzept im Sender stößt!

3. Vergleichen Sie »K.O.« mit ähnlichen Sendungen in Ihrem Fernsehprogramm! Beurteilen Sie diese Talk-Shows!

4. Schreiben Sie einen Schluss zu dem Text „Mediensiff"!

5. Was gucken A. Paul Webers Tiere im Fernsehen?
   Gestalten Sie den Bildschirmausschnitt!

Günter Grass (1927 in Danzig geboren) lebt heute als Steinmetz, Grafiker und Schriftsteller in Schleswig-Holstein. Bekannt wurde der Autor durch seine Romane „Die Blechtrommel", „Der Butt", „Ein weites Feld" und die Novellen „Katz und Maus", „Das Treffen in Telgte".

Günter Grass hat sich als Zeitzeuge auch immer in das politische Leben eingemischt. In **„Mein Jahrhundert"** (1999) beginnt der Autor „Ich, ausgetauscht gegen mich, bin Jahr für Jahr dabei gewesen" sein Geschichtsbuch, in dem er in viele Rollen schlüpft und kritisch-deftig, aber auch humorvoll und zärtlich Ereignisse von 1900–1999

reflektiert. (In einer Sonderausgabe hat er – zu jedem Jahr passend – Aquarelle gezeichnet.) Das Jahr **1985** widmet er den Medien – insbesondere dem Fernsehen.

1999 wurde dem Schriftsteller der Literaturnobelpreis verliehen mit der Begründung: „Günter Grass hat sich als ‚Spätaufklärer' bekannt in einer Zeit, die der Vernunft müde geworden ist... Sein schriftstellerisches Werk ist ein Dialog mit dem großen Erbe deutscher Bildung, der mit sehr strenger Liebe geführt wird."

Lesehinweis

Günter Grass, Die Blechtrommel. Frankfurt: Fischer = Fischer Bücherei 473.

Volker Neuhaus, Schreiben gegen die verstreichende Zeit. Zu Leben und Werk von Günter Grass. München: dtv 1999 = dtv 12445.

Günter Grass, Materialienbuch. Hrsg. von Rolf Geißler. Darmstadt: Luchterhand = SL 214.

Günter Grass, Mein Jahrhundert. 1985

[...] Sonst aber lief ja nicht viel. In der Politik, nach der Du wiederholt gefragt hast, schon gar nichts. Nur die üblichen Versprechungen. Darin war ich mir mit meiner Nachbarin, Frau Scholz, immer einig. Sie hat sich übrigens all die Jahre rührend um mich gekümmert, und zwar, wie ich ehrlicherweise zugeben muß, mehr als die eige-
5 nen Kinder, Dein lieber Vater leider nicht ausgenommen. Nur auf Frau Scholz war Verlaß. Manchmal, wenn sie bei der Post Frühschicht hatte, kam sie schon am Nachmittag und brachte Selbstgebackenes mit. Da haben wir es uns gemütlich gemacht und oft bis in den Abend hinein geguckt, was grad so lief. An „Dallas" erinnere ich mich lebhaft und an die „Schwarzwaldklinik". Ilse Scholz hat dieser Professor
10 Brinkmann gefallen, mir weniger. Als dann aber, was ja immer noch läuft, etwa ab Mitte der achtziger Jahre die „Lindenstraße" lief, hab ich zu ihr gesagt: Das ist mal was anderes. Wie aus dem Leben gegriffen ist das. Und zwar, wie es normalerweise so läuft. Dieses ständige Durcheinander, mal heiter, mal traurig, mit Streit und Versöhnung, aber auch mit viel Kummer und Herzeleid, wie es ja auch hier bei uns in der
15 Gütermannstraße abläuft, selbst wenn Bielefeld nicht München ist und die Eckkneipe bei uns schon seit Jahren als Gaststätte nicht von einem Griechen, sondern von einer italienischen Familie recht ordentlich betrieben wird. Aber die Hausmeistersche bei uns ist genauso zänkisch wie Else Kling in der Lindenstraße Nummer drei. Hackt dauernd auf ihrem Mann rum und und kann richtig tückisch werden. Dafür ist Mutter

Beimer die Güte in Person. Hat immer ein Ohr offen für anderer Leute Probleme, beinahe wie meine Nachbarin. Frau Scholz, die ja mit ihren Kindern genug am Hals hat und deren Tochter Jasmin, ähnlich wie die Marion von den Beimers, ein, wenn ich ehrlich bin, recht problematisches Verhältnis mit einem Ausländer hat. [...]

Aber du wolltest ja für Deine Magisterarbeit wissen, was sonst noch in den achtziger Jahren von Interesse gewesen ist. Richtig, genau in dem Jahr, als die Marion von Frau Beimer mit einer blutigen Platzwunde am Kopf viel zu spät nach Hause gekommen ist, fing schon vorher das Theater mit Boris und Steffi an. Mach mir ja sonst nicht viel aus Tennis, dieses ewige Hin und Her, aber geguckt haben wir schon, oft stundenlang als die Brühlerin und der Leimener, wie es geheißen hat, immer größer herauskamen. Frau Scholz wußte bald Bescheid, wie das lief mit Aufschlag und Return. Was Tie-Break bedeutet, konnte ich nicht begreifen und hab deshalb oft fragen gemußt. Als aber Wimbledon stattfand und sich unser Boris gegen einen aus Südafrika durchsetzte und im Jahr drauf nochmal gegen den Tschechen Lendl, den alle für unbesiegbar gehalten hatten, da hab ich ehrlich gezittert um mein Bobbele, der grad mal siebzehn war. Hab ihm beide Daumen gedrückt. Und wie er dann neunundachtzig, als endlich in der Politik wieder was lief, nochmal in Wimbledon, und zwar gegen den Schweden Edberg, nach drei Sätzen den Sieg davontrug, habe ich ehrlich geheult und meine liebe Nachbarin auch.

Für Steffi, die von Frau Scholz immer „Fräulein Vorhand" genannt wurde, habe ich mich nie recht erwärmen können und für ihren Herrn Vater, diesen Steuerbetrüger mit seinen Schmuddelaffären, schon gar nicht. Aber mein Bobbele, der ließ sich nicht verbiegen, konnte richtig frech sein und war manchmal ganz schön vorlaut. Nur daß er keine Steuern hat zahlen wollen und deshalb nach Monaco ausgewandert ist, hat uns nicht gefallen. „Muß sowas denn sein?" hab ich Frau Scholz gefragt. Und dann, als es mit ihm und Steffi schon abwärtsging, fing er sogar an, für Nutella zu werben. Sah zwar süß aus, wenn er im Fernsehen das Messer ableckt und dabei bißchen spitzbübisch gelächelt hat, aber nötig war das bestimmt nicht, wo er doch sowieso mehr reinbekommen hat, als er ausgeben konnte.

Aber das ist in den Neunzigern passiert, während Du mein liebes Kind, ja wissen wolltest, was für mich in den Achtzigern gelaufen ist. Mit Nutella jedenfalls hab ich schon in den Sechzigern zu tun gekriegt, als unsere Kinder alle dieses Schmierzeug, das für mich wie Schuhcreme aussieht, unbedingt aufs Brot haben wollten. Frag mal Deinen Vater, ob er sich noch erinnert, was das mit seinen kleinen Brüdern täglich für Ärger gebracht hat. Ging richtig laut zu bei uns, mit Türenschlagen und so. Beinahe wie in der „Lindenstraße", die ja immer noch läuft...

(Günter Grass, Mein Jahrhundert. Göttingen: Steidl 1999, S. 318-321.)

Arbeitsanregungen

1. Können Sie sich mit dem Fernsehverhalten von Günter Grass und seiner Beurteilung der Sendungen und Ereignisse identifizieren?

2. Beschreiben Sie ihre Fernsehgewohnheiten! Welche Sendungen lieben Sie, welche nicht?

3. Greifen Sie Grass' Fernsehdossier auf und schreiben Sie einen assoziativen Text über Filme und Serien, die Sie geprägt haben!

Felix Huby, **Was Fernsehen leisten kann**

Fernsehserien, aber auch alle anderen Formen der Unterhaltung (Features, Talkshows, Personalityshows, große Unterhaltungssendungen) werden nach dem Prinzip von Versuch und Irrtum gemacht, wobei es natürlich Leute gibt, die sich bereits mehrfach durch ihren Sense für das, was ankommt, ausgezeichnet haben. Aber wir haben es erlebt: Selbst ein Frank Elstner kann sich irren.

Also: Man hat eine Idee, realisiert sie unter vielen Schmerzen und wartet dann gespannt auf die ersten drei, vier Ausstrahlungen. Signalisieren die teuer dafür entlohnten Markt- und Meinungsforschungsinstitute eine gute Sehbeteiligung, wird einerseits der Autor bekniet weiterzuschreiben, andererseits wird in anderen Redaktionen hektisch überlegt, wie man in die gleiche Kerbe hauen könnte.

Spätestens jetzt kommt die Stunde des Autors. Entweder er selber hat einen Erfolg gehabt und kann ihn nun fortsetzen. Oder ein anderer hat einen Erfolg gehabt und unser Autor soll ihn auf geringfügig andere Weise wiederholen, wenn möglich gar übertreffen.

Jetzt kann er sich zum Komplizen jenes Teils des Publikums machen, der sich nicht so gerne verscheißern lässt. In den meisten Fällen werden Redakteure und Dramaturgen sogar mitziehen; denn ihnen war ja auch nicht so recht wohl bei all den unverbindlichen Sachen, die immer nur nach dem Prinzip der Mehrheitsfähigkeit – was immer das sein mag – hergestellt wurden. Wofür man eine gut eingeführte Serie nutzen kann, – was – um beim Thema zu bleiben – Fernsehunterhaltung leisten kann, will ich an zwei Beispielen erläutern:

Herbert Lichtenfeld, ein chronisch unterschätzter Autor, weil der Produzent Rademann ihn immer wieder dazu gängelt, unter seinen Möglichkeiten zu schreiben, hat in der „Schwarzwaldklinik" einen Wehrdienstverweigerer, sprich Zivildienstleistenden, eingeführt. Gleich am Anfang wird der eines Diebstahls verdächtigt. Aber der Zuschauer merkt schon bald: Der ist weder kriminell noch ein Drückeberger. Mehr noch, der Junge leistet etwas. Selbst die Zuschauer, die ein festsitzendes Vorurteil gegen Wehrdienstverweigerer hatten, stellten plötzlich fest: Es ist vielleicht schwieriger, alten und kranken Menschen den Hintern zu putzen, als ein Gewehr zu ölen. Jedenfalls hat sich – das ergab eine Untersuchung – die Haltung der Bundesbürger zu den Wehrdienstverweigerern durch diese Figur drastisch verändert.

Zweites Beispiel: Liebling Kreuzberg. Da ist einer immer auf der Seite der Schwächeren, deckt die Schwachstellen unserer Justiz auf, lehrt den Zuschauern, dass Recht haben und Recht bekommen immer noch zwei Paar Stiefel sind. Jurek Becker hat da nicht nur menschliche, er hat auch aufklärerische Geschichten geschrieben und Manfred Krug hat sie kongenial umgesetzt. Und noch eins: Montag für Montag haben sich über 11 Millionen Zuschauer diese brillant geschriebene und von Werner Masten kongenial inszenierte Serie angeschaut. Ein guter Autor ist die wesentliche Voraussetzung für gute, unterhaltsame Filme. „So, wie ein Fluss niemals höher steigen kann, als die Quelle, aus der er entspringt, kann ein Film niemals besser sein, als die Geschichte, die er erzählt", sagt Samuel Goldwyn. Geschichten aber muss man dort suchen und finden, wo die Leute sind – nicht nur erfinden – nur so entsteht die von Rohrbach[1] angezweifelte Solidarität mit denen, die uns – zu einem großen Teil – immer noch vertrauen.

(Felix Huby, Im Seichten kann man nicht untergehen. In: Gegen den Mediensiff. IG Medien [Bremen] 1993, S. 24-26.)

---

1 Fernsehspielchef beim WDR

Arbeitsanregungen

1. Was leisten die Serien „Schwarzwaldklinik" und „Liebling Kreuzberg"?

2. Sammeln Sie aktuelle positive Serienbeispiele, die Hubys Ansprüchen gerecht werden, und begründen Sie Ihre Wahl!

3. Von Günther Rohrbach, dem ehemaligen Fernsehspielchef beim Westdeutschen Rundfunk, stammen folgende Überlegungen:
   „Als ich noch im öffentlich-rechtlichen Fernsehen arbeitete, hatte ich sehr weit gehende Ideale. Damals dachte ich, dass Fernsehunterhaltung vor allem fantasievoll sein sollte, reich an Bildern und Ideen. Dass sie in den Träumen die Wirklichkeit beschreiben und in den Emotionen Mut machen sollte für das eigene Leben. Dass sie die Naivität der Zuschauer nicht benutzen, ihre Dummheit nicht ausbeuten sollte. Dass sie solidarisch sein sollte mit denen, die ihr vertrauen. Für solche Vorstellungen, sollten sie je m e h r gewesen sein als eine Utopie, gilt heute ein ebenso knapper wie definitiver Begriff: Sie sind ‚out'. Der Markt hat gegen sie entschieden, und nur der Markt selber kann sie wieder ins Spiel bringen."
   - Wie beurteilen Sie die Ideale, die Rohrbach während seiner Zeit im öffentlich-rechtlichen Fernsehen vertrat?
   - Nehmen Sie Stellung zu seiner These, die idealistischen Vorstellungen der Vergangenheit seien „out"!

Wolfgang Gast, Nichtfiktionale Programme: Nachrichten

Schon seit den Anfängen der kritischen Medienanalyse in Deutschland Ende der 60er Jahre standen die TV-Nachrichten im Zentrum des Interesses, waren auch häufiger Gegenstand didaktischer Vorschläge und Materialsammlungen. In der ideologiekritischen Phase bis zur Mitte der 70er Jahre ging es vor allem darum, die als gefährlich eingestuften ideologischen Implikate der Nachrichten herauszuarbeiten: Ritualisierung, Personalisierung, Isolierung vom Kontext, Scheinobjektivität waren solche Stichworte. Dann verschob sich, immer auch ideologiekritisch motiviert, das Interesse mehr auf filmsprachliche und dramaturgische Aspekte der Nachrichtenpräsentation. [...]

Kommunikationswissenschaftler stellten die Bedeutung der *Anchormen* für die Rezeption der Nachrichten heraus. Nachrichtensprecher und Moderatoren „stellen zudem durch den Blick in die Kamera (und damit zum Zuschauer) einen direkten, appellativ genutzten Bezug zum Betrachter her, sorgen durch sprachliche Prägnanz, stilsicheres Auftreten und perfektes Outfit für eine Aura der Unangreifbarkeit. Durch die Benutzung eines Teleprompters, einer laufenden, vor der Kamera stehenden Schrifttafel, von der der Moderator den Text abliest, sodass er scheinbar in die Kamera hineinschaut, entsteht der Eindruck eines scheinbar so unfehlbar-detailreichen Gedächtnisses und einer stets spontan-natürlich wirkenden Redegewandtheit und Sicherheit". Der *Anchorman* stellt auch eine „direkte Verbindung zu den Zuschauern her und gewinnt darüber seine Popularität. Diese nutzt er wiederum aus, um den Zuschauer noch besser an das Programm zu binden".

Die Beziehung vieler Rezipienten zu diesen Ankerfiguren des Fernsehens – die Bezeichnung gilt auch für andere Programm-Macher, etwa für Showmaster – wird als ‚parasoziale Interaktion', beschrieben: Sie gehören zur Alltagswelt des Zuschauers;
25 er neigt dazu zu vergessen, dass der kalte Schirm ihm nur ein Bild liefert und nicht das Leben selbst.

Von Seiten der Kommunikationswissenschaft wird in der zweiten Hälfte der 70er Jahre die Nachrichten-Werte-Diskussion in Gang gebracht und so der Blick auf die Inhalte der Nachrichten, die Funktion der Journalisten als *Gatekeeper* und die Hierarchie
30 der Meldungen gelenkt.

Nach Einführung des dualen Rundfunksystems in Deutschland Mitte der 80er Jahre und einem starken Einfluss amerikanischer Dramaturgie zunächst auf die Privatsender RTL und Sat 1 entwickelte sich eine Tendenz zum Infotainment[1]: Nachrichten so zu präsentieren, dass sich der Rezipient zugleich informieren und unterhalten kann.
35 Die Präsentation wird dann bewegter, die Sprache und das Verhalten der Moderatoren salopper, die Zahl der im engeren Sinn politischen Meldungen wird zugunsten von *Human-interest*-Nachrichten verringert, die Visualisierung verstärkt.

(Wolfgang Gast, Filmanalyse. In: Praxis Deutsch 23 [1996], Heft 140, S. 21/24.)

Arbeitsanregungen

1. Stellen Sie die Charakteristika der TV-Nachrichten in den 60er Jahren denen von heute tabellarisch gegenüber! Wie beurteilen Sie die Entwicklung?

2. Erstellen Sie einen Kriterienkatalog zur Beurteilung von Nachrichtensendungen! Vergleichen Sie die Nachrichten verschiedener Fernsehsender!

3. Gibt es eine objektive Berichterstattung?

---

1 Infotainment = aus „Information" und „Entertainment" zusammengesetztes Wort

Bildende Kunst

Was ist Kunst?

Kunst ist schön,
macht aber viel Arbeit.
                Karl Valentin, Komiker

        Ein   **Das**
     Spiel   **ist**
       mit   **Kunst.**
  ernsten
Problemen.
                Kurt Schwitters, Merzkünstler

Das Ziel aller Künste ist Schönheit.
                August Endell, Architekt und Designer, Vertreter des Jugendstils

Kunst gibt nicht das Sichtbare wieder, sondern macht sichtbar.
                Paul Klee, Maler, Grafiker und Lehrer am Bauhaus

Die höchste Kunst wird diejenige sein, die in ihren Bewusstseinsinhalten die tausendfachen Probleme der Zeit präsentiert, der man anmerkt, dass sie sich von den Explosionen der letzten Woche werfen ließ, die ihre Glieder immer wieder unter dem Stoß des letzten Tages zusammensucht.
                Dadaistisches Manifest

Kunst ist die höchste Form der Hoffnung.
                Gerhard Richter, zeitgenössischer Maler

Kunst ist, was von Kunstexperten in angesehenen Museen, Ausstellungshäusern, Zeitschriften und Büchern als Kunst vorgestellt wird.
                Will Bongard, Journalist und Herausgeber von art aktuell

Arbeitsanregungen

1. Setzen Sie sich mit den Äußerungen zur Kunst auseinander! Welche lehnen Sie ab, welchen stimmen Sie zu?

2. Betrachten Sie die in diesem Buch abgebildeten Kunstwerke unter den Aspekten, die Künstler und Kunstkritiker aufgegriffen haben! Spiegeln die Arbeiten die Thesen wider?

3. Formulieren Sie eine eigene Definition für Kunst!

Fortgang der Kunstentwicklung

Geschichtsperiode	Ausbildung	Arbeitsplatz	Anerkennung
12. Jahrhundert: ein Maler	1. Als Kind kommt er zu einem Meister in die Lehre und lernt das Handwerk von Grund auf.	2. Er arbeitet in einer Werkstatt, in Griffweite stehen seine Geräte und Werkzeuge.	3. Der Bischof wählt die Werkstatt aus, die das Wandgemälde in der Kirche ausführt.
15. Jahrhundert: ein Bildhauer	1. Als junger Mann wird er Lehrling eines Bildhauermeisters.	2. Er arbeitet in einer Werkstatt zu ebener Erde, die von der Straße aus zugänglich ist.	3. Nach einigen Jahren ist er Meister einer Gilde und erhält einen Auftrag vom Fürsten.
18. Jahrhundert: ein Landschaftsmaler	1. Er besucht die Royal Academy, zu der er aufgrund seiner Arbeiten zugelassen wird.	2. Er arbeitet in einer Mansarde, die er nicht mehr Werkstatt, sondern Atelier nennt.	3. Ein Mäzen, ein reicher Kaufmann, erteilt ihm den Auftrag, seinen Landsitz zu malen.
20. Jahrhundert: eine Kunstmalerin	1. Sie besucht eine Kunstschule, um sich ganz den »schönen Künsten« zu widmen.	2. Sie mietet ein Atelier in Greenwich Village, New York, gemeinsam mit anderen Künstlern.	3. Sie hat einen Vertrag mit einem Kunsthändler, der sich nun um ihre Karriere kümmern wird.

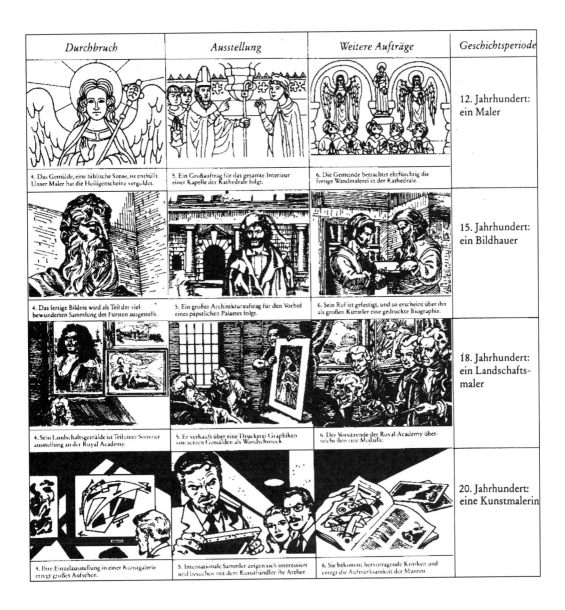

Fortgang der Kunstentwicklung

Auf den vorangegangenen Seiten präsentieren wir in grafischer Form einige der wesentlichen Veränderungen, die sich in der Welt der Kunst vom Mittelalter bis zur Gegenwart vollzogen haben. Wir haben uns dabei für die Umschreibung „Fortgang der Kunstentwicklung" entschieden, weil der Begriff „Fortgang" nicht auf eine logische Entwicklung hinweist, sondern auf ein eher ungerichtetes Weitergehen. Die Maler und Bildhauer aller Zeiten nahmen dabei als Ausgangsbasis ihres Fortschreitens die Arbeit ihrer Vorgänger, indem sie sich deren Erfahrungen zu eigen machten, diese weiterentwickelten und sich einen Ruf erwarben, der den der Vorgänger möglichst noch übertreffen sollte. Statt reale Beispiele zu wählen, haben wir jedoch vier Biografien erdacht, die aber auf historischen Grundlagen beruhen, sodass sie die wesentlichsten Veränderungen beleuchten.

Das erste Beispiel führt uns ins Frankreich des 12. Jahrhunderts. Es ist im Stil der Buchilluminationen jener Zeit gezeichnet. [...]

Das zweite Beispiel spielt Ende des 15. Jahrhunderts in Italien und ist im Stil den Holzschnitten jener Periode angepasst. [...]

Das dritte Beispiel stammt aus dem späten 18. Jahrhundert, spielt in London und ist im Stil einer Stichfolge aus jener Periode gezeichnet. [...]

Das vierte und letzte Beispiel stammt aus den 70er Jahren unseres Jahrhunderts, spielt in New York und ist als Comicstrip gezeichnet. [...]

(Christopher Frayling/Helen Frayling/Ron van der Meer, Das Kunst-Paket. München: Ars Edition 1993.)

Arbeitsanregungen

1. Beschreiben Sie den Werdegang der Künstler in den verschiedenen Jahrhunderten; arbeiten Sie Gemeinsamkeiten und Unterschiede ihrer beruflichen Entwicklung heraus!

2. Verfassen Sie zu einem der vier Künstler eine Kurzbiografie, die beispielsweise zur Einführung in einem Ausstellungskatalog dienen könnte!

3. Versetzen Sie sich in eine der vier Künstlerpersönlichkeiten und schreiben Sie am Tag des größten Erfolgs
   – einen Brief an einen alten Freund/eine alte Freundin
   – eine Tagebuchaufzeichnung (zum Tagebuch vgl. S. 440)!

4. Entwerfen Sie, den abgebildeten Beispielen entsprechend, eine Bilderfolge, die den typischen Werdegang in Ihrem Ausbildungsberuf spiegelt!

José Ortega y Gasset, Auf der Suche nach einem Thema

Das Zimmer, in dem ich heute schreibe, enthält sehr wenige Dinge; aber unter ihnen sind zwei große Fotografien und ein kleines Gemälde, die in Stunden der Müdigkeit, Krankheit oder erzwungener Muße vor allem meinen Blick auf sich ziehen. Die beiden Fotografien sehen sich von gegenüberliegenden Wänden an. Eine stellt die Gestalt der Gioconda[1] [...] dar; die andere ist das Porträt des „Hombre con la mano al pecho", des Mannes mit der Hand auf der Brust, das El Greco, der rasende Grieche Toledos, malte. Der unbekannte Mann auf dem Bild, dessen Gesicht jähe Leidenschaft verrät, sucht durch das Gewicht seiner Hand eine chronische Exaltation[2] des Herzens zu dämpfen, während er aus fiebrigen Augen die Welt betrachtet. Die weiße Halskrause schimmert milchig; der spitze Bart scheint zu beben, und auf dem schwarzen Gewand zuckt unter dem Herzen der Goldknauf des Degens wie ein flackernder Pulsschlag. Diese Gesalt ist mir immer als die gültige Darstellung Don Juans erschienen, Don Juans allerdings, wie ich ihn deute und wie er von dem landläufigen ein wenig abweicht. Die Gioconda andererseits mit ihren ausgezupften Brauen und dem elastischen Fleisch einer Molluske[3], mit ihrem zweischneidigen Lächeln, das verführt und sich zugleich entzieht, ist für mich das Symbol der äußersten Weiblichkeit. Wie Don Juan den Mann bedeutet, der vor der Frau nichts ist als Mann – nicht Vater, noch Gatte, noch Bruder, noch Sohn –, so ist die Gioconda die Frau schlechtweg, die ihren Zauber unbesiegt bewahrt. Mutter und Gattin, Schwester und Tochter sind Niederschläge des Weiblichen, Formen, welche die Frau annimmt, wenn sie es nicht mehr oder noch nicht ist. Der Mehrzahl der Frauen ist Frau zu sein kaum eine Lebensstunde lang gegönnt und die Männer sind nur in Momenten Don Juan. Verlängern wir diese Momente und dehnen sie über ein ganzes Leben aus, so haben wir den Typus des Don Juan – der Doña Juana. Denn das ist die Gioconda: Doña Juana. So sind diese beiden Bilder, einander gegenüber an ihren beiden Wänden, eines des anderen würdig. Den Besieger aller übrigen Frauen, Don Juan, der höchsten Erfahrung auszusetzen, indem man ihn dem Einfluss Doña Juanas unterwirft – welch verlockendes Experiment! Was wird geschehen? Das Zimmer, in dem ich jetzt schreibe, ist das Laboratorium, wo der Versuch sich vollzieht. An sinkenden Abenden, wenn in den Ecken des Raumes die Nachhut des Lichts gegen einfallende Dunkelheit kämpft, ist zwischen den Bildern ein knisternder Austausch von Energien entfacht. Mehr als einmal unterhielt ich mich damit, den stummen Dialog, Angriff und Verteidigung der beiden Blätter, zu belauschen, die einander wie die Feuerwerksschlösser des Pyrotechnikers[4] die Raketen ihrer Sentiments[5] durch die Breite des Zimmers zusprühten. [...]

(José Ortega y Gasset, Über die Liebe. Stuttgart: Deutsche Verlags-Anstalt 1984, S. 63-64.)

---

1 Mona Lisa (oder la Gioconda) von Leonardo de Vinci (1503–1506)
2 Exaltation = Aufgeregtheit, Überspanntheit
3 Molluske = Weichtier
4 Pyrotechniker = Feuerwerker
5 Sentiment = Gefühl, Empfindung

Porträt eines Unbekannten (Edelmann mit einer Hand auf der Brust und Degen), El Greco

Mona Lisa (oder La Gioconda), 1503–1506, Leonardo da Vinci

Arbeitsanregungen

1. Charakterisieren Sie den „Edelmann" und die „Mona Lisa"! Vergleichen Sie Ihre Charakteristik mit der von José Ortega y Gasset! Wo liegen die Unterschiede?

2. Erfinden Sie eine Vorgeschichte zu den beiden Gestalten! Aus welchen Familien kommen sie, durch welche Erlebnisse wurden sie geprägt, welche Träume und Pläne haben sie?

3. Verfassen Sie einen Dialog zwischen dem „Edelmann" und „Mona Lisa", wie er sich im Zimmer des Schriftstellers entwickeln könnte!

> **Pablo Picassos** Ölgemälde „Guernica" bezieht sich auf Ereignisse im Spanischen Bürgerkrieg (1936–39), in dem auf der einen Seite die Nationalen Faschisten (unterstützt von Italien und Deutschland) und auf der anderen Seite die Republikaner (unterstützt von „Internationalen Brigaden") kämpften. Der außerordentlich blutig geführte Krieg endete schließlich mit dem Sieg Francos, der eine faschistische Diktatur errichtete.

Dieter E. Zimmer, Tod einer Stadt

Am Montag, dem 26. April 1937, dem ersten sonnigen Tag seit langem, läuteten mitten am Nachmittag, etwa um 16:30 Uhr, die dünnen Glocken der erhöht über dem Stadtkern gelegenen, festungsartigen Kirche Santa María: Fliegeralarm. Es war ein Markttag mitten im Bürgerkrieg. Die Stadt mit ihren rund 6000 Einwohnern war voll von Bauern und Vieh aus der Umgebung, dem grünen bergigen Küstenstreifen, der Spanien im Norden säumt, voll auch von einigen Tausend Flüchtlingen, Zivilisten und republikanischen Soldaten, denn soeben war die Front 25 Kilometer östlich unter dem Angriff der aufständischen Truppen des in Salamanca residierenden Generals Franco eingebrochen.

Drei Stunden lang warfen Bomber vom Typ He 111 und Ju 52, in Vitoria und Burgos aufgestiegen, in Dreierketten vom Norden her die Stadt überfliegend, Spreng- und Brandbomben in das etwa 300 mal 300 Meter große Stadtzentrum; zwischendurch schossen Tiefflieger mit MGs auf die umherirrenden oder flüchtenden Menschen in den Straßen. Als das letzte Flugzeug mit dem Einbruch des Abends verschwand, waren siebzig Prozent der Häuser zerstört; zwischen den brennenden Trümmern lag eine nie ermittelte Zahl von Toten – „einige Hundert" wurden am Ende selbst im franquistischen Spanien zugegeben, die baskische Regierung in Bilbao hatte 1937 von 1654 gesprochen.

Ein Augenzeuge beschrieb die Nacht in der brennenden Stadt so: „Die *villa* ist voll von herzzerreißenden Schreien und Hilferufen ... Es gibt keine wiedererkennbare Straße mehr ... Mehr sterben unter den einstürzenden Mauern, aber es lässt sich nicht verhindern, dass sich Frauen und Männer, die verängstigt von den Feldern zurückkehren, wie wahnsinnig auf die Suche nach ihren Familien machen." So der 21-jährige baskische Offizier Joseba Elosegi.

Als Francos Truppen die Stadt drei Tage später fast kampflos besetzten, war sie nur noch ein Trümmerhaufen. Schon eine Reihe von Orten war hier an der spanischen Nordfront von deutschen und italienischen Flugzeugen angegriffen worden. „Terrorangriffe" waren ein Teil der spanisch-deutsch-italienischen Strategie. [...]

Zwei Tage nach dem Angriff hörte Pablo Picasso in Paris davon. Im Januar hatte er von der republikanischen Exilregierung Spaniens den Auftrag erhalten, ein großes Wandgemälde für den spanischen Pavillon der Pariser Weltausstellung zu malen. Von den Nachrichten aus Spanien aufgewühlt, machte er sich schon am 1. Mai an die Arbeit. Aus den ersten Maitagen sind 45 Skizzen zu dem Gemälde „Guernica" erhalten, seine damalige Freundin Dora Maar fotografierte das 7,7 mal 3,4 große, fast monochrom graue Bild, das am 11. Mai begonnen wurde und noch vor Ende Juni fertig war, in sieben Zuständen. Bei keinem anderen Werk Picassos ist die Entstehung so gut dokumentiert. Trotzdem, und obwohl „Guernica" sicher das berühmteste Bild der Moderne ist, bleibt es sonderbar rätselhaft. Zwar sieht man sofort: Hier ist in einem Zustand angespanntester Empörung menschliches Leiden dargestellt, und ohne weiteres lässt sich mit John Berger sagen: „Das Bild lässt uns ihren Schmerz mit unseren Augen fühlen. Und Schmerz ist der Protest des Körpers."

Aber das Bild ist nicht einfach eine Ansammlung versehrter Körper, gemalt in einer versehrenden Art; es hat eine „Handlung".

Lichtträgerin, Stier, Pferd, lauter Symbole – aber wofür? Der Stier wurde unter anderem als Symbol für die schützende Kraft des spanischen Volkes verstanden, das Pferd als der krepierende Faschismus. Aber auch umgekehrt gibt es Sinn und der scheint der von Picasso beabsichtigte zu sein. Jedenfalls erklärte er nach der Befreiung von Paris einem amerikanischen Soldaten, Jerome Seckler: „In ‚Guernica' gibt es einen bewussten Aufruf ans Volk, eine überlegte propagandistische Absicht ... Der Stier verkörpert die Brutalität und das Pferd das Volk." Als während der Arbeit an „Guernica" Gerüchte aufkamen, er sympathisiere mit Franco, veröffentlichte er ein Manifest, in dem es heißt: „Wie konnte jemand auch nur für einen Moment glauben, ich wäre einverstanden mit Reaktion und Tod? In ‚Guernica' und allen meinen neueren Werken drücke ich meinen Abscheu vor der Militärkaste aus, die Spanien in einen Ozean von Schmerz und Tod versenkt hat." Ganz gegen seine Gewohnheit hat sich Picasso im Hinblick auf „Guernica" also festgelegt.

(Dieter E. Zimmer, Tod einer Stadt. In: Die Zeit, Nr. 19 vom 29. April 1977, S. 41.)

Lesehinweis
Der Spanische Bürgerkrieg in Augenzeugenberichten. München: dtv 1971 = dtv 796.
Ernest Hemingway, Wem die Stunde schlägt. Frankfurt: Fischer 1961 = Fischer Taschenbuch 408.

Arbeitsanregungen

1. Beschreiben Sie Aufbau, Inhalt und Aussage des Gemäldes (S. 520 f.)!

2. Welche Wirkung geht von dem Gemälde aus?

3. Wie beschreibt Dieter E. Zimmer den „Tod einer Stadt"? Spiegelt sich seine Darstellung in Picassos Gemälde?

4. Verfassen Sie eine Einführung zur Betrachtung des Gemäldes für eine „Besuchergruppe" (Klasse, Familie, Freunde)!

Pablo Picasso, **Guernica**

Christo und Jeanne-Claude, Reichstag-Projekt

Wohl kein anderes Gebäude in Berlin ist in den letzten hundert Jahren so stark zum Ort symbolischer Handlungen, zur architektonischen Verkörperung wechselnder politischer Systeme geworden wie das 1894 eingeweihte Reichstagsgebäude. Nicht zuletzt infolge der ihm zugewachsenen Symbolträchtigkeit ist aber auch kein anderer Ort in Berlin so von der Peripherie ins Zentrum (und umgekehrt) der politischen Ereignisse gewandert wie der Reichstag. Das hat zuletzt noch einmal in großer Eindringlichkeit die Debatte um die Verhüllung des Gebäudes durch Christo gezeigt. [...]

Wilhelms II. Verachtung des Parlamentarismus entsprach seine Geringschätzung des Parlamentsgebäudes: Er ließ es abseits der imperialen Achse Schloss – Brandenburger Tor errichten, die Kuppel niedriger als geplant ausführen und ignorierte die für ihn reservierte Loge. Erst Ende 1916 wurde die Losung „Dem deutschen Volke" am Hauptportal angebracht. Zwei Jahre später war der Reichstag Hauptschauplatz der revolutionären Ereignisse des 9. November 1918, Ort der Proklamation der ersten

deutschen Republik. Während der Weimarer Republik war der Grad der Stabilität der Demokratie ablesbar an den Geschehnissen im und rings um das Gebäude. Mit dem Reichstagsbrand 1933 und der militärischen Eroberung durch die Rote Armee 1945 wurde das Gebäude zum „topografischen Anfangs- und Schlusspunkt" des NS-Regimes. Als ausgebrannte Ruine und im provisorisch wieder hergerichteten Zustand war der Reichstag wiederum Symbol der Ergebnisse und des Zustands deutscher Politik. So gesehen wird Christos Aktion sich nahtlos in eine Tradition einreihen.

(Christo in Berlin. Berlin: Gebr. Mann 1994.)

Arbeitsanregungen

1. Welche Gründe haben Christo und Jeanne-Claude bewogen, den Reichstag für eine ihrer Aktionen auszuwählen?

2. Welche Wirkung hat der Anblick des „verpackten" Reichstags auf Sie? Schließen Sie von Ihren Eindrücken auf die Ziele, die die Künstler mit den Verhüllungen von Großgebäuden, Straßenzügen und Landschaften verfolgen?

3. Das Reichstag-Projekt hat in der Öffentlichkeit für Diskussionen gesorgt. 1977 wurden die Pläne offiziell abgelehnt. 1994 beschloss der Deutsche Bundestag: Christo darf den Reichstag verhüllen.
   Im Juni 1995 konnte das Künstlerpaar Christo und Jeanne-Claude seinen Plan verwirklichen und den Reichstag, der seit 1999 als Gebäude des Deutschen Bundestages genutzt wird, verpacken. – Wie beurteilen Sie die Aktion?

4. Gestalten Sie entsprechend des Prinzips der Verhüllung ein eigenes Projekt!

Thomas Struth
Geboren 1954 in Geldern.
Studium an der Staatlichen Kunstakademie in Düsseldorf.
Der Künstler lebt in Düsseldorf.

Lesehinweis:
Thomas Struth, Portraits.
München: Schirmer/Mosel 1997.
Thomas Struth, Strangers and friends.
München: Schirmer/Mosel 1994.

Museumsfotos

1989 hat Struth eine Serie großer Farbfotos von Museen begonnen. Der Gegenstand dieser Fotografien – der Innenraum eines Museums mit Besuchern, die historische Kunstwerke betrachten oder an ihnen vorübergehen – lässt uns, als Betrachter, verschiedene Rollen einnehmen. Mit den Museumsbesuchern teilen wir die Beziehung zu den historischen Gemälden, werden wir Teil dieser Öffentlichkeit; zugleich teilen wir den Blickwinkel des Fotografen, der dieses Publikum betrachtet. Die letzte Wendung ergibt sich mit unserer Wahrnehmung, dass auch wir gerade in einem Museum sind und ein Kunstwerk betrachten. Als Betrachter dieser Fotografien machen wir also nicht länger nur die Erfahrung eines Voyeurs, sondern wir nehmen selber an einer Szene teil, die sich von der Fotografierten nicht so sehr unterscheidet.

Thomas Struth [...] ist sich der Rolle des Museums als Agenten der Interpretation und Bewahrung von Kunstwerken sehr bewusst. Konventionen in der Ausstellungsform und den Sehgewohnheiten gegenüber der Kunst sind selbstverständlich vorausgesetzt und werden so zu einem uneingestandenen Rahmen, der die Erfahrung kontrolliert.

Struths Bilder beginnen, die Konventionen aufzudecken, damit wir uns selbst erkennen und unsere Erfahrung mit kritischem Selbstbewusstsein verstehen. [...] Der Prozess des Sehens wird so zugleich zum Denkanstoß und zum Anlass innezuhalten, ein Mittel zur Reflexion.

(Photographie in der deutschen Gegenwartskunst. Hrsg. von Reinhold Mißelbeck. Edition Cantz 1993, S. 107, 161-162.)

THOMAS STRUTH, **Art Institute of Chicago II, 1990**

Arbeitsanregungen

1. Beschreiben Sie die Wirkung, die von Thomas Struths Fotoarbeit ausgeht!

2. Worin liegt der besondere Reiz des Motivs? Verlgeichen Sie Ihre Ideen mit dem Textauszug!

3. Besuchen Sie eine Ausstellung in einem Museum! Suchen Sie sich Ihr Lieblingswerk aus und erläutern Sie Ihre Wahl!

Pontus Hultén wurde 1924 in Stockholm geboren. Er studierte Kunstgeschichte, Ethnologie und Religionsgeschichte. Nach der Eröffnung des Moderna Museet in Stockholm wurde er dessen erster Direktor. Von 1973 an leitete er das Centre Pompidou in Paris. 1982 war er Gründungsdirektor des Museum of Contemporary Art in Los Angeles und übernahm 1986 die Leitung des Palazzo Grassi in Venedig.

Von 1990 bis 1995 war Hultén Intendant der Kunst- und Ausstellungshalle der Bundesrepublik Deutschland in Bonn.

Lesehinweis:
Das gedruckte Museum von Pontus Hultén. Ostfildern: Cantz 1996.

Warum werden Museen so sehr geliebt, Herr Hultén?

In Deutschland gehen mehr Menschen ins Museum als zu den Spielen der Bundesliga. Erstaunt Sie das?
Wir leben in einer Bilderzeit. Das Bild dominiert alle anderen Medien.

Wird ein solcher Bildbedarf nicht durch das Fernsehen abgedeckt?
Man sieht im Fernsehen einen Film anders als im Kino. Dort ist es viel aufregender. Malerei, Skulptur, Fotografie sind noch stärker als der Film.

Früher ging man am Sonntag zwischen zehn und zwölf in die Kirche. Heute haben die Museen in diesen zwei Stunden ihren Hauptandrang?
Natürlich gibt es Unterschiede. Aber man geht mit der Familie ins Museum wie früher in die Kirche.

Was meinten Sie, als Sie schrieben: „Malen ist ein religiöser Akt. Die Kunst nimmt heute einen bedeutenderen Platz ein als früher"?
Ich bin immer wieder überrascht worden von dem Verlangen der Menschen nach Bildern. In Venedig habe ich eine Ausstellung gemacht mit Werken von Arcimboldo[1]. Es war schwierig. Meine Auftraggeber und bedeutende Kunstexperten rieten ab und sagten: „Das kannst du nicht machen. Niemand wird kommen. Das ist nur ein Absurditätenkabinett, eine absonderliche Zwischengeschichte." Ich wollte es trotzdem machen, weil ich daran glaubte. Es wurde die am meisten besuchte Ausstellung mit historischer Malerei, die Italien überhaupt erlebt hat. Arcimboldo weist in die Tiefe des Unbewussten. Er

---
1 Arcimboldo = italienischer Maler 1527–1593

rührt an Geheimnisse der Schöpfung, der Natur. Das beschäftigt die Menschen bis heute.

Was kann Kunst den Menschen geben?
Bildkunst hat die Möglichkeit, sehr komplizierte Fragen, existenzielle Fragen, grundlegende Zusammenhänge auf eine sehr einfache Weise zu beantworten. Ein Bild von Mondrian, von Jackson Pollock, von Sam Francis antwortet in wunderbarer Einfachheit auf Tausende schwieriger Fragen. Durch das Unbewusste kommen die Antworten zu uns.

Wie wirkt sich das aus?
Das weiß man nicht.

Bei Ihnen?
Man braucht bedeutende, inhaltsvolle Bilder nur ganz kurz zu sehen. Ich weiß sofort, ob sie stark sind. Alles kommt auf einmal und sofort. Das ist das Erlebnis. Alles geschieht mit großer Selbstverständlichkeit und Sicherheit.

Ist dieses Geschehen an Bücher gebunden, die man gelesen haben sollte, oder an ein Studium der Kunstgeschichte?
Es ist natürlich besser, sich vorzubereiten. Aber ich bin mir sicher, dass Bilder auch unmittelbar etwas geben, dass sie sprechen können. Um es negativ auszudrücken: Ich habe Leute gesehen, die sich vor Bildern unheimlich geärgert haben. Nicht, weil sie sich am Preis stießen, der ihnen zu hoch schien. Sie reagierten abweisend, ablehnend, weil das Gesehene neu war, ungewohnt. Diese Reaktion ist legitim. Man will sich schützen. Wenn etwas zu stark und neu ist, wehrt man sich. Ich habe erlebt, wie eine Dame vor einer Skulptur von Tinguely[2] stand, einer sehr schönen kleinen Maschine. Die Dame war so aufgeregt, dass sie damit drohte, die Polizei herbeizurufen. Das war natürlich keine sehr kultivierte Reaktion; der Kontrollmechanismus funktionierte nicht. Der kultivierte Mensch ist besser vorbereitet. Das ist zwar nicht notwendig, aber es fördert die Offenheit.

Hat das mit Reife und Erfahrung zu tun?
Es hat mit dem Innern zu tun, mit Lebensklugheit. Ein Schock ist nicht leicht zu verarbeiten. Es gibt offenbar eine Reaktion, die umschlägt in Aggression, und eine andere, die einmündet in Stille und in eine fruchtbare Neugier.

[...]

Was ist für Sie „große Qualität"?
Es könnte sein, dass die Qualität eines Bildes darin besteht, dass es auf Fragen Antwort gibt. Jedes Individuum fragt. Große Qualität meint, dass ein Bild den Betrachter verunsichert, nachdenklich macht, ihn nicht in Ruhe lässt, ihm nachgeht, ihn beschäftigt, bis der bisher nicht gesehene Weg sich öffnet als der bessere, als der beste. Mir geht es so: Ich trete vor ein Bild. Es löst in mir Fragen aus – und Antworten. Ich habe keinen Grund anzunehmen, dass nur mir das passiert. Es geht vielen Betrachtern so. Es gibt eine Sicherheit des Gefühls, die keinen Beweis braucht.

Mit welchem Organ fühlen Sie das?
Mit allen Organen. Bilder berühren direkt. Das ist anders als bei Büchern. Wenn wir auch in Zukunft Menschen bleiben wollen, brauchen wir Bilder, wahrhafte, kühne und neue Bilder. Die Museumsleute müssen sie für uns finden, damit das grundlegende Bedürfnis nach guten Fragen und guten Antworten nicht an falscher Stelle Nahrung findet.

(Frankfurter Allgemeine Magazin, Heft 775 vom 6. Januar 1995, S. 28-29.)

---

2 Tinguely = schweizerischer kinetischer Objektkünstler

SCOTT MCCLOUD, **Kunstbanausen**

(Scott McCloud, Comics richtig lesen. Hamburg: Carlsen 1994, S. 158.)

Arbeitsanregungen

1. Beschreiben Sie, was das Bild in den Betrachtern auslöst? Können Sie die Reaktion nachvollziehen?

2. Welche Beweggründe gibt Pontus Hultén in seinem Interview (S. 526 f.) für derartige Reaktionen an?

3. Fügen Sie einen passenden Kommentar in die leere Sprechblase ein (Fotokopie)!

4. Informieren Sie sich über den im Comic nachempfundenen Künstler Miró! Versetzen Sie sich in seine Lage und verfassen Sie eine Rede, in der er seine Kunst verteidigt!

„Bilder sind Freunde"

EXPERTEN NENNEN IHRE KÜNSTLER-FAVORITEN: TIPPS FÜR EINSTEIGER

Umgeben Sie sich zu Hause mit Kunst, was bedeutet sie Ihnen?

Helge Achenbach, Achenbach Art Consulting, Düsseldorf

Ich kann ohne Kunst nicht leben. In „kunstlosen" Räumen fühle ich mich einsam. Die Werke, die ich in mein Haus hole – momentan sind es Arbeiten von Arp, Schwitters und Warhol, von Beuys, Richter und Gursky – sind für mich wie Freunde. Sie symbolisieren Lebensabschnitte, Wertmaßstäbe, Glücksmomente, Sehnsüchte, Herausforderungen oder Erinnerungen. Sie sind so facettenreich und widersprüchlich, wie ich es bin. Und natürlich immer ein Stück besser.

Jean-Christophe Ammann, Museum für Moderne Kunst, Frankfurt

In meiner Wohnung gibt es Kunst, die für mich einen privaten Stellenwert hat, denn es sind eher Zeugnisse, die meinen Weg als Ausstellungsmacher und Museumsleiter über 25 Jahre begleitet haben.

**Monika Sprüth,
Monika Sprüth Galerie, Köln**

In meiner Wohnung sind die Werke zu sehen, die meine fast 15-jährige Galerietätigkeit begleitet haben, im Flur viele Arbeiten auf Papier: Axel Kasseböhmer, Walter Dahn, Andreas Schulze, Cindy Sherman, Andreas Gursky, Rosemarie Trockel, Louise Lawler, Boetti u.a. Auch an den Zimmerwänden meiner Kinder hängen die Bilder ihrer Lieblingskünstler oder Geschenke, ergänzt mit ihren eigenen Werken.

**Lorenzo A. Rudolf,
Intern. Kunstmesse Art 27'96, Basel**

Kunst provoziert Fragen, Ahnungen und Deutungen genauso wie Empfindungen und Lust. Sie verbindet das Geistige mit dem Sinnlichen und bezieht den Betrachter ganzheitlich ein, mit Kopf, Seele und Bauch. Sie verlangt Auseinandersetzung mit dem Werk, dem Künstler und letztendlich auch mit sich selbst. Eine schöpferische und lustvolle Auseinandersetzung, die – mit den Worten von Wassily Kandinsky – „die Seele empfindlicher und vibrationsfähiger macht, wodurch sie sich bereichert, erweitert, verfeinert und zu eigenen Zwecken immer geeigneter macht". Deshalb hat Kunst in jedem Raum meiner Wohnung ihren festen Platz. Sie ist ein unverzichtbarer Teil meiner Wohn- und Lebensqualität.

Eva Karcher, Kunstmagazin „Art", Hamburg

In meiner Wohnung treffe ich in jedem Zimmer auf Kunst, selbst in der Küche. Sie begleitet mich seit der Kindheit durch mein Leben. Ohne sie könnte ich weder wohnen noch existieren. Ich sammle nicht systematisch, doch ich kaufe in bescheidenem Rahmen immer wieder Arbeiten von jungen Künstlern, die mich berühren – eine Fotoarbeit des Schweizers Christian Philipp Müller zum Beispiel, eine farbige Zeichnung von Thomas Lehnerer, ein Gemälde von Charline von Heyl, ein Lampenobjekt von Josef Zehrer. Daneben gibt es Fotoporträts von Helmut Newton und Walter Schels, eine Zeichnung von Tomi Ungerer, Grafiken von Arnulf Rainer und Juliao Sarmento, ein herrlich kitschiges Bild von Georg Csonka, Gemälde meiner Freundin Beatrix von Hagen und die Intuitionskiste von Joseph Beuys. Ich habe mir vorgenommen, mich in Zukunft konsequenter auf ganz junge Kunst zu konzentrieren. Sie will ich fördern, ihr gehört – auch beruflich – mein Herz.

Was raten Sie einem Kunst-Einsteiger?

Ammann
Sich wöchentlich eine Ausstellung anzuschauen und ins Museum zu gehen, gleichermaßen „alte" und „junge" Kunst ins Auge zu fassen. Über ein differenziertes Sehen lernen, die eigenen Leidenschaften zu entdecken. Davon ausgehen, dass die Kunst ein anschaulicher Denkgegenstand ist, dass das Werk immer eine Idee transportiert und dem Werk ein bildnerisches Denken zugrunde liegt. Geduldig sein und bereit sein, sich zu öffnen. Nicht an „Ereigniskommunikation" zu denken! Mit den Augen in sich hineinzuhorchen.

Achenbach
Ich rate ihm, seinen Blick zu schulen, seinen Gefühlen zu vertrauen und von der Kunst abzulassen, wenn ihn nicht Neugierde, Neigung und Begeisterung leiten.

Sprüth
Kunstwerke finden, die ihn ansprechen, die er schön findet und gerne um sich hätte. In einem zweiten Schritt sollte die Qualität und die kunsthistorische Bedeutung eines Kunstwerkes von Fachleuten wie Galeristen und Kunsthistorikern geprüft werden. Wichtig sind regelmäßige Ausstellungsbesuche in Museen und Galerien sowie die Lektüre von Kunstbüchern und Fachzeitschriften.

Rudolf
Der Aufbau einer privaten Kunstsammlung ist etwas sehr Individuelles und Persönliches. Man muss seinen eigenen Zugang zum Kunstwerk suchen und finden. Ich rate einem Kunst-Einsteiger, sich möglichst intensiv mit Kunst auseinander zu setzen, sich Meinungen und Urteile zu bilden und dabei auch seinen subjektiven Empfindungen genügend Spielraum zu geben. Das heißt, sich möglichst häufig und vergleichend mit Kunst konfrontieren zu lassen, sich der Wirkung von Kunstwerken bewusst auszusetzen, regelmäßig in Museen, Galerien und auf Kunstmessen zu gehen. Nirgendwo kann man sich besser über Künstler und deren Werk informieren als direkt bei dem mit dem Künstler zusammenarbeitenden Galeristen.

Karcher
Ich rate ihm, sich so viel Kunst wie möglich anzusehen – Galerien und Museen zu besuchen, Bücher und Kunstzeitschriften zu lesen, Vorträge anzuhören, auf Messen zu gehen und das Gespräch mit Fachleuten, zum Beispiel Galeristen, zu suchen. So verliert ein Kunst-Einsteiger allmählich seine Schwellenangst vor der zeitgenössischen Kunst und entwickelt ein Verständnis für Trends und für den Markt. Außerdem findet er so heraus, zu welcher Kunst er sich am meisten hingezogen fühlt.

(Ambiente Nr. 3, Die Kunst zu leben. München: Globus 1996, S. 58-59.)

Arbeitsanregungen

1. Schlagen Sie in einem Lexikon die Namen der von den Experten genannten Künstler nach und informieren Sie sich über ihr Werk!
2. Können Sie die persönlichen Wertungen nachvollziehen? Warum?

3. Was bedeuten Kunstwerke für Sie?
4. Wie beurteilen Sie die Ratschläge der Kunst-Experten? Sind sie für einen „Kunst-Einsteiger" geeignet?

Projekt: Ausstellung

Die documenta in Kassel

Über die mehr als 35-jährige Geschichte der documenta hinweg hat diese alle vier bis fünf Jahre stattfindende Ausstellung ihr Gesicht sehr verändert. 1955 rief Arnold Bode gemeinsam mit Werner Haftmann die documenta mit dem Ziel ins Leben, ein kulturell isoliertes Deutschland wieder an die internationale Entwicklung anzuschließen. Spätestens in den siebziger Jahren entwickelte sich diese Ausstellungsidee immer mehr zum Forum für eine durchaus subjektive Bestandsaufnahme der Gegenwartskunst.

Die DOCUMENTA IX ist vielleicht mehr noch als die vorhergegangenen documenta-Ausstellungen eine bewusste und persönliche Stellungnahme zu unserer Zeit. Eine Argumentation in Bildern, die gleichermaßen die Augen, das Gefühl, die Erfahrung des Einzelnen fordert.

Das „Kollektive Gedächtnis"

Neben der umfangreichen „Bestandsaufnahme der Gegenwartskunst" präsentierte Jan Hoet[1] in besonderen Ausstellungsräumen, im Turm am Museum Fridericianum, acht Werke von acht Künstlern aus verschiedenen Epochen. Werke, die für ihn das „Kollektive Gedächtnis" bilden und damit den Hintergrund für unser heutiges Verständnis von Kunst. Sie sollten den Zugang zur DOCUMENTA erleichtern.

Es waren dies: „Der ermordete Marat" von Jaque Louis David, „Selbstbildnis mit Blumenhut" von James Ensor, Paul Gaugins Gemälde „Wohin gehst Du?", von Alberto Giacometti „Die Nase", ein Text von Barnett Newman, die Installation „Die Wirtschaftswerte" von Joseph Beuys, René Daniels Gemälde „Zonder Titel" und von James Lee Byars „The White Figure".

Arbeitsanregungen

1. Informieren Sie sich in einem Lexikon zur Kunstgeschichte über die Künstler und ihre Arbeiten! Warum repräsentieren diese Werke für Jan Hoet ein „Kollektives Gedächtnis"?
2. Wählen Sie acht Werke der bildenden Kunst aus, die Sie besonders ansprechen und die Ihnen wichtig erscheinen! Nutzen Sie dabei Bildbände aus Bibliotheken und Büchereien, Kataloge und die Ausstellungen in den Museen Ihrer Umgebung! Begründen Sie Ihre Wahl!
3. Organisieren Sie eine kleine Ausstellung mit den von Ihnen ausgewählten Werken (z. B. in der Pausenhalle Ihrer Schule)!
   Beachten Sie dabei folgende Aspekte:
   - Beschaffung der Ausstellungsflächen (z. B. Stellwände, Vitrinen, Podeste),
   - Präsentation der Werke (z. B. mittels Postkarten, Farbkopien, Fotos),
   - Beschriftung der Werke,
   - Informationen für die Besucher (Erläuterung der Ausstellungsidee und Stellungnahmen zur Auswahl der Werke auf Handzetteln, Informationstafeln, durch Führungen oder an einem Infostand).

---

[1] Jan Hoet, Leiter der DOKUMENTA IX und Direktor des Museums für aktuelle Kunst in Gent

Zeitung

HORST BIENEK, **Anweisung für Zeitungsleser**

I
Prüft jedes Wort
prüft jede Zeile
    vergeßt niemals
    man kann
    mit einem Satz
    auch den Gegen-Satz ausdrücken

II
Mißtraut den Überschriften
den fettgedruckten
    sie verbergen das Wichtigste
mißtraut den Leitartikeln
    den Inseraten
    den Kurstabellen
    den Leserbriefen
und den Interviews am Wochenende

Auch die Umfragen der Meinungsforscher
    sind manipuliert
die Vermischten Nachrichten
    von findigen Redakteuren erdacht
Mißtraut dem Feuilleton
    den Theaterkritiken Die Bücher
    sind meist besser als ihre Rezensenten
lest das was sie verschwiegen haben
Mißtraut auch den Dichtern
    bei ihnen hört sich alles
    schöner an auch zeitloser
aber es ist nicht wahrer nicht gerechter

III
Übernehmt nichts
ohne es geprüft zu haben
nicht die Wörter und nicht die Dinge
nicht die Rechnung und nicht das Fahrrad
nicht die Milch und nicht die Traube
nicht den Regen und nicht die Sätze
faßt es an schmeckt es dreht es nach allen Seiten
nehmt es wie eine Münze zwischen die Zähne
hält es stand? taugt es? seid ihr zufrieden?

IV
Ist Feuer noch Feuer und Laub noch Laub
ist Flugzeug Flugzeug und Aufstand Aufstand
ist eine Rose noch eine Rose noch eine Rose?

Hört nicht auf
    euren Zeitungen zu mißtrauen
    auch wenn die Redakteure
    oder Regierungen wechseln

(Horst Bienek, Gleiwitzer Kindheit. Gedichte aus zwanzig Jahren. München, Wien: Carl Hauser Verlag 1976, S. 122 f.)

Nachricht

1. Definition

Eine gängige Definition der Nachrichten bezeichnet diese als objektive Mitteilung eines allgemein interessierenden, aktuellen Sachverhalts in einem bestimmten formalen Aufbau.

Nachricht wird somit in zweierlei Bedeutung verwendet:
- *inhaltlich* als Information schlechthin und
- *formal* als bestimmte journalistische Darstellungsform.

Die Formalstruktur der Nachricht muss Aufschluss über folgende Fragen geben: Wer? Was? Wann? Wo? Wie? Warum? Ohne diese so genannten „sechs W's" ist eine Nachricht nicht vollständig.

2. Aufbau

Höhepunkt
Nähere Umstände
Einzelheiten

Nachlassendes Interesse

3. Beispiele

**Die DDR-Grenzen offen:
Wer will, kann gehen!
Ab sofort Ausreise ohne jede Bedingung
Die Visa werden auf der Stelle ausgestellt
Berlin. – Die DDR hat 28 Jahre nach dem Bau der Berliner Mauer und nach der jüngsten Massenflucht von bislang 120 000 DDR-Bürgern ihre Grenzen zur Bundesrepublik und nach Westberlin geöffnet. Alle DDR-Bürger dürfen künftig kurzfristig und fast ohne Formalitäten private Reisen „ins Ausland" unternehmen oder die DDR ganz verlassen.**

Diesen sensationellen Beschluss des DDR-Ministerrates „mit sofortiger Wirkung" hat SED-Politbüromitglied Günter Schabowski gestern Abend in Ostberlin verkündet.

Bonn traf diese Botschaft wie ein Blitz: Politiker aller Parteien begrüßten diesen Schritt; sie forderten nun den sofortigen Abriss der Mauer – die habe nun endgültig ihren Zweck verloren. Die Abgeordneten stimmten spontan die Nationalhymne an; die restlichen Punkte der Tagesordnung wurden gestrichen.

(Peter Brand/Volker Schulz [Hrsg.], Medienkundliches Handbuch. Die Zeitung. Aachen: Hahner 1991, S. 124–125.)

Arbeitsanregungen

Vergleichen Sie die beiden Nachrichten (zum Ausbruch des 1. Weltkrieges 1914) unter folgenden Gesichtspunkten:
- Wurden die sechs „W-Fragen" berücksichtigt?
- Wurde das Aufbauprinzip angewandt?
- Entsprechen die Beispiele den Kriterien einer Nachricht?

Die Vossische Zeitung (Berliner Tageszeitung bis 1934) begann ihren Bericht über den Tod des österreichischen Thronfolgers, der den 1. Weltkrieg ausgelöst hat, wie folgt:

„Als der Erzherzog-Thronfolger Franz Ferdinand und seine Gattin, die Herzogin von Hohenberg, sich heute Vormittag zum Empfang in das hiesige Rathaus begaben, wurde gegen das erzherzögliche Automobil eine Bombe geschleudert, die jedoch explodierte, als das Automobil des Thronfolgers die Stelle bereits passiert hatte."

Der ehemalige Nachrichtenchef der Süddeutschen Zeitung hätte die Meldung wie folgt begonnen:

„Der österreichische Thronfolger, Erzherzog Franz Ferdinand, und seine Frau, die Herzogin von Hohenberg, fielen am Sonntag in Sarajewo einem Revolveranschlag serbischer Nationalisten zum Opfer. Ein Gymnasiast aus Grabow, Princip, hatte unweit des Regierungsgebäudes die tödlichen Schüsse aus einem Browning auf das vorüberfahrende Thronfolgerpaar abgegeben."

(Zitiert nach: Walther von La Roche, Einführung in den praktischen Journalismus. München: List 1999, S. 79f.).

„Der Schrei"

Einbrecher holten Norwegens wertvollstes Gemälde aus der Nationalgalerie

Von Markus Heller

Die beiden Diebe erreichen die Nationalgalerie im Zentrum Oslos am frühen Morgen des 12. Februar. Um 6:30 Uhr und 39 Sekunden lehnen sie eine sechs Meter lange Leiter an das Fenster links vom Haupteingang. Einer der Männer, 180 Zentimeter groß, korpulent und hell gekleidet, steigt hinauf. Der andere, dunkel gekleidet, etwa 175 Zentimeter groß, steht Schmiere. Der Mann auf der Leiter schlägt die Fensterscheibe mit einem Hammer ein, die Alarmanlage springt an. Er verliert das Gleichgewicht und fällt gut vier Meter tief auf das vereiste Pflaster.

Im Keller des Museums sitzt ein Wächter. Der Alarm reißt ihn aus seinem Schlummer; verwundert reibt er sich die Augen.

Der Dieb unternimmt einen zweiten Versuch und klettert in das Innere des Museums, in den Saal, in dem vierzehn Hauptwerke von Edvard Munch ausgestellt sind.

Unmittelbar neben dem Fenster hängt Munchs „Schrei", ein etwa 90 mal 73 Zentimeter großes Pastell. Der Einbrecher durchtrennt die Drähte, an denen das Bild befestigt ist, mit einer Kneifzange und reicht das Gemälde seinem Kompagnon hinaus.

Die Szenerie wird von starken Scheinwerfern ausgeleuchtet; zwei Videokameras, die an den Gebäuden gegenüber der Nationalgalerie installiert sind, zeichnen den Vorgang auf.

Um 6:32 Uhr und 55 Sekunden verschwinden die beiden unmaskierten Männer mit ihrer Beute in einem Mercedes-Geländewagen beziehungsweise einem hellen Mazda – auf den etwas unscharfen Aufnahmen kann man das nicht genau sehen.

Der Wächter im Keller nimmt zunächst an, dass es sich um einen Fehlalarm handelt. Mehrmals versucht er, die Alarmanlage auszustellen, aber es gelingt ihm nicht. Auf zweien der neunzehn Monitore, die er vor den Augen hat, sind die Einbrecher deutlich auszumachen. Aber der Wächter sieht nicht hin.

Sieben Minuten nach dem ersten Alarm betätigt er einen Schalter, um die Zentrale der privaten Sicherheitsgesellschaft zu alarmieren. Der Wächter tut, was ihm in so einem Fall vorgeschrieben ist. Er verharrt im Keller.

Zufällig fährt achtzehn Minuten nach dem Diebstahl, um 6:49 Uhr, ein Streifenwagen der Polizei am Museum vorbei. Die Polizisten finden Leiter, Hammer, Zange und eine an die Museumsleitung adressierte Postkarte, auf der steht: „Danke für die schlechte Sicherung."

Es war also nicht weiter schwierig, Norwegens berühmtestes Kunstwerk zu stehlen.

(Die Zeit, Nr. 13 vom 25. März 1994.)

Arbeitsanregungen

1. Verfassen Sie mit Hilfe der Informationen aus dem Artikel „Der Schrei" eine Nachricht für eine Tageszeitung!

2. Erstellen Sie aus den Beiträgen (Nachricht, Bericht, Reportage, Kommentar) Ihrer Tageszeitung die Texte für eine Nachrichtensendung, die das Tagesgeschehen am besten wiedergeben (z. B.: Echo des Tages/Tagesschau)!

3. Gestalten Sie eine Zeitungsseite zu einem Thema:
   – Politik/Geschichte
   – Feuilleton
   – Sport
   – Lokales!

Der Kommentar

Ob ein Stoff kommentiert wird, hängt davon ab, ob er eine Stellungnahme herausfordert, diese die Öffentlichkeit interessiert oder interessieren sollte und ob dieser zu den wichtigsten Themen gehört. Im Mittelpunkt des Kommentars, des Leitartikels, der Kolumne steht die Meinung des Journalisten bzw. der Redaktion.

Noch bildet der Leitartikel einer Zeitung eine Art Aushängeschild der Redaktion. Demgegenüber ist der Kommentar zumeist weniger kämpferisch, wobei beide Stilformen notwendige Ergänzungen zu wichtigen Nachrichten anbieten, um sie besser in ihre gesellschaftlichen oder politischen Bezüge einordnen zu können.

Nicht nur tagesaktuelle Themenstellungen sind Inhalt eines Kommentars, sondern auch allgemeine gesellschaftspolitische Entwicklungen oder wirtschaftspolitische Trends bzw. nachrichtlich schwer fassbare und darzustellende Zusammenhänge.

Unter „Kolumne" wird ein regelmäßig erscheinender Kommentar eines Publizisten verstanden, der meist an der gleichen Stelle veröffentlicht wird und mit „persönlicher Meinung" oder „Gastkommentar" gekennzeichnet ist.

(Peter Brand/Volker Schulz [Hrsg.], Medienkundliches Handbuch. Die Zeitung. Aachen: Hahner 1991, S. 127f.)

Kommentar

Notwendiges Gedenken

Roman Herzog hat die seit einem Menschenalter vielleicht beste Rede zum Gedenken an die Opfer der nationalsozialistischen Barbarei vor dem Bundestag gehalten. Spätestens in diesem Augenblick sollten Bedenken um Anlass und Sinn dieses Gedenktages für die Millionen Opfer des Nationalsozialismus verstummt sein. Es gehe ihm, so Herzog, nicht um Konservierung des Entsetzens, sondern um die Konsequenzen, die für die nahe und fernere Zukunft aus NS-Diktatur, Menschenverachtung in bis dahin nicht gekanntem Ausmaß, aus Rassismus und millionenfachem Mord zu ziehen sind. Gerade weil die Generationen, die noch Zeuge des Holocaust waren, schon bald endgültig dahingehen werden, ist das Erinnern an das Schreckliche erforderlich, um es niemals wieder geschehen zu lassen. In den oft unscheinbar kleinen Anfängen des Grauens und der Entwürdigung des Menschen liegen vielleicht die Quellen verborgen, aus denen sich die Jugend das Rüstzeug zur Wappnung vor künftigen Versuchungen schmieden kann. Es ist gut, dass der 27. Januar künftig Anlass zum Gedenken sein kann, ohne den so genannten normalen Alltag zu unterbrechen. Nach den Vorstellungen des Bundespräsidenten ist er ausdrücklich kein Feiertag. Man kann den Holocaust nicht würdigen, sondern nur als Mahnung für die Zukunft erinnernd in sich weitertragen. Denn die Verfassung allein mit ihren zwingenden Verbindlichkeiten zur Achtung der Menschenwürde, so die einleuchtende Bewertung des Politikers Herzog, nicht nur des namhaften Rechtstheoretikers, kann die Menschen nicht gegen Anfechtungen von Willkür und Terror immunisieren.

HP

(Braunschweiger Zeitung, Nr. 17 vom 20. Jan. 1996.)

Arbeitsanregungen

1. Auf welches Ereignis bezieht sich der Kommentar?

2. Vergleichen Sie den Kommentar mit der Definition! Wodurch wird deutlich, dass der Verfasser „kommentiert"?

3. Wie argumentiert der Kommentar? Wie begründet und veranschaulicht er seine Auffassung?

4. Welche sprachlichen Merkmale kennzeichnen einen Kommentar?

5. Schreiben Sie einen Kommentar zu einer
   – aktuellen Nachricht aus der Tageszeitung oder
   – der Sportpalastrede von Goebbels (S. 459)!

Leitartikel

Der Leitartikel ist bis zu einem gewissen Grade immer auch Kommentar. Nur steuert er sehr viel eindeutiger auf die Meinungsbildung des Lesers zu und ist damit auf dessen direkte Beeinflussung ausgerichtet. Der Leitartikler hat nicht nur eine bestimmte Sicht der Dinge, sondern hat etwas dazu zu sagen. Dabei gibt der Leitartikel nicht nur die Meinung seines Verfassers wieder, sondern auch die der Redaktion. Im Leitartikel wird Position bezogen und das behandelte Thema nicht nur auf seinen aktuellen Ereigniswert hin beleuchtet, sondern auch gemutmaßt, wohin der Vorgang führen könnte oder wird. Leitartikel können auch heutzutage noch kämpferisch beschrieben sein. Wichtig ist, dass alle Informationen einbezogen, die Umstände abgewogen werden, der Leser sich auf die Vertrautheit des Leitartiklers mit allen Zusammenhängen verlassen kann und erfährt, „was denn nun los ist" und „wie es weiter gehen soll". Nicht das „Sowohl-Als-Auch", sondern das „Entweder-Oder" geben am Ende des Leitartikels dem Leser Anhaltspunkte und Hilfe zur eigenen Meinungsbildung. Der Leitartikler erwartet, dass seine Meinung überzeugt, der Leser will, dass dies überzeugend geschieht. Das Thema eines Leitartikels muss nicht in jedem Fall tagesaktuell sein; wohl aber sollte der behandelte Stoff zeitnah sein, da ohne Zeitbezogenheit keine Wirkung auf den Leser ausgeübt werden kann. [...]

Am Beginn des Leitartikels steht die „Suche nach der Einflugschneise in das Gehirn des Lesers". Das Thema muss kurz umrissen oder wenigstens angerissen werden. Dabei geht es nicht um ein Wiederkäuen der Nachricht, sondern um deren Präsentierung und Präzisierung. Es muss erkennbar werden, dass nicht mehr berichtet, sondern schon kommentiert wird. Das attraktive, unter Umständen provozierende Anbieten des Themas soll zum Weiterlesen verleiten. Eine Meinung sollte bereits angeboten werden. [...]

Nun soll der Leser klar und deutlich erfahren, welche Schlussfolgerung der Kommentar-Verfasser zieht. Es ist die Meinung des Verfassers und auch der Zeitung, die dem Leser Anregung zu eigenem Nachdenken gibt, ihn möglicherweise provoziert, ihm aber auf jeden Fall zeigt, dass ein Standpunkt vertreten, eine Meinung geäußert wird und auf Seiten des Verfassers der Wunsch besteht, von der Richtigkeit einer Einschätzung und der Wertung des Ereignisses (oder Vorgangs) zu überzeugen.

Der Leser, der seine Zeitung nach dem Wunsch der Zeitungsmacher von der ersten bis zur letzten Zeile lesen soll, damit er das – ohnehin schon ausgewählte – Wichtigste erfährt, überfliegt die Zeitung häufig nur. Er liest keine langen „Riemen", und was er nicht auf Anhieb versteht, übergeht er. Der Leser hat Recht. Denn er darf vom Journalisten verlangen, Klartext vorgesetzt zu bekommen. Gerade aber die Kommentierung verführt dazu, Schwere und Bedeutsamkeit hochfliegender Gedanken und die Gewichtigkeit eigener Meinung durch Bandwurmsätze und gestelzte Formulierungen, in Fremdwort-Akrobatik und mit ganzen Ungetümen von verfehlten Bildern, erhabenen Wortschöpfungen zur höchsten Vollendung zu bringen (dieser Satz ist schon ein Beispiel für vollgepropfte Überlänge). Leider völlig vergeblich. [...]

Für Sprache und Stil bei der Kommentierung gelten zunächst dieselben Grundregeln, die beim Schreiben einer Nachricht, eines Berichts oder einer Reportage zu beachten sind: Einfache, verständliche und kurze Sätze. Nach Möglichkeit Verzicht auf Fremdwörter und vermeidbare Abkürzungen, kein Behördendeutsch. Die Regeln der Grammatik und Interpunktion haben darüber hinaus auch dann Gültigkeit, wenn der Journalist sich begrüßenswerterweise der deutschen Umgangssprache bemächtigt. Es sei darum hier nur auf einige Besonderheiten und Hauptfehlerquellen eingegangen, die sich bei der Kommentierung einschleichen können. Der Leitartikler wählt sich ja sein Thema, weil er weiß oder zumindest zu wissen glaubt, dass ein wichtiges Ereignis von besonderem öffentlichen Interesse ist und der näheren Erörterung bedarf. Man kann voraussetzen, dass der Kommentator mit einiger Sachkenntnis und Engagement zur Feder greift. Aber die Flut der Gedanken und die vorhandene Meinungsfülle dürfen nicht dazu führen, den Leser nur ahnen zu lassen, was der Leitartikel-Verfasser an Geistesakrobatik vollführt, aber völlig unverständlich zu Papier bringt.

(Projektteam Lokaljournalisten [Hrsg.]: ABC des Journalismus. München: Verlag Ölschläger GmbH ^{6}1990, S. 109/110 und 116/117.)

Leserbrief

Demokratie ohne Volk?
Immer weniger wollen wählen

Von Andreas Rinke

45, 59, 67 – das sind nicht etwa die Gewinnzahlen des Wochenendes, 45, 59, 67 sind die Resultate eines ganz anderen Spiels, das mit der Lotterie nur das Kreuzchenmachen gemein hat. Die Zahlen geben an, wie viel Prozent der Wähler sich an drei erst kurz zurückliegenden Wahlen beteiligt haben.

Sie stammen aus Hannover, Tokio und Wien. Und obwohl es um so unterschiedliche Wahlen wie die eines Oberbürgermeisters, eines nationalen Parlaments und die von Europa-Abgeordneten ging, haben sie eines gemeinsam: Überall setzten die Abstimmungen neue Tiefstmarken für die Beteiligung der Wähler an diesem wichtigsten demokratischen Akt. 45, 59, 67 – das sind die jüngsten Krisenzeichen der westlichen Demokratien.

Vorbei sind die Zeiten, als fast 90 Prozent der Deutschen es quasi als heilige Staatsbürgerpflicht ansahen, zu den Wahlurnen zu pilgern. Seit Jahrzehnten weist die Wahlbeteiligung hierzulande auf allen politischen Ebenen nur noch in eine Richtung – nach unten. Früher waren „amerikanische Zustände" für viele eine Schreckensvision. Schließlich beteiligt sich seit Jahren nur noch die Hälfte der Amerikaner an den Präsidentschaftswahlen. Heute sind wir davon selbst nicht mehr weit entfernt. Die mit Abstand größte Partei ist mittlerweile die der Nichtwähler. Lechzte in Osteuropa das Volk nach der Demokratie, droht uns jetzt die Demokratie ohne Volk.

Zufrieden oder verdrossen?

Warum das so ist, darüber zerbrechen sich die Experten seit langem die Köpfe. Natürlich ist es nicht das „ungünstige Wetter", das immer wieder Schuld daran haben soll, wenn weniger Wähler als erwartet an die Urnen gehen. Denn egal, ob es regnet oder die Sonne scheint, egal ob im Frühling, Sommer, Herbst oder Winter – viele deutsche Wähler ermüdet es offenbar schon, wenn sie einmal im Jahr ihrer „ersten Bürgerpflicht" nachkommen müssen.

Viel ernster zu nehmen ist da schon das Argument, dass hinter der Enthaltsamkeit eine zunehmende Politikverdrossenheit steckt. Denn wer glaubt, dass sich durch die Stimmabgabe ohnehin nichts ändern, geht auch nicht wählen. Und wer unzufrieden mit einer Regierung ist, aber unter den antretenden Parteien keine Alternative sieht, bleibt ebenfalls zu Hause. Wahlforscher haben zudem die Gruppe derer ausgemacht, die zwar klare politische Überzeugungen haben, aber aus Enttäuschung über das Auftreten ihrer Lieblingspartei eine Stimmabgabe verweigern.

Daneben wächst die Zahl derer, die sich nicht für politische Debatten interessieren – oder sie nicht mehr verstehen. Daran sind die Medien übrigens nicht ganz schuldlos: Weil Politik zunehmend als „langweilig" empfunden wird, wird weniger über sie berichtet – was dazu führt, dass noch weniger Wähler überblicken, worum es bei den Wahlen geht und wie Politik funktioniert.

Nicht alle stimmen allerdings in den Katastrophen-Chor ein: Was ist eigentlich so schlimm daran, wenn nicht alle wählen gehen, fragen sie. Schaut man sich Länder mit längeren demokratischen Traditionen an, dann könnte man die sinkende Wahlbeteiligung geradezu als Reifezeichen einer Gesellschaft ansehen. Denn die Wahlmüdigkeit kann auch eine Begleiterscheinung eines stabilen politischen Systems sein. Offenbar glauben viele, dass sie es sich leisten können, anderen die Entscheidung zu überlassen. Nur wenn sie ein Thema besonders interessiert, werden sie aktiv.

Diese Einschätzung ist keineswegs so absurd, wie sie auf den ersten Blick erscheint. Denn dass eine hohe Wahlbeteiligung kein Wert an sich ist, hat schon die Weimarer Republik gezeigt. Die höchste Wahlbeteiligung in Deutschland verzeichnete man ausgerechnet in der Phase der größten Instabilität: zur Zeit der Weltwirtschaftskrise. Und viele frühere Nichtwähler stimmten 1930 dann für die Nationalsozialisten.

Und aus den USA kommt das Beispiel, dass die Wahlbeteiligung durchaus wieder leicht steigen kann, wenn die Menschen den Eindruck gewinnen, dass es um ihre Interessen geht: Erstmals seit Jahrzehnten wählten 1992 wieder mehr Amerikaner, weil Bill Clinton versprochen hatte, eine Krankenversicherung für alle US-Bürger einzuführen.

Scheu vor Verantwortung

Beruhigt zurücklehnen darf man sich dennoch nicht: Eine ständig sinkende Wahl-beteiligung mag die Stabilität einer De-mokratie nicht kurzfristig gefährden, aber sie kann sie langsam aushöhlen. Eine Stimmabgabe bedeutet auch die Übernahme eines Stücks Verantwortung für die Politik, die durchgesetzt wird. Je weniger Bürger diese Verantwortung übernehmen wollen, desto größer wird die Kluft zwischen „uns hier unten" und „denen da oben".

Letztlich untergräbt die zunehmende Apathie sogar die Autorität der öffentlichen Ämter. Wie stark kann die Stellung eines Oberbürgermeisters wie Herbert Schmalstieg in Hannover überhaupt noch sein, wenn ihm genau genommen nur gut 20 Prozent der Einwohner ihre Stimme gegeben haben?

Das Schlimme ist, dass es keine einfachen Rezepte gegen ein weiteres Absinken der Wahlbeteiligung gibt. Denn sie ist auch Ausdruck einer zunehmenden Vereinzelung der Gesellschaft. Nichtwähler sind meist nicht nur politisch, sondern auch sozial weniger stark eingebunden: Sie gehören seltener einer Organisation an, sind häufiger Singles und schlechter ausgebildet.

Kampf um den Wähler

Dies lässt sich auch nicht ändern, indem am Wahlrecht herumgedoktert wird. Eine „Wahlpflicht" einzuführen wäre jedenfalls die Bankrotterklärung einer liberalen Demokratie. Die viel gepriesene Personenwahl bringt ebenfalls keine Rettung: In Oldenburg beteiligten sich nur 39 Prozent an der ersten direkten Bürgermeisterwahl. Auch die als Mittel gegen die Politikverdrossenheit vorgeschlagene „direkte Demokratie" funktioniert eher schlecht als recht: In Bayern und der Schweiz jedenfalls verzeichnen ausgerechnet einzelne Abstimmungen über regionale und lokale Projekte extrem niedrige Beteiligungen. Und die Ausdehnung des Wahlrechts auf die 16- und 17-jährigen in Niedersachsen war ebenso ein Flop: Ihre Teilnahme an der Wahl war noch geringer als die anderer Altersgruppen. Da wird es wohl auch wenig nutzen, der wachsenden Bequemlichkeit der Wähler entgegenzukommen. In den USA wurde bereits versucht, den Amerikanern die Stimmabgabe dadurch schmackhaft zu machen, dass Wahlurnen auch in Supermärkten aufgestellt wurden. Geholfen hat die Entwertung des demokratischen Aktes zum bloßen Anhängsel des Shoppings nicht.

(Hannoversche Allgemeine Zeitung, Nr. 253 vom 26./27. Okt. 1996, S. 1.)

Arbeitsanregung

Weisen Sie die Kriterien des Leitartikels in dem Beispiel „Demokratie ohne Volk" nach!

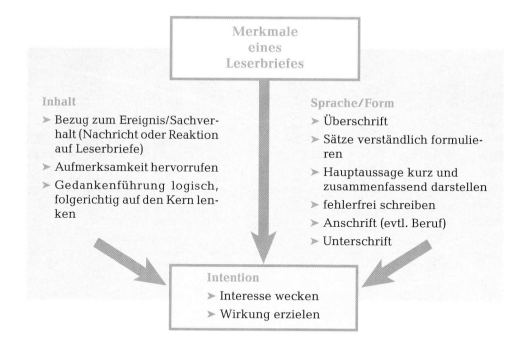

Arbeitsanregung

Schreiben Sie einen Leserbrief zu einem aktuellen Artikel aus Ihrer Tageszeitung/Schülerzeitung!

Werbung

Straßenmöbel für viele Bedürfnisse
Litfaßsäule ist 140 Jahre alt – in Berlin stand die erste

Er muss ein richtiges Schlitzohr gewesen sein. Jedenfalls war der Plakat- und Zetteldrucker Ernst Litfaß (1816 bis 1874) nicht zimperlich, um die schließlich nach ihm benannte Anschlagsäule für Plakatwerbung in Deutschland durchzusetzen. Nachdem er Berlin zunächst mit einer wahren Flut von Zetteln und Plakaten zugekleistert hatte, überzeugte er den Polizeichef der Stadt, dass die unerwünschte „Verzettelung" der öffentlichen Flächen allein mit seiner Litfaßsäule zu verhindern ist. Schließlich erreichte der „Säulenheilige" sein Ziel: Vor 140 Jahren stellte er in Berlin die ersten Säulen auf.

Genau genommen hat Litfaß die Idee gestohlen. Denn schon dreißig Jahre vorher hat es Ähnliches in England gegeben. Dort hatte sich der Konstrukteur George Harris eine Blechsäule patentieren lassen, die er drehbar auf einen Wagen montierte. War die Säule beklebt, zog er sie durch die Straßen. Litfaß dagegen setzte nicht auf Säulenmobilität, sondern konzipierte seine Litfaßsäulen als stationäre Straßenmöbel. Ein Drittel der ihm in Berlin genehmigten Säulen sollte er mit Pissoirs, also mit Männerbedürfnisanstalten, ausstatten. Der Auflage soll er nicht ganz nachgekommen sein …

Die Litfaßsäule setzte sich auch in den anderen deutschen Städten rasch als Werbeträger von Plakaten durch. Welche große Rolle sie spielte, können wir häufig in alten Filmen aus den Zeiten beobachten,

Was, wann, wo? Die Litfaßsäule ist auch heute noch ein beliebter Werbeträger und Veranstaltungshinweiser.

in denen die Kommunikationsmöglichkeiten noch nicht so ausgeprägt waren wie heute. Standfest geblieben ist die Litfaßsäule auch als 40-jährige noch. Zwar spielt sie nicht eine so aktuelle Rolle wie in ihren „Kindertagen", aber in den Städten markiert sie immer noch – nicht selten sogar im Nostalgiestil – Straßen und öffentliche Plätze.

Michael-Uwe Dreyling

(Braunschweiger Zeitung, Nr. 169 vom 20. Juli 1996.)

Joachim Ringelnatz, Reklame

Ich wollte von gar nichts wissen.
Da habe ich eine Reklame erblickt,
Die hat mich in die Augen gezwickt
Und ins Gedächtnis gebissen.

5 Sie predigte mir von früh bis spät
Laut öffentlich wie im Stillen
Von der vorzüglichen Qualität
Gewisser Bettnässer-Pillen.

Ich sagte: „Mag sein! Doch für mich nicht!
10 Nein, Nein!
Mein Bett und mein Gewissen sind rein!"

Doch sie lief weiter hinter mir her.
Sie folgte mir bis an die Brille.
Sie kam mir aus jedem Journal in die Quer
15 Und säuselte: „Bettnässer-Pille".

Sie war bald rosa, bald lieblich grün.
Sie sprach in Reimen von Dichtern.
Sie fuhr in der Trambahn und kletterte kühn
Nachts auf die Dächer mit Lichtern.

20 Und weil sie so zähe und künstlerisch
Blieb, war ich ihr endlich zu Willen.
Es liegen auf meinem Frühstückstisch
Nun täglich zwei Bettnässer-Pillen.

Die isst meine Frau als „Entfettungsbonbon".
25 Ich habe die Frau belogen.
Ein holder Frieden ist in den Salon
Meiner Seele eingezogen.

(Joachim Ringelnatz, Das Gesamtwerk in sieben Bänden. Band 1. Hrsg. von Walter Pape. Berlin: Heussel 1984, S. 344-345.)

Ingeborg Bachmann, Reklame

Wohin aber gehen wir
ohne sorge sei ohne sorge
wenn es dunkel und wenn es kalt wird
sei ohne sorge
aber 5
mit musik
was sollen wir tun
heiter und mit musik
und denken
heiter 10
angesichts eines Endes
mit musik
und wohin tragen wir
am besten
unsre Fragen und den Schauer aller Jahre 15
in die Traumwäscherei ohne sorge
sei ohne sorge
was aber geschieht
am besten
wenn Totenstille 20

eintritt

(Ingeborg Bachmann, Sämtliche Gedichte. München: Piper ²1999 = Serie Piper, S. 124.)

Arbeitsanregungen

1. Notieren Sie stichwortartig, was Ihnen beim Lesen der Gedichte von Ringelnatz und Bachmann auffällt!

2. Erläutern Sie die Beziehung zwischen Fragen und Antworten im Gedicht von Ingeborg Bachmann! Stellen Sie Ihre Ergebnisse entsprechend gegenüber!

3. Vergleichen Sie die Wirkung, die der Reklame zugeschrieben wird, in den Gedichten von Ringelnatz und Bachmann!

4. Tragen Sie die Gedichte vor! Überlegen Sie, wie Sie die sprachlichen Besonderheiten bei der Rezitation umsetzen können!

AIDA-Strategie

Der Begriff Werbung wird von dem Betriebswirtschaftler R. Seyffert sehr umfassend als „Beeinflussungsform" definiert, „durch die versucht wird, die von ihr Umworbenen für den Werbezweck zu gewinnen." Unter den Begriff Werbung fällt also **jeder** Versuch, eine Zielgruppe für bestimmte Zwecke zu gewinnen: Politische Werbung ebenso wie Werbung für wirtschaftliche oder religiöse Fragen. Zur Übermittlung der Werbeaussagen an die Umworbenen werden die modernen Massenmedien als Werbeträger gern verwandt. Zum erstenmal wurden 1824 Plakatsäulen durch London gefahren. 1855 errichtete Litfaß in Berlin die nach ihm benannten Säulen. Seit 1923 wird im Rundfunk, seit 1956 im Fernsehen Werbung gesendet.

Werbetexte, Slogans und Anzeigen werden nach bestimmten Kriterien formuliert bzw. gestaltet. Werbetexter kennzeichnen den möglichen Stufenablauf erfolgreicher Werbung mit der aus dem Amerikanischen stammenden Formel **AIDA**.

A	=	attention (Aufmerksamkeit)
I	=	interest (Interesse)
D	=	desire (Wunsch)
A	=	action (Handlung)

Ein nach der AIDA-Strategie entworfener Werbetext weist den Produzenten (Hersteller), das Produkt (Ware) und den Konsumenten (Käufer) als konstituierende Elemente auf:

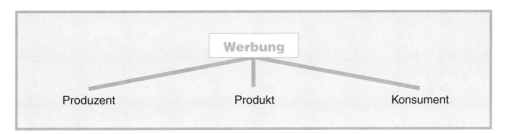

Bei der Konzeption von Werbeslogans, die von möglichst vielen Menschen gelesen werden sollen, bedient man sich bestimmter sprachlicher Mittel, um sie attraktiv zu gestalten: Wortwahl, Wortbildung, Satzbau, Rhetorik.

(Zu den rhetorischen Mitteln: vgl. S. 556)

Arbeitsanregung

Untersuchen Sie, ob die im Kapitel aufgeführten Werbekampagnen der AIDA-Strategie entsprechen!

Werbeslogans

Manche Werbeslogans beweisen ihre Einzigartigkeit schon allein dadurch, dass jeder weiß, worum es geht, noch bevor der Markenname überhaupt erwähnt wird. Hier sind einige davon:

- ... dann klappt's auch mit'm Nachbarn ...
- Nichts ist unmöglich ...
- Man gönnt sich ja sonst nichts ...
- Ich will so bleiben wie ich bin ...
- Da weiß man, was man hat ...
- Sie baden gerade Ihre Hände drin ...
- Und keinen Pfennig dazubezahlt ...
- Der schwimmt sogar in Milch ...
- Mann, sind die dick, Mann ...
- Wer wird denn gleich in die Luft gehen?
- Wie schmecken denn die?
- Für das Beste im Mann ...
- Unkaputtbar ...
- Wäscht nicht nur sauber, sondern rein ...
- Nicht immer, aber immer öfter ...
- Gut ist uns nicht gut genug ...
- Heute ein König ...
- Ich war eine Dose ...
- Quadratisch, praktisch, gut.
- Vorsprung durch Technik.
- Weißer als weiß ...
- Nur Küsse schmecken besser ...
- Die Freiheit nehm' ich mir ...
- Pack' den Tiger in den Tank ...
- Die längste Praline der Welt ...
- Auf diese Steine können Sie bauen ...
- Hallo, Herr Kaiser!
- Lavendel, Oleander, Jasmin ...
- ... macht das Frühstück gut ...

(Max–Werbebuch 1996/97. Hamburg: Max 1996, S. 27.)

Arbeitsanregungen

1. Sind Ihnen alle Werbeslogans bekannt?
2. Können Sie sie ergänzen? Worin sehen Sie die jeweilige Wirkung der Slogans?

Thomas Manns Probleme mit dem
Klinkentürgriff

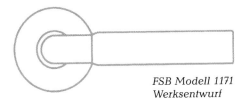

*FSB Modell 1171
Werksentwurf*

Die Türklinke – obwohl als solche höchst prosaisch, fast banal – hat längst einen festen Platz in der deutschen Literatur gefunden. Thomas Mann, Grass, Böll, Lenz, Johnson, Walser, sie alle lassen ihre Protagonisten die Hände beiläufig, feucht, bedeutungsvoll oder suchend auf Türklinken legen.

Doch ist die literarische Türklinke begrifflich leider nicht immer klar und eindeutig. Thomas Mann nennt sie in den „Buddenbrooks" zunächst „Klinke", dann wird sie „Türgriff", danach wieder „Klinke". Schließlich ist sie nur noch „Griff". In „Doktor Faustus" hingegen ist von einem psychiatrischen Seeschloss mit abgeschraubten „Türklinken" die Rede. (Litt der Nobelpreisträger unter einem Hausarrest-Trauma?)

Im Gegensatz dazu hat sich Günter Grass in der „Blechtrommel" und allen folgenden Werken auf „Türdrücker" festgelegt. Kein Wunder, als gelerntem Steinmetz sind ihm baunahe Fachausdrücke geläufig.

Vom „Türdrücker" ist es nicht weit zu einer unliterarischen, aber authentischen Benennung aus der früheren DDR. Die Klinke heißt „Zimmertürdrücker". Eine derart präzise Bezeichnung wäre den Westliteraten nie eingefallen. Wohl aber Uwe Johnson – bevor er sich gen Westen aufmachte.

Neben den verbalen gibt es natürlich auch optische Klinken-Varianten: im Klinken-Prospekt von Franz Schneider Brakel GmbH + Co, Postfach 14 40, D-33029 Brakel, Tel. (0 52 72) 60 83 20, Fax 60 83 00. Quasi Kurzgeschichten fürs Auge.

 FSB

Arbeitsanregungen

 1. Spricht Sie diese Werbeanzeige an? Warum?

 2. Gestalten Sie sie nach Ihren Vorstellungen!

1966 1993

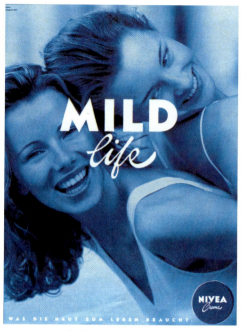

neunzehnhundertsechsundsechzig *neunzehnhundertdreiundneunzig*

Arbeitsanregungen

 1. Vergleichen Sie die Nivea-Werbeanzeigen von 1966 und 1993! Worauf wird jeweils besonderer Wert gelegt?

2. Überprüfen Sie, ob folgende Themen für die Nivea-Werbung zutreffend sind:

   SPIELERISCHE HARMONIE

   Vom Zeitgeist inspiriert ist Nivea-Werbung schon seit 85 (!) Jahren. Als die Reisewelle nach Deutschland schwappte, gab es „Schnappschüsse" von Urlaubern samt Nivea-Ball; heute ist „Blue Harmony" (TBWA) angesagt: Familie, Freunde, Gefühle stehen hoch im Kurs und werden mit dem Markenimage (Toleranz, Natürlichkeit) verknüpft.

 3. Spiegeln sich die Leitbilder und Ideale (Familie, Freunde, Gefühle, Toleranz, Natürlichkeit) auch in der Kampagne von Esprit (S. 547) wider? Welche Werte werden noch angesprochen?

 4. Welche Zielgruppe will Esprit (S. 547) erreichen?

Blend-a-med Zahncreme – Drehbuch
(30 Sek.)

(nach der Sendung – am 19. Juli 1978, 19:25 Uhr im ZDF)

Bildangabe	Format	Text	Geräusche
Marktszene	Totale	—	Stimmengewirr
Junge und Mutter vor Äpfeln	Halbtotale	—	Stimmengewirr
Junge nimmt Apfel	Halbtotale	‚Darf ich?'	
beißt in Apfel	Nah	—	knirschendes Bissgeräusch
reicht Mutter einen Apfel	Halbnah	‚Hier, Mutti, beiß auch mal rein!'	Marktgeräusche im Hintergrund
Mutter wehrt ab —	Nah —	‚Nein, mein Zahnfleisch' —	Marktgeräusche im Hintergrund
Mann im weißen Kittel im Raum vor Tafel mit Zahnprofilschema	Halbtotale	‚Alarmsignal! Paradontose droht'	schrille Hintergrundmusik Gong oder Akkord ausklingend (verzerrend)
Mann zeigt auf Tafel, wo Zahnfleischschwund gezeigt wird	Halbtotale — Nah Nah	‚Mit Zahnfleisch- bluten fängt es an' ‚Dann geht das Zahn- fleisch mehr und mehr zurück. Das Ende ist Zahnausfall.' ‚Lassen Sie es nicht so weit kommen!'	3 x krächzendes Geräusch 3 x krächzendes Geräusch —
Mann zeigt Blend-a-med-Packung	Halbtotale —	‚Nehmen Sie rechtzeitig Blend-a-med!' ‚Blend-a-med festigt das Zahnfleisch'	
Packung allein	Großaufnahme	‚Damit Sie auch morgen noch kraft- voll zubeißen können.'	2 helle Akkorde und leichte Musik
Packung allein	Großaufnahme	‚Die meisten Zahn- ärzte geben ihrer Familie Blend-a-med'	2 Apfelbissgeräusche helle Musikgeräusche im Akkord ausklingend

— = Schnitt

(Bernhard Sowinski, Werbeanzeigen und Werbesendungen. München: Oldenburg 1979, S. 175-176.)

Blend-a-med Zahncreme – Interpretation

Der vorstehende Werbespot nutzt eine zweigliedrige Szenenfolge für die Werbestrategie der Blend-a-med-Zahncreme. Dabei wird ein dialektischer Szenenaufbau sichtbar, der in den Personen verkörpert wird: Dem unbekümmerten Jungen, der fröhlich in den Apfel beißt, steht die bekümmerte Mutti gegenüber, die es wegen ihres Zahnfleischblutens nicht mehr wagt, in einen Apfel zu beißen. Die Szene wechselt vom Markt (im Freien) unvermittelt in einen Vortrags- oder Behandlungsraum eines Herrn mittleren Alters im weißen Kittel, der offenbar einen Zahnmediziner oder einen anderen Wissenschaftler darstellen soll. Dieser erläutert anhand von Schaubildern dem Fernsehpublikum die Entwicklung der Parodontose und warnt vor ihr, wobei er anschließend das Werbeobjekt *(blend-a-med)* zur prophylaktischen Nutzung empfiehlt.

Der apfelbeißende Junge vertritt hier den Idealzustand, der erreicht werden soll: Seine Zähne sind (noch) in Ordnung. Allerdings können auch sie gefährdet werden, so wie die Zähne seiner Mutter schon gefährdet sind. Die Werbestrategen arbeiten hier also mit dem doppelten Gegensatz: Gesundheit – Erkrankung und Erkrankung – Heilung bzw. Vorbeugung, aus dem sich das genannte dialektische Argumentationsschema ergibt. Beide Szenen werden dadurch einander zugeordnet, obgleich die Eingangsszene nichts von Zahnfleischbluten und von Parodontose erwähnt. Diese Szene erfüllt also deutlich eine ‚Aufhänger'-Funktion für die Verkündigungen der Werbebotschaft in der zweiten Szene durch einen (vorgeblichen) Fachmann, der aufgrund seines Kostüms, des weißen Kittels, und aufgrund seiner Schaubilderläuterungen die (noch immer ernst genommene) Autorität des Arztes oder Wissenschaftlers beansprucht, durch seine Botschaft aber eindeutig als Werber der Zahncremefirma erscheint. Das Operieren mit der Angst vor der Krankheit, wie es hier deutlich zum Ausdruck kommt, gehört zu den bevorzugten Werbemethoden der Hygiene- und Arzneimittelbranche, die dadurch ihre Produkte umso leichter absetzen kann.

Diese Markenstrategie findet auch in der Textgestalt ihre Entsprechung: Die Angst weckende Ausmalung der Parodontoseentwicklung wird durch die unvermittelte (mit einem Bildschnitt und Sequenzwechsel verbundene) expressive Warnung *Alarmsignal, Parodontose droht!* eingeleitet und durch den drastischen Satz *Das Ende ist Zahnausfall* beschlossen. In dieser suggestiven Einschüchterungsstrategie verwendet der Kommunikator auch unbekümmert den sonst weniger geschätzten direkten Imperativ *(Lassen Sie ..., Nehmen Sie rechtzeitig ...)*. Die Sprecherfigur als Sekundärsender in Pose und Kleidung des Fachmanns erscheint den Werbern dafür hinreichend legitimiert. Als zusätzlichen Autoritätsbeweis fügen sie jedoch im Slogan den Hinweis auf die *meisten Zahnärzte* ein, die aus Fürsorge und Vertrauen zu dieser Zahncreme nur blend-a-med verabreichen (was natürlich eine kaum beweisbare, aber auch kaum widerlegbare Werbebehauptung bleibt). Der fachmännische Autoritätscharakter dieser Werbung findet übrigens im fremd anmutenden, aus wissenschaftlich anmutenden Morphemteilen zusammengestoppelten Produktnamen, der dreimal im Text und im Schlussbild begegnet, eine zusätzliche Stütze.

Die Bild- und Textgestaltung wird zudem durch die Geräuschgestaltung ergänzt. Das hörbare Stimmengewirr des Anfangs soll die Echtheit der Marktszene beweisen. Mit der Warnung vor der Parodontose sind schrille Musiktöne (Filmorgel?) im Hintergrund verbunden, die den Angsteffekt verstärken können. Sie werden durch einen dumpfen Gongton oder Klavierakkord, der verzerrt ausklingt, abgelöst. Der bildlich verdeutlichte Rückgang des Zahnfleisches, der im Sprechertext ausdrücklich hervorgehoben wird *(mehr und mehr)* wird akustisch durch ein dreimaliges disharmonisches krächzendes Geräusch untermalt. Die Konsumempfehlung ist dagegen frei von Nebengeräuschen und daher besonders klar und eindringlich vernehmbar. Erst nach der zweiten Produktnennung setzt die Hintergrundmusik neu ein, nun mit heiter beschwingten Tönen, um während des Slogans harmonisch auszuklingen. Auffallend bei diesen Hintergrundgeräuschen ist das fast überlaute Knirschen, das den Biss in den Apfel signalisieren soll. Es erfolgt einmal gleichzeitig mit der bildlichen Darstellung am Anfang, dann aber zweimal bei den Worten *kraftvoll zubeißen* während des Schlusstextes und der Schlussmusik.

Die multisensorischen Wirkungsmöglichkeiten des Fernsehens werden hier also ausgiebig genutzt. Hierzu zählen auch die Mittel der Bildwahl und Bildführung, die in beiden Szenen auf realistische Veranschaulichung und psychologische Verdeutlichung bedacht ist, den Bildwechsel behutsam vollziehen, dabei ebenso mit Schwenks wie mit Schnitten arbeiten und die Bildgrößen nicht plötzlich verändern. Die Nahaufnahmen heben die wichtigsten Situationen besonders hervor. Der Wechsel von der Totale im Spotanfang zur Großaufnahme des Produkts am Spotende verdeutlicht das in diesem Genre übliche Schema von der Mangelsituation zur Produktpräsentation.

(Bernhard Sowinski, Werbeanzeigen und Werbesendungen. München: Oldenbourg 1979, S. 177-179.)

Arbeitsanregungen

1. Sehen Sie sich einen Werbespot im Fernsehen an und geben Sie ihn in einem Drehbuch (vgl. S. 548) wieder!

2. Ergänzen Sie eine Spalte im „Drehbuch", in der Sie zu den einzelnen Bildern notieren, was in Ihnen, der Zuschauerin/dem Zuschauer, vorgeht!

Lesehinweis

Ruth Römer, Die Sprache der Anzeigenwerbung. Dortmund: Schwann.

Bernhard Sowinski, Werbeanzeigen und Werbesendungen. München: Oldenbourg.

Ingo Springmann (Hrsg.), Werbetexte. Texte zur Werbung. Arbeitstexte für den Unterricht. Stuttgart: Reclam = UB 9522.

Projekt: Werbeteam

Arbeitsanregungen

Information

Schülerinnen und Schüler ermitteln, **wo** Werbung vorkommt und **wie** (in welcher Form) sie erscheint; Erarbeitung mit Hilfe des mind-maps:

mind-map

Methode zum Festhalten von Gedanken und Ideen, die geordnet gesammelt und aufgeschrieben werden sollen. Das Thema/Problem wird in der Mitte (Tafel, Pinnwand, Plakat, Blatt ...) festgehalten und umrandet: Zentrale Aspekte werden in Form von Linien (Hauptästen) – nebensächliche auf Nebenästen, die sich entsprechend anschließen – visualisiert. Dabei ist das Prinzip vom Allgemeinen zum Speziellen zu berücksichtigen.

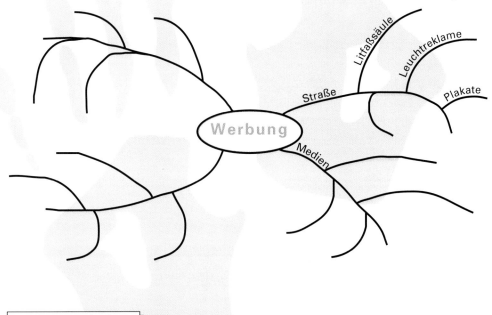

Werbeteam – Analyse

Bildung von Werbeteams in der Klasse, die Werbetexte für ein Produkt analysieren, z.B. für

- Fahrzeuge
- Getränke
- Bekleidung/Kosmetik
- Touristik

1 **Affekte und Leitbilder**
   - Individualität, Erfolg, Freiheit, Abenteuer, Eleganz, Exklusivität, Sportlichkeit, Glück

2 **Sprache**
   - Wortwahl (Wortarten)
     - Bevorzugung/Häufigkeit einer Wortart/Appellcharakter
     - Schlüsselwörter
     - Interjektionen
     - Adjektive (Steigerungsformen)
     - Wortneuschöpfungen
     - Wiederholungen
     - rhetorische Figuren
     - Fremdwörter
     - Fachbegriffe
   - Satzbau
     - vollständige Hauptsätze
     - Satzpartikel
     - Satzgefüge
     - Slogan

3 **Aufbau**
   - Struktur
   - AIDA-Formel
   - Text und Bild
     - Vordergund-Hintergrund/Perspektive
     - Farben/Hell-Dunkel

4 **Zielgruppe**

Werbeteam – Gestaltung

Nach der Einigung auf ein bestimmtes Produkt erstellen die Werbeteams eigene Werbetexte/Werbeplakate (Berücksichtigung eines fächerübergreifenden Projektes: Betriebs- und Volkswirtschaft/Politik/Kunst/Werken ...)

Vorstellen und Diskutieren

Teams präsentieren ihre Ergebnisse und initiieren eine Diskussion über Vor- und Nachteile der Werbung im Allgemeinen, einzelner Produkte ...

Rede

Sempé, **Ich werde mich kurz fassen ...**

(Sempé, Der Lebenskünstler. Zürich: Diogenes 1986, S. 5.)

Kurt Tucholsky wurde 1890 in Berlin geboren. Er studierte Jura, war seit 1911 als Journalist und Schriftsteller tätig. Die meisten Beiträge erschienen in der Zeitschrift „Weltbühne", die er zusammen mit Carl v. Ossietzky herausgab, der 1936 den Friedensnobelpreis erhalten hat. Tucholsky war ein engagierter Humanist und Pazifist. Aus diesem Grund wurde er von den Nationalsozialisten bekämpft, die seine Schriften 1933 verboten und verbrannten. Tucholsky kritisiert in seinem Werk in besonderer Weise kleinbürgerliches und nationalistisches Denken. 1935 wählte er, verzweifelt über die Machtergreifung und die Gefahren durch die Nationalsozialisten, in Hindas/Schweden den Freitod.

Tucholsky ist ein Meister der **Satire** (vgl. S. 555); bekannt wurden seine „Geschichten des Herrn Wendriner". Schriftsteller verwenden diese besondere Form der Darstellung auch gern zur Behandlung gesellschaftspolitischer Fragen.

Lesehinweis
Kurt Tucholsky, Ausgewählte Werke in 2 Bänden. Reinbek: Rowohlt 1965.

Klaus-Peter Schulz, Kurt Tucholsky in Selbstzeugnissen und Bilddokumenten. Reinbek: Rowohlt 1959 = rowohlts monografien 31.

KURT TUCHOLSKY, **Ratschläge für einen schlechten Redner**

Fang nie mit dem Anfang an, sondern immer drei Meilen *vor* dem Anfang! Etwa so: „Meine Damen und meine Herren! Bevor ich zum Thema des heutigen Abends komme, lassen Sie mich Ihnen kurz ..."

Hier hast du schon ziemlich alles, was einen schönen Anfang ausmacht: eine steife Anrede; der Anfang vor dem Anfang; die Ankündigung, daß und was du zu sprechen beabsichtigst, und das Wörtchen kurz. So gewinnst du im Nu die Herzen und die Ohren der Zuhörer.

Denn das hat der Zuhörer gern: daß er deine Rede wie ein schweres Schulpensum aufbekommt; daß du mit dem drohst, was du sagen wirst, sagst und schon gesagt hast. Immer schön umständlich.

Sprich nicht frei – das macht einen so unruhigen Eindruck. Am besten ist es: du liest deine Rede ab. Das ist sicher, zuverlässig, auch freut es jedermann, wenn der lesende Redner nach jedem viertel Satz mißtrauisch hochblickt, ob auch noch alle da sind.

Wenn du gar nicht hören kannst, was man dir so freundlich rät, und du willst durchaus und durchum frei sprechen ... du Laie! Du lächerlicher Cicero! Nimm dir doch ein Beispiel an unsern professionellen Rednern, an den Reichstagsabgeordneten – hast du die schon mal frei sprechen hören? Die schreiben sich sicherlich zu Hause auf, wann sie „Hört! hört!" rufen ... ja, also wenn du denn frei sprechen mußt:

Sprich, wie du schreibst. Und ich weiß, wie du schreibst.

Sprich mit langen, langen Sätzen – solchen, bei denen du, der du dich zu Hause, wo du ja die Ruhe, deren du so sehr benötigst, deiner Kinder ungeachtet, hast, vorbereitet, genau weißt, wie das Ende ist, die Nebensätze schön ineinandergeschachtelt, so daß der Hörer, ungeduldig auf seinem Sitz hin und her träumend, sich in einem Kolleg wähnend, in dem er früher so gern geschlummert hat, auf das Ende solcher Periode wartet ... nun, ich habe dir eben ein Beispiel gegeben. So mußt du sprechen.

Fang immer bei den alten Römern an und gib stets, wovon du auch sprichst, die geschichtlichen Hintergründe der Sache. Das ist nicht nur deutsch – das tun alle Brillenmenschen. Ich habe einmal in der Sorbonne einen chinesischen Studenten sprechen hören, der sprach glatt und gut französisch, aber er begann zu allgemeiner Freude so: „Lassen Sie mich Ihnen in aller Kürze die Entwicklungsgeschichte meiner chinesischen Heimat seit dem Jahre 2000 vor Christi Geburt ..." Er blickte ganz erstaunt auf, weil die Leute so lachten.

So mußt du das auch machen, Du hast ganz recht: man versteht es ja sonst nicht, wer kann denn das alles verstehen, ohne die geschichtlichen Hintergründe ... sehr richtig! Die Leute sind doch nicht in deinen Vortrag gekommen, um lebendiges Leben zu hören, sondern das, was sie auch in den Büchern nachschlagen können ... sehr richtig! Immer gib ihm Historie, immer gib ihm.

Kümmere dich nicht darum, ob die Wellen, die von dir ins Publikum laufen, auch zurückkommen – das sind Kinkerlitzchen. Sprich unbekümmert um die Wirkung, um die Leute, um die Luft im Saale; immer sprich, mein Guter. Gott wird es dir lohnen.

Du mußt alles in Nebensätze legen. Sag nie: „Die Steuern sind zu hoch." Das ist zu einfach. Sag: „Ich möchte zu dem, was ich soeben gesagt habe, noch kurz bemerken, daß mir die Steuern bei weitem ..." So heißt das.

Trink den Leuten ab und zu ein Glas Wasser vor – man sieht das gern.

Wenn du einen Witz machst, lach vorher, damit man weiß, wo die Pointe ist.

Eine Rede ist, wie könnte es anders sein, ein Monolog. Weil doch nur einer spricht. Du brauchst auch nach vierzehn Jahren öffentlicher Rednerei noch nicht zu wissen, daß eine Rede nicht nur ein Dialog, sondern ein Orchesterstück ist: eine stumme Masse spricht nämlich ununterbrochen mit. Und das mußt du hören. Nein, das brauchst du nicht zu hören. Sprich nur, lies nur, donnere nur, geschichtele nur.

Zu dem, was ich soeben über die Technik der Rede gesagt habe, möchte ich noch kurz bemerken, daß viel Statistik eine Rede immer sehr hebt. Das beruhigt ungemein, und da jeder imstande ist, zehn verschiedene Zahlen mühelos zu behalten, so macht das viel Spaß.

Kündige den Schluß deiner Rede lange vorher an, damit die Hörer vor Freude nicht einen Schlaganfall bekommen. (Paul Lindau hat einmal einen dieser gefürchteten Hochzeitstoaste so angefangen: „Ich komme zum Schluß.") Kündige den Schluß an, und dann beginne deine Rede von vorn und rede noch eine halbe Stunde. Dies kann man mehrere Male wiederholen.

Du mußt dir nicht nur eine Disposition machen, du mußt sie den Leuten auch vortragen – das würzt die Rede.

Sprich nie unter anderthalb Stunden, sonst lohnt es gar nicht erst anzufangen.

Wenn einer spricht, müssen die andern zuhören – das ist deine Gelegenheit! Mißbrauche sie.

KURT TUCHOLSKY, Ratschläge für einen guten Redner

Hauptsätze. Hauptsätze. Hauptsätze.

Klare Disposition im Kopf – möglichst wenig auf dem Papier.

Tatsachen, oder Appell an das Gefühl. Schleuder oder Harfe. Ein Redner sei kein Lexikon. Das haben die Leute zu Hause.

Der Ton einer einzelnen Sprechstimme ermüdet; sprich nie länger als vierzig Minuten. Suche keine Effekte zu erzielen, die nicht in deinem Wesen liegen. Ein Podium ist eine unbarmherzige Sache – da steht der Mensch nackter als im Sonnenbad.

(Kurt Tucholsky, Gesammelte Werke. Bd. 8. Reinbek: Rowohlt 1960, S. 290-292.)

Arbeitsanregungen

1. Stellen Sie die „guten" und „schlechen" Ratschläge, die Tucholsky seinen Lesern gibt, gegenüber und beurteilen Sie seine Empfehlungen!

2. Welche sprachlichen Mittel, die der Autor verwendet, verdeutlichen das Satirische in den Texten?

   Satire
   = lit. Verspottung von Missständen, Unsitten, Anschauungen, Ereignissen, Personen (→ Pasquill), Literaturwerken (→ Literatursatire) usw. je nach den Zeitumständen, allg. missbilligende Darstellung und Entlarvung des Kleinlichen, Schlechten, Ungesunden im Menschenleben und dessen Preisgabe an Verachtung, Entrüstung und Lächerlichkeit, in allen lit. Gattungen [...] in allen Schärfegraden und Tonlagen je nach der Haltung des Verfassers: bissig, zornig, ernst, pathetisch, ironisch, komisch, heiter, liebenswürdig. Stets ruft dies durch Anprangerung der Laster die Leser zu Richtern auf, misst nach e. bewussten Maßstab das menschliche Treiben und hofft, durch Aufdeckung der Schäden e. Besserung zu bewirken.

   (Gero von Wilpert, Sachwörterbuch der Literatur. Stuttgart: Kröner Verlag, 7. Aufl. 1989, S. 809.)

Rhetorische Figuren

Figur	Definition	Beispiel
Akkumulation	Aufzählung mehrerer Unterbegriffe anstelle des Oberbegriffs, Anhäufung von Beispielen	Nun ruhen alle Wälder, Vieh, Menschen, Städte und Felder *(Paul Gerhardt)*
Alliteration	gleiche Anfangsbuchstaben bei aufeinander folgenden Wörtern	Wind und Wetter
Anapher	Wiederholung eines Wortes/einer Wortgruppe zu Beginn aufeinander folgender Sätze	Wer nie sein Brot mit Tränen aß, wer nie die kummervollen Nächte ... *(Goethe)*
Antithese	Gegensatz	Was dieser heute baut, reißt jener morgen ein *(Gryphius)*
Asyndeton	Aneinanderreihung ohne Konjunktionen	Alles rennet, rettet, flüchtet ... *(Schiller)*
Chiasmus	Überkreuzstellung	Die Kunst ist lang, und kurz ist unser Leben *(Goethe)*
Contradictio	Widerspruch (zwischen Nomen und Adjektiv)	beredtes Schweigen
Euphemismus	Beschönigung	entschlafen (= sterben) Nullwachstum (= Stagnation)
Hyperbel	Übertreibung	Schneckentempo
Inversion	Umstellung	Froh zu sein bedarf es wenig ...
Klimax	Steigerung (Aussageinhalt)	Er kam, sah und siegte
Oxymoron	einander logisch ausschließende Begriffe	schwarze Milch, alter Knabe, Little Big Man
Paradoxon	Scheinwiderspruch	Das Leben ist der Tod, und der Tod ist das Leben
Parallelismus	symmetrischer Satzbau mit Wiederkehr derselben Wortreihenfolge in aufeinander folgenden Sätzen	Heiß ist die Liebe, kalt ist der Schnee
Paronomasie	Wortspiel durch Zusammenstellung von verschiedener oder entgegengesetzter Bedeutung	betrogener Betrüger, Eile mit Weile
Periphrase	Umschreibung	Auge des Gesetzes
Personifikation	Vermenschlichung	Gevatter Tod, Vater Rhein, Lügen haben kurze Beine
Repetitio	Wiederholung	Ein lächerlicher Mensch! Ein entsetzlich lächerlicher Mensch! *(Thomas Bernhard)*
Rhetorische Frage	Scheinfrage (auf die keine Antwort erwartet wird)	Wer glaubt denn das noch? Sind wir uns darin nicht alle einig?
Sustentio	Überraschende Wendung (Spannungserhöhung)	Schmutzige Fingernägel allein sind kein Beweis dafür, daß man – im Recht ist. *(Handke)*
Synästhesie	Verschmelzung (verschiedener Sinnesbereiche)	... und am tiefen Blau ein leises Rot ... *(Büchner)*
Vergleich	Verknüpfung zweier Bereiche mit „wie" oder „als" bei einem gemeinsamen Gehalt	Er war stolz wie ein Löwe Der hohen Taten Ruhm muss wie ein Traum vergehen *(Gryphius)*

Heinz Lemmermann, Verantwortung des Redners – Gefahren der Rhetorik

Die Redekunst kann im Dienste des Guten wie des Bösen, des Wahren wie des Unwahren stehen. Die Redegabe ist eine gefährliche Waffe, die oft genug missbraucht wird. Es gibt im Grunde nur drei Methoden, bei anderen Menschen etwas zu erreichen: Man kann sie zwingen, man kann sie überreden und man kann sie überzeugen. In der Regel ist nur das Letztere legitim.

Jede wahre Rede erfordert bei aller technischen Fertigkeit eine verantwortungsbewusste ethische Voraussetzung. *Das Wesen der wahren Rede liegt in ihrer dem Mitmenschen dienenden Funktion.*

Wer solche Funktion nicht anerkennt, wird zum Demagogen, aber niemals zum Redner im echten Sinne.

[…]

Viele große Geister haben die Redekunst kritisiert, aber sie sahen sie immer nur einseitig in ihrer negativen Auswirkung und wurden ihr dadurch nicht gerecht. Tief verwurzelt ist das Misstrauen bei Kant: „Die Rede ist eine hinterlistige Kunst, welche die Menschen als Maschinen in wichtigen Dingen zu einem Urteil zu bewegen versteht, das – wenn sie ruhig und sachlich nachdenken – alles Gewicht bei ihnen verlieren muss …" – Noch schärfer urteilt Thomas Carlyle: „Die Redekunst ist beunruhigend. Die Armen, die auf die Volksredner hören, glauben, die Stimme des Kosmos erklingt. Es ist aber nur das Mundstück des Chaos." In einer seiner von wilder Leidenschaft erfüllten Flugschriften heißt es sogar: Die Redekunst „ist die große Ur-Fabrik des Bösen für uns – sozusagen die Werkstätte, wo alle Teufelsware, die unter der Sonne zirkuliert, den letzten Schliff und die letzte Politur erhält". Wie Carlyle, so bedient sich sein Landsmann Rudyard Kipling des rhetorischen Mittels des Vergleichs, um die Rhetorik zu verdammen: „Worte sind natürlich das stärkste Rauschgift, das die Menschheit verwendet." Eine Metapher („Hals") verwendet Verlaine, wenn er in seiner »Art poétique« rigoros fordert: „Prends l'éloquence et tords lui le col." – „Nimm die Beredsamkeit und dreh ihr den Hals um!"

Derartige Aussprüche werden auch uns verständlich, wenn wir in der jüngeren deutschen Vergangenheit z.B. den Nationalsozialismus betrachten, dessen Ideologie vor allem von Hitler und Goebbels in oft demagogischer Weise unter das Volk gebracht wurde. Unterstützt durch die eigenartige Faszinationskraft seiner singenden Sprechstimme, ging Goebbels dabei noch ausgeklügelter und raffinierter zu Werke als Hitler selbst. Dokumente und Biografien geben dafür beredtes Zeugnis. H. Heiber z.B. äußert sich darüber wie folgt (Joseph Goebbels, Berlin 1962, S. 48ff.): „Goebbels ist einer der technisch perfektesten Redner, die je die deutsche Sprache gebraucht haben. Man kann sich kaum noch eine … Vergrößerung der Wirkung vorstellen." Es gelang ihm z.B., im Freundeskreis über die gleiche Sache vier verschiedene Ansichten mit gleicher Überzeugungskraft zu verfechten. Er operierte dabei mittels einer seltsamen Mischung von kaltem Intellekt, halber Wahrheit, Fantasie, sophistischer Verdrehung und emotionalem Appell. Er verfügte dabei über einen Stil, der bei aller Schärfe und Prägnanz doch einfach und für den letzten Parteigenossen noch verständlich war. Während Goebbels selbst nur kalt kontrollierte und die Zuhörer scharf beobachtete, verstand er es immer, genau das auszudrücken, was seine Zuhörer unklar fühlten. Seine Effekte und Pointen waren sorgfältig eingeplant, oft schon am Schreibtisch in geradezu generalstabsmäßiger Arbeit im Voraus festgelegt." (So z.B. seiner berühmt-berüchtigten Sportpalastrede vom Februar 1943).

Die Gefahren der Rhetorik muss man sehen. Keiner wird darauf verzichten, seine Armmuskeln zu trainieren, nur weil *eine* Möglichkeit darin besteht, sie falsch zu gebrauchen und den Mitmenschen niederzuschlagen. Ebenso wenig wird man darauf verzichten, seine Rede zu verbessern, nur weil auch ein Missbrauch denkbar ist. Es kommt stets darauf an, dass wir die Ehrlichkeit unserer Gesinnung und die Gründlichkeit unseres Wissens und Erkennens immer wieder selbstkritisch überdenken.

(Heinz Lemmermann, Lehrbuch der Rhetorik. Die Kunst der Rede. München: Goldmann o. J. = Goldmann Ratgeber 10 519, S. 34-37.)

Paul Joseph Goebbels (geboren am 29. Oktober 1897 in Rheydt; Selbstmord mit seiner Frau und sechs Kindern in Berlin am 1. Mai 1945) war Journalist, Schriftleiter mehrerer Zeitungen, seit 1929 Reichspropagandaleiter der NSDAP, ab 1933 Reichsminister für Volksaufklärung und Propaganda.

In dieser Zeit setzte er die Gleichschaltung von Presse, Film und Rundfunk durch und wurde zu einem der einflussreichsten Berater Adolf Hitlers; er setzte seine rednerisch-demagogischen Fähigkeiten skrupellos für die Ziele der Nationalsozialisten bis zum Untergang ein.

Von 1987 bis 1996 sind die Tagebücher Goebbels in 2 Teilen von insgesamt 20 Bänden erschienen, aus denen im Folgenden (S. 559 f.) ein Auszug vom 19. Februar 1943 wiedergegeben ist.

JOSEPH GOEBBELS, **Sportpalastrede (18. Februar 1943)**

Ihr also, meine Zuhörer, repräsentiert in diesem Augenblick die Nation. Und an euch möchte ich zehn Fragen richten, die ihr mir und dem deutschen Volk vor der ganzen Welt, insbesondere aber vor unseren Feinden, die uns auch an ihrem Rundfunk zuhören, beanworten sollt:

Erstens: Die Engländer behaupten, das deutsche Volk habe den Glauben an den Sieg verloren. Ich frage euch: Glaubt ihr mit dem Führer und mit uns an den endgültigen totalen Sieg des deutschen Volkes? Ich frage euch: Seid ihr entschlossen, dem Führer in der Erkämpfung des Sieges durch dick und dünn und unter Aufnahme auch der schwersten persönlichen Belastung zu folgen?

Zweitens: Die Engländer behaupten, das deutsche Volk ist des Kampfes müde. Ich frage euch: Seid ihr bereit, dem Führer, als Phalanx[1] der Heimat hinter der kämpfenden Front stehend, diesen Kampf mit wilder Entschlossenheit und unbeirrt durch alle Schicksalsfügungen fortzusetzen, bis der Sieg in unseren Händen ist?

Drittens: Die Engländer behaupten, das deutsche Volk hat keine Lust mehr, sich der überhand nehmenden Kriegsarbeit, die die Regierung von ihm fordert, zu unterziehen. Ich frage euch: Seid ihr und ist das deutsche Volk entschlossen, wenn der Führer es befiehlt, zehn, zwölf und wenn nötig vierzehn Stunden täglich zu arbeiten und das Letzte herzugeben für den Sieg?

Viertens: Die Engländer behaupten, das deutsche Volk wehrt sich gegen die totalen Kriegsmaßnahmen der Regierung. Es will nicht den totalen Krieg, sondern die Kapitulation. Ich frage euch: Wollt ihr den totalen Krieg? Wollt ihr ihn, wenn nötig, totaler, radikaler, als wir ihn uns heute überhaupt noch vorstellen können?

Fünftens: Die Engländer behaupten, das deutsche Volk hat sein Vertrauen zum Führer verloren. Ich frage euch: Ist euer Vertrauen zum Führer heute größer, gläubiger und unerschütterlicher denn je? Ist eure Bereitschaft, ihm auf allen seinen Wegen zu folgen und alles zu tun, um den Krieg zum siegreichen Ende zu führen, eine absolute und uneingeschränkte?

Ich frage euch also *sechstens:* Seit ihr bereit, von nun ab eure ganze Kraft einzusetzen und der Ostfront die Menschen und Waffen zur Verfügung zu stellen, die sie braucht, um dem Bolschewismus den tödlichen Schlag zu versetzen?

Ich frage euch *siebentens:* Gelobt ihr mit heiligem Eid der Front, dass die Heimat mit starker Moral hinter ihr steht und ihr alles geben wird, was sie nötig hat, um den Sieg zu erkämpfen?

Ich frage euch *achtens:* Wollt ihr, insbesondere ihr Frauen selbst, dass die Regierung dafür sorgt, dass auch die deutsche Frau ihre ganze Kraft der Kriegsführung zur Verfügung stellt und überall da, wo es nur möglich ist, einspringt, um Männer für die Front frei zu machen und damit ihren Männern an der Front zu helfen.

Ich frage euch *neuntens:* Billigt ihr, wenn nötig, die radikalsten Maßnahmen gegen einen kleinen Kreis von Drückebergern und Schiebern, die mitten im Krieg Frieden spielen und die Not des Volkes zu eigensüchtigen Zwecken ausnützen wollen? Seid ihr damit einverstanden, dass, wer sich am Kriege vergeht, den Kopf verliert?

Ich frage euch *zehntens* und zuletzt: Wollt ihr, dass, wie das nationalsozialistische Parteiprogramm gebietet, gerade im Krieg gleiche Rechte und gleiche Pflichten vorherrschen, dass die Heimat die schweren Belastungen des Krieges solidarisch auf

---

1 Phalanx = Anhänger (Kleintruppe, geschlossene Schlachtreihe)

ihre Schultern nimmt und dass sie für Hoch und Niedrig und Arm und Reich in gleicher Weise verteilt werden?

(Schon nach der ersten Frage scholl Goebbels aus dem Munde der Tausende ein einstimmiges Ja entgegen, das nach jeder weiteren Frage von neuem den Sportpalast erdröhnen ließ.)

Ich habe euch gefragt, ihr habt mir eure Antwort gegeben: Ihr seid ein Stück Volk, durch euren Mund hat sich damit die Stellungnahme der Deutschen manifestiert, ihr habt euren Feinden das zugerufen, was sie wissen müssen, damit sie sich keinen Illusionen und falschen Vorstellungen hingeben. Somit sind wir, wie von der ersten Stunde unserer Macht an und durch alle die zehn Jahre hindurch fest und brüderlich mit dem deutschen Volke vereint. Der mächtigste Bundesgenosse, den es auf dieser Welt gibt, das Volk selbst, steht hinter uns und ist entschlossen, mit dem Führer, koste was es wolle, unter Aufnahme auch der schwersten Opfer, den Sieg kämpfend zu erstreiten.

(Joseph Goebbels, Sportpalastrede vom 18. Februar 1943. In: H. A. Jacobsen, 1939–1945. Darmstadt ³1960, S. 380f.)

JOSEPH GOEBBELS, **Tagebuch vom 19. Februar 1943**

Am Nachmittag um 5 Uhr findet nun die lange erwartete Sportpalastversammlung statt. Der Besuch ist überwältigend; schon um 1/2 5 Uhr muss der Sportpalast wegen Überfüllung gesperrt werden. Die Stimmung gleicht der einer wilden Raserei des Volkes. Das Publikum setzt sich aus allen Schichten des Volkes zusammen, von der Regierung angefangen bis zum unbekannten Munitionsarbeiter. Meine Rede hinterlässt den allertiefsten Eindruck. Sie wird schon in den Anfangspassagen dauernd von stürmischem Beifall unterbrochen. Die Reaktion des Publikums ist gar nicht zu beschreiben. Niemals sah der Sportpalast so turbulente Szenen wie zum Schluss, da ich an das Publikum meine zehn Fragen richtete. Sie werden mit Stürmen der Zustimmung beantwortet. Ich glaube, dass diese Versammlung nicht nur auf das Reich, sondern auch auf das neutrale und sogar auf das feindliche Ausland einen tiefen Eindruck machen wird. Die Berliner haben sich fantastisch benommen. Sie überschütten beispielsweise Alfieri[1] mit Stürmen und Ovationen, obschon natürlich jeder Versammlungsbesucher sich seine eigene Meinung über die Italiener gebildet hat. Der Berliner stellt das politischste Publikum, über das wir augenblicklich im Reich verfügen. Fast das gesamte Reichskabinett, eine ganze Anzahl von Reichs- und Gauleitern und fast alle Staatssekretäre sind im Sportpalast vertreten; kurz und gut, diese Versammlung stellt einen Querschnitt durch das ganze deutsche Volk dar. Ich bin, glaube ich, rednerisch sehr gut im Form und bringe die Versammlung in einen Zustand, der einer totalen geistigen Mobilmachung gleicht. Der Schluss der Versammlung geht in einem Tohuwabohu von rasender Stimmung unter. Ich glaube, der Sportpalast hat noch niemals, auch nicht in der Kampfzeit, solche Szenen erlebt. Das Volk ist, wie diese Kundgebung beweist, bereit, alles für den Krieg und für den Sieg hinzugeben. Wir brauchen jetzt nur zuzugreifen. Allerdings, täten wir das nicht, so würde sich, wie ich schon verschiedentlich betonte, diese Bereitschaft in Bitterkeit verwandeln. Aber ich werde schon dafür sorgen, dass der totale Krieg nicht nur auf dem Papier stehen bleibt. [...]

Magda ist auch im Sportpalast gewesen und hat Helga und Hilde mitgenommen. Helga und Hilde erleben zum ersten Mal eine so große Massenkundgebung und sind ganz tief beeindruckt. Besonders Helga hat, obschon sie nicht alles aus meiner Rede verstand, dieses Erlebnis ganz in sich aufgenommen. Ich freue mich, dass unsere Kinder schon in so jungen Jahren in die Politik hineingeführt werden. Das kann ihnen für ihr späteres Leben nur dienlich sein und vor allem werden solche Anlässe unauslöschlich in ihre Erinnerung übergehen. Sie werden sie für ihr späteres Leben einmal gut gebrauchen können.

Ich bin sehr glücklich, dass die Sportpalastversammlung so verlaufen ist, wie ich das eigentlich gewünscht hatte. Besser hätte es gar nicht sein können.

Die Übertragung der Sportpalastkundgebung mit meiner Rede findet abends von 8 bis 10 Uhr im Rundfunk statt. Ich glaube, dass sie im Volke den tiefsten Eindruck hinterlassen wird. Ich höre mir noch einmal die Übertragung der zehn Fragen und Antworten des Publikums an. Die Ja-Rufe und die Ovationen der Sportpalastbesucher drohen fast den Lautsprecher zu sprengen. Auch auf die Engländer wird das nicht ohne Eindruck bleiben. Sie können jedenfalls daraus entnehmen, dass in Deutschland von einer nachgiebigen Stimmung überhaupt keine Rede sein kann.

Es wird vielfach am Abend die Meinung vertreten, dass diese Versammlung eine Art von stillem Staatsstreich darstellt. Wir sind einfach über die Hürden, die die Bürokratie vor uns aufgebaut hatte, hinweggesprungen. Der totale Krieg ist jetzt nicht mehr eine Sache weniger einsichtiger Männer, sondern er wird jetzt vom Volke getragen. In der Führung wird sich ihm niemand mehr entgegenstellen können. Hoffentlich wird das Wort wahr, das ich an den Schluss meiner Rede gestellt habe: „Nun Volk, steh auf und Sturm brich los!"

(Die Tagebücher von Joseph Goebbels, Teil II, Bd. 7. Hrsg. v. Elke Fröhlich. München: Saur 1993, S. 373-375.)

Arbeitsanregungen

1. Informieren Sie sich über die historischen Ereignisse, die im Zusammenhang mit der „Sportpalastrede" von Bedeutung sind (vgl. auch die Tagebuchaufzeichnungen von Goebbels)!

2. Untersuchen Sie die rhetorische Gestaltung der Rede Goebbels:
   – Welche rhetorischen Figuren werden wiederholt eingesetzt?
   – Mit welchen Worten kennzeichnet der Redner seine Gegner?
   – Wie gelingt es dem Redner, die Aufmerksamkeit der Zuhörer auf sich zu ziehen?
   Ziehen Sie zur Bearbeitung der Aufgaben die Materialien (vgl. S. 556) hinzu!

3. Halten Sie die Rede für wirkungsvoll? Begründen Sie Ihre Auffassung anhand entsprechender Beispiele! Berücksichtigen Sie auch die bildliche Darstellung des Rhetorikers Goebbels!

4. Stellen Sie dar, wie in dem Romanauszug „Flughunde" die Kinder von Goebbels die Atmosphäre im Sportpalast erleben und wie die Rede des Vaters auf sie wirkt!

Marcel Beyer, geboren 1965, lebt als freier Schriftsteller in Köln.

Sein erster Roman „Das Menschenfleisch" fand großen Anklang in der Literaturszene der Bundesrepublik Deutschland.

In seinem zweiten Roman **Flughunde,** der 1995 erschien, macht der Autor seine Leser zu Zeugen des Zeitgeschehens: Der Akustiker Hermann Karnau untersucht das Phänomen der menschlichen Stimme – auch der von Joseph Goebbels – dem Propagandaminister der Nationalsozialisten: „Ob er sich wohl jemals Gedanken gemacht hat, daß er, der große Redner vor den Massen, von solch unbedeutend wirkenden Heldern wie mir in höchstem Maße abhängig ist?"

Goebbels Frau und die ältesten Töchter (Helga und Hilde) sind unter den Zuhörern im Sportpalast in Berlin – der Redner wird aus der Perspektive der Kinder beobachtet.

Lesehinweis
Marcel Beyer, Das Menschenfleisch.
Frankfurt: Suhrkamp 1997 = st 2703.

Marcel Beyer, **Flughunde**

Mein Papa spricht. Vor so vielen Leuten. Wie dicht sie beieinander stehen, sie können nicht mehr vorwärts oder rückwärts, sie können ihre Arme nicht mehr bewegen und ihre Bäuche scheuern aneinander. Zum ersten Mal dürfen wir dabeisein und mithören. Und wie die Luft riecht von den vielen Menschen. Hoffentlich lassen die uns bis zu unseren Plätzen durch, die Stühle sind längst schon alle besetzt. Wenn wir stehen müssen, können wir Mädchen gar nichts sehen und werden von den vielen Erwachsenen am Ende noch erdrückt. Mama schiebt einen Mann beiseite, der uns im Weg steht, und zeigt auf unsere Plätze: Für Mama, Hilde und für mich, von Papa für uns reserviert. Die Leute winken, als wir uns hinsetzen, und wir winken zurück. Jetzt fangen sie an zu jubeln, und Mama stupst mich an: Siehst du, da kommt Papa.

Wo?

Nicht hinter uns, schau doch da vorne.

Da steht Papa am Rednerpult und blickt in die Menge. Er sieht in unsere Richtung. Ob er uns jetzt erkannt hat, ob er genau weiß, wo wir hier sitzen? Papa hat müde Augen, aber die Schatten darunter erkennt man nicht, weil er so stark beleuchtet ist. Er ißt fast nichts mehr, nur noch Grießbrei und Milch, und er raucht ohne Pause. Jetzt aber fangen die Augen an zu glühen, Papa konzentriert sich, er will die ganze Euphorie der letzten Tage bündeln. Die Menschen spüren das, es wird ganz still. Papa beginnt zu reden.

Es spricht von den vielen Millionen Menschen, die alle im Moment seine Zuhörer sind, er sagt etwas über die Ätherwellen, und: Alle sind jetzt mit uns verbunden. Vielleicht hören sogar die Toten ihn, die letzten Stalingradkämpfer, die schon vor Wochen ihren Schlußbericht gefunkt haben. Die Leute rufen Bravo, sie rufen Heil, und wenn sie klatschen, ist das ein ungeheurer Lärm. Papa will uns ein ungeschminktes Bild der Lage entwerfen. Er ruft: Der Ansturm der Steppe. Die Zuhörer hängen an seinen Lippen, Papa sagt: Kindisch, diese Erklärung ist kindisch. Wenn Papa kindisch sagt, sagt er das nie mit einem Lächeln, für uns ein Zeichen, mit ihm ist nicht zu scherzen.

Papa ruft: Sie verdient überhaupt keine Wiederholung, nein, Widerlegung meint er. Er achtet sehr auf seine Aussprache, damit man jedes Wort verstehen kann. Papa sagt: Friedensfühler, Papa sagt: Roboter, und noch einmal: Aufruhr der Steppe. Wie die Lautsprecher scheppern. Papa schreit jetzt richtig, um sich gegen den Krach durchzusetzen. Die Menge ist so aufgebracht, daß er immer wieder lange Pausen machen muß. Jetzt lachen die Zuhörer sogar. Und da ruft einer im Publikum: Lumpenluder. Wer war das? Wo? Das kam ganz aus unserer Nähe. Aber es ist zu spät, wir sehen niemanden mit offenem Mund. Papa meint: Das Totalste ist gerade total genug.

[...] Jetzt ist Papa bei: fünftens. Jetzt sechstens. Wie viele Fragen will Papa noch stellen? Und immer wieder schreien die Zuhörer aus vollem Hals ihr Ja als Antwort. Das Kreischen soll endlich aufhören, es ist so furchbar laut, mir platzen bald die Trommelfelle.

Und siebtens. Achtens. Neuntens. Der Boden bebt vom Füßetrampeln, Arme fuchteln in der Luft. Zuhörer stellen sich auf die Stühle, so daß wir Kinder nichts mehr sehen können. Papa, sei bitte bald mit deiner Rede fertig, kein Mensch kann das noch lange ertragen. Der Hals schnürt sich. Das Blut pocht in den Schläfen. Wir können jetzt auch nicht hier raus. Nicht auf die Straße. An die frische Luft. Zu viele Leute, die den Weg versperren. Tatsächlich sagt Papa jetzt: zehntens und zuletzt.

Zum Glück. Bald können wir weg. Und endlich wieder Luft. Papa sagt: Kinder, wir alle, Kinder. Spricht er zum Schluß jetzt ein paar Worte über uns? Hilde schaut mich an, doch Papa meint: Kinder unseres Volkes. Etwas muß abgeschnitten werden, mit heißem Herzen und mit kühlem Kopf. Aber mein Kopf ist heiß. Schrecklich heiß. Alles glüht. Ganz tief Luft holen. Aber das geht nicht, es ist keine Luft mehr da. Nur noch Gestank und Schweiß. Wie Papa jetzt noch brüllen kann bei dieser Luft: Nun Volk.

Ja, Luft, die haben alle Luft hier weggenommen.

Steh auf.

Aufstehen. Raus.

Und Sturm.

Atmen.

Brich los.

Daß die Menschen jetzt noch Luft genug haben, um das Deutschlandlied zu singen. Jemand berührt meine Hand. Die ist ganz feucht. Mama faßt mich am Arm und sagt: Helga, es ist zu Ende. Wir fahren nach Hause, Papa will auch bald nachkommen.

(Marcel Beyer, Flughunde. Frankfurt: Suhrkamp 1995, S. 147-148; 157-158, 168-169.)

Richard von Weizsäcker wurde am 15. April 1920 in Stuttgart geboren; er hat noch als Soldat am Zweiten Weltkrieg teilgenommen. Als Politiker war er viele Jahre Bundestagsabgeordneter und von 1981–1984 Regierender Bürgermeister von Berlin.

1984 wurde Richard von Weizsäcker mit großer Mehrheit von der Bundesversammlung in Bonn zum Bundespräsidenten der Bundesrepublik Deutschland gewählt; in kurzer Zeit fand er als Repräsentant aller Bürger hohes Ansehen im In- und Ausland. 1989 wurde er für eine zweite Amtsperiode wieder gewählt.

Die Rede, von der hier der Anfang und Schluss abgedruckt sind, hat in der ganzen Welt Aufmerksamkeit erregt.

Lesehinweis
Richard von Weizsäcker, Vier Zeiten. Erinnerungen, Berlin: Siedler 1997.

RICHARD VON WEIZSÄCKER,

Ansprache am 8. Mai 1985 anläßlich des 40. Jahrestages der Beendigung des Zweiten Weltkrieges

I.

Viele Völker gedenken heute des Tages, an dem der Zweite Weltkrieg in Europa zu Ende ging. Seinem Schicksal gemäß hat jedes Volk dabei seine eigenen Gefühle. Sieg oder Niederlage, Befreiung von Unrecht und Fremdherrschaft oder Übergang zu neuer Abhängigkeit, Teilung, neue Bündnisse, gewaltige Machtverschiebungen – der 8. Mai
5 1945 ist ein Datum von entscheidender historischer Bedeutung in Europa.

Wir Deutsche begehen den Tag unter uns, und das ist notwendig. Wir müssen die Maßstäbe allein finden. Schonung unserer Gefühle durch uns selbst oder durch andere hilft nicht weiter. Wir brauchen und wir haben die Kraft, der Wahrheit, so gut wir es können, ins Auge zu sehen, ohne Beschönigung und ohne Einseitigkeit.

10 Der 8. Mai ist für uns vor allem ein Tag der Erinnerung an das, was Menschen erleiden mußten. Er ist zugleich ein Tag des Nachdenkens über den Gang unserer Geschichte. Je ehrlicher wir ihn begehen, desto freier sind wir, uns seinen Folgen verantwortlich zu stellen.

Der 8. Mai ist für uns Deutsche kein Tag zum Feiern. Die Menschen, die ihn bewußt
15 erlebt haben, denken an ganz persönliche und damit ganz unterschiedliche Erfahrungen zurück. Der eine kehrte heim, der andere wurde heimatlos. Dieser wurde befreit, für jenen begann die Gefangenschaft. Viele waren einfach nur dafür dankbar, daß Bombennächte und Angst vorüber und sie mit dem Leben davongekommen waren. Andere empfanden Schmerz über die vollständige Niederlage des eigenen Va-
20 terlandes. Verbittert standen Deutsche vor zerrissenen Illusionen, dankbar andere Deutsche für den geschenkten neuen Anfang.

Es war schwer, sich alsbald klar zu orientieren. Ungewißheit erfüllte das Land. Die militärische Kapitulation war bedingungslos. Unser Schicksal lag in der Hand der Feinde. Die Vergangenheit war furchtbar gewesen, zumal auch für viele dieser Feinde.
25 Würden sie uns nun nicht vielfach entgelten lassen, was wir ihnen angetan hatten?

Die meisten Deutschen hatten geglaubt, für die gute Sache des eigenen Landes zu kämpfen und zu leiden. Und nun sollte sich herausstellen: Das alles war nicht nur vergeblich und sinnlos, sondern es hatte den unmenschlichen Zielen einer verbrecherischen Führung gedient. Erschöpfung, Ratlosigkeit und neue Sorgen kennzeichneten die Gefühle der meisten. Würde man noch eigene Angehörige finden? Hatte ein Neuaufbau in diesen Ruinen überhaupt Sinn?

Der Blick ging zurück in einen dunklen Abgrund der Vergangenheit und nach vorn in eine ungewisse, dunkle Zukunft.

Und dennoch wurde von Tag zu Tag klarer, was es heute für uns alle gemeinsam zu sagen gilt: Der 8. Mai war ein Tag der Befreiung. Er hat uns alle befreit von dem menschenverachtenden System der nationalsozialistischen Gewaltherrschaft.

Niemand wird um dieser Befreiung willen vergessen, welche schweren Leiden für viele Menschen mit dem 8. Mai erst begannen und danach folgten. Aber wir dürfen nicht im Ende des Krieges die Ursache für Flucht, Vertreibung und Unfreiheit sehen. Sie liegt vielmehr in seinem Anfang und im Beginn jener Gewaltherrschaft, die zum Krieg führte.

Wir dürfen den 8. Mai 1945 nicht vom 30. Januar 1933 trennen.

Wir haben wahrlich keinen Grund, uns am heutigen Tag an Siegesfesten zu beteiligen. Aber wir haben allen Grund, den 8. Mai 1945 als das Ende eines Irrweges deutscher Geschichte zu erkennen, das den Keim der Hoffnung auf eine bessere Zukunft barg.

II.

Der 8. Mai ist ein Tag der Erinnerung. Erinnern heißt, eines Geschehens so ehrlich und rein zu gedenken, daß es zu einem Teil des eigenen Innern wird. Das stellt große Anforderungen an unsere Wahrhaftigkeit.

Wir gedenken heute in Trauer aller Toten des Krieges und der Gewaltherrschaft.

Wir gedenken heute insbesondere der sechs Millionen Juden, die in deutschen Konzentrationslagern ermordet wurden.

Wir gedenken aller Völker, die im Krieg gelitten haben, vor allem der unsäglich vielen Bürger der Sowjetunion und der Polen, die ihr Leben verloren haben.

Als Deutsche gedenken wir in Trauer der eigenen Landsleute, die als Soldaten, bei Fliegerangriffen in der Heimat, in Gefangenschaft und bei der Vertreibung ums Leben gekommen sind.

Wir gedenken der ermordeten Sinti und Roma, der getöteten Homosexuellen, der umgebrachten Geisteskranken, der Menschen, die um ihrer religiösen oder politischen Überzeugung willen sterben mußten.

Wir gedenken der erschossenen Geiseln.

Wir denken an die Opfer des Widerstandes in allen von uns besetzten Staaten.

Als Deutsche ehren wir das Andenken der Opfer des deutschen Widerstandes, des bürgerlichen, des militärischen und glaubensbegründeten, des Widerstandes in der Arbeiterschaft und bei Gewerkschaften, des Widerstandes der Kommunisten.

Wir gedenken derer, die nicht aktiv Widerstand leisteten, aber eher den Tod hinnahmen, als ihr Gewissen zu beugen.

Neben dem unübersehbar großen Heer der Toten erhebt sich ein Gebirge menschlichen Leids,

Leid um die Toten,

Leid durch Verwundung und Verkrüppelung,

Leid durch unmenschliche Zwangssterilisierung,

Leid in Bombennächten,

Leid durch Flucht und Vertreibung, durch Vergewaltigung und Plünderung, durch Zwangsarbeit, durch Unrecht und Folter, durch Hunger und Not,

Leid durch Angst vor Verhaftung und Tod,

Leid durch Verlust all dessen, woran man irrend geglaubt und wofür man gearbeitet hatte.

Heute erinnern wir uns dieses menschlichen Leids und gedenken seiner in Trauer.

[...]

IX.

Manche junge Menschen haben sich und uns in den letzten Monaten gefragt, warum es vierzig Jahre nach Ende des Krieges zu so lebhaften Auseinandersetzungen über die Vergangenheit gekommen ist. Warum lebhafter als nach fünfundzwanzig oder dreißig Jahren? Worin liegt die innere Notwendigkeit dafür?

Es ist nicht leicht, solche Fragen zu beantworten. Aber wir sollten die Gründe dafür nicht vornehmlich in äußeren Einflüssen suchen, obwohl es diese zweifellos auch gegeben hat.

Vierzig Jahre spielen in der Zeitspanne von Menschenleben und Völkerschicksalen eine große Rolle.

Auch hier erlauben Sie mir noch einmal einen Blick auf das Alte Testament, das für jeden Menschen, unabhängig von seinem Glauben, tiefe Einsichten aufbewahrt. Dort spielen vierzig Jahre eine häufig wiederkehrende, eine wesentliche Rolle.

Vierzig Jahre sollte Israel in der Wüste bleiben, bevor der neue Abschnitt in der Geschichte mit dem Einzug ins verheißene Land begann.

Vierzig Jahre waren notwendig für einen vollständigen Wechsel der damals verantwortlichen Vätergeneration.

An anderer Stelle aber (Buch der Richter) wird aufgezeichnet, wie oft die Erinnerung an erfahrene Hilfe und Rettung nur vierzig Jahre dauerte. Wenn die Erinnerung abriß, war die Ruhe zu Ende.

So bedeuten vierzig Jahre stets einen großen Einschnitt. Sie wirken sich aus im Bewußtsein der Menschen, sei es als Ende einer dunklen Zeit mit der Zuversicht auf eine neue und gute Zukunft, sei es als Gefahr des Vergessens und als Warnung vor den Folgen. Über beides lohnt es sich nachzudenken.

Bei uns ist eine neue Generation in die politische Verantwortung hereingewachsen. Die Jungen sind nicht verantwortlich für das, was damals geschah. Aber sie sind verantwortlich für das, was in der Geschichte daraus wird.

Wir Älteren schulden der Jugend nicht die Erfüllung von Träumen, sondern Aufrichtigkeit. Wir müssen den Jüngeren helfen zu verstehen, warum es lebenswichtig ist, die Erinnerung wachzuhalten. Wir wollen ihnen helfen, sich auf die geschichtliche Wahrheit nüchtern und ohne Einseitigkeit einzulassen, ohne Flucht in utopische Heilslehren, aber auch ohne moralische Überheblichkeit.

Wir lernen aus unserer eigenen Geschichte, wozu der Mensch fähig ist. Deshalb dürfen wir uns nicht einbilden, wir seien nun als Menschen anders und besser geworden.

Es gibt keine endgültig errungene moralische Vollkommenheit – für niemanden und kein Land! Wir haben als Menschen gelernt, wir bleiben als Menschen gefährdet. Aber wir haben die Kraft, Gefährdungen immer von neuem zu überwinden.

Hitler hat stets damit gearbeitet, Vorurteile, Feindschaften und Haß zu schüren.
Die Bitte an die jungen Menschen lautet:
Lassen Sie sich nicht hineintreiben in Feindschaft und Haß
gegen andere Menschen,
gegen Russen oder Amerikaner,
gegen Juden oder Türken,
gegen Alternative und Konservative,
gegen Schwarz oder Weiß.
Lernen Sie, miteinander zu leben, nicht gegeneinander.
Lassen Sie auch uns als demokratisch gewählte Politiker dies immer wieder beherzigen und ein Beispiel geben.
Ehren wir die Freiheit.
Arbeiten wir für den Frieden.
Halten wir uns an das Recht.
Dienen wir unseren inneren Maßstäben der Gerechtigkeit.
Schauen wir am heutigen 8. Mai, so gut wir es können, der Wahrheit ins Auge.

(Bundeszentrale für politische Bildung. Bonn: Universitäts-Buchdruckerei 1985.)

Arbeitsanregungen

1. Informieren Sie sich in einem Lexikon/Geschichtsbuch über die historische und politische Bedeutung des Datums 8. Mai 1945!

2. Erarbeiten Sie, welche rhetorischen Figuren (vgl. S. 556) in der Rede am häufigsten verwendet werden! Wir wirken sie auf den Leser/Hörer?

3. Verfassen Sie unter Berücksichtigung der Ratschläge von Tucholsky (S. 554 f.) und der Verwendung rhetorischer Mittel (S. 556) eine Rede für einen Anlass, der für Sie von Bedeutung sein kann
   – Abschlussfeier in der Schule
   – Beginn der Berufstätigkeit (Begrüßung/Jubiläum/Beförderung einer Kollegin/ eines Kollegen)
   – Familienfest (Geburtstag, Hochzeit ...)!

4. „Menschen durc h das gesprochene Wort zu fesseln, gibt ein Gefühl der Stärke, der Macht" *(Dale Carnegie).*
   Diskutieren Sie nach dem Durcharbeiten der Reden in diesem Kapitel, ob Sie der Definition zustimmen oder eine andere Auffassung vertreten. Beziehen Sie in Ihre Begründung auch Reden mit ein, die Sie in der Gegenwart verfolgen!

Argumentation

Erörterung

Die Erörterung dient dem Versuch, Streitfragen zu klären und das Problem einer Lösung näher zu bringen. Für die schriftliche Form der Auseinandersetzung eignet sich die dialektische Erörterung, die in einem Dreischritt von der These über die Antithese zu der sie beide aufhebenden Synthese gelangt. These und Antithese werden durch **Argumentation** und entsprechende Beispiele belegt; das Für und Wider muss in der Synthese abgewägt werden.

Gliederung

1	**Einleitung**	(Hinführung zum Thema/Problem)
2	**Hauptteil**	(Auseinandersetzung mit dem Thema/Problem aufgrund der These/Antithese durch Argumente.)
2.1	**These**	
2.1.1	Argument (Beispiele)	(Anordnung der Argumente nach dem Prinzip der Steigerung)
2.1.2	Argument (Beispiele) [...]	(Überleitung)
2.2	**Antithese**	
2.2.1	Argument (Beispiele)	(Prinzip der Steigerung)
2.2.2	Argument (Beispiele) [...]	
3	**Schluss**	(Versuch einer Synthese/begründete eigene Stellungnahme)

Einleitung

Argumente für und gegen: Die Todesstrafe

„Wir wollen nicht von neuem der Todesstrafe den Prozess machen", hieß es voriges Jahr in einer Verlautbarung des Pariser Instituts für Kriminologie. „Alles, was über ihre Nutzlosigkeit, Grausamkeit und Unwiderruflichkeit zu sagen war, ist bereits gesagt worden." Und dennoch: wurden gerade in Frankreich 1972 wieder zwei Todesurteile vollstreckt (wegen Geiseltötung), hört man aus den USA von Bestrebungen, die erst im vergangenen Jahr vom Obersten Gerichtshof als verfassungswidrig verworfene Todesstrafe wieder einzuführen. Es gibt also offenbar Argumente für die Todesstrafe, die sehr viele Menschen überzeugen; vor allem jedesmal dann, wenn ein besonders abscheuliches Verbrechen die Öffentlichkeit erregt hat.

(Rudolf Walter Leonhardt, Argumente für und gegen. Die Todesstrafe. In: Die Zeit, Nr. 3 vom 12. Januar 1973, S. 11.)

Arbeitsanregungen

1. Welche „Aufhänger" wählt der Autor für seine Einleitung?

2. Erarbeiten Sie weitere Inhalte, die zu einem Erörterungsthema hinführen können!

3. Formulieren Sie eine eigene Einleitung zum Thema „Todesstrafe"!

Hauptteil

These und Argument

→ Das Argument soll die Begründung einer strittigen These leisten und der Veranschaulichung dienen.

→ Grundlagen jeder Begründung sind Tatsachen, objektive Berichte, Beobachtungen und Ergebnisse der Forschung und Wissenschaft. Behauptungen, die erst wieder begründet werden müssen, sind keine Argumente.

→ Ein gutes Argument überzeugt durch einen nachvollziehbaren Aufbau:

These:	Die Einführung der Todesstrafe ist nicht sinnvoll.
Begründung:	weil sie nicht abschreckend wirkt.
Beleg und Beispiel:	Aus empirischen Untersuchungen weiß man, dass die meisten Kriminellen sich durch das erhöhte Strafmaß nicht beeindrucken lassen. Trotz der Todesstrafe sind die USA das Land mit den meisten Gewaltverbrechen in der westlichen Welt.

(Hannoversche Allgemeine Zeitung, Nr. 48 vom 25. Februar 1996.)

Konjunktionen zur Einleitung argumentierender Sätze

wenn, falls, sofern	→	bedingend (einschränkend)
da, weil, denn	→	begründend
aber, wenn auch, dennoch, obgleich, obwohl, obschon	→	gegenordnend (einräumend)
indem, dadurch, dass, damit	→	instrumental (Mittel angebend)
somit, daher, deshalb, sodass	→	folgernd
darum, dazu, um zu	→	Zweck angebend

Beispiel: Argumentation

Kleine Machos

[...] Dem Informatik-Lehrer Walter Schmidt, 34, missfiel die Arbeitsmoral seiner Zöglinge aus der 9. Klasse des Gymnasiums Schloss Salem. „Wer glaubt, dass er das alles hier schon kann", schlug Schmidt vor, „der geht am besten mal raus in den Hobby-Computerraum."

Prompt erhoben sich die 17 Knaben der Informatik-Klasse geschlossen von den Stühlen und ließen den verblüfften Pädagogen allein mit drei Mädchen vor dem Bildschirm sitzen.

Schmidt („Zuerst war ich ganz schön sauer") nutzte den Zufall für ein Experiment: Vier Stunden lang trennte er Informatik-Schüler und -Schülerinnen. Die Mädchen, die bis dahin wenig vom Computer hatten wissen wollen, werkelten plötzlich engagiert mit Daten, Druckern und Disketten. Am Ende war das Leistungsgefälle zwischen den Geschlechtern beseitigt. Schmidt: „So etwas müsste man eigentlich häufiger machen."

Ähnlich sehen es auch rund 500 feministische Lehrerinnen, die sich am Donnerstag dieser Woche in Dortmund zum Kongress „Frauen und Schule" treffen. Vier Tage lang werden sie dort unter Ausschluss der Männerwelt über die „fragwürdigen Folgen der Koedukation" (Einladungstext) debattieren.

Das Ergebnis freilich steht von vornherein fest: „Von der Koedukation", meint Maria Anna Kreienbaum, 33, die zusammen mit Jacqueline Kauermann-Walter den Dortmunder Kongress organisiert, „profitieren nur die Jungen, die Bedürfnisse der Mädchen kommen immer zu kurz."

Eklatant werde diese „diskrete Diskriminierung" (Kreienbaum) in den naturwissenschaftlichen Fächern. Die koedukative Schule belebe nur längst überkommene Rollenklischees. Tatsächlich sitzen zum Beispiel in den Chemie- und Mathematik-Leistungskursen der nordrhein-westfälischen Gymnasien doppelt so viele Jungen wie Mädchen; im Fach Physik liegt der Mädchenanteil gar nur bei 13 Prozent.

An den Unis studieren Frauen immer noch mit Vorliebe die eher brotlosen Sprach- und Kulturwissenschaften. Abiturientinnen, die sich, gegen den Trend, für ein Studium der Informatik oder der Chemie entschieden haben, hat das Hochschuldidaktische Zentrum der Uni Dortmund 1986 nach ihrer Herkunft befragt: 40 Prozent, so das überraschende Ergebnis, haben zuvor ein Mädchengymnasium besucht, und das, obwohl der Anteil der Mädchenschulen nicht einmal mehr fünf Prozent beträgt.

In den USA hat der Dachverband der Frauen-Colleges bereits 1985 errechnen lassen, dass deren Absolventinnen dreimal so häufig Naturwissenschaften und Technik studieren wie die Geschlechtsgenossinnen aus gemischten Colleges. [...]

Da sich Jungen in der Schule „aggressiv und dominant" verhielten, behauptet Eva-Maria Epple, würden sie von den Lehrern „bewusst oder unbewusst mehr gefordert und bevorzugt". Der „angeblich natürliche Umgang der Geschlechter", glaubt die Pädagogin, diene den „kleinen Machos" nur zum „Ausprobieren männlicher Überlegenheit" und den Mädchen zur „Einübung von Unterwerfung und Verzicht".

Der wahre Geschlechterfrieden herrscht demnach in jenen 175 deutschen Mädchenschulen, die sich der Koedukation verweigern konnten. Sinkende Geburtenzahlen hatten bis vor kurzem diese vermeintlich unzeitgemäßen Oasen der Weiblichkeit gefährdet. Doch das Unbehagen an der Koedukation beschert den zumeist in kirchlicher Trägerschaft betriebenen Instituten neuerdings überdurchschnittliche Zuwachsraten. [...]

Auch Vera, 17, die Leistungskurse in Physik und Mathematik belegt hat, sieht nur Vorzüge: „Ich bin ganz sicher, dass ich mein Selbstvertrauen nur in einer Mädchenschule so entwickeln konnte." Die Jungen habe sie in der Schulzeit nie vermisst: „Den Spaß", erklärt Vera, „kann man doch am Nachmittag haben."

Ihre Schulkameradin Katrin, 12, sieht das anders: Es sei zuweilen „schon etwas langweilig so ohne Jungen". Und wenn sich ein Knabe mal auf den Schulhof verirrt habe, dann „stürzen alle gleich ans Fenster und kichern". Katrin würde denn auch gerne „mehr wissen, was Jungs so interessiert und was die so machen".

Die totale Trennung der Geschlechter mag mithin Probleme lösen, aber sie schafft auch neue. Gleichwohl wird der Ruf nach Abschaffung der Koedukation immer lauter.

In Hamburg etwa hat sich bereits eine erste Initiative zur Gründung einer „feministischen Mädchenschule" gebildet, natürlich unter Ausschluss männlicher Lehrer. „Die Chancen für ein solches Projekt sind nicht gerade rosig", gesteht Maria Anna Kreienbaum, „aber irgendwann müssen Frauen ja mal anfangen, ihren Traum auch in die Wirklichkeit umzusetzen."

Dass dieser Traum zum Alptraum für das andere Geschlecht werden könnte, ficht die Dortmunder Pädagogin nicht an. Zwar erzwinge die Gründung neuer Mädchenschulen langfristig auch neue Jungenschulen. Doch „nur weil es in so einer Männergesellschaft unerträglich" zugehe, will Frau Kreienbaum „keinesfalls die Rechte der Mädchen auf eine bessere Schule preisgeben". Ihr eigener kleiner Sohn soll jedoch – Logik ade! – „unbedingt koedukativ" unterrichtet werden. [...]

„Absolut allergisch gegen das neue Gerede vom weiblichen Denken" gibt sich Hedda Jungfer, SPD-Abgeordnete im bayrischen Landtag. Die Psychologin will die Koedukation nicht abschaffen, sondern gründlich reformieren. „Was nützen uns Mädchenschulen", fragt Hedda Jungfer, „solange wir das Macho-Gehabe der Buben nicht ändern?"

In druckfrischen Schulbüchern entdeckte die Oppositionspolitikerin viele Belege für das „dümmliche Vorurteil, alle wesentlichen Kulturleistungen seien von Männern erbracht". In der Schulhierarchie seien Lehrerinnen „fast ausnahmslos zweitrangig". Diese „schlechten Vorbilder" macht Hedda Jungfer für die „miese Wirklichkeit der guten Idee Koedukation" verantwortlich. [...]

Der separate Unterricht für Jungen und Mädchen in Physik, Chemie oder Informatik, vor allem in der Mittelstufe, zählt auch zum feministischen Minimalprogramm. Direktor Brodeßer allerdings betrqachtet dies „Zweiklassensystem" mit Skepsis, denn, so vermutet der Pädagoge, dann sage eines Tages der Fritz zum Peter: „Du bist einfach zu blöd, du gehörst doch in ‚Physik für Mädchen'."

(Der Spiegel vom 19. September 1988.)

Arbeitsanregungen

1. Erstellen Sie eine Gliederung für die dialektische Erörterung zum Thema „Koedukation in der Schule", indem Sie die Argumente aus dem Artikel „Kleine Machos" aufnehmen!

2. Überprüfen Sie die Argumente auf ihre Vollständigkeit, Stichhaltigkeit und Anschaulichkeit!

3. Ergänzen Sie die Gliederung durch eigene Argumente!

Beispiel: Argumentation

Anna Arkadjewna Karenina
Stepan Arkadjitsch Oblonskij – Annas Bruder
Alexej Alexandrowitsch Karenin – Annas Ehemann
Alexej Kirillowitsch Wronskij – Annas Liebhaber

Anna ist in glückloser Ehe mit dem Petersburger Würdenträger Karenin verheiratet, einem Mann von frostig überlegenem Auftreten. Mit ihm hat sie einen 8-jährigen Sohn, an dem sie in Liebe hängt.

Als sie Anfang der 70er Jahre den Offizier Wronskij kennen lernt, erfährt ihr Leben eine schicksalhafte Wende. Die beiden verlieben sich ineinander und Anna erwartet bald ein Kind von ihm. In dieser Situation entschließt sie sich, ihren Ehemann zu verlassen. Stepan Arkadjitsch, Annas Bruder, soll Karenin von der Notwendigkeit einer Scheidung überzeugen.

Leo Tolstoi, **Anna Karenina**

„Wenn du meine Meinung wissen willst", begann Stepan Arkadjitsch mit dem gleichen besänftigenden, wie Mandelöl wirkenden Lächeln, durch das er schon Anna zu beruhigen versucht hatte. Das gute und zart fühlende Lächeln wirkte so entwaffnend, daß sich Alexej Alexandrowitsch unwillkürlich seiner Schwäche bewusst wurde, sich
5 ihr unterwarf und bereit war, alles zu glauben, was sein Schwager sagen würde. „Sie wird es niemals aussprechen", fuhr Stepan Arkadjitsch fort. „Aber es gibt nur eine Möglichkeit, nur eins, was sie sich wünschen kann – und das ist ein Abbruch der Beziehungen und eine Befreiung von allen mit ihnen verbundenen Erinnerungen. Meiner Ansicht nach erfordert eure Lage die Schaffung neuer, klarer Verhältnisse.
10 Und das ist nur möglich, wenn beide Teile ungebunden sind ..."

„Also Scheidung", warf Alexej Alexandrowitsch mit Widerwillen ein.

„Ja, ich habe die Scheidung im Auge. Ja, eine Scheidung", wiederholte Stepan Arkadjitsch und wurde rot. „Das ist für Eheleute, die in einer solchen Lage sind wie ihr beide, in jeder Beziehung die vernünftigste Lösung. Was bleibt denn anderes üb-
15 rig, wenn zwei Menschen zu der Erkenntnis gekommen sind, dass ihnen ein weiteres

Zusammenleben unmöglich ist? So etwas kann immer vorkommen." Alexej Alexandrowitsch stieß einen schweren Seufzer aus und schloss die Augen, indes Stepan Arkadjitsch, der seine Befangenheit immer mehr abgeschüttelt hatte, fortfuhr: „Zu bedenken bleibt nur noch das eine: ob einer der Ehepartner eine neue Ehe einzugehen wünscht. Wenn nicht, dann ist die Sache sehr einfach."

Alexej Alexandrowitsch verzerrte vor Erregung das Gesicht, murmelte etwas vor sich hin und antwortete nichts. Alles das, was sich Stepan Arkadjitsch so einfach vorstellte, hatte Alexej Alexandrowitsch schon tausendmal überdacht. Und er war immer wieder zu dem Beschluss gekommen, dass es keineswegs sehr einfach, sondern im Gegenteil völlig unmöglich war. Nachdem er sich über die Einzelheiten des Scheidungsverfahrens bereits unterrichtet hatte, hielt er eine Scheidung für unmöglich, weil es ihm das Gefühl der eigenen Würde und die Achtung vor der Religion nicht erlaubten, die Schuld eines fingierten Ehebruchs auf sich zu nehmen, geschweige denn zuzulassen, dass seine Frau, der er verziehen hatte und die er liebte, als schuldig befunden und in Schande gestürzt werde. Auch aus anderen, noch schwerer ins Gewicht fallenden Gründen erschien ihm eine Scheidung unmöglich.

Was sollte im Falle der Scheidung mit seinem Sohn geschehen? Ihn der Mutter zu belassen kam nicht in Frage. Seine geschiedene Frau würde ihre eigene, illegitime Familie haben, in der sein Sohn aller Wahrscheinlichkeit nach stiefmütterlich behandelt und mangelhaft erzogen würde. Ihn selbst behalten? Er wusste, dass das einer Rache seinerseits gleichkäme, und das wollte er nicht. Vor allem aber schien es ihm deshalb unmöglich, in eine Scheidung einzuwilligen, weil er Anna damit dem Verderben preisgäbe. In seinem Herzen waren die Worte haften geblieben, die Darja Alexandrowna in Moskau zu ihm gesprochen hatte; sie hatte gesagt, dass er bei dem Beschluss, sich scheiden zu lassen, nur an sich selbst und gar nicht daran denke, dass er Anna damit rettungslos ins Unglück stürze. Er brachte diesen Ausspruch jetzt mit seiner Verzeihung, mit seiner Liebe zu den Kindern in Verbindung und legte ihn auf seine eigene Weise aus. In die Scheidung einzuwilligen und seiner Frau die Freiheit zu geben, das bedeutete seiner Auffassung nach, sich selbst der letzten Verbindung mit den Kindern zu berauben, die er liebte, und ihr die letzte Stütze auf dem Wege zur Einkehr zu nehmen und sie ins Verderben zu stürzen. Als geschiedene Frau, das wusste er, würde sie sich mit Wronski verbinden, und diese Verbindung würde unrechtmäßig und sündhaft sein, weil eine Frau nach den Gesetzen der Kirche nicht eine neue Ehe eingehen durfte, solange ihr Mann am Leben war. Sie wird sich mit ihm verbinden, und nach einem oder zwei Jahren verlässt er sie, oder sie geht eine neue Verbindung ein. Und gebe ich meine Einwilligung zu einer unrechtmäßigen Scheidung, dann wird mich die Schuld an ihrem Untergang treffen, sagte sich Alexej Alexandrowitsch. Er hatte sich alles dies schon hundertmal durch den Kopf gehen lassen und war überzeugt, dass eine Scheidung durchaus nicht so einfach sei, wie es sein Schwager behauptete, sondern eine völlige Unmöglichkeit darstellte. Er glaubte kein Wort von dem, was Stepan Arkadjitsch sagte, und hätte jedes seiner Argumente mit Leichtigkeit widerlegen können; aber er hörte ihm zu, weil er fühlte, dass sich in seinen Worten jene mächtige rohe Kraft äußerte, die sein Leben regierte und ihn zwingen werde, sich ihr zu unterwerfen.

„Es handelt sich nur darum, unter welchen Bedingungen du dich mit der Scheidung einverstanden erklärst. Sie verlangt nichts, sie wagt es nicht, dich darum zu bitten, sie überlässt alles deiner Großmut."

(Leo Tolstoi, Anna Karenina. Stuttgart: Parkland 1982, S. 526-527.)

Arbeitsanregungen

1. Sammeln Sie die Argumente aus dem Text „Anna Karenina", die für bzw. gegen die Scheidung sprechen, und erstellen Sie eine Gliederung!

2. Ist im Fall der Anna Karenina eine Scheidung die vernünftigste Lösung? Treffen Sie eine Entscheidung!

3. Informieren Sie sich in einem Literaturlexikon über den Verlauf und den Ausgang des Romans! Reflektieren Sie Ihre Lösung des Konflikts auf dem Hintergrund der gewonnenen Informationen!

Schluss (Synthese)

Argumente für und gegen: Die Todesstrafe

Conclusio:

Ich bin froh, in einem Lande zu leben, wo Liberale den günstigen Augenblick der Stunde Null nutzen konnten, die Abschaffung der Todesstrafe ins Grundgesetz zu schreiben. Ich würde gern noch weitergehen, als die meisten meiner Landsleute mitzugehen bereit sind. Mancher Schusswaffengebrauch der Polizei erscheint mir als gesetzeswidrige Wiedereinführung der Todesstrafe. Ich sehe keinen Grund, demjenigen, der (ohne ein gemeingefährlicher Killer zu sein) über eine Gefängnismauer den Weg in die Freiheit sucht und „auf der Flucht" erschossen wird (alte Soldaten wissen, was das heißen kann), jene Sympathien zu entziehen, die mich auch mit dem verbinden, den man bei dem Versuch totschießt, ohne Erlaubnis eine Staatsgrenze zu überwinden.

(Rudolf Walter Leonhardt in: Die Zeit, Nr. 3 vom 12. Januar 1973, S. 11.)

Arbeitanregungen

1. Wozu dient der Schlussteil einer dialektischen Erörterung?

2. Welche Elemente beinhaltet die „Conclusio" Rudolf Walter Leonhardts?

3. Nicht immer wird eine Lösung des Problems (Synthese) unter Berücksichtigung beider Standpunkte erreicht. Oft fällt eine einseitige Entscheidung, wobei die subjektive Bewertung der Argumente als Begründung dient.
   Im Folgenden werden weitere Möglichkeiten für einen Schlussteil angeführt:
   – Kompromiss
   – Ausblick in die Zukunft
   – weiterführende Fragen
   – Anknüpfung an verwandte Probleme.
   Formulieren Sie einen Schluss zum Thema „Todesstrafe" unter Berücksichtigung einer dieser Möglichkeiten!

Diskussion

Die **Diskussion** ist die mündliche Form der Argumentation, die ebenfalls dem Meinungsaustausch dient mit dem Ziel, die Teilnehmer zu überzeugen. Damit eine Einigung möglich wird, müssen die Diskussionspartner sachlich bleiben und aufeinander eingehen.

(Heinz Conrad, Aktive Lehrmethoden. Heidelberg: Industrie-Verlag 1971, S. 19.)

Arbeitsanregung

Ergänzen Sie die Charaktereigenschaften der Konferenzteilnehmer entsprechend der Beispiele! (Fotokopien anfertigen)

Ins Ghetto nach Chicago

Interview mit dem Berliner Senator Thomas Krüger

Wie viele Mitarbeiter sind für dieses Projekt nötig

Auf zwei Jugendliche kommt ein Betreuer. Voraussichtlich werden 20 Skins, zwischen 16 und 20 Jahren, in die Staaten fahren.

Gibt es weitere Angebote für rechtsorientierte Jugendliche?

Im Westen ist Sozialarbeit immer nur linke Sozialarbeit gewesen. Die Skins waren lange Zeit ein Tabu, sind als Aufgabe nicht angenommen worden. In der Arbeit mit rechtsorientierten Jugendlichen werden die Maßstäbe im Osten gesetzt. Das Programm heißt Integration statt Ausgrenzung, denn 70 Prozent der Jugendlichen könnten wieder in die Gesellschaft eingegliedert werden.

Wie kann die Wiedereinbindung geschehen?

Das geschieht oft auf sehr banalen Wegen. Zum Beispiel, wenn ein Junge eine Freundin findet. Also ganz einfach. Deshalb sind die niedrigschwelligen Angebote auch so wichtig. Ab 1994 werden wir ein neues Projekt, eine Partnerschaftsvermittlung, anbieten.

Wie sieht das Antigewaltprogramm aus?

Man wartet nicht mehr in den Jugendeinrichtungen auf die Jugendlichen, sondern man geht auf sie zu. Dort, wo sie sich treffen. Über Streetworker werden die jungen Menschen angesprochen, wird versucht, Vertrauensverhältnisse aufzubauen, um dann die Verzahnung mit bestehenden Jugendeinrichtungen herzustellen. Sie sollen nicht mehr streunend durch die Stadt ziehen, sondern zum Beispiel gemeinsam ein Video erarbeiten oder Theater machen. Das verringert auch das vorhandene Gewaltpotential.

Gelingt der Versuch?

Wir sind noch in der Anfangsphase. Wir nehmen dabei ein hohes Risiko in Kauf. So werden wir Berliner Skinheads nach Los Angeles oder Chicago – in schwarze Ghettos schicken. Ein Stück Abenteuerpädagogik spielt da hinein. Der Spieß wird einfach umgedreht: Hier können sie nicht mehr aus der Position des Stärkeren gegenüber Schwächeren auftrumpfen, sondern sind selbst in einer unsicheren Position – als Weißer unter Schwarzen ...

(PZ/Wir in Europa, Nr. 27, Januar 1994, S. 25.)

Arbeitsanregungen

1. Zwei Schüler aus der Klasse haben sich die Köpfe rasiert, tragen Springerstiefel und sind gerüchteweise einer rechtsradikalen Gruppe beigetreten, die Wehrsportübungen veranstaltet. In der Klasse fallen sie durch Sprüche auf, wie: „Deutschland den Deutschen" und „Raus mit dem Ausländergesockse". Für den Herbst ist eine Klassenfahrt geplant, bei der auch Gedenkstätten des Nationalsozialismus besucht werden sollen. Einige Lehrer, Eltern und Schüler sind vehement dagegen, dass die beiden Schüler an der Fahrt teilnehmen, andere sind dafür, manchen ist es egal. Der Direktor beschließt, ein Round-Table-Gespräch mit den betroffenen Eltern, Lehrern und Schülern über das Problem zu führen.

(Nach: PZ, Wir in Europa, Nr. 77, Januar 1994, Arbeitsblatt.)

Wählen Sie für das Round-Table-Gespräch aus Ihrer Gruppe Schülerinnen und Schüler, die die beiden „Elternvertreter", zwei „Lehrer", zwei „Schüler" und den „Direktor" spielen! Letzterer ist neutral, von den anderen Vertretern ist je einer pro und einer kontra.

2. Überlegen Sie mit Hilfe des Artikels „Ins Ghetto nach Chicago" einige Argumente und halten Sie diese stichwortartig fest! Stellen Sie sich auch auf Gegenargumente ein!

3. Führen sie das Round-Table-Gespräch unter der Leitung des „Direktors" durch (ca. 20 Minuten)! Die übrige Klasse hört zu und notiert ihre Eindrücke!

4. Stimmen Sie im Klassenverband ab, ob die beiden Schüler an der Klassenfahrt teilnehmen dürfen!

5. Diskutieren Sie im Anschluss den Verlauf des Round-Table-Gesprächs und das Ergebnis der Abstimmung!
   Berücksichtigen Sie die folgenden Aspekte:
   – Wie haben sich die Teilnehmer der Gesprächsrunde gefühlt?
   – Wer hat besonders überzeugend argumentiert?
   – Sind die Teilnehmer sachlich geblieben und aufeinander eingegangen?

„Benzinpreise auf fünf Mark erhöhen"

ojw. BERLIN. Der Sachverständigenrat für Umweltfragen beharrt auf seiner Forderung, den Benzinpreis bis zum Jahre 2005 auf – je nach Inflationsrate – 4,70–5,00 Mark zu erhöhen. Nur wenn dies von der Regierung verbindlich angekündigt werde, erklärte der Münsteraner Professor Hans-Jürgen Evers, könne sich die Automobilindustrie darauf einrichten, Kraftfahrzeuge zu entwickeln, die mit drei bis vier Litern Treibstoff auf hundert Kilometer auskämen.

(Stuttgarter Zeitung vom 27.05.1994.)

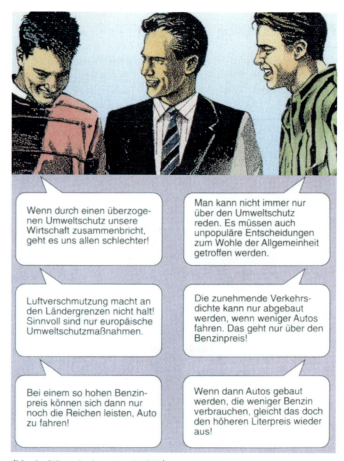

(Nach: Wirtschaftsspiegel 1995)

Arbeitsanregungen

1. Wählen Sie eine Diskussionsleiterin/einen Diskussionsleiter!

2. Bilden sie zwei Gruppen:
   - Sammeln von Argumenten für eine Benzinpreiserhöhung und
   - Vorbereitung zur Erwiderung auf zu erwartende Gegenargumente
   - Sammeln von Argumenten, die gegen eine Benzinpreiserhöhung sprechen und
   - Vorbereitung auf zu erwartende Gegenargumente

3. Werten Sie die Argumente in der Diskussion aus!
   Beachten Sie folgende Aspekte:
   - objektive, begründete Argumentation
   - überzeugende Beispiele
   - Eingehen auf die jeweiligen Gegenargumente
   - Sachlichkeit – Emotionalität
   - Abschließende Bewertung
   - Lösungsansätze

Brainstorming

Grundprinzip dieser Technik ist das Aufgreifen und spontane Weiterspinnen von Ideen, die im Verlauf einer Brainstorming-Sitzung von den Teilnehmern geäußert werden. Auf diese Weise entstehen Assoziationsketten, die möglicherweise bisher nicht gesehene Lösungsmöglichkeiten eines Problem-Themas zutage fördern.

Brainstorming kann allerdings nur dann erfolgreich sein, wenn die folgenden Regeln beachtet werden:
- Es sollten bis zu 15 Personen an Brainstorming-Sitzungen teilnehmen.
- Als optimale Dauer derartiger Sitzungen werden 15 bis 30 Minuten angegeben.
- Die Quantität der Lösungen ist wichtiger als deren Qualität.
- Es gibt keinerlei Urheberrechte bei der Ideenproduktion. Jeder Teilnehmer kann die Gedanken eines anderen aufnehmen und weiterführen.
- Kritik an Ideen („Ideen-Killing") soll unterbleiben. Logik, Erfahrung und irgendwelche Geganargumente können den Prozess des Assoziierens nur hemmen.
- Zweckmäßigerweise sollten nicht Mitglieder unterschiedlicher hierarchischer Ebenen an Brainstorming-Sitzungen teilnehmen, um psychologische Barrieren, die die Kommunikation und die Assoziationsbildung behindern können, zu vermeiden.

Die während einer Brainstorming-Sitzung produzierten Ideen werden protokolliert und anschließend hinsichtlich ihrer Realisierbarkeit ausgewertet.

(Nach Robert Nieschlag/Erwin Dichtl/Hans Hörschgen, Marketing. Berlin: Duncker & Humblot 1988, S. 191-192.)

Arbeitsanregungen

1. Stellen Sie eine Liste von Themen zusammen, über die Sie in letzter Zeit diskutiert haben! Ergänzen Sie die Sammlung durch weitere Streitfragen!

2. Wählen Sie ein Thema aus der von Ihnen erstellten Liste aus und führen Sie eine Brainstorming-Sitzung nach den oben genannten Regeln durch, um zu Argumenten und möglichen Lösungen zu kommen!

3. Werten Sie die Ideen aus, indem Sie eine dialektische Erörterung zu dem gewählten Thema verfassen!

Referat/ Facharbeit

(Hannoversche Allgemeine Zeitung, Nr. 277 vom 23. Nov. 1996.)

Referat

Bei einem **Referat** geht es darum, etwas zu vermitteln – Sachverhalte, Erkenntnisse weiterzugeben.
Das Referat kann schriftlich ausgearbeitet werden, sollte aber anhand von Stichwörtern, Kernsätzen, Thesen relativ frei vorgetragen werden.
Die Erarbeitung erfolgt am besten in einigen Arbeitsschritten, bei denen immer die Interessen der Zuhörer berücksichtigt werden müssen; sie sollten „mitarbeiten" (vgl. Merkmale S. 581). Beim Referieren ist das **mündliche** Vortragen wichtig.

Facharbeit

Bei der **Facharbeit** handelt es sich um eine umfangreiche schriftliche Ausarbeitung eines Themas (die aber auch ganz oder in Teilen mündlich vorgetragen werden kann); sie muss besonders sorgfältig unter Berücksichtigung wissenschaftlicher Kriterien angefertigt werden; die **schriftliche** Form ist wichtig.

Referat/Facharbeit

Thema

Referent ← sachgerechte Erarbeitung | sachgerechte Vermittlung → **Zuhörer**

1. **Informationssammlung**
   - Informationen beschaffen, z.B.: Schulbücher, Lexika, Zeitungen, Zeitschriften, Anthologien – Bibliothek –
2. **Erarbeitung**
   - Informationen auswählen:
     - Stoffsammlung
     - Schwerpunkte setzen
     - Inhalte zuordnen
     - Textbelege (Zitate) sammeln
     - Reihenfolge festlegen
     - Gliederung erstellen
     - Ausarbeitung (schriftlich)
     - Thesen-, Arbeitsblatt für Zuhörer anfertigen
3. **Veranschaulichen**
   Tafel, Folie, Plakat, Wandzeitung, Dias, Übersichten, Abbildungen, Beispiele, Ton, Film
4. **Vortragen**
   - Zeit einteilen (Kurzfassung/Langfassung)
   - Reden (frei anhand eines Stichwortkatalogs)
   - Sätze (kurz, verständlich)
   - Pausen (entsprechend der Gedankenführung)
   - Blicke (Zuhörer anschauen)
   - Rhetorik (Gestik, Mimik, Lautstärke, Betonung)
5. **Auswerten**
   - Fragen (Rückkoppelung mit Zuhörern)
   - Kritik (Inhalt und Form)
   - Diskussion/Auswertung (weiterführende Auseinandersetzung mit dem Thema)

1. **Einstimmung**
   - Bereitschaft zum Zuhören
   - Schreibutensilien bereit legen
2. **Hinhören**
   - Hinweiswörter beachten („Hervorzuheben ist ... Schwerpunkte sind ...")
   - Literaturhinweise aufnehmen
   - Betonungen, Hervorhebungen, Wiederholungen beachten
3. **Zusehen**
   - Referenten anschauen
   - Gestik, Mimik, Haltung als zusätzliche Hinweise auffassen
4. **Mitschreiben**
   - wesentliche Aussagen stichwortartig festhalten
   - gedanklich, thematisch gliedern
5. **Fragen**
   - Begriffsklärungen
   - Zusatzerläuterungen
   - Sachverhalte/Zusammenhänge

Methode
aktives Vortragen | aktives Zuhören

Vorbereitung eines Referats/einer Facharbeit

Beim Erstellen eines auf Stichworte gestützten **Referates** sind vor allem folgende Punkte zu beachten:
- Sammeln Sie Informationen, und ordnen Sie diese nach Sachgruppen (z.B. Biografie, Ziele des Schriftstellers, Werke, Wirkungen)!
  Wählen Sie die wichtigsten Daten und Fakten aus!
- Begründen Sie nach der Quellenlage, in welchen Bereichen die Schwerpunkte des Referats liegen müssen!
- Legen Sie aus ihrem Exzerpt (Auszug) eine sachgerechte und vor allem wirkungsvolle Gliederung an! Überlegen Sie dabei auch, mit welchem Einstieg die Zuhörer für das Thema interessiert und motiviert werden können!
- Entscheiden Sie, welche Hilfsmittel zur Veranschaulichung eingesetzt werden können: Bilder, Folien, Filmausschnitte, Ton, Arbeitsblätter, wörtliche Zitate.
- Informieren Sie die Zuhörer über das Thema und die Ziele des Referats! Lassen Sie beim Vortrag eine Gliederung erkennen! Sprechen Sie möglichst frei und nutzen Sie ausschließlich Stichwortzettel als Erinnerungsstützen! Können die Zuhörer mit einbezogen werden?
- Sollte das Referat ausführlich schriftlich erstellt werden, so handelt es sich um eine Form der **Facharbeit.** Das Thema ist nach wissenschaftlichen Kriterien zu erarbeiten. Zitate, Abbildungen und Quellen müssen belegt und ein Literaturverzeichnis muss angelegt werden.

Zitat

Was ist ein Zitat?
Zitat (lat.: citatus = herbeigerufen) bedeutet die *wörtliche* genaue Wiedergabe von Textstellen aus anderen Quellen (Primär- und Sekundärliteratur) in einer eigenen Arbeit.

Warum ein Zitat?
Zitate dienen dazu, eigene Ausführungen, Ergebnisse oder Erkenntnisse durch entsprechende – wichtig erscheinende – Textstellen zu belegen und Standpunkte zu untermauern.
Die Übernahme von fremden Gedanken wird durch zwei Anführungszeichen (am Anfang und zum Schluss) verdeutlicht; bei Zitaten oder direkter Rede **innerhalb** eines Zitats wird nur jeweils ein Anführungszeichen gesetzt.

Wie wird richtig zitiert?
- *Nachgestellt* (Doppelpunkt oder Klammern; Auslassungen in eckigen Klammern)
  Der bekannte Schriftsteller Thomas Mann hat sich zur Beziehung zwischen dem Künstlertum und Bürgertum selbst geäußert: „Kunst soll keine Schulaufgabe und Mühseligkeit sein [...], sondern sie will und soll Freude bereiten, unterhalten, beleben [...]"
  Oder:
  Thomas Mann hat sich [...] selbst geäußert. („Die Kunst soll [...] beleben".)
- *In den Satz einbezogen*
  Thomas Mann hat in einem Vortrag vor Studenten betont, dass Kunst „Freude bereiten, unterhalten, beleben" soll und damit die Aufgabe und Bedeutung der Kunst beschrieben.

Kurzbeleg

Sinnvoll ist ein Kurzbeleg zitierter Literatur im Text durch:
- Zeilenangabe (Z. X)
- Seitenzahl (S: X)
- oder verkürzte Quellenangabe (Nachname des Autors, Titel, Seite).

Er kann als Einfügung durch hochgestellte Ziffern gekennzeichnet:
- direkt hinter dem Wort, auf das sie sich beziehen, und noch vor dem Satzzeichen
- oder hinter einem Satz, auf den sie sich beziehen, und hinter dem Satzzeichen.

Die Fußnoten selbst werden am unteren Seitenende vom Text durch eine Linie abgesetzt, die etwa über ein Drittel der Seite geht. Üblich ist das Einrücken nach rechts (drei Anschläge).

Quelle

Beispiel

Vorname	Nachname	Titel	Erscheinungsort
Gero	von Wilpert,	Sachwörterbuch der Literatur.	Stuttgart:
Verlag	**Auflage Erscheinungsjahr**	**Reihe/Nr.**	**Seitenzahl**
Kröner	[7]1989	= Kröners Taschenausgabe 231,	S. X.

Literaturverzeichnis

Das Literatur- oder Quellenverzeichnis stellt den Nachweis aller bei einer wissenschaftlichen Untersuchung verwendeten Quellen dar. Es sollte alphabetisch geordnet werden; der Nachname des Verfassers bzw. des Herausgebers wird vorangestellt. Bei mehreren Verfassern wird nur der erste erwähnt, für die anderen wird u.a. ergänzt.

Bei einem umfassenden Verzeichnis ist eine Gliederung nach Sachgebieten, Epochen oder Primär- und Sekundärliteratur sinnvoll. Die Teile sollten separat gekennzeichnet sein (A, B, C bzw. I, II, III).

Lesehinweis

Kurt Rothmann, Anleitung zur Abfassung literaturwissenschaftlicher Arbeiten. Stuttgart: Reclam UB.

Klaus Poenicke. Die schriftliche Arbeit. Materialsammlung und Manuskriptgestaltung für Fach-, Seminar- und Abschlussarbeiten an Schule und Universität. Mannheim: Dudenverlag [2]1989.

AUTORENREGISTER

Aichinger, Ilse 414
Alberts, Jürgen 503
Allen, Woody 487
Andres, Stefan 167
Arzt, Volker 209

Bachmann, Ingeborg 542
Barlach, Ernst 21
Barnes, Djuna 382
Barnhausen, Walter 196, 206
Becker, Jurek 36
Benn, Gottfried 160, 230, 379, 448
Bereber, El 392
Bernhard, Thomas 55
Beyer, Marcel 562
Bichsel, Peter 108
Bienek, Horst 532
Bischoff, Detlef 301
Blume, Anna 261
Bobrowski, Johannes 328, 403
Boldt, Paul 227, 367
Böll, Heinrich 74, 244, 361
Bonhoeffer, Dietrich 344
Borchert, Wolfgang 38, 326
Böwig, Wolf 352
Bräutigam, Hans Harald 158
Brecht, Bertolt 173, 229, 285, 411, 454
Brentano, Clemens 226
Bretécher, Claire 102, 120
Brokemper, Peter 483
Brückner, Christine 30
Busch, Wilhelm 27, 66

Capa, Robert 317
Celan, Paul 341
Chatwin, Bruce 378
Christo 522
Ciré 422

Doll, Hans 469
Domin, Hilde 18, 403
Droste-Hülshoff, Annette von 259
Duras, Marguerite 22
Dürrenmatt, Friedrich 178, 446

Ebert, Wolfgang 93
Eich, Günter 455, 456
Eichendorff, Joseph von 360, 379
El Kerk, Sybille 483
Enzensberger, Hans Magnus 368, 455
Erken, Günther 469

Fallada, Hans 104
Flaubert, Gustave 273
Flemming, Hans Curt 231
Flusser, Vilém 162
Fontane, Theodor 238
Frank, Anne 436
Freed, Leonard 316
Fried, Erich 230
Frisch, Max 76
Fruttero, Carlo 389

Gast, Wolfgang 509
Gibran, Khalil 232
Gillmann, Jakob 81
Goebbels, Paul Joseph 558
Goethe, Johann Wolfgang von 225, 467
Gomringer, Eugen 231
Goscinny 212, 418 f.
Grass, Günter 506
Graton, Jean 213
Greco, El 516
Grimm, Jakob 276
Grimm, Wilhelm 276
Grosz, George 367
Grün, Max von der 51
Grünbein, Durs 353, 355
Günderode, Karoline von 226
Gursky, Andreas 65

Haderer 396
Hahn, Ulla 231, 428
Handke, Peter 452
Hartung, Rudolf 456
Hauptmann, Gerhart 151
Heine, Heinrich 358
Hemingway, Ernest 323
Hermlin, Stephan 172

Hesse, Hermann 78
Hildesheimer, Wolfgang 370
Hirsch, Eike Christian 99
Hofmannsthal, Hugo von 227
Holz, Arno 425, 426
Hoppe, Felicitas 445
Huby, Felix 508
Hultén, Pontus 526

Ionesco, Eugène 478

Jandl, Ernst 427 f.
Jeanne-Claude 522
Jones, James 248

Kafka, Franz 49, 283, 435
Kasack, Hermann 156
Kempowski, Walter 343
Kertész, Imre 337
Kierkegaard, Sören 378
Killy, Walther 454
Kipphardt, Heinar 176
Kirsch, Sarah 366, 380, 425
Klee, Paul 388
Klemperer, Victor 345
Klimt, Gustav 224
Koebner, Thomas 482
Kolmar, Gertrud 428
Krüger, Horst 394
Kübler, Hanno 363
Kunert, Günter 153, 336
Kunze, Heinz-Rudolf 305
Kunze, Reiner 306
Kutsch, Axel 386

La Fontaine, Jean de 280
Lasker-Schüler, Else 228
Laub, Gabriel 302
Lemmermann, Heinz 557
Lenz, Siegfried 136
Lessing, Gotthold Ephraim 280
Loriot 416
Lucentini, Franco 389
Lustiger, Gila 284

Mann, Heinrich 28
Mann, Thomas 241

Manz, Hans 144
Matz, Reinhard 192
McCloud, Scott 404, 528
Miller, Lee 317
Morgner, Irmtraud 255
Moses, Stefan 250
Mühlroth, Herbert-Werner 25
Musil, Robert 170

Niedecken, Wolfgang 304
Nocke, Joachim 208

Ortega y Gasset, José 515

Pascal, Blaise 378
Parr, Martin 386
Pawlu, Erich 194
Penck, A. R. 295
Peymann, Claus 466
Picasso, Pablo 520

Rabenau 169
Radnóti, Miklós 339
Ramberg, Johann Heinrich 260
Randow, Gero von 155
Raub, Anneliese 257
Reimann, Brigitte 450
Reinhardt, Max 466
Remarque, Erich Maria 320
Richard, Christine 421
Rilke, Rainer Maria 278
Ringelnatz, Joachim 542
Rockwell, Normann 401
Ross, Deborah 272
Russ-Mohl, Stephan 399

Sand, George 390
Schaub, Mischa 197
Schiller, Friedrich 235
Scholl, Hans 293
Scholl, Sophie 293
Schulz 424
Schulz von Thun, Friedemann 406
Seghers, Anna 347
Sempé 465, 553
Seymour, David 318
Sievers, Klaus 149

Solschenizyn, Alexander 296
Spiegelman, Art 331
Stauth, Arnim 189
Stefan, Verena 380
Stephan, Michael 357
Stoll, Clifford 190
Storm, Theodor 365
Strauß, Botho 246
Streeruwitz, Marlene 60
Struth, Thomas 524, 525

Tendrjakow, Wladimir 32
Thurber, James 281
Tolstoi, Leo 572
Trakl, Georg 364
Truffaut, François 495
Tucholsky, Kurt 553

Uderzo 212, 418 f.

Vinci, Leonardo da 517
Viollet, Roger 383
Vogelweide, Walther von der 223

Walser, Martin 384
Walser, Robert 46, 121, 125
Weber, A. Paul 399, 503
Wedemeyer, Maria von 344
Weesen, Claudia von 262
Weizsäcker, Carl Friedrich von 172
Weizsäcker, Richard von 564
Weymayr, Christian 158
Wohmann, Gabriele 251, 499
Wolf, Christa 368
Wolter 154
Wondratschek, Wolf 100, 434

Zadow, Ulrich von 218
Zeininger, Jochen 149
Zimmer, Dieter E. 518
Zuckmayer, Carl 288

BILDQUELLENVERZEICHNIS

Aufbau Verlag: S. 450

Frankfurter Allgemeine Magazin, Heft 775 vom 06.01.1995: S. 28, 526

Fischer Taschenbuch Verlag: S. 162

Interfoto, Bavaria Verlag: S. 358

Keystone Pressedienst: S. 46, 366, 446

Rowohlt Verlag, Bildarchiv: S. 445

Süddeutscher Verlag GmbH, Bilderdienst: S. 238

Suhrkamp Verlag Bildarchiv: S. 60

Ullstein Bilderdienst:
    S. 18, 22, 28, 30, 36, 49, 51, 55, 76, 78, 104, 136, 151, 153, 160, 167, 170, 235, 241, 244, 246, 255, 273, 276, 278, 280, 284, 285, 288, 296, 306, 320, 323, 326, 328, 337, 341, 347, 355, 360, 364, 365, 370, 414, 452, 467, 553, 558, 562, 564

S. 19 Miniaturen „Erlebnis Buch": Frankfurter Allgemeine Zeitung, Nr. 14 vom 16.01.1997; Nr. 16 vom 20.01.1997; Nr. 17 vom 21.01.1997. Und: Die Zeit, Nr. 5 vom 24.01.1997; Nr. 6 vom 08.01.1997.

S. 66 Wilhelm Busch, Fips der Affe. In: Sämtliche Werke und eine Auswahl der Skizzen und Gemälde in 2 Bänden. Bd. 2. Hrsg. von Rolf Hochhuth. Gütersloh: Mohn & Co. o. J., S. 316.

S. 69 Die Zahnarzthelferin. Zeitschrift für Aus- und Weiterbildung. Nr. 5/1994.

AUTOREN- und TEXTVERZEICHNIS

A. Paul Weber, Das Gerücht 399
　　　Jedem das Seine 503
A.R. Penck, Flugblatt 1974 295
Alexander Solschenizyn, Der Archipel
　　　Gulag 296
Andreas Gursky, Steiff, Höchstadt 65
Anna Blume, Können Frauen denken? 261
Anna Seghers, Das Obdach 347
Anneliese Raub, Annette von Droste oder
　　　die Autorin hinter der Maske des
　　　„Stiftsfräuleins" 257
Annette von Droste-Hülshoff, Am Turme 259
Arnim Stauth, Mit EDV ins Theater 189
Arno Holz, Draussen die Düne 425
Art Spiegelman, Maus 331
Axel Kutsch, Schöne Grüße aus Afrika 386

Bertolt Brecht, Andrea und Galilei 411
　　　Ballade von der Hanna Cash 229
　　　Geschichten vom Herrn Keuner 285
　　　Leben des Galilei 173
　　　Über das Zerpflücken von Gedichten 454
Blaise Pascal, Zerstreuung 378
Botho Strauß, Paare, Passanten 246
Brigitte Reimann, Dafür schreibe ich 450
Bruce Chatwin, Traumpfade 378
Brüder Grimm, Der Wolf und die sieben jungen
　　　Geißlein 276

Carl Friedrich von Weizsäcker, Technik im Dienst
　　　humaner Zwecke 172
Carl Zuckmayer, Des Teufels General 288
Carlo Fruttero/Franco Lucentini, Ferien auf dem
　　　Land 389
Christa Wolf, Störfall 368
Christine Brückner, Nicht einer zu viel! 30
Christine Richard, Zeichensprache 421
Christo und Jeanne-Claude, Reichstag-
　　　Projekt 522
Ciré, Telefongespräche 422
Claire Bretécher, Die jungen Wölfe 120
Claire Bretécher, Größe 40 102
Claudia van Weesen, Verborgene Liebe im
　　　Krankenhaus 262
Claus Peymann, Wahre Größe 466
Clemens Brentano, Der Spinnerin Nachtlied 226
Clifford Stoll, Bücher auf Papier 191

David Seymour, Kind malt „den Krieg" 318
Deborah Ross, Truly in Love 272
Detlef Bischoff, Wer ist Ausländer? 301
Dieter E. Zimmer, Tod einer Stadt 518
Djuna Barnes, Klagelied auf das linke Ufer 382
Durs Grünbein, An der Elbe 355
　　　Für die da unten 353

Eike Christian Hirsch, Immer angezogen 99
El Bereber, Massentourismus – Brennpunkt
　　　Gran Canaria 392
El Greco, Porträt eines Unbekannten 516
Else Lasker-Schüler, Ein Lied der Liebe 228
Erich Fried, Dich 230
Erich Maria Remarque, Im Westen nichts Neues
　　　320
Erich Pawlu, Zwischen Laptop und Natur 194
Ernest Hemingway, Alter Mann an der
　　　Brücke 323
Ernst Barlach, Lesende Mönche 21
Ernst Jandl, fliegen 427
　　　ottos mops 428
　　　wettrennen 427
Eugen Gomringer, einanderzudrehen 231
Eugène Ionesco, Der neue Mieter 478

Felicitas Hoppe, Der erste Satz schreibt die
　　　Geschichte 445
Felix Huby, Was Fernsehen leisten kann 508
François Truffaut, Mr. Hitchcock, wie haben Sie
　　　das gemacht? 495
Franz Kafka, Der Nachbar 49
　　　Kleine Fabel 283
Friedemann Schulz von Thun, Miteinander
　　　reden 406
Friedrich Dürrenmatt, Die Physiker 178
　　　Wozu Literatur? 446
Friedrich Schiller, Kabale und Liebe 235

Gabriel Laub, Fremde 302
Gabriele Wohmann, Ein Hochzeitstag 251
　　　Imitation 499
Georg Trakl, Gewitter 364
George Grosz, Großstadt 367
George Sand, Ein Winter auf Mallorca 390
Gerhart Hauptmann, Bahnwärter Thiel 151
Gero von Randow, Mensch Maschine Kultur 155
Gertrud Kolmar/Ulla Hahn, Wir Juden 428
Gila Lustiger, Zugzwang 284
Goscinny/Uderzo, Volltreffer 212
Gottfried Benn, Können Dichter die Welt
　　　verändern? 448
　　　Liebe 230
　　　Reisen 379
　　　Verlorenes Ich 160
Gotthold Ephraim Lessing, Der Rabe und der
　　　Fuchs 280
Günter Eich, Ende eines Sommers 456
　　　Thesen zur Lyrik 455
Günter Grass, Mein Jahrhundert. 1985 506
Günter Kunert, Die Maschine 153
　　　Zentralbahnhof 336

Gustav Klimt, Der Kuss 224
Gustave Flaubert, Madame Bovary 273

Haderer, Letzte Urlaubsvorbereitungen 396
Hanno Kübler, B-Rain-Drops 363
Hans Curt Flemming, winterliebesgedicht 231
Hans Doll/Günther Erken, Klassikerinterpretationen 469
Hans Fallada, Drei Arten von Verkäufern 104
Hans Harald Bräutigam/Christian Weymayr, Ich, Ich und Ich 158
Hans Magnus Enzensberger, an alle fernsprechteilnehmer 368
 Über Gedichte 455
Hans Manz, Begegnung 144
 Die Wahl 144
Hans und Sophie Scholl, Das letzte Flugblatt 293
Heinar Kipphardt, In der Sache J. Robert Oppenheimer 176
Heinrich Böll, Anekdote zur Senkung der Arbeitsmoral 74
 Ansichten eines Clowns 244
 Irisches Tagebuch 361
Heinrich Heine, Die Harzreise 358
Heinrich Mann, Professor Unrat 28
Heinz Lemmermann, Verantwortung des Redners – Gefahren der Rhetorik 557
Heinz-Rudolf Kunze, Aller Herren Länder 305
Herbert-Werner Mühlroth, In Büchern kritzeln 25
Hermann Hesse, Unterm Rad 78
Hermann Kasack, Mechanischer Doppelgänger 156
Hilde Domin, Unaufhaltsam 403
 Unterricht 18
Horst Bienek, Anweisung für Zeitungsleser 532
Horst Krüger, Auf deutscher Autobahn 394
Hugo von Hofmannsthal, Die Beiden 227

Ilse Aichinger, Das Fenster-Theater 414
Imre Kertész, Roman eines Schicksallosen 337
Ingeborg Bachmann, Reklame 542
Irmtraud Morgner, Kaffee verkehrt 255

Jakob Gillmann, Und es wird Montag werden 81
James Jones, Verdammt in alle Ewigkeit 248
James Thurber, Der Fuchs und der Rabe 281
Jean de La Fontaine, Der Rabe und der Fuchs 280
Jean Graton, Michel Vaillant – 23.000 Kilometer durch die Hölle 213
Joachim Nocke, Idealbesetzung 208
Joachim Ringelnatz, Reklame 542
Johann Heinrich Ramberg, Die gelehrte Frau 260

Johann Wolfgang von Goethe, Wilhelm Meister über das Theater 467
 Willkommen und Abschied 225
Johannes Bobrowski, Mäusefest 328
 Sprache 403
José Ortega y Gasset, Auf der Suche nach einem Thema 515
Joseph Goebbels, Sportpalastrede (18. Febr. 1943) 558
 Tagebuch vom 19. Febr. 1943 560
Joseph von Eichendorff, Aus dem Leben eines Taugenichts 360
 Sehnsucht 379
Jurek Becker, Schlaflose Tage 36
Jürgen Alberts, Mediensiff 503

Karoline von Günderode, Überall Liebe 226
Khalil Gibran, Der Prophet 232
Klaus Sievers/Jochen Zeininger, Transrapid 2000 (Hamburg–Berlin) 149
Kurt Tucholsky, Ratschläge für einen guten Redner 555
 Ratschläge für einen schlechten Redner 554

Lee Miller, Rache an der Kultur 317
Leonard Freed, Überlingen am Bodensee 316
Leonardo da Vinci, Mona Lisa 517
Loriot, Feierabend 416

Marcel Beyer, Flughunde 562
Marguerite Duras, Gedanken über das Lesen 22
Maria von Wedemeyer/Dietrich Bonhoeffer, Brautbriefe ins Gefängnis 344
Marlene Streeruwitz, Verführungen 60
Martin Parr, Benidorm 386
Martin Walser, Ein fliehendes Pferd 384
 Maßnahmen gegen die Gewalt 286
Max Frisch, Am Strand 76
Max Reinhardt, Die ganze Welt ist eine Bühne 466
Max von der Grün, Die Entscheidung 51
Michael Stephan, Alles sieht bläulich aus 357
Miklós Radnóti, Gewaltmarsch 339
Mischa Schaub, Vom Beobachter zum Teilnehmer – Virtual Reality 197

Norman Rockwell, The Gossips 401

Pablo Picasso, Guernica 520
Paul Boldt, Auf der Terrasse des Café Josty 367
 Sinnlichkeit 227
Paul Celan, Todesfuge 341
Paul Klee, Bildnis der Frau P. im Süden 388
Peter Bichsel, Die Tochter 108
Peter Brokemper/Sybille El Kerk, Probentechniken 483

Peter Handke, Ich bin ein Bewohner des
   Elfenbeinturms   452

Rainer Maria Rilke, Der Panther   278
   Reiner Kunze, Element   306
   Reinhard Matz, Der Störfall   192
   Richard von Weizsäcker, Ansprache am 8. Mai 1985
      564
   Robert Capa, Tod eines Milizionärs   317
   Robert Musil, Ein Verkehrsunfall   170
   Robert Walser, Basta   125
      Der Beruf   46
      Ein Stellengesuch   121
   Roger Viollet, Paris war eine Frau   383
   Rudolf Hartung, Ende eines Sommers   456

Sarah Kirsch, Allerleirauh   380, 425
      Im Sommer   366
   Schulz, Peanuts   424
   Scott McCloud, Kommunizieren   404
      Kunstbanausen   528
   Sempé, Ich werde mich kurz fassen   553
      Stille, Sinnenlust und Pracht   463
   Siegfried Lenz, Die Bewerbung   136
   Sören Kierkegaard, Die Lust zu gehen   378
   Stefan Andres, Das Trockendock   167
   Stefan Moses, Gabriele Wohmann   250
   Stephan Hermlin, Die Vögel und der Test   172
   Stephan Russ-Mohl, Das Gerücht – das älteste
      Kommunikationsmedium der Welt   399

Theodor Fontane, Effi Briest   238
   Theodor Storm, Abseits   365
   Thomas Bernhard, Der Anstreicher   55
   Thomas Koebner, Das Groteske   482
   Thomas Mann, Buddenbrooks   241
   Thomas Struth, Art Institute of Chicago II, 1990
      525

Ulla Hahn, Bildlich gesprochen   231
   Ulrich von Zadow, Betriebsbereit   218

Verena Stefan, Häutungen   380
   Victor Klemperer, Ich will Zeugnis ablegen bis
      zum letzten   345
   Vilém Flusser, Das Verschwinden der Ferne   162
   Volker Arzt, Beim künstlichen Psychiater auf der
      Couch   209

Walter Barnhausen, Umbrüche   206
      Weißer Laptop   196
   Walter Kempowski, Echolot   343
   Walther Killy, Ohne Arbeit und Übung geht es
      nicht ab   454
   Walther von der Vogelweide, waz ist minne?
      223
   Wilhelm Busch, Friseur   66
      Lehrer Lämpel   27
   Wladimir Tendrjakow, Sechzig Kerzen   32
   Wolf Böwig, Gesichter des Krieges   352
   Wolf Wondratschek, 43 Liebesgeschichten   434
      Mittagspause   100
   Wolfgang Borchert, Die Küchenuhr   326
      Lesebuchgeschichte   38
   Wolfgang Ebert, Reparatur-Quiz   93
   Wolfgang Gast, Nichtfiktionale Programme:
      Nachrichten   509
   Wolfgang Hildesheimer, Rede an die Jugend
      370
   Wolfgang Niedecken, Arsch huh,
      Zäng ussenander   304
   Wolter, „Ich habe die Fehlerquelle gefunden…"
      154
   Woody Allen, Mach's noch einmal, Sam   487

STICHWORTVERZEICHNIS

Absurdes Theater   478
   AIDA-Formel   543
   Analyse von Lyrik   458
   Anapäst   460
   Anekdote   74, 468
   Angebot   142
   Arbeitsvertrag   139
   Arbeitszeugnis   106
   Argument   569
   Argumentation   570, 572
   Aufsatz   46
   Autobiografie   378, 380, 388

Ballade   227
   Bericht   148, **211**, 217, 308
   Beruf   46, **48**
   Berufsbilder   67 f., 87
   Betrachtung   44, 186, 189, 376, 395, 418, 443, 464, 486
   Bewerbung   121, **122** ff., 132, 136
   Bibel   233
   Brainstorming   579
   Brief   **344**, 389
   Buchrezension   461
   Bücherverbrennung („Feuersprüche")   291

Charakteristik   117
   Chanson (Song)   304 f.
   Checkliste   44, 140
   Chiffre   459
   Collage   428
   Comic   102, 120, 169, 212 ff., 331, 404, 418 f., 528
   Cluster   431

Daktylus   459
   Definition   48, 202, 459, 488, 511
   Diskussion   **575** ff.
   Dokumentarisches Theater   176
   Drama   32, 235, 288, **466** ff.
   Drehbuch   311, 486, 548

Einleitung   568
   Elfchen   432
   Episches Theater   173, 411
   Erörterung   568
   Erzählung   51, 136, 347
   Essay   22, 158, 162, 189, 394, 445, 448, 450, 452, 466, 482, 515
   Euphemismus   556
   Experimentelle Lyrik (konkrete Poesie)   231, 424, 427 f.
   Expressionismus   367

Fabel   280 f., **282** ff.
   Facharbeit   580 f.
   Fernsehen   508
   Feuersprüche   291
   Feuilleton   22, 25, 190, 393, 397, 506, 516
   Film   **488**, 495, 499
   Flugblatt   293, **295**
   Foto   65, 69, 88, 145, 248, 261, 316 ff., 352, 357, 382, 387, 430, 477, 487
   Fuge   341

Gebrauchsanweisung   **217** ff., 220
   Gedicht   18, 160, 172, 206, 226 ff., 230 f., 259, 278, 364 ff., 379 f., 403, 425 f., 456, 542
   Gedichtinterpretation   **454**, 456
   Gesetz   84
   Gesprächsnotiz   **97** f., 206, 209
   Gliederung   568
   Grafik   166, 260, 272, 310, 465, 512
   Groteske   482

Hauptteil   569
   Haiku   431

Illustration   62, 95
   Inhaltsangabe   108
   Installation   363
   Internet   186, 199 f.

Inszenierung   470, 486
Interpretation   **111,** 454, 456, 469
Interview   190, 376, 448, 495, 526, 528

Jambus   459

Karikatur   154, 169, 191, 208, 303, 396, 422, 465, 553
  Klappentext   60, 399, 450
  Klassik   467, **471** ff.
  Knittelvers   27, 66
  Körpersprache   129
  Kommentar   **535** f.
  Kommunikation   93, 185, **399,** 404, 406, 421 f.
  Kommunikationsmodell   413
  Komödie   178
  Kreatives Schreiben   424 ff.
  Kunstkritik   524
  Kurzgeschichte   30, 49, 55, 81, 108, **116,** 156, 167, 251, 323, 326, 328, 336, 414
  Kurzprosa   55, 81, 100, 125, 151, 158, 189, 194, 232, 246, 255, 306, 434, 499, 506

Lesebuch   39 f., **41**
  Lesebuchgeschichte   38
  Leserad   22
  Leserbrief   538
  Lebenslauf   124
  Leitartikel   537
  Lexikon   48, 107, 119, 202
  Lithografie   399, 503
  Lyrik   458, **459**

Malerei   224, 257, 367, 388, 517
  Märchen   276
  Medien   532 ff.
  Metapher   459
  mind-map   551
  Minnesang   222 f.
  Miniatur   19 f.
  Modell   411, 413

Nachricht   148 f., **533** ff.
  Nachrichten   509
  Naturalismus   151
  Notiz   97
  Novelle   151, 360, 368, 384, 400

Parabel   284 f.
  Personencharakteristik   **117,** 118
  Piktogramm   423
  Plakat   150, 185, 374, 494, 546 f.
  Plastik   21
  Politische Lyrik (Zeitgedicht)   144, 206, 353, 355, 368
  Politische Rede   558, 564
  Portrait   250, 258, 516
  Postkarte   310
  Probentechnik   483 f.
  Projekt   41, 70, 90, 119, 180, 199 f., 314, 354, 398, 442, 464, 486, 500, 531, 551
  Protokoll   **216,** 217

Quellenangabe   583

Rätsel   375, 464
  Rede   370
  Referat   580, **581,** 582
  Regie(anweisung)   470
  Reportage   292
  Reiseliteratur   358, **378** ff., 389 f., 392, 397
  Reportage   148
  Rezension   461
  Rhetorik   557
  Rhetorische Figuren   556
  Rollenspiel   103
  Roman (Auszug)   28, 36, 60, 78, 104, 170, 238, 241, 244, 248, 273, 296, 320, 337, 468, 562
  Romantik   369

Sachtext   54, 67 f., 87, 94, 149, 155, 158, 172, 197, 301, 392, 406, 421, 482 f., 503, 508 f., 514 f., 522, 541, 557
  Satire   93, 302, 416, 554, **555**
  Schaubild   42, 56, 58 f., 300

Schluss 574
Schriftverkehr **141**, 142
Schulabschlüsse 43
Sketsch 416
Slogan 544
Sonett 172, 227, 367
Strophe 460
Symbol 421, 460
Synthese 574

Tagebuch 76, 343, 346, 361, 435 f., 439, **440**, 450
Test 62, 132, 409
Telefonieren 94
Textanalyse 108, 111, 116
These 569

Titelseite 39
Tragödie 235
Trivialliteratur 262, **269**
Trodäus 459

Vertrag 139
Vorstellungsgespräch 125
Vorwort 40

W-Fragen 211
Werbung 45, 183, 185, 383, 441, **539** ff.

Zeilensprung 172
Zeitgedicht 144, 196, 228, 302, 332, 338, 340, 351, 353, 368, 384, 532
Zitat 582